Wissenschaftliche Untersuchungen
zum Neuen Testament

Begründet von Joachim Jeremias und Otto Michel
Herausgegeben von
Martin Hengel und Otfried Hofius

75

Die Verkündigung des Gekreuzigten und Israel

Studien zum Verhältnis von Kirche und Israel bei Paulus
und im frühen Christentum

von

Dieter Sänger

J.C.B. Mohr (Paul Siebeck) Tübingen

Die Deutsche Bibliothek – CIP-Einheitsaufnahme

Sänger, Dieter:
Die Verkündigung des Gekreuzigten und Israel : Studien zum Verhältnis von
Kirche und Israel bei Paulus und im frühen Christentum / von Dieter Sänger. –
Tübingen : Mohr, 1994
    (Wissenschaftliche Untersuchungen zum Neuen Testament ; 75)
    ISBN 3-16-146220-3
NE: GT

© 1994   J.C.B. Mohr (Paul Siebeck) Tübingen.

Das Buch wurde von Computersatz Staiger in Pfäffingen aus der Times Antiqua belichtet, von
Gulde-Druck in Tübingen auf alterungsbeständiges Werkdruckpapier der Papierfabrik Gebr.
Buhl in Ettlingen gedruckt und von der Großbuchbinderei Heinr. Koch in Tübingen gebunden.

ISSN 0512-1604

Für
Christiane und Christoph

Vorwort

Der christlich-jüdische Dialog bestimmt wie nur wenige andere theologische Themen die gegenwärtige Gesprächslage im innerkirchlichen Raum. Er wirkt bis in die Gemeinden hinein und steht auf der Tagesordnung von Synoden, Kirchenleitungen und Akademieprogrammen. Sein Ziel, das Verhältnis von Christen und Juden neu zu fundieren und die gemeinsamen Glaubensgrundlagen herauszustellen, ist nur zu begrüßen. Doch geht es schon lange nicht mehr allein darum. Verstärkt ist in den vergangenen zwei Jahrzehnten eine andere Frage in den Mittelpunkt des Interesses gerückt. Enthält der christliche Glaube seinem Wesen nach eine antijüdische Stoßrichtung, die mit dem Bekenntnis zu Jesus von Nazareth als dem Christus ursächlich verbunden ist? Die darüber aufgebrochene Diskussion hat mittlerweile eine ganz eigene Dynamik entwickelt und zu Antworten geführt, die kaum gegensätzlicher ausfallen könnten. Nicht von ungefähr melden sich einzelne Stimmen zu Wort, die angesichts der hier zu Tage tretenden innerkirchlichen Differenzen von einer »theologischen Grundlagenkrise« (Erich Gräßer) sprechen.

Unter den mit dem Thema befaßten theologischen Disziplinen sieht sich vor allem die neutestamentliche Wissenschaft herausgefordert. Von ihr erhofft man eine Klärung der Beweggründe, die christliche Gruppen veranlaßten, sich aus dem Judentum zu lösen. Es geht dabei nicht zuletzt um die *Bedingungsfaktoren* für das im Neuen Testament angelegte spannungsvolle Verhältnis zwischen Christentum und Judentum.

Die vorliegenden Studien unterziehen sich dieser Aufgabe, wobei ihr Schwerpunkt auf dem Corpus Paulinum liegt. Eine solche Beschränkung legt sich schon aus arbeitsökonomischen Gründen nahe. Ob die Ergebnisse Zustimmung finden, bleibt abzuwarten. In jedem Fall sollte es nicht strittig sein, daß die im Zentrum des christlich-jüdischen Gesprächs stehenden christologischen, soteriologischen und ekklesiologischen Fragen unmittelbar auf das Neue Testament verweisen, auf dessen Basis sie zu diskutieren sind.

Die Studien wurden im Herbst 1992 abgeschlossen und im Sommersemester 1993 von der Theologischen Fakultät der Christian-Albrechts-Universität zu Kiel als Habilitationsschrift angenommen. Für den Druck habe ich sie überarbeitet und zum Teil erheblich gekürzt. Nach Abschluß der Arbeit erschienene Literatur konnte ich nur noch in Ausnahmefällen berücksichtigen. Daher war es

mir nicht mehr möglich, auf die inzwischen von Hans Hübner (Band 2) und Peter Stuhlmacher vorgelegten Entwürfe zur Biblischen Theologie des Neuen Testaments einzugehen. Auch auf die Studie von Jack T. Sanders „Schismatics,
Sectarians, Dissidents, Deviants. The First One Hundred Years of Jewish-Christian Relations" kann ich nur noch hinweisen.

Vielen ist zu danken. Mein Dank gilt zunächst Prof. Dr. Jürgen Becker und
Prof. Dr. Peter Lampe für Referat und Korreferat. Daß beide sofort einwilligten,
eine nicht von ihnen betreute Arbeit gutachterlich zu vertreten, ist keineswegs
selbstverständlich. Prof. Dr. Otfried Hofius und Prof. Dr. Martin Hengel haben
auch diese Studien wieder in die Reihe der WUNT aufgenommen, wofür ich
ihnen herzlich danke. Prof. Dr. Christoph Burchard hat sich bereitwillig die
Mühe gemacht, erste Teilergebnisse kritisch zu kommentieren. Seinem freund-
schaftlichen Rat, mit dem er mich als ehemaliger „Doktorvater" auch weiterhin
begleitet hat, schulde ich viel. Die Widmung bringt nur unvollkommen zum
Ausdruck, was Worte allein nicht sagen können.

Flensburg/Mainz, im Dezember 1993   Dieter Sänger

Inhaltsverzeichnis

1 Einleitung[1]

Die hier vorgelegten Studien verstehen sich als ein exegetischer und methodischer Sachbeitrag innerhalb des mit zunehmender Intensität geführten christlich-jüdischen Gesprächs. Im Rahmen ihrer begrenzten Thematik möchten sie es ein Stück weiterführen.

Die gegenwärtig den Dialog beherrschenden, in sich wiederum vielfältig vernetzten Grundsatz- wie Einzelfragen sind äußerst komplex. Sie nötigen zu einer Konzentration auf einige ausgewählte, gleichwohl zentrale Aspekte. Nicht zuletzt die von einem einzelnen kaum noch überschaubare literarische Produktionsflut limitiert die eigenen Möglichkeiten. Fast alles scheint gesagt, nahezu allem wurde widersprochen. Doch spiegelt dieser diskursive Prozeß das gestiegene Problembewußtsein wider, das sich im Kontext des christlich-jüdischen Gesprächs gerade innerhalb der christlichen Theologie eingestellt hat. Jedes abschließende Resümee käme in der gegenwärtigen Situation zu früh. Darum bleiben auch die vorliegenden Studien notwendigerweise fragmentarisch. Sie bedürfen der vertiefenden Einsicht anderer, soll der angestrebte Dialog, und sei es auch nur im innerchristlichen Bereich, nicht von vorneherein seine kommunikative Funktion verlieren.

Mittlerweile hat das christlich-jüdische Gespräch seine anfängliche Ghettoisierung überwunden. Es bestimmt in zunehmendem Maße die theologische Diskussion auch innerhalb der neutestamentlichen Wissenschaft. Das ist begrüßenswert und erfreulich. Weniger erfreulich ist hingegen die Art und Weise, in der sie allzu oft geführt wird. Nicht selten gewinnt dabei die sprichwörtliche rabies theologorum die Oberhand[2]. Es darf bezweifelt werden, ob immer die zu klärenden theologischen Sachfragen im Vordergrund stehen. Um sie muß es aber in erster Linie gehen, soll das Gespräch mit dem Judentum nicht der eigenen Bestätigung dienen oder gar als Exerzierplatz

---

[1] Die zitierte Literatur wird zumeist mit nur einem Stichwort angeführt, Kommentare allein mit dem Namen ihres Verfassers. Die genauen bibliographischen Angaben sind dem Literaturverzeichnis zu entnehmen. Soweit möglich richten sich die verwendeten Abkürzungen nach dem von S. M. SCHWERTNER zusammengestellten Abkürzungsverzeichnis IATG[2], Berlin/New York 1992. Querverweise ohne Seitenangaben beziehen sich immer auf das gleiche Kapitel.

[2] Vgl. D. SÄNGER, Verlust, bes. 248–254.

für Rechthabereien und mit Verbissenheit ausgetragene Privatfehden mißbraucht werden.

Die Schärfe des Tons, in der sich konträre Standpunkte zu übertreffen suchen, kommt freilich nicht von ungefähr. Sie ist ein Indiz für den tiefgreifenden Dissens, der über den Themen des christlich-jüdischen Dialogs unter
vielen der daran beteiligten Theologen aufgebrochen ist. Denn kontrovers
beurteilt werden nicht nur historische und methodische Einzelfragen, die
oftmals und zu Recht unterschiedlich beantwortet werden können. Keine
Einigkeit besteht vielmehr darin, wie und auf welcher Basis das Neue Testament als kanonisches Dokument des christlichen Glaubens in den Dialog
einzubringen ist. Ob sich dahinter eine »theologische Grundlagenkrise«[3]
verbirgt, sei dahingestellt. Hingegen ist nicht zu bezweifeln, daß sich spätestens hier das Problem darauf zuspitzt, in welcher Wechselbeziehung die
neutestamentlichen Zeugnisse und christliche Identität zueinander stehen.
Solange eine Antwort darauf nicht konsensfähig ist, bleiben auch die Ergebnisse im christlich-jüdischen Gespräch notwendigerweise strittig und liefern
weiterhin Zündstoff für innerchristliche Friktionen.

Soll er für beide Seiten mehr sein als ein Ort permanenter Selbstbestäti-
gung, fordert der Dialog zwischen Christen und Juden ein Zweifaches. Er ist
angewiesen auf die Bereitschaft aller, im gemeinsamen Diskurs die eigene
Position kritisch zu prüfen, Vorurteile korrigieren zu lassen und bislang tradierten Deutemustern den Abschied zu geben. Zugleich aber drängt er auf
eine der Vergewisserung dienenden Reflexion über die Grundlagen des je
eigenen Glaubens, wenn anders der Dialog wirklich aus der Existenz heraus
(SCHALOM BEN-CHORIN), d.h. *konfessorisch*, geführt wird. Schon von daher
bedarf ein erneuter Versuch, einen exegetischen Sachbeitrag zum christlich-
jüdischen Gespräch von den neutestamentlichen Quellen aus anzugehen und
seine Ergebnisse in eben diesen dialogischen Kontext einzubringen, keiner
besonderen Legitimation.

Unbelastet darf sich eine solche Vorgehensweise dennoch nicht fühlen. Die Gefahr,
sich in den Stricken eines methodischen Zirkels zu verfangen, der paralysierend wirkt
und den Status quo festschreibt, liegt nahe. Der Rückbezug auf das Neue Testament
befördert allzu leicht das Mißverständnis, als ginge es nur um positionelle Legitima-
tionsbemühungen, mithin um eine bloße *Reproduktion* der in den neutestamentlichen
Texten enthaltenen Vorgaben, nicht aber um deren sachkritisch zu kontrollierende historische und theologische *Interpretation*. Andernfalls bekräftigte das Verfahren nur
ein weiteres Mal die immer schon als Konstante fixierte christliche Axiomatik mit
ihrem »überkommene(n) theologisch-dogmatische(n) Interesse«[4], das ja gerade unter
Ideologieverdacht geraten ist. Im Ergebnis würden also – trotz des gegenteiligen Anspruchs – die selbstgewählten Vorgaben nicht nur bestätigt, sondern potenziert, lassen

---

[3] E. GRÄSSER, Christen, 272.
[4] P. v. d. OSTEN-SACKEN, Grundzüge, 199.

sie sich doch auf diese Weise als zeitlos gültig herausstellen. So zu verfahren hieße, die gewonnenen Resultate in methodisch unhaltbarer Weise vorderhand zu salvieren. Sie wären aber schwerlich zu vermitteln und damit ihres dialogischen Charakters beraubt, weil sie sich als das Produkt einer fragwürdigen Reproduktionshermeneutik erwiesen. Diese zeichnet sich dadurch aus, daß sie sich innerhalb des von ihr selbst gesetzten, ausschließlich affirmativ orientierten Koordinatensystems bewegt und nolens volens dessen Prämissen nicht allein zu legitimieren, sondern zugleich fortzuschreiben trachtet.

Die Gefahr, diesem Mißverständnis im Umgang mit biblischen, hier neutestamentlichen Texten zu erliegen, ist gewiß nicht von der Hand zu weisen. Sie indiziert ein hermeneutisch-methodisches Defizit, das die ontische Komplementarität von erkennendem Subjekt und Erkenntnis*gegenstand*, sprich Text, faktisch negiert und meint, sich seiner in objektiver Weise bedienen zu können. Jedoch kann hinter einer solchen Erinnerung auch eine viel weitergehende Forderung stecken. In provokanter Schärfe wurde sie von R. RUETHER aufgestellt[5] und hat in ihrem Gefolge weitere Vertreter gefunden[6]: die neutestamentlichen Texte seien als das entscheidende *Kriterium* jeder innerchristlichen Vergewisserung im Kontext des christlich-jüdischen Gesprächs überhaupt zur Disposition zu stellen. Denn die sich in ihnen artikulierende »Identitätsbestimmung des christlichen Glaubens« sei von Beginn an »auf Kosten des Judentums gegangen«, habe mithin »stets eine antijudaistische Struktur« gehabt[7]. Diese werde stabilisiert, behielte die so charakterisierte Textbasis bei der »Suche (nach) der eigenen Identität« weiterhin ihre normative Funktion[8].

Es wird noch näher darauf einzugehen sein, inwieweit diese Forderung zu Recht besteht oder nicht und auf welchen Vorgaben sie beruht (Kap. 3). Einstweilen ist an sie die Frage zu richten, ob sie nicht selbst höchst ungeschichtlich argumentiert[9]. Denn wenn die neutestamentlichen Schriften nicht länger als der entscheidende Bezugspunkt christlichen Glaubens und christlicher Verkündigung gelten können, auf den sich das eigene Bekenntnis gründet und an dem es sich allein zu messen hat, bleibt jede Erkundigung nach den geschichtlichen Voraussetzungen wie die nach den wirkmächtig gewordenen Faktoren im Entfremdungsprozeß von Christen und Juden zwangsläufig ohne konkreten Bezug. Als Konsequenz droht eine Beliebigkeit, die Recht und Grenze konfessorischen Redens willkürlich setzt und weder den christlichen noch den jüdischen Adressaten ernst nimmt. Die Rückfrage nach der Intention des jeweiligen neutestamentlichen Autors bleibt uns also nicht erspart. Sie ist gefordert, will man nicht die Bedeutung eines Textes auf die Summe aller möglichen oder wirklichen Interpretationen einengen und ihn dadurch der Wirkungsgeschichte als

---

[5] Brudermord, passim.

[6] Vgl. vor allem P. v. d. OSTEN-SACKEN, Nachwort, bes. 244-247; Grundzüge, 180.204-206.

[7] Nachwort, 244f.

[8] A.a.O. 245.

[9] Das gilt auch für die Formulierung »biblisch-kirchliche Überlieferung«, mit der P. v. d. OSTEN-SACKEN neutestamentliche Texte mitsamt ihrer kirchlichen Rezeption zusammenfaßt, a.a.O. 244. Doch muß eine aufgrund ihrer Wirkungsgeschichte unter Ideologieverdacht geratene kirchliche Interpretation biblischer Texte noch keineswegs identisch sein mit deren ursprünglicher Intention. Beide Aspekte sind streng auseinanderzuhalten und dürfen nicht, wie es hier geschieht, in unzulässiger Weise miteinander verquickt werden.

dem eigentlichen Ort seiner Wahrheit übergeben. Das heißt zugleich, daß an dem Postulat eines eindeutigen, von allen möglichen späteren Auslegungen unabhängigen Textsinns festzuhalten ist. Wie jede andere exegetische und historische Untersuchung bewegt sich auch die vorliegende innerhalb eines hermeneutischen Zirkels. Er kann jedoch nur aufgebrochen werden zugunsten einer den Aussagenwillen der Texte ignorierenden, ihre Wirkungsgeschichte verabsolutierenden Vermutungsstrategie oder zugunsten ihrer restlosen Historisierung, d.h. ihrer positivistischen Vereinnahmung.

Ein Beitrag zu den zentralen Themen des christlich-jüdischen Gesprächs bleibt also aus wenigstens zwei Gründen auf die neutestamentlichen Zeugnisse als Basis und Leitlinie angewiesen.

1. Aus *historischen* Gründen, weil sie als die ältesten der uns zugänglichen Quellen zumindest ausschnitthaft den Prozeß der Trennung von Juden und Christen dokumentieren. Zwar spiegelt er nicht selten die höchst subjektive Perspektive einer nachgetragenen Reflexion wider, die auf diese Weise dem Legitimationsdruck nachgibt und den Status quo der Gegenwart im Rückgriff auf die Vergangenheit historisierend zu rechtfertigen trachtet. Umgekehrt mag das Produkt dieser Reflexion wiederum neue Abständigkeiten begründet haben und Anlaß für weitere Entfremdung gewesen sein. Angesichts dieser ihrer faktischen Wirkung gilt es, die dermaßen in Verdacht geratenen Texte auf das sich in ihnen verbergende Sinnpotential hin zu prüfen. Daß diese Prüfung im komplexen Miteinander von Tradition und Interpretation stets zur Sachkritik drängt, die die vielschichtige Spannung zwischen Erbe und neuer Deutung auch auf das sich in den Texten artikulierende Interesse zu beziehen vermag, sollte nicht strittig sein. Nur läßt sich ihrem für den Interpreten unter Umständen sehr unbequemen Umgang mit der Überlieferung nicht schon dadurch die Spitze abbrechen, indem die neutestamentlichen Schriften aufgrund ihrer Kanonisierung zu nachträglich normierten, interessegeleiteten Dokumenten von Siegern reduziert werden, so offenkundig sie dies im Blick auf die jahrhundertelange christliche Schuldgeschichte dem Judentum gegenüber *auch* sind.

2. Die neutestamentlichen Zeugnisse erweisen sich selbst als die entschiedensten Kritiker jedes späteren Irrwegs, der sich als Ungehorsam gegen das in ihnen verkündigte Evangelium entpuppt. Daher gilt es aus *theologischen* Gründen, ihre innovatorische Dynamik und ihr Vorurteile dekuvrierendes Potential gegen eine eindimensionale Auslegungs- und Wirkungsgeschichte wiederzugewinnen, die sich nicht selten als ein Konstrukt des Rezipienten darstellt. Eine auf dieser Grundlage angebahnte Vergewisserung darüber, was denn im Gespräch mit dem Judentum christlicherseits zu sagen und einzubringen ist, gehört zu den Vorbedingungen des Dialogs. Andernfalls verlöre er von vornherein seine Offenheit und beraubte sich seiner kommunikativen Kompetenz.

2 Historische und methodische Vorklärungen

Obwohl der kontextuelle Rahmen zunehmend zu einem Problemfall der theologischen Wissenschaft und speziell der neutestamentlichen Exegese geworden ist, wird von niemandem ernsthaft bestritten, daß das Gespräch mit dem Judentum nötig, ja überfällig ist. Ebensowenig, daß eine neue Begegnung von Judentum und christlicher Gemeinde ohne eine vorbehaltlose christliche Selbstkritik zum Scheitern verurteilt ist. Andernfalls wären Charakter und Stellenwert des Dialogs als ein uns Christen aufgegebenes »theologisches Grundlagenproblem ersten Ranges«[1] im Ansatz diskreditiert. Es wird durch zwei Aspekte gekennzeichnet. Der eine enthält eine *historische* Fragestellung, der andere verweist auf ein *methodisches* Problem. Beide sind unmittelbar aufeinander bezogen.

2.1 Die historische Fragestellung

Die ersten Christen waren Galiläer, Judäer oder aus der Diaspora stammende Juden. Sie bekannten den gekreuzigten und auferweckten Jesus von Nazareth als den in der Schrift verheißenen Messias[2]. Dennoch verstanden sie sich nach wie vor als Mitglieder des jüdischen Volkes[3].

Das läßt sich – jedenfalls für einen Teil von ihnen – an der paulinischen Oppositionsgruppe in den galatischen Gemeinden zeigen. Wie immer man es mit der Nomenklatur im einzelnen hält[4] und ihre theologische Position bestimmt, sicher scheint mir, daß sie sich als messiasgläubige *Juden* verstanden. Nur so läßt sich erklären, daß sie an der Beschneidung festhielten (5,2f; 6,12f, vgl. 2,3–5) und den Galatern einschärften, erst ihre Integration in das Bundesvolk vermittle ihnen das durch Christus eröffnete eschatologische Heil. D. h. aber zugleich, daß die paulinischen Gegner den zwischen ihnen und Paulus bestehenden Dissens nicht als eine *innerchristliche* Kontroverse begriffen. Für sie markierten die strittigen Punkte nach wie vor die Grenze zwischen Juden und Heiden. Konsequenterweise fixiert der Apostel seine Argumentation auf die für seine Kontrahenten offensichtlich nicht verhandelbaren Forderungen nach Be-

---

[1] E. Grässer, Heilswege, 212; vgl. U. Luz, Bemerkungen, 198.
[2] Vgl. nur Mk 8,29parr; Joh 1,41; 4,25; 11,27; Röm 1,3f; IKor 15,3f u.ö.
[3] Act 2,1.46; 3,1; 5,42; 21,20–26. Vgl. Röm 9,3; 11,1; IIKor 11,22; Gal 2,15; Phil 3,5.
[4] Näheres unten in Abschnitt 6.5.

schneidung und Einhalten des jüdischen Festkalenders (4,9f). Damit bestätigt er e contrario die gegnerische Ausgangsbasis und macht die von ihnen vertretene »bleibende Verbindlichkeit der jüdischen Tradition als des exklusiven Zugangs zu dem in der Schrift allein Israel zugesagten Heil«[5] zum probanden Beweismittel für die universale Geltung des εὐαγγέλιον τοῦ Χριστοῦ (Gal 1,7). Die Auseinandersetzung kreist darum um das Zentrum der christlichen nota electionis, die πίστις Χριστοῦ (2,16; 3,22.26), macht also den Inhalt der sie stiftenden ἀκοή (3,2.5) zum eigentlichen Kontroverspunkt.

Es dauerte nicht lange, bis der Ablösungsprozeß begann. Er hatte zwar, wie noch zu zeigen sein wird, theologische, genauer christologische Gründe, wirkte sich jedoch sichtbar auch im sozialen Bereich aus. Strittig war vor allem, inwieweit die in der Tora enthaltenen Vorschriften, unter ihnen besonders die Beschneidungsforderung und die Reinheitsgebote, für die Christusgläubigen weiterhin Gültigkeit besaßen. Neben diesen zentralen halachischen Fragen standen Funktion und Stellenwert des Jerusalemer Tempels als Ort kultischer Sühne und Ausdruck göttlichen Erbarmens (Jes 44,28; 56,1–8; Hag 2,1–9; Sach 1,16f; Tob 13,9–16; 14,4–7; Bar 5,1–9) zur Diskussion[6]. Die Antworten fielen unterschiedlich aus, mit Rückwirkungen auch auf die Einheit der christlichen Gemeinde. Denn schon unter den frühesten christlichen Gruppierungen – den *griechisch* sprechenden Judenchristen, den Hellenisten (Act 6,1, vgl. 9,29; 11,20)[7], die sich wohl schon zu einer eigenständigen Gottesdienstgemeinschaft zusammengeschlossen hatten, und den *aramäisch* sprechenden Judenchristen, den Hebräern (Act 6,1)[8], die der Tora ungleich stärker verpflichtet waren[9], – wiederholten sich die Auseinandersetzungen,

---

[5] M. WOLTER, Evangelium, 187.

[6] Vgl. die tempelkritischen Worte Jesu und ihre Rezeption Mk 13,2parr; 14,58; 15,29; Mt 17,24–27; 26,61; 27,40; Lk 13,34fpar; 19,43f; Joh 2,19; Act 6,11.13f; 7,48–50; 11,19–26; 15,1–5(6–33), ferner Mk 11,15–18; Act 4,11; 21,28; IKor 3,16f; 6,19; IIKor 6,16; Eph 2,20; IPetr 2,5–9; Apk 21,22. Zur Frage insgesamt (auch über die synoptischen und johanneischen Texte hinaus) vgl. J. ROLOFF, Kerygma, 89–110; M. HENGEL, Hellenisten, 190–195; T. SÖDING, Tempelaktion, 39–59.62–64, und unten die Exkurse IV und V. Auch die implizite Kultkritik von Röm 3,24–26 ist evident. Ob sich dieses Traditionsstück aber dem Stephanuskreis verdankt und Paulus über Antiochien vermittelt wurde, muß hypothetisch bleiben. Die Tempelkritik der Hellenisten konnte sich auf Jesus selbst berufen. Trotz der komplizierten Traditionsgeschichte von Mk 11,15–18 ist der Kern der Perikope auch unter historischen Gesichtspunkten glaubwürdig, M. TRAUTMANN, Handlungen, 107–109.114–118; T. SÖDING, a.a.O. 45–47.50–52, ohne daß freilich die markinische Pointe von 11,17 jesuanisch sein muß. Daran ist aufgrund der Kombination von Jes 56,7 und Jer 7,11, die theologische Reflexionsarbeit verrät, zu zweifeln. Auch deshalb sollte der messianische Horizont der sog. Tempelreinigung nicht überbetont werden.

[7] Sie waren freilich kein erratischer Block, wie allein Act 9,29 zeigt. Über das theologische Profil der Hellenisten gehen die Meinungen immer noch weit auseinander. Näheres hierzu unten in Exkurs V.

[8] Diese sprachliche Klassifizierung findet sich schon bei Johannes Chrysostomos, Hom. 14,1 zu Act 6,1 (PG LX 113); Hom. 21,1 zu Act 9,29 (PG LX 164).

[9] Trotz dieser notwendigen Differenzierung bewegt sich die auf der jeweiligen Sprach-

die sich aufgrund ganz ähnlicher Differenzen zwischen tora- und halachakritischen Christen einerseits und Vertretern des zeitgenössischen Judentums andererseits abspielten[10]. Der dadurch ausgelöste, zumindest aber aktivierte Ablösungsprozeß führte notwendigerweise zu Spannungen auch innerhalb der christlichen Gemeinden[11]. Im Ergebnis trug er zur Bildung einer spezifisch christlichen Identität bei. Sie wurde von außen wahrgenommen (Act 11,26, vgl. 26,28; IPetr 4,16) und beschleunigte die Separation vom Synagogenverband.

Zweifellos markiert dieser reziprok verlaufene Prozeß *die* Wegscheide im christlich-jüdischen Verhältnis. Wer hier nicht vordergründig von Schuld reden will, hat die *Ursachen* des Schismas zu ergründen. Er kommt um die Frage nicht herum, was denn im Unterschied zum jüdischen Wurzelgrund das spezifisch Christliche ist. Worin besteht es? Wodurch bzw. durch wen wird es konstituiert[12]? Diese auf eine theologische Reflexion drängende Vergewisserung zeitigte unmittelbare, auch dem Historiker zugängliche Entscheidungen. Ihre Folgen sind im Neuen Testament vielfältig dokumentiert. Sie machen den *einen* Teil des »Grundlagenproblems« aus.

---

präferenz beruhende begriffliche Unterscheidung in »palästinische« und »hellenistische« Judenchristen in einer Grauzone. Auch die palästinischen, d.h. hebräisch/aramäisch sprechenden Judenchristen waren weitgehend hellenisiert, selbst wenn sie des Griechischen kaum oder nicht mächtig waren. Wie tiefgreifend die Hellenisierung des palästinischen Kernlandes zur Zeit Jesu und der frühen Jerusalemer Gemeinde fortgeschritten war, zeigt u.a. eine Grablege von 3 Generationen einer jüdischen Familie in Jericho, R. HACHILI, Family, 31–66; DIES./P. SMITH, Genealogy, 67–70. Obwohl bis auf einen der Beigesetzten alle anderen jüdischen Namen tragen, sind von den 32 Inschriften auf den 14 Ossuarien 17 in griechischer Quadratschrift abgefaßt, 15 in jüdischer. Ein Indiz dafür, wie gebräuchlich in dieser Zeit die griechische Sprache in Palästina war.

[10] Vgl. Act 4,1ff; 5,17ff; 6,11–14; 8,1; 9,1f.21.22–25.29; 13,50; 14,2.5f.19; Gal 1,13f.23; Phil 3,6; IIKor 11,24–26.32f.

[11] Act 11,1–18; 15,1f.5; 21,20ff; Gal 2,1–10.11–14; 3,1–14; 5,2f.6.11f; 6,12f; Phil 3,2.18f.

[12] Die Rede von der *differentia specifica* verdankt sich keineswegs einem Akt der Willkür, in den die theologischen Prämissen jedes einzelnen beliebig einfließen, wie R. RENDTORFF argwöhnt, Perspektiven, 6. Daß die Gemeinsamkeiten zwischen Juden und Christen für das christliche Glaubensverständnis in bestimmter Weise fundamental sind, wird noch zu zeigen sein. Es geht aber auch darum zu verstehen, *warum* und *wie* das Christentum aus dem Judentum entstanden ist. Dieser Vorgang impliziert zwar die Rückfrage nach den diese Trennung verursachenden historischen Bedingungen, ist aber mehr noch eine Aufgabe der Interpretation, die den in diesem Prozeß wirkmächtigen Faktoren gerecht wird, vgl. G. THEISSEN, Judentum, 331–356.

2.2 Das methodische Problem

Bei aller historischen Abständigkeit verschließen sich diese Ursprungsereignisse dennoch jedem Versuch, sie ausschließlich auf vergangene Geschichte zu reduzieren und sie damit zu objektivieren. Spätestens das Genozid am jüdischen Volk während der Zeit des Nationalsozialismus macht diese Einsicht unabweisbar. Die Stichworte *Auschwitz* und *Holocaust*[13] erinnern daran, daß der christlich-jüdische Dialog sinnlos ist, wenn die biblischen (nicht nur neutestamentlichen) Schriften als vielfach benutztes Instrument christlich motivierter Judenfeindschaft geleugnet werden. An diesem Punkt gibt es keinen Dissens. Mit Vehemenz bricht er aber dort auf, wo es um die *Konsequenzen* für die theologische Reflexion mitsamt ihrer Konkretion in der kirchlichen Praxis geht. Zur Debatte steht, inwiefern und mit welchem Ziel die »kritische Überprüfung« und »Korrektur der christlichen Theologie«[14] nach dem Holocaust zu erfolgen hat.

Die bisherige Diskussion konzentriert sich im wesentlichen auf die folgende Alternative. Besitzt der Holocaust eine *hermeneutische* Funktion für die Auslegung und Prädikabilität biblischer, besonders neutestamentlicher Texte in der Weise, daß er über ihre gegenwärtige Repristination mitbestimmt? In diesem Fall würde er in ein objektives Wächteramt extra hominem berufen. Seine Aufgabe bestünde darin, über Recht und Grenze christlicher Schriftverwendung und ihrer Rezeption nach Auschwitz zu entscheiden[15]. Oder vermittelt der Holocaust als ein bisher singuläres geschichtliches Datum die viel zu späte Erkenntnis um so dringlicher, daß der Glaube an Jesus Christus mit *jeder* Gestalt eines Antijudaismus unvereinbar und die antijüdische Inanspruchnahme des Christusbekenntnisses *die* geschichtliche Schuld der Christenheit ist?

Beide Ansätze differieren erheblich. Von welchen – zumeist unausgesprochenen – Prämissen sie abhängen, ist im nächsten Kapitel zu erörtern. Gemeinsam sagen sie sich aber von bisher dominierenden antijüdischen Deute-

---

[13] Trotz gelegentlicher Kritik gebrauche ich den anglisierten terminus technicus *Holocaust* zur Bezeichnung des Judenmordes im Nationalsozialismus, der in zynischer Verschleierung »Endlösung der Judenfrage« genannt wurde. Die ursprünglich alttestamentlich-kultische Bedeutung von ὁλόκαυστος bzw. ὁλοκαύτωμα (Ex 10,25; Lev 1,3; Num 7,15; Dtn 12,6; Jos 22,23; Ri 13,23 [alle LXX] u.ö., vgl. auch Mk 12,33; Hebr 10,6.8) darf dabei keinesfalls mitschwingen, denn sie belastete das Geschehen mit einem unangemessen verklärenden Opferbezug, vgl. J. KOHN, Haschoah, 27f.

[14] R. RENDTORFF, Dialog, 40f.

[15] Dieser Sachverhalt ist gemeint, wann immer es um die vielzitierte und kritisierte *Offenbarungsqualität* des Holocaust hinsichtlich der Interpretation biblischer Texte geht. Vgl. hierzu die äußerst scharf formulierten Anfragen G. KLEINS, Antijudaismus, 413–416, und E. GRÄSSERS, Heilswege, 214–220. Um Mißverständnisse zu vermeiden, wäre es besser gewesen, von einem *Kriterium* zu reden, das als verpflichtendes Postulat jeder Schriftauslegung bewußt sein sollte, H. SCHRÖER, Geschichtstheologie, 148–150.

mustern mit ihren vorurteilsbefrachteten Klischees los. Zugleich enthalten sie das Eingeständnis, das unbedingt verpflichtende Liebesgebot Jesu Christi permanent mißachtet zu haben. Wenn jeder wirkliche Dialog danach strebt, »die Liebe zum Ausdruck zu bringen, die allein Wahrheit schöpferisch macht«[16], sollte er Christen finden, die unter dem Vorzeichen eben dieser Liebe die nach wie vor kontroversen Themen des christlich-jüdischen Gesprächs aufnehmen. Wer sich an ihm beteiligt, begibt sich auf ein theologisch wie kirchenpolitisch höchst sensibles Terrain. Fehldeutungen, Mißverständnisse und Ignoranz den Resultaten gegenüber sind einzukalkulieren. Sie selbst können wiederum erneuten Stoff für kontroverse Diskussionen liefern. Es wäre jedoch fatal, sich dieser möglichen Wirkungen durch Abstinenz zu entziehen. Denn das Judentum stellt eine ständige Herausforderung an das Christentum dar, nicht zuletzt im Blick auf sein soteriologisches Zentrum[17]. Jedes Nachdenken über ihr beiderseitiges Verhältnis ist nolens volens christologisch affiziert. Zudem bekräftigte ein Verzicht nur den Status quo und zementierte die vorhandenen Oppositionen. Und wer wollte bestreiten, daß jede Reflexion über die Grundlagen des jüdischen und christlichen Glaubens auf die »Frage nach der *einen* Wahrheit Gottes«[18] stößt? Sie ist der Hoffnungsgrund für die die *ganze* Bibel durchziehenden Heilsverheißungen.

Die Arbeitsgänge in den vorliegenden Studien orientieren sich an den neutestamentlichen Themen und Texten, deren exegetischer und hermeneutischer Stellenwert besonders hoch veranschlagt wird. Im folgenden soll die an sie herangetragene Fragestellung wenigstens skizzenhaft umrissen werden. Hinzu kommen einige grundsätzliche Überlegungen, von welchem Ort die Rezeption dieser Texte unter den Bedingungen der von ihnen angestoßenen Wirkungsgeschichte allein erfolgen kann. Ein Schwerpunkt (Kap. 5) ist den Textpassagen des Röm gewidmet, in denen Paulus – explizit oder implizit – das Verhältnis Israels zur Christusverkündigung reflektiert (Röm 1–4.9–11). Dies geschieht bei ihm aus einer existentiellen Betroffenheit heraus und in einer Tiefe, die in der Geschichte der Christenheit ihresgleichen sucht. Paulus eröffnet einen Dialogus cum Iudaeis[19] aus dem Zentrum seines theologischen Denkens heraus. Wie verhält sich von ihm her die *jüdische* Heilshoffnung (Erwählungs- und Verheißungszusage Gottes an Abraham und seine Nachkommenschaft) zur *christlichen*, wie sie der Apostel als Evangelium von der Rechtfertigung des Gottlosen in Jesus Christus verkündigt? Gibt es von Paulus her und also aus christlicher Sicht – trotz aller Diskontinuität – eine unaufgebbare *innere* Beziehung zwischen jüdischer und christlicher Soteriologie? Wenn ja, worin besteht sie?

---

[16] J. MOLTMANN, Kirche, 183.
[17] Vgl. nur U. LUZ, Einheit, 97.
[18] E. GRÄSSER, Christen, 287.

Die im Gefolge der Reformatoren, insbesondere M. Luthers (De servo arbitrio) in der protestantischen Tradition entwickelten Versuche, das Verhältnis von Erwählung (Israels wie des einzelnen) und Rechtfertigung propter Christum per fidem zu bestimmen, laufen im Ergebnis zumeist auf den Primat der Rechtfertigung als des reformatorischen Materialprinzips[20] und der strukturierenden Mitte theologischen Denkens überhaupt hinaus. Die Erwählung wird der Rechtfertigung zugeordnet, damit gleichzeitig individualisiert und prädestinatianisch interpretiert[21]. Sie begegnet im Kontext des auf das Wort bezogenen Glaubens des einzelnen. Im Gegensatz zu dieser klassischen protestantischen Linie kehrt K. BARTH[22] die Relation um. Er interpretiert Erwählung und Rechtfertigung vom Evangelium her, also streng christologisch. Die Rechtfertigung des Gottlosen ist der Erwählung (Jesu Christi) insofern untergeordnet, als diese die Erwählung der Gemeinde Gottes in Gestalt von Kirche *und* Israel umschließt, so daß die Erwählung des einzelnen allein im Zusammenhang der Erwählung der Gemeinde zur Sprache kommt. Anders, als in der nachreformatorischen Theologie üblich, expliziert K. BARTH seine Lehre von Gottes Gnadenwahl als das *eine* Element des Bundes Gottes mit den Menschen, dessen *anderes* Element die Lehre von Gottes Gebot ist (Ethik)[23].

Will sich eine Paulusinterpretation nicht damit begnügen, das von Paulus verkündigte Evangelium aus den historischen Quellen so nachzuzeichnen, indem sie deren Denkstrukturen zu erschließen trachtet, sondern erblickt sie in den paulinischen Briefen die Grundlage des gleichen, damals wie heute zu bezeugenden Glaubens, sieht sie sich einer doppelten Verpflichtung konfrontiert: a) da sie immer auf den Schultern anderer steht, kann sie nur zum Schaden für sich selbst ihren eigenen geschichtlichen Ort ignorieren. Sie partizipiert an den Erkenntnissen, Verlegenheiten und Irrwegen der bisherigen Auslegungs- und Wirkungsgeschichte. Zugleich wird sie immer schon von ihr her bestimmt. Auf diesen ihm vorgegebenen und ihn beeinflußenden Zusam-

---

[19] Inwieweit und ob er den Dialog programmatisch führt, ist kaum noch sicher zu entscheiden. Eine Antwort darauf hängt unmittelbar mit der nach dem Abfassungszweck des Röm zusammen (vgl. unten Exkurs III). Daß Paulus ihn aber *faktisch* aufnimmt, ist m.E. nicht zu bezweifeln.

[20] H. J. IWAND, Glaubengerechtigkeit, bes. 105–120.

[21] Im Blick auf J. Calvin wird man vorsichtiger urteilen müssen. Zwar ist auch für ihn Jesus Christus die Bestätigung und Erfüllung der alttestamentlichen Verheißungen, wie seine Lehre vom munus triplex Christi beweist (vgl. Frage 31 des Heidelberger Katechismus). Doch ist der Genfer Reformator hinsichtlich seiner christologischen Auslegung des Alten Testaments eher zurückhaltend. Dies dürfte mit seiner Wertung des ersten Teils des biblischen Kanons zusammenhängen (Institutio II 11,8; 11,11). Theologiegeschichtlich hat jedoch die lutherische Linie dominiert, nach der Evangelium im eigentlichen Sinn das Kommen des rechtfertigenden Christus im Wort der Verkündigung ist. Eine ausführliche Sichtung der besonders an Röm 9–11 orientierten, höchst unterschiedlich akzentuierten prädestinatianischen Deutungsversuche von Augustin bis zum 20. Jahrhundert findet sich bei O. KUSS, 828–934.

[22] KD II/2, 1–563. Vgl. auch IV/1, 573–589 und IV/3, 1005–1007, dazu B. KLAPPERT, Erwählung, 399–404.

[23] KD II/2, 564ff.

menhang bleibt jeder exegetischer Schritt angewiesen. Für die vorliegenden Studien heißt das konkret, daß ihnen an einer Reflexion über den eigenen geschichtlichen Standort und Verstehenshorizont gelegen sein muß[24]. Diese Forderung läßt sich nur einlösen im Bewußtsein der kritischen Aufnahme all der Impulse, die das bis in die Gegenwart dominante reformatorische Zuordnungsmodell[25] vor allem hinsichtlich seiner ekklesiologischen und soteriologischen Implikationen hervorgebracht hat, b) die neutestamentliche Exegese kann sich nicht davon dispensieren lassen, die Ursachen des auch mit Hilfe paulinischer Texte entwickelten kirchlichen Antijudaismus als eine der eigenen Glaubensurkunde zutiefst widersprechende Schuld aufzudecken und zu benennen. Diese Verantwortung nimmt sie, ob sie will oder nicht, in den Kontext des christlich-jüdischen Dialogs hinein, selbst wenn ihre unmittelbaren Gesprächspartner zumeist Christen sind.

Wenn das so ist, bleiben von vorneherein zwei Wege versperrt, die zu beschreiten sich als eine Flucht vor der genannten Aufgabe herausstellt. Zum *einen* verbietet sich das unkritische Fortschreiben traditionell akzeptierter Einsichten, ohne Rechenschaft über die von ihnen gezeitigten Ergebnisse einzufordern. Daß christliche Theologie weit davon entfernt war, die gerade von Paulus als elementar erkannte Interdependenz von Kirche und Israel ernst zu nehmen, sollte inzwischen jedem klar geworden sein. So gewiß die herkömmliche Verhältnisbestimmung, wie sie uns in der nachreformatorischen Tradition begegnet, den überwiegenden Teil der Auslegungsgeschichte nicht nur von Röm 1–4 und Gal 2–4 repräsentiert, so problematisch erscheint doch die darin kulminierende einseitige und undialektische Rezeption paulinischer Spitzensätze. Man wird nicht fehlgehen, in ihrem materialen Gehalt eine hermeneutische crux sich widerspiegeln zu sehen, die früher wie heute dieselbe ist: durch Interesse und Tradition bestimmte Vorprägungen des Auslegers[26]. Sein in den meisten Fällen unbewußt verlaufendes, selektives Wahrnehmungsvermögen vermag oftmals nur die Textsignale und Impulse zu dekodieren, die seinem vorgegebenen Referenzrahmen entsprechen[27]. Das Ergebnis läuft dann auf ein zeitloses Perpe-

---

[24] U. Luz, Exegese, 18–32; J. Gnilka, Zugang, 51–62.

[25] Vgl. den umfassenden, auf die protestantische Tradition bezogenen theologiegeschichtlichen Abriß bei O. H. Pesch / A. Peters, Einführung, 222–365.

[26] Vgl. hierzu die am historischen Material durchgeführte Problemskizze bei H.-Th. Wrege, Wirkungsgeschichte, 263–279.

[27] Daß dieser Referenzrahmen sich nicht im Diltheyschen Sinne allein auf der Ebene geistesgeschichtlicher Zusammenhänge erschließen läßt, ist eine noch nicht sehr alte Erkenntnis. Seine soziologischen, psychologischen und auch politischen Voraussetzungen sind in gleicher Weise für eine traditions- und wirkungsgeschichtlich orientierte Hermeneutik zu bedenken. Vgl. das Nachwort H.-G. Gadamers, Wahrheit, 513–541, sowie H.-Th. Wrege, a.a.O. 18–23.28–31.

tuieren für gültig erachteter Wahrheiten (opinio communis) im Namen der
Tradition hinaus. Dabei wird unterschlagen, daß zwischen der vorgegebenen
(biblischen) Aussage und ihrer auslegungs- wie wirkungsgeschichtlichen
Vermittlung mitsamt den darin eingegangenen empirischen Impulsen methodisch konsequent zu differenzieren ist[28]. Zum *anderen* verbietet sich aber
auch der genau entgegengesetzte Versuch. Er will Paulus dadurch vom Kopf
auf die Füße stellen, indem er die vor allem in der protestantischen Tradition
heimische, den Kategorien der Rechtfertigungstheologie verpflichtete Paulusdeutung kritisiert. Demgegenüber wird der Primat der Verheißung betont,
der die Rechtfertigung – exklusiv und funktional auf die Heiden bezogen –
subsumiert wird. Die in der Konsequenz dieses Ansatzes liegende Gefahr einer »mehr oder minder offenen ›Rejudaisierung‹ des Paulus«[29] ist nur das
eine. Den problematischeren Aspekt benennt die Auskunft, »theologische
Wiedergutmachung« (F. MUSSNER) zu leisten. Zwar ist die Absicht nur allzu
verständlich. Doch ist der Verdacht nicht von der Hand zu weisen, zugunsten
des erstrebten Zieles nun seinerseits einer Option das Wort zu reden, die den
konfessorischen Charakter des eigenen Glaubens aus Einsicht in die Ver-
strickungen der Vergangenheit preisgibt. Damit ist aber niemandem gedient,
am allerwenigsten dem Dialogpartner, sei er Jude oder Christ.

Mit diesen eher thetischen Bemerkungen ist es freilich nicht getan. Sie
müssen ausführlicher begründet und exegetisch abgesichert werden. Vor allem dann, wenn die beiden kritisch zu befragenden Positionen Wahrheitsmo-
mente und Impulse enthalten, die sich als integraler Bestandteil der paulinischen Theologie erweisen lassen. Kap. 3 thematisiert nach Erwägungen
zum theologiegeschichtlichen Ort dieser Studien die mit dem Stichwort
»Theologie nach dem Holocaust« angemahnten hermeneutischen Konsequenzen. Kap. 4 untersucht die Stichhaltigkeit des Vorwurfs, das Neue Testament weise eine antijüdische Grundstruktur auf; der spezifisch christliche
Antijudaismus sei mehr als nur ein akzidentieller Faktor christlicher Identitätsfindung, sondern christologisch essentiell und damit der Geburtsfehler
des Christentums schlechthin. Kap. 6 schließlich ist der Frage gewidmet,
worin sich das soteriologische Zentrum, mithin das dem Judentum gegenüber
Neue des christlichen Glaubens artikuliert. Daß hierbei zugleich ein Funda-
mentalproblem jüdischer Messianologie und jüdischen Toraverständnisses
angesprochen wird, ist von der Thematik her unabweisbar.

An der Darstellung selbst sind Anspruch und Ziel dieser Studien zu messen. Ihnen geht es weder um polemische Abgrenzung noch um das Befördern

---

[28] Vgl. hierzu T. SÖDING, Fragen, 119.125f, der m.E. aber die Traditionen ekklesialer
Schriftauslegung zu stark in den Vordergrund rückt, obwohl doch gerade sie es sind, die unter Ideologieverdacht stehen. Daß die biblische Aussage selber als ein Moment der Überlieferungsgeschichte sichtbar wird, der sie zugehört, ist ein anderes Problem.

[29] O. KUSS, 815.

apologetischer Tendenzen. Ihr Anliegen ist erfüllt, wenn sie dazu verhelfen, den konfessorischen Charakter des christlich-jüdischen Gesprächs als die einzig gemäße Form des Dialogs selbstverständlich werden zu lassen. Dann müssen Unterschiede zwischen Christen und Juden nicht länger als Irrwege gebrandtmarkt oder gar mit Feindschaft identifiziert werden.

3 Schriftauslegung im Horizont
des christlich-jüdischen Dialogs

Überblickt man die Geschichte des Christentums, ist die Zeitdauer des christlich-jüdischen Dialogs, der diesen Namen verdient, eine eher marginale Erscheinung. Zwar gab es immer wieder Zeiten, in denen Christen und Juden über den kulturellen und wissenschaftlichen Austausch hinaus Glaubensgespräche führten. So wird man cum grano salis das 11./12. und Teile des 13. Jahrhunderts als eine Epoche bezeichnen dürfen, in der von christlicher Seite noch am ehesten der Dialog und weniger die Konfrontation angestrebt wurde[1]. Doch diese Form des Miteinanders verdankte sich zumeist der Initiative einzelner. Die in der Regel von Christen ausgehenden Begegnungen mit Juden waren kaum je solche zwischen gleichberechtigten Partnern in einer für beide offenen Situation[2]. Markanteste Beispiele sind die teils erzwungenen Disputationen von Paris (Juni 1240), Barcelona (Juli 1263)[3] und Tortosa (Februar 1413 bis November 1414)[4]. Auf christlicher Seite führten nicht selten jüdische Konvertiten das Wort, die sich als Vorreiter scharfer Angriffe gegen ihren alten Glauben profilierten. Das christliche Interesse galt selten dem Gespräch an sich. Im Vordergrund stand fast immer das Ziel, die Juden zu missionieren[5] und, wie etwa in Barcelona, die Messiasfrage. Dementsprechend hatten die Christen nicht nur das Sagen, sondern auch das Fragen.

---

[1] T. WILLI, Judentum, 11f; M. AWERBUCH, Frühscholastik, 13–21.86–100.

[2] Als symptomatisch dürfen die Predigten christlicher Missionare in Synagogen gelten, zu denen die Juden zwangsweise vorgeführt wurden, vgl. E. COLOMER, Beziehung, 201f.

[3] J. LOEB, Controverse, 1–18; C. ROTH, Disputation, 117–144; Y. BAER, History I, 152–155.

[4] Das sind die drei wohl bekanntesten, wenn auch nicht die einzigen Religionsgespräche des Mittelalters, die man aufgrund ihrer Zielsetzung wohl besser in die zahlreichen anderen antijüdischen Unternehmungen dieser Zeit einreiht. Freilich erweist sich die Forschung gerade an diesem Punkt als ziemlich uneins, vgl. P. BROWE, Judenmission, 55–94; H. H. BEN-SASSON, Geschichte II, 126f.246.282–284; Y. BAER, a.a.O. 150–162; II, 170–243; S. SCHREINER, Zwangsdisputationen, 141–157; I. WILLI-PLEIN, Pugio Fidei, 21–83. Einen gerafften Überblick über die Hintergründe und Themen der christlich-jüdischen Religionsgespräche bietet H.-J. SCHOEPS, Religionsgespräch, 33–183.

[5] Vgl. nur das Protokoll der Disputation von Tortosa bei W. P. ECKERT, Spätmittelalter, 244 (Nr. 32). In die gleiche Richtung zielten die 1434 auf dem Baseler Konzil beschlossenen Zwangspredigten für die Juden. Texte des Dekrets bei W. P. ECKERT, a.a.O. 248–250 (Nr. 39), bes. 248.

Die Juden waren die Herbeizitierten, nicht die Eingeladenen. Aufs Ganze gesehen ließen Pogrome wie die im Jahr 1096 entlang des Rheins, die antijüdische Ausschreitungen auch in anderen Ländern provozierten, ein ungezwungenes Verhältnis zwischen Christen und Juden kaum zu[6]. Hinzu kamen judenfeindliche Edikte und Gesetzesvorschriften[7] sowie ein latenter bis aggressiver, auch literarisch weit verbreiteter[8] Antijudaismus. Die Christen verkörperten die Reichsreligion, die Juden waren im besten Fall geduldet, dabei lange ins Ghetto verbannt. Von Ausnahmen abgesehen bestimmte dieses Gefälle die Geschichte von Christen und Juden in Mittel- und Westeuropa bis zum Beginn des 20. Jahrhunderts.

Seit dem Ende des 2. Weltkriegs und unter dem Eindruck des Genozids am jüdischen Volk hat sich die Situation grundlegend gewandelt. Zwei Ereignisse, der Holocaust und die Staatsgründung Israels, stecken von nun an die Koordinaten ab, innerhalb derer das christlich-jüdische Verhältnis bedacht wird. Christen erkennen die von Anfang an bestehende Verschränkung ihrer Geschichte mit der jüdischen. Sie nehmen die historische wie existentielle Dimension des gemeinsamen »unteilbaren Schicksals« (L. BAECK) wahr. Damit ist die Basis geschaffen für eine Begegnung zweier gleichberechtigter Partner. Es beginnt ein Dialog, der die »Gleichberechtigung in der Wahrheitssuche« voraussetzt »und das gleiche Risiko, bei der Bezeugung des Glaubens Gehör zu finden oder auf Verständnislosigkeit zu stoßen«[9].

Bis heute hat dieser Dialog an Breite und Intensität stetig zugenommen[10]. Das ist keineswegs selbstverständlich. Angesichts der Ereignisse in der jüngsten deutschen Vergangenheit dürfen Christen für die Gesprächsbereitschaft der jüdischen Partner um so dankbarer sein, wäre doch eine reservierte oder gar ablehnende Haltung[11] nur zu begreiflich. Daß nicht sie dominiert, sondern trotz allem eine Dialogbereitschaft existiert, hat neben anderen Ursachen vor allem einen Grund. Die jüdische Glaubensurkunde (Tenach) ist zugleich der erste Teil des christlichen Bibelkanons, das Alte Testament.

---

[6] Vgl. bes. die Darstellungen von W. SEIFERTH, Synagoge, bes. 69–136; M. SAPERSTEIN, Jews, 236–246; B. STEMBERGER, Judenverfolgungen, 53–72.151–157.

[7] Zu ihnen M. AWERBUCH, a.a.O. 165–176.

[8] Bekannteste Beispiele sind die *Summa contra Gentiles* von Thomas von Aquin und die *Pugio Fidei* von Ramon Marti. Einen umfassenden Überblick bietet H. SCHRECKENBERG, Adversos-Judaeos-Texte, passim. Vgl. ferner K. GEISSLER, Minoritätenproblem, 163–226; E. WENZEL, Synagoga, 51–75.

[9] K. H. RENGSTORF/S. v. KORTZFLEISCH (Hg.), Synagoge I, 15f.

[10] Vgl. die Problemskizze von M. WYSCHOGROD, Stand, 210–225, der die wesentlichen Schnittpunkte des gegenwärtigen Gesprächs benennt.

[11] Vertreten etwa von E. BERKOVITS, Faith, 46, und R. L. RUBENSTEIN, Auschwitz, 61f. Für ihn ist der Dialog mit dem Christentum schlichtweg unmoralisch, da es durch seinen Absolutheitsanspruch jede Gesprächsbasis zerstört habe und den Dialog dazu mißbrauche, sich seiner kriminellen Vergangenheit zu entledigen.

3.1 Der gegenwärtige Status quaestionis. Eine Skizze

Wie jeder Versuch, biblische Texte nicht nur als historische Dokumente oder als einen Faktor der christlichen Überlieferung zu interpretieren, sondern sie nicht zuletzt aufgrund ihrer Wirkungsgeschichte[12] als für die Gegenwart prädikabel auszulegen, stehen auch diese exegetischen Studien in einem speziellen theologiegeschichtlichen Zusammenhang. Ihn gilt es zumindest umrißhaft zu benennen, soweit aus ihm Thematik, inhaltliche Vorgaben und methodische Konsequenzen für die Untersuchungen erwachsen. Die weitgehende Beschränkung auf den deutschen Sprachraum erfolgt nicht aus Provinzialität. Sie hat, leider, sachliche und historische Gründe.

Christlicherseits hat es seit 1945 im wesentlichen von drei Seiten maßgebliche Impulse gegeben, die Beziehung zum Judentum substantiell neu zu qualifizieren[13]. Der Zwang, sich der gemeinsamen Geschichte[14] ohne Ausflüchte selbstkritisch zu stellen, und das Bemühen, einen tragfähigen, kontinuierlichen Dialog zu installieren, der die Besonderheiten des jüdischen wie christlichen Glaubenszeugnisses nicht einebnet, wurzelt in der Erfahrung des Holocaust[15]. Trotzdem trugen kirchenamtliche Verlautbarungen selbst unmittelbar nach Kriegsende noch alle Anzeichen antijüdischer Ressentiments. So verabschiedete der Reichsbruderrat der EKD im April 1948 auf seiner Darmstädter Sitzung ein »Wort zur Judenfrage«[16], das die erst kurz zuvor beendeten antijüdischen Pogrome als »Gottes Gericht« und »Verwerfung« beurteilte. Weitere zwei Jahre vergingen, bis die EKD eine erste öffentliche Stellungnahme zur Judenvernichtung abgab. Auf ihrer Synode in Berlin-

---

[12] Von der Wirkungsgeschichte ist die Auslegungsgeschichte eines Textes zu unterscheiden. Während diese die Geschichte der Auslegung biblischer Texte im engeren Sinn, etwa in Kommentaren, bezeichnet, bezieht sich jene auf den breiteren Bereich von Frömmigkeit und Theologie, Politik und Kunst, auf den der Institutionen und des Rechts. Vgl. H.-TH. WREGE, a.a.O. 11–31; U. LUZ, a.a.O. 18–32, bes. 22.

[13] Anstelle von Einzelnachweisen vgl. die Sichtung der einschlägigen Publikationen durch K. MAIER, Literatur, 155–181, sowie den thematisch angelegten Literaturbericht von H. GRAF REVENTLOV, Hauptprobleme, 67–125.

[14] Die allerdings nur bis 1930 reichende beste Gesamtdarstellung ist immer noch das zweibändige Werk von K. H. RENGSTORF/S. V. KORTZFLEISCH (Hg.), Synagoge. Einzeluntersuchungen beschränken sich zumeist auf die Zeit der Alten Kirche und auf das Mittelalter. Für die Reformationszeit und deren kaum zu überschätzende Nachgeschichte, was das christlich-jüdische Verhältnis anbelangt, vgl. nur H. KREMERS (Hg.), Martin Luther.

[15] In *diesem* Sinn ist er sicher ein Wendepunkt, E. BETHGE, Wendepunkt, 89–100; E. BROCKE, Holocaust, 101–110. Vgl. auch den bewegenden Aufsatz I. GREENBERGS, Smoke, 7–55.

[16] R. RENDTORFF/H. H. HENRIX (Hg.), Kirchen, 541–544. Die Stimmen aus dem kirchlichen Bereich sind in diesem Sammelband jetzt leicht zugänglich. Darüber hinaus finden sich wichtige Gesichtspunkte bei F.v. HAMMERSTEIN, Perspektive, 329–348; H.H. HENRIX, Ökumene, 188–236; G. B. GINZEL, Christen, 234–274.

Weissensee formulierte sie ebenfalls ein »Wort zur Judenfrage«[17], dem Röm 11,32 programmatisch vorgeschaltet wurde. In diesem Wort bekannte die Kirche ihre Mitschuld »an dem Frevel, der durch Menschen unseres Volkes an den Juden begangen worden ist«. Zugleich erteilte sie jedem Antisemitismus eine Absage und sprach die Bitte aus, »den Juden ... in brüderlichem Geist zu begegnen«.

Freilich vermochte die synodale Erklärung ihre gewünschte Breitenwirkung erst zu entfalten, nachdem ihre Intentionen durch die »Arbeitsgruppe Christen und Juden« im Rahmen der Kirchentage aufgenommen und dort das christlich-jüdische Gespräch institutionalisiert wurde[18]. Den vorläufigen Abschluß des sich immer mehr vertiefenden Erkenntnis- und Gesprächsprozesses, der – spät genug – mit dem Berliner Synodalbeschluß seinen Anfang nahm, bildete die EKD-Studie »Christen und Juden« von 1975 (Studie I)[19]. Sie unterstreicht die gemeinsamen Grundlagen von jüdischem und christlichem Glauben[20], benennt jedoch auch den für sie entscheidenden Anlaß für das Auseinandergehen der Wege: das Bekenntnis zu Jesus Christus als dem verheißenen Messias Gottes[21]. Indem die Kirche eingesteht, das Liebesgebot Christi dem erwählten Gottesvolk gegenüber mißachtet[22] und damit ihren Herrn selbst verleugnet zu haben (Mt 10,32f; 25,40.45), ermutigt sie den jüdischen Gesprächspartner zur weiteren Begegnung und zum gemeinsamen Lernen. Dabei weiß sie, daß diese Gespräche zunächst und vor allem für Christen von existentiellem Interesse sind.

Ein weiteres offizielles Votum von evangelischer Seite verstärkte den eingeleiteten dialogischen Schub. Mit ihrem im Januar 1980 verabschiedeten, in der Folgezeit lebhaft umstrittenen Synodalbeschluß »Zur Erneuerung des Verhältnisses von Christen und Juden«[23] befreite die Rheinische Landeskirche das christlich-jüdische Gespräch endgültig von dem Verdacht, bloß von peripherer Bedeutung zu sein. Denn dieser Beschluß beansprucht nicht nur, die bisher approbiierten Stellungnahmen und dialogischen Bemühungen

---

[17] R. Rendtorff/H. H. Henrix, a.a.O. 549.

[18] Über die Geschichte dieses Weges informieren knapp D. Goldschmidt/H.-J. Kraus, Bund, 9–15.

[19] Vgl. die einführenden Bemerkungen von H. Class, 7f. Zur Kritik an einzelnen Punkten s. R. Rendtorff, Volk, 65–70, sowie B. Klappert, Wurzel, 23–37.

[20] Vgl. Abschnitt I von Studie I, 9–16, sowie Studie II, 17f.

[21] Studie I, 17–24; Studie II, 30–37.

[22] Vgl. Studie I, 4.22–24.30f.

[23] Abgedruckt bei R. Rendtorff/H. H. Henrix, a.a.O. 594–596. Hinzuzunehmen sind die »Thesen zur Erneuerung des Verhältnisses von Christen und Juden«, Umkehr, 267–281, auf die sich der Synodalbeschluß zusammenfassend bezieht. In gleicher Weise sind die Bibelarbeiten vor der Landessynode am Tage der Beschlußfassung zu berücksichtigen, denn sie sind »konstitutiv für die Würdigung des Synodalbeschlusses und auch der Thesen«, so B. Klappert, epd-Dokumentation Nr. 42/1980, 9. Sie finden sich in der »Handreichung« Nr. 39, 44–100.

fortzuführen, sondern er geht weit über sie hinaus. Aus der Sicht eines seiner maßgeblichen Initiatoren beginnt mit ihm »eine neue Phase in der Entwicklung des christlich-jüdischen Verhältnisses seit dem Holocaust«[24]. Mehr noch, er gilt sogar als »das erste nicht-antijüdische Bekenntnis einer Kirche« nach 1945[25]. Selbst wer diese Wertung im Blick auf die EKD-Erklärung von 1950 nicht zu teilen vermag, wird nicht umhin können, den sich in dem Rheinischen Synodalbeschluß artikulierenden Neuansatz anzuerkennen. Er markiert zweifellos eine Zäsur in der Reihe christlicher Aussagen über das Verhältnis zum Judentum.

Die Reaktionen auf diesen Beschluß ließen nicht lange auf sich warten. An ihnen läßt sich unschwer die Brisanz der mit ihm verbundenen Konsequenzen ablesen. Während seine Verteidiger hervorheben, zum ersten Mal sei über freundschaftliche Absichtserklärungen und unverbindliche Korrekturen an gängigen theologischen Topoi hinaus ein christologisches Bekenntnis formuliert, das frei von Antijudaismen sei, sehen seine Kritiker für den Glauben Essentielles zur Disposition gestellt. Ihr Vorwurf kulminiert darin, der Synodalbeschluß sei nur mit »Abstriche(n) an der Wahrheit des Evangeliums in Kauf (zu) nehmen«[26]. Erst »der eklatante Verlust jeglicher Schriftbasis« habe ihn überhaupt ermöglicht[27]. Der Dissens betrifft vor allem die Christologie, näherhin die soteriologische Bedeutung Jesu Christi. Im Synodalbeschluß wird sie exklusiv auf die außerjüdischen »Völker der Welt«[28], die Heiden (ἔθνη), beschränkt[29]. Es ist daher nur folgerichtig, wenn einer christ-

---

[24] E. Bethge, a.a.O. 98.

[25] H. Kremers, Zeugen, 241. Doch stellt sich schon hier die Frage nach Kriterien, die die Charakterisierung antijüdisch und Antijudaismus stützen. Vgl. unten die Abschnitte 4.2 und 4.7.

[26] E. Grässer, Christen, 273. Ähnlich äußert sich H. Conzelmann, Heiden, 322.

[27] G. Klein, Römer 3,21–28, 418.

[28] Abschnitt 4 Abs. 3 des Beschlusses.

[29] Vgl. neben anderen P. v. d. Osten-Sacken, Grundzüge, 93. Freilich muß dann auch gesagt werden, wie denn das mitbeschlossene kirchliche »Zeugnis dem jüdischen Volk gegenüber« (Abschnitt 4 Abs. 6) aussehen kann. Eine authentische Interpretation dieses Passus gibt H. Kremers. Da das Zeugnis nicht mehr als Christuspredigt ergehen darf, besteht es ausschließlich in der Umkehr »in die ökumenische Einheit mit dem jüdischen Volk«, a.a.O. 239. Anders ausgedrückt, die nichtjüdischen Völker und also auch die Christen werden in den Bund Gottes mit Israel und damit in den Geltungsbereich seiner Erwählung integriert. Vgl. Abschnitt 4 Abs. 4 des Beschlusses sowie die ihn interpretierende IV. These, Umkehr, 278f. Diese Antwort mag nach dem Trauma des versuchten Völkermordes am Judentum nur zu verständlich sein. Dennoch ist sie zu befragen. Nach paulinischem Zeugnis sind in Christus τὰ ἀρχαῖα (IIKor 5,17) vergangen. Die mit ihm angebrochenen καινά sind nicht deren *renovatio*, sondern das schlechthinnige *novum*, vgl. W. Schrage, Ja und Nein, 150f; O. Hofius, Evangelium, bes. 88–102 (zu IIKor 3,7.11.13). Zudem kollidiert sie mit der Grundaussage des Röm, vgl. 1,18–3,20 mit 3,23f. Im übrigen ist aufschlußreich, daß H. Kremers sich genötigt sieht, diesen Beschlußteil gegen jüdische Stimmen zu verteidigen, die den Ausdruck »Jesus Christus, der Messias Israels« kritisieren, P. Lapide, Messias, 241

lichen Judenmission eine Absage erteilt wird[30]. Schließlich ist in diesem
Zusammenhang die Erklärung des II. Vatikanums »Declaratio de ecclesiae
habitudine ad religiones non-christianas« zu erwähnen[31]. Das wegen seines
4. Abschnitts auch wenig glücklich »Judenerklärung« genannte Dekret *Nostra aetate* ist für das christlich-jüdische Gespräch von doppeltem Gewicht[32].
Zum einen bezeugen Papst und Konzil das »gemeinsame geistliche Erbe« der
Kirche »mit dem Stamme Abrahams«. Damit bekennen sie zwar nicht expressis verbis, aber doch der Sache nach die Selbigkeit des Gottes Abrahams,
Isaaks und Jakobs mit dem Vater Jesu Christi, was die Hinweise auf I Kor 10,4
und Hebr 4,2 ihrerseits unterstreichen. Dadurch unterscheidet sich das Judentum fundamental von den anderen Religionen und wird ihnen aus christlicher
Sicht nicht mehr einfach subsumiert, wie die Überschrift der Erklärung suggerieren könnte. *Zum anderen* haben mit dem Vatikanischen Dekret nun auch
öffentlich *beide* großen christlichen Konfessionen des Landes, von dem aus
unsägliches Leid über das jüdische Volk gekommen ist, die Liebe zum allein
legitimen Maßstab des christlich-jüdischen Dialogs erklärt[33].

(seine Begründung ist jedoch nicht stichhaltig, vgl. nur Jes 42,1.4; 49,6; 50,4f). Zur Frage
vgl. auch E. STEGEMANN, Sinn, 28–44.

[30] R. E. HEINONEN leugnet eine in dem Synodalbeschluß enthaltene »explizite Distan-
zierung von der Judenmission«, er läßt allenfalls »eine deutliche Begrenzung der herkömmlichen missionarischen Theorie und Praxis« gelten, Herausforderung, 36. Doch ist genau
das erste geschehen, wie Abschnitt 4 Abs. 6 unzweideutig erklärt und worauf die von der
Synode ebenfalls durch Beschluß entgegengenommene These VI Abs.5 abzielt. H. KREMERS
hat diese Linie bereits vorher zu begründen versucht, Judenmission, bes. 65–80. Doch wie
verhält sie sich zu Röm 11,13f; Gal 2,7–9 und I Kor 9,20? Ihren wesentlichen Inhalten und
ihrer Intention nach ist die Rheinische Erklärung auch von Synoden anderer Landeskirchen
bzw. von konfessionellen Zusammenschlüssen übernommen worden. Mancherorts hat dies
zu Änderungen von Kirchenverfassungen geführt. Texte der Beschlußfassungen bzw. Vorla-
gen bei R. RENDTORFF/H. H. HENRIX, a.a.O. 607–620. Eine hilfreiche und weiterführende
Bilanz der Diskussion hat J. SEIM vorgelegt, Rezeption, 223–238.

[31] Lateinischer Text der Acta Apostolicae Sedis mit deutscher Übersetzung und einer
Einführung von Kardinal KÖNIG, 5–25. Kap. 4 umfaßt »Die Erklärung über die Juden«, vgl.
R. RENDTORFF/H. H. HENRIX, a.a.O. 40–44.

[32] Zur Wirkungsgeschichte von *Nostra aetate* ist vor allem auf L. KLENICKIS Beitrag,
Argument, 190–205, zu verweisen.

[33] Besonders zu vergleichen ist a) der »Beschluß der Gemeinsamen Synode der Bistümer
in der Bundesrepublik Deutschland ›Unsere Hoffnung‹. Ein Bekenntnis zum Glauben in dieser Zeit« vom 22.11.1975, Text bei R. RENDTORFF/H. H. HENRIX, a.a.O. 245f, b) das »Ar-
beitspapier des Gesprächskreises ›Juden und Christen‹ beim Zentralkomitee der deutschen
Katholiken« vom 8.5.1979, a.a.O. 253–260, c) die Erklärung der deutschen Bischofskonfe-
renz über »Das Verhältnis der Kirche zum Judentum« vom 28.4.1980, a.a.O. 261–280, d) das
gemeinsame Bischofswort, abgedr. im MdKI 39 (1988) 117. Zum gegenwärtigen Stand des
Dialogs aus römisch-katholischer Sicht vgl. K. SCHUBERT, Reflexionen, 1–33; H. H. HEN-
RIX, Ökumene, 188–236; R. NEUDECKER, Gesichter, 16–68 (dort findet sich 17 Anm. 1 eine
Zusammenstellung der wichtigsten vor- und nachkonziliaren Dokumente). Das Pendant aus
jüdischer Sicht liefern J. J. PETUCHOWSKI, Dialogue, 373–384; E. L. EHRLICH, Kirche, 127–
135.

Korrespondierend kamen von jüdischer Seite seit Beginn der fünfziger Jahre und dann verstärkt in den sechziger und siebziger Jahren Versuche hinzu, den Holocaust theologisch zu reflektieren[34]. Parallel dazu nahmen Juden gerade in Deutschland die Versöhnungsbitte der Kirchen und einzelner Christen auf und versagten sich dem beginnenden Dialog nicht. Freilich setzt auch hier die Vergangenheit Grenzen. Dennoch halfen sie mit, beidseitige Vorurteile, Rechthaberei und gegenseitige Anklagen zu beseitigen, eingerastete antijüdische Denkschemata und Redeweisen zu entlarven und sie so bewußt werden zu lassen.

Zu ihnen gehört auch das jahrhundertelang gepflegte Bild vom Judentum als einer vergangenen, toten und werkgerechten Gesetzesreligion, der christlicher Glaube als Erlösungsreligion sola gratia mitsamt seinem Ethos weit überlegen wäre[35]. Anstelle anderer Stimmen seien nur zwei Passagen aus F. D. E. SCHLEIERMACHERS Reden *Über die Religion* zitiert, die exemplarisch genannt werden dürfen. In der 5. Rede heißt es: »Der Judaismus ist schon lange eine tote Religion, und diejenigen, welche jetzt noch seine Farben tragen, sitzen eigentlich klagend bei der unverweslichen Mumie, und weinen über sein Hinscheiden und seine traurige Verlassenschaft ... Der Glaube an den Messias war ihre letzte mit großer Anstrengung erzeugte Frucht ... Er hat sich lange erhalten, wie oft eine einzelne Frucht, nachdem alle Lebenskraft aus dem Stamm gewichen ist, bis in die rauheste Jahreszeit an einem welken Stiel hängen bleibt und an ihm vertrocknet. Der eingeschränkte Gesichtspunkt gewährt dieser Religion, als Religion, eine kurze Dauer. Sie starb, als ihre heiligen Bücher geschlossen wurden, da wurde das Gespräch des Jehova mit seinem Volk als beendigt angesehen, die politische Verbindung, welche an sie geknüpft war, schleppte noch länger ein sieches Dasein, und ihr Äußeres hat sich noch weit später erhalten, die unangenehme Erscheinung einer mechanischen Bewegung nachdem Leben und Geist längst gewichen sind«. Dann folgt der Kontrapunkt: »Herrlicher, erhabener, der erwachsenen Menschheit würdiger, tiefer eindringend in den Geist der systematischen Religion, weiter sich verbreitend über das ganze Universum ist die ursprüngliche Anschauung des Christentums«[36].

Die sich hier in Form ideologischer Fixierung artikulierende Hybris hat ihr Korrelat in einem christlichen Triumphalismus, der trotz aller Warnungen (vgl. nur IKor 1,31; 3,21; Phil 3,12) zu den konstanten Größen in der Geschichte des christlich-jüdischen Verhältnisses gehört. Daß ein Denken und Urteilen wie das eben zitierte die jüdische Glaubensurkunde abqualifiziert, war zumeist beabsichtigt. Daß es aber in seiner Konsequenz einem Teil der

---

[34] Ein Ausschnitt der Stimmen findet sich bei M. BROCKE/H. JOCHUM (Hg.), Wolkensäule. Darüber hinaus ist wichtig I. A. BEN-YOSEF, Responses, 15–36; Y. AMIR, Positionen, 439–455; E. BERKOVITS, a.a.O. bes. 67–85.86–113; R. L. RUBENSTEIN, a.a.O. 69f.227–241.243–264; A. R. ECKARDT, Meeting, 49–56.160.

[35] Vgl. E. P. SANDERS, Judentum, 27–54.524–530.

[36] F. D. E. SCHLEIERMACHER, a.a.O. 159.161.

eigenen heiligen Schriften, dem Alten Testament[37], und damit der *ganzen* Bibel den Abschied gibt, kam ihm offenbar nicht ins Bewußtsein[38].

3.2 Die neutestamentliche Exegese und der christlich-jüdische Dialog

Die Septuaginta war in der Zeit des zweiten Tempels die verbreitetste jüdische Bibelübersetzung. Sie war die heilige Schrift des Diasporajudentums, teilweise auch die der Juden Palästinas[39]. Das gleiche gilt für die Mehrzahl der frühen Christen. Ihre Bibel war die Septuaginta. Sie wurde in ihren Gottesdiensten zitiert und in ihren Schriften rezipiert[40], von denen ein Teil wiederum den späteren neutestamentlichen Kanon bildete. Es verwundert daher nicht, daß die Vertreter der neutestamentlichen Wissenschaft sich in besonderer Weise der Themen des christlich-jüdischen Gesprächs annehmen und nach Ansätzen suchen, dem Dialog von ihrem Terrain aus neue Impulse zu vermitteln.

Geradezu in Umkehrung der Stoßrichtung, die die mittelalterlichen Disputationen mit dem Judentum besaßen, fordert P. v. d. OSTEN-SACKEN eine christliche Theologie, die »grundsätzlich *nur* (als) Theologie im christlich-jüdischen Gespräch« zu entwerfen sei[41]. Daß P. v. d. OSTEN-SACKEN mit dieser programmatischen Forderung nicht alleine steht, zeigen die sekundierenden Plädoyers anderer[42]. Sie alle stimmen darin überein, daß nicht erst die

---

[37] Daß sich an diesem Punkt das Kanonproblem stellt und es nicht mehr ausreicht, die Frage, inwieweit und mit welcher Begründung das Alte Testament notwendiger Bestandteil der christlichen Bibel ist, nur mehr unter *historischem* Blickwinkel zu beantworten, ist offenkundig.

[38] Man wird kaum in der Annahme fehlgehen, hier auf einen wirkungsgeschichtlichen Nachhall der in der Septuaginta erfolgten Übersetzung des Verbalnomens תורה durch νόμος (in der Vulgata durch *lex* wiedergegeben) zu stoßen, die in das Neue Testament eingegangen ist. Damit wurde die Tora auf einen Teilaspekt ihres weit breiteren Geltungsanspruchs als »Lehre, Weisung, Bescheid« reduziert. Wie einseitig diese Sicht ist, läßt sich anhand von Ps 1; 19,1–8; 119,14.24.111.174; bSot 14a; Mak 3,16; bMen 99b; Av 4,10f; 6,11 unschwer zeigen. Vgl. R. J. Z. WERBLOWSKY, Gnade, 156–163; F. MUSSNER, Toraleben, 13–17.

[39] Das belegen u.a. die Ende des ersten vorchristlichen bzw. Anfang des ersten nachchristlichen Jahrhunderts zu datierenden griechischen Fragmente des Zwölfprophetenbuchs aus dem Nahal Hever (Cave of Horror = 8HevXIIgr), E. Tov u.a., Scroll (=DJD VIII), bes. 1–26. Nicht mehr sicher zu beantworten ist die Frage nach dem (Konkurrenz-) Verhältnis von der hebräischen bzw. aramäischen (palästinischen) Textfassung zur griechischen (alexandrinischen). Vgl. R. HANHART, Bedeutung, 395–416, und unten Exkurs II.

[40] Die Bandbreite untereinander differierender Textversionen, die auf hebraisierende Septuaginta-Rezensionen zurückgehen, ist in diesem Zusammenhang ohne Belang. Vgl. deren Klassifizierung bei E. Tov, Bibelübersetzungen, 171–179.

[41] Grundzüge, 35.

[42] R. RUETHER, Hand, 1–9; C. THOMA, Theologie, bes. 35–49; G. WESSLER, Theologie, 57–70, bes. 63–69; W. STEGEMANN, Judenfeindschaft, bes. 153–169.

Kirchengeschichte mit ihrer größtenteils antijüdischen Bibelauslegung[43], die sich als *eine* der Ursachen des Holocaust erwiesen habe[44], zu diesem Schluß zwinge. Vielmehr sei die Auslegungsgeschichte nur der *Indikator* des eigentlichen und zentralen Problems, in dem die *Wurzel* allen antijüdischen Übels in der christlichen Theologie liege. Spätestens nach Auschwitz, dem Synonym für das Scheitern des Christentums und seine Glaubenskrise[45], sei die Zeit überfällig, in der wir »von dem Antijudaismus bis hinein in die neutestamentlichen Quellen kritisch Kenntnis«[46] zu nehmen hätten. Denn der Antijudaismus, so R. RUETHERS im wahrsten Sinn des Wortes radikale These, »developed theologically in Christianity as the left hand of Christology«[47]. Als unumgängliche Konsequenz aus dieser Erkenntnis plädiert E. STEGE-MANN für eine Exegese des Neuen Testament *nach* dem Holocaust, die sich der Aufgabe einer »Ent-Antijudaisierung des Evangeliums«[48] stellt. Die neutestamentlichen Schriften seien mitsamt ihrer kirchlichen Rezeption ideologiekritisch zu befragen, damit »nicht wiederum der Weg nach Auschwitz gebahnt« werde[49]. Mit diesem ersten Schritt ist es freilich noch nicht getan. Ebensowenig läuft die Forderung auf ein Auslegungsmodell hinaus, das der bisher geübten Exegese additiv an die Seite tritt oder sie zu kompensieren sucht. Die exegetische und theologische Neubesinnung beabsichtigt mehr als eine Korrektur historischer Fehlurteile. Sie impliziert nichts weniger als einen bewußtseinsverändernden, hermeneutisch einzuklagenden Paradigmenwechsel[50]. Zudem zielt sie auf eine grundlegende Revision unse-

---

[43] Vgl. R. RENDTORFF, Bibel, 99–116; E. STEGEMANN, Paulus, 117–139; Krise, 71–89.

[44] So die These von E. BROCKE/J. SEIM, Augapfel, VII (»zwingender Sachzusammenhang«), ähnlich L. SCHOTTROFF, Passion, 91–101. Vgl. auch Abschnitt 2 Abs. 1 des Rheinischen Synodalbeschlusses sowie den darauf bezogenen Kommentar B. KLAPPERTS, Wurzel, 42f.

[45] R. RENDTORFF, Scheitern, 142–147. Von jüdischer Seite aus hat das am schärfsten E. BERKOVITS formuliert. Er sieht in Auschwitz die totale moralische und geistliche Bankrotterklärung des Christentums, a.a.O. 49f. Vgl. auch I. GREENBERG, a.a.O. 11–13; E. L. FACKENHEIM, Reflections, 76.

[46] L. STEIGER, Schutzrede, 44.

[47] Theology, 79, vgl. Hand, 2; Anti-Semitism, 191f; Brudermord, bes. 229–233. Diese in der zuletzt genannten Arbeit breit entfaltete Grundthese hat scharfe Kritik, aber auch kräftigen Beifall erhalten, T. A. IDINOPULOS/R. B. WARD, Review, 193–214; J. G. GAGER, Origins, bes. 24–34.273–275; G. BAUMBACH, Anmerkungen, 388–391; L. SCHOTTROFF, Antijudaismus, 217–228; Schuld, 324–357; M. PARMENTIER, Anti-Judaism, 426–434; W. STEGEMANN, a.a.O. 131–169, sowie die beiden Sammelbände A. DAVIES (Hg.), Antisemitism (mit einer Replik von R. RUETHER, 230–256) und P. RICHARDSON/D. GRANSKOU (Hg.), Anti-Judaism, in denen verschiedene Beiträge dieser These gewidmet sind. Näheres unten in Kap. 4.

[48] Holocaust, 63. Streng genommen bezieht sich E. STEGEMANNS Forderung allein auf das Joh. Der Sache nach schließt sie aber alle neutestamentlichen Schriften ein.

[49] H. GOLLWITZER u.a., Paulus, 277.

[50] H. HALBFAS, Revision, 101; J. B. METZ, Gottesrede, 14–23.

rer »theologische(n) und gottesdienstliche(n) Sprache«[51], wenn anders die Entlarvung und angestrebte Beseitigung der »antijüdische(n) Struktur« kirchlichen Redens und theologischen Denkens[52] nicht auf halbem Weg stehenbleiben soll.

Die zuerst im Rheinischen Synodalbeschluß zusammengefaßten Begründungen mitsamt ihren exegetischen und systematisch-theologischen Entscheidungen fungieren ihrem Selbstverständnis nach als ein *sachkritisches Kriterium* für verantwortliches christliches Reden und Handeln nach dem Holocaust[53]. Und zwar nicht nur im Kontext christlich-jüdischer Begegnungen, sondern zuerst und vor allem *innerhalb* des *christlichen* Bereiches selbst[54]. Das bedeutet in den Augen ihrer Vertreter nicht weniger, als daß nun das Feld abgesteckt ist, auf dem allein der Dialog geführt und christliche Theologie legitimerweise betrieben werden kann. Von ihm her werden somit Recht und Grenze jeder innerchristlichen Position definiert und kritisiert[55].

Widerspruch und teils energischer Protest blieben nicht aus[56]. Sie betreffen *nicht* den nur allzu berechtigten und überfälligen Appell, den neutestamentlichen Schriften ihr jahrhundertelang mißdeutetes, antijüdisches Profil zu nehmen und ihr »wahres Gesicht«[57] wieder hervorscheinen zu lassen. Kein Streit entzündet sich schließlich an dem Eingeständnis, daß der neutestamentliche Text zumeist »unter einem falschen hermeneutischen Apriori ... eines bewußten oder unbewußten Antijudaismus« gelesen wurde, obgleich »der Text selber dazu oft keinen Anlaß bot und bietet«[58]. Erst das Ablegen der »antijudaistische(n) Brille« als *dem* Vor-Urteil beim Geschäft der Auslegung vermag die Augen wieder zu öffnen »für den Aussagewillen unserer Texte«[59].

---

[51] L. STEIGER, a.a.O. 44.

[52] P. v. d. OSTEN-SACKEN, Erbe, 137.

[53] Das ist der Tenor einer zweiten Erklärung zum Verhältnis von Christen und Juden der Rheinischen Landeskirche vom Januar 1983. Text bei R. RENDTORFF/H. H. HENRIX, a.a.O. 605f.

[54] Besonderes Gewicht kommt hier Abschnitt 2 Abs. 1–4 des Beschlusses zu, vgl. R. RENDTORFF/H. H. HENRIX, a.a.O. 594. In seinen Erläuterungen kommentiert ihn B. KLAPPERT hinsichtlich seiner konfessorischen, hermeneutischen, historisch-politischen und dialogischen Implikationen, a.a.O. 41–51.

[55] Vgl. H. GOLLWITZER u.a., a.a.O. 276f; W. LIEBSTER, Tradition, 176–178.

[56] M. HONECKER, Glaubensbekenntnis, 211–216; H. HÜBNER, Messias, 217f; E. GRÄSSER, Exegese, 259–270; Heilswege, bes. 214–220; Christen, 271–289; G. KLEIN, Antijudaismus, 412–429, sowie die bei H. KREMERS/E. LUBAHN (Hg.), Mission, 128–131, abgedr. Bonner »Erwägungen zur kirchlichen Handreichung zur Erneuerung des Verhältnisses von Christen und Juden«. Vermittelnde Ansätze finden sich etwa bei U. LUZ, Bemerkungen, bes. 196–198; H. SCHRÖER, a.a.O. 141–153.

[57] F. MUSSNER, Traktat, 17 Anm. 7.

[58] A.a.O. 16 Anm. 7.

[59] A.a.O. 17 Anm. 7. Freilich kann eine solche Formulierung aber auch in fundamentalistischer Weise usurpiert werden und zur Rechtfertigung von genau entgegengesetzten Ergebnissen dienen.

Alles dies ist nicht strittig. Protest und Widerspruch erheben sich jedoch gegen den konkreten *Vollzug* der neuen Hermeneutik. Angefragt wird, ob nicht faktisch und der ursprünglichen Intention *zuwider* die eigenen Vorgaben in die auszulegenden Texte hineingelesen werden[60]. Ob diese also nicht wiederum, nur mit anderem Vorzeichen, ein von außen eingetragenes Apriori bestimmt und damit domestiziert. Der Unterschied bestünde hermeneutisch gesehen alleine darin, daß nicht die »antijudaistische Brille« das Vorverständnis regierte, sondern der für die christliche Theologie zur »Grundsatzfrage«[61] erhobene Holocaust. Zur Debatte steht mithin, »*woraufhin* die verlangte Überprüfung« der biblischen, näherhin der neutestamentlichen Schriften und »insbesondere aller exegetischen Sätze zur Judenthematik denn eigentlich erfolgen soll«[62] und ob dieses Ansinnen nicht einer Art »Vorzensur«[63] gleichkommt, die nicht mehr den Texten ihr Wort beläßt. Angezweifelt wird also *nicht* die Bedeutung des Holocaust als theologiegeschichtlicher Kairos und historische Wende, die Christen ihre Schuld erkennen läßt und sie unüberbietbar zur Buße ruft. Höchst umstritten ist freilich, *in welcher Weise* der Holocaust als Kriterium den neutestamentlichen Texten gegenüber zur Geltung gebracht wird. Ob ihm wirklich nur eine Bedeutung auf der Seite des menschlichen Erkennens zugeschrieben wird oder nicht doch auch eine auf der Seite des Erkenntnis*gegenstandes*[64].

Die sich innerhalb dieser Thematik zu Wort meldenden Stimmen bewegen sich zumeist inmitten des Spannungsbogens der skizzierten Positionen. Allein die Produktionsflut der vergangenen zehn Jahre füllt eine ganze Bibliothek. Freilich verwundern Eifer und Intensität der Diskussion nicht, steht

---

[60] E. GRÄSSER, Exegese, 260.

[61] So These IV von Mitgliedern der Heidelberger Theologischen Fakultät zum Rheinischen Synodalbeschluß, abgedruckt bei H. KREMERS/E. LUBAHN, a.a.O. 131–134.

[62] G. KLEIN, Präliminarien, 231.

[63] A.a.O. 230 Anm. 5. Auslegung und Verstehen von Texten hängen jedoch immer mit Interessen zusammen, die wiederum mitursächlich für ein bestimmtes Vorverständnis sind. Die Motivationsrelevanz und Legitimität von Interessen wird auch G. KLEIN nicht leugnen. Es gibt keine »Autonomie der theoretischen Sphäre«, K. MANNHEIM, Wissenssoziologie, 258. Eine »Vorzensur« liegt erst dann vor, wenn der Rezipient und Ausleger nicht mehr bereit ist, sich von der Eigenständigkeit und Fremdheit des Textes korrigieren zu lassen. Dessen Innovationspotential stößt dann ins Leere, wenn der Leser die ihm dort begegnende »fremde Erfahrung« dadurch entschärft und unschädlich macht, indem er lieber von einer »Kongruenz der Erfahrungen« ausgeht und so sein eigenes Verhältnis zu sich und seinen Außenbeziehungen in den Text hineininterpretiert, K. BERGER, Exegese, 260. Es ist im konkreten Vollzug der Auslegung jeweils zu entscheiden, wer die Oberhand behält, der Text oder sein Rezipient.

[64] Wie anders soll man z.B. F.-W. MARQUARDT verstehen, wenn er davon spricht, die durch den Holocaust verlangte »Umkehr (betreffe) das Wesen des Christentums, wie wir es bisher verstanden haben«, Existenz, 10? Welche Brisanz sich, hermeneutisch gesehen, dahinter verbirgt, verrät K. HAACKER, steht doch in seinen Augen nichts weniger als »die Legitimität des Neuen Testaments gemessen am Alten ... zur Debatte«, Einführung, 15.

doch das christliche Schrift- und Glaubensverständnis selbst in ihrem Zentrum[65] und, wie nicht wenige fürchten, auch zur Disposition[66]. Darum fällt eine die bisherigen Voten sichtende und ordnende Zwischenbilanz nicht unbedingt erfreulich aus. Sie repräsentiert eher das Bild einer »verwirrend verzweigten Debatte«[67], bei der sich U. Luz an einen »betrüblichen theologischen Kahlschlag« erinnert fühlt[68]. In der Tat hat es bisweilen den Anschein, als führte allzu oft die Polemik gegenüber mißliebigen Auffassungen die Feder und als ginge es nicht primär darum, die *Ursachen* für die sachlichen und inhaltlichen Divergenzen zu klären. Denn sie beruhen zu einem nicht geringen Teil auf *Vorentscheidungen*, die in die im Widerstreit stehenden Positionen wirkmächtig einfließen.

3.3 Hermeneutische Anfragen

So, wie sie sich darstellen, stehen sie sich kontradiktisch gegenüber. Doch trotz aller Differenzen gleichen sie in einem. Hier wie dort wird im Vollzug der Auslegung neutestamentlicher Texte – und nur um sie geht es – die doppelte hermeneutische Bewegung, in die uns jede historische Exegese stellt, ignoriert oder zumindest nicht genügend beachtet.

Spätestens die Aufklärung hat uns unsere Abständigkeit von der Ursprungssituation des Wirkens Jesu und seiner Verkündigung bewußt werden lassen. Deren Wahrheitsanspruch wird dadurch *historisch* relativiert. Jedoch ist die durch den zeitlichen Abstand begründete Differenzerfahrung zwischen

---

[65] An diesem Punkt besteht Einmütigkeit nicht nur unter Christen, sondern auch zwischen Juden und Christen, vgl. nur G. LINDESKOG, Randglossen, 12.111–144; R. J. Z. WERBLOWSKY, Trennendes, 36–38.

[66] Und zwar aufgrund der angemahnten »Revision der Christologie« nach dem Holocaust. Vgl. P. v. d. OSTEN-SACKEN, Nachwort, 246; Grundzüge, bes. 68–143.157–161. Es ist daher konsequent, wenn J. B. METZ »im Blick auf Auschwitz nicht nur … eine Revision der christlichen Theologie des Judentums, sondern eine Revision der christlichen Theologie selbst« fordert, Angesicht, 19. Jedoch bedarf es der Klarheit über das Woraufhin jeder Selbstkorrektur. Das neue Programm ist darauf hin zu befragen, inwieweit es noch an das neutestamentliche Glaubenszeugnis zurückgebunden werden kann. Denn es basiert ja auf der These eines dem Neuen Testament inhärenten theologischen Antijudaismus, der in einer ihm korrespondierenden Christologie kulminiert und den späteren kirchlichen Antijudaismus als eine jeweils aktualisierte Reproduktion seiner selbst erscheinen läßt. Vgl. die darauf bezogenen kritischen Rückfragen von E. GRÄSSER, Antijudaismus, 201–204; W. SCHRAGE, a.a.O. 126–151; H. DEMBOWSKI, Anfangserwägungen, 25–45, bes. 40–45, und unten Kap. 4.

[67] G. KLEIN, Antijudaismus, 411.

[68] A.a.O. 195. Trotzdem wäre jede Gewaltlösung fatal, die sich der Thematik dadurch entzieht, indem sie das »jüdisch-christliche Religionsgespräch« als eine »modische« Erscheinung abqualifiziert, so H. CONZELMANN, a.a.O. 3f. Sicher lassen sich seine unter Christen zu erheblichen Differenzen führenden Auswirkungen beklagen. Nicht zur Disposition steht jedoch seine historische und sachliche Berechtigung.

einst und jetzt nicht einmal der entscheidende Punkt[69]. Worin das eigentliche Problem besteht, hat G. E. LESSING in Anknüpfung an G. W. LEIBNIZ[70] scharf gesehen: in der *Identifikation* eines in die vergangene Geschichte eingegangenen, mithin historisch-kontingenten Geschehens (»Geschichtswahrheiten«) mit der transzendenten Wahrheit (»notwendige« oder »ewige Vernunftwahrheiten«)[71]. Denn diese Identifikation bedeutet, Inkommensurables in eins zu setzen, nämlich die Offenbarung in der Geschichte zu ontologisieren und damit den Glauben auf der Ebene historischer Evidenz anzusiedeln. Für LESSING ist darum das Auflösen der *Inkongruenz* zwischen dem *Wahrheitskontinuum* – für ihn identisch mit dem fortdauernden »Wunder der Religion« – und jener *historischen* Wahrheit, wie sie in Gestalt kontingenter biblischer Berichte vorliegt, nichts anderes als eine unzulässige Metabasis[72]. Sie käme dem Versuch gleich, die *Diskontinuität* zwischen ewig gültiger *Wahrheit*, d.h. dem göttlich Gegenwärtigen, und der nur historische Wahrheit aus sich heraussetzenden *Geschichte*[73] zu annullieren. Ebensowenig wie der »Schlamm« der Historie »das vollendete Gebäude (des) Glaubens«[74] zu tragen vermag, läßt sich am »Faden einer Spinne … die ganze Ewigkeit aufhängen«[75]. Daher impliziert für den Aufklärer »der garstige breite Graben, über den ich nicht kommen kann, so oft und ernstlich ich auch den Sprung versucht habe«[76], das Ende jeder fides historica[77]. Denn alle historische Wahrheit ist grundsätzlich und ihrem Range nach eine Wahrheit zweiter Hand. Gegenwärtige Vernunft, so LESSINGS Fazit, Metaphysik und Moral sind unvereinbar mit vergangener Geschichte, sofern sich mit ihr der Wahrheitsanspruch verknüpft[78]. Zur Debatte steht, christologisch ausgedrückt, in-

---

[69] Es geht also nicht bloß um einen Kontextwechsel, d.h. um den Transfer eines Textes aus der Vergangenheit in die Gegenwart.

[70] Vgl. vor allem den »Discours préliminaire de la conformité de la foy avec la raison«, den G. W. LEIBNIZ seinem dreiteiligen »Essais de Theodicée« voranstellte, Schriften VI, 49–101.

[71] Beweis, 12.

[72] A.a.O. 13. G. E. LESSING grenzt sich in doppelter Weise ab. Gegenüber H. S. REIMARUS betont er, daß Offenbarung, sofern es sie gibt, als eine historische Größe niemals historisch anzufechten ist. Gegenüber der Orthodoxie hält er das für ihn ungleich wichtigere fest, »daß Offenbarung auf keinen Fall als historische Größe historisch zu begründen, zu rechtfertigen, zu verteidigen ist«, K. BARTH, Theologie, 222.

[73] Darin trifft sich G. E. LESSING mit J. J. SEMLER, vgl. H.-J. KRAUS, Geschichte, 111.

[74] Dublik, 99.

[75] A.a.O. 37.

[76] Beweis, 13.

[77] Ob und inwieweit die Antithese von zufälligen Geschichtswahrheiten und notwendigen Vernunftwahrheiten LESSINGS Ansatz in »Über den Beweis des Geistes und der Kraft« gerecht wird und nicht eine unzulässige Deduktion seiner eigenen Prämissen darstellt, braucht hier nicht eigens erörtert zu werden.

[78] Vgl. hierzu H.-TH. WREGE, a.a.O. 151–153.

wiefern dem *Einmal* der Geschichte Jesu die Dimension des *Ein-für-allemal* zukommt, inwieweit und warum das historisch-kontingente Jesusgeschehen eschatologische und also endgültige Qualität besitzt (vgl. Joh 3,16; Röm 1,3f; 8,3f; Gal 4,4f; IJoh 4,9)[79]. Eine hermeneutische Reflexion über den Ermöglichungsgrund und die Konstituenten einer theologischen Interpretation der neutestamentlichen Zeugnisse muß sich auf die Verstehensbedingungen einlassen, die imstande sind, deren geschichtliche Gebundenheit mit ihrer je und je gegenwärtigen Bedeutsamkeit zu vermitteln[80].

Der seit der Aufklärung hochgeschätzte Begriff des Historischen hat zu einer streng *geschichtlichen Betrachtung* der biblischen und damit auch der neutestamentlichen Überlieferung geführt. Als deren exegetisch-methodisches Pendant bildete sich die historische Kritik mit ihrer sich mehr und mehr verfeinernden Arbeitsweise heraus. Es wäre jedoch ein Trugschluß, dem von G. E. Lessing beklagten »garstigen breiten Graben« dadurch seine Reverenz zu zollen, indem sich der Ausleger allein auf die Ermittlung und Deskription des geschichtlich Ursprünglichen konzentriert, weil er glaubt, er habe es mittels seines historisch-kritischen Instrumentariums in vermeintlich objektiver Weise gewonnen. Hingegen sei die kerygmatische Ausrichtung (nicht Applikation) davon zu unterscheiden und etwas grundsätzlich Neues. Hinter dieser Einschätzung verbirgt sich ein Mißverständnis als Folge einer historischen Naivität, die weder die Grenzen und Aporien der gehandhabten Methode bedenkt[81] noch den »wirkungsgeschichtlichen Zusammenhang« reflektiert, »der die erkennenden Subjekte mit ihrem Gegenstand immer schon verbindet«[82]. Sie verschließt sich den oftmals hinter ihrem Rücken ablaufenden, gleichwohl wirkungsmächtigen Bedingungen des Verstehensprozesses und täuscht damit sich selbst. Vor allem aber widerstreitet die spätestens durch die formgeschichtliche Forschung begründete Einsicht in den Charakter der neutestamentlichen Texte diesem reduktionistischen Ansatz. Die Texte bilden nie bloß, phänomenologisch gesprochen, die Hyle eines auf Weitergabe drängenden historischen Sachverhalts, sondern bekunden in jedem Fall das kerygmatische Interesse ihrer Trägergruppe. Methodisch erwächst daraus die Forderung, die Texte nicht nur auf *eine einzige* Ursprungssituation[83] festzule-

---

[79] Vgl. H. Weder, Hermeneutik, 75–80.

[80] Und die damit in der Lage sind, G. E. Lessings negativ formuliertes Axiom, daß »zufällige Geschichtswahrheiten (nie) der Beweis von notwendigen Vernunftwahrheiten« werden können, Beweis, 12, positiv aufzunehmen.

[81] Damit freilich auch nicht die Chancen und das relative Recht der in die geschichtliche Situation eingebundenen Arbeitsweise, vgl. H. Weder, a.a.O. 81f.

[82] J. Habermas, Universalitätsanspruch, 271.

[83] *Ursprungssituation* bezeichnet den Ort, auf den der klassische Begriff *Sitz-im-Leben* hindeutet: Texte als Ausdruck der religiösen und sozialen Kommunikation und Lebenswelt frühchristlicher Gruppen im Kontext ihrer innergemeindlichen und gesamtgesellschaftlichen Situation. Hierin treffe ich mich weitgehend mit K. Berger, Einführung, 158–161.

gen, deren *historischer* Ort zudem oftmals unbestimmt bleiben muß. Vielmehr sind sie bereits *innerhalb* des *exegetischen* Verfahrens auf ihre im Prozeß der Überlieferung je und je aktuelle *kerygmatische* Verwendung hin zu interpretieren.

Eine form- und überlieferungsgeschichtliche Analyse vermag vielfach noch nachzuzeichnen, welchen Weg ein Großteil vor allem der erzählenden Stücke des Neuen Testaments zurückgelegt hat, bevor sie in den jetzigen Kontext eingebettet wurden. Auf den jeweiligen Stufen der Überlieferung konnten sie durchaus verschiedenen Glaubensaussagen und (apologetischen, polemischen, katechetischen usw.) Interessen dienstbar gemacht werden[84]. Das belegt etwa die Geschichte des vormarkinischen Erzählstoffes. Nachdem er teilweise mehrere Stadien der mündlichen Überlieferung durchlaufen hatte[85], wurde er vom zweiten Evangelisten rezipiert und schließlich im Rahmen des von Mk geschaffenen Evangeliums bei Mt und Lk aufgenommen. Im Verlauf der Überlieferung blieben Form und Aussage der Einzelstücke variabel, wie sich anhand einzelner Beispiele, aber auch an der Gesamtkonzeption der synoptischen Evangelien unschwer zeigen läßt. Darauf deuten auch die Perikopenumstellungen bei Mt und Lk hin.

Die Diskussion über das synoptische Problem ist seit geraumer Zeit ebenso wieder in Bewegung geraten wie die über die Ergebnisse der sog. *klassischen* formgeschichtlichen Schule[86]. So wie man heute die Zweiquellentheorie nicht mehr jeder kritischen Anfrage entziehen kann, bedarf auch die Formgeschichte einer erneuten Reflexion über die Tragfähigkeit ihrer eigenen Prämissen[87]. Von allen mir bekannten Lösungs-

---

Daß die jeweils neue »Kontextuierung« eines Traditionsstücks im Laufe seiner Transformation von einer Stufe der Überlieferung zur anderen die Frage nach dem *Sitz-im-Leben* immer wieder stellt, ist dabei natürlich zu beachten.

[84] Dieses primär kerygmatische Interesse schließt allerdings ein auch historisches nicht aus. Darauf verweist schon der Rahmen der Jesusgeschichte, der sich auffällig von anderen Traditionssammlungen (EvThom, Pirqe Avoth, Q) abhebt. Dennoch ist J. Schniewinds Feststellung nach wie vor gültig, ein Traditionsstück sei auf jeder Stufe seiner Überlieferung »Kerygma einer bestimmten Lage und Aufgabe«, Synoptiker-Exegese, 153.

[85] Daran möchte ich trotz aller berechtigten Zweifel am vorliterarischen Erklärungsmodell der formgeschichtlichen Schule mitsamt seinen traditionsgeschichtlichen Implikationen festhalten. Die früheste Jesusüberlieferung ist in ihrer Gesamtheit mündlich weitergegeben worden. Wie lange, läßt sich nicht mehr sagen. Vor allem deswegen nicht, weil die Gesetze mündlichen Erzählens auch in die Schriftlichkeit der synoptischen Evangelien eingeflossen sind, dazu G. Sellin, Problematik, 315–318, und unten Anm. 91. Eine Frage für sich ist, ob z.B. thematisch verwandtes Erzählgut wie Gleichnisse (Mk 4,1–34), Streitgespräche (Mk 2,1–3,6), Wundergeschichten (Mk 4,35–6,52) oder auch die Passionsgeschichte dem ältesten Evangelisten bereits als zusammenhängende literarische Einheiten schriftlich vorgegeben waren, oder ob er sie – zumindest partiell – aus der oralen Tradition adaptierte. Aber das müssen vielleicht keine Alternativen sein.

[86] Vgl. E. Güttgemanns, Fragen, passim; H. M. Teeple, Tradition, 56–68; W. H. Kelber, Tradition, 5–58; K. Berger, a.a.O. 19–27.241–254; W. Schmithals, Einleitung, 234–315.349–431; G. Sellin, a.a.O. 311–331.

[87] Vgl. G. Schelbert, Formgeschichte, bes. 19–31, sowie das zusammenfassende Resümee bei D. Dormeyer als Problemanzeige, Gattung, 103–107. Eine kritische Darstellung der formgeschichtlichen Arbeiten von M. Dibelius und R. Bultmann hat R. Blank vorgelegt, Kritik, bes. 77f.174–176.184–209. Die durchgängig anzutreffende apologetische Ten-

ansätzen halte ich ein modifiziertes Zweiquellenmodell immer noch für den plausibelsten Vorschlag, um die überlieferungsgeschichtlichen und literarischen Verhältnisse der drei ersten Evangelien zu erklären. Der schriftlichen Fixierung ging eine Phase der mündlichen Überlieferung voraus[88], in der ein Teil des Traditionsstoffs bereits seine spätere Form erhielt[89]. Freilich darf man sich den überlieferungsgeschichtlichen Weg von der mündlich tradierten kleinsten Einheit bis zur schriftgewordenen Form keineswegs einlinig vorstellen. Überhaupt ist die Grundannahme der formgeschichtlichen Forschung, in der vorschriftlichen Phase habe ein mehr oder weniger lockerer Verbund kleiner Überlieferungseinheiten bestanden, mit Aporien belastet. Jedenfalls dann, wenn man diese Einheiten als jeweilige Exemplare eines konsistenten Gattungstypus postuliert, der am Anfang der Überlieferung in seiner »reinen Form« existierte. Eine solche Annahme rechnet stillschweigend mit der gattungsspezifischen Stetigkeit der Überlieferung, auch bei dem Übergang von der mündlichen in die schriftliche Phase[90]. Es ist jedoch immer mit der Möglichkeit zu rechnen, daß bereits schriftlich Fixiertes wieder in die Wortüberlieferung einmünden konnte[91] und dort Neben- und Sondertraditionen bildete, über deren Stabilität und Trägerintention die formgeschichtliche Forschung aufgrund ihrer Voraussetzungen wenig oder nichts Konkretes zu sagen weiß. Im übrigen müssen sie auch bei der herkömmlichen Zweiquellentheorie weithin unbeachtet bleiben. Hier liegt das Recht derer, die nicht nur einen Großteil der Logientradition, sondern auch der Erzähltradition ganz in der mündlichen Überlieferung verankert sehen[92], wenngleich ihr damit verbundenes Interesse an einer Historisierung des Traditionsstoffes offenkundig ist[93].

---

denz dieser Untersuchung, die zugleich die Markuspriorität zu widerlegen und die Mündlichkeit der Spruchquelle zu beweisen sucht, mindert freilich die Überzeugungskraft der Ergebnisse.

[88] Indizien dafür liefern die Evangelien selbst, Lk 1,1–4; 10,16; Joh 21,25, vgl. auch Papias bei Euseb, HistEccl. III 39,4. Daneben ist auf die häufig begegnenden Stichwortverbindungen zu verweisen, die ein mündliches Überlieferungsstadium vor der Verschriftlichung (spätestens durch die Evangelisten) nahelegen.

[89] Dabei sind statische Modelle in jeder Hinsicht ungenügend. Weder darf man von Abweichungen von der postulierten reinen Form einer Gattung her auf ein späteres Stadium der Überlieferung schließen (hier gründet ein historisches Urteil auf einem ästhetischen), noch trifft einfach die umgekehrte Annahme zu, die reine Form sei das durch Abschliff gewonnene Endresultat einer ursprünglich amorphen Fassung, wie K. HAACKER meint, Formkritik, 64–69.

[90] G. SELLIN bestreitet in seinem Anm. 85 genannten Aufsatz generell die Annahme, man könne über die Form- und Gattungsanalyse vom schriftlichen Einzeltext aus zu seiner mündlichen Urgestalt zurückgelangen. Auch deshalb führt für ihn kein direkter, geradlinigfunktionaler Weg von der sprachlichen Form einer Textsorte (Gattung) zum »Sitz-im-Leben«.

[91] Dieser Vorgang wurde dadurch erleichtert, weil die Merkmale mündlicher Tradition (z.B. die Gesetze der Wiederholung, der Dreizahl, der szenischen Zweiheit, des Gegensatzes u.a.) auch nach ihrer Verschriftlichung weitgehend beibehalten wurden, wie die Evangelien erkennen lassen.

[92] Vgl. H. RIESENFELD, Tradition, 1–29; B. GERHARDSSON, Weg, 79–102; R. RIESNER, Lehrer, bes. 2–96.512–520; E. E. ELLIS, Criticism, 237–253, sowie die Anfragen W.H. KELBERS, Gospel, 8–14.

[93] Vgl. nur die methodisch und historisch gleichermaßen problematische Auswertung der erzählenden Überlieferung durch R. RIESNER, a.a.O. 206–245, die es ihm erlaubt, die

In ihrer Kritik an der formgeschichtlichen Methode treffen sich die zuletzt Genannten etwa mit W. SCHMITHALS, obwohl dieser im Ergebnis eine genau entgegengesetzte Position vertritt[94]. In den Verfassern der synoptischen Evangelien erblickt er genuin schöpferische Theologen und plädiert für eine Literarisierung der *gesamten* Überlieferung[95]. Damit liest W. SCHMITHALS die ganze Überlieferung der synoptischen Evangelien quasi redaktionsgeschichtlich. Bezogen auf das synoptische Erzählgut hält er keine mündliche Überlieferungsschicht für nachweisbar, die älter ist als das älteste schriftliche Evangelium, das für ihn freilich nicht mit dem kanonischen Mk identisch ist[96]. Dabei ist W. SCHMITHALS jedoch auf sein Zutrauen in das Skalpell des Literarkritikers angewiesen, wobei er einem hermeneutischen Zirkelschluß erliegt. Denn die von ihm auf literarkritischem Weg eruierten Text- und Quellenschichten dienen ihm ihrerseits als Beweis für die Unhaltbarkeit einer mündlichen Überlieferungsphase von ursprünglich kleinen, selbständigen Einheiten. Entgegen W. SCHMITHALS' Absicht, seine Grundthese mit Hilfe literarkritischer Operationen abzusichern, bestätigt er sie in Wahrheit selbst als eine vorgängige petitio principii. Ungeachtet des kritikbedürftigen Ansatzes des formgeschichtlichen Erklärungsmodells und seiner Prämissen[97] ist W. SCHMITHALS' eigener Lösungsvorschlag zwar radikal, aber zugleich viel zu hypothetisch und in methodischer Hinsicht mit schwerwiegenden Aporien befrachtet[98], als daß er eine wirklich überzeugende Alternative böte[99].

Der synoptische Traditionsstoff läßt deutlich erkennen, daß er nicht nur eine weitgehend mündliche *Vorgeschichte*, sondern in gleicher Weise auch eine literarische *Nachgeschichte* hat. Bestimmend ist durchweg das spezifisch kerygmatische Interesse der Trägergruppe – das sich natürlich auch am Historischen orientieren *kann* – im Kontext ihrer jeweils individuellen, sozialen, psychodynamischen oder auch politischen Verankerung. In den letzten Jahren ist zunehmend erkannt worden, daß diese Verflechtungen der Tradenten in die auf sie einwirkenden Faktoren, die nicht selten gleichzeitig eine individualisierende und generalisierende Tendenz verfolgen[100], eine bisher oftmals unterschätzte Rolle innerhalb des Prozesses der Überlieferung (*tra-*

Kindheits- und Jugendjahre Jesu zu rekonstruieren. Dabei wird die mündliche Überlieferung behandelt wie ein schriftlicher Prae-Text, der beim Eingang in seinen jetzigen Kontext (oder in dessen schriftliche Vorform) vom Redaktor rezipiert und transformiert wurde, wobei diese Transformation begriffen wird als eine getreue Zitierung der mündlichen Tradition bei gleichzeitiger redaktioneller Einbettung in einen neuen Makrotext.

[94] Kritik, 149–185; Einleitung, 234–315.349–431.

[95] Vgl. schon E. GÜTTGEMANNS, a.a.O. 69–166.251–261.

[96] Markus I, 43–51.

[97] Vgl. nur H. M. TEEPLE, a.a.O. 56–68; G. SELLIN, a.a.O. 312–318, und die knappen, aber begründeten Anfragen bei D. DORMEYER, Evangelium, 1557–1560.

[98] Vgl. D. SÄNGER, Rez. W. Schmithals, 656–662; G. STRECKER, Problematik, 167–169.171f.

[99] Zum Verhältnis von Schriftlichkeit und Mündlichkeit in der synoptischen Tradition vgl. C. BREYTENBACH, Problem, 47–58; G. SELLIN, a.a.O. 315–319; F. HAHN, Verschriftlichung, bes. 312–318. Einen gedrängten Überblick über die gegenwärtig sich abzeichnenden Forschungstendenzen bieten G. SCHELBERT, a.a.O. 11–39; H. KÖSTER, TRE XI 286–299.

[100] Wie sie G. THEISSEN zuletzt skizziert hat, Lokalkolorit, 22f.

ditio) gespielt haben[101]. Sie wirkten sich prägend auch auf den Stoff (*traditum*) aus.

Hinsichtlich unserer Fragestellung bleibt festzuhalten, daß der kerygmatische Charakter der überlieferten Texte schon im Neuen Testament *wirkungsgeschichtlich* relevant ist[102]. Er ist ein bestimmender Faktor im Verlauf von Aneignung, Verstehen und aktualisierter Auslegung des in ihnen beschlossenen Glaubenszeugnisses. Und zwar deshalb, weil die jeweiligen Rezipienten sich mit den in den Texten enthaltenen Kommunikationsimpulsen identifizieren konnten und sie aktiv und kreativ weitergaben[103]. Es ist diese den Texten eignende dynamische Bewegung, ihre auch im Prozeß der weiteren Tradierung aufweisbare wirkungsgeschichtliche Relevanz, die der Exeget zu bedenken hat. Er hat daher Rechenschaft darüber abzulegen, in welchem *Kontext* eine historisch-kritische Textauslegung geschieht, die sich der Korrelation zwischen dem auf den Ausleger einwirkenden Vorverständnis und den sich in diesem Vorverständnis summierenden Einzelfaktoren bewußt ist[104]. Denn es handelt sich auch bei dem Auslegen biblischer Texte immer um einen Verstehensvorgang, der nur als ein »Ineinanderspiel der Bewegung der Überlieferung und der Bewegung des Interpreten«[105] zu sich selbst findet.

Damit ist einem undifferenzierten, weil einlinig strukturierten Begriff von »Wirkungsgeschichte« eine Absage erteilt. Ihre Konstitutionsbedingungen auf einen Text als dem ausschließlichen Subjekt aller Wirkfaktoren zu reduzieren, vernachlässigt den

---

[101] Auf dem Hintergrund der von uns noch auszumachenden sozialen, politisch-rechtlichen und gesellschaftlichen Situation ihrer Trägergruppen lassen sich die von ihnen geprägten Texte *auch* als symbolische Handlungen begreifen, mit denen die Tradenten ihre konkreten Erfahrungen zu bewältigen suchten. Die nicht nur innerhalb der Evangelienforschung an Boden gewinnende sozialgeschichtliche Fragestellung ist jedoch kein völliger Neuansatz. Sie reflektiert und methodisiert die bereits von M. Dibelius formulierten soziologischen Implikationen der formgeschichtlichen Arbeitsweise, Formgeschichte, 7f.

[102] Dieser Aspekt von Geschichtlichkeit des neutestamentlichen Glaubenszeugnisses kommt bei T. SÖDING, Fragen, bes. 88–93, entschieden zu kurz.

[103] Daß sich damit auch ein selektiver Vorgang verbindet, sei ausdrücklich erwähnt. Doch bedeutet diese Selektion nicht eo ipso, daß sie unkontrolliert, d.h. ohne jeden Anhalt an der Ursprungsüberlieferung bzw. am Ursprungstext geschah.

[104] Wenn ich hier nur von historisch-kritischer Exegese spreche, heißt das nicht, daß andere Zugänge zu biblischen Texten (interaktionale, linguistische, psychoanalytische, sozialgeschichtliche bzw. materialistische) a limine abgewertet sein sollen. Nach wie vor halte ich jedoch eine (selbstkritische) historisch-kritische Bibelauslegung für unverzichtbar. Und zwar a) wegen des elementaren Geschichtsbezugs des christlichen Glaubens, der ein bestimmtes Geschehen in Raum und Zeit als das eschatologische bekennt, b) aufgrund ihrer Herkunft, die sie m.E. am ehesten in die Lage versetzt, jedem textextern entstandenen Apriori Widerständigkeit entgegenzusetzen, c) weil sie uns Nachgeborene dazu anhält, uns an die Glaubensgestalt des Ursprungs zu erinnern. Vgl. hierzu H. WEDER, a.a.O. 68–83 (im Anschluß an G. EBELING); T. SÖDING, a.a.O. 75–130, bes. 107–129.

[105] J. HABERMAS, Logik, 263.

Rezipienten als nicht nur reproduzierendes, sondern produktives und damit traditionsveränderndes, eigenständiges Subjekt. Ein verstehendes Aneignen von Texten und den von ihnen ausgehenden Wirkungen impliziert daher immer auch eine Sinnverschiebung des Textganzen, selbst wenn der Wortlaut unangetastet, weil definiert bleibt (z.B. der biblische Kanon). Verkürzt gesagt: nach diesem erweiterten Verständnis von Wirkungsgeschichte spricht der Text ebensowenig wie der Rezipient einen Monolog, sondern beide treten in einen Dialog. Indem der Text auf einen Leser trifft, macht dieser ihn zu *seinem* Text.

Der Exeget kommt also wesentlich selbst ins Spiel. Vor und während des Vollzugs der Auslegung ist die reale lebensgeschichtliche Situationsgebundenheit des interpretierenden Subjekts zu bedenken. Es verfügt über einen bestimmten und zugleich beschränkten Horizont von Lebens- und Weltperspektive, die für sein erkenntnisleitendes Interesse mit ausschlaggebend ist. Die sich im »Prozeß der verstehenden Aneignung des Fremden«[106] verdichtende *gegenwärtige* Wirklichkeit wird mit konstituiert durch ein Textverständnis, das immer schon auf den Bereich von Theologie, Kirche und Gesellschaft bezogen ist[107]. So gewiß diese erkenntnistheoretische Überlegung auf die gesamte biblische Überlieferung auszuweiten ist, gilt sie doch in besonderer Weise für deren neutestamentlichen Teil, da er die Gründungsurkunde der christlichen Gemeinde darstellt.

Im Blick auf unser Thema ergibt sich aus alledem, daß die Wahrheitsfrage für heute nicht schon durch das einfache Wiederholen von in der Vergangenheit formulierten Sätze, und seien es Glaubenssätze, entschieden wird. Zwar ist diese Einsicht nicht neu, sie war zu allen Zeiten gültig. Doch besitzt sie im Zusammenhang des christlich-jüdischen Dialogs der Gegenwart eine Aktualität, die schwerlich zu überschätzen ist. In ihrer Konsequenz besagt sie, daß Aussagen über den Glauben und die ihm entsprechende Praxis dann wahr sind, wenn sie in der Geschichte, auf die sich der christliche Glaube beruft, selbst als lebendiger Anspruch aufgewiesen werden können. Freilich ist eines gleich hinzuzufügen. So richtig und notwendig diese Erinnerung an die hermeneutischen Präjudizien im Vollzug der Auslegung und Aneignung von zunächst historisch abständigen Texten auch ist, als eine zum Verstehen führende Kriteriologie reicht sie noch nicht aus. Denn sie ist nicht davor gefeit, daß die Einsicht in die Vorurteilsstruktur des Verstehens ihrerseits als eine »Rehabilitierung des Vorurteils« mißverstanden werden kann, wie J. HABER-

---

[106] R. BUBNER, Philosophie, 223.

[107] Auch unter wirkungsgeschichtlichem Aspekt ist offenkundig, daß auf der synchronen wie auf der diachronen Ebene der kirchlich-theologische vom gesellschaftlichen Kontext nicht zu trennen ist. Das gilt ungeachtet dessen, welches Interdependenzmodell (Zwei-Reiche-Lehre, Königsherrschaft Gottes, Christengemeinde und Bürgergemeinde u.a.) man zur Verhältnisbestimmung anlegt.

MAS[108] gegenüber H.-G. GADAMER geltend gemacht hat[109]. In diesem Fall ließe sich der überlieferten Tradition samt den in sie eingegangenen Stimmen nur noch affirmativ begegnen. Ihr Anspruch wäre kaum noch zu kritisieren oder gar abzuweisen.

Die Geschichte der frühen Christenheit kann hier als Beispiel dienen. Schon ihre ersten aus dem *Judentum* stammenden Mitglieder betrachteten *nicht* mehr *alle* 613 Mizwoth der Tora (bMak 23b) als verbindlich. Das belegt etwa der antiochenische Konflikt (Gal 2,11–14). Der pharisäisch erzogene Benjaminit Paulus (Röm 11,1; Phil 3,5) läßt die Beschneidung, *das* Signum jüdischen Erwählungsglaubens (Gen 17,10f, vgl. Lev 12,1–3; Sir 44,20; Jub 15,6–14.28–32; LibAnt 4,11; 7,4; 1QM 13,7f; TanB Ber 3,4[§§ 23–27]; MekhEx 19,5; Act 7,8, vgl. Barn 9,6; Diog 4,4), zwar auch nach seiner Berufung zum Heidenapostel als σφραγὶς τῆς δικαιοσύνης τῆς πίστεως (Röm 4,11) gelten[110], spricht ihr aber jede soteriologische Bedeutsamkeit ab (Röm 2,25f.28f; IKor 7,19; Gal 5,6; 6,15)[111]. Mehr noch, sie steht dem Evangelium von Jesus Christus entgegen, sobald ihre Heilsmächtigkeit außerhalb des Glaubens behauptet wird (Gal 5,2–6, vgl. 6,12; IKor 11,25). Damit ist der umfassend gemeinte Gehorsamsanspruch der Tora zentral in Frage gestellt.

Wie lassen sich diese tiefgreifenden und folgenschweren Entscheidungen verstehen? Die Eigentümlichkeiten in der ethnographischen und religionssoziologischen Struktur frühchristlicher Missionsgemeinden (Juden/Heiden) drängten auf ein gegenüber ihrer Herkunft verändertes soziales Verhalten der judenchristlichen Mitglieder. Es fand seinen prägnantesten Ausdruck in der Tischgemeinschaft mit Heidenchristen. Diese Praxis entschied einen Normenkonflikt zwischen Evangelium und jüdischer Halacha. Proklamierte das Evangelium seinerseits die gottgewollte Gemeinschaft *aller* Christusgläubigen[112], zogen die halachischen Vorschriften ihrerseits eine eindeutige Trennungslinie zwischen Juden und Heiden[113], zwischen rein und unrein[114]. Die in

---

[108] Wahrheit, 48.

[109] Vgl. auch die von seinem argumentationswissenschaftlichen Ansatz her formulierte Kritik F. SIEGERTS, Argumentation, 178f, der m.E. jedoch hier wie auch sonst in seinem Buch den diachronen Aspekt des Textverständnisses zugunsten des synchronen weithin ausblendet.

[110] Möglicherweise verbirgt sich hinter der Wortwahl σφραγίς ein Hinweis auf die Taufe, vgl. IIKor 1,22; Eph 1,13; 4,30; Apk 7,2f; 9,4. Dann hätte Paulus die Beschneidung Abrahams als eine die δικαιοσύνη τῆς πίστεως bestätigende Vorausdarstellung der Taufe interpretiert.

[111] Daß Paulus zunächst noch nicht auf die Beschneidungsforderung verzichtet habe, R. PESCH, Anfänge, 61–64, halte ich für ganz unwahrscheinlich. Dagegen spricht vor allem die von dem Apostel zustimmend aufgenommene und weiterentwickelte vor- bzw. nebenpaulinische Soteriologie mit ihrem Sühnemotiv und Stellvertretungsgedanken (Röm 3,24f; 4,25; 5,8; IKor 6,11; 11,23–25; 15,3–5; IIKor 5,21; Gal 1,4; IThess 5,9f, vgl. Röm 6,7; 8,29f; IKor 1,30) sowie die bereits im IThess belegbare gesetzesfreie Evangeliumsverkündigung, T. SÖDING, Entwicklung, 198–201.

[112] D. SÄNGER, Ekklesia, bes. 57–67.

[113] Vgl. Bill IV/1, 374–378; s. ferner Ps 141,4; Jes 28,8; Jub 22,16; Av 3,3; bSan 63b.

[114] Dan 1,8.11f; Tob 1,10–12; Est 4,17[x]; JosAs 7,1 (Umkehrung von Gen 43,32); 8,5; Arist 181–183.186; IIIMakk 3,4.7; Sib IV 24–30; Philo, Jos 202; Josephus, Vita 14; yQid 1,10[61d]; bBer 43b[Bar.]; bAZ 8a[Bar.]; Dem 2,3. Nach jüdisch-pharisäischer Sicht war

der Tischgemeinschaft exemplarisch zum Ausdruck kommende Freiheit gegenüber Forderungen der Halacha koinzidierte mit einem wachsenden Bedürfnis nach eindeutiger Selbstidentifikation[115]. Vergleichbar den Konsequenzen des innergemeindlichen Sozialverhaltens, mußte auch dieses Streben zwangsläufig mit dem an Tora und Halacha orientierten jüdischen Selbstverständnis kollidieren. Der Anspruch der Christen, die Tradition, d.h. die Schrift, werde in rechter Weise erst im Lichte des Evangeliums ausgelegt[116], bewirkte ein übriges. Die Folge war ein Konkurrenzverhältnis zwischen christlicher Gemeinde und Synagoge, das ein permanentes Konfliktpotential in sich barg[117].

Jedoch blieb der sich hier anbahnende Antagonismus nicht auf das Verhältnis der um ihre Identität bemühten Ekklesia zum Judentum beschränkt. Die Traditionsverhaftung eines Großteils ihrer aus dem Judentum stammenden Mitglieder führte auch innerhalb christlicher Gruppen und Gemeinden zu erheblichen Spannungen (Röm 14,1–15,13; 15,30f; IIKor; Gal; Phil 3; vgl. Act 15,1f.5f; 20,22; 21,18ff). Der weitere Gang der Mission entschied den Konflikt zugunsten einer fast ausschließlich heidenchristlich geprägten Identität. Diese ergab sich aber nicht als Folge einer beliebigen, die jüdische Tradition negierenden Option. Sie entwickelte sich vielmehr *geschichtlich* notwendig aufgrund der Ausbreitung des christlichen Glaubens über das palästinische Kernland hinaus hin zu den ἔθνη. Die anfänglich *ethnozentrisch* definierte Identität der von Jesus initiierten *innerjüdischen* Erneuerungsbewegung (vgl. Mt 10,5f; 15,24.26par; 23,15; Mk 3,14par) mußte zugunsten einer *universalistisch* ausgerichteten aufgegeben werden (vgl. Mt 8,5–10.13par; 28,18–20; Mk 7,24–30par; Lk 10,30–37). *Sozialpsychologisch* gesehen haben wir es mit dem Ergebnis eines auf Selbstvergewisserung und Identitätsfindung angelegten Individuierungsvorgangs zu tun. *Soziologisch* betrachtet versteht sich die neue Gemeinschaft als legitime Miterbin der Heilstraditionen Israels, mit denen sie ihre Separation vom Synagogenverband in Abwehr und Widerspruch begründet[118]. Diesem Prozeß korrespondierte *theologisch* die Interpretation der Tora vom Christusereignis und also vom Evangelium her (Lk 24,25–27.44–46; Joh 1,45; 5,39; Act 3,13–15; Röm 3,21–26.28–30; 4,23f; 15,4; IKor 10,4.11; IIKor 3,6.12–18; Gal 2,15–21; 3,13.26–29; Phil 3,3 u.ö.).

»Das Überlieferte (muß) auch revidiert werden können«[119], wenn anders es als sakrosankt ontologisiert würde und sich damit dem Ideologieverdacht

---

der Heide mit Totenunreinheit behaftet, Bill II, 759f. Vgl. weiterhin Lk 15,2; Act 10,14.28; 11,3.8; 15,5; Tacitus, Hist. V 5; Diod. Sic., Bibl XXXIV 1,2; Philostrat, VitApoll. V 33; Cassius Dio XXXVII 17,2.

[115] Vgl. den wohl von außen beigelegten Namen Χριστιανοί (Act 11,26, vgl. 26,28; IPetr 4,16) und die Eigenbezeichnung als ἐκκλησία (τοῦ) θεοῦ bzw. τοῦ Χριστοῦ (Röm 16,16, vgl. Gal 1,22).

[116] Vgl. nur Röm 4,23f; 15,4; IKor 9,10; 10,4.11; Lk 24,27.

[117] IIKor 11,24–26.32f; IThess 2,15f; vgl. Joh 9,22; 12,42; 16,2; Act 17,1–9.13; 18,12. Dabei werden auch psychologische Affekte eine Rolle gespielt haben. Aber die »Aggressivität« der Judenchristen als Reaktion auf die Zurückweisung ihrer Botschaft als den entscheidenden Trennungsfaktor in Anschlag zu bringen, wodurch sich wiederum »antichristliche Gefühle« bei den Juden einstellten, ist ein die *sachlichen* Divergenzen zu rasch abblendendes Erklärungsmodell, D. Flusser, Schisma, 223.

[118] Vgl. die Erwägungen bei F. Watson, Paul, 38–40.

[119] J. Habermas, Logik, 278, vgl. bes. 149–176.

aussetzte[120]. Nicht zuletzt aus diesem Grund ist eine verstärkte Sensibilisierung dafür erforderlich, ob die wirkungsgeschichtliche Verflechtung von überliefertem Text und Rezipient im Vollzug der Auslegung auch wirklich zum Tragen kommt. Andernfalls bestimmte alleine das selektive Interesse an Erfahrungen der Gegenwartswirklichkeit bzw. an ihrer (Un-) Veränderbarkeit den Modus der Aneignung biblischer Sätze, ihrer Denkstrukturen und ihrer noch zu erkennenden sozialen oder auch emotionalen Ausgestaltung. Damit aber wäre die Wahrheitsfrage von vorneherein entschieden.

Während der zuletzt genannte Aspekt bei den Vertretern einer »Exegese des Neuen Testaments nach dem Holocaust« und einer »Theologie nach Auschwitz« ins Hintertreffen zu geraten droht[121], gilt die vorherige hermeneutische Erinnerung deren theologischen Antipoden[122]. Im folgenden Kapitel ist darauf einzugehen, welche exegetischen und hermeneutischen Prämissen den Vorwurf begründen, das Neue Testament weise in seinem Kern eine antijüdische Struktur auf.

---

[120] Hierzu J. HABERMAS, Wahrheit, 53, sowie die kritischen Anfragen zu H.-G. GADAMERS Traditionsverständnis bei M. OEMING, Theologien, 48–52.

[121] Wohl auch deswegen ist eine zumindest partielle Kommunikationsbarriere nicht zu verkennen. Wenn etwa P. v. d. OSTEN-SACKEN all denen, die aufgrund sachlicher Erwägungen den theologischen Konsequenzen dieses neuen Paradigmas ihre Zustimmung verweigern, unterstellt, sie erneuerten damit permanent »das christliche Nein zum Weg des jüdischen Volkes« und bewegten sich zwischen »lebendigen Halbwahrheiten und toten Richtigkeiten«, Skandalon, 274, paralysiert er nicht nur die eigene Wahrnehmungsfähigkeit. Ein solches Verdikt läuft im Ergebnis auf eine Immunisierung gegenüber den so charakterisierten Positionen hinaus. Überdies ist es in dieser Allgemeinheit schlicht falsch.

[122] Obwohl G. KLEIN der schuldigen »schonungslose(n) Sachkritik« an »historisch-exegetischen Fragestellungen« das Wort redet, sofern diese sich als Repräsentanten eines Judenverfolgung und Genozid vorbereitenden christlichen Antijudaismus entpuppten, Präliminarien, 230f, entideologisiert er sie entgegen seiner Absicht nur scheinbar. Tatsächlich objektiviert er solche Fragestellungen samt den gewonnenen Ergebnissen mit Hilfe des historisch-kritischen Instrumentariums. Damit begibt er sich aus dem historischen Zirkel, in den er durch die Auslegung selbst gestellt ist, weil er die wirkungsgeschichtliche Dominanz der Überlieferung verkennt. Selbst die Auskunft, »nur« historisch-kritisch zu urteilen, a.a.O. 231, ist im Anschluß an H.-G. GADAMER symptomatisch für die »Naivität des Historismus«, der meint, »ohne Reflexion auf die eigene Ausgangssituation einfach auf die Suche nach dem historischen Objekt gehen und dieses in Augenschein nehmen zu können«, P. STUHLMACHER, Hermeneutik, 197. Vgl. H.-G. GADAMER, a.a.O. 274f.276–278.283f.

4 Neues Testament und Antijudaismus

Die aktuelle Kontroverse um das Für und Wider eines im Neuen Testament existenten, genuin christlichen Antijudaismus gleicht einem exegetischen wie hermeneutischen Minenfeld[1]. Schon deshalb wäre es voreilig, in diesem Kapitel eine ausgeführte Hermeneutik einer nicht-antijüdischen Auslegung biblischer, d.h. neutestamentlicher Texte zu erwarten. Diese Aufgabe kann erst dann mit einiger Aussicht auf Erfolg angegangen werden, wenn zuvor mehrere Voraussetzungen geklärt sind.

4.1 Der neutestamentliche Befund und seine Aporien

G. THEISSEN hat kürzlich die Aporien und Widersprüchlichkeiten benannt, die sich im Umgang mit den Antijudaismen des Neuen Testaments ergeben[2]. Sie offenzulegen ist ebenso hilfreich wie gefährlich. Hilfreich, weil damit Reaktionen gewehrt wird, die sich allzu vorschnell mit einlinigen Erklärungsmodellen zufrieden geben. Gefährlich deshalb, weil die suggestive Kraft des Eingeständnisses, jede Annäherung an das Phänomen des neutestamentlichen Antijudaismus ende per se in Sackgassen, zur Kapitulation vor der gestellten Aufgabe verleiten könnte. Einen solchen Rückzug legitimieren aber weder die in Frage stehenden Texte selbst noch die augenblickliche Gesprächslage. Im Gegenteil, ihr aktueller Stand, der Verlauf der Debatte und nicht zuletzt die Anerkenntnis des Neuen Testaments als christliche Glaubensurkunde drängen auf eine Reflexion darüber, mit welchem Recht und aufgrund welcher Kriterien von einem spezifisch christlichen, bereits den neutestamentlichen Schriften inhärenten Antijudaismus geredet werden darf oder nicht.

---

[1] Entsprechend uferlos ist die Literatur, die sich explizit oder implizit mit dem Thema beschäftigt. Neben den gleich zu nennenden Titeln verweise ich vorerst auf die einschlägigen Sammelbände von W. ECKERT u.a. (Hg.), Antijudaismus; E. FLEISCHNER (Hg.), Reflections; H. GOLDSTEIN (Hg.), Gottesverächter; A. T. DAVIES (Hg.), Foundations; P. RICHARDSON/D. GRANSKOU (Hg.), Anti-Judaism I.

[2] Aporien, bes. 540–549.

In zwei zentralen Fragen besteht gegenwärtig eine weitgehende Übereinstimmung. Jedoch ist gleich hinzuzufügen, daß dieser Konsens auf sehr unterschiedlich beurteilten Voraussetzungen beruht. Nur so wird erklärlich, daß von der scheinbar gleichen Basis abgeleitete Schlußfolgerungen völlig konträr ausfallen können. Weithin unstrittig ist, daß in Teilen des Neuen Testaments antijüdische Ressentiments zutage treten, die von den Rezipienten der betreffenden Schriften auch nur in diesem Sinne zu deuten waren. Diese Antijudaismen fordern zur Sachkritik heraus. Zugleich werfen sie die Frage nach den Kriterien solcher Kritik auf. Ebenfalls besteht Einigkeit darin, in welch starkem Ausmaß biblische und speziell neutestamentliche Texte im Laufe ihrer Rezeption antijüdisch interpretiert wurden. Beispiele dafür lassen sich schon in der frühen Christenheit finden[3]. Etwas anderes darf freilich nicht übersehen werden. Auch das genaue Gegenteil ist anzutreffen. Bei ein und demselben Autor begegnen neben judenkritischen Aussagen projüdische, die vom Adressaten in keinem anderen Sinn zu dekodieren waren[4]. Dieser Ambivalenz und der von ihr gestellten Aufgabe, ihr historisch *und* theologisch gerecht zu werden, hat man sich immer wieder entzogen. Entweder dadurch, daß eine anstößige Passage – etwa IThess 2,(13)14–16 – als sekundäre Interpolation ausgeschieden[5] bzw. auf psychologischem Weg entschärft wurde[6] oder indem man projüdische Stellen wie Joh 4,22b als spätere Ergänzung deklarierte[7]. Ein solches Verfahren setzt sich freilich dem Verdacht aus, unbequeme Wahrheiten auf diese Weise zu eskamotieren. Die Existenz solcher Aussagen verlangt jedoch nicht die Filigranarbeit des literarkritischen Skalpells, sondern eine Antwort, die Widersprüchlichkeiten nicht nivelliert und selbst einseitig erscheinende Optionen angesichts ihrer theologischen und säkularen Wirkungsgeschichte hermeneutisch produktiv werden läßt. Zugleich unterstützt der Befund das sich eigentlich von selbst verstehende Plädoyer für eine Interpretation der negativen *und* positiven Urteile nicht allein

---

[3] Vgl. die Studie H. SCHRECKENBERGS, Adversos-Judaeos-Texte.

[4] Wenige Beispiele mögen als Hinweis genügen. So steht Mt 10,5f und 15,24.26 neben Mt 21,42f; 23 (vgl. Lk 11,39–52) und 27,24f; Joh 4,22 neben 1,17f; 8,37f und 8,42–44; Röm 3,1f; 9,1–5; 10,1; 11,1f.13f.28b.29 neben Röm 5,20 und IThess 2,14b-16.

[5] Freilich mit sehr unterschiedlicher Überzeugungskraft und Begründung vertreten. Vgl. die den Diskussionsstand sichtenden Überblicke von G. E. OKEKE, Fate, 127–136; R. F. COLLINS, Integrity, bes. 97–105. Zur Ursprünglichkeit dieses Passus s. zuletzt J. A. WEATHERLY, Authenticity, 79–98. Daß Paulus in 2,15f nicht nur an geläufige Topik anknüpft, sondern Tradition verarbeitet hat, ist sehr wahrscheinlich, vgl. Lk 11,47f.49–51; 13,34f (Mt 22,6; 23,32f; Mk 12,1–11; Act 7,52), dazu O. H. STECK, Geschick, 274–279; R. SCHIPPERS, Tradition, 223–234; O. MICHEL, Polemik, 204–209, aber auch I. BROER, Judenpolemik, 747–749.

[6] SCH. BEN-CHORIN, Elemente, 44f; G. BAUMBACH, Antijudaismus, 70: der einstige Christenverfolger Paulus habe seinen vergangenheitsbedingten Selbsthaß auf die Juden projiziert und diese mit seinem Trauma belastet.

[7] R. BULTMANN, 139 mit Anm. 6; J. BECKER I, 174–176. Vgl. hingegen H. THYEN, Heil, 163–184; C. K. BARRETT, 255.

im Kontext der jeweiligen Schrift(en) eines Verfassers, sondern im Zusammenhang des ganzen Neuen Testaments. Denn das Neue Testament gehört mit allen seinen Teilen zur christlichen Tradition, die selbstkritisch zu bedenken unsere Aufgabe »in der Situation nach dem Holocaust« sein muß[8]. Spätestens hier zerbricht der zuvor beschriebene Konsens vollends. Denn jetzt geht es nicht mehr nur um eine sachkritische Wertung der antijüdisch beurteilten Inhalte des Neuen Testaments. Hermeneutisch begriffen und wahrgenommen werden muß die Spannung, die aus dem Nebeneinander der projüdischen und judenkritischen Aussagen folgt. Von daher ergeben sich Anfragen an den rezeptionsgeschichtlichen Ansatz der bisherigen Antijudaismusdebatte.

4.1.1 Einstieg: Die Position R. RUETHERS

Diese Debatte wird seit mehr als 15 Jahren nachhaltig bestimmt durch R. RUETHERS ebenso provozierende wie stimulierende These, das Christentum sei seinem Wesen nach antijüdisch. In wenigen Worten zusammengefaßt besagt sie: der spezifisch christliche Antijudaismus erwuchs »dem interreligiösen Gegensatz zwischen Judentum und Christentum über die Messianität Jesu«[9]. Seine besondere Aggressivität resultiert daher, daß sich Christen und Juden von Beginn an als Rivalen innerhalb ein und desselben religiösen Bezugssystems empfanden. Der sich von christlicher Seite aus als Gruppenhaß artikulierende Antijudaismus entzündete sich an der exklusiven Beanspruchung der gemeinsamen religiösen Symbole, die die eigene Identität sichern sollten[10].

Von diesem religions- und sozialpsychologisch orientierten Ansatz her[11] findet R. RUETHER auf deduktivem Weg einen Zugang zu Themen und Glaubenssätzen, die sie als Indiz jenes »antijüdischen Mythos«[12] interpretiert, von dem bereits die neutestamentlichen Schriften durchtränkt seien. Danach bildete sich der in verheerender Weise wirkmächtig gewordene Antijudaismus weder als ein akzidentielles Phänomen noch als ein peripheres Element des christlichen Glaubens aus[13]. Er verkörpere vielmehr die ins Ideologische gewendete Kehrseite des Glaubens an Jesus als den Messias[14]. Denn mit dem

---

[8] U. LUZ, Bemerkungen, 204.

[9] Brudermord, 35, vgl. a.a.O. 58f.

[10] A.a.O. 35, vgl. 80.

[11] Vgl. vor allem a.a.O. 228f.

[12] A.a.O. 210f.241.

[13] Hand, 1. Vgl. G. BAUM, Dogma, 144.

[14] Brudermord, 66.229f.241. In diesem kritisierten Sinn reden etwa U. WILCKENS, Antwort, 609–611; U. LUZ, a.a.O. 205, und D. R. A. HARE, Rejection, 41f, vom Antijudaismus als der »Kehrseite des solus Christus« (U. LUZ), wobei sie mit dem Begriff jedoch das christliche Heilsverständnis im Unterschied zum jüdischen charakterisieren.

messianischen Jesusbekenntnis der Christen erscheine die theologische Existenz des die Messiasfrage offen haltenden Judentums überholt. Damit aber, so R. RUETHER, definiere das Christentum seine Christologie auf Kosten ihres jüdischen Ursprungs und in Abgrenzung zum Judentum. Indem die Christologie das eschatologische Ereignis historisiere, verwandle sich die im jüdischen Glauben festgehaltene *Dialektik* von Zukunft und Gegenwart, von erhoffter und gelebter Erlösung, von Partikularismus und Universalismus in einen *Dualismus*. Dessen eine Seite werde auf »das ›neue messianische Volk‹, die Christen«, bezogen, die negative Seite bleibe hingegen dem »alte(n) Volk«, den Juden, vorbehalten[15]. M.a.W., Jesus Christus selbst und das Bekenntnis zu ihm seien zwangsläufig mit Antijudaismus verbunden und hätten als sein Initiationspunkt zu gelten[16].

Diese im wahrsten Sinne des Wortes radikalisierte Genese des christlichen Antijudaismus, der, folgt man R. RUETHER, »historisch tief im Wesen des Christentums liegt«, ist von höchster Brisanz. Nicht von ungefähr nimmt das von ihr geprägte Schlagwort vom Antijudaismus als der linken Hand der Christologie[17] den Rang eines Schibboleths ein, das Gleichgesinnte hinter sich schart und Andersdenkende einem Legitimationszwang aussetzt. Nun kann man in einer solchen Parole nichts anderes als einen »semantischen Einschüchterungsversuch«[18] erblicken, der sich angesichts ihres in das Neue Testament verlagerten genetischen Ursprungs historisch wie hermeneutisch als dysfunktional erwiesen habe[19]. Doch dürfte das Problem mit dieser Einschätzung kaum zutreffend beschrieben, geschweige denn erledigt sein. Im Gegenteil, der Vorwurf, nach wie vor würden antijüdische Traditionen bei der Rezeption neutestamentlicher Texte unkritisch übernommen, wodurch der Antijudaismus als *der* Geburtsfehler des Christentums strukturell weiter ver-

---

[15] Brudermord, 129. Jüngst hat CHR. HOFFMANN diesem Phänomen des »dualen Schematismus« eine eindringliche Studie gewidmet, Antithese, 20–38. Danach figurierte, sozialpsychologisch betrachtet, der undifferenziert gebrauchte Gattungsbegriff *Judentum* als »Antithese« und »Gegenbild« zum eigenen christlichen Ideal und Selbstverständnis. Damit sei *das* Judentum zum ständig negativ konnotierten, unaufhebbaren »asymmetrischen Gegenbegriff« des Christentums schlechthin degradiert worden (a.a.O. 30), das sich auf diese polemisch-aggressive Weise seiner Identität versicherte. Mit Hilfe dieses bereits in der vor- und außerchristlichen Antike verwendeten Stereotyps, das nun religiös überformt und dadurch legitimiert wurde, habe das Christentum seine Judenfeindschaft schließlich strukturiert und sie ideologisch festgeschrieben.

[16] Die über diese These aufgebrochene Diskussion hat eine ganz eigene Dynamik entfaltet und ist in ihrer Vielfalt kaum mehr zu dokumentieren. Neben den in Anm. 1 genannten Sammelbänden vgl. nur J. G. GAGER, Origins, 19f.24–34.273–275; G. BAUM, Einleitung, 9–28; P. v. d. OSTEN-SACKEN, Nachwort, 244–251.269; W. KLASSEN, Question, 1–19, bes. 15–19; J. C. MEAGHER, Twig, 8–26; G. BAUMBACH, a.a.O. 74–81; M .J. COOK, Perspective, 186–189; W. STEGEMANN, Judenfeindschaft, 145–153.

[17] Theology, 79; Hand, 2; vgl. auch Brudermord, 66.229; J. SEIM, Deutbarkeit, 459.

[18] G. KLEIN, Antijudaismus, 411.

[19] A.a.O. 449.

festigt und prolongiert werde, scheint aktueller denn je zu sein[20]. Sobald es um die von E. Grässer als »neuralgisch« diagnostizierten hermeneutischen, soteriologischen und ekklesiologischen Grundfragen geht[21], ertönt die Warnung vor dem erneuten Aufleben antijüdischer Argumentationsmuster.

Diese Lage macht eine Verständigung über die Prämissen und Absichten des Einwandes unerläßlich. Vor allem dann, will man den Vorwurf nicht einfach ignorieren oder seinen unbequemen Urheber durch bloße Spiegelung seiner Vorwürfe paralysieren[22]. Trotz oder gerade wegen ihres Schlagwortcharakters bedarf die Kategorie »Antijudaismus«[23] der exegetischen Klärung und der genaueren methodischen Prüfung.

4.2 Zur Semantik der Terminologie

Soweit ich sehe, wird der inkriminierte Ausdruck in dreifacher Hinsicht verwandt. *Erstens* ist Antijudaismus ein mehr oder weniger ausgeprägtes Strukturelement der neutestamentlichen Texte selbst, wenn »die im Neuen Testament dokumentierte Kindheitsgeschichte des Christentums«[24] so qualifiziert wird und diesem Verdikt anheimfällt. In diesem Fall wäre der Antijudaismus, der, wie E. Stegemann es formuliert, das Neue Testament in seinen »Fesseln« hält[25], als ein »Ursprungsphänomen« begriffen[26]. *Zweitens* ist Antijudaismus das dominierende, den Modus des Verstehens und dadurch das Verständnis selbst regierende Moment in der Auslegungs- und Wirkungsgeschichte biblischer, speziell neutestamentlicher Texte und Überlieferungen.

---

[20] Vgl. nur E. Stegemann, Nähe, 114–122; L. Schottroff, Schuld, 324–343 (hier jeweils auf die Interpretation des Joh bezogen). Nicht zufällig basiert E. Stegemanns Forderung nach einer »Ent-Antijudaisierung des Evangeliums« in erster Linie auf dem vierten Evangelium, wenngleich sie ihrer Intention nach das ganze Neue Testament einschließt.

[21] Heilswege, 214.

[22] Vgl. D. Sänger, Verlust, 250–253.

[23] Ich gebrauche den Begriff »Antijudaismus« im Unterschied zu »Antisemitismus« zur Kennzeichnung der dem Christentum entstammenden, theologisch motivierten Feindschaft gegenüber Juden und dem Judentum. Daß außerchristlich-pagane Faktoren ihre Entstehung und Verbreitung begünstigt haben, der theologische Antijudaismus mithin unter *diesem* Aspekt »nur eine Spezies einer welthistorisch-allgemeinen Erscheinung« ist und zur »welthistorischen Pluralität der Religionen« gehört, H. M. Klinkenberg, Antisemitismus, 7, ist phänomenologisch, soziologisch, sozialpsychologisch und religionsgeschichtlich sicher von Interesse. Doch wäre es verhängnisvoll, diese historische Einsicht zu instrumentalisieren und sie als Entschuldigung oder gar als Rechtfertigung christlichen Fehlverhaltens gelten zu lassen, vgl. J. G. Gager, a.a.O. 14–23.271–273; D. R. A. Hare, a.a.O. 28–40.46f; I. Broer, Antijudaismus, 351f.

[24] E. Stegemann, Paulus, 117.

[25] Krise, 77.

[26] G. Klein, a.a.O. 412. Vgl. W. Stegemann, a.a.O. 145; I. Broer, Urteil, 6f.

Indem er in einen vielfältig begründeten »Verständnisrahmen«[27] des Rezipienten eingebettet ist, zugleich diesen Rahmen wiederum selber schafft und mitgestaltet, ist Antijudaismus in dieser Reziprozität eine hermeneutische Kategorie im Prozeß der Übernahme, Aneignung und Weitergabe. *Drittens* ist Antijudaismus schließlich weder eine historisch-sachkritische noch auch eine hermeneutische Kategorie, sondern fungiert, beide Aspekte gleichsam fokussierend, als eine Art Scheidewasser in der gegenwärtigen theologischen und vor allem exegetischen Forschung. Der sich auf historische und exegetische Erkenntnisse stützende sowie durch die Analyse wirkungsgeschichtlicher Prozesse gewonnene Begriff wird zu einem Wissenschaftspostulat[28] erhoben, fungiert mithin als ein neues Paradigma theologischer Urteilsbildung[29]. Damit ist aber nolens volens eine polemische Differenzbestimmung eingeführt, die fatale Folgen hat. Denn mit ihrer Hilfe kann jede Position (und Person) abqualifiziert und stigmatisiert werden, die sich diesem Postulat verschließt.

Der letztgenannte Sprachgebrauch scheidet bei der weiteren Nachfrage aus, inwiefern und aufgrund welcher Kriterien zu Recht von einem genuin neutestamentlichen Antijudaismus gesprochen werden darf. Denn er vernichtet von vornherein jede auf Dialog und Kommunikation zielende Bemühung, grenzt ab und läuft letztendlich auf eine autosuggestive Immunisierung heraus, die nur der eigenen Rechtfertigung dient. Die Alternative, um die es geht, heißt also: gibt es einen genuinen neutestamentlichen Antijudaismus, der als ein *grundsätzlicher* Antijudaismus konsequenterweise und im Kern die »religiöse und theologische Illegitimität des Judentums«[30] behauptet und damit das Existenzrecht der Juden bestreitet, oder gibt es ihn nicht? Liegen die Wurzeln des christlichen Antijudaismus im zweiten Teil der biblischen Glaubensurkunde selbst, oder entpuppt er sich als das Werk massivster Ideologisierung neutestamentlicher Aussagen, die deren realgeschichtlichen Be-

---

[27] K. BERGER, Exegese, 92.

[28] M.E. steckt dies hinter der These von der konfessorischen Bedeutung des Holocaust, wie sie B. KLAPPERT vorgetragen hat, Wurzel, 42–46. Die Brisanz des Postulats erschließt sich, zieht man den Umkehrschluß. Jeder ist ein Antijudaist und stellt sich folglich außerhalb des Bekenntnisses (wobei offen bleibt, welches Bekenntnis gemeint ist), der selbst dem Holocaust bzw. Auschwitz diese Dignität nicht zubilligen kann. Denn es ist eben nicht dasselbe, den Holocaust zum – viel zu späten – Anlaß einer längst überfälligen und radikalen theologischen Neubesinnung zu nehmen, oder in ihm ein quasi offenbarungstheologisches Ereignis zu sehen. Zum Problem s. G. KLEIN, Präliminarien, 230–233; E. GRÄSSER, Exegese, 259–270; U. LUZ, Bemerkungen, 198.

[29] Vgl. G. WESSLER, a.a.O. 69; P. v. d. OSTEN-SACKEN, Grundzüge, 25f. Zur Kritik vgl. nur E. GRÄSSER, Heilswege, 214–220; G. KLEIN, a.a.O. 414–421 (hier allerdings verbunden mit einer m.E. problematischen eigenen Position).

[30] E. STEGEMANN, Krise, 75.

dingungen ignoriert? Ist er also, mit G. KLEIN gefragt, ein Ursprungs- oder ein Degenerationsphänomen[31]?

4.3 Frühchristliche Kritik an Tora und Halacha. Innerjüdischer Dissens oder strukturelle Judenfeindschaft?

Das Neue Testament ist an der historischen Genese des Antijudaismus maßgeblich beteiligt. Der Antijudaismus ist kein konstitutives Element des christlichen Glaubens und gehört nicht zu den immanenten Faktoren christlicher Identitätsfindung. Beide Behauptungen sind zu präzisieren.

Zweifellos enthalten die neutestamentlichen Schriften einzelne Stellen oder auch ganze Passagen[32], die immer wieder als Basis für antijüdische Polemik herhalten mußten. Doch ist gleich ein methodischer Vorbehalt anzumelden. Er betrifft das spannungsvolle Verhältnis zwischen Autor und Adressat/Rezipient/Tradent. Es ist geprägt von einer wechselseitigen Interdependenz, die jedoch die jeweils eigene Verantwortung und Selbständigkeit im Prozeß der Überlieferung nicht aufhebt, sondern gerade einschließt[33]. Vor al-

---

[31] A.a.O. 412.

[32] Die wirkungsgeschichtlich bedeutsamsten Texte sind Mk 12,1–12par; 12,38–40; Mt 21,42f; 22,1–14/Lk 14,16–24; Lk 11,39–52par Mt 23,2–36; Mt 23,37–39/Lk 13,34f; Mt 27,24f (zu Mt D.R.A. HARE, a.a.O. 32–35.38–46; I. BROER, Antijudaismus, 332–347); Lk 23,27–31; Joh 8,37–47; Act 7,51f; Röm 2,15–29; IIKor 3,4–16; IThess 2,15f; Apk 2,9; 3,9. Hinzu kommt die Rede von *den* Juden im Joh, die in mehr als der Hälfte aller 70 Belege negativ besetzt ist (anders etwa Joh 1,47; 2,6.13; 3,1; 4,22; 5,1; 8,31; 10,19; 11,19.45; 12,11; 19,20). Im pejorativen Sinn begegnen hier auch die Φαρισαῖοι (7,32.45–47; 8,13; 9,13.15f.40; 11,46f.57; 12,19.42; 18,3), ἀρχιερεῖς (7,32.45; 12,47.49.51.57; 12,10; 18,3.10.13.15f.19.22.24.26.35; 19,6.15.21) und die ἄρχοντες (7,25f.47f; 12,42f). Dieser typisierende Sprachgebrauch findet sich bei Mt ebenfalls, vgl. nur 7,29; 9,34; 10,17, ferner 11,16; 12,39; 16,4.12; 17,17; 28,15. In die gleiche Richtung geht die einseitige Belastung des jüdischen Volkes bzw. seiner führenden Repräsentanten mit dem Tode Jesu vor allem beim dritten Evangelisten, Lk 22,52; 23,2.4f.6–16.22b; Act 2,23; 10,39(36); 13,27f. Das Joh setzt m.E. die Trennung von der Synagoge voraus und reflektiert die Situation einer christlichen Minderheit, die um das ihr bestrittene jüdische Erbe ringt (9,22; 12,42; 16,2, vgl. 7,13; 11,7–10; 19,11.38; 20,19), K. WENGST, Gemeinde, 75–104; H. THYEN, a.a.O. 182f. M.E. wird man das auch für die Gemeinde des Mt sagen müssen, vgl. nur 10,17; 23,34, hierzu U. LUZ I, 70–72; K. PANTLE-SCHIEBER, Anmerkungen, 146.151f. Anders P. RICHARDSON, Israel, 188–194; A. FELDTKELLER, Identitätssuche, 71–73.

[33] Ohne daß ich jetzt zwischen Erstadressat und späteren Tradenten(kreisen) unterscheide, obwohl gerade der – zumeist einer gemeinsamen Geschichte entstammende – kommunikative Prozeß zwischen Sender und (Erst-)Empfänger für die Dekodierung der Textsignale und damit für die Ausbildung eines möglicherweise ganz neuen Traditionspotentials hermeneutisch von kaum zu überschätzender Bedeutung ist. Gerade die neuere Argumentationsforschung bemüht sich, die von H.-G. GADAMER mit äußerster Skepsis beurteilte Zeitgenossenschaft des Interpreten, d.h. sein Streben nach historischer Synchronie, methodisch neu zu fundieren.

lem im Modus der Schriftlichkeit tendiert jeder Text dahin, sich zumindest partiell von seinem Autor zu emanzipieren. Sein in bestimmter Weise autonomes Dasein entzieht ihn weithin der Kontrolle des Verfassers[34]. Obwohl sich also die Bedeutung eines Textes im späteren Stadium seiner Tradition aufgrund des aktuell intendierten Verwendungszusammenhangs situativ wandeln kann, bleibt er dennoch transparent für die ihm von seinem Verfasser beigelegte Sinnhaftigkeit. Die Primärabsicht mag zwar überlagert werden, sie verflüchtigt sich jedoch nicht restlos[35]. Bezogen auf das zu behandelnde Problemfeld heißt das: eine antijüdische Rezeption und Auslegung biblischer Texte mitsamt ihrer Folgewirkung läßt den solchermaßen in Anspruch genommenen Text oder Autor nicht schon eo ipso antijüdisch werden. Zwar dürfen sich weder Text noch Autor von ihrer mißbräuchlichen Vereinnahmung eigenmächtig dispensieren. Aber ihren späteren Interpreten einfach als ein bloß reproduzierendes Subjekt unkontrollierten Verstehens auf die in die Überlieferung eingedrungenen Stimmen und (möglichen) Wertverschiebungen festzulegen, womit die Möglichkeit einer unmittelbaren Begegnung a priori geleugnet ist[36], mehr noch, den wirkungsgeschichtlich letztendlich dominanten Strang einer Überlieferung mit ihrem ursprünglichen Gehalt einfach zu identifizieren, läuft auf eine Verobjektivierung von erst im Laufe der Tradition ausgebildeten, nicht selten ideologisch fixierten Argumentationsmustern hinaus. Daher gerät eine vornehmlich an der Wirkungsgeschichte orientierte Bewertung genetischer Prozesse aufgrund primär rezeptionsgeschichtlich gewonnener Kriterien in die Gefahr, ahistorisch zu urteilen. Denn die Kritik einer Idee oder Vorstellung, die von ihrer Wirkungsgeschichte her zwingend gefordert ist, muß keineswegs identisch sein mit der Negation ihrer sich geschichtlicher Rückschau darbietenden Primärabsicht[37].

Um an dieser methodisch entscheidenden Weggabelung weiter zu kommen, ist zweierlei zu unterscheiden, ohne daß der sich aus der Korrelation ergebende innere Bezug zu leugnen wäre: a) die einem kontingenten geschichtlichen Kommunikationsprozeß entstammenden und wiederum in ihn eingegangenen theologischen Vorstellungen und Konzeptionen, die sich ihrerseits in einem von dieser spezifischen Situation abhängigen Sprachkodex artikulieren, b) ihre unter Umständen selektive Aufnahme und Weitergabe im Interesse eines aktuellen, von der Primärsituation abgekoppelten Verwen-

---

[34] H.-G. GADAMER, a.a.O. 369.

[35] Vgl. hierzu H. THYEN, Studie, 117f.

[36] Darin liegt m.E. das eigentliche Problem der von GADAMER inaugurierten wirkungsgeschichtlichen Hermeneutik. Vgl. hierzu die kritischen Bemerkungen F. SIEGERTS, a.a.O. 176–180, der freilich den eigenen argumentationstheoretischen Prämissen ein zu großes Vertrauen entgegenbringt.

[37] H. FRANKEMÖLLE hat am Beispiel von Mt 23 überzeugend demonstriert, wie weit Intention und Rezeption eines Textes auseinanderklaffen können, Tradition, 133–190.

dungszusammenhangs, innerhalb dessen sie ihre gewünschte Funktion als autoritative Instanz (ob sozial-integrativ oder schismatisch nach innen, ob werbend, apologetisch oder polemisch nach außen gerichtet) entfalten sollen. Diese vom Rezipienten eingeleitete intentionale Neuorientierung der Ursprungsüberlieferung kann dazu führen, daß ihr realgeschichtlicher Kontext völlig verblaßt. Ohne sich dagegen wehren zu können, wird sie positivistisch vereinnahmt und erhält den Status eines auf der metahistorischen Ebene angesiedelten Legitimationsobjekts, dessen Argumentationspotential so willkürlich reduziert wird[38]. Auf der Basis dieser differenzierenden Betrachtung ist die These von einer antijüdischen Grundstruktur der neutestamentlichen Schriften weiterzuverfolgen.

Jüdisches Denken prägt weite Teile des Neuen Testaments. Nicht von ungefähr nennt es SCH. BEN-CHORIN eine »Urkunde der jüdischen Glaubensgeschichte«[39]. Die überwiegende Mehrzahl seiner Verfasser sind Judenchristen. Wohl nur das lukanische Doppelwerk stammt mit Sicherheit von einem heidenchristlichen Autor[40]. Die neutestamentlichen Schriften dokumentieren in hohem Maß die Vertrautheit mit den Glaubensüberlieferungen Israels. Darauf deutet nicht zuletzt die eigene aktive Schriftbenutzung hin. Aber auch die Kenntnis zeitgenössischer halachischer Vorschriften und der aktualisierenden Schriftinterpretation (Midraschim, Pescharim) lassen sich nachweisen[41]. Daneben wird man mit einem schon sehr früh einsetzenden, spezifisch christlichen Eigenleben der alttestamentlich-jüdischen Tradition zu rechnen haben. Es erlaubte vor allem den Verfassern späterer Schriften, die – auch literarisch – in die christliche Sprachkompetenz eingegangenen alttestamentlichen Deutekategorien erneut aufzunehmen und sie zum integralen Bestandteil ihrer kerygmatischen Aussagen werden zu lassen.

So zeichnet sich Mt durch den kommentierenden Rückgriff auf die alttestamentlich-jüdische Tradition in besonderer Weise aus. Seine Absicht kommt nicht zuletzt in den sog. Reflexionszitaten zum Ausdruck[42]. Sie geben sich als ein christologisches Pro-

---

[38] K. HAACKER, Judentum, 171.

[39] Bruder Jesus, 10.

[40] Vereinzelt hält man noch an der jüdischen Herkunft von Lk fest, E. E. ELLIS, Circumcision, 390–399, vgl. dagegen M. RESE, Lukas-Evangelium, 2260–2264. Auch der Verfasser des Eph gilt bisweilen als Heidenchrist, C. L. MITTON, 264; A. LINDEMANN, Bemerkungen, 240.247. Vergleicht man aber Eph 1,4 mit sachlich verwandten altjüdischen Texten, hierzu O. HOFIUS, Grundlegung, 123–128, die jüdischem Denken verpflichteten Wendungen und Bilder in 2,20–22; 3,20f; 6,13–17 sowie Schriftgebrauch und -auswertung in 2,17; 4,8.25f; 5,2.18.21; 6,2f.14–17 (vgl. auch 1,20.22), spricht dies eher für einen judenchristlichen Autor.

[41] Vgl. den (ergänzungsbedürftigen) Überblick bei J. D. G. DUNN, Unity, 87–102.

[42] Mt 1,22f; 2,5f.15.17f.23; 4,14–16; 8,17; 12,18–21; 13,35; 21,4f; 27,9, vgl. 3,3; 13,14f; 24,15; 26,56 und zur Sache J. M. v. CANGH, Citations, 205–211; U. LUZ I, 134–140. In vergleichbarer Dichte begegnen sie nur noch bei Joh, 12,38; 13,18; 15,25; 18,9; 19,24.36, vgl. 17,12.

gramm zu erkennen, indem sie »das θέλημα τοῦ θεοῦ unter geschichtstheologischem Aspekt«[43] entfalten, wobei die alttestamentlichen Texte von der Geschichte Jesu her gedeutet und erschlossen werden. Paulus zieht gerade dort massiv die Schrift heran, wo es ihm um grundlegende theologische Einsichten und Begründungszusammenhänge seiner Evangeliumsverkündigung geht (Röm 1–4.9–11; IIKor 3; Gal 3f)[44]. In den Pastoralbriefen hingegen erscheint der Schriftbezug durch die christliche Überlieferung bereits *literarisch* vermittelt (Paulus)[45].

Durchweg ist zu beobachten, daß die neutestamentlichen Autoren die Schriftbelege nicht unkommentiert weitergeben. In einen übergreifenden konzeptionellen Rahmen gestellt, dient bereits der neue Makrotext als Schlüssel zu ihrer Interpretation, wie umgekehrt die Schriftstelle den Kontext erschließen hilft. Das ist durchweg bei den Reflexionszitaten der Fall. Aber die Verfasser nehmen sich als Tradenten und Exegeten der herangezogenen Schriftstellen auch die Freiheit, die Texte zum Teil entscheidend zu verändern.

Während etwa der redaktionelle Anteil des Mt am Wortlaut der alttestamentlichen Zitate vergleichsweise gering ausfällt und interpretationsbedingte Abweichungen selten anzutreffen sind[46], diese vielmehr dem Evangelisten bereits überkommen sein dürften[47], sieht der Sachverhalt bei Paulus anders aus. Zwar finden sich auch bei ihm weithin unverändert übernommene Schriftzitate[48]. Er strafft Texte (z.B. Röm 3,10–12 zit. ψ 13,1–3; 3,15–17 zit. Jes 59,7f[LXX]; 11,34 zit. Jes 40,13[LXX]; IKor 2,16 zit. Jes 40,13[LXX][49]), ohne daß dadurch immer eine den ursprünglichen Sinn verschiebende Neuakzentuierung erfolgte. Doch geschehen solche Kürzungen auch im Interesse des argumentativen Zitateinsatzes (vgl. nur IKor 14,21 zit. Jes 28,11f[LXX]; Gal 3,13 zit. Dtn 21,23c[LXX]). Gerade die letzte Stelle belegt, wie Paulus in den Wortlaut eingreift, um inhaltliche Veränderungen vorzunehmen, die sich seiner Beweisführung einfügen. Von der dreifachen Abänderung (Ersetzung von κεκατηραμένος durch das Verbaladjektiv ἐπικατάρατος [vgl. 3,10], Auslassung von ὑπὸ θεοῦ, Einfügung des generischen Artikels vor das Partizip κρεμάμενος) ist die zweite theologisch am bedeutsamsten. Paulus schließt damit die Fehlinterpretation aus, der Gekreuzigte sei ein von *Gott* Verfluchter. Insofern ist die Streichung zwingend. In Gal 3,11b läßt er das enklitische μου seiner Zitatvorlage Hab 2,4b[LXX] weg, so daß nun der präpositionale Ausdruck ἐκ πίστεως absolut steht und der intendierten christologischen Aussage funktional zugeordnet werden kann. Solche Eingriffe in den zitierten Text lassen sich

[43] H. FRANKEMÖLLE, Jahwebund, 389. Vgl. H. HÜBNER, Theologie I, 14.
[44] E. E. ELLIS, Use, 114–149; D. M. STANLEY, Interest, 241–252; D.-A. KOCH, Zeuge, bes. 199–353. Vgl. auch T. HOLTZ, Interpretation, 76–90.
[45] Vgl. unten Abschnitt 4.5.
[46] U. LUZ I, 138f. Anders z.B. W. ROTHFUCHS, Erfüllungszitate, 57–89.107.
[47] Vgl. G. STRECKER, Weg, 82f, der mit einer bereits schriftlich fixierten Sammlung prophetischer Weissagungen rechnet, die Mt benutzte. Doch auch ohne diese Quellenhypothese wird die vormatthäische Herkunft der Erfüllungszitate plausibel.
[48] Vgl. die Übersicht bei D.-A. KOCH, a.a.O. 102, sowie 186–189.
[49] Röm 11,34 und IKor 2,16 beweisen, daß Paulus den vollständigen Text von Jes 40,13[LXX] kannte, ihn aber jedesmal und sicher bewußt fragmentarisch zitierte.

zwar auch in der zeitgenössischen jüdischen Schriftexegese beobachten[50]. In der von Paulus gezielt betriebenen Form weisen sie jedoch auf einen hermeneutischen Wandel im Umgang mit der Schrift hin[51].

Die adaptierte Überlieferung wird also bereits in der Frühphase des Christentums auf vielfältige Weise kommentiert[52]. Nicht selten erfährt sie dabei eine tiefgreifende Umwandlung und Neuinterpretation. Die Evangelien berufen sich dabei auf Jesus selbst. Wie immer es um die Schichtung und das vorliterarische Traditionsgefüge des vielgequälten Abschnitts Mk 7,1–23 bestellt sein mag[53], innerhalb dessen v.15 (vgl. Mt 15,11; EvThom 14) in der Diskussion um das Pro und Contra seiner Authentizität und damit von Jesu Torakonformität eine Schlüsselposition einnimmt, ist m.E. nicht zu bestreiten, daß dieser Passus Jesu eigene Stellung zu Tora und Halacha grundsätzlich korrekt wiedergibt[54]. Er fügt sich ein in ein noch erkennbares, scharf genug konturiertes Gesamtbild[55]. Zwar ist Mk 7,15 eine zu schmale Basis, um allein von ihr aus eindeutige Gewißheit über Jesu Verhältnis zum zeitgenössischen Judentum zu gewinnen. Doch wirft das Logion ein Schlaglicht auf Jesu »praktische Gleichgültigkeit den Reinheitsfragen gegenüber«[56]. Deren diakritischer Bewertungsmaßstab bilden nicht Tora und Halacha[57], sondern die kommende und in bestimmter Weise schon gegenwärtige Gottesherrschaft[58].

---

[50] D.-A. Koch, a.a.O. 194f.

[51] Vgl. unten Exkurs I.

[52] Das gilt auch für den innerchristlichen Prozeß der Traditionsbildung, wie sich exemplarisch an der Übernahme und Kommentierung des Spruchguts durch Lk und Mt beobachten läßt.

[53] Neben den Kommentaren vgl. W. G. Kümmel, Reinheit, 117–129; H. Merkel, Verunreinigung, 340–363; W. Paschen, Rein, 155–187; K. Berger, Gesetzesverständnis, 461–483; H. Hübner, Studien, 142–191; J. Lambrecht, Investigation, 24–82; J. D. G. Dunn, Purity, 37–58; D. Lührmann, Speisen, 71–92; H. Räisänen, Food, 219–241; E. P. Sanders, Jesus, 132–136; W. Weiss, Lehre, 57–82; E. Cuvillier, Tradition, 169–192; J.-W. Taeger, Unterschied, 13–35, bes. 23ff.

[54] Anders urteilen natürlich diejenigen, die das Wort für nicht authentisch halten und in ihm eine spätere Gemeindebildung sehen, K. Berger, a.a.O. 475–477; H. Räisänen, Herkunft, 216–218; E. P. Sanders, Mishnah, 28 (mit der Begründung: »the saying ... appears to me to be too revolutionary to have been said by Jesus himself«). D. Flusser hält es gar für altes, vorjesuanisches Spruchgut, Synagoge, 28. Vgl. die sorgfältige Diskussion des Problems bei R. P. Booth, Purity, 96–114.217.219.233–235. Er plädiert mit guten Gründen für ein von Jesus stammendes Logion.

[55] Vgl. nur Mk 1,40fpar; 2,16par; Mt 11,19par; 23,25fpar; Lk 10.7–9; 11,37–41; 15,1f; 19,5 (Suspendierung von bzw. Kritik an Reinheitsvorschriften); Mk 2,27; 3,4par (Sabbatobservanz); Mk 1,16–20par; 10,28fpar; Mt 8,21fpar; 10,37par (afamiliäres Nachfolgeethos); Mk 11,15.19par; 13,1fpar; 14,58par; Lk 13,34fpar (Tempelkritik); Mk 10,9 (Scheidungsverbot).

[56] J. Becker, Geltung, 44. Vgl. U. Luz, Gesetz, 60.

[57] Das bedeutet keine totale Abrogation beider Größen. Der Befund verweist eher auf eine eigenständige Position im Verhältnis zur mündlichen und schriftlichen Tora.

[58] H. Merklein, Gottesherrschaft, 33–91; Chr. Burchard, Jesus, 20–35.

Auf der Ebene der markinischen Redaktion sind Struktur und Gedankengang von 7,1–23 klar[59]. Ohne die (pharisäischen?) Reinheitsvorschriften zu beachten, essen Jesu Jünger Brot (v.2)[60]. Von den Pharisäern und Schriftgelehrten (v.1) wird Jesus daraufhin angesprochen (v.5), nachdem ein erklärender Einschub (v.3f) die Konfliktträchtigkeit der Handlung erläutert. Jesu Antwort ist zweigeteilt (v.6–8.9–13), sprachlich angezeigt durch das redaktionelle καὶ ἔλεγεν αὐτοῖς in v.9a. Sie orientiert sich im ersten Teil am Stichwort παράδοσις τῶν πρεσβυτέρων (v.3c.5b, vgl. v.4b), das freilich in v.8b als παράδοσις τῶν ἀνθρώπων umgedeutet und der ἐντολὴ τοῦ θεοῦ (v.8a) kontrastiert wird[61]. Die Begründung liefert Jes 29,13[LXX] (v.6b.7). Der zweite Teil verläßt den konkreten Vorwurf von v.5b und verallgemeinert. Indem v.9 die Leitbegriffe des vorhergehenden Verses wiederholt (ἐντολὴ τοῦ θεοῦ, παράδοσις), wobei nun die im Zitat von v.7 genannten ἄνθρωποι mit den unmittelbar angeredeten ὑμεῖς identifiziert werden, ist die Unvereinbarkeit des λόγος τοῦ θεοῦ mit der παράδοσις ὑμῶν generell festgestellt (v.13). Nach einer redaktionellen Überleitung (v.14[62]) knüpft v.15 wieder an v.5 an[63]. Es schließt sich eine Jüngerbelehrung εἰς οἶκον (v.17a) an (v.17–23), die an Mk 4,10–34 (ὅτε ἐγένετο κατὰ μόνας, v.10a) erinnert und ihre Parallelen in 9,28.33; 10,10 hat. Innerhalb dieser eingeschränkten Öffentlichkeit lenkt Jesu Rede mit v.18b auf v.15a zurück und mit v.20 auf v.15b. V. 23 resümiert die Näherbestimmungen von v.20 in v.21f, die ihrerseits als Begründung (ἔλεγεν δέ, v.20) des »Kommentars«[64]: καθαρίζων πάντα τὰ βρώματα (v.19c) dienen.

Überzeugende überlieferungs- und formgeschichtliche Gründe lassen sich gegen die jesuanische Herleitung von v.15 nicht ins Feld führen[65]. Ebensowenig sticht das zunächst einleuchtende Argument, Paulus hätte, die Echtheit von v.15 vorausgesetzt, seinen in Gal 2,11–14 geschilderten Konflikt mit Petrus und Jakobus um die Geltung der Reinheitshalacha mit Hilfe dieses Wortes autoritativ entscheiden können, ja müssen[66]. Hierbei wird nicht nur über-

---

[59] Vgl. zuletzt R. P. Booth, a.a.O. 61f; B. J. Malina, Conflict, 3–6; E. Cuvillier, a.a.O. bes. 169f.189f. Mt 15,1–9 ist gegenüber der markinischen Fassung eindeutig sekundär. Der erste Evangelist hat die Mk 7,1–8.9–13 noch sichtbare Doppelüberlieferung zu einer Einheit verschmolzen.

[60] Für D. Flusser ein Indiz für die laxe religiöse Moral der Jünger, nicht Jesu, a.a.O. 27. Vgl. auch E. P. Sanders, Jesus, 265.

[61] Diese ist aber, wie im folgenden ersichtlich wird, nicht einfach mit der Tora identisch.

[62] Einleitendes προσκαλεσάμενος in 3,23; 6,7; 8,1.34; 10,42; 12,43; 15,44, vgl. 3,13; πάλιν ist markinische Vorzugsvokabel (28mal gegenüber 17mal bei Mt und 8mal bei Lk); ἀκούσατέ μου πάντες καὶ σύνετε nimmt Mk 4,12 (zit. Jes 6,9f[LXX]) positiv auf.

[63] Dabei ist es unerheblich, ob v.15 erst redaktionell mit v.5 in Verbindung gebracht wurde, oder ob der Vers zusammen mit 7,1f.5 ein Apophthegma bildete.

[64] D. Lührmann, a.a.O. 76.85f.

[65] Vgl. nur R. P. Booth, a.a.O. 67f, und dessen eingehende Kritik an einer jüdisch-hellenistischen Herleitung, a.a.O. 84–90. J. D. G. Dunn nimmt anhand von Mt 15,22 und EvThom 14 die abgemilderte matthäische Fassung als ursprünglich an. Doch gesteht er selber zu, daß genau diese Tendenz der matthäischen Redaktion entspricht, a.a.O. 40f.47.

[66] So argumentieren vor allem H. Räisänen, Freiheit, 58f; E. P. Sanders, Jesus, 266; G. Dautzenberg, Gesetzeskritik, 48f; W. Weiss, a.a.O. 71.

sehen, daß die frühe Gemeinde sich keineswegs davor scheute, in Sachfragen andere Akzente zu setzen, als sie ihr von Jesus her bekannt waren (vgl. Mk 10,9 und IKor 7,10f mit Mk 10,11fpar; Mt 5,32/Lk 16,18). Ein solcher Verweis hätte die paulinische Diskussionsebene zudem verschoben. Denn Paulus geht es ganz elementar um den in den galatischen Gemeinden propagierten Bundes- (3,15.17; 4,24) und Heilsfaktor *Beschneidung* (2,3.7–9; 5,2–6.11; 6,12f.15, vgl. 4,21; 5,13), auf dessen christologische und ekklesiologische Konsequenzen seine Kritik in Gal 2,11–14.15–21 abzielt. Röm 14,14 verrät aber, daß der Apostel von der in Mk 7,15par aufbewahrten Jesustradition (mitsamt der in 7,19c ausgesprochenen prinzipiellen Folgerung?) durchaus wußte (vgl. IKor 6,12b.13a; 8,8; 10,25f) und von ihr Gebrauch machte[67].

Entgegen dem Eindruck, den die kontroverse exegetische Debatte vermittelt, erweist sich die Alternative, ob sich in Jesu Kritik an der pharisäischen Reinheitshalacha sein »unüberbrückbare(r) Gegensatz zum Judentum«[68] manifestiert oder nicht, als eine nur scheinbare. Das gilt auch für die Stellen, die einen stimmigen Kommentar zu 7,15 abgeben[69]. Auf die an Tora und zeitgenössischer Halacha orientierte gegnerische Argumentationsebene läßt sich Jesus gerade nicht ein. Die spätere Überlieferung weiß darum und ist insofern ein sachgemäßer Interpret von Jesu Anliegen, als sie die παράδοσις τῶν πρεσβυτέρων bzw. τῶν ἀνθρώπων (v.5b.8b) mit seinem Anspruch kontrastiert, den Willen Gottes »ohne absichernden Rückgriff auf die Tora«[70] aus- und offenzulegen. Dadurch ordnet sich Mk 7,15 ein in das übergreifende Koordinatensystem der eschatologischen Verkündigung Jesu. Ihr zentraler Inhalt ist die Gottesherrschaft[71]. Gemeint ist die Herrschaft Gottes, die sich nach biblischem und nachbiblischem Verständnis am Ende der Tage offenba-

---

[67] U. Luz, a.a.O. 60.149 Anm. 112; N. Walter, Christusglaube, 428; N. Schneider, a.a.O. 121; J.-W. Taeger, a.a.O. 28f. Gegen G. Dautzenberg, a.a.O. 48f; P. Fiedler, Tora, 73f.81–83.85f; H. Räisänen, Herkunft, 214f. Nach ihm ist Mk 7,15 aus Röm 14,14 gesponnen, a.a.O. 216f. Sein Einwand, die Wendung οἶδα καὶ πέπεισμαι ἐν κυρίῳ Ἰησοῦ sei keine »Zitierformel«, übersieht, daß Paulus gar nicht zitiert, sondern sich nur auf ein ihm bekanntes Jesuswort bezieht. Vergleichbares findet sich IKor 7,10f/Mk 10,11fpar; IKor 9,14/Mt 10,10par; IKor 11,24f/Mk 14,22–24par, vgl. Röm 12,14/Mt 5,44; Röm 13,1–7/Mk 12,13–17par. Im übrigen hätte Paulus in Röm 14 ähnlich frei wie in IKor 10,23–33 argumentieren können (vgl. auch ITim 4,4f). Daß er es nicht tut, könnte ein weiterer Hinweis darauf sein, daß er sich bewußt an Jesusüberlieferung hielt.

[68] W. Schrage, Ethik, 71.

[69] Mt 11,19par; 23,25fpar; Mk 1,40fparr; 2,16par; Lk 10,7–9; 11,37–41; 15,1f; 19,5.

[70] H. Merklein, a.a.O. 97. Vgl. J. Becker, a.a.O. 43f.

[71] Mk 1,15par; 4,11par.26.30par; 9,47; 10,14fpar.23–25par; 12,34; 14,25par; Mt 5,3par.10.19f; 6,10par.33par; 7,21; 8,11par.12; 10,7par; 11,11fpar.28par; 13,19.24.33 par.38.43–45.47.52; 16,19; 18,1.3f.23; 19,12; 20,1; 21,31.43; 22,2; 23,13; 24,14; 25,1; Lk 4,43; 9,60.62; 10,11; 12,32; 13,28; 17,20; 18,29; 21,31; 22,16.18. Vgl. Joh 3,3.5.

ren wird[72], für Jesus aber schon jetzt in bestimmter Weise gegenwärtig und in dieser Welt angebrochen ist[73]. Er hat sein Wirken in Wort und Tat als Widerschein dieses Anbruchs verstanden, als das die Gegenwart schon auszeichnende Neue des noch Zukünftigen (Mt 12,28/Lk 11,20; Lk 17,20f, vgl. 10,23fpar; Mt 11,5fpar; 11,11fpar)[74]. Damit wird die Gottesherrschaft unmittelbar und direkt in die Konstitutionsbedingungen dieses Äons eingestellt[75]. Indem Jesus sie im Hier und Jetzt epiphan werden läßt, vollstreckt und proklamiert er sie als ein an ihn gebundenes und sich durch ihn vollziehendes endzeitliches Heilsgeschehen (vgl. bes. Mt 11,5par). M.a.W., Jesus selbst versteht sich als der irdische Repräsentant der Gottesherrschaft[76]. Ein solches Selbstverständnis ist Ausdruck eines ganz unmittelbaren Gottesverhältnisses, kraft dessen Jesus »neue Maßstäbe«[77] setzt, die auch mit Tora und halachischen Vorschriften kollidieren können.

Auf diesem Hintergrund sind die Sabbatkonflikte (Mk 2,23–28parr; 3,1–6parr; Lk 13,10–13; 14,1–6, vgl. Joh 5,9; 9,14) zu interpretieren. Sie lassen sich weder zugunsten der pauschalen These vereinnahmen, Jesus habe niemals ein Sabbatgebot übertreten[78], noch stützen sie die entgegengesetzte Behauptung, in ihnen dokumentiere sich seine Abrogation der Sabbatordnung[79]. Worauf Jesus abzielt, lassen Mk 2,27 und 3,4, deren Authentizität m.E. nicht zu bestreiten ist[80], noch deutlich genug erkennen. Bezeichnenderweise findet sich an keiner der beiden Stellen ein begründender Rekurs auf Gen 2,2f; Ex 20,8–11 oder Dtn 5,12–15, der auf eine Restitution des Schöpfungsgedan-

---

[72] Vgl. Jes 24,23; 52,7–10; Dan 2,34f.44f; 7,13f; Mi 2,12f; 4,6–8; Zeph 3,14f; Sach 14,6–11.16f; PsSal 2; 5; 17; AssMos 10,1.7–10; TestDan 5,10–13, ferner JosAs 16,16; 19,5.8. Zu den damit verbundenen frühjüdischen und bes. apokalyptischen Vorstellungen vgl. O. CAMPONOVO, Reich, bes. 141ff.237ff.332ff; K. MÜLLER, TRE III 202–251, sowie den von M. HENGEL/A. M. SCHWEMER hg. Sammelband, Königsherrschaft Gottes (hier vor allem die Beiträge von A. M. SCHWEMER und B. EGO).

[73] CHR. BURCHARD, Reich, 13–27.

[74] H. MERKLEIN, Künder, bes. 136–142; H. MERKEL, Gottesherrschaft, 142–150.

[75] Ansätze finden sich bereits in frühjüdischen Texten, TO zu Ex 15,18; Ber 2,5; yBer 4a.7b, weitere Belege bei G. DALMAN, Worte, 79–83. Doch ist zu beachten, daß Gottes Herrschaft erst im künftigen Äon sichtbar erscheinen wird, vgl. nur AssMos 10,1; Sib III 47.766; MShir 2,12; MekhY 56a, ferner PsSal 17,3f.

[76] H. MERKLEIN, Gottesherrschaft, 150. Vgl. CHR. BURCHARD, a.a.O. 14–20.

[77] M. HENGEL, a.a.O. 164. Durchaus zutreffend läßt sich W. PASCHENS Charakterisierung von Mk 7,15 als »Machtwort« und »konstitutiver Akt« auf Jesu Botschaft insgesamt übertragen, a.a.O. 186. Mißverständlich ist J. BECKERS Formulierung, Jesus setze aus »eigener Autorität« heraus »göttliches Recht«, a.a.O. 43. Jesu Autorität ist und bleibt eine von *Gott* abgeleitete.

[78] D. FLUSSER, Jesus, 44–49; H. RÄISÄNEN, Freiheit, 58. Vgl. auch E. P. SANDERS, Mishnah, 6–23, bes. 19–23.

[79] So H. SCHÜRMANN, 301.306.310f.

[80] E. LOHSE, Sabbat, 64–67; H. HÜBNER, a.a.O. 122.128f. Zu Mk 2,27 vgl. umfassend F. NEIRYNCK, Observations, 227–270.

kens hinausliefe bzw. eine Aktualisierung des Exodusgeschehens durch Sabbatobservanz intendierte[81]. Der Sabbat wird vielmehr funktional neu bestimmt unter den Bedingungen des Anbruchs der Gottesherrschaft. Die Brisanz des sich in dieser Haltung zu Wort meldenden Vollmachtsanspruchs Jesu, der sich gerade dadurch, daß er die »Unmittelbarkeit Gottes und seines Willens zum Zuge bringt«[82], die Freiheit zur Liebe bewahrt[83], läßt sich nicht minimieren, indem man auf ähnlich lautende rabbinische Äußerungen verweist[84].

In Mk 10,9 kritisiert Jesus die Anordnung von Dtn 24,1 nicht nur, er hebt die einzige in der Tora zu findende Scheidungsbestimmung auf[85]. Der Gehorsam gegenüber dem Wortlaut der Tora mißt sich am ursprünglichen Willen des Schöpfers (v.6–8). Dieser Wille gründet zwar in der Schrift (Gen 1,27; 2,24), er muß aber nicht mit einzelnen Torageboten identisch sein[86]. Das sich anschließende und zu v.9 querliegende Doppellogion in Mk 10,11f[87] zeigt überdies, daß selbst die frühe Christenheit dem radikalen Scheidungsverbot Jesu aufgrund eigener, ihm entgegenstehender Erfahrungen nicht mehr zu folgen vermochte. Jesu vollmächtiges, die Antithesen einleitendes »Ich aber

---

[81] Das wird von E. Spier nicht beachtet, Sabbat, 24–26.159f.

[82] W. Schrage, a.a.O. 72.

[83] Vgl. hierzu die bei aller Knappheit überzeugenden Bemerkungen von U. Luz, a.a.O. 64–67.150.

[84] So P. v. d. Osten-Sacken, a.a.O. 84 und 89 Anm. 42. Sein Hinweis auf Ber 9,5 ist insofern gegenstandslos, als hier Rabbi Nathans Auslegung von Ps 119,126 ausdrücklich eine *Notsituation* im Blick hat. Sollte darin auf den in der Mischna mehrfach begegnenden, in seiner Auslegung freilich umstrittenen Grundsatz נפש מפקח angespielt sein, bYom 85a; bShab 128b, vgl. MekhEx 22,1; bShab 132a (hier immer auf den Sabbat bezogen), für Qumran vgl. CD 10,14–12,1, wäre der Beleg geradezu ein Gegenbeispiel dessen, was P. v. d. Osten-Sacken zu beweisen sucht. Die erlaubte Ausnahme bestätigt um so mehr die Norm.

[85] Nach SifBam 15,22 zerstört der, der *ein* Gebot der Tora übertritt, den Bund. Im übrigen war es durchgängige Überzeugung des – nicht nur rabbinischen – Judentums, daß das Nichtbefolgen *eines* Gebotes die *ganze* Tora aufhebt, yQid 61d (vgl. Dtn 28,58; 30,10; Röm 2,25; Gal 3,10; 5,3; Jak 2,10; 1QS 1,13f); IVMakk 5,17.19–21.33 (καταλύω, vgl. Philo, SpecLeg III 182); ferner bMak 24a; SifraLev 19,33 (91a); MPs 15 § 7 (60a); MekhSh zu Ex 12,49. Im Hintergrund steht die auch im hellenistischen Judentum geteilte Überzeugung, daß die *ganze* Tora von Gott kommt, vgl. San 10,1 mit bSan 99a; SifDev 14,7; SifBam 15,31; Arist. 177.313; Josephus, Ap 1,37, sowie bEr 13a[Bar.]. Weitere Belege bei Bill IV, 435–451. Zur Sache s. A. Nissen, Gott, 335–342; H. Hübner, Herkunft, 222–225. bHul 4b widerspricht dem zuvor genannten Grundsatz nicht. Der dort diskutierte Beschneidungsverzicht bei einem Juden anerkennt einen Rechtfertigungsgrund: Hämophilie, vgl. bPes 96a; Ned 3,11, dazu N. J. McEleney, Conversion, 328–332. Ein völlig anderes Problem ist es, daß offenbar Kreise innerhalb des rabbinischen Judentums eine Aufhebung bestimmter Vorschriften in der messianischen Zeit erwarteten, P. Schäfer, Torah, 209–213.

[86] H. Stegemann, Jesus, 15f. Zu Recht wird in diesem Zusammenhang auf das Doppelgebot der Liebe als hermeneutische Leitlinie verwiesen und ihm eine implizit torakritische Funktion zuerkannt.

[87] Mk 10,11f ist gegenüber 10,9 eindeutig sekundär. Das gilt unbeschadet davon, ob man v.9 für ein Wort des irdischen Jesus hält. M.E. spricht alle Wahrscheinlichkeit dafür.

sage euch« besitzt trotz mancher formaler Entsprechungen[88] keine wirkliche Parallele im antiken Judentum[89]. Seine Hinwendung zu den im Volk als verachtet, sündig und unrein Geltenden[90], seine noch erkennbare distanzierte Haltung zum Tempelkult[91], sein Anspruch, in Vollmacht die Sünden zu vergeben[92], womit er ein ausschließlich Gott vorbehaltenes Vorrecht für sich in Anspruch nimmt[93], und schließlich seine Konflikte mit jüdischen Autoritäten, die seinen gewaltsamen Tod mitverursacht haben[94], veranschaulichen, in welcher Freiheit Jesus mit den ihm vertrauten Glaubensüberlieferungen umgehen konnte. Kriterium ist alleine der Wille Gottes, der sich im Liebesgebot zentriert (Mk 12,28–34parr; Mt 5,43–48par; 7,12par; 9,13; 12,7; 23,23)[95].

Dieser kritische Umgang mit Tora und Halacha, der sicherlich nicht das, aber ein wesentliches Element der Jesusüberlieferung ausmacht, gehört zum Urbestand des frühchristlichen Traditionsstroms und wurde auf seine theologischen und ethischen Implikationen hin reflektiert[96]. Jedoch wäre es ver-

---

[88] Zu ihnen W. BACHER, Terminologie I, 189f; G. DALMAN, Jesus-Jeschua, 65f.68f; M. SMITH, Parallels, 27–30.

[89] E. LOHSE, »Ich aber sage euch«, 73–87; D. KOSCH, Tora, 270–272.275f. E. LOHSE weist nach, daß vergleichbare rabbinische Äußerungen zwar eine Gegenposition zu anderslautenden Meinungen einleiten können, sich aber niemals als Opposition zur Sinai-Tora verstehen. Zudem ist für Jesus charakteristisch, daß er die Antithesen weder gegen schriftgelehrte Traditionen formuliert noch durch eine eigene Schriftexegese begründet.

[90] Mk 1,40–45parr; 2,13–17parr; Mt 11,19par; Lk 7,36–50; 15,1f; 17,11–19; 19,1–10. Auf dem Hintergrund von äthHen 62,13f einerseits und Gen 43,31f; Dan 1,8; Tob 1,10–12; Arist 142.161f; Jdt 10,5; 12,1f.19; Jub 22,16f; JosAs 7,1; 8,5; 12,5; ZusEst 4,17x; IIMakk 5,27; Josephus, Vita 3[14]; Bell II 488; bBer 43b; yShab 3c andererseits war Jesu Hinwendung zu den Verachteten und Sündern, indem er Tischgemeinschaft mit ihnen hielt, eine durchaus provokative Handlung.

[91] Mk 11,15–19parr; 14,58; Joh 2,13–16, vgl. Mk 13,1fparr; 15,29; Mt 17,24–27; 26,61; 27,40; Act 6,13f. Anders etwa L. SCHENKE, Urgemeinde, 161–163.179.

[92] Mk 2,5.10; Mt 9,2.6; Lk 5,20.24; 7,48, vgl. Röm 11,26b.

[93] O. HOFIUS, Sündenvergebung, 123–133. Die gelegentlich geäußerte Vermutung, 4QOrNab 1,3f belege die Sündenvergebung durch einen Menschen, wird durch den fragmentarischen Textbestand nicht gestützt, P. GRELOT, Prière, 483–495: 485f. Sie widerspräche auch 1QS 2,8; 1OH 11,10; CD 3,18; 20,34; 11QtgJob 38,2f, wo eindeutig Gott das Subjekt der Sündenvergebung ist, vgl. B. JANOWSKI, Sühne, 259–265.

[94] Diesen Zusammenhang bestreiten u.a. W. SCHENK, Passionsgeschichte, 533–536; P. v. d. OSTEN-SACKEN, a.a.O. 90. Nach ihm hatten die »Auseinandersetzungen Jesu mit seinen Zeitgenossen ... nichts mit seinem Ende zu tun«. Freilich zieht diese Behauptung ihre Kraft weithin aus der doch näher zu begründenden These, der Bezug der Konfliktszenen, die sich außerhalb Jerusalems ereigneten, zur späteren Kreuzigung sei eine »Konstruktion der Evangelisten«. W. SCHENK etikettiert deren Werke dann auch in selten voreingenommener Pauschalität samt und sonders als »Jesus-Darstellungen christlicher Antijudaisten«, a.a.O. 536. Vgl. unten Exkurs IV.

[95] Vgl. nur W. SCHRAGE, a.a.O. 73–84.87–93.

[96] N. WALTER resümiert für Paulus und die *Hellenisten* m.E. zutreffend, bei ihnen hätten offensichtlich solche Stoffe der Jesusüberlieferung eine Rolle gespielt und seien aktiv gepflegt worden, »die das gesetzesfreie und für die Heiden offene Evangelium zu begründen helfen konnten«, Jesustradition, 514.

fehlt, Jesus von Nazareth zum Antinomisten zu erklären, der in einem perma-
nenten Konflikt mit seiner jüdischen Umwelt gelebt hätte. Weder bei ihm
noch bei Paulus verfängt die Alternative: entweder Antinomist oder torakon-
former Pharisäer[97]. Das Aufrichten solch pauschaler Gegensätze nährt eher
den Verdacht einer axiomatischen Fixierung auf die eigene Argumentation,
als daß es zu einem angemessenen und differenzierten Verstehen beiträgt.
Die noch erkennbare historische Wirklichkeit ist nuancenreicher. Paulus'
Berufung zum Heidenapostel durch den auferstandenen und erhöhten Herrn
(Act 9,3–19a; IKor 9,1; 15,8–11; IIKor 4,6; Gal 1,15f) implizierte für ihn ein
radikal gewandeltes Verständnis der Tora[98]. Daß aber seine Synagogenbesu-
che[99] und sein nach wie vor bestehender Kontakt zu jüdischen Gemeinden
(vgl. Röm 11,14; IKor 9,20f; IIKor 11,24; IThess 2,16) ausschließlich mis-
sionstaktisch begründet waren, ist unwahrscheinlich[100]. Daher dürften die
Notizen in Act 21,20–26 (und 16,3?) auch historisch zuverlässig sein[101]. Vergleichbares finden wir bei Jesus. Er besuchte Synagoge und Tempel, wie es
sich für einen frommen Juden gehörte (Mt 12,9; 13,54; Mk 1,21; 6,2; Lk
4,15f; 6,6; 13,10; Joh 2,13; 5,1; 18,20 u.ö.)[102]. Zugleich aber verkündigte er
eine Freiheit gegenüber Geboten der Tora und widersprach Vorschriften der
zeitgenössischen Halacha[103]. Jede Behauptung, Jesus habe sich ganz und gar
»auf der Linie der Lehre Israels seiner Zeit« bewegt[104], erscheint von daher
mehr als gewagt. Abgesehen davon, daß es *die* Lehre Israels zur Zeit Jesu
nicht gab und die dahinter sich verbergende Vorstellung eines bereits rabbinisch geprägten, normativen Judentums vor 70 n.Chr. endgültig aufgegeben
werden sollte[105], führen solche Kontrastierungen nur zu einem Schwarz-

---

[97] Mit guten Gründen wird diese Alternative von H. STEGEMANN, a.a.O. 10–12, zurückgewiesen.

[98] Vgl. unten Abschnitt 6.5.4.

[99] Act 13,5.14; 14,1; 15,21; 16,10; 17,1f.10; 18,4.19; 19,8; 24,12, dazu W. WIEFEL, Eigenart, 218–231.

[100] F. WATSON wertet Röm 11,11ff; IKor 9,20f; IIKor 11,24; Gal 2,11–14; 5,11 dahingehend aus, Paulus habe sich mit seiner Evangeliumsverkündigung zunächst ausschließlich an
Juden gewandt. Erst nach dem Scheitern seiner Israelmission seien die Heiden in sein Blick-
feld gerückt, a.a.O. 28–32.187f. Er folgt damit teilweise der von H. RÄISÄNEN entwickelten
Sicht, Law, 259–263.

[101] Zur Plausibilität des in Act 21 berichteten kultischen Aktes vgl. D. GEORGI, Kollekte,
90; M. BACHMANN, Jerusalem, 316–323; G. LÜDEMANN, Heidenapostel II, 88–94.

[102] Vgl. I.H. MARSHALL, Temple, 204f. Nach ihm hat aber Jesus nicht am offiziellen
Tempelkult teilgenommen. Jesus wählte den Tempel aufgrund der hohen Besucherzahl als
einen für seine Verkündigung passenden Ort. Freilich ist der Verweis auf Josephus, Bell VI
300, kaum als Beleg dafür geeignet, eine solche Praxis sei üblich gewesen.

[103] T. HOLTZ, Interpretation, 90f. Er verweist einerseits und zu Recht auf das Alte Testament als die für Jesus verbindliche Schriftbasis, andererseits aber auch darauf, wie Jesus ihr
mit »souveräne(r) Freiheit des Verstehens gegenüberstand«.

[104] SCH. BEN-CHORIN, Sicht, 1.

[105] Dies deutlich in unser Bewußtsein gehoben zu haben, ist nicht zuletzt ein Verdienst

weiß-Gemälde, das mit der Wirklichkeit wenig gemein hat. Die auf diese Weise produzierten Scheinalternativen dienen leider allzu oft dazu, einer bereits vorgängig fixierten Gesamtschau das Widerlager zu liefern. In jedem Fall erschweren sie ein angemessenes historisches und theologisches Verständnis Jesu und seiner Nachfolger[106].

Entgegen aller Kritik an den »traditionellen Tendenzen«, das in seinem Vollmachtsanspruch begründete, auch von Diskontinuität geprägte Verhältnis Jesu zur Toraauslegung seiner Zeit als *eine* der Ursachen seines gewaltsamen Todes zu bestimmen[107], ist diese Sicht immer noch von großer Überzeugungskraft. Die frühen Christen verkündigten den nicht zuletzt aufgrund seiner Torakritik getöteten Jesus von Nazareth als den in der Schrift verheißenen und von Gott auferweckten Messias[108] und erhöhten Herrn[109]. Zweifellos kam es deshalb – wie schon zu Jesu Lebzeiten – zu Konflikten mit Teilen der jüdischen Bevölkerung und ihren religiösen Führern. Doch auch innerhalb frühchristlicher Gruppen kam es zu folgenschweren Differenzen. Das belegt exemplarisch die Jerusalemer Gemeinde. Eine homogene Größe war sie weder ihrer ethnischen Zusammensetzung noch ihrer sozialen Struktur nach (Act 6,1–6). Nicht zuletzt die von einem Teil ihrer Mitglieder, den Hellenisten, aus ihrem Christusbekenntnis gezogenen Konsequenzen führten zu einer Relativierung, wenn nicht gar zu einer deutlichen Abgrenzung gegenüber der Tora. Das dadurch verursachte innergemeindliche Konfliktpotential war gravierend und zeitigte über das in Act 6,1–8,3 (vgl. 15,1–5) Berichtete hinaus späte Folgen[110]. Die in Jerusalem gefundene Regelung und, schenkt man

---

der zahlreichen Arbeiten J. NEUSNERS. Vgl. ferner G. LINDESKOG, Anfänge, 255–275; L.T. JOHNSON, Slander, 426–428.

[106] Auf der hier kritisierten Linie bewegt sich auch die These M. J. COOKS, die Jesus in den Evangelien beigelegten judenkritischen Züge seiner Verkündigung spiegelten keineswegs »the sentiments of the historical Jesus himself« wider. Vielmehr müßten sie allesamt als »redactional elements« begriffen und damit auf das denunziatorische Vermögen der Evangelisten zurückgeführt werden, Perspective, 185.

[107] P. v. d. OSTEN-SACKEN, a.a.O. 85 Anm. 30. CHR. BURCHARD vermutet eine aus Angst geborene Präventivmaßnahme des Jerusalemer Magistrats. Jesus hätte Unruhen auslösen können, die römisches Eingreifen provozieren mußten, Jesus, 54f. Freilich wissen wir von den magistralen (d.h. doch wohl synhedralen) Befugnissen ziemlich wenig. Vgl. unten Exkurs IV.

[108] Mk 8,31parr; 9,31parr; 10,33parr; Lk 24,26f; Act 2,36; 5,30f; IKor 15,3f u.ö., vgl. auch Mt 10,32fpar Lk 12,8f.

[109] Joh 3,14; 8,28; 12,32.34; Act 2,36; 3,20; 5,31; Röm 1,3f; Phil 2,9; ITim 3,16.

[110] Vielleicht darf Act 21ff als argumentum e silentio für den noch lange Zeit schwelenden innergemeindlichen Dissens genommen werden. Lukas deutet mit keinem Wort auch nur an, Paulus, *der* Exponent der gesetzesfreien Evangeliumsverkündigung, sei in seinem Prozeß von der Jerusalemer Gemeinde unterstützt worden. Das Schweigen wiegt um so schwerer, als doch das gemeindeleitende Gremium unter Jakobus' Führung (Act 21,8, vgl. PsClemHom XI 35,4 [GCS 42,171]) indirekt für Paulus' Verhaftung verantwortlich war (21,23f). Dahinter könnte sich ein Reflex der Spannungen verbergen, die trotz der Überein-

Paulus Glauben, auch allseits akzeptierte Lösung, von der Gal 2,6–10 berichtet, gestattet uns allenfalls einen Blick in die Spätphase eines schon länger andauernden, äußerst schwierigen Prozesses[111]. Daß selbst danach die umstrittene Frage nach der soteriologischen wie ekklesiologischen Valenz der Tora – vor allem der Beschneidung – und ihrer Verbindlichkeit für die Christusgläubigen noch keineswegs endgültig und im Sinne des Apostels verbindlich beantwortet war, beweist Gal 2,11–14 zu Genüge. Gewichtige Teile der paulinischen Korrespondenz (Röm, Phil, Gal) lassen den nach wie vor zentralen Stellenwert des Themas im Kontext der an Juden wie Heiden gleichermaßen gerichteten Evangeliumsverkündigung erkennen.

4.4 Neutestamentlicher Antijudaismus? Zur Kritik ungeschichtlicher Projektionen

Die synoptischen Evangelien stimmen mit Joh darin überein, die ersten Erscheinungen des Auferstandenen bzw. die Erstverkündigung der Auferweckung Jesu am Ort seiner Grablegung zu lokalisieren (Mk 16,1–8; Mt 28,1–10; Lk 24,1–12 [vgl. v. 13–31]; Joh 20,1–18 [vgl. 20,19–29]). Das Christusbekenntnis der frühen nachösterlichen Gemeinde weist nach Jerusalem (und Umgebung) als Entstehungsort des Osterglaubens[112]. Der griechisch sprechende Teil der hier beheimateten Judenchristen verband mit diesem Christusbekenntnis schon bald eine bestimmte Form von innersynagogaler Torakritik. Legitimiert wurde sie mit der Jesusüberlieferung selbst. Von Mk 2,5b.27; 3,4; 7,15; 12,28–34 über IKor 8,4–13 (vgl. IKor 10,23–33; ITim 4,4); Gal 5,14 bis hin zu Röm 14,14 führt eine in sich stimmige Linie. Mit P. Lapide gesprochen: zwar war es Paulus, der diese Torakritik »zu ihrer letzten Konsequenz« brachte, aber bereits Jesu »Lehre (enthielt) einen Kern von Widerstand«[113]. Für die torakritischen Implikationen der frühchristlichen

---

kunft von Gal 2,9f offenbar nicht ausgeräumt waren (Röm 15,30f), vgl. H. Kasting, Anfänge, 99–103; M. Hengel, Geschichtsschreibung, 64f.103f. Dem entspricht, daß in der judenchristlichen Tradition Vorbehalte gegenüber Paulus als Apostel der Heiden noch lange nachwirkten, Irenaeus, Adv.haer. I 26,2; II 15,1; Origenes, Contra Celsum V 65; Euseb, HistEccl. III 27,4 u.ö.

[111] Die Divergenzen konzentrierten sich vor allem auf die Frage nach dem »Nutzen der Beschneidung« (Röm 3,1). Die jeweilige Antwort konnte sehr unterschiedlich ausfallen und scharfen Widerspruch provozieren, Act 15,1.5; 21,21 (vgl. 21,28; 24,5); Röm 2,28f; 4,8–12; Gal 5,1f.6; 6,12–15; Phil 3,2, vgl. auch Gal 5,12. Für Paulus und wohl auch für die in und um Antiochien missionarisch aktiven Juden- wie Heidenchristen entschied sich an dieser Frage jedoch nichts weniger als die ἀλήθεια τοῦ εὐαγγελίου (Gal 2,5.14).

[112] Der Engelbefehl in Mk 16,7, der möglicherweise auf eine Christophanie der dort genannten Jünger in Galiläa hinweist, vgl. Mt 28,16–20; Joh 21,1–13; IKor 15,5; EvPetr 60, spricht nicht dagegen. Er geht von der Anwesenheit der Jünger in Jerusalem aus.

[113] Sicht, 38. Auch U. Luz betont die »grundsätzliche Konvergenz zwischen Jesu eige-

Verkündigung ist dieser innere Bezug konstitutiv[114]. Jedoch ist es aus mehreren Gründen unangemessen, hier mit dem Etikett eines »unbestritten vorhandene(n) neutestamentliche(n) Antijudaismus«[115] aufzufahren oder gar die Evangelien insgesamt als »Jesus-Darstellungen christlicher Antijudaisten« zu stigmatisieren[116].

Deutlich erkennbar weisen die frühen, an der Tora und an halachischen Vorschriften sich entzündenden Konflikte eine *innerjüdische* Frontstellung auf[117], und zwar in doppelter Hinsicht. Die ihrem eigenen Selbstverständnis nach weiterhin im Synagogenverband beheimateten Jerusalemer Christen (Act 2,46; 3,1; 4,1f; 5,12.17f.42; 21,24–26.27–30) teilten sich in mindestens zwei Gemeindeverbände mit je einem besonderen theologischen Profil auf: in den der torakritischen[118] *Hellenisten* (Act 6,1, vgl. 11,20)[119] und den der einer strengeren Toraobservanz verpflichteten *Hebräer* (Act 6,1)[120]. Span-

---

ner ›Relativierung‹ der alttestamentlichen Tora und der nachösterlichen christlichen theologischen Interpretation des Verhältnisses von Christus und der Tora«, Tora, 123, vgl. auch 116 Anm. 13.

[114] In diesem Zusammenhang ist auch auf den sachlichen Konnex von Mk 12,32–34 und Act 6f zu verweisen. Die neue, durch Jesus selbst vermittelte Sichtweise der Tora war die conditio sine qua non der kurze Zeit später beginnenden Heidenmission ohne Beschneidungsforderung seitens der Judenchristen.

[115] E. STEGEMANN, Alt, 511. Die Unschärfen in der Verwendung und der promiscue Gebrauch der Begriffe *Antijudaismus* bzw. *antijüdisch* resultieren daraus, daß sie ohne jedes sprachliche und sachliche Kriterium ihrer selbst gehandhabt werden. Denn es ist keineswegs nur ein gradueller, sondern ein fundamentaler Unterschied, ob sie einen »mitlaufenden Faktor« (P. v. d. OSTEN-SACKEN, a.a.O. 18 Anm. 22) der neutestamentlichen Verkündigung bezeichnen, die *nachträglich* und ihrer eigentlichen Absicht *zuwider* antijüdisch mißbraucht wurde, oder ob die Begriffswahl darauf abzielt, eine dem neutestamentlichen Kerygma bewußte, ihm innewohnende Stoßrichtung zu unterstellen. Für die erste Deutung hat R. RUETHER in ihrer scharfen Abrechnung eine ganze Reihe von Belegen beigebracht, Brudermord, 113–167.258–264, die sich leider noch vermehren lassen, für die zweite m.E. keinen einzigen. Sofern Christen und Juden um die Auslegung derselben heiligen Schriften konkurrieren, ist das Judentum in gleicher Weise christenkritisch, wie umgekehrt das Christentum judenkritisch ist. Doch rechtfertigt dieses »natürliche« Spannungsverhältnis weder die Nomenklatur *antijüdisch* noch *antichristlich*.

[116] W. SCHENK, a.a.O. 536.

[117] Ihr erstes Opfer war, von den Notizen in Act 4,3; 5,18.40 abgesehen, Stephanus (Act 7,54–59).

[118] Man darf sich diese Torakritik nicht in der Weise durchreflektiert denken, wie wir sie bei Paulus vor allem im Gal und Röm vorfinden. Aber a) ist sie hier wie dort christologisch begründet (vgl. den Bezug von Act 6,11 zu 6,14) und b) sind die ἔθη in 6,14 (vgl. 15,1) eindeutig mit der Mosetora identisch.

[119] Der Name weist auf die griechische Sprache als das vernehmbare Unterscheidungsmerkmal dieser Gruppe hin, M. HENGEL, Hellenisten, 157–168, vgl. H.-W. NEUDORFER, Stephanuskreis, 19–85.219–234.309f.329–331. Ein Teil von ihnen gehörte zur christlichen Gemeinde, während der andere die neue Lehre bekämpfte (Act 9,29).

[120] Damit ist ihre sprachliche Eigenart, gleichzeitig auch ihre Herkunft bezeichnet, vgl. SirProl 22; IVMakk 12,7; 16,15; Philo, VitMos II 31f; Joh 5,2; 19,13.17.20; Act 21,20; 22,2; 26,14. Dazu M. HENGEL, a.a.O. 169–172.

nungen blieben nicht aus. Es kam bald zu erheblichen Reibungspunkten, wie neben Act 6,1 aus 15,1.5 und 21,21 (vgl. Gal 2,4f.11–14) ersichtlich wird. Zugleich aber standen beide Gruppierungen, jeweils Gemeinden christus-gläubiger Juden, in einer – bei den *Hellenisten* mehr, bei den *Hebräern* weniger ausgeprägten (vgl. Act 21,20.23f) – Opposition zu dem in besonderer Weise auf Tempel und Tora[121] fixierten Judentum[122] (Act 2,22–24.32.36; 4,1f.10–12; 5,30f; 6,9.11.13f; 9,29; 21,28; 24,5). Nachdem die Hellenisten verfolgt und aus Jerusalem vertrieben waren (Act 8,1.4; 9,1; 11,19f.22; Gal 1,13.23), blieben die den Sanhedrin beherrschenden sadduzäischen Priester die Hauptgegner der aramäisch sprechenden Judenchristen, die unter der Leitung der Apostel in der Stadt blieben (Act 8,14.25; 9,27.31; 11,1f; 12,2; 21,18)[123].

Also nicht ein seine jüdischen Wurzeln vergessendes Heidenchristentum polemisiert in der Frühzeit der Christentumsgeschichte gegen jüdischen Glauben und wesentliche Stücke seiner Überlieferung. Auch die Stephanus-rede in Act 7,2–53 ist unbeschadet kräftiger lukanischer Eingriffe in das ihm vorliegende Material keineswegs eine »Erfindung« des auctor ad Theophilum. Formal und inhaltlich verrät sie eine längere Traditionsgeschichte[124], deren Träger nicht zuletzt aufgrund des extensiven Bezugs auf die Schrift in (diaspora-?) jüdischen Kreises zu suchen sind. Historisch betrachtet haben wir es im Neuen Testament, was Geltung und Verbindlichkeit alttestamentlicher bzw. halachischer Vorschriften für die christusgläubige Gemeinde angeht, fast durchweg mit einem *innerjüdischen* Konflikt zu tun[125]. Zu dessen

---

[121] Welchen Stellenwert Tempel und Tora nicht erst zur Zeit Jesu besaßen, vgl. IMakk 1,60–63; 2,29–38; IIMakk 3,12; 5,15.19; 6,2–5; 14,36; 15,32; IIIMakk 2,9; Arist 84–99; Sib V 150.266–268; Josephus, Ant XII 253–256.270–275; Bell IV 262; V 222–225; Ap I 315; II 79; Philo, SpecLeg I 76–78; LegGai 191.290.347, beweisen die überaus scharfen jüdischen Reaktionen auf jeden Versuch der Profanierung, Josephus, Bell II 169–174.175–177 (Ant XVIII 55–62).184–203, bes. 195.197.200 (Ant XVIII 261–309); Philo, LegGai 117.200–206.232–236.299–301, weiterhin Josephus, Bell II 145.152f.223–227.

[122] Vgl. nur Av 1,1; bSan 99a; SifDev 14,7 (dazu auch die Erörterungen SifBam 15,31); Arist 177.313; Josephus, Ap I 37.

[123] Auch Barnabas gehörte nicht zu den Vertriebenen (Act 9,27). Nach der Enthauptung des Zebedaiden Jakobus unter Herodes Agrippa I (Act 12,2) und Petrus' Flucht aus Jerusalem (Act 12,1–17), stand der Herrenbruder Jakobus (Hegesipp bei Euseb, HistEccl. II 23,4; Epiphanius, Adv. haer. 78,13) an der Spitze der Urgemeinde, vgl. Act 12,17; 15,13–21; 21,18; Gal 1,19; 2,9.12. Er wurde im Jahre 62. n.Chr. während der Hohepriesterschaft von Ananos hingerichtet, der ein Interregnum in der Statthalterschaft Judäas ausnutzte, um sich des unbequem gewordenen Jakobus zu entledigen, Josephus, Ant XX 200, vgl. auch Hege-sipp bei Euseb, HistEccl. II 23,10–18; ApcJac 1 und 2 (NHC V.3 p. 42,20–44,6; V.4 p. 61,1–63,29).

[124] Vgl. unten Exkurs V Anm. 174.

[125] Das wird von vielen auch gesehen, ohne daß freilich die notwendigen hermeneutischen und interpretatorischen Konsequenzen aus dieser Erkenntnis gezogen werden. Eine der wenigen Ausnahmen bildet die Studie T.L. DONALDSONS, Typology, 27–52. In ihr wird

Charakterisierung sind die Invektive *Antijudaismus* und *antijüdisch* untauglich, ja falsch. Denn sie negieren und nivellieren den qualitativen Unterschied »zwischen einer weithin noch als innerjüdische Kritik interpretierbaren Position christusgläubiger Juden ... und einer von außen kommenden antijüdischen Polemik von Heidenchristen«[126], wie sie massiv erst vom nächsten Jahrhundert an anzutreffen ist[127]. Daneben darf man nicht von der realen Situation der Christen im 1. Jahrhundert absehen. Sie befanden sich als eine aus dem Judentum herausgewachsene und bald mit ihm konkurrierende Glaubensgemeinschaft diesem gegenüber durchweg in der Minderzahl[128]. Ihre sich noch über längere Zeit hinweg erstreckende Minoritätensituation konnte gravierende wirtschaftliche und soziale[129], aber auch rechtliche

---

anhand von Act 7 gezeigt, welche sozial- und theologiegeschichtlichen Perspektiven sich eröffnen, wenn man dieser Text konsequent von einem Standpunkt innerjüdischer Kritik aus interpretiert wird.

[126] E. STEGEMANN, Paulus, 120. Richtiger Ansatz auch bei J. SEIM, Deutbarkeit, 458: »Nicht nur mutwillige Auslegungen, sondern zahlreiche Wörtlichkeiten und Buchstäblichkeiten im Neuen Testament sprechen ... nicht antijüdisch, sondern israelkritisch«.

[127] M.E. zum erstenmal im Barn (um 130 n.Chr.). Sein Verfasser dekretiert Israels Verständnis der Offenbarung als einen satanischen Betrug (4,6–8.10f). Er weist nicht nur den jüdischen Anspruch zurück, Gottes Bundesvolk zu sein (4,6f; 13,1; 14,1.4f), sondern stempelt die Juden zu Feinden Gottes (12,1–10). Diese judenfeindliche Einstellung resultiert aus einer exklusiven Beanspruchung des Alten Testaments, wie sie auch bei Ignatius von Antiochien, freilich ohne die im Barn gezogenen Konsequenzen, anzutreffen ist (Eph 18,2; Magn 8,1f; 9,1f; 10,3; Trall 9,1; Phld 8,2; 9,1f; Sm 1,1; 5,1; 7,2). Für erwägenswert halte ich M. B. SHUKSTERS und P. RICHARDSONS Vermutung, der Brief antworte auf die mit Jabne verbundene Konsolidierung des Judentums. Der Wiederaufbau des Tempels sei dadurch in den Bereich des Möglichen gerückt, womit sich das Judentum als eine Alternative zum Christentum erneut profiliert habe, Temple, 17–31.

[128] Vgl. nur A. v. HARNACK, Mission, 5–13; B. BLUMENKRANZ, Patristik, 84f; T. SÖDING, Widerspruch, 139–141. Daß sich dieses Zahlen- und damit auch Machtverhältnis in der Folgezeit trotz staatlicher Pressionsversuche langsam zugunsten der Christen verschob, vor allem bedingt durch den wachsenden Missionserfolg und die ad intra gerichtete Reorganisation des nach dem Verlust der Eigenstaatlichkeit rabbinisch geprägten Judentums, darf nicht dagegen ausgespielt werden. Zahlenmäßig bedeutende Einbrüche in die pagane Gesellschaft lassen sich erst ab der zweiten Hälfte des 3. Jahrhunderts nachweisen. Noch jüngere Schriften im neutestamentlichen Kanon wie etwa der IPetr und die Apk lassen deutlich eine Leidens- und Verfolgungssituation erkennen, IPetr 1,6; 2,12.19–21; 3,16f; 4,12–19; 5,9f; Apk 2,9f.13; 3,5.12.21; 6,9–11; 12,17; 13,1; 17,3, vgl. auch Hebr 10,32–39; 12,4f; 13,3.23.

[129] In diesen Bereichen werden sich die Verfolgungen hauptsächlich ausgewirkt haben, die uns Act 8,1.3; 9,1f; 13,50; 22,4f.19; 26,9–12; Gal 1,13.23; IKor 15,9; Phil 3,6; IThess 2,15f schildern. Vgl. auch Mt 10,17; Mk 13,9; Lk 12,11; 21,12; Joh 9,22.34f; 12,42; 16,2; Act 4,3.17f.21; 5,18.40; IIKor 11,24; Gal 5,11; 6,12. Daß Paulus als mit juristischen Vollmachten des Sanhedrins ausgestatteter Christenjäger übers Land zog und die Überführten nach *Jerusalem* brachte, wo sie im schlimmsten Fall der Tod erwartete (vgl. Act 9,1f; 22,4f; 26,10–12), ist historisch unwahrscheinlich. Eine solche Kompetenz μέχρι τοῦ κτείνειν (Josephus, Bell II 117) besaßen unter römischer bzw. bis 6 v.Chr. unter herodianischer Herrschaft weder der Hohepriester noch der Sanhedrin, Joh 18,31b; Josephus, Bell VI 300–309; ySan 18a.24b; bSan 41a[Bar.]; bAZ 8b[Bar.]; MegTaan 6, vgl. J. JEREMIAS, Geschichtlich-

Nachteile[130] mit sich bringen. Die erst allmählich von außen wahrgenommene Emanzipation vom Synagogenverband[131] konnte zum Verlust der dem Judentum vom römischen Reich gewährten Privilegien führen, die es als *religio
licita* (Tertullian, Apol. 21,1)[132] besaß. Mit dem Wegfall wuchs das persönliche Risiko, mit ihm auch das Gefährdungspotential der einzelnen Gemeinden.

Auf dem Hintergrund des dadurch ausgelösten und sich schnell verselb-
ständigenden religiösen wie sozialen Individuierungsvorgangs verstärkten
sich Abgrenzungstendenzen auf christlicher *und* auf jüdischer Seite (Apo-
synagogos, die Birkat-ha-minim des Achtzehngebets)[133], die immer auch auf
Kosten der jeweils anderen gingen. Unser durch historisches Nachfragen und
die sozialgeschichtliche Interpretation der Quellen geschärftes Bewußtsein
um die Intentionen und Bedingungsfaktoren der neutestamentlichen Texte,
die keine dogmatischen Festlegungen im prägnanten Sinne des Wortes sein
wollen[134], relativieren nicht nur den Vorwurf eines ihnen inhärenten Antijudaismus. Mehr noch, er ist unsachgemäß, sofern als Bewertungsmaßstab der
später virulente christliche Antijudaismus herangezogen wird. Denn er wird
unter dem Eindruck seiner unheilvollen Geschichte auf diese Weise in das
Neue Testament zurückprojiziert, wodurch sich die exegetisch-hermeneuti-
sche Kategorie »Antijudaismus« ausschließlich als wirkungsgeschichtlich

---

keit, 140–144; K. MÜLLER, Kapitalgerichtsbarkeit, 28–31. Unter den direkten Verfolgungs-
maßnahmen wird man am ehesten die Anwendung der Dtn 25,1–3 genannten Vorschriften
vermuten dürfen, die im Einzel- und damit Ausnahmefall sogar zum Tode führen konnten,
Mak 3,14. Die Verbindung von Verfolgertätigkeit, Christusoffenbarung und abermaliger
Rückkehr nach Damaskus (Gal 1,12f.15f.17, vgl. Act 9,2f; 22,5; 26,12) legt es nahe, daß
Paulus außerhalb Jerusalems Christen verfolgt hatte, W. STEGEMANN, Synagoge, 134f.
Doch Gal 1,22f (vgl. IKor 15,9; IThess 2,14) spricht nicht gegen die Darstellung der Act
(8,1–3), daß diese Verfolgung bereits auf judäischem Boden, dann wohl auch in Jerusalem
selbst, begonnen hatte, M. HENGEL, Paulus, 269f.276–283; K.-W. NIEBUHR, Heidenapostel,
58–60.

[130] Vgl. A. LINDEMANN, Gemeinden, 105–133. Die juristischen und gesellschaftspoliti-
schen Implikationen möglicher Repressalien, vor denen sich Christen im Reich zu hüten
hatten, haben P. LAMPE und U. LUZ dargelegt, Christentum, 196–202.207–211.

[131] Vgl. nur Act 11,26 (Antiochien). Für Röm genügt der Hinweis auf das Claudiusedikt,
Sueton, VitClaudii XXV 4 (vgl. Orosius, Hist. contra pag. VII 6,15; Cassius Dio, HistRom.
LX 6,6f; Act 18,2), das m.E. auf Unruhen in den jüdischen Gemeinden der Kapitale reagiert,
die durch die Hinwendung einzelner Mitglieder zum Christusglauben entstanden waren.
Näheres unten in Exkurs III.

[132] Auch wenn dieser Ausdruck kein *terminus technicus* des römischen Rechts ist,
S. APPLEBAUM, Status, 460, charakterisiert er duchaus zutreffend die dem Judentum seit G.
Julius Cäsar gewährten Privilegien.

[133] Vgl. J. MAIER, Auseinandersetzung, 130–141, der freilich den vielfach vertretenen
Bezug der Minim auf die Judenchristen skeptisch beurteilt.

[134] Das gilt selbst für die formelhaften Bekenntnissätze Röm 1,3f; 3,25; 10,9; IKor 1,30;
6,9–11.14; 8,6; 12,3; 15,3–5; Gal 2,20; Phil 2,11; IThess 4,14 u.a.

vermittelt erweist. Anders gesagt, sie entpuppt sich als methodisches Postulat wie als Resultat einer historisch defizitären Argumentation[135].

4.5 Das Alte Testament als Bezugsrahmen der neutestamentlichen Schriften

Ein weiterer Aspekt tritt ergänzend hinzu. Ihm wurde in der Debatte um einen neutestamentlichen Antijudaismus bisher nicht die Aufmerksamkeit geschenkt, die er verdient. Die neutestamentlichen Schriften beziehen sich in breitem Ausmaß auf das Alte Testament zurück, sie rezipieren es auf vielfältige Weise. Wörtliche und freie Zitate, Zitatanspielungen oder der Explikation des eigenen Anliegens dienende alttestamentliche Theologumena und Motivkreise können bei ein und demselben Verfasser nebeneinander stehen. Das dahinterstehende Anliegen läßt das von Paulus in IKor 15,3b-5 mitgeteilte alte Bekenntnis erkennen. Es bezieht sich gleich zweimal nachdrücklich auf die Schrift (κατὰ τὰς γραφάς, v.3b.4b). Dieser bereits in dem vorpaulinischen Traditionsgut enthaltene Hinweis unterstreicht die *Schriftgemäßheit* des *ganzen* in der Trias ἀπέθανεν, ἐτάφη, ἐγήγερται[136] sich verdichtenden Evangeliums von Christus (15,1f)[137]. Der Rückbezug auf das Alte Testament gehört zu den Charakteristika schon der Jesusüberlieferung. Wir finden ihn gehäuft in der Passionstradition[138], er beschränkt sich jedoch nicht auf sie. Mt 11,4f summiert durch die Aufnahme eschatologischer Motive aus Jes 29,18; 35,5f; 61,1 (vgl. 26,19a; 42,7a.18) das Wirken Jesu und prädiziert es als die in der Schrift verheißene Christusgeschichte[139]. Die Reflexionszitate unterstreichen diese Verkündigungsabsicht, indem sie das Alte Testament christologisch erschließen[140].

---

[135] Vgl. hierzu exemplarisch die konträren Schlußfolgerungen von E. STEGEMANN, Krise, 73–75; D. FLUSSER, Schisma, bes. 222–226, einerseits, sowie U. LUZ, Bemerkungen, 195–211; M. HENGEL, Weltreich, bes. 175f.181, und G. KLEIN, Antijudaismus, 430–433, andererseits.

[136] Das ὤφθη in v.5 gehört ebenfalls zum Bestand des Formelguts. Es ist aber dem inneren Duktus nach eher eine der Beglaubigung dienende Explikation des vorhergehenden ἐγήγερται τῇ ἡμέρᾳ τῇ τρίτῃ, weniger eine das dritte Verb weiterführende und bestätigende Parallele, um es zu einer »Doppelaussage« zu ergänzen, so H. CONZELMANN, 297.

[137] T. HOLTZ, a.a.O. 75–79; D.-A. KOCH, Zeuge, 330f. Zur Abgrenzung des Traditionsstücks vgl. G. SELLIN, Streit, 237–239.

[138] E. LOHSE, Bezüge, 111–124; H. GESE, Psalm 22, 180–201.

[139] Mit guten Gründen plädiert W. G. KÜMMEL für die Authentizität des Logions, Antwort, 177–200.

[140] *Diese* Funktion der Schriftverwendung müßte m.E. stärker, als es gewöhnlich geschieht, für die Verhältnisbestimmung der beiden Testamente zueinander hermeneutisch produktiv gemacht werden, da sie, anders als etwa das Schema von Verheißung und Erfüllung, keinem Abschluß o.ä. des Alten Testaments im Neuen Testament das Wort redet.

Nicht in jeder Schrift des Corpus Neotestamenticum begegnet der sachliche Bezug auf das Alte Testament mit gleicher Intensität, er geschieht auch nicht immer explizit. Freilich bedeutet dies keinen Widerspruch zu dem eingangs Gesagten. Es wäre allzu kurzschlüssig, aus dem Zurücktreten der förmlichen Schriftverwendung auf ein Verdrängen der die eigene Verkündigung speisenden jüdischen Glaubenstradition zu schließen, wie bewußt sie auch immer empfunden worden sein mag. Zwar kennt die Antike nur in wenigen Fällen eine klare Trennung zwischen religiöser und profaner Sprache. Aber schon der *durchgehende* Gebrauch von sonst nur in der Septuaginta anzutreffendem Vokabular in *allen* neutestamentlichen Schriften[141] ist ein Indiz für die gesuchte Affinität zum Alten Testament. Nicht zuletzt im Modus der Sprache werden die Denkkategorien transparent, mit deren Hilfe menschliche Existenz sich und ihre Stellung coram deo deutet und versteht[142]. Gewiß ist auch bei den Septuagintismen des Neuen Testaments mit der Möglichkeit der Pseudomorphose zu rechnen. In diesem Fall bliebe die phänomenologisch faßbare (Sprach-) Form die gleiche, obwohl die in ihr beschlossene Substanz sich inhaltlich veränderte, bedingt durch einen Wandel der auf sie einwirkenden sozialen, politischen, religiösen oder auch soziokulturellen Determinanten[143]. Deshalb ist stets von neuem zu prüfen, ob und inwieweit das in einen konkreten sprachlichen Zusammenhang eingebettete *traditum* bei seinem Übergang in einen anderen Kontext noch in Kontinuität oder aber in Diskontinuität zu seiner ihm ursprünglich eignenden Sinnhaftigkeit steht. Diese den jeweiligen Sprachgehalt mitbestimmende Kontext-Semantik[144] zu ignorieren, hieße zugleich, die produktive Neuinterpretation und Transformation traditioneller Theologumena in Abrede zu stellen. Es würden Identitäten axiomatisch festgeschrieben, die schon aus überlieferungsgeschichtlichen Gründen mehr als fraglich sind[145].

---

[141] R. MORGENTHALER, Statistik, 44–49.176.

[142] Vgl. F.-W. MARQUARDT, Christologie I, 141–146. Bei ihm wird aber Sprache viel zu undifferenziert ontologisiert, so daß er sie als ein die Wirklichkeit widerspiegelndes Kontinuum begreifen kann, das uns prinzipiell auch ohne ein Wissen um die konkrete Lage der Sprecher und Tradenten zugänglich ist.

[143] Vgl. D. SÄNGER, Phänomenologie, 24f.

[144] Zum Begriff vgl. a.a.O. 22.

[145] Das gilt z.B. für die These J. SEIMS, außer der Auferweckung des gekreuzigten Jesus seien »die einzelnen Inhalte des Neuen Testaments ... nicht neu, sondern denen der Hebräischen Bibel gleich«, Weg, 269. Was heißt aber *gleich*? Allein die Schriftverwendung bei Paulus und Mt widersetzt sich einer solch pauschalen These. Als weiteres Beispiel wäre die in sich zudem uneinheitliche Menschensohn-Vorstellung der Evangelien zu nennen, vgl. auch Act 7,56; Hebr 2,6; Apk 1,13; 14,14. Sie läßt sich nicht einfach gleichsetzen mit der von Dan 7,13f oder der des äthHen (46f; 48,2–7; 62f; 63,11; 69,23–29; 70,1; 71,14.17) und IVEsr 13.

Das Verhältnis der neutestamentlichen Schriften zur alttestamentlich-jüdischen Tradition, deren Aufnahme und Interpretation lassen sich demnach nicht an den wörtlichen oder freien Zitaten und Anspielungen *allein* festmachen. So fehlt jedes wörtliche Schriftzitat im IThess und Phil. Dennoch wäre es absurd, Paulus *deshalb* eine Geringschätzung der Schrift zu attestieren oder ihn gar marcionitischer Neigungen zu verdächtigen. Auch die Pastoralbriefe widerstreiten einem solchen Fehlschluß, selbst wenn man ihnen ein »ausgesprochen lockeres Verhältnis zum AT« bescheinigt[146]. Aus Dtn 25,4 stammt das einzige alttestamentliche Zitat (ITim 5,18, vgl. IITim 3,14–16). Zudem scheint es noch durch IKor 9,9 vermittelt worden zu sein, worauf die zweite Hälfte des Zitats hindeutet[147]. Num 16,5[LXX] dürfte trotz fast wörtlicher Übereinstimmung nur mittelbar auf IITim 2,19bα eingewirkt haben. In noch stärkerem Maß gilt das für 2,19bβ, bezogen auf Jes 26,13[LXX][148], zumal der Sentenzcharakter durch Sir 17,26; 35,5 und Hi 36,10b belegt wird. In der Apk begegnet ebenfalls kein einziges förmliches alttestamentliches Zitat. Jedoch weist die stark semitisierende Sprache eindeutig auf die beanspruchte Kontinuität zur Schriftprophetie hin. Daß das Fehlen expliziter Schriftworte im Tit und Jud sowie in I-IIIJoh nichts mit einer Negation des Alten Testaments zu tun hat, lehren Jud 5–7 (vgl. IIPetr 2,4–8).9.11.14 und IJoh 3,12. Der Verfasser des IJoh bezieht sich in 3,12 auf Gen 4,8, ohne daß diese Stelle Zitatcharakter besäße. Der Jud erinnert (v.5a) seine Leser gleich mehrfach an zentrale alttestamentliche Ereignisse, die er, seiner Intention folgend, als warnende Beispiele anführt: tötliche Bestrafung des murrenden Volkes (Num 14,26–38, v.5), die Engelehen (Gen 6,1–4, v.6), Untergang Sodoms und Gomorrhas (Gen 19,4–25, v.7). Mit gleicher Absicht werden in v.11 (vgl. IIPetr 2,15f) Kain (Gen 4,5–8) und Bileam (Num 22–24; 31,8.16) argumentativ herangezogen. V. 9 ist mit Dan 12,1 und Sach 3,2 zu vergleichen[149]. V. 14 (v.14b deckt sich weitgehend mit äthHen 1,9a) ist nicht nur wegen des Rückgriffs auf die Gestalt Henochs (Gen 5,21–24) bemerkenswert, sondern vor allem deshalb, weil hier nichtkanonischer Literatur Schriftautorität zugebilligt wird, vgl. auch Barn 4,3; 16,5f; Tertullian, De cultu fem. (CChr.SL 1,346f); De Idol. 15,6 (CChr.SL 2,1116); Clemens Alexandrinus, Adum. in Ep. Iudae Cath. (GCS 3,208). Der vage, paränetisch ausgerichtete Bezug auf den νόμος in Tit 3,9b wird als Vorsichtsmaßnahme und damit als paränetisch-apologetische Reaktion auf mögliche Anfeindungen seitens der nichtchristlichen Umwelt erklärlich (vgl. 3,1f.8).

---

[146] J. Roloff, 309.

[147] Sofern der Verfasser über IKor 9,14 auf das Jesuswort Lk 10,7par Mt 10,10 stieß.

[148] Vgl. Lev 24,16.

[149] Möglicherweise entstammt das Motiv vom Streit Michaels mit dem Teufel um den Leichnam Moses (Dtn 34,5f) der verloren gegangenen AssMos, vgl. Origenes, De Princ. III 2,1; Didymus, In Ep. Can.Brev.Enarr. 92; Clemens Alexandrinus, Adum. in Ep. Iudae Cath. (GCS 3,207). Der traditionsgeschichtliche Hintergrund des Beispiels läßt sich nur vermutungsweise erhellen. Einleuchtend ist die Annahme, daß Jud 9 eine den Adressaten bekannte jüdische Überlieferung voraussetzt (4Q Amram[b] R 2,9–11[Text und Übers. bei K. Beyer, Texte, 211f]; Palaia [ed. A. Vassiliev, Moskau 1893], 258; syr PaulusApk 11; slVitMos 16 [ed. G.N. Bonwetsch p.607]), in der das Motiv vom Streit zweier Engel um die Seele eines Menschen auf den Streit um den Leichnam Moses hin ausgeformt worden ist, dazu R. Heiligenthal, Studien, 28–36. In der jüdischen Haggada ist das Motiv des Todesengels, der beauftragt wird, die Seele Moses zu holen (DevR 11,6, vgl. A. Jellinek, BHM I,127–129), verschiedentlich bezeugt, A. Rosmarin, Moses, 141–144. Vgl. auch Josephus, Ant IV 326; Philo, VitMos II 291; Clemens Alexandrinus, Strom. VI 132.

Diese Beobachtungen erlauben zwei Schlußfolgerungen. *Erstens*, verbindet man sie mit dem Befund, daß zentrale alttestamentliche Theologumena (z.B. Gerechtigkeit, Rechtfertigung, Gesetz, Sühne, Versöhnung, Auferstehung) im Kontext ihrer christologischen Neuinterpretation für ihren alttestamentlich-jüdischen Traditionshintergrund transparent geblieben sind, wird man P. STUHLMACHER beipflichten müssen, daß das Alte Testament der »spezielle geschichtliche Erfahrungs- und Sprachhorizont« ist, aus dem *heraus* die neutestamentlichen Texte weitgehend geformt wurden[150]. Nicht nur für Paulus gilt, daß er die ihm aufgetragene Botschaft vom Alten Testament her durchdenkt. Und das nicht trotz, sondern *wegen* ihrer kerygmatisch-christologischen Brechung[151]. Denn wie er artikulieren auch die anderen neutestamentlichen Autoren ihren Glauben im Wechselbezug von ihrer in das Bekenntnis eingegangenen (vergangenen wie gegenwärtigen) Erfahrung und dem in dieser Erfahrung wirkmächtigen (Christus-) Bekenntnis. Daraus ergibt sich *zweitens*, daß die These von einem genuinen neutestamentlichen Antijudaismus, sofern mit ihr die im Neuen Testament vollzogene Substitution Israels durch die Kirche behauptet wird, ihrerseits beweispflichtig ist. Es wäre nämlich darzulegen, inwiefern die ausgiebige, teils explizite, teils implizite Schriftbenutzung der neutestamentlichen Autoren primär darauf abzielte, die Heilige Schrift des jüdischen Volkes zu usurpieren. Dies setzte zugleich voraus, daß die christologische Schrifthermeneutik mitsamt ihrer kerygmatischen Applikation der biblischen Überlieferung aus imperialer Arroganz heraus erfolgte[152], um dem Judentum seine Grundlage zu entziehen, mithin seine Existenzberechtigung in Frage zu stellen. Davon kann aber ernsthaft nicht die Rede sein.

---

[150] Biblische Theologie, 28, vgl. a.a.O. 46. An dieser grundlegenden Einsicht möchte ich trotz der methodische wie theologische Bedenken geltend machenden Kritik E. GRÄSSERS festhalten, Fragen, bes. 211–220. Seine Warnung vor einer allzu einlinigen, undialektisch begriffenen Hermeneutik, die in der Gefahr steht, das Neue Testament faktisch zu einem traditionsgeschichtlichen Appendix des Alten Testaments zu machen, ist jedoch berechtigt. Denn sowohl P. STUHLMACHER als auch H. GESE, dessen Entwurf er weitgehend verpflichtet ist, haben unter der Hand bereits einen Standpunkt eingenommen, von dem aus sie das traditionsgeschichtliche Material beurteilen und auf den hin sie es linear organisiert sein lassen: das Neue Testament.

[151] Die auf Paulus bezogene Feststellung von U. LUZ, für den Apostel erweise sich »das Christusgeschehen (als) der Schlüssel zur Bibel«, Theologie, 121, gilt der *Sache* nach für alle neutestamentlichen Schriften.

[152] So J. P. SAMPLEY, Comparison, 335.

4.6 *Altes Testament* oder *Hebräische Bibel?*

Ein weiterer Vorwurf ist in diesem Zusammenhang zu thematisieren. Die Bezeichnung *Altes Testament* für den ersten Teil der christlichen Bibel ist unter Ideologieverdacht geraten. Sie impliziere schon sprachlich eine Abwertung des jüdischen Kanons[153], wobei das Antonym *Neues Testament* diese Tendenz verstärke. Es degradiere das *Alte Testament* zu seiner Vorstufe, die nurmehr von geschichtlichem Interesse sei, und kennzeichne es zugleich als überholt und veraltet. Letztendlich aber stigmatisiere diese Nomenklatur das Judentum insgesamt, werde es doch mit dieser negativen Charakterisierung seiner heiligen Schriften identifiziert. Daher gilt R. RUETHER der Begriff *Altes Testament* als weiterer Haftpunkt eines tief im Christentum verwurzelten antijüdischen Ressentiments. Es gehe einher mit einer ideologisch besetzten Distanz zum Selbstverständnis des jüdischen Kanons[154].

Nun wird man nicht bestreiten können, daß bis in die jüngste Geschichte hinein mit dem Terminus *Altes Testament* die beklagten Konnotationen allzu oft einhergingen. Sie wurden sogar noch ausgiebig begründet, nicht zuletzt von wissenschaftlicher Seite her[155]. Dabei ist freilich zu beachten, daß es bei diesen auch noch so fragwürdigen Unternehmen immer um die Prädikabilität des ersten Teils des biblischen Kanons im Rahmen seiner *christlichen* Rezeption ging. Ein Urteil über seine eigenständige geschichtliche und theologische Funktion im *jüdischen* Selbstverständnis als Glaubensurkunde *Israels* verband sich damit in der Regel nicht. Doch die Frage bleibt. Befördert, wer *Altes Testament* sagt, schon terminologisch ein weiteres antijüdisches Klischee?

Unsere Bezeichnung *Altes Testament* entspricht der lateinischen Übersetzung von παλαιὰ διαθήκη (IIKor 3,14b) mit *vetus testamentum* in der Vetus Latina[156]. Analog dazu wurde καινὴ διαθήκη (IIKor 3,6a) mit *novum testamentum* übersetzt. Die Vulgata novi testamenti gebraucht als lateinisches Äquivalent für διαθήκη durchgehend *testamentum*. Es ist jedoch aus mehreren Gründen heraus problematisch, den zugestandenermaßen belasteten Begriff *Altes Testament* im christlichen Sprachgebrauch durch den vermeintlich

---

[153] Vgl. These II Abs. 1 der Rheinischen Synodalerklärung von 1980, Umkehr, 274; J. KOHN, a.a.O. 75; E. BROCKE, Suche, 588.

[154] Theology, 80.

[155] Vgl. die Beispiele bei R. RENDTORFF, Auslegung, 191–203.

[156] Bis auf IVBασ 17,15A (συνθήκη) gibt die Septuaginta ברית immer mit διαθήκη wieder. Darauf fußt das *testamentum* der Vetus Latina. Hieronymus hingegen übersetzt ברית mit *foedus* bzw. *pactum*. Er schließt sich damit Symmachus und Aquila an, die für den hebräischen Terminus weitgehend die Übersetzungsvariante συνθήκη wählten, M. WEINFELD, ThWNT I 785.

besser geeigneten *Hebräische Bibel* zu ersetzen[157]. Gegen diesen Vorschlag sind zunächst *sprachliche* Gründe anzumelden. Denn folgerichtig müßte dann vom *Neuen Testament* als von der *Griechischen* bzw. der *Christlichen Bibel* im Unterschied zur *Hebräischen* oder *Jüdischen Bibel* gesprochen werden. Diese Konsequenz ziehen die Kritiker aber nicht. Hinzu kommt die in der Diskussion so gut wie vernachlässigte Tatsache, daß wohl keiner der Verfasser der neutestamentlichen Schriften den zu seiner Zeit formal noch unabgeschlossenen jüdischen Schriftenkanon[158] in seiner *hebräischen* Gestalt rezipierte. Die frühe Christenheit (wohl auch der größte Teil des damals im Imperium Romanum lebenden Juden) kannte die heiligen Schriften Israels in ihrer auch jüdischerseits anerkannten griechischen Fassung, der Septuaginta[159]. Sie umfaßt zudem mehr Bücher als der masoretische Kanon, auch differiert deren Reihenfolge. Daß die Transformation in eine andere Sprache nicht ohne Folgen für das Selbst- und Existenzverständnis derer bleiben kann, die die Texte überliefern und sie zu sich in eine Beziehung setzen, dürfte klar sein[160]. Gewichtiger sind jedoch die *sachlichen* Argumente, wenngleich sie mit der Sprachenfrage eng verknüpft sind. Nach christlichem Verständnis sind beide Teile der *einen* Bibel Zeugnis von der Offenbarung des *einen* Gottes, der sein Volk Israel erwählt und Jesus Christus vom Tode auferweckt hat[161]. Mit dieser für die frühe Christenheit fundamentalen Überzeugung koinzidiert die Schriftverwendung im Neuen Testament. Sie dient dazu, das christologische Heilsereignis *theo*logisch zu identifizieren. Das heißt aber zugleich, daß post Christum natum et crucifixum das Alte Testament für christlichen Glauben *alleine aus sich heraus* nicht Evangelium und also nicht prädikabel ist, wenn anders das geistgewirkte Christuszeugnis des Neuen Te-

---

[157] Vgl. die knappe Begründung J. Seims, Bibel, 114.

[158] Vgl. unten Exkurs II.

[159] Deren Zurückweisung im Masekhet Soferim 1,7 bleibt eine vereinzelte Stimme und bedeutet keinesfalls ein Abrücken *des* Judentums von der griechischen Sprachgestalt, gegen K. Haacker, Veritas, 30. Weder ist die rabbinische Ausprägung des Judentums dessen Repräsentant schlechthin, noch wird von K. Haacker genügend beachtet, daß diese Kritik mit der Rezeption der Septuaginta im Christentum ursächlich zusammenhängt, E. Tov, a.a.O. 172f. Es ist ja bezeichnend, daß uns das jüdisch-griechische Schrifttum ausschließlich durch die christliche Kirche überliefert worden ist. Das rabbinische Judentum schied diese Tradition konsequent aus.

[160] Andererseits darf man nicht übersehen, daß die Anerkennung des Griechischen als Bibelsprache die notwendige *Voraussetzung* für die Akzeptanz und Verbreitung der Septuaginta bildete, R. Hanhart, Definition, 69f.

[161] Vgl. Act 2,24.32; 13,34; 17,31; Röm 4,24; 8,11.34; 10,9; IIKor 4,14a; Gal 1,1; Eph 1,20; Kol 2,12; IPetr 1,3.21; 3,18. Es ist derselbe Gott, der die Toten auferweckt, vgl. Dtn 32,39; 1Sam 2,6; IIKön 5,7; Hi 5,11; Ps 112,7; Jes 26,19; Dan 12,2; Sir 48,5 (dort auf Elia bezogen, IKön 17,17–24); Weish 16,13; IIEsdra 19,6; Tob 13,2; JosAs 12,1f; 20,7; Achtzehngebet (pal. Rez.) 2. Benediktion; bKet 8b; Mk 12,26f; Joh 5,21; Röm 4,17; 7,4; IKor 15,22; IIKor 1,9; 3,6b; 4,14b; 5,4f u.ö.

staments für den Zugang zur Schrift als ganzer hermeneutisch konstitutiv ist[162]. Damit gewinnt die Schrift eine andere theologische Qualität. Ihr entnehmen die Christen, daß das von ihnen gehörte und verkündigte Evangelium dem geschriebenen Wort Gottes entspricht. Durch diese Weise der Rezeption wird das Alte Testament funktional völlig neu bestimmt. Seine christologische Deutung kollidiert mit dem Selbstverständnis der jüdisch gelesenen Heiligen Schrift. Denn diese Deutung verdankt sich nicht nur der ἐν Χριστῷ gesetzten eschatologischen Wirklichkeit, sondern findet sie schon in der Schrift bezeugt[163]. Und diese Wirklichkeit ist nicht identisch mit der religiösen Wirklichkeit Israels[164].

Die Zugehörigkeit des Alten Testaments zum christlichen Kanon ist demnach nicht defizitär begründbar, als würde ohne es das Christentum geschichtslos oder fiele der Hellenisierung anheim[165]. In diesem Fall wäre das Alte Testament instrumentalisiert und müßte mit dem Status einer nur noch aus historischem Interesse rezipierten Vorstufe des Neuen Testaments vorlieb nehmen. Zutreffend, wenn auch noch nicht hinreichend, ist die andere Antwort, der erste Teil der Bibel schütze den zweiten vor einer metaphysischen oder religiösen Verflüchtigung des in ihm bezeugten Gottes[166]. Zudem befähige das Alte Testament in seiner Valenz als »komplementäres Plus«[167] zu einem sachkritischen Umgang mit neutestamentlichen Tendenzen, die – verabsolutiert – zu gesetzlichen, synergistischen und traditionalistischen Irrwegen verleiten können[168]. Im Entscheidenden erweist freilich das neutestamentliche Zeugnis selbst das Alte Testament als grundlegend und unverzichtbar. Denn nur in ihm und nirgends sonst wird die Geschichte des welt- und lebenschaffenden Gottes erzählt, die als Geschichte von einer partikularen, konkreten Mitte her universalistisch ausgerichtet und dadurch heilbringende Verheißung für die ganze Welt ist[169]. Damit wird in der Tat das Alte Testa-

---

[162] Vgl. nur Lk 24,26f.49; Joh 15,26; 16,7; Act 2,33; Röm 4,23f; 15,4; IKor 2,10; 9,9f; 10,2–4.11.

[163] Zutreffend weist E. ZENGER darauf hin, daß sich hiermit wiederum die jeweilige »kanonische Programmatik« des jüdischen und christlichen Schriftverständnisses zu Wort meldet, Testament, 149–152. Um daraus resultierende Fehlinterpretationen zu vermeiden, schlägt er als Alternative die Bezeichnungen »Erstes Testament« und »Zweites Testament« vor.

[164] Vgl. H. HÜBNER, Theologie I, 69.

[165] So bekanntlich A. v. HARNACK, Marcion, 248f.

[166] J. SEIM, a.a.O. 123f.

[167] M. OEMING, Problemskizze, 67.

[168] Vgl. W. SCHRAGE, Mitte, 416.

[169] Röm 3,21f; 4,13; Gal 3,8.14.16; Tit 2,11. In diesem Zusammenhang ist an die reformatorische Erkenntnis von der *inklusiven*, sich auf das Zeugnis Alten *und* Neuen Testaments gründenden Funktion der *exklusiven* Erkenntnis Gottes in Jesus Christus zu erinnern, B. KLAPPERT, Barmen I, 68–70.

ment »in seinem Gefälle auf das Neue Testament hin gelesen«[170]. Von diesem her, genauer, von Christus her erschließt sich der Vollsinn der Schrift als Wort Gottes (Hebr 1,1f; 4,2, vgl. Röm 16,25f; Kol 1,25f).

Ich sehe nicht, wie mit dieser aus christlicher Perspektive heraus formulierten Verhältnisbestimmung der beiden Teile des Kanons, weder bewußt noch unbewußt, »den Juden das Recht bestritten (wird), ihre eigene Tradition in Kontinuität mit dem Alten Testament fortzuführen«, wie R. RENDTORFF fürchtet[171]. Sie verwehrt weder dem Judentum seine originäre Berufung auf die eigene Glaubensurkunde, noch läuft sie auf eine Enteignung der Erstadressaten des Gotteswillens hinaus. Darüber, wie ein Jude seine Bibel liest, wie er über ihre nur von ihm zu definierende fundamentale Bedeutung für das eigene Existenz- und Weltverständnis befindet, hat kein Christ zu entscheiden. Dies um so weniger, als nur der christliche Kanon aus zwei Teilen besteht, der hebräische nicht, so daß die Traditionsbildung im Judentum unter einem völlig anderen Vorzeichen steht als im Christentum[172]. Die Zweiteilung der christlichen Bibel fordert ein hermeneutisches Prinzip der wechselseitigen Inklusion, nach dem das Alte vom Neuen Testament und das Neue vom Alten Testament her auszulegen ist[173]. Das heißt aber zugleich, daß die so beschriebene Relation der beiden Testamente, von denen das eine Sinn und Ziel der Geschichte Gottes mit seinem erwählten *Volk Israel* verkündet[174], nicht auf die Kontinuität und Selbigkeit des *deus iustificans impium* reduziert werden darf[175]. Unterstreicht diese wechselseitige Inklusion den in seiner Komplementarität unaufgebbaren, beidseitigen Verweischarakter von Altem und Neuem Testament, akzentuiert der Sprachgebrauch *alt* und *neu* den *Modus*, wie die christliche Gemeinde das Alte Testament liest. Sie liest und versteht es *neu*.

---

[170] R. RENDTORFF, Bedeutung, 11. Vgl. weiterhin H. DEMBOWSKI, Grundfragen, 152–155.

[171] A.a.O. 11.

[172] Vgl. J. N. LIGHTSTONE, Scripture, 317–325.

[173] Vgl. hierzu K. BARTH, zit. bei B. KLAPPERT, a.a.O. 69: »Die Kirche hört das ein für allemal gesprochene Wort Gottes ... in dem doppelten, ... in seinen beiden Bestandteilen sich gegenseitig bedingenden Zeugnis des Alten und Neuen Testaments, das heißt in dem Zeugnis des Mose und der Propheten von dem kommenden, und in dem Zeugnis der Evangelisten und Apostel von dem gekommenen Jesus Christus«. Ist das Verhältnis der beiden Testamente so bestimmt, wird man das Neue Testament nicht als einen Midrasch zum Alten bezeichnen dürfen.

[174] Der mit dem Hinweis auf die Weisheitsliteratur, die Psalmen und Gebetstexte untermauerte Einwand M. OEMINGS, a.a.O. 64, das Alte Testament sei keineswegs als *ganzes* ein Geschichtsbuch, übersieht, daß die fraglichen Stücke allesamt nur im Kontext eben dieser Geschichte zu begreifen sind.

[175] Genau das geschieht bei PH. VIELHAUER, Paulus, 227. Zur Kritik vgl. E. KÄSEMANN, Buchstabe, 282–284, und unten die Abschnitte 5.1.2.1 und 5.1.3.2.

Exkurs I: καινὴ διαθήκη und παλαιὰ διαθήκη in IIKor 3,4–18

Die Stichworte καινὴ διαθήκη und παλαιὰ διαθήκη stehen im Kontext der paulinischen Apologie IIKor 2,14–7,4. Innerhalb dieses Gefüges bildet der Abschnitt 2,14–4,6 einen geschlossenen Zusammenhang, dessen Thema gleich zu Beginn (2,14–17) anklingt. Der Apostel konzentriert seine Ausführungen in den Versen 3,4–18, die seine und seiner Mitarbeiter Eignung (ἱκανότης ἡμῶν)[176] zum Dienst am Evangelium, d.h. zur Christusverkündigung, begründen[177]. Sie entfalten ihrerseits[178], was v.6 leitmotivisch sagt: Paulus und seine Mitarbeiter (ἡμεῖς) sind Diener (vgl. IIKor 4,6; 11,7f; IKor 3,5) der καινὴ διαθήκη. Was deren Wesen ausmacht, klärt die Reihe einander antithetisch zugeordneter Begriffspaare: καινὴ διαθήκη (v.6a) – παλαιὰ διαθήκη (v.14b), γράμμα – πνεῦμα (v.6), ἀποκτείνειν – ζῳοποιεῖν (v.6b), διακονία τοῦ θανάτου (v.7) – διακονία τοῦ πνεύματος (v.8), διακονία τῆς κατακρίσεως – διακονία τῆς δικαιοσύνης (v.9), τὸ καταργούμενον (v.11, vgl. v.7.13) – τὸ μένον (v.11). Weiterhin kontrastiert Paulus sich selbst und Mose (v.12f) sowie Synagogengemeinde (v.14b-16) und christliche Gemeinde (v.18)[179]. Diesem Befund korrespondiert ein dreifacher Schluß a minori ad maius: v.7f: εἰ δὲ ... πῶς οὐχὶ μᾶλλον, v.9f: εἰ γὰρ ... πολλῷ μᾶλλον, v.11: εἰ γὰρ ... πολλῷ μᾶλλον. Die Redundanz der Oppositionen[180] ist kein Zufall. Sie prägt den Abschnitt und verleiht im schon sprachlich-rhetorisch eine solche Dichte, daß man mit Fug und Recht von einem »hermeneutischen Schlüsseltext« reden darf[181].

Das von Paulus selbst ad vocem καινὴ διαθήκη[182] gebildete Antonym παλαιὰ διαθήκη[183] bezieht sich auf die Tora vom Sinai, nicht auf die Schrift insgesamt[184]. Das ergibt sich einmal aus der Parallelität der ἀνάγνωσις τῆς παλαιᾶς διαθήκης (v.14b) und dem ἀναγινώσκειν Μωϋσῆν (v.15a) im synagogalen Gottesdienst. Zweifellos ist der in v.15a verwandte Ausdruck identisch mit dem νόμος Μωϋσέως

---

[176] Sprachlich kann hier wie in 3,6a und 3,12 ein apostolischer Plural vorliegen. Der Sache nach sind aber die paulinischen Mitarbeiter mit eingeschlossen, weil sie wie der Apostel im Dienst der Verkündigung stehen, Röm 16,3.9.21; IKor 3,9; IIKor 1,24; 8,23; Phil 2,25; 4,3; IThess 3,2; Phlm 1.24.

[177] Das folgernde διὰ τοῦτο in 4,1 bezieht sich auf den ganzen Passus 3,7–18. Das Verkündigungsamt, von dem in 4,1 ebenfalls die Rede ist, ist der Sache nach identisch mit dem διακονεῖν von 3,3a. Diese Signalwörter regieren gemeinsam mit dem Stichwort δόξα die rhetorische Disposition im begründenden ersten Teil (v.7–11) des Gesamtabschnitts von 3,(6)7–18.

[178] Das δέ von v.7 ist explikativ gebraucht.

[179] O. HOFIUS, Evangelium, 75. In v.18 bezeichnet das ἡμεῖς die Christen in ihrer Gesamtheit, die Partikel δέ hat adversativen Charakter.

[180] Vgl. auch die zweifache Opposition in 3,3, deren beide Glieder einen synthetischen Parallelismus bilden. Die Gemeinde ist die ἐπιστολὴ Χριστοῦ ... ἐγγεγραμμένη οὐ μέλανι ἀλλὰ πνεύματι θεοῦ ζῶντος, οὐκ ἐν πλαξὶν λιθίναις (vgl. Ex 31,18; Dtn 9,10) ἀλλ᾽ ἐν πλαξὶν καρδίαις σαρκίναις (vgl. Ez 11,19; 36,26f; Prov 7,3).

[181] J. ECKERT, Schriftauslegung, 242.

[182] IKor 11,25, vgl. Jer 38,31[LXX]; Lk 22,20; Hebr 8,8; 9,15; 12,24 (διαθήκη νέα).

[183] U. LUZ rechnet mit einer dem Apostel überkommenen Formulierung, Bund, 307f.324 Anm. 25. M.E. ist die *Wortwahl* paulinisch, die intendierte *Sachaussage* aber bereits alttestamentlich präformiert, vgl. Jer 31(38),31–34; 32(39),38–40; Ez 36,25–29; 37,26f.

[184] So freilich u.a. I. I. FRIESEN, Glory, 158; M. RISSI, Studien, 34.

in IKor 9,9 (vgl. Lk 2,22; Joh 7,23; Act 13,38 [15,21]; Hebr 10,28). Entsprechend kann der Apostel die gleiche Bezugsgröße in Gal 4,24 als die διαθήκη ἀπὸ ὄρους Σινᾶ bezeichnen. Damit knüpft er an einen dem Alten Testament[185] und dem antiken Judentum geläufigen Sprachgebrauch an, der ברית = διαθήκη = testamentum für die Tora als ganze bzw. für den Dekalog im engeren Sinn und das auf ihm gründende Gottesrecht verwendet, wie es im sog. Bundesbuch Ex 20,22–23,19 mit seinem doppelten Abschluß in 23,20–26.27–33 zu finden ist[186]. Die Aufnahme von Ex 34,29–35 (LXX) in IIKor 3,7–18[187] spricht ebenfalls dafür, die παλαιὰ διαθήκη auf die Sinai-Tora zu beziehen[188]. Hingegen weiß sich Paulus als *Diener* (διάκονος, λειτουργός, δοῦλος) und d.h. als *Verkünder* der καινὴ διαθήκη (vgl. Röm 1,1.9; 15,16; IKor 3,5; IIKor 4,5; Gal 1,10; Phil 1,1; 2,22, ferner Kol 1,23; Eph 3,6f). Gemeint ist nichts anderes als das Evangelium[189], dessen nota das lebenspendende πνεῦμα ist[190]. Nirgendwo sonst als im Wirkbereich des κύριος Jesus Christus tritt dieser lebendigmachende Geist auf den Plan (3,17f)[191].

Mit dieser Charakterisierung und so beschriebenen Wirkung des Evangeliums als der καινὴ διαθήκη gibt Paulus aber keineswegs der παλαιὰ διαθήκη den Abschied. Täte er es, bewegte er sich in der Tat »an der Schwelle gnostisch-marzionitischer

---

[185] Vgl. nur Dtn 4,13; 5,2f; 9,9.11; 10,8; 17,2; 29,24; Jos 3,3; 23,16; IKön 8,9.21; IIChr 6,11; Ps 78,10; Jer 11,3f; 31(38),32; Hos 8,1[LXX].

[186] IMakk 1,57; 2,20f; Sir 24,23; PsSal 10,4; IVEsr 10,22; LibAnt 1,14; 11,5; 19,7; 21,8; AssMos 1,14; 1QS 5,12; CD 1,17f; 5,12; 16,12; 1QpHab 2,4; MekhEx zu 12,6 (bezogen auf Dtn 29,11); bShab 33a. Weiteres Belegmaterial bei E. KUTSCH, Bund, 5–46.49–87. Vgl. auch W. C. v. UNNIK, Problem, 220.

[187] IIKor 3,7–18 bezieht sich auf den Abstieg Mose vom Sinai (Ex 34,29–35[LXX]. Daraus ist vielfach geschlossen worden, die paulinischen Gegner hätten sich auf einen ihnen bekannten bzw. von ihnen stammenden Mose-Midrasch gestützt, den der Apostel seinerseits aufgriff und kritisch kommentierte, so u.a. S. SCHULZ, Decke, 1–30; D. GEORGI, Gegner, 274–282; M. THEOBALD, Gnade, 204–208. Alternativ dazu wird erwogen, Paulus habe sich nur gegnerischer Stichworte bedient, um sie seinen Widersachern zu entwinden, U. LUZ, Geschichtsverständnis, 128–130; M. RISSI, a.a.O. 13–41, oder er fuße auf einer weit verbreiteten Mose-Doxa-Tradition, L. L. BELLEVILLE, Glory, passim. Doch kann Paulus ebenso gut im Anschluß an das in 3,6 Gesagte Ex 34,29–35 selbst ad hoc herangezogen und in seinem Sinn interpretiert haben, was eine Verarbeitung traditioneller Elemente keineswegs ausschließt, G. THEISSEN, Aspekte, 136f; I. DUGANDZIC, Christusverständnis, 93–96; J. L. SUMNEY, Opponents, 141f.225f; S. J. HAFEMANN, Glory, 31–49; F. W. HORN, Angeld, 312f.

[188] J. BLANK, Schriftverständnis, 192 Anm. 2; H. MERKLEIN, Bedeutung, 78.

[189] J. BEHM, ThWNT II 133. Richtig ist, daß Paulus Jer 31(38),31–34 nicht *zitiert*, wie verschiedentlich angemerkt wird, CHR. WOLFF, Jeremia, 134–137 (er denkt an Prov 3,3[B,A,Θ,Σ] bzw. 7,3 als alttestamentlichen Hintergrund, a.a.O. 135); E. GRÄSSER, Bund, 81f; D.-A. KOCH, Zeuge, 45f. Jedoch läßt sich m.E. schwerlich bestreiten, daß dieser Text – neben Jer 32(39),38–40; Ez 36,25–29; 37,26f – die theologische Basis abgibt, I. I. FRIESEN, a.a.O. 39f. Unzutreffend ist die Auskunft, Paulus werte Jer 31(38),31–34 inhaltlich nicht aus, so D.-A. KOCH, a.a.O. 46 Anm. 8. Der Vorschlag CHR. WOLFFS, nicht die von Jeremia repräsentierte prophetische Tradition, sondern deuteronomistische Bundestheologie habe bei der Wortwahl καινὴ διαθήκη Pate gestanden, a.a.O. 117–130.146f, ist überlieferungsgeschichtlich denkbar. In seiner alternativen Zuspitzung trennt er aber sachlich Zusammengehöriges.

[190] 3,3.6.8.17f. Vgl. Röm 8,9–11.14–16; IKor 12,7.11; Gal 3,2.5.14; 4,6; IThess 4,8.

[191] Deshalb kann sich κύριος in 3,16 auch nur auf Christus beziehen, G. THEISSEN, a.a.O. 135 Anm. 28; P. v. d. OSTEN-SACKEN, Decke, 103.

Wertung der Person Moses«[192]. Wenn Paulus demnach das Evangelium nicht deshalb von der Sinai-Tora qualitativ abhebt, um sie zu abrogieren, muß der Grund dafür im Wesen der παλαιὰ διαθήκη selbst liegen: sie bezeugt nach wie vor den Willen Gottes. Daß und wie sie dies tut, erläutert Paulus im Kontext von 3,7–11. Auch der δόξα des Mose und seiner διακονία eignet göttliche Herrlichkeit (v.9a.10a.11a)[193], weil und insofern sich in diesem Dienst die »Manifestation göttlicher Macht und Herrlichkeit« widerspiegelt[194]. Die *Funktion* dieser göttlichen Doxa ist freilich in der Tora vom Sinai und im Evangelium eine jeweils grundverschiedene. Wird in jener, *weil* sie auf den der Sünde verfallenen Menschen trifft (Röm 7,14.17.20; 8,7), das anklagende, richtende und verurteilende Wort Gottes laut (Röm 1,18–3,20; 7,8b-10)[195], so daß der Apostel ihre Wirkung als eine διακονία τοῦ θανάτου (v.7a) und διακονία τῆς κατακρίσεως (v.9a) qualifiziert, ertönt *dieselbe* δόξα im Evangelium als Wort des θεὸς ζῶν (v.3b), das Leben schafft (v.6b), gerecht macht (v.9b) und vom Todesurteil der *in* der Tora bekundeten göttlichen Forderung befreit (v.17b)[196].

Damit negiert der Apostel keineswegs den in der παλαιὰ διαθήκη geoffenbarten Willen Gottes, er erklärt ihn nicht für obsolet[197]. Aber ebensowenig propagiert er ein wie auch immer beschaffenes, irdisch darstellbares Kontinuum, das sich auf die Funktion der in den beiden διαθῆκαι, d.h. den göttlichen Setzungen und Verfügungen[198], in Erscheinung tretenden göttlichen Doxa erstreckte[199]. Das Schwinden des Glanzes auf dem Angesicht Moses (v.8.13)[200] gilt Paulus als Kennzeichen dafür, daß Mose διακονία limitiert ist[201]. Deshalb stellt er Mosediatheke und Christusdiatheke einander gegenüber. Er tut es, indem er in v.11 jene als vergänglich (τὸ καταρ-

---

[192] H. WINDISCH, 120.

[193] Zu Recht festgehalten von CHR. WOLFF, 68f; H. MERKLEIN, a.a.O. 81f. S. SCHULZ unterschlägt einfach ἐν τούτῳ τῷ μέρει in v.10. Nur deswegen kann er behaupten, Paulus hebe in v.10 die von ihm selbst vorgetragene These von v.7 auf, a.a.O. 6.

[194] O. HOFIUS, a.a.O. 90, vgl. K. GALLEY, Heilsgeschehen, 20.

[195] Vgl. K. GALLEY, a.a.O. 20; O. HOFIUS, Gesetz, 54–62.

[196] Vgl. Röm 8,1f; Gal 5,1.13, ferner Gal 2,4; 3,13f; 4,1–7.21–32.

[197] Daß Gottes Wort bzw. die Tora unvergänglich ist und *bleibt*, ist im Alten Testaments wie im antiken Judentums breit bezeugt, Ps 119,89; Jes 40,8; Weish 18,4; Bar 4,1; IVEsr 9,37; syrBar 77,15; LibAnt 11,5; VitProph Rez. D2. Weitere Belege bei Bill I, 245–247. Für Paulus ist das »Bleibende« (τὸ μένον, IIKor 3,11) das Evangelium (καινὴ διαθήκη, 3,6), vgl. IPetr 1,23–25, das er als λειτουργὸς Χριστοῦ Ἰησοῦ (Röm 15,16 vgl. Röm 1,1.9; IIKor 3,6) und als Verkünder des λόγος τοῦ θεοῦ (IIKor 2,17; 4,2.3f) zu predigen hat, IKor 1,18; IIKor 1,18; 5,18f; Phil 1,14; 2,16; IThess 1,8; 2,13 u.ö. Doch bei allem qualitativen Unterschied sind auch für den Apostel Tora *und* das Evangelium von Jesus Christus Gottes Wort, wie die beide Größen einschließende δόξα-Prädikation in IIKor 3,7–11 unzweideutig klar macht. Vgl. hierzu näherhin O. HOFIUS, Evangelium, 81f.107f.

[198] So die sprachlich wie sachlich m.E. zutreffende Übersetzung, J. BEHM, a.a.O. 132f; I. I. FRIESEN, a.a.O. 39f; E. KUTSCH, a.a.O. 147f. E. GRÄSSER betont wieder stärker das der ברית zugrundeliegende verpflichtende Gemeinschaftsverhältnis der Partner, a.a.O. 7.

[199] Vgl. R. SCHMITT, Gottesgerechtigkeit, 66. M.E. argumentiert Paulus in IIKor 3 überhaupt nicht geschichtstheologisch bzw. heilsgeschichtlich, sondern streng soteriologisch.

[200] Von einem solchen Verschwinden weiß Ex 34,29–35 jedoch nichts. Mit einer möglichen Ausnahme (LibAnt 19,16) geht auch das antike Judentum von einer *Fortdauer* des Glanzes aus. Vgl. Bill III, 515, und die bei O. HOFIUS, a.a.O. 99–101, notierten Belege.

[201] Vgl. L. L. BELLEVILLE, a.a.O. 203..

γούμενον)²⁰², diese als bleibend (τὸ μένον) charakterisiert. In und durch Christus, genauer, durch die geistgewirkte Verkündigung des Evangeliums erschließen sich Wesen und Funktion der Tora. Niemand anders als der κύριος Jesus Christus befreit in der Hinwendung zu ihm (3,16) zu jenem geisterfüllten Leben (3,17f), das die Schrift selbst als Ziel der Verheißung Gottes nennt (Ez 36,26f)²⁰³. Freilich hört die παλαιὰ διαθήκη damit nicht auf, Schrift zu sein. Wie sie ist der νόμος insgesamt heilig, gerecht und gut (Röm 7,12.13a.16, vgl. ITim 1,8), ja geistlich (Röm 7,14), bekundet er doch Gottes nach wie vor gültigen Willen. Indem der Glaube an Christus dem νόμος in diesem Sinn entspricht und ihn in Geltung setzt (Röm 3,31b)²⁰⁴, erschließt sich der innere Bezug von παλαιὰ διαθήκη und καινὴ διαθήκη. Paulus blickt vom Christusevangelium her ganz neu auf die Tora zurück, nicht von der Tora auf Christus hin. Diese Denkbewegung ist, hermeneutisch gesehen, unumkehrbar²⁰⁵.

Von einer einseitig negativen Konnotation der Adjektive *alt* und *neu* kann in ihrem paulinischen Kontext keine Rede sein. Und schon gar nicht wollen sie antijüdisch, sondern vielmehr positiv christologisch und soteriologisch verstanden sein²⁰⁶. Paulus verfolgt mit seiner Art der Schriftverwendung keine primär polemische Absicht *gegen* Israel. Er interpretiert die Schrift neu, »weil er als Christ seine Sache, das Evangelium, gar nicht ohne seine Bibel

---

²⁰² L. L. BELLEVILLES Übersetzung mit »diminishing«, »fading«, a.a.O. 205, trifft den gemeinten Sachverhalt m.E. nicht.

²⁰³ Ich kann daher P. v. d. OSTEN-SACKENS Fazit seiner Auslegung von IIKor 3 nicht zustimmen: »Wer sich zum Kyrios wendet, von dem wird die Decke fortgenommen, er schaut als *Inhalt der Tora* die *Doxa des Kyrios* und wird von ihr und zu ihr verwandelt. So kehrt er (sc. Paulus, D.S.) im zweiten Teil seiner Deutung zur Tora zurück – und läßt damit, christologisch qualifiziert, unverlöschlichen Glanz aus ihr hervorscheinen«, a.a.O. 115 (Kursivierung von mir). Was Paulus streng unterscheidet, wird hier gleichgesetzt: die in der Schrift bezeugte *Verheißung* (ἐπαγγελία) Gottes (vgl. Röm 4,13f.16.20; 9,4.9; 15,8; Gal 3,16–18.21f.29; 4,23.28, ferner Röm 1,2; Gal 3,8) und die der Tora zugemessene begrenzte Aufgabe (Gal 4,23a).

²⁰⁴ Dem Nachweis der Schriftgemäßheit seiner in Röm 3,21–26 prägnant dargelegten Verkündigung, die Paulus in 3,28–31 noch einmal rechtfertigungstheologisch präzisiert, dient Kap. 4. Röm 4,1–8 führt am Doppelbeispiel Abraham und David den Schriftbeweis für den Grundsatz von 3,28. Unter Rückgriff auf Ps 31(32),1f erläutert 4,9–12 die Aussage von 3,30. Röm 4,13–25 schließlich begründet die in 3,31 formulierte These, daß der Christusglaube den νόμος nicht annulliert, ihn vielmehr erst zur Geltung bringt. Vgl. dazu unten Abschnitt 5.1.3.

²⁰⁵ Vgl. J. ECKERT, Streit, 82. J. SEIM stellt diesen Sachverhalt auf den Kopf, wenn er generalisierend schlußfolgert, *weil* die neutestamentlichen Autoren das Alte Testament benötigten, »um gültig von Jesus zu sprechen«, *deshalb* sei die Christologie keineswegs »der hermeneutische Schlüssel für die Auslegung des Alten Testaments«, Christologie, 26. Es ist vielmehr so, daß sich diesen Autoren die Schrift als »sachgemäße Lektüre« erst in Christus erschloß.

²⁰⁶ Gegen R. RUETHER, Theology, 80. Die Kritik SCH. BEN-CHORINS am Sprachgebrauch *Altes* Testament setzt daher zu Recht nicht *innerneutestamentlich*, sondern *nachneutestamentlich* bei Marcion an, Entstehung, 61f.

sagen kann«[207]. Von daher ergibt sich das sachlich begründete, offensiv ausgetragene Konkurrenzverhältnis zur Schriftauslegung der Synagoge. Es ist
mit dem Inhalt der apostolischen Verkündigung, Jesus Christus, selbst gesetzt. Altes Testament kann daher niemals heißen, daß es für Christen überholt oder belanglos und im besten Fall eine Art christliches Propädeutikum
wäre. *Alt* hält mindestens dreierlei fest: a) das Alte Testament besitzt seine
eigene unantastbare Dignität als διαθήκη Gottes, b) das Alte Testament des
christlichen Bibelkanons weist über sich selbst hinaus; die Schriften des
Neuen Testaments bestätigen es als »das Fundament des Christusglaubens«[208], c) ist Christus »paradoxerweise« der von Gott Verheißene und von
Gesetz und Propheten Bezeugte, bekräftigt *alt* dieses zeitliche und inhaltliche Prae. Es markiert den »Primat des Ursprungs, die Würde der Ancienni-
tät«[209].

So gesehen widerstreiten das Festhalten am zweigeteilten Kanon der Heiligen Schrift und die bewußte Kennzeichnung seines ersten Teils als *Altes
Testament* zwei in der gegenwärtigen Diskussion verdeckt gehaltenen,
gleichwohl latent vorhandenen Grundpositionen: a) einer *gnostisch gefärbten*, sofern mit der selten explizit geforderten, dafür aber faktischen Preisgabe der sachlichen Vorordnung des alttestamentlichen Kanons vor dem neutestamentlichen das Neue Testament zu einem Torso amputiert würde. Es verlöre historisch wie traditionsgeschichtlich den Boden unter seinen Füßen.
Mehr noch, raubte man ihm den seinem Selbstverständnis nach christologisch essentiellen Rückbezug auf den im Alten Testament sich offenbarenden
Heilswillen des Gottes Israels[210], stünde das Neue Testament in der Gefahr,
zum Spielball spekulativer Metaphysik zu werden[211], b) einer *jesuanischen*,
sofern mit der Preisgabe der Prädizierung als *Altes Testament* diesem sein im
Bekenntnis zu Jesus als dem Christus Gottes wurzelnder und allein von ihm
her begründeter eschatologischer Verheißungscharakter genommen würde.
Was sich daraus als Konsequenz für das christliche Bekenntnis ergibt, hat E.

---

[207] U. Luz, Theologie, 120.

[208] G. v. Rad, Theologie II, 356.

[209] K. Haacker, Einführung, 15. Vgl. M. Rissi, a.a.O. 40f; E. Brocke, Suche, 593f.

[210] Vgl. Lk 18,31; 24,25–27.44–46; Joh 1,45; 5,39; Act 3,13.18.22–25; 13,17–23; 15,13–
18; Röm 1,2f; 11,26f; 15,8; IKor 8,4.6; 10,1–4; 15,3b.4; IIKor 1,20; 4,5f; Gal 3,6–8; IITim
3,14–16[ITim 5,18]; Hebr 1,1f; 4,2. Treffend formuliert R. Smend: »An die Stelle der beiden Namen Jahwe und Israel ist im Neuen Testament der Name Jesus Christus getreten ... Er
ist das Ziel, aber auch das Ende, das Ende, aber auch das Ziel des Weges Jahwes mit Israel
und Israels mit Jahwe. In diesem Glaubenssatz liegt unser Ja, aber auch unser Nein, unser
Nein, aber auch unser Ja zum Alten Testament, als ein Nachsprechen von Gottes gnädigem
Ja – und von seinem gnädigen Nein«, Mitte, 58.

[211] Dies bedeutete nichts weniger als das Ende der Einheit des biblischen Gottesverständnisses, vgl. Irenäus, Adv.haer. I 10,1; 22,1; III 1,2; 4,2; 11,1; 16,6; IV 27,1 – 32,1; 33,7;
Tertullian, Praescr.haer. 13,1f; Virg.vel. 1,3.

GRÄSSER – wenngleich polemisch zugespitzt, so doch in der Sache zutref-
fend – auf die Kurzformel »Jesulogie statt Christologie« gebracht[212]. Beiden
Irrwegen gegenüber bekennt das Neue Testament die Selbigkeit des vom
»Gesetz und den Propheten«, d.h. des von der ganzen Schrift (IIMakk 15,9;
IVMakk 18,10), bezeugten und in Christi Tod und Auferweckung handelnden
Gottes. Deshalb stößt der Christ im Gespräch mit dem Judentum »auf Erfahrungen mit dem Gott der Bibel«, die ihm dazu verhelfen, »das Verständnis
seiner Identität wesentlich zu vertiefen«[213]. Aus dieser Einsicht heraus ent-
springt die Konsequenz, jedem Antijudaismus den Abschied zu geben.

4.7 Paulus – ein Antijudaist?

»Die Kirche hat dem … Juden Jesus sein Judentum genommen von dem Au-
genblick an, als Paulus … ihr dazu die Thesen und Möglichkeiten«, m.a.W.
die Theologie, geliefert hat[214]. Behauptet der Antijudaismus christlicher Provenienz nicht nur die »religiöse und theologische Illegitimität des Judentums«[215], sondern wird bereits jede judenkritische Position mit einer »Verwerfung des *Judentums*«[216] gleichgesetzt, muß Paulus nach diesem Kriterium als der wirkmächtigste Initiator des neutestamentlich begründeten christlichen Antijudaismus gelten. Freilich läßt sich gerade an Paulus die mangeln-
de Stringenz des hier waltenden Denkansatzes aufzeigen. Dessen Plausibilität steht und fällt damit, wie die beschriebenen Spannungen *innerhalb* der
paulinischen Theologie hermeneutisch gewichtet werden. Sofern der Apostel
ein Modellfall für die Aporien im Umgang mit neutestamentlichem Antijudaismus ist, die aus dem Nebeneinander von projüdischen und judenkritischen
Aussagen resultieren, dürfte von ihm her eine theologisch grundsätzliche
Antwort auf das Problem zu erhalten sein.

   Die These, Paulus sei nicht nur nicht frei von antijüdischen Ressentiments
gewesen, vielmehr habe er als eine der primae causae spezifisch christlicher
Judenfeindschaft zu gelten, basiert vor allem auf IThess 2,14–16. Ungeachtet
aller interpretatorischen Probleme – die Authentizität der Verse vorausgesetzt –, fällt es selbst denen, die hier Paulus ein »vernichtende(s) Urteil«[217]
attestieren, schwer, ihn deshalb als Antijudaisten abzustempeln. Die Unsicherheit erwächst nicht allein aus der Tatsache, daß sich Paulus seinen συγγε-

---

[212] Christen, 277f, vgl. H. CONZELMANN, Heiden, 3f.
[213] EKD-Studie I, 35.
[214] H. KÜHNER, Antisemitismus, 17.
[215] E. STEGEMANN, Krise, 75.
[216] R. RUETHER, Brudermord, 101, vgl. Theology, 82.
[217] D. ZELLER, Skandal, 260.

νεῖς κατὰ σάρκα (Röm 9,3, vgl. 16,7.11) zeitlebens als zugehörig empfand
(Röm 10,1; 11,1; IIKor 11,22; Phil 3,5)[218]. Soweit wir wissen, blieb er Prisca
und Aquila, selber Opfer antijüdischer Maßnahmen Roms[219], aufs engste verbunden (vgl. Röm 16,3; IKor 16,19; Act 18,2.18.26; IITim 4,19). Das beweist
nicht zuletzt die persönliche Notiz in Röm 16,4a[220]. Vor allem aber dient der
Abschnitt Röm 9–11 desselben Paulus sogar in den Augen seiner mit IThess
2,14–16 argumentierenden Kritiker als Typos, ja als *Kriterium* einer Israel
bejahenden, die *bleibende* Erwählung des jüdischen Volkes[221] verteidigenden
und fundierenden christlichen Theologie[222]. L. STEIGER gewichtet diese Kapitel darum als ein Exempel für das »Geschäft der Entideologisierung«[223]
kirchlicher Überlieferung, da die »Ent-Antijudaisierung« des Neuen Testaments[224] *die* Aufgabe gegenwärtiger christlicher Theologie, besonders aber
der neutestamentlichen Exegese, sei.

Erklärt und begriffen werden muß also das eigenartige Phänomen, daß
Paulus als Kronzeuge einer vom ideologischen Ballast befreiten Israeltheologie von denen in Beschlag genommen wird, die ihn zugleich als dokumenta-
rischen Beleg für die neutestamentlich inspirierte Existenz eines genuin
christlichen Antijudaismus zitieren. Anders ausgedrückt, der »Antijudaist«
Paulus wird vom »gute(n) Jude(n) Paulus« (M. BARTH) her theologisch kritisiert und zensiert. Es ist die hermeneutische Prämisse des Anspruchs, auf diese Weise endlich sachkritisch mit paulinischen Texten umzugehen, die Zweifel an seiner Berechtigung weckt. Denn er läßt nicht nur jede vorgängige
methodische Reflexion darüber vermissen, wie dem circulus vitiosus zu ent-
gehen sei, innerhalb dessen Paulus durch Paulus be- und verurteilt wird. Der
Zielvorgabe, der Apostel solle »als unversiegbare Quelle für immer neuen
Antijudaismus unschädlich gemacht« werden[225], liegt die Ausgangsthese
von einem genuin paulinischen Antijudaismus als argumentative Konstante
bereits zugrunde. Doch gerade sie ist das Beweisthema. Indem also die These

---

[218] Auch das προεχόμεθα in Röm 3,9 ist m.E. in diesem Sinn zu verstehen. Paulus
schließt sich mit den angeredeten Juden zusammen.

[219] Sueton, VitClaudii XXV 4; Orosius, Hist. contra pag. VII 6,15f; Cassius Dio,
HistRom. LX 6,6f; Act 18,2.

[220] W.-H. OLLROG, Mitarbeiter, 24–27. Zur gnomischen Bedeutung von τὸν τράχηλον
ὑποτίθημι ὑπὲρ τινος vgl. Sir 51,26; IClem 63,1; Epiktet, Diss. 4,1,77, sowie A. DEISSMANN,
Licht, 94f.

[221] Röm 3,2f; 9,4–6; 11,1f.28–32; IVEsr 5,27; äthHen 93,10; Sib III 194; 1QS 8,6; 11,16;
21,1; 1QpHab 10,13; 4Qflor 1,19. Weiteres reiches Belegmaterial bei O. HOFIUS, Unabänderlichkeit, 135–145; F. DEXINGER, TRE X 190f.

[222] Die EKD-Studie II bestimmt Röm 9–11 als »theologisch orientierende Mitte« *aller*
neutestamentlicher Aussagen über Israel, der »weniger entfaltete Einsichten« zuzuordnen
seien, 53, vgl. 54f.

[223] A.a.O. 45.

[224] So E. STEGEMANN, Holocaust, 63.

[225] F.-W. MARQUARDT, Hermeneutik, 145.

das Ergebnis präsupponiert und im Kern vorwegnimmt, kommt das erzielte Resultat einer Art von self-fulfilling-prophecy gleich.

Ist der eigentliche und daher allein zu rezipierende Paulus der im kirchen-kritischen Sinn zu interpretierende von Röm 9–11[226], dem der antijüdische so fundamental und fremd gegenübersteht, daß dieser nur durch »Buße im Ur-sprung«[227], d.h. durch eine Revision zentraler Inhalte seiner Verkündigung, weiterhin repristinierbar wäre[228]? Jedoch sind die Begründungszusammen-hänge mitsamt ihren Schlußfolgerungen schwerlich miteinander vereinbar und darum wenig überzeugend. Denn sie verleihen dem Abschnitt Röm 9–11, einem Teilaspekt der gesamten uns bekannten paulinischen Verkündigung, per se den Charakter des Wahrheitskriteriums. Zugleich ordnen sie alle übri-gen Aussagen des Apostels, sofern sie dem extrahierten Kriterium nicht standhalten und als mit ihm inkompatibel erscheinen, diesen Kapiteln un-ter[229]. Die Forderung, auf solch anstößige und widerständige Texte christli-cherseits überhaupt zu verzichten und das Neue Testament generell einem darauf abzielenden Reinigungsprozeß zu unterziehen[230], liegt in der Konse-quenz dieses Vorbehalts.

Nicht allein die hier waltende Tendenz stimmt bedenklich, das spannungs-volle, auch von radikal einseitigen Optionen geprägte Denken des Apostels nicht nur zu harmonisieren, sondern zugunsten wirkungsgeschichtlich ge-wonnener externer Prämissen nach einer Seite hin aufzulösen. Vor allem und zuerst müßte die rezeptionsgeschichtlich mehr als verständliche, methodisch und sachlich gleichwohl höchst problematische Vorgabe hermeneutisch re-flektiert und geklärt werden, die Röm 9–11 zum paulinischen Schlüsseltext und Tractatus pro et cum Iudaeis par excellence erhebt[231]. Zur Debatte steht die Berechtigung einer Auslegung, die Paulus einerseits mit dem »antijüdi-schen Ressentiment seiner Umwelt« behaftet sein läßt[232], dann aber Röm 9–11 zum Kronzeugen dafür benennt – und zwar nicht nur dem Briefverfasser selbst, sondern auch dem aktuellen Gesprächspartner gegenüber –, daß das »eigentlich« Paulinische ausschließlich das, was *kirchenkritisch*, nicht aber das, was *israelkritisch* formuliert sei[233]. In gleicher Weise suspekt sind psy-chodynamisch orientierte Harmonisierungsversuche, die zwischen israelkri-tisch gedeuteten Aussagen und projüdischer Existenz des Apostels (Röm

---

[226] B. KLAPPERT, Traktat, 68.72–86; R. STUHLMANN, Maß, 172f.

[227] F.-W. MARQUARDT, a.a.O. 145. Vgl. U. LUZ, Bemerkungen, 197.

[228] P. v. d. OSTEN-SACKEN, Nachwort, 244–251; Skandalon, 274–277.

[229] Das ist besonders augenfällig bei P. v. d. OSTEN-SACKEN, Schibboleth, 308–314.

[230] So I. GREENBERG, a.a.O. 40f. Vgl. J. KOHN, a.a.O. 85f.

[231] P. v. d. OSTEN-SACKEN, Grundzüge, 41.45.51f.105f.109.

[232] L. STEIGER, a.a.O. 45.

[233] Vgl. zu dieser m.E. verfehlten Alternative E. BRANDENBURGER, Schriftauslegung, 9.

9,1–3; 10,1; 11,1f)[234] zu vermitteln suchen. Sie unterstellen eine traumatische Vergangenheitsbewältigung des ehemaligen Christenverfolgers. Danach hätte Paulus die seine Christusverkündigung ablehnenden Juden[235] mit einer daraus abgeleiteten Haßprojektion belastet[236]. Solche unbewußten Motive, die als psychische Prozesse in den Symbolgehalt von Texten einfließen können und auf ihre Dynamik hin ausgewertet werden müssen, sind nicht a limine abzuweisen. Sie sind aber auf die in die Texte eingegangenen und noch erkennbaren semiotischen Strukturen hin zu interpretieren[237]. Das geschieht jedoch nicht, so daß das psychologische Erklärungsmodell methodisch defizitär bleibt und zumindest in der vorgetragenen Form die vorhandenen Kontraste eher verdunkelt als konturiert. Zudem ist es nicht davor gefeit, einen realen paulinischen Antijudaismus einmal vorausgesetzt, Paulus auf psychodynamischem Weg zu exkulpieren. Als Lösung der in Frage stehenden Problematik bietet es sich nicht an.

4.8 Schlußfolgerungen

Eine prüfende Sichtung der Argumente, die zugunsten der Existenz eines genuin neutestamentlichen Antijudaismus vorgetragen werden, endet mit einem negativen Ergebnis. Daß das Neue Testament nicht nur israel- bzw. judenkritische Passagen enthält, sondern seinem Wesen nach judenfeindlich strukturiert ist, weil das Bekenntnis zu Jesus Christus eine antijüdische Verwerfungstheologie immer schon einschließt, läßt sich m.E. nicht erhärten. Ebensowenig wie die Evangelien und Paulus unterliegt die neben- und nachpaulinische Tradition diesem Verdikt. Gewiß konkurrieren die neutestamentlichen Autoren im Streit um die Wahrheit des Evangeliums auch mit der jüdischen Überlieferung und ihrer sich auf die Schrift stützenden Autorität. Gerade die daraus resultierende, sachlich motivierte Verflechtung von israelkritischen *und* projüdischen Aussagen bei ein und demselben Verfasser sollte unser Bewußtsein dafür schärfen, die konfliktverursachenden Faktoren als zugleich historisch bedingt[238] und – von jüdischer wie christlicher Warte aus –

---

[234] Vgl. ferner Röm 11,11; 16,3.7.11; IIKor 11,22 und oben Anm. 218.

[235] Für Paulus liegt das Problem Israels nicht in seinem Zurückweisen des irdischen Jesus und seiner Verkündigung, sondern darin, daß sich das jüdische Volk in seiner überwiegenden Mehrheit dem Evangelium von dem gekreuzigten und auferstandenen Christus verschließt.

[236] G. Baumbach, Antijudaismus, 70; Sch. Ben-Chorin, Elemente, 44f; K. Haacker, Elemente, 418; F. Watson, a.a.O. 38–42.

[237] Vgl. die methodischen Erwägungen bei G. Theissen, a.a.O. 54–58.

[238] J. Niewiadomski, a.a.O. 20f.

christologisch unausweichlich zu begreifen[239]. Jeder Versuch, sie ausschließlich als einen nachgetragenen, dogmatischen Entscheidungen verpflichteten Legitimationszwang des späteren Siegers zu mißdeuten, ist geschichtlich unhaltbar[240]. Wohl aber gab und gibt es Antijudaismus als Ausfluß massivster Ideologisierung neutestamentlicher Inhalte und Theologumena, die jedes Wissen um die realgeschichtliche Kontingenz israelkritischer Stimmen abblendet und negiert. Es ist diese »unkritische, paraphrasierende Wiederholung jener urchristlichen Auseinandersetzung ... unter völlig anderen Verhältnissen«[241], die in einen »pathologischen Judenhaß« mündete, ohne daß die »Differenz der Zeiten«[242] auch nur annähernd bedacht worden wäre. Das Evangelium selbst entlarvt diesen Antijudaismus als antichristlich, weil er sich dem unbedingt verpflichtenden Liebesgebot Jesu Christi[243] zuwider in Wort und Tat artikuliert hat.

Im Sinne der Nomenklatur G. KLEINS, ob der christliche Antijudaismus als ein Ursprungs- oder Degenerationsphänomen zu bewerten ist, ist zugunsten der letzten Alternative zu entscheiden, wenngleich sie das Evangelium um nichts weniger in sein Gegenteil verkehrt. Zwar gewinnt die frühe Christenheit ihre Gewißheit, ἐκκλησία (τοῦ) θεοῦ[244] zu sein, auch in Auseinandersetzung mit ihrer jüdischen Umwelt[245]. Gebote der Tora samt ihrer halachischen Auslegung werden relativiert oder können gar, wie etwa die Beschneidung, in ihrer Gültigkeit bestritten, für belanglos erklärt oder gar abgeschafft werden (vgl. Röm 3,1f und 4,11 mit 2,25f.28f; IKor 7,19; Gal 2,3–5.9; 3,28; 5,2–6; 6,15). Realgrund dieser Freiheit gegenüber Tora und Halacha ist Jesus selbst[246]. Denn trotz der Einsicht, daß alle exegetische wie historische Erkenntnis prinzipiell relativ und damit bruchstückhaft bleibt, kann man ihn nicht unter Berufung auf Mt 5,17–20 zum gesetzestreuen Rabbi par excellence erklären, dem erst posthum ein distanziertes Verhältnis zu den Traditionen seines Volkes unterstellt wurde[247]. Doch selbst scharfe Polemik ist

---

[239] Vgl. E. E. JOHNSON, Jews, 121–124.

[240] Vgl. hierzu das Fazit I. BROERS, Antijudaismus, 351f, ferner G. THEISSEN, Aporien, 546f.

[241] P. v. d. OSTEN-SACKEN, Grundzüge, 34.

[242] A.a.O. 26.

[243] Mt 5,44; Mk 12,30fparr; Röm 12,14; 13,9f; Gal 5,14, vgl. Mt 7,12; IKor 13,1–4.13; 14,1; 16,14; IIKor 5,14; Phil 2,2; IThess 1,3; 3,12; 4,9; Phlm 5; Eph 5,1f; IPetr 3,9; Did 1,2; Barn 19,5; Justin, Dial 93,2.

[244] Act 20,28; IKor 1,2; 10,32; 11,16.22; 15,9; IIKor 1,1; Gal 1,13; IThess 2,14; IIThess 1,4; ITim 3,5.15.

[245] W. SCHRAGE, Ekklesia, 178–202.

[246] U. LUZ, Tora, 119–122.

[247] In diese Richtung tendiert stark D. FLUSSER, Jesus, 44–49.56f, ähnlich N. P. LEVINSON, Sicht, 46.49–54. Vgl. demgegenüber nur W. SCHRAGE, Ja und Nein, 141f.

unter den Kommunikationsbedingungen eines innerjüdischen[248] Dissenses[249] *prinzipiell* historisch, sachlich und begrifflich zu unterscheiden von einem haßgeladenen Antijudaismus, der einer »kollektiven Kriminalisierung«[250] gleichkommt und einem rassischen Antisemitismus Vorschub leistete[251]. Hier ist radikales Umdenken einer Kirche überfällig, die den Juden Jesus von Nazareth als den Christus Gottes bekennt und der es allein deswegen nicht erlaubt sein kann, ihr christliches Ja judenfeindlich auszurichten. Die auch öffentlich wahrgenommene christliche Lebenspraxis ist ebenso wie unsere theologische Sprache, in der noch immer, bewußt oder unbewußt, Antijüdisches zuhauf perpetuiert wird, womit erneut Stigmatisierungen verbunden sein können, in diesen Revisionsprozeß einzubeziehen.

In *diesem* Sinn ist der Holocaust bzw. ist Auschwitz in der Tat ein Wendepunkt im christlich-theologischen Denken. Hinter ihn gibt es kein Zurück mehr, wenn anders Buße ernst genommen und praktiziert wird. In keinem Fall darf sie zum Surrogat dafür verkommen, bisherige exegetische, systematische und historische Prämissen positivistisch zu vereinnahmen und biblische Texte weiterhin so auszulegen und zu rezipieren, »als wäre nichts geschehen«. Und in ausschließlich *diesem* Sinn ist auch von einer »Theologie nach Auschwitz« zu sprechen, die, will sie nicht – und dann zu Recht! – den

---

[248] Mit welcher verbalen Schärfe innerjüdische Polemik ausgestattet sein kann, läßt sich vielfältig belegen, vgl. Jes 1,4–9.21–23; 3,16–24; 5,8–24; 10,5–19; 28–33; Jer 23,1f; Ez 34,1–6.7.9f; Am 2,4–8; 5,21–23; Ps 35,4–6; 58,7–11; 69,23–29; 109,6–19; Sir 36,1–12; 50,25f; PsSal 4,1–12; 17f; AssMos 5,3–6; 6,1; 7,3–9; TestDan 5,5f; Jub 15,33; JosAs 12,8f; 1QS 2,4–10.11–19; 1QH 4,9f.14–16; CD 1,18; 4,19; 6,12; 7,1; 8,11–13.16.18; 19,24f (in Qumran wird das gesamte außerhalb der Gemeinschaft befindliche Judentum auf die Seite Belials gestellt); bSot 22b. Zahlreiche weitere rabbinische Belege bei Bill IV/1, 336–339.344–351.

[249] G. KLEIN, Präliminarien, 232f, läßt die überwiegende Anzahl der neutestamentlichen Schriften an Heidenchristen gerichtet sein und bestreitet die Ableitung der uns hier beschäftigenden neutestamentlichen Aussagen »aus der Situation innerjüdischer Polemik.« Er beachtet dabei nicht, daß a) nicht nur der Adressat, sondern auch der Autor Themen und Inhalte bestimmt, b) alle neutestamentlichen Verfasser außer Lk höchstwahrscheinlich Judenchristen sind und c) die anvisierten Gemeinden zumeist aus Heiden- und Judenchristen bestehen.

[250] B. KLAPPERT, Erwählung, 383.

[251] Insofern ist es nicht bloß mißverständlich formuliert, sondern der Sache nach irreführend, wenn U. WILCKENS die »antijudaistischen Motive im Neuen Testament« als »christlich-theologisch *essentiell*« ausgibt, da sie von dem aus »jüdischer Glaubensüberlieferung herausgebildet(en)« Christentum »*gegen* dieses sein eigenes Profil gewonnen« worden seien, Antwort, 611. Obgleich das christliche »Bekenntnis zum Gekreuzigten in der Tat ein bestimmtes Nein zum Judentum« einschließt, W. SCHRAGE, a.a.O. 136, unterscheidet sich dieses Nein doch fundamental von jedem später virulent gewordenen Antijudaismus. Ich sehe daher nicht, wieso dieses Nein ein offenkundiges Indiz des »christlich-theologischen Syndrom(s) der Judenfeindschaft« sein soll, das »gleichsam eine professionelle Deformation von Theologen darstellt«, wie W. STEGEMANN allzu pauschal unterstellt, Judentum, 133.

Vorwurf einer *Pseudotheologie* auf sich ziehen[252], keine andere Theologie
sein kann, als wie sie schon *vor* Auschwitz und zu allen Zeiten hätte getrieben
werden *müssen*[253]. Daher kann weder der *Holocaust* noch kann *Auschwitz*
beanspruchen, als ein wie auch immer zu wertendes quasi offenbarungstheologisches Datum zu gelten. Zwar steht der Holocaust und steht Auschwitz für
unsere konkrete theologiegeschichtliche Situation. Jedoch ist diese Situation
nicht einfach mit dem *Inhalt* christlicher Verkündigung identisch. In jedem
Fall aber sind beide Stichwörter ein unüberbietbarer Bußruf an die Christenheit, das Evangelium als Negation jeglicher Ideologie, und sei es eine in
christlichem Gewand, zu hören, es gelten zu lassen und als das heilswirksame
Wort für die ganze Welt zu verkündigen. Nur wenn dem Evangelium gestattet
wird, diese hermeneutische, eminent ideologiekritische Funktion auszuüben,
gelangt die ihm innewohnende Sachkritik zum Zuge, die jede Depravation
seines Inhalts demaskiert und benennt. M.a.W., keine noch so leidvolle Ge-
schichtserfahrung wie das versuchte Genozid am jüdischen Volk[254], sondern
ausschließlich Christus selbst ist nach dem Zeugnis der neutestamentlichen
Schriften das einzig legitime, aber auch zureichende Kriterium für »Antijudaismus« im christlichen Glauben und theologischen Denken.

4.9 Resümee

Die Behauptung, bereits das Neue Testament enthalte einen in ihm ausgebildeten, *theologisch essentiellen* Antijudaismus, ist verfehlt. Ihr eigentliches
Manko liegt darin, in unzulässiger Weise spätere antijüdische Auslegungstra-
ditionen[255] mit den biblischen Texten selbst zu identifizieren, jene also in den
Kanon zurückzuprojizieren[256]. Auf diese Weise wurden, wirkungsgeschicht-

---

[252] E. GRÄSSER, Heilswege, 217. Vgl. R. J. Z. WERBLOWSKY, a.a.O. 31.

[253] Diese Verpflichtung und ihr Versäumnis ist in wünschenswerter Offenheit und Klar-
heit in den von H. BAARLINK u.a. formulierten »Alternativen Leitsätzen«: *Wir und die Juden
– Israel und die Kirche* als christliche *Schuld* bekannt worden, ThBeitr 18 (1987) 159–162.
Die sich aus diesem Ansatz ergebenden Konsequenzen karikiert R. RENDTORFF, wenn er
ihm fälschlicherweise als Denkschema unterstellt, »daß unser Glaube und unsere Lehre in
Ordnung seien« und es keinen Anlaß gebe, »irgend etwas zu ändern, nachdem aus unserem
Glauben und unserer Lehre solche Schuld erwachsen ist«, Scheitern, 145. Das genaue Ge-
genteil ist intendiert.

[254] Darin liegt das Wahrheitsmoment der wenig glücklichen Formulierung G. KLEINS,
»auch Auschwitz präjudiziere nicht den Aussagewillen unserer Texte«, Präliminarien, 231.

[255] Vgl. die Skizzen bei B. BLUMENKRANZ, a.a.O. 84–135, und B. KÖTTING, Entwicklung, 136–174. In welchem Ausmaß und in welcher Form sie bereits bei den Apostolischen
Vätern zutage treten – hier ist auch die Passah-Homilie Meliton v. Sardes' einzubeziehen,
bes. §§ 39–45.56–65 –, kann in diesem Zusammenhang nicht weiter verfolgt werden. Vgl.
nur K. H. RENGSTORF, Zeit, 55–64.69–71; O. KNOCH, a.a.O. 347–378, und oben Anm. 127.

[256] K. HAACKER, Judentum, 171. Die Befürchtung von J. NIEWIADOMSKI, diese histori-

lich verheerend und im wahrsten Sinne des Wortes tödlich, die konkreten, in den biblischen Quellen sich widerspiegelnden Konfliktsituationen und Bedrohungspotentiale zwischen Christengemeinde und Synagoge oder auch innerchristliche, das jüdische Erbe divergierend beurteilende Antagonismen ungeschichtlich transzendiert. Im Ergebnis wurden sie ontologisiert und erschienen mit einem Mal zeitlos gültig fixiert. Allein zur Charakterisierung *dieses* Sachverhalts treffen die Termini »Antijudaismus« und »antijüdisch« zu, folglich sind sie auch auf ihn zu beschränken. Sie taugen ebensowenig zum theologischen Verständnis neutestamentlicher Texte, wie sie zur historischen Deutung ihrer Situation beitragen. Vielmehr verstellen sie aufgrund der ihnen eigentümlichen negativen Konnotationen und der ihnen unterlegten Prämissen einen adäquaten Zugang zur frühchristlichen Geschichte, wie sie sich in den neutestamentlichen Schriften kerygmatisch dokumentiert. Hinter den Interpretationskategorien »Antijudaismus« und »antijüdisch« verbirgt sich, zumindest auf den zweiten Teil des biblischen Kanons bezogen, eine folgenschwere Verwechslung von Sprachgestalt und Sachgehalt[257].

---

sche Analyse besitze den ungewollten Nebeneffekt, daß sie den christlichen Autor durch den Hinweis auf die Konfliktsituation entlaste, während sie die Juden faktisch belaste, a.a.O. 21f, ist nicht unbegründet. Der Gefahr ist dadurch zu begegnen, indem a) die sich durchhaltenden Anschuldigungsstereotypen enttabuisiert, mithin erkannt und aufgehellt werden, und b) ein komplementärer Versuch von jüdischer Seite aus danebengestellt wird.

[257] Daß die Begriffe kategorial verwandt und kaum je exegetisch deduziert werden, sie also der Auslegung immer schon *vorausgehen*, dürfte *eine* Ursache für den herrschenden Dissens um einen neutestamentlichen Antijudaismus sein.

5 Der erwählende und rechtfertigende *eine* Gott. Zur paulinischen Begründung christlicher und jüdischer Heilshoffnung (Röm 1–4.9–11)

Die Überschrift enthält ein gegenwärtig sehr unterschiedlich beantwortetes Thema christlicher Theologie. Als Frage formuliert läßt es sich so umreißen: wie verhält sich die allein im Glauben an Jesus Christus gründende Heilshoffnung des Menschen zu den in der Schrift bezeugten Heilsverheißungen Gottes an sein Volk Israel[1], das eben diesen Glauben ablehnt? Gilt, paulinisch gesprochen, auch für Israel die im Evangelium geoffenbarte und verkündigte δικαιοσύνη θεοῦ als *die* Konstitutionsbedingung seiner σωτηρία? Wie immer eine Antwort ausfällt, sie läuft in jedem Fall auf eine grundlegende Verhältnisbestimmung der Kategorien *promissio* (Gottes Heilszusage an sein erwähltes Volk) und *iustificatio* (Gottes universales, eschatologisches Heilshandeln in Jesus Christus) hinaus, sei es unter dem Vorzeichen von Diskontinuität und Abrogation, sei es unter dem von Kontinuität und Entschränkung. Zweifellos ist hiermit ein Kernproblem des christlich-jüdischen Dialogs angesprochen. Seinen hohen Stellenwert lassen nahezu alle einschlägigen Äußerungen erkennen[2]. Sie kreisen um ein in zwei Bereiche sich auffächerndes Zentrum. *Wie* und *worin* manifestiert sich die Wahrheit des christlichen Glaubens? Bis in die Gegenwart dominierte ein Antworttypus, der sich der eigenen Position dadurch versicherte, indem er ihr als Kontrast die »geistliche Armut« des Judentums entgegenstellte. Damit wurde nicht nur dessen Existenz zugunsten einer konkurrierenden religiösen Selbstdefinition abgewertet, sondern auch die Überzeugung in die konfessorische Kraft des christlichen Glaubens aufgegeben.

Angesichts dieses Irrwegs warten die eingangs gestellten Fragen um so dringlicher auf eine Antwort. Um Mißdeutungen auszuschließen, bei alle-

---

[1] Vgl. Gen 12,2f; 15,5f; 17,4–7; 18,18f; 22,17f; Jes 46,12f; 51,2.5f.8; 54,17 [MT]; 56,1; 62,1f; Ps 98,1–3 sowie Ps 51,16; Bar 5,2.9 [LXX]; Jub 31,25; äthHen 39,5; IVEsr 8,36; CD 20,20.

[2] Vgl. D. SÄNGER, Verlust, bes. 248–253.

dem handelt es sich nicht um ein gekünsteltes und viel zu spät kommendes Bemühen, die Beziehung zum Judentum endlich mit einem positiven Vorzeichen zu versehen. Der Verdacht, ein apologetisches Ziel zu verfolgen, läge allzu nahe. Ebensowenig geht es um eine von der Last der Geschichte sich emanzipierende begriffliche Klärung dessen, was denn eigentlich das Christentum im Gegenüber zum Judentum sei. Unter phänomenologischen Gesichtspunkten mag das Ergebnis das Interesse des Religionswissenschaftlers wecken. Ein Fortschritt im christlich-jüdischen Dialog ist damit nicht gewonnen. Und schon gar nicht steht erneut eine vom Judentum abstrahierende christliche Identitätsbeschreibung zur Debatte. Viel zu lange und zu oft schon hat sich die Kirche selbst definiert, ohne ihr Verhältnis zu Israel mit einzubeziehen. Die Anfänge reichen bis in die Frühzeit des Christentums. Ein Wort wie Mt 21,43 mußte nicht nur die These »Kirche ohne Israel« begründen. Es wurde radikalisiert bis hin zu »Kirche gegen Israel«[3]. Doch verstärkt wächst das Bewußtsein, daß die existentiell bedeutsame Frage, worauf sich denn die Wahrheit und Verheißung des christlichen Glaubens- *und* Lebenszeugnisses beziehen, immer auch im Horizont Israels zu bedenken ist.

Dieses theologisch elementare Zuordnungsverhältnis von Kirche und Israel ist keine Erfindung eines nach der Erfahrung des Holocausts um Versöhnung mit dem Judentum bemühten schlechten christlichen Gewissens. Der Zwang, das Verhältnis qualitativ neu zu fundieren, ergibt sich vielmehr unausweichlich aufgrund des Glaubens an die Selbigkeit und Identität des *einen* Gottes, den beide, Juden wie Christen, bekennen und dem sie ihre Existenz verdanken. Indem Paulus, wie noch zu zeigen sein wird, um der Heilszukunft des auf *diesen* Gott bezogenen Menschen willen an dem unaufgebbaren, wechselseitigen Bezug von *Verheißung* und *Rechtfertigung* festhält, gewinnt er dadurch zugleich die Basis, um von ihr aus seine spezifisch christologisch-soteriologischen Akzente zu setzen. Und sie ermöglichen es ihm ihrerseits, schon die Väterverheißungen kategorial als εὐαγγέλιον τοῦ θεοῦ zu interpretieren. Diesen Sachverhalt gilt es im folgenden darzustellen und zu begründen.

---

[3] U. Luz, Einheit, 97.

5.1 Die Verschränkung von Verheißung und Rechtfertigung

Das Bekenntnis zu dem *einen* Gott ist in gleicher Weise das Fundament des jüdischen Glaubens[4], wie es für den Christen konstitutiv ist[5]. Freilich bedarf diese – Christen wie Juden umgreifende – Verbindlichkeit der konfessorischen und d.h. zugleich der hermeneutischen Präzisierung, soll sie auf mehr aus sein als auf einen formal identischen Gottesbegriff. In diesem Zusammenhang ist an das Anliegen des altkirchlichen *deus non est in genere* zu erinnern, d.h. es ist zu berücksichtigen, wie sich das Bekenntnis zu dem einen Gott in seiner spezifischen Ausprägung artikuliert. In welcher aktuellen kommunikativen Situation geschieht es? Und vor allem, wie steht es um seinen konkreten Inhalt (fides quae creditur)? Dieser Sachverhalt macht deutlich, daß zwischen dem Wahrheitsanspruch des (jüdischen oder christlichen) Glaubens hinsichtlich seines jeweils konfessorischen Charakters und dem in den Credoformulierungen ausgelegten Gottesverständnis ein reziprokes Verhältnis besteht.

Exkurs II: Die hermeneutische Bedeutung der Christologie
für den biblischen Kanon

An dieser Stelle ist eine Zwischenbemerkung nötig. Glaubensurkunde und Glaubensbekenntnis (ohne daß ich jetzt zwischen Homologie, Credoformulierung und regula fidei unterscheide[6]) sind unmittelbar aufeinander bezogen, sie stehen in einer engen Wechselbeziehung. Das Bekenntnis fußt auf den heiligen Schriften als seinem Wahrheitskriterium und expliziert sie zugleich im Bekenntnis*akt*. Daher stellt sich bereits hier das Problem des Kanons, wobei der zurückgetragene Begriff des *Kanonischen* nicht zu einer ahistorischen Fehleinschätzung führen darf. Doch welche (exklusiv verstandene?) Basis von Schrift und Tradition setzt das jeweilige jüdische bzw. christliche Bekenntnis voraus? Welchen autoritativ verstandenen Dokumenten als *fundamentum et columna fidei* (Irenäus, Adv. haer III 1,1, vgl. ITim 3,15) verdankt es

---

[4] Ex 20,2f; Dtn 6,4; Sach 14,9; Mal 2,10. Vgl. Ex 22,19; 34,14; Dtn 4,35.39; 6,13; 7,9; 10,20; 32,12.39; Jdc 10,16; ISam 2,6–8; 7,3f; IReg 8,39; 18,21; IIReg 19,15; Neh 9,6; Ps 83,19; 86,10; 96,5; Jes 37,16.20; 44,6.8; 45,5f.14.21; Jer 10,10; Dan 3,29; 3,45 [LXX] (Θ); IIMakk 7,37; IVMakk 5,24; Arist 132.139; Sib V 11f; Josephus, Ant I 156; IV 200f; VIII 23.337.343; Ap II 167.193; Bell VII 323.410; Philo, Op 171; Decal 155; SpecLeg I 208; Mut 22.259; Her 60; Conf 93.170; All II 1f; bHag 3a; Ber 9,5; bBer 6a.61b; ThrR zu 3,1, weiteres bei Bill II, 28–30; IV/1, 190. Vgl. G. LINDESKOG, Monotheismus, 66–80; Y. AMIR, Eingottglaube, 58–75, bes. 70ff.

[5] Mt 23,9; Mk 2,7; 10,18; 12,29.32; Röm 3,30; IKor 8,4.6; Gal 3,20; Eph 4,6; ITim 2,5; Jak 2,19. Vgl. Joh 8,41; 17,3; Röm 16,27; IKor 15,28; Kol 1,16f; IThess 1,9; ITim 1,17; 6,15f; Jak 4,12; Jud 25. Dazu G. DELLING, ΜΟΝΟΣ ΘΕΟΣ, 391–400; W. SCHRAGE, Christologie, 121–154; T. HOLTZ, Christologie, 189–204; E. GRÄSSER, Gottesverständnis, 231–258; H.-J. KLAUCK (Hg.), Monotheismus.

[6] Vgl. J. MITROS, Faith, 444–471; D. LÜHRMANN, Kanon, 83–87; A. M. RITTER, TRE XIII 399–408.

seine assertorische Kraft und theologische Vergewisserung? Welchen Wandlungen unterlagen Textaussagen und Textumfang bei der Transformation in eine andere Sprache? Über diesen Vorgang genaueres zu wissen, ist deswegen von erheblichem Belang, da sich der Glaube nicht nur als Sprache artikuliert, sondern auch an eine bestimmte Sprachgestalt der ihn kodifizierenden heiligen Schriften gebunden ist[7], wie bereits der Enkel Jesus Sirachs in seinem Prolog weiß (v.21–25).

Weiter, welches Stadium des bis dahin entwickelten Schriftkanons setzen die neutestamentlichen Autoren voraus, wenn sie von der γραφή bzw. den γραφαί[8], den νόμοι[9] oder von ὁ νόμος καὶ οἱ προφῆται[10] sprechen? Eine abschließende Antwort darauf ist mit manchen Unsicherheiten behaftet. Der Umfang des hebräisch-aramäischen Kanons schwankte im palästinischen Mutterland bei seinen divergierenden theologischen Trägergruppen (Pharisäer, Sadduzäer, Samaritaner, Qumran, apokalyptische Gruppen). In der Diaspora war er in seiner griechischen Fassung fließend[11], jedenfalls solange, bis die Dreiteilung in ὁ νόμος, οἱ προφῆται, τὰ ἄλλα πάτρια βιβλία (Lk 24,44: νόμος, προφῆται, ψαλμοί, vgl. Lk 20,42; Act 1,20; 13,33) feststand. Das war spätestens am Ende des zweiten vorchristlichen Jahrhunderts der Fall (vgl. Sir 8–10.24f.27 [Prolog]; IIMakk 2,13–15; Philo, VitCont 25). Wie ihr hebräisch-aramäisches Pendant (bSan 99a; San 10,1; yPea 16b; SifDev 14,7)[12], wurde auch die umfangreichere Sammlung der ins Griechische übersetzten heiligen Schriften – sie schloß die Apokryphen ein – als inspiriert angesehen[13] und besaß darum autoritative Geltung[14]. Auf sie beziehen sich die neutestamentlichen Zeugen.

Zwar ist die Existenz eines alexandrinisch-jüdischen Bibelkanons angezweifelt worden, bevor sich das Judentum »in seiner repräsentativen Gesamtheit ... gegen eine griechische Bibel entschieden hatte«[15]. Doch ist diese Skepsis nur dann gerechtfertigt, unterstellt man für die Zeit *vor* der Wende vom ersten zum zweiten Jahrhundert nicht

---

[7] Als Beispiel sei nur die Aufnahme von Dtn 27,26 (LXX) in Gal 3,10 erwähnt. Die Stringenz der paulinischen Argumentation (Begründung von 3,10a) hängt von der griechischen Textgestalt ab, während Dtn 27,26 [MT] etwas anderes besagt. Vgl. D.-A. KOCH, Zeuge, 120f.165f.265f, und unten Abschnitt 6.5.3.

[8] Mt 26,54; Lk 24,27; Joh 2,22; 5,39; 10,35; Act 17,2.11; 18,24.28; Röm 11,2; 15,4; 16,26; IKor 15,3f; Gal 3,8.22; Jak 4,5; IPetr 2,6; IIPetr 1,20, vgl. TestSeb 9,5; Arist. 155.168; Philo, Abr 236; VitMos II 40; SifDev 1,1; MekhY 19,19.

[9] Joh 10,34; 12,34; 15,25; Röm 3,19; IKor 14,21, vgl. Jub 30,12; IVEsr 14,22; SifDev 11,26; MekhY 15,8.

[10] Mt 5,17; 7,12; 22,40; Lk 16,16; Joh 1,45; Röm 3,21, vgl. Lk 24,27.44; Josephus, Bell II 229; VII 162; IIMakk 15,9; IVMakk 18,10; Philo, VitCont 25; SifDev 1,1; 11,21; RHSh 4,6; bSan 14b.90b; yMeg 73d-74a; bBB 13b.

[11] D. BARTHÉLEMY, L'État, 9–45; J.-P. AUDET, List, 135–154; R. BECKWITH, Canon, 16–62.63–104.181–234.274–337 (zu J.-P. AUDET bes. 188f); O. H. STECK, Kanon, bes. 233–250.

[12] Vgl. D. PATTE, Hermeneutic, 22f.

[13] Zu Philo von Alexandrien vgl. H. BURKHARDT, Inspiration, bes. 132–146.211–220.

[14] R. HANHART, Definition, 67.70.78. Eine kanonische Fixierung der Septuaginta im Sinne einer *theoria canonicitatis* ist jüdischerseits jedoch niemals erfolgt.

[15] B.J. DIEBNER, Erwägungen, 142. Anders z.B. E. TOV, a.a.O. 126f, der von einem ursprünglich identischen Umfang von hebräischem und griechischem Bibelkanon ausgeht und die Differenzen zwischen beiden durch eine im 1. nachchristlichen Jahrhundert erfolgte Kürzung in Palästina erklärt. Vgl. hierzu auch H. BURKHARDT, a.a.O. 129–131.

nur einen für die *gesamte* griechisch sprechende Diaspora verbindlichen Kanon[16], sondern postuliert man darüber hinaus diese Größe als alleinige Norm schriftgemäßer Argumentation[17]. Das ist in der Tat nicht der Fall, wie u.a. Paulus zeigt. So leitet er das Zitat IKor 2,9 mit der bei ihm häufig begegnenden Einleitungsformel καθὼς γέγραπται ein, mit der er sonst stets auf später (aber de facto schon zu seiner Zeit) kanonisierte Schriften verweist[18]. Entgegen E. v. NORDHEIMS Vermutung, das ja ebenfalls nicht kanonische TestJak als Quelle ausmachen zu können[19], muß die Herkunft des Zitats von IKor 2,9 (vgl. IClem 34,8; IIClem 11,7) nach wie vor als ungeklärt gelten[20]. Gleiches ist für IKor 9,10; IIKor 4,6; Eph 5,14; ITim 5,18 und Jak 4,5 festzuhalten (vgl. auch Lk 11,49–51; Jud 9). Auch Mk 10,19 zitiert neben Ex 20,12–16 und Dtn 5,16–20 aus Sir 4,1, IITim 2,19b bezieht sich neben Num 16,5 auf Sir 17,26 (vgl. 35,5). Die später durch die Masoreten erfolgte Eingrenzung auf 22 (Josephus, Ap I 38) oder 24 biblische Bücher (IVEsr 14,18–47, bes. 44–46[21]; bBB 14b.15a) wird man in ihrem Kern zwar als für Jesus und die ersten Christengemeinden bindend vorausgesetzten dürfen[22], wie auch der biblische Kanon in seiner griechischen Fassung im wesentlichen dem bei Josephus bezeugten Umfang entsprochen haben wird[23]. Doch gab es anders, als Josephus, Ap I 42f (vgl. Dtn 4,2; 12,32; Apk 22,19) vielleicht suggerieren möchte, noch keine eindeutige und vor allem noch keine *normative* Grenzziehung[24]. Dies spricht – trotz aller Übereinkunft im Kernbestand – für einen noch offenen Prozeß der Kanonbildung bis ins 1. Jahrhundert hinein[25], in dem die

---

[16] Vgl. hingegen Philo, VitCont 25.29, und den Prolog zu Sir (1f.8–10.24f, vgl. auch 39,1), der m.E. die Gegenwart des Übersetzers in der ägyptischen Diaspora im Blick hat.

[17] Es kommt also wesentlich darauf an, wie man den Begriff »Kanon« in seiner hermeneutischen Bedeutung versteht. Zur Frage s. H. HÜBNER, Theologie I, 55f (bezogen auf die Septuaginta).

[18] Röm 1,17; 2,24 (nachgestellt); 3,4.10; 4,17; 8,36; 9,13.33; 10,15; 11,8.26; 15,3.9.21; IKor 1,31; IIKor 8,15; 9,9.

[19] Zitat, 112–120.

[20] O. HOFIUS, Testament, 140–142; K. BERGER, Herkunft, 270–283; H. F. D. SPARKS, Quotation, 269–276; D.-A. KOCH, a.a.O. 36–41.

[21] Hierzu jetzt CHR. MACHOLZ, Enstehung, 379–391. Mir scheint CHR. MACHOLZ darin recht zu haben, daß die in der legendarischen Erzählung genannten siebzig Bücher (die 24 Schriften des Kanons sind aus der Zahl 94 [v.44] zu erschließen und entsprechen der griechischen Buchstabenzahl) als eine »Legitimations-Ätiologie der apokalyptischen Literatur« anzusehen sind, a.a.O. 388.

[22] Vgl. D. PATTE, a.a.O. 19–23. S. ferner P. SCHÄFER, Synode, 45–64, bes. 56ff; J. MAIER, Frage, 135–146; H. P. RÜGER, Werden, 175–189; O.H. STECK, a.a.O. 231–252. Einen Überblick über die aktuelle Kanondebatte bieten C. DOHMEN/M. OEMING, Kanon, 11–26.

[23] Darauf deutet auch die Zusammenfassung der heiligen Schriften als »Tora und Propheten« (Mt 5,17; 7,12 u.ö.) hin.

[24] Aufschlußreich ist hierzu Jud 14f. Der Verfasser des Judasbriefs argumentiert mit äth Hen 1,9 (vgl. äthHen 60,8; 93,3). Das kann er nur, sofern er und seine Rezipienten das Henochbuch als eine für beide Seiten verbindliche Autorität anerkennen, vgl. IIPetr 2,4; 3,6.

[25] Für die Ketubim bzw. Hagiographen ist in diesem Zusammenhang deren Verwendung als *Schrift* bei den apostolischen Vätern aufschlußreich, vgl. nur IClem 3,4; 7,5; 27,5 (Weish); 59,3 (Est); 60,1 (Sir); IIClem 16,4 (Tob); Barn 12,1 (IVEsr); 16,5 (äthHen); 20,2 (Weish); Did 5,2; 10,3 (Weish). Andere argumentativ herangezogene Schriften lassen sich nicht mehr verifizieren, vgl. IClem 8,3; 17,6; 23,3f; 34,8; 46,2; IIClem 11,2–4.7; 13,2; Did 1,6.

Separation des Christentums vom Judentum begann, ja teilweise schon vollzogen war[26].

Hermeneutisch ist es nun von größtem Belang, daß im Christentum, anders als im Judentum, die Traditions- und Wirkungsgeschichte der alttestamentlichen Texte gleichsam doppelkanonisch verlief. Sie existieren nicht mehr ausschließlich im Kontext des Tenach, der später den ersten Teil der christlichen Bibel bildet. Vielmehr werden sie so in die Geschichte des christlichen Glaubens integriert, daß sie in die entstehenden Schriften des bald selber kanonische Dignität beanspruchenden Neuen Testaments[27] aufgenommen werden. Dort begründen und entfalten sie theologische Aussagen und werden gerade dadurch in spezifischer Weise ausgelegt. Hingegen erfolgte jüdischerseits die halachische Auslegung des Tenach in der Mischna – und dann im Talmud –, die aber keine kanonische Geltung besitzt[28]. Gleichwohl beansprucht auch sie neben der Mosetora verbindliche Autorität (vgl. Av 1,1; bMen 29b; ShemR 46,1; Sifra zu Lev 8 [112b]; Josephus, Ant XIII 297f)[29]. So tritt neben die Tatsache des noch unabgeschlossenen Kanons der viel entscheidendere Sachverhalt eines neuen Schriftgebrauchs[30] in den entstehenden christlichen Gemeinden[31]. Von Beginn an wird die

---

[26] H. HÜBNER, a.a.O. 53.62f.

[27] Obwohl seine Kanonisierung erst viel später erfolgte, gab es doch schon um die Wende vom 1. zum 2. nachchristlichen Jahrhundert (und wahrscheinlich schon vorher in einzelnen Gemeinden) Sammlungen von Paulusbriefen, vgl. nur IIPetr 3,15; IClem 5,5–7; 35,5f; 37,5–38,2; 47,1–3; 49,5; IgnEph 12,2 [auf dem Hintergrund von IKor 15,32; 16,8; Eph 1,1; ITim 1,3; IITim 1,18; 4,12]; Polyk, IIPhil 3,2; 11,2f, die eine Vorstufe dieser lehramtlichen Entscheidung bildeten. Auch die vier Evangelien hatten aufgrund ihrer gezielten und frühen Verbreitung in den Gemeinden bereits im 2. Jahrhundert eine mindestens vergleichbare Lehrautorität besessen (IClem 42,1). *Sammlung* muß freilich nicht heißen, die Paulusbriefe oder ein Teil von ihnen hätten Ende des 1. Jahrhunderts bereits in gebundener Form als Codex existiert. Die Existenz einer solchen von Paulus selbst veranlaßten Ausgabe seiner Briefe (»Autorenrezension«), die Röm, I/IIKor, Phil, IThess umfaßte, nimmt D. TROBISCH an, Entstehung, 108f.119–131. Bei dieser Hypothese bleibt freilich ungeklärt, wieso der IClem in betonter Weise den IKor als Einzelschreiben hervorhebt (47,1–3). Dieser Umstand weist m.E. eher darauf hin, daß Clemens Romanus den IKor noch als ein separates Schreiben kannte und ihn offensichtlich als in eben dieser Form auch bei seinen Adressaten voraussetzte.

[28] Vgl. J. N. LIGHTSTONE, a.a.O. 317–325.

[29] Darum spricht man besser von der *Ergänzung* der als kanonisch sanktionierten schriftlichen Fixierung der Tora durch die ihr gleichgestellte mündliche Überlieferung. Als Beispiel sei nur Mak 1,7–10 und bMak 5b–7a erwähnt. Dort wird die rechtliche Bestimmung, auf die hin ein Beschuldigter getötet werden muß (Dtn 17,6), faktisch aufgehoben.

[30] Ohne daß sich darum die exegetischen Methoden ändern mußten. Auch finden wir im Neuen Testament wie in der Literatur des zeitgenössischen Judentums Allegorisierung, Typologisierung, Strukturen von Homilien und Midraschim sowie Kommentierungen nach Art der Pescharim. Vgl. die kritische Übersicht (nur für Paulus) bei D.-A. KOCH, a.a.O. 199–256.

[31] Deswegen wäre ich vorsichtig, mit R. RENDTORFF von einer »doppelten Nachgeschichte« des Alten Testaments im Christentum und Judentum zu sprechen, Auslegung, 200. Historisch ist das nicht falsch. Nur verbindet er mit dem historischen Urteil auch das theologische, das dem Christen zu sagen erlaubt, die »biblische Offenbarungsgeschichte« sei im Neuen Testament *und* in der halachischen Überlieferung präsent. Die frühen Christen konnten so jedenfalls nicht reden.

γραφή in ihrem Gefälle auf Christus hin gelesen. Sie wird christologisch bzw. pneumatologisch interpretiert[32]. Und mehr noch als die Schrift ist der κύριος höchste Autorität[33], an der auch der von ihm berufene und beauftragte Apostel partizipiert[34].

Dieses zu beobachtende neue hermeneutische Apriori, unter dem die Schrift gelesen wird[35], läßt davor warnen, begrifflich identische Theologumena vorschnell auch inhaltlich in eins zu setzen. Zuvor ist zu prüfen, in welchem Zusammenhang und mit welcher Absicht sie jeweils expliziert erscheinen. Im anderen Fall behielten die Kritiker recht, die die »Rede von dem *einen* Gott als dem Israel und die Kirche einigenden Faktor« für eine »Leerformel« halten[36]. Der Glaube äußere sich stets im konkret formulierten Bekenntnis, sei darum »von den je verschiedenen Gottesanschauungen und -vorstellungen« abhängig. Nie sei er »bezogen ... auf eine ›nackte Tatsache‹ namens ›Gott‹«. In diesem Sinne, als das *credendum*, sei »der Gott Israels keineswegs der Gott der Christen, wie umgekehrt der Gott der Christen auch nicht der Gott Israels« sei[37]. Was E. GRÄSSER mit Recht moniert, ist ein abstraktes, objektivierendes Reden von Gott. Denn es hat »in dem Moment, wo es geschieht«, bereits »seinen Gegenstand, Gott, verloren«[38]. Mehr noch, einer solchen Objektivierung gerät die dem Menschen unverfügbare Jenseitigkeit des Handelns Gottes in der Sphäre menschlicher Wirklichkeit aus dem Blick. Keineswegs aber hebt eine derart sich artikulierende menschliche Vorliebe für ontologische Spekulationen die Wahrheit der Selbigkeit des im alten und im neuen Bund bezeugten Gottes auf[39]. Der Israel erwählende, ihm in Gericht und Gnade zugewandte Gott ist kein anderer als der, der sich in Jesus Christus

---

[32] Röm 1,1–3; 4,23–25; IKor 9,8–10; 10,1–4; IIKor 3,4–18; Gal 3,10–14, vgl. weiterhin Mt 8,17; Mk 10,45; Lk 22,37; 24,25–27; Joh 12,38; Act 8,32; Röm 9,33; 11,26f; 15,3f.12.21; Phil 2,10f; IPetr 2,6.21–25 u.ö. sowie die Reflexionszitate. Zu Paulus s. jetzt F. W. HORN, Angeld, 263–274.313–345.

[33] IKor 7,10.17; 9,13f; 11,23–25; IThess 4,15, vgl. D. Lührmann, a.a.O. 79.

[34] Röm 1,1; IKor 1,1; 7,12.25; 9,1ff; IIKor 1,1; Gal 1,1.8f; IThess 2,7; Eph 4,1; ITim 5,14; 6,13ff, vgl. auch IThess 1,5; 2,13.

[35] Genau dies meint E. GRÄSSER mit seiner außerhalb dieses Kontextes sehr mißverständlichen These, das »in seinem *ursprünglichen* Sinn verstandene Alte Testament (habe) noch nie zum christlichen Kanon gehört«, Fragen, 215.

[36] E. GRÄSSER, Gottesverständnis, 245 Anm. 48.

[37] A.a.O. Vgl. auch sein Nachwort, 314. Grundsätzlich zustimmend auch G. STRECKER, Bemerkungen, 435 Anm. 41, der auf die divergierenden alt- und neutestamentlichen Gottesbilder verweist und von daher die Rede von der Selbigkeit Gottes in der Bibel kritisiert. Freilich beachtet er zu wenig die Dialektik von Kontinuität und Diskontinuität, die gerade für das biblische und speziell auch paulinische Gottesverständnis charakteristisch ist, hierzu J. C. BEKER, Model, 365–367. Jedoch ist völlig zu Recht gesehen, daß sich an dieser Stelle das Thema »Biblische Theologie« mit seiner ganzen Problematik, aber auch mit seiner Herausforderung für den christlichen Glauben stellt.

[38] R. BULTMANN, Sinn, 26.

[39] Daran hält auch E. GRÄSSER fest, Bund, 131f.

offenbart und durch dessen Tod und Auferweckung den sündigen Menschen gerechtgesprochen hat.

Niemand hat dies so unmißverständlich formuliert und eindrücklich festgehalten wie Paulus. Zwar kleidet er sein Anliegen nur sehr sparsam in sprachliche und begriffliche Formen, wie sie ihm durch die Tradition bekannt oder aus der Gebetspraxis des Sch⁶ma geläufig waren (Röm 3,30; IKor 8,4.6; Gal 3,20; vgl. IKor 15,28; IThess 1,9). Doch läßt der Apostel keinen Zweifel daran, daß im Christusgeschehen der Gott handelt (IIKor 5,18f), der seine Verheißungen unkündbar mit Israel verbunden hat (Röm 3,3f; 9,4–6; 11,1f.28f)[40]. Umgekehrt stimmt die im Evangelium verkündigte *Rechtfertigung* des Gottlosen und dessen zukünftiges Heil mit der Schrift überein und ist integraler Bestandteil des in ihr bezeugten *Erwählungshandeln*s Gottes[41]. Paulus geht es darum, die Erwählung Israels und die Rechtfertigung des Gottlosen in ihrer von der Selbigkeit Gottes inkludierten Reziprozität aufzuzeigen und also *theo*-logisch zu begründen. Am prägnantesten ist dieser Gedanke in den Anfangskapiteln des Röm entfaltet. Die drei ersten Kapitel dienen seiner Grundlegung. In Kap. 4 wird der Schriftbeweis am Beispiel Abrahams durchgeführt. Röm 3,1–8 fällt in diesem Gefüge eine besondere Rolle zu.

Die Verse 3,27–31 fungieren rhetorisch gesehen als *transitio* oder auch *transgressio* zwischen dem vorhergehenden Kontext (οὖν, v.27) und den sich in Kap. 4 anschließenden Ausführungen über Abraham (vgl. 9,30–32). Sie nehmen noch einmal die These von 1,16f auf und bekräftigen abermals (γάρ, v.28) die allein in Jesus Christus begründete eschatologische Rechtsprechung des Menschen vor Gott (3,21–26) angesichts des ihn gerechterweise treffenden göttlichen Zorngerichts (1,18–3,20). Allein schon die gedrängte rechtfertigungstheologische Terminologie des Abschnitts (νόμος, ἔργα, πίστις, δικαιοῦσθαι, περιτομή, ἀκροβυστία) signalisiert, daß das bisherige Thema trotz der offenkundigen Zäsur in 4,1 (τί οὖν ἐροῦμεν) in einem weiteren Gedankengang fortgesetzt wird, wie auch die betonte Aufnahme des Stichworts καύχησις von 3,27 in 4,2 (καύχημα) zeigt. Indem Paulus Abraham als das *exemplum* des Juden wie Heiden rechtfertigenden *einen* Gottes (3,30) aufweist, wird Abraham zum schriftgemäßen Urbild der allein im Glauben zu erlangenden Gerechtigkeit, wie sich andererseits in der Rechtfertigung des Glaubenden Gottes Verheißungswort an Abraham eschatologisch realisiert. Insofern ist »the structure of Abraham's faith« nicht bloß der Schlüssel zur paulinischen Argumentation in Röm 4[42], sondern unterstreicht darüber hinaus im Verein mit 3,27–31 die thematische Kohärenz von Röm 1– 3 und 4[43].

---

[40] CHR. DEMKE, Verkündigung, 477f.

[41] O. HOFIUS, Rechtfertigung, 121–147; W. KLAIBER, Rechtfertigung, 154f.

[42] A. J. GUERRA, Theology, 257.

[43] A.a.O. 265–270; E. STEGEMANN, Menschheit, 140f. E. STEGEMANN ist dafür zu danken, daß er mir seine überarbeitete Habilitationsschrift in der geplanten Druckfassung zugänglich gemacht hat. Auf sie beziehen sich alle Zitate und Hinweise.

Eingedenk der in diesen Anfangskapiteln steckenden theologischen Hürden und Verstehensaporien beschränken sich die folgenden Untersuchungen auf ein sich Paulus stellendes Grundlagenproblem, das für ihn existentiellen Charakter besitzt (9,1–3; 10,1; 11,1f). *Inwieweit* und *warum* ist der Inhalt seines Evangeliums für Juden(christen) und Heiden(christen) Erfüllung der Väterverheißung und universale Rechtfertigungsbotschaft zugleich? Was ermöglicht es Paulus, an *beidem* festzuhalten: an Israels erwählungsgeschichtlichem Prae *und* an der soteriologischen Egalität von Juden und Heiden aufgrund ihrer *beider* Rechtfertigung allein durch den Glauben an Jesus Christus[44]. Die Thematik führt in ein Sturmzentrum gegenwärtiger Paulusinterpretation. Mehr als je zuvor wird sie durch den in den letzten Jahrzehnten auch von Exegeten teils implizit, teils explizit aufgenommenen christlich-jüdischen Dialog stimuliert, auch wenn sich dieser – zumal in unserem Land – weitgehend unter christlichen Theologen abspielt. Einen breiten Raum nimmt darin die in der Geschichte der Christenheit meist positiv beschiedene Frage nach der Substitution Israels durch die Kirche ein[45]. Auf Paulus bezogen heißt das: inkludiert das paulinische Evangelium von der Rechtfertigung des sündigen Menschen propter Christum per fidem (*iustificatio impii*) die Verheißungszusage Gottes an sein erwähltes Volk (*promissio*), auch auf die Gefahr hin, daß sie damit historisiert erscheint? Oder hält Paulus auch post Christum an der *bleibenden* Erwählung Israels fest? Und wie sind in diesem Fall Rechtfertigung und Verheißung aufeinander bezogen? Daß hier die als »neuralgisch« diagnostizierten Bereiche von Christologie, Soteriologie, Eschatologie und Ekklesiologie zur Debatte stehen[46], macht die Brisanz des Themas deutlich und erklärt die Leidenschaftlichkeit der Diskussion.

Entsprechend dieser soeben formulierten, bei aller Tragweite dennoch begrenzten Fragestellung bleiben eine Reihe anderer, ebenfalls kontrovers diskutierter Themen unberücksichtigt, die unmittelbar mit Röm 1–4 verbunden sind[47]. Zu ihnen gehört der mit Hilfe dieser Kapitel erschlossene situative Kontext, der wiederum mit dem konkreten Anlaß des ganzen Briefes zusammenhängt. Nur auf ihn soll im folgenden näher eingegangen werden.

---

[44] Vgl. J. C. BEKER, Faithfulness, 13.

[45] Innerhalb seiner Auslegung von Röm 11 hat K. BARTH diesen Sachverhalt nahezu klassisch auf den Begriff gebracht, KD II/2, 319f. Er nennt die Substitutionslehre »*das* Argument des *christlichen Antisemitismus* bis auf diesen Tag«, (Kursives im Original gesperrt gedruckt).

[46] E. GRÄSSER, Heilswege, 214. Vgl. F. MUSSNER, Traktat, 16.

[47] Hier verweise ich nur auf die über die Themen und gegenwärtigen Forschungstendenzen informierenden Darstellungen von O. MERK, Paulus-Forschung, 1–81; H. HÜBNER, Paulusforschung, 2649–2840; J. D. G. DUNN Analysis, 2842–2890.

Exkurs III: Zur Veranlassung und zum Abfassungszweck des Röm

Der offenkundige Adressatenbezug schon in den Anfangskapiteln (1,8–15; 2,1.17; 3,8, vgl. 14,1–15,6; 15,7–13) hat immer wieder dazu geführt, diese Notizen im Blick auf die aktuelle Gemeindesituation auszuwerten, um das Ergebnis wiederum für den Abfassungszweck des letzten der uns bekannten Paulusbriefe[48] in Anspruch zu nehmen. Doch nicht allein der Zirkelschluß ist methodisch bedenklich. Über die soziale und ethnische Zusammensetzung der römischen Christengemeinde Mitte des 1. Jahrhunderts lassen sich nicht mehr als Vermutungen anstellen. Daß sie zu einem erheblichen Teil aus ehemaligen Heiden bestand, ergibt sich aus dem Brief selbst (1,5f.13–15; 9,3ff; 11,13.17f.24.28.30f; 15,15f.18[49], vgl. auch 6,17–23 auf dem Hintergrund von 1,19–32 sowie Act 28,24–31)[50]. Diese werden zum Großteil der Gruppe der sogenannten σεβόμενοι/φοβούμενοι τὸν θεόν[51] angehört haben, waren also Heiden, die

---

[48] Anders etwa G. STRECKER, Rechtfertigung, 230; H.-H. SCHADE, Christologie, 190; U. SCHNELLE, Wandlungen, 31–33, die den Phil als jüngstes Dokument der paulinischen Korrespondenz in der römischen Gefangenschaft geschrieben sein lassen.

[49] Die hier zum Ausdruck kommende Integration der Nichtjuden in den paulinischen Missionsauftrag ist nach K. HAACKER ein wesentlicher Grund für die Spannungen mit Jerusalem gewesen, Friedensmemorandum, 33. Act 21,21.28 könnte dies bestätigen. Jedoch wird man in dieser Frage nicht *generell* von einem Gegensatz zwischen Paulus und Jerusalem ausgehen dürfen, wenngleich Spannungen nicht zu leugnen sind, vgl. unten Abschnitt 6.4.1 Anm. 165. Einer pauschalisierenden Sicht steht einmal Gal 2,2f.7–9 entgegen, vorausgesetzt, Paulus' Darstellung der Dinge ist korrekt. Zudem ist auf IKor 9,5 und Gal 2,12 hinzuweisen. Die Jerusalemer Urgemeinde war keineswegs die uniforme Größe, als die sie oft hingestellt wird.

[50] Dabei setze ich voraus, daß der Röm literarisch einheitlich ist und auch Kap. 16 (möglicherweise ohne die v.25–27) einen integralen Bestandteil bildet, K. ALAND, Gestalt, 284–301; W.-H. OLLROG, Abfassungsverhältnisse, 221–244; K.P. DONFRIED, Note, 50–60; P. LAMPE, Christen, 124–135. Die entgegengesetzten Argumente finden sich konzentriert bei W. SCHMITHALS, 25–29.

[51] Vgl. Act 10,2.22; 13,16.26.43.50; 16,14; 17,4.17; 18,7.13; Josephus, Ap II 282; Ant XIV 110; XX 41; BerR 28; DevR 2,24; MTeh 22,29; PesR 180a, sowie CIJ I 495f. Weitere Belege im Referat von M. STERN, Authors II, 103–107. A. T. KRAABEL stützt seine These, die σεβόμενοι/φοβούμενοι τὸν θεόν seien eine literarische Fiktion des Lk, vor allem auf das Fehlen inschriftlicher Belege, Disappearance, 116.118. Doch diesen Negativbefund gibt es spätestens seit der Entdeckung der Inschrift von Aphrodisias nicht mehr, J. REYNOLDS/R. TANNENBAUM, Godfearers, 19–23.48ff.72–77; L. H. FELDMAN, Proselytes, 265–305. Selbst wenn es zutreffen sollte, daß nur die beiden auf Seite a der Stele unter den Stiftungsmitgliedern erwähnten Emmonios und Antoninus zu den θεοσεβεῖς im engeren Sinn gehörten, die auf Seite b aufgeführten 52 Personen trotz der gleichen Bezeichnung aber nicht, J. MURPHY-O'CONNOR, Inscription, 418–424, wäre die Existenz der »Gottesfürchtigen« zweifelsfrei inschriftlich gesichert. Daß das Adjektiv θεοσεβής neben dem Nomen θεοσέβεια nicht nur eine jüdische Eigenbezeichnung darstellte (Ex 18,21; Hi 1,1.8; 2,3; Jdt 11,17; IVMakk 15,28; 16,12; JosAs 4,9; 8,5–7; 20,8; 22,8; 23,9f; 28,4; 29,3; TestJos 6,7; TestNaph 1,10; TestAbr 4,6; Arist. 179; Josephus, Ant XII 284), sondern von jüdischer Seite aus verwandt wurde, um die mit dem Judentum sympathisierenden Heiden zu kennzeichnen, läßt sich ebenfalls inschriftlich belegen, CIJ I 683a [Inschrift von Panticapaeum], Inschrift von Tralles [Nr. 30 ed. B. LIFSHITZ], Inschrift von Sardes [Nr. 17.18 ebd.], vgl. auch Josephus, Ant XX 195. Zur Frage und zu dem Personenkreis insgesamt s. F. SIEGERT, Gottesfürchtige, 109–164; J. A. OVERMAN, Features, 17–26; T. FINN, God-Fearers,

engen Kontakt zur Synagoge hielten (vgl. Act 13,16.26; 16,1; 17,4.17; Josephus, Bell VII 45; ShemR 30,9), bevor sie Christen wurden. Mit dieser Annahme findet vor allem das jüdische Vorwissen eine Erklärung, das der Röm voraussetzt, um wesentliche Passagen verstehen zu können (1,3f; 2,1ff; 3,1ff.9ff.25f; 4,1–8.25; 7,1ff; 9–11; 13,8–10 u.ö.[52]). Röm 15,24 ist eine indirekte Bestätigung dafür. Paulus erhoffte sich ideelle (vgl. 1,11f), finanzielle und wohl auch personelle Unterstützung[53] für die geplante Mission unter Heiden in Spanien. Dort war er aus mehreren Gründen auf Hilfe angewiesen. Die beabsichtigte Ausweitung seiner missionarischen Aktivität auf die westliche Hemisphäre des Imperium Romanum barg Risiken in sich, die über mögliche persönliche Gefahren hinausgingen. Sie bedeutete den Wechsel in ein verändertes sprachliches und sozio-kulturelles Milieu. Völlig ungewiß war, ob der Apostel wie bisher in der Lage sein würde, seinen Lebensunterhalt durch eigene Arbeit[54] zu bestreiten. Zudem war der jüdische Anteil an der dortigen Bevölkerung gering[55]. Synagogen standen Paulus demnach als erste Anlaufstelle und weitere Ausgangsbasis seiner Verkündigungstätigkeit nicht mehr in dem Maße zur Verfügung, wie es bis jetzt der Fall war[56]. Freilich konnte Paulus mit einer positiven Reaktion auf seine in 15,24 ausgesprochene Hoffnung nur dann rechnen, wenn die Adressaten mit seiner gesetzesfreien Missionspraxis einverstanden waren. Bei den früheren σεβόμενοι/φοβούμενοι τὸν θεόν wird man dies mit einiger Sicherheit annehmen dürfen.

Wer hinter den stark dialogisch gestalteten Kap. 1–8.9–11 (bes. 3,1–9.27–31; 4,10; 6,1–3.15–23; 7,7–13; 8,31–35; 9,14–21.30–33; 11,1–4.7.11–16.19–24) sowie in 14,1–15,13 Ansätze einer Konfliktbewältigungsstrategie des Apostels wähnt, nimmt zur Zeit der Abfassung nicht nur erhebliche innergemeindliche Differenzen in Rom an[57]. Er muß zugleich postulieren, daß sie den Brief veranlaßt haben[58]. Genau darin

---

[75]–84; N. J. McEleney, Conversion, 319–334; P. Trebilco, Communities, 145–166.246–255 (umfassende Dokumentation der Nachrichten aus dem kleinasiatischen Raum).

[52] Man muß aus *diesem* Grund nicht notwendigerweise an eine judenchristliche Leserschaft denken, so aber N. Schneider, Untersuchung, 125, wenngleich sie zweifellos vorhanden war, wie direkt aus 16,7.11 hervorgeht. Wenn der Brief immer wieder als ein *Dialogus cum Judaeo* bezeichnet wird, hängt das *auch* mit diesem Tatbestand zusammen. Vor allem aber damit, daß Paulus im Röm (aber nicht nur dort) seine Theologie als *Schrifttheologie* entwickelt, weil ihn seine Thematik dazu zwingt, E. Baasland, Cognitio, 191. A. J. Guerra, Purpose, bes. 228–237, unterstreicht diesen Aspekt zu Recht, läßt die Gottesfürchtigen aber völlig außer Betracht.

[53] Zwar ist dies aus προπέμπω mehr erschlossen als dort direkt gesagt. Doch wird mit guten Gründen angenommen, daß Paulus hofft, eben diese Hilfe zu bekommen, W.-H. Ollrog, Mitarbeiter, 124 mit Anm. 57; P. Lampe, a.a.O. 63 (Paulus benötigte auch lateinisch sprechende Reisebegleiter).

[54] Vgl. IKor 4,12; 9,6.12.14f; Phil 4,15; Act 18,3; 20,34.

[55] W. P. Bowers, Communities, 395–402.

[56] Vgl. Act 13,5.14; 14,1; 15,21; 16,10; 17,1f.10; 18,4.19; 19,8; 24,12, ferner IKor 9,20f; IIKor 11,24; IThess 2,16.

[57] G. Harder, Anlaß, 208–217; K. P. Donfried, a.a.O. 50–60; P. Minear, Obedience, passim, bes. 1–35; W. Wiefel, a.a.O. 81; A. Suhl, Anlaß, 119–130. Nach A. J. M. Wedderburn greift der Röm in einen innergemeindlichen Konflikt ein, bei dem gerade die ehemaligen Gottesfürchtigen das jüdische Element repräsentierten, Purpose, 137–141.

[58] Eine weitere Variante hat J. A. Crafton in die Diskussion eingebracht. Die aufgrund jüdisch-judenchristlicher Konflikte unter Claudius Exilierten trafen, nachdem sie unter Nero wieder nach Rom zurückkehrten, eine veränderte innergemeindliche Situation an. In

liegt aber das Problem. Neben anderen Einwänden[59] ist auf die hinsichtlich ihrer rhetorischen Disposition und argumentativen Durchführung relativ eigenständigen Kapitel 5–8.12f zu verweisen. Sie erschweren es erheblich, den restlichen Teil einfach als pars pro toto im Hinblick auf die konkrete Lage der Adressaten auszuwerten. Anders als der Gal, der seinen Abfassungszweck aufgrund seines apologetischen, bisweilen auch polemischen Tons ungleich prägnanter preisgibt, besitzt der Röm keine vergleichbare Transparenz. Und das, obwohl er gerade (aber nicht nur) in seinen im lebhaften Diatribenstil gehaltenen Passagen eine enge thematische Verwandtschaft mit dem Gal erkennen läßt (vgl. Röm 1,1–5 mit Gal 1,15f; Röm 3,19–28 mit Gal 2,15–21; Röm 4,1–25 mit Gal 3,6–25.29; Röm 7,1–8,16 mit Gal 4,1–7; Röm 8,12–30 mit Gal 5,16–26; Röm 9,6–13 mit Gal 4,21–31; Röm 12,9–21 und 13,8–10 mit Gal 5,13–15[60]. Daneben gehen die Vertreter der These, Paulus wolle mit seinem Schreiben einen tiefgreifenden Dissens zwischen Juden- und Heidenchristen beheben, von einer eher unwahrscheinlichen oder zumindest doch fraglichen Prämisse aus. Diese basiert nicht allein auf der berechtigten Annahme, die Gemeinde habe sich aus Christen paganer und jüdischer Herkunft zusammengesetzt, wobei die Mehrheitsverhältnisse und damit der primäre Adressat des Briefs seit F. CHR. BAUR mal auf der einen, mal auf der anderen Seite gesehen werden[61]. Sie unterstellt außerdem, der Konflikt habe seinen Ursprung in einer daraus resultierenden unterschiedlichen Bewertung und Beachtung des jüdischen Erbes im Leben der Gemeinde gehabt.

Daran sind aber Zweifel anzumelden. M.E. vermag hier das bei Sueton, VitClaudii XXV 4 (ohne Zeitangabe) überlieferte, auch Act 18,2 und anderswo (Orosius, Hist. contra pag. VII 6,15f; Cassius Dio, HistRom. LX 6,6f) belegte Claudiusedikt weiterzuhelfen. Orosius datiert es ins Jahr 49 n.Chr., was mit der Angabe in der Act vorzüglich zusammenpaßt[62]. Das Edikt war die staatliche Reaktion auf Unruhen, die

---

den Hausgemeinden dominierten jetzt Heidenchristen, die in den repatriierten Judenchristen ein unerwünschtes Störpotential erblickten. Vor allem deshalb, weil die früher Ausgewiesenen erneut Verbindung mit ihren vormaligen jüdischen Glaubensgenossen aufgenommen hätten, Purpose, 322–325. Angesichts des auch von J. A. CRAFTON geteilten Grundes für die Ausweisungsbeschluß bleibt eine solche Anlehnung an die Synagogengemeinde, die den innerchristlichen Konflikt anheizte, m.E. völlig unwahrscheinlich.

[59] Zu ihnen J. MUNCK, Israel, 14f; G. KLEIN, Abfassungszweck, 135–138; R. J. KARRIS, Occasion, 75–99; C. E. B. CRANFIELD, 820–822; A. B. DU TOIT, Persuasion, 196–198.

[60] Vgl. U. WILCKENS, Abfassungszweck, bes. 127–144; U. BORSE, Standort, 120–135; B. N. KAYE, Romans, 56–73; J. P. SAMPLEY, Comparison, 315–339; A. J. M. WEDDERBURN, Reasons, 29–37.

[61] Vgl. das forschungsgeschichtliche Referat bei W. SCHMITHALS, Problem, 24–52.55–69.

[62] E. M. SMALLWOOD, Rule, 215f (sie wertet aber die von Orosius und Claudius überlieferten Ereignisse einerseits und die von Cassius Dio berichteten andererseits dahingehend aus, daß unter Claudius »trouble did arise on two occasions«, a.a.O. 215, vgl. 213f); R. JEWETT, Paulus-Chronologie, 69–72; R. PESCH II, 152; A. WEISER II, 489f.494; P. LAMPE, a.a.O. 7f; J. BECKER, Paulus, 352f; F. WATSON, a.a.O. 91f. Anders G. LÜDEMANN, Heidenapostel I, 183–195; Traditionen, 208. Er datiert das Edikt ins Jahr 41 n.Chr., da Cassius Dio mit der Angabe Suetons nicht übereinstimme. Dies kommt seinem Interesse in doppelter Weise entgegen, denn er möchte a) den von ihm in Act 18,1–8.12–17 bzw. in 18,1–11.12–17 (vgl. Traditionen, 203–208) ausgemachten Traditionselementen zwei Paulusbesuche in Korinth entnehmen, a.a.O. 174–180, und b) Gal 1,6–2,14 mit Phil 4,15f dafür auswerten, daß Paulus bereits *vor* dem Apostelkonvent in *Griechenland* unabhängig von Antiochien Mis-

in Rom innerhalb jüdischer Gemeinden entstanden waren. Die plausibelste Erklärung für den bei Sueton vermerkten Tumult ist das Christuszeugnis einzelner oder mehrerer ihrer judenchristlichen Mitglieder[63] bzw. der ihnen angeschlossenen σεβόμενοι/ φοβούμενοι τὸν θεόν[64]. Die Folge war eine weitgehende Separation der römischen Christen vom Synagogenverband und ihre Neuorganisation in eigenen (Haus-) Gemeinden (Röm 16,5.10.11.14.15)[65]. Dieser Tatbestand macht die Vermutung A. J. M. WEDDERBURNS sehr unwahrscheinlich, ausgerechnet die Gottesfürchtigen repräsentierten weiterhin das jüdische Element in der römischen Christenheit. Fünfzehn Jahre später wird die Trennung amtlich bestätigt (Tacitus, Ann. XV 44). Jedoch dürfte sie bereits zur Zeit der Abfassung des Röm (55/56 während des dritten Aufenthalts in Korinth, vgl. Act 20,2f und Röm 16,23 mit IKor 1,14)[66] vollzogen sein. Auch wenn Stellen wie 4,1(9?); 7,6; 9,24; 15,7f geborene Juden vor Augen haben (vgl. 16,3.7.11), spricht nichts gegen eine überwiegend aus dem paganen Bereich stammende Mehrheit in der christlichen Gemeinde der Reichskapitale, vielmehr der Brief selbst entschied dafür (1,1–17; 9–11 [in diesem Abschnitt bes. 9,3–5; 10,1–3; 11,16–32]; 15,14– 33). Sie ist der primäre Adressat. Auch 14,1–15,13, eine wesentliche Stütze der Konflikttheorie, belegt nicht das Gegenteil. Zumal dann nicht, falls vornehmlich

---

sion getrieben hatte, Heidenapostel I, 58–105.140–146. Jedoch ist seine Ausgangsbasis nicht stichhaltig. Cassius Dio LX 6,6 vermerkt, die Anzahl der Juden in Rom sei *wieder* gestiegen. Dies besagt implizit, daß es eine Zeit gab, in der ihre Anzahl geringer war. Das war aber im Jahre 19 n.Chr. der Fall, nachdem Tiberius die Ausweisung der Juden aufgrund einer Intervention Saturnius' verfügt hatte (Josephus, Ant XVIII 181–184; vgl. Sueton, VitTib. 36; Cassius Dio LVII 18,5a; Tacitus, Ann. II 85; Seneca, Ep. CVIII 22). Wenn Cassius Dio also erklärt, Claudius habe anders als Tiberius 22 Jahre vorher die Juden 41 n.Chr. *nicht* aus Rom vertrieben, sondern nur ihre Zusammenkünfte untersagt, kann man im Verein mit den Angaben der übrigen Zeugen schließen, daß die Ausweisung aufgrund der entstandenen Tumulte eben im Jahr 49 n.Chr. erfolgte. Zur Frage vgl. noch R. JEWETT, a.a.O. 134–139; N. HYLDAHL, Chronologie, 122–124; J. D. G. DUNN, Romans A, xlviii-xlix.

[63] Nach M. KARRER war Chrestos in den Augen Suetons ein römischer Jude, Gesalbte, 72, vgl. auch 73 Anm. 118. Mir ist jedoch fraglich, ob man die Vokalvariante (Chr*e*stus statt Chr*i*stus) derart historisch auswerten darf.

[64] So m.E. zutreffend F. WATSON, a.a.O. 92f; W. WIEFEL, a.a.O. 75; A. J. M. WEDDERBURN, a.a.O. 54–59. Etwas anders erklärt ihn J. BECKER. Für ihn sind die Gottesfürchtigen selber der Streitfall. Der Konflikt habe sich an der Frage entzündet, ob diese auch ohne beschnitten worden zu sein getauft werden dürften, a.a.O. 353f.357f.

[65] Aufgrund der in der Grußliste von Röm 16 erwähnten Eigennamen differenziert W. WIEFEL noch einmal und vermutet die Existenz von Hausgemeinden mit judenchristlichen und solche mit heidenchristlichen Mitgliedern, a.a.O. 80f.

[66] Anders etwa P. v. d. OSTEN-SACKEN, Abfassungsgeschichte, 119–130. Aus der Differenz zwischen Anfang (1,1–15) und Schluß (15,14–33) des Briefes schließt er auf eine längere Unterbrechung bei seiner Abfassung. Aufgrund der sachlichen Nähe der Nichteinmischungsklausel von 15,20f zu IIKor 10,13.15 habe Paulus den Röm bereits gegen Ende seines zweijährigen ephesinischen Aufenthalts begonnen, dann in Korinth unter dem Einfluß der dortigen Frontstellung (vgl. IIKor 10–13) beendet. Diese ansprechende, weil verblüffend einfache These hat freilich von vornherein zwei Schwachstellen. Sie muß a) eine extrem lange Diktierdauer unterstellen und bleibt b) eine Antwort darauf schuldig, warum Paulus die so außergewöhnlichen Entstehungsbedingungen des Röm mit keiner Silbe erwähnt.

ehemalige σεβόμενοι/φοβούμενοι τὸν θεόν angeredet sind[67]. Wenn also hinter diesem Abschnitt unterschiedliche Auffassungen in der römischen Gemeinde zum Vorschein kommen, sind sie am ehesten *innerhalb* dieses Personenkreises zu anzusiedeln[68]. Verliert so die Auskunft, Paulus greife mit dem Röm gezielt in einen schwelenden Konflikt zwischen Juden- und Heidenchristen ein, an Überzeugungskraft, gilt dies um so mehr für die sie radikalisierende Lösung, ein in Rom virulenter heidenchristlicher Antijudaismus sei der eigentliche Grund gewesen, den Brief abzufassen[69]. Solche unterstellten antijüdischen Tendenzen sind m.E. weder 11,16–24 noch 14,1–15,6 oder 15,7–13 zu entnehmen. Alle Beobachtungen im Text zusammengenommen führen eher dazu, den Röm als ein Schreiben anzusehen, mit dem der Apostel das Verhältnis zu der nicht von ihm gegründeten Gemeinde zu konstituieren sucht. Man kann ihn darum ein Selbstempfehlungsschreiben nennen[70]. Nicht zuletzt die lange Liste von Empfehlungen und Grüßen in 16,1–16.21–23 ist ein Indiz dafür. Gemeinsame Bekannte und Freunde schaffen Vertrauen[71]. Aber auch im Briefkorpus selbst ist das Bemühen um ein Einverständnis mit der Gemeinde und das Werben um sie mit Händen zu greifen (1,8.9f.11f.13–15[72]; 15,22–32). Zugleich ist der Brief aber mehr, wie die in ihm entfaltete Grundlegung und Konsequenz des Evangeliums vom Gottessohn (1,3f) beweist[73]. Dies muß Gründe haben. Worin liegen sie?

---

[67] Vgl. P. LAMPE, a.a.O. 54.56f. A. J. M. WEDDERBURN betont freilich deren Festhalten an ihrer more iudaico eingeübten Praxis, a.a.O. 58, was aber kaum wahrscheinlich ist.

[68] W. SCHMITHALS, a.a.O. 86f; U. WILCKENS I, 39f; G. DAUTZENBERG, Gesetzeskritik, 54. Anders N. SCHNEIDER, a.a.O. 127f, der nicht zuletzt aufgrund von 14,14 (κοινός) die »Schwachen« mit Judenchristen identifiziert, die aufgrund ihrer Herkunft Skrupel hatten, ihre religiös ererbten Speisevorschriften (14,2.21) wie auch die Sabbat-, Fasten- und Festobservanz (14,5f) aufzugeben.

[69] E. STEGEMANN, a.a.O. bes. 56–74.225. In die gleiche Richtung tendieren H.-W. BARTSCH, Situation, 281–291; P. MINEAR, a.a.O. 79; G. EICHHOLZ, a.a.O. 291–296; W. S. CAMPBELL, Romans, 264–269; B. KLAPPERT, Traktat, bes. 72–86; R. BADENAS, End, 83.87; R. STUHLMANN, a.a.O. 166f; M. A. GETTY, Salvation, 468f; B. W. LONGENECKER, Answers, 104.

[70] S. K. STOWERS, Diatribe, 182. Auf diesem Hintergrund ist der von A.B. DU TOIT herausgearbeitete persuasive Charakter des Röm plausibel, a.a.O. bes. 199–209.

[71] Die immer wieder zu lesende Auskunft, Paulus schreibe an eine ihm bisher nicht persönlich bekannte Gemeinde, stimmt nicht. Die Zuweisung einzelner Christen zu Hauskreisen bzw. -gemeinden (16,10.11.14.15) oder auch zur ἐκκλησία Priskas und Aquilas (16,5) verrät, daß Paulus über Personen (und Strukturen!) der römischen Christenheit nicht nur oberflächlich informiert war. Er kannte eine ganze Reihe von ihnen, sie ihn dann wohl auch. Wenn Act 28,30f historisch verwertbar ist, dazu P. LAMPE, a.a.O. 64f.302, lebte der Apostel die letzte Zeit seines Lebens ἐν ἰδίῳ μισθώματι. Da er als Staatsgefangener sich die Wohnung kaum selbst besorgt hatte, dürfte sie ihm von Freunden in Rom vermittelt worden sein. M.a.W., der Röm ist nicht das Schreiben eines der *ganzen* Gemeinde völlig Fremden.

[72] Auch 1,13–15, oft als »briefliche Selbstempfehlung« (M. THEOBALD, Glaube, 292 Anm. 22) oder ähnlich tituliert, ist ganz darauf gerichtet, die gewünschte Autorität des Apostels bei seinen Adressaten zu untermauern. Diese Autorität beansprucht Paulus jedoch nicht um seiner selbst willen, sondern – nimmt man das εὐαγγελίσασθαι von 1,15 ernst – um der Geltung des von ihm verkündigten Evangeliums willen.

[73] Daß der Brief mehr als nur *einen* Abfassungszweck zu erkennen gibt, wird für seine Interpretation in jüngster Zeit verstärkt beachtet, M. KETTUNEN, Abfassungszweck, 142–

Paulus betrachtet sein Wirken im Osten des Reiches als abgeschlossen (15,19.23). Nach dem, was wir aus der übrigen Korrespondenz wissen, widmete er neben der kirchengründenden Evangeliumsverkündigung einen nicht geringen Teil seiner dortigen Wirksamkeit der Konsolidierung der jungen Missionsgemeinden, der Schlichtung auftretender Konflikte sowie der Korrektur und Bekämpfung ihm und seiner Botschaft entgegenstehender Vorbehalte. Der Apostel hat sein Ziel nicht immer erreicht. Das ist für Antiochien belegbar (Gal 2,11–14), mit der Folge, daß seine Missionspartnerschaft mit Barnabas beendet wurde, und für Galatien wahrscheinlich. Wer unterstellt, von alledem sei in Rom nichts bekannt gewesen, ist angesichts der damals vorhandenen und genutzten Kommunikationsmöglichkeiten auch über weite Entfernungen hinweg[74] sowie der nicht erst in Rom (16,3–5) begegnenden Freunde Priska und Aquila (IKor 16,19; Act 18,2.18f.26) beweispflichtig. Auf diesem Hintergrund, d.h. angesichts seiner keineswegs unumstrittenen Stellung in der Christenheit der östlichen Reichshälfte, mußte Paulus daran gelegen sein, Mißverständnisse und Fehldeutungen gegenüber seiner Evangeliumsverkündigung (vgl. nur Röm 3,3–8) schon im Vorfeld des geplanten Rombesuchs auszuräumen. Vorher will er jedoch noch die Kollektenreise nach Jerusalem antreten. Ihre Brisanz wird aus 15,30f ersichtlich, das Ergebnis ist völlig offen. Schon vor Antritt der Reise bittet Paulus die römischen Christen um Hilfe. Sie sollen für ihn beten. Dazu müssen sie sich aber die Position des Apostels voll und ganz zu eigen machen können. Deswegen »stellt (er) sich einer Gemeinde vor, indem er sein Evangelium, wie es im Streit liegt, beschreibt«[75]. Sieht man einmal von dem offiziellen Verfügungscharakter ab, läßt sich der Röm durchaus als das theologische »Testa-

---

175; A. J. Wedderburn, Reasons; K. Haacker, a.a.O. 26–29; B.L. Martin, Law, 11f; W. S. Campbell, Policy, 2–25 (der freilich die innergemeindlichen Probleme überbewertet); L. A. Jervis, Purpose, passim.

[74] Vgl. Röm 16,1; IKor 1,11; 4,17; 5,9; 7,1; 16,12.17; IIKor 1,13; 7,5; 8,16.23 sowie die Phil 2,19–30 vorausgesetzten mehrfachen Reisen zwischen Paulus' Aufenthaltsort (wahrscheinlich Ephesus) und Philippi. Priskas und Aquilas belegbare Wohn- und Arbeitsplätze ergeben die Route Pontus – Rom – Korinth – Ephesus – Rom. Der Handel wie überhaupt der Austausch zwischen den Provinzen und der Kapitale über Land- und Seewege war der Normalfall. Er erforderte eine hohe Mobilität der daran Beteiligten, vgl. Jak 4,13; TestHiob 18,6f; Apuleius, Met. I 5,2–4; 7,4. Der damit verbundene östliche Einfluß in Rom wurde nicht nur gutgeheißen, Tacitus, Ann. XV 44,3; Juvenal, Saturae III 60–63. Paulus selbst, seine Mitarbeiter und die ihn erreichenden Informationen über die Zustände in seinen Gemeinden – neben den oben genannten Stellen ist noch auf IIKor 7,6f; Gal 1,6ff; Phil 1,12 sowie IIKor 3,1–3; IThess 1,8ff; IIThess 3,6; Kol 1,4 zu verweisen – sprechen überdies für sich. Und was die Verbindung Korinth – Rom anging, addiert man die bei Philostrat, VitApoll. VII 10 und VII 16 erwähnten Zeiträume (Korinth – Puteoli: 4–5 Tage; Puteoli – Ostia: 2–3 Tage), benötigte eine auf dem Seeweg übermittelte Nachricht von der einen Stadt in die andere etwa eine Woche, gute Windverhältnisse vorausgesetzt, vgl. auch Plinius d.Ä., HistNat. XIX 1,3f. Die Daten über Reisedauer und -geschwindigkeit im antiken Seeverkehr sind übersichtlich zusammengestellt bei L. Casson, Seamanship, 281–296.

[75] J. Becker, a.a.O. 367. Vgl. auch G. Bornkamm, Testament, 136–138; U. Wilckens, Abfassungszweck, 138f.167; P. Stuhlmacher, Abfassungszweck, 189–191; L. A. Jervis, a.a.O. 19–23.159–164 (mit starker Betonung des daraus resultierenden pastoralen Charakters). Für J. Jervell ist Jerusalem der eigentliche Adressat des Briefes: Paulus benötigte die Rückendeckung der römischen Christen im Streit mit Jerusalem und trage ihnen den Inhalt seiner dort zu führenden Verteidigungsrede vor, Letter, bes. 65–72.

ment« (G. Bornkamm) bzw. als ein »Programm«[76] von Paulus bezeichnen, ohne den Brief deswegen gleich zu einem Kompendium paulinischer oder gar christlicher Theologie schlechthin (so bekanntlich Ph. Melanchthon) werden zu lassen. Von da aus finden sowohl die grundsätzlichen Ausführungen des Apostels als auch die Abwehr konkreter Vorwürfe gegen sein Evangelium eine plausible Erklärung. Diese Anschuldigungen müssen also nicht in Rom selbst lokalisiert werden. Jedoch rechnet Paulus mit einer anstehenden Bedrohung der römischen Gemeinde (16,17–19).

Es ist dieser Rückgriff auf dem Apostel bereits bekannte Einwände, die dem Röm seine immer wieder bemerkte historische Konkretion und sein zu weitgehenden Hypothesen veranlassendes literarisches Gepräge nicht nur in den disputativen Abschnitten (2,1–11; 3,1–8.27–31; 9,6–29.30–33; 11,1–7.11–24, vgl. 14,4.10.22) geben[77]. Sie als fiktiv zu bezeichnen, trifft also nicht zu, sofern fiktiv identisch ist mit irreal[78]. Jedoch hat die so aufgenommene Gegenposition noch nicht in Rom Fuß gefaßt[79], wenngleich man von ihr Kenntnis besaß. Jedenfalls ist sie kein Produkt der dortigen innergemeindlichen Auseinandersetzungen, hat sie auch nicht verursacht. Für diese These gibt es m.E. kein zureichendes Indiz.

5.1.1 Das πρῶτον der Juden und Heil für die Heiden (Röm 1,16f)

Wie Röm 3,22–26 in anthropologischer und christologischer Sicht die in 3,21 in solenner Weise hervorgehobene Gerechtigkeit Gottes entfalten, so daß diese Verse mit Recht Mitte und Herzstück des Briefkorpus genannt werden können[80], formulieren die Verse 1,16f innerhalb des programmatischen Auftaktes von 1,16–18 das *Thema* des Briefes[81]. Er verkündigt die Macht des Evangeliums, mit dem Gott seine Erlösungstat ins Werk setzt für jeden, der glaubt (παντὶ τῷ πιστεύοντι). *Innerhalb* dieser eschatologischen Gleichstellung von Juden und Griechen[82] setzt v.16c einen besonderen Akzent. Mit ihm widerstreitet Paulus an exponierter Stelle einem fundamentalen Mißver-

---

[76] Vgl. J. C. Beker, Apostle, 77.

[77] Vgl. 6,1.15; 7,7.12.14.

[78] K.-W. Niebuhr spricht zutreffend von der »rhetorische(n) Gestaltung einer ›echten‹ Kontroverse«, Heidenapostel, 139 Anm. 12.

[79] Davon geht allerdings P. Stuhlmacher aus, 12.

[80] C. E. B. Cranfield, 199; ähnlich W. S. Campbell, Key, bes. 24–30; J. Piper, Justification, 115.

[81] Vgl. nur P. Stuhlmacher, Theme, 33f; J. D. G. Dunn, Analysis, 2847. Abgesehen von IIKor 5,21 begegnet δικαιοσύνη (τοῦ) θεοῦ bzw. δικαιοσύνη αὐτοῦ bei Paulus nur im Röm, 1,17; 3,5.21.22.25.26; 10,3, vgl. Phil 3,9; Mt 6,33; Jak 1,20 [IIPetr 1,1].

[82] Das Begriffspaar Ἰουδαῖοι und Ἕλληνες verfolgt – ähnlich wie ἄνθρωπος und πᾶσα σάρξ (Röm 2,1.3; 3,20) – eine generalisierende Tendenz. Es umschließt die ganze Menschheit (vgl. 2,9f; 3,9; 10,12; IKor 1,24; 12,13; Gal 3,28), wobei Ἕλληνες – auch im Singular – als pars pro toto für die ganze nichtjüdische Völkerwelt steht (ebenfalls in 1,14: Ἕλλησίν τε καὶ βαρβάροις, vgl. Platon, Leg. I 635B; Philo, VitMos II 48.137), ohne daß noch innerheidnisch differenziert wird. Jedenfalls will Paulus mit ihm nicht die beiden vermuteten antagonistischen Elemente in der römischen Gemeinde, Juden- und Heidenchristen, bezeichnen, wie F. Watson meint, a.a.O. 104.

ständnis, das angesichts der soteriologisch prinzipiellen Egalität *aller* πιστεύοντες und ihrer sich allein der δικαιοσύνη θεοῦ verdankenden eschatologischen Wirklichkeit den verheißungsgeschichtlich begründeten Vorzug der Juden in Frage stellt. Welche Dimension für Paulus die unaufgebbare, wechselseitige Verschränkung von verheißungsgeschichtlichem Prae der Juden und der universalen Realisierung dieser Verheißung durch das Evangelium besitzt, zeigt ihr Einfluß auf die Disposition des Briefes. Thematisch wird sie in 3,1ff unter dem Stichwort περισσὸν τοῦ Ἰουδαίου abermals aufgegriffen, in Kapitel 4 am Beispiel Abrahams expliziert und in 9–11 schließlich theologisch grundsätzlich reflektiert[83].

Man wird kaum annehmen dürfen, der Apostel habe 1,16f formuliert, ohne bereits auf seine späteren Ausführungen, besonders die von Kap. 9–11, zu zielen[84]. Eine solche Annahme widerspräche nicht nur der Anlage des am stärksten kompositorisch durchgestalteten Paulusbriefes. Ihr steht auch die Beobachtung entgegen, daß Paulus mehrfach Themen zunächst nur andeutet, um sie andernorts ausführlicher zu behandeln[85]. Nicht von ungefähr thematisiert er das im Evangelium selbst enthaltene heilsgeschichtliche Element schon im Präskript (1,1–4)[86]. Thetisch gewendet begegnet es von neuem in 1,16f. Die Konstruktion mit τε ... καί in v.16c (vgl. 1,12.14; 2,9f; 3,9; 10,12; IKor 1,24)[87] unterstreicht die Korrelation der beiden nebengeordneten Satzglieder stärker, als es bei ihrer Verknüpfung mit einfachem καί[88] der Fall wäre. Jedoch erlaubt der sprachliche Befund nicht, das πρῶτον zu »eine(r) faktisch wertlose(n) ... Konzession an das ›auserwählte Volk Gottes‹« herabzustufen[89]. Und ebensowenig wie die mehrfach erwogene rein temporale Interpretation[90] befriedigt die Vermutung, bei dem πρῶτον handle es sich um einen historischen Reflex, der auf dem tatsächlichen Gang der frühchristlichen Mission basiere[91]. Vielmehr behauptet es eine verheißungs- und erwählungsgeschichtlich begründete *sachliche* Priorität, von der Paulus trotz

---

[83] Diese Breite des Themas »Israel, seine Erwählung, Verstockung und endlich Rettung« hebt G. BORNKAMM zu Recht als für den Röm singulär hervor, a.a.O. 137.

[84] So aber D. ZELLER, Mission, 145, im Anschluß an TH. HOPPE, Heilsgeschichte, 136. Für diesen ist das in Röm 1,16 zu findende Anliegen »bis 5,21 erschöpfend behandelt«.

[85] Beispiele bei U. LUZ, Aufbau, 167–170. Vgl. M. THEOBALD, Gnade, 138, und unten die Anm. 112 und 315.

[86] Vgl. jetzt J. M. SCOTT, Adoption, 226–244 (mit umfassender Diskussion der einschlägigen Literatur). Sachlich korrespondiert der hermeneutische Grundsatz in 15,4: ὅσα γὰρ προεγράφη εἰς τὴν ἡμετέραν διδασκαλίαν ἐγράφη (vgl. 4,23f).

[87] Vgl. weiterhin Mt 27,48; Lk 15,2; 21,11; 24,20f; Act 1,1.8; 2,9f; 4,27; 5,24; 14,1; 19,10.17; 20,21 u.ö.

[88] BDR § 444,2.

[89] H. LIETZMANN, 30. Vgl. O. KUSS, 22 (nicht »mehr als ein Ehrenvorrang«).

[90] W. MICHAELIS, ThWNT VI 870, und jetzt wieder H. S. HWANG, Verwendung, 204.

[91] J. MUNCK, Heilsgeschichte, 256 (er verweist auf Mk 7,27; Act 3,26; 13,46; 26,20). Vgl. auch M.-J. LAGRANGE, 19; P. RICHARDSON, Israel, 136; J. D. G. DUNN, Romans A, 40.

der vom Evangelium eschatologisch überholten Differenzierung von Juden und Heiden nicht lassen kann[92]. Denn der durch das *zuerst* festgehaltene Vorzug der Juden, der Israel als erwähltes Volk und Träger der göttlichen ἐπαγγελίαι[93] auszeichnet, gelangt erst mit dem Evangelium, genauer, mit dem Israels πίστις bewirkenden ῥῆμα Χριστοῦ (10,17) an sein Ziel[94].

Innerhalb dieser schon die Themenangabe bestimmenden, spannungsreichen Dialektik bewegt sich die paulinische Argumentation im Röm. Eine einseitige Option zugunsten einer vollständigen »Destruktion« der jüdischen Heilsprärogative mitsamt ihrem »Abbau von Vorzügen Israels«[95] ist ihr fremd. Doch ebensowenig ist die δύναμις des Evangeliums zu reduzieren auf eine erst post Christum natum die Heidenwelt einschließende, universale Explikation der zuvor allein Israel geltenden partikularen Verheißung[96]. Zwar erinnert Paulus gleich am Anfang (1,2–4) an die Vorgeschichte des Evangeliums in und mit Israel. Nach Röm 4 (vgl. 3,2; 9,4.8f; Gal 3,6–9.16–18; 4,21–31) beginnt sie mit der Erwählung Abrahams, der Verheißung Gottes an ihn und seinen Samen. Die göttliche Zusage hebt den auf dem Menschen um seiner Bosheit willen (Gen 6,5; 8,21) lastenden Fluch (Gen 3,14.17; 4,11; 5,29; 9,25) auf und verwandelt ihn in Segen (12,2f)[97]. Freilich begründet diese dem jüdischen Volk in Gottes Heilsökonomie[98] eingeräumte Prävalenz keine *rechtfertigungstheologische* Differenz gegenüber den Heiden. Israels eschatologische Wirklichkeit coram deo ist nicht schon qua Verheißung proleptisch determiniert. Beide, Juden

---

[92] Vgl. A. SCHLATTER, Gerechtigkeit, 33f; E. KÄSEMANN, 20 (»Vorrang«, der aber unter rechtfertigungstheologischem Aspekt »nicht exklusiv verstanden« sein darf, 21); O. MICHEL, 88; U. WILCKENS I, 86; C. E. B. CRANFIELD, 90f; D. ZELLER, 43; E. BEST, 15; H. HÜBNER, Theologie I, 176.

[93] Vgl. 4,13.16; 9,4; 15,8; IIKor 1,20; [7,1]; Gal 3,14.16–18.21 sowie Eph 2,12; 3,6; Hebr 6,14f; 7,6; 11,8f.17; Act 7,17; 13,32f; 26,6f.

[94] Vgl. die Sachparallele in Act 3,20f und 13,32f.

[95] P.-G. KLUMBIES, Vorzüge, 136–157, bes. 156; ähnlich E. GÜTTGEMANNS, Heilsgeschichte, 51–58. Im Unterschied zu seinen Interpreten wirbt Paulus bei seinen Adressaten um ein *theo*-logisch fundiertes Verständnis der Dialektik von Ja *und* Nein im Verhältnis von χαρίσματα καὶ ἡ κλῆσις τοῦ θεοῦ (11,29) und εὐαγγέλιον, das keine soteriologische διαστολή zwischen Juden und Heiden gestattet (3,22; 10,12).

[96] Richtig E. KÄSEMANN, 21; vgl. C. E. B. CRANFIELD, 91.

[97] Hierzu O. HOFIUS, a.a.O. 142–145. Unmittelbar vorher hat Paulus schon einmal und m.E. bewußt den Blick auf die Urgeschichte gelenkt. In 3,20 (vgl. Gal 2,16) variiert er den Wortlaut von Ps 142,2 [LXX], indem er πᾶς ζῶν durch πᾶσα σάρξ ersetzt, womit er unzweideutig Gen 6,12 vor Augen hat, so jetzt auch N. WALTER, Erbarmen, 99–102. Gottes Gericht über πᾶσα σάρξ ... ἐπὶ τῆς γῆς ereignet sich aber nicht, indem alle bis auf einen untergehen, sondern es geschieht in der Dahingabe des einen für alle Menschen (Röm 5,6–10.18f; 8,32). Parallel zur Antithetik von Fluchandrohung und Segensverheißung kontrastiert Paulus die universale Gerichtsansage mit dem Rechtfertigungsgeschehen.

[98] »Divine economy«, J. MURRAY, 28.

wie Heiden, verdanken ihre Gerechtsprechung am »Tage des Gerichts«
(Röm 2,5; Apk 6,17)[99], an dem die δικαιοκρισία τοῦ θεοῦ offenbar wird[100],
und damit ihre σωτηρία ausschließlich dem Glauben an den im Evangelium
verkündigten (1,17a) und bei seiner Parusie vom Zion aus als ῥυόμενος
erscheinenden (11,26f) Christus.

Obwohl ein enges Entsprechungsverhältnis besteht, sind δικαιοσύνη und σωτηρία
nicht einfach identisch. Als durch Tod und Auferstehung Jesu Christi schon *jetzt* Gerechtfertigte (Röm 5,1; Gal 2,16) und mit Gott Versöhnte (Röm 5,10; IIKor 5,18; vgl.
Kol 1,21f) *werden* wir errettet werden (Röm 5,9; IKor 1,18; IThess 1,10; vgl. Röm
4,24; 8,11.23; 10,1.9f.13; 11,14.26) vom Tod (IIKor 7,10), Zorn (IThess 5,9) und Verderben (Phil 1,28). Besonders Röm 8,24 hält trotz der Formulierung im Aorist (ἐσώθη
μεν) den zukünftigen Aspekt der σωτηρία fest. Im Modus der Hoffnung (vgl. IThess
5,8) ragt sie freilich schon jetzt in bestimmter Weise in die Gegenwart hinein, qualifiziert sie dadurch aber auch und nimmt in ihr Gestalt an[101]. An die Evangeliumsverkündigung gebunden (Röm 10,1; 11,14; IKor 1,18; 7,16; 9,22; 10,33; IIKor 2,15),
scheint ihre Präsenz trotz des von Paulus betonten eschatologischen Vorbehalts[102] im
Hier und Jetzt auf (IKor 15,2; IIKor 6,2). Daß die Gerichtsvorstellung der Heilsverhei
ßung integriert ist, belegen neben Röm 1,18–3,20 noch 8,1.12f.31–34; 14,7–12; IKor
11,23–34; 15,22–28; IIKor 5,1–10.11.17–21; Phil 1,5f.9–11; 3,12–21; IThess 4,13–18
und 5,2f.9f.

In dieser eigentümlichen, die Reziprozität von *promissio* und *iustificatio*
thematisierenden Exposition steckt mehr als nur ein heuristisches Moment.
In ihr bündelt Paulus, seine späteren Erläuterungen und Beweisgänge gleichsam vorwegnehmend, das zentrale Anliegen seiner Evangeliumsverkündigung. Im Blick auf die aktuelle Kommunikationssituation besitzt 1,16f die
Aufgabe, gleich zu Beginn ein grundlegendes Einverständnis zwischen Absender und Empfänger herzustellen. Sollte es überdies zutreffen, daß der
Röm Elemente der *epideiktischen* Rede aufweist[103], bestätigte sich diese
Funktion der Exposition auch unter rhetorischem Aspekt. Bekräftigt sie nämlich, wie es dem Genus dieser Redeform entspricht, eine beidseitig anerkann-

---

[99] Vgl. Jes 13,6.9; Joel 2,11; 3,4; Nah 1,5f; Zeph 1,14; Mal 3,2; Röm 2,16; 5,9; 14,4.10f;
IKor 4,4f; Eph 5,6; Kol 3,5f; IThess 1,10; Jak 4,11f; Apk 11,18.

[100] Vgl. TestLev 3,2; 15,2; TestIss 5,13; PsSal 9,5.7; Sib 3,704; äthHen 1,4.7; 91,7–10.
Paulus gebraucht die apokalyptische Terminologie im streng futurisch-eschatologischen
Sinn, s. den Nachweis bei H.-J. ECKSTEIN, Zorn, 82–86.

[101] W. SCHRAGE, Heil, 103f. Zum modalen Verständnis des auf ἐσώθημεν bezogenen Dativs τῇ ἐλπίδι vgl. schon J. A. BENGEL, Gnomon, 531.

[102] Abzulesen vor allem an der Zeitdifferenz in Röm 5,9f (δικαιωθέντες νῦν …
σωθησόμεθα) und 6,4. Hingegen wird der Vorbehalt im Kol und Eph wenn nicht aufgehoben,
so doch zumindest relativiert (Kol 1,13; 2,12f; 3,1–4; Eph 1,3; 2,5f, vgl. 2,19).

[103] W. WUELLNER, Rhetoric, 169; Toposforschung, 470.476f; F. SIEGERT, Argumentation, 111f. R. JEWETTS Vorschlag, den Röm als »ambassadorial letter« zu verstehen, Letter,
5–20, läuft auf eine Präzisierung, nicht auf eine grundsätzliche Korrektur von W. WUELL
NERS Typisierung hinaus.

te Position, geht es im folgenden primär darum, deren Verankerung und Konsequenzen zu akzentuieren. Die können durchaus strittig sein. Sie werden aber von einer gemeinsamen Ausgangsbasis aus[104] entwickelt und bleiben stets auf sie als dem inhaltlichen Korrektiv bezogen. Daher ist der programmatische Auftakt in gleicher Weise als Prämisse der sich anschließenden Ausführungen wie auch als sie thetisch präludierendes Resümee ernst zu nehmen[105]. Bezogen auf den gesamten Brief besitzen die Verse 1,16f eine Schlüsselfunktion.

Diese keineswegs zufällige innere Reziprozität von 1,16f hat Folgen für die Erfassung der paulinischen Argumentation. Ihr zentrales Anliegen ist weder allein in 1,16b enthalten[106], noch darf es thematisch einseitig auf 1,17 begrenzt werden[107]. Vielmehr umfaßt es, wie in der neueren Auslegung auch zunehmend anerkannt wird, die Verse 16 *und* 17. Neben anderen Indizien[108] erweisen inhaltliche und sprachliche Gründe die unmittelbare Zusammengehörigkeit von v.16 und v.17: a) Wechsel in die 3. Pers. Plur. von v.16b ab, b) der syntaktische Anschluß mit dem begründenden γάρ in v.17a, das die δύναμις des gepredigten Evangeliums als Gottes δικαιοσύνη definiert, die er im εὐαγγέλιον offenbart[109] εἰς σωτηρίαν für jeden, der glaubt[110]. Ein auffälli-

---

[104] R. WONNEBERGER spricht in diesem Zusammenhang von einer »symmetrische(n) Relation«, Argumentation, 253. Etwas anders A. B. DU TOIT, a.a.O. bes. 201–209. Um in Rom als legitimer Prediger des Evangeliums akzeptiert zu werden, habe Paulus, ohne daß es den Adressaten bewußt geworden wäre, die dortigen Christen erst auf seine Seiten ziehen müssen. Darauf ließen die sprachlich-persuasiven Signale besonders im brieflichen Rahmenteil (1,1–17; 15,14ff) schließen. Das mag stimmen, sofern man nicht unterstellt, das »unbewußt« Ablaufende entstamme einer gezielten Manipulation über die Gefühle. Dagegen spricht entschieden das εὐαγγελίσασθαι von 1,15. Jedenfalls dann, wenn man Paulus' Integrität in dieser Frage nicht in Zweifel zieht. Andererseits wird man fragen müssen, ob die doch größtenteils persönliche Bekanntschaft des Apostels mit einer ganzen Reihe von römischen Christen (16,3ff) einem solchen Dekodierungsversuch nicht den Boden entzieht.

[105] Unter rhetorischen Gesichtspunkten ist 1,16f die *propositio* bzw. der *transitus* im Aufriß des Röm, W. WUELLNER, Rhetoric, 168f; F. SIEGERT, a.a.O. 113f. Kritisch dazu A. B. DU TOIT, a.a.O. 195; R. JEWETT, a.a.O. 7f. R. JEWETT selbst erblickt im Röm eine Art von antikem »Diplomatenbrief«, in dem Paulus, ausgestattet mit göttlicher Vollmacht, zur Unterstützung seiner geplanten Spanienmission aufruft.

[106] Das versucht E. STEGEMANN zu erweisen, a.a.O. 88–95. Ähnlich schon TH. HOPPE, a.a.O. 9, der in 1,16a das persönliche Motiv erblickt, das Paulus zur Entfaltung dieses Themas veranlaßte.

[107] So O. MICHEL, 88; A. NYGREN, 18.28.60–72; J. C. BEKER, Model, 361.365; F. SIEGERT, a.a.O. 114.

[108] Zu ihnen vgl. E. STEGEMANN, a.a.O. 88f.

[109] ἀποκαλύπτεσθαι umschreibt keine zuvor verhüllte, nun aber qua Offenbarung noetisch zugängliche Wirklichkeit, sondern die Manifestation Gottes selbst in seinem geschichtlichen, dem Menschen zugewandten Handeln, vgl. 3,21f.25; 4,24f; 5,15.17. E. KÄSEMANN spricht darum von der »Epiphanie der eschatologischen Gottesmacht schlechthin«, 19.

[110] Zum generischen Sinn des substantivierten Partizips mit Artikel nach πᾶς vgl. Röm

ges Zeichen innerer Kohärenz ist c) die von v.16–18 reichende ununterbro-
chene Kette einer jeweils mit γάϱ verbundenen Satzperiode. Sie verknüpft
1,18ff mit der Exposition in 1,16f. Zudem wiederholt v.18 die Kernaussage
von v.17 (δικαιοσύνη γὰϱ θεοῦ ἐν αὐτῷ ἀποκαλύπτεται), nun allerdings in
anderer Wortfolge und mit genau entgegengesetztem Subjekt (ὀϱγὴ θεοῦ).
Daran wird deutlich, daß 1,18ff konstitutiv zum Thema des Briefes gehört.
Die hier beschriebene Wirklichkeit des Menschen kommt adäquat nur in
Verbindung mit dem Evangelium zur Sprache[111]. Schließlich bezieht sich d)
ἐν αὐτῷ (v.17a) auf εὐαγγέλιον in v.16a zurück, dessen Wirkung als δύναμις
v.16b entfaltet.

Der enge formale und sachlogische Verbund von v.16f resultiert aus dem
in ihnen akzentuierten Briefthema, das das Schreiben wie ein roter Faden
durchzieht. *Ekklesiologisch* gesehen geht es Paulus um die Einheit der Gemeinde aus Juden- und Heidenchristen, wie er bis in die paränetischen Abschnitte hinein verdeutlicht (12,3ff; 14,1ff). Im Kern verbirgt sich dahinter
aber die fundamentale *rechtfertigungstheologische* Frage nach der Gültigkeit
von Gottes Verheißungen an *Israel* angesichts des *nur* im Evangelium offenbarten und in ihm beschlossenen eschatologischen Erlösungswerkes Gottes
für *alle* Menschen[112]. Führt *einerseits* die vor dem künftigen Zorngericht rettende Macht des Evangeliums *jeden*, der glaubt, zum Heil, Juden wie Heiden
– aber eben nur den *Glaubenden* –, steht *andererseits* diese universale
Erlösungstat in einem verheißungsgeschichtlichen Horizont. Auf ihn weist
das πϱῶτον hin. Das Evangelium hat eine exklusiv an Israel gebundene
Vorgeschichte, beginnend mit der Erwählung Abrahams und Gottes Verheißungen an ihn[113]. Mit dem πϱῶτον wehrt Paulus der Gefahr, die *promissio*
perspektivisch zu verkürzen und letztendlich für obsolet zu erklären. Das
Vertrauen in die rettende Macht des Evangeliums hängt unmittelbar mit dem
Schicksal Israels zusammen. Denn nur, wenn die Erfüllung der mit dem
πϱῶτον in Erinnerung gerufenen Verheißung noch aussteht, das πϱῶτον also

---

1,7; 2,1.10; 10,4.11; 12,3; Mt 5,22; 7,26; Mk 7,18; Lk 6,47; Joh 3,8; Act 10,43; 13,39 u.ö,
dazu BDR § 413,2.3.

[111] Vgl. G. BORNKAMM, Offenbarung, 33; G. EICHHOLZ, a.a.O. 65. Den impliziten soteriologischen Aspekt dieses Abschnitts, der sich auf 1,16b bezieht, in 1,18–3,20 freilich e
contrario aufgewiesen wird, stellen mit Recht P. STUHLMACHER, Gerechtigkeit, 78–84, und
S. K. WILLIAMS, Righteousness, 265–270, heraus.

[112] Vgl. schon J. Calvins Vorrede zu seiner Auslegung des Röm (ed. O. WEBER), 13, und
jetzt N. WALTER, Interpretation, 172f. Weil E. BRANDENBURGER die »in 1,16f angeschlagene
Thematik ... mit der in sich abgerundeten Abhandlung in 1,18–8,39« für beendet erklärt,
verkennt er den bereits in 1,16f enthaltenen Bezug zu 9–11, Schriftauslegung, 4. Auf die
Erörterung in Kap. 9–11 vorausweisende bzw. auf sie zurückblickende Sprachsignale finden
sich ebenfalls 2,25ff; 3,1–8; 4; 8,29f.31ff; 15,8ff. Vgl. W. G. KÜMMEL, Probleme, bes. 15–
23, und unten Anm. 315.

[113] Gen 12,2f; 17,4–7; 18,18; 22,17f; 26,3f; 28,13f, vgl. Röm 1,2; 3,1; 9,4f; 11,29; Gal
3,8.

qualifizierend, nicht einfach temporal gebraucht ist, gerät Israels gegenwärtige ἀπιστία nicht zum Indikator für die Kraftlosigkeit und Unzuverlässigkeit der λόγια bzw. des λόγος τοῦ θεοῦ (3,2; 9,6). Das Eingeständnis, Israels empirisch aufweisbares Nein zum Evangelium sei gleichbedeutend mit dem Scheitern der göttlichen Erwählungszusage an sein Volk, müßte auch das Evangelium und damit Gott selbst unglaubwürdig erscheinen lassen[114]. Jeder Zweifel an der Unverbrüchlichkeit des in der Schrift bezeugten[115] und weiterhin gültigen Heilsratschlusses für Israel (vgl. Röm 3,1ff; 9,1ff; 11,1f.28f; IIKor 1,20)[116] begründete eo ipso Zweifel an der Erlösungsmacht des Evangeliums, d.h. an der in ihm offenbarten Gerechtigkeit Gottes εἰς σωτηρίαν παντὶ τῷ πιστεύοντι[117]. So ist die »Treue Gottes zu Israel nicht nur eine Israel betreffende Frage, sondern Grundlage der Kirche aus Juden und Heiden«[118].

Paulus' Überzeugung ist unzweideutig. An seiner πίστις, δικαιοσύνη und ἀλήθεια gegenüber Israel hält Gott fest (3,4–7). Die im Evangelium zutage tretende Sündenverfallenheit *jedes* Menschen, also auch die Israels (1,18ff), hebt diese göttliche Selbstbindung nicht auf (3,2; 9,6.8f; 11,28f). Paulus läßt die (partikulare) Erwählungszusage an Israel mit der (universalen) Heilsverheißung des Evangeliums koinzidieren, indem er beide als ein eschatologisch-kreatorisches Schöpferhandeln des *einen* Gottes beschreibt. Während Röm 4 diesen letzten Aspekt entfaltet, dienen die Kap. 9–11 mitsamt ihrer »Vorschaltung« in 3,1–8[119] dem Aufweis der *inneren* Verschränkung von *promissio* und *iustificatio*. Mit ihr verbindet Paulus die sich aus diesem Verhältnis ergebenden soteriologischen Konsequenzen.

5.1.2 Die paulinische Dialektik von Verheißung und Rechtfertigung

Die proleptische Inhaltsangabe des Evangeliums in Röm 1,16f ist weiterhin erkenntnisleitend und besitzt eine koordinierende Funktion für die weitere Fragestellung. Methodisch gehe ich so vor, daß ich zunächst exemplarisch, und zwar am Beispiel E. KÄSEMANNS, die Tragweite des dezidiert rechtfertigungstheologischen Ansatzes[120] prüfe. In einem zweiten Durchgang

---

[114] U. LUZ, Geschichtsverständnis, 28; M. THEOBALD, Gnade, 131; H. HÜBNER, Gottes Ich, 16. F. HESSE verkennt diesen Zusammenhang, wenn er meint, »die Erwählung Israels (sei) für die christliche Glaubenslehre ... keine existentiell entscheidende Frage«, Profanität, 290.

[115] Num 14,15–19; Dtn 9,26–29; 32,9f; Esr 9,13–15; Dan 9,7–15; Sach 2,12.

[116] Vgl. nur Jub 21,4; TestHiob 4,11; TestLev 15,4; IIMakk 1,24f; Röm 15,8; Joh 3,33; 8,26; Tit 1,2; Hebr 6,13–18; 10,23; 11,11; IClem 27,1f.

[117] J. C. BEKER, Faithfulness, 14f.

[118] J. BECKER, a.a.O. 496, mit Verweis auf 9,24.

[119] Vgl. U. LUZ, Aufbau, 167f; H. RÄISÄNEN, Verständnis, 185f.199.201f.

[120] Im deutschen Sprachraum wurde diese Mittelpunktstellung der Rechtfertigungslehre vor allem von W. WREDE und A. SCHWEITZER bestritten. In den letzten Jahren ist die seither

steht dann der Gegenentwurf mit seiner Integration der Rechtfertigung in die Verheißung zur Diskussion.

5.1.2.1 Die Rechtfertigung als innerer Grund der Verheißung (E. Käsemann)

Den Schlüssel zum Verständnis des ganzen Briefs liefert für E. Käsemann Röm 1,17. An diesem Vers erfolge die entscheidende Weichenstellung für die Gesamtdeutung[121]. Doch sei nicht nur der Röm von 1,17 her auszulegen. Die Interpretation des Evangeliums als der in ihm offenbarten δικαιοσύνη θεοῦ[122] zeige darüber hinaus »Mitte und Namen« der »unverwechselbare(n) paulinische(n) Botschaft« an[123]. Mehr noch, die Gottesgerechtigkeit gilt E. Käsemann als der begrifflich gefaßte Angelpunkt und als sachkritisches Zentrum des ganzen neutestamentlichen Kanons wie des christlichen Glaubens überhaupt. Denn wo die »Rechtfertigung nicht mehr klar und zentral zu Wort kommt, endet für mich mit dem spezifisch Christlichen auch die theologische Autorität des Kanons«[124]. Mit diesem Grundsatz weiß sich E. Käsemann eins mit dem reformatorischen Schriftverständnis. Dessen hermeneutischer Neuansatz besteht für ihn darin, in der Rechtfertigungslehre nicht nur einen »Orientierungspunkt« für die Exegese gefunden zu haben, sondern »ein Kriterium, an dem man Schrift und Lehre maß«[125]. Von der Rechtfertigung her sei aber auch das Alte Testament als *promissio* in den Kanon einzubeziehen. »Sofern sie es wahrhaftig mit Jesus Christus zu tun hat«, umspanne die »theologische Formel von der Rechtfertigung des Gottlosen ... die gesamte Schrift, eben auch des Alten Testamentes«[126]. Im Blick auf die der *iustificatio impii* zu- und eingeordneten *promissio* erweise sich daher das

---

nicht zur Ruhe gekommene Frage nach einem alles andere tragenden *Zentrum* der paulinischen Theologie wieder neu belebt worden (K. STENDAHL, E. P. SANDERS, H. RÄISÄNEN, N. A. DAHL, G. STRECKER, U. SCHNELLE u.a.), vgl. die kurz gefaßte Übersicht bei H. HÜBNER, Paulusforschung, 2721–2729. Die folgenden Ausführungen sind *auch* als eine Antwort darauf zu verstehen.

[121] Römerbrief, 21. Folgerichtig gliedert E. KÄSEMANN den Brief vom Gesamtthema »Gerechtigkeit Gottes« her und versucht zu zeigen, wie sich dieses Thema durchhält, V-VI. Vgl. auch P. STUHLMACHER, 8.18f.30.

[122] Die Debatte darüber, wie der Genitiv näherhin zu bestimmen ist, braucht hier nicht fortgesetzt zu werden. Mittlerweile zeichnet sich ein immer breiter werdender Konsens ab, daß die Alternative: entweder *Genitivus objectivus* bzw. *relationis* oder *Genitivus subjectivus* sich in dieser Ausschließlichkeit gar nicht stellt. Beide Möglichkeiten sind gegeben und müssen im jeweiligen Kontext auf die spezifisch paulinische Akzentuierung hin geprüft werden. Dazu U. WILCKENS I, bes. 203–212.230–233; H. HÜBNER, a.a.O. 2694–2709.

[123] Gottesgerechtigkeit, 182.

[124] Analyse, 369; vgl. auch Heilsgeschichte, bes. 116ff.130f.136; Glaube, 140ff. Zum Sachproblem s. W. SCHRAGE, Mitte, 428f.441; B. EHLER, Herrschaft, 316f.

[125] Probleme, 144. S. ferner B. EHLER, a.a.O. 114–118.

[126] Analyse, 370.

Schlagwort von der »theologische(n) Indifferenz von Juden und Heiden«[127] als eine *Formalisierung* der *iustificatio*[128].»Die Wahl des Patriarchen (sc. Abrahams, D.S.) wäre absurd, hätte man die Widerfahrbarkeit der Gottes-gerechtigkeit auf die Zeit post Christum crucifixum zu beschränken«[129]. Schon deshalb sei die Rechtfertigung sola fide nicht gleichzusetzen mit dem »Abbau des an Israel gebundenen Protevangeliums in der Verheißung«[130]. Auf diese bleibe das Evangelium bezogen, ja nehme in ihr vorweg Gestalt an (vgl. Röm 1,3f; 3,1f; 9,4: ὧν ... αἱ ἐπαγγελίαι). Daher liegt für E. KÄSEMANN in der Verheißung die »historische Verborgenheit« des Evangeliums, wie umgekehrt das Evangelium deren »eschatologische Öffentlichkeit« dar-stellt[131]. Anders ausgedrückt, die Geschichte der Verheißungen Gottes mit seinem Volk dient nicht als »Ersatz für die Rechtfertigung«, sondern öffnet den Blick für deren »geschichtliche Tiefe«[132]. Die Einbeziehung der Ge-schichte Israels in das Rechtfertigungsgeschehen weist auf die Mensch *und* Welt umfassende Dimension von Gottes δικαιοσύνη hin[133]. Eben weil das durch Gottes rechtfertigendes Handeln dem Menschen geschenkte Heil endgültiges, »unüberbietbares Heil«[134] ist, zielt es auf mehr als nur auf das glaubende Individuum. Als begnadigter Sünder dokumentiert der Mensch das den Kosmos umgreifende Recht des deus iustificans auf seine *ganze* Schöpfung, wenn anders die Rechtfertigung das eschatologische Ereignis schlechthin bleiben soll, das sich freilich am einzelnen Menschen schon realisiert[135].

Damit entschränkt E. KÄSEMANN den Rechtfertigungsgedanken in charak-teristischer Weise. Eine Reduktion auf das glaubende Individuum verbietet sich ebenso, wie seine Reservierung für die Bundestreue Gottes gegenüber Israel ausgeschlossen ist. Die δικαιοσύνη θεοῦ wird vielmehr zum Synonym für die Treue des Schöpfers zu seiner ganzen Schöpfung[136]. Das sol-

---

[127] G. KLEIN, Römer 4, 151; ähnlich E. GÜTTGEMANNS, a.a.O. 53.

[128] Glaube, 152f. Vgl. auch H. BOERS, Theology, 92, der ansonsten weithin G. KLEIN folgt.

[129] A.a.O. 152. Zu vergleichen sind hier die sekundierenden, wenngleich von anderen Intentionen geleiteten Erwägungen bei W. H. SCHMIDT, Botschaft, 157–168, und H. W. JOHNSON, Paradigm, 195f.199.

[130] A.a.O. 155.

[131] A.a.O. 158.

[132] Heilsgeschichte, 134. Vgl. W. KLAIBER, a.a.O. 173f.

[133] Vgl. exemplarisch Gottesgerechtigkeit, 193.

[134] U. LUZ, Rechtfertigung, 373.

[135] Römer, 87. »In der anthropologischen Realität bekundet sich der Griff des Schöpfers nach seiner gesamten Schöpfung«, a.a.O. 116.

[136] E. KÄSEMANN bezieht sich vor allem auf Röm 3,1–8 als dictum probans. Paulus greife hier »Termini und Motive des Gottesbundes« auf, um die Schöpfung als ganze in diesen Bund mit einzubeziehen, Römer, 76.

chermaßen universal ausgerichtete Rechtfertigungsgeschehen vollzieht sich daher als die *iustificatio impii* des gesamten Kosmos, der »Welt des gefallenen und unter dem Gotteszorn befindlichen Adam(s)«[137]. Angesichts dieser *universalen* Dimension der paulinischen Rechtfertigungslehre wird Gottes promissio an Israel neu bestimmt. Obgleich »ein Sonderfall der Treue gegenüber der gesamten Schöpfung«[138], bleibt sie doch in das weltumspannende Koordinatensystem der göttlichen Gerechtsprechung eingeordnet. An Israel, dem »Urbild des homo religiosus schlechthin«[139], wird sich Gottes Gerechtigkeit nicht anders erweisen als sonst auch. Denn gerade hier »bekundet sich ... am deutlichsten und in schneidender Schärfe, daß der Weg des Heils immer nur über die iustificatio impii führt«[140]. Indem also E. KÄSEMANN die im Evangelium sich offenbarende δικαιοσύνη θεοῦ als Bekundung des weltweiten Machtanspruchs Gottes interpretiert, wird die Rechtfertigung zum christologisch fundierten Interpretament der *promissio*. M.a.W., die universal verstandene *iustificatio impii* ist der innere Grund von Israels Erwählung und Gottes Verheißungszusage.

5.1.2.2 Folgerungen und Anfragen

E. KÄSEMANNS Anliegen besteht darin, die oftmals als ein Dilemma empfundene Spannung in der paulinischen Theologie – Erwählungszusage und Segensverheißung an ein geschichtlich-empirisches Volk einerseits, das sich in der Rechtfertigung manifestierende, allein auf den Glauben an Christus sich gründende eschatologische Heil andererseits[141] – theologisch zu überwinden[142]. Und zwar so, indem er die Rechtfertigungslehre vom Schöpfungsglauben her auslegt. Dieser Absicht ist schon deshalb zuzustimmen, weil sie sich weigert, die *iustificatio* von vorneherein gegen die *promissio* auszuspielen[143]. Ein entscheidendes Problem bleibt freilich ungeklärt. Greift die die beiden Pole von Verheißung und Rechtfertigung umspannende schöpfungstheologische Klammer nicht ins Leere, wenn die Erwählung Israels *ausschließlich* als ein Modus der kosmisch-universalen Rechtfertigung verstanden wird, so daß diese grundsätzlich auch ohne jene zu denken ist und

---

[137] Verständnis, 100; vgl. auch Römer, 94.96f.116.

[138] Römer, 76.

[139] Gottesgerechtigkeit, 191, vgl. Römer, 254. Kritisch dazu J. C. BEKER, a.a.O. 13.

[140] Gottesgerechtigkeit, 191; vgl. Israel, 194–197; Glaube, 154–157.

[141] Vgl. E. DINKLER, Prädestination, bes. 251f.253f und 267–269 (Nachtrag); P. Richardson, a.a.O. 132.136.147; E. P. SANDERS, People, 198; J. C. BEKER, Apostle, 334f; H. RÄISÄNEN, Verständnis, 200–202.

[142] Das sich stellende Sachproblem ist verkannt, erklärt man Paulus' Beharren auf der den Vätern gegebenen Verheißung als ein Relikt seiner pharisäischen Vergangenheit oder als einen patriotischen Zug, so CH. H. DODD, 43. Vor ihm bereits W. WREDE, Paulus, 74.

[143] E. KÄSEMANN, Heilsgeschichte, 134.

Gültigkeit besitzt[144]? Überwindet E. Käsemann wirklich das zuvor notierte Dilemma, wenn er Gottes erwählendes Handeln an Israel durchweg als ein Strukturelement seiner iustificatio impii deutet, ohne daß ihr zugleich immer die promissio vorgeordnet *bleibt*? Es ist zwar richtig, daß das Evangelium die Verheißung inkludiert (Röm 4,13ff; 9,8f; Gal 3f). Sie realisiert sich gegenwärtig in der eschatologischen Existenz der πιστεύοντες, indem die Botschaft vom gekreuzigten und auferstandenen Christus als *dem* σπέρμα Abrahams[145] Glauben findet und Neues schafft (IIKor 5,17; Gal 6,15; vgl. Eph 2,15). Jedoch käme diese existentielle Dimension der ἐπαγγελία wie auch ihr kosmisch-universales Pendant einer rechtfertigungstheologischen Privatisierung gleich, wäre dadurch die Verheißung an Israel überholt oder ginge sie in ihr auf. Denn das Evangelium selbst bestätigt den Israel gegebenen Verheißungs*überschuß*[146], der nicht eingelöst wird, bis daß »der Retter aus Zion kommen« und »ganz Israel errettet wird«[147] (Röm 11,26). Erst im bekennenden Lobpreis (Röm 10,9ff.13; vgl. Phil 2,11) des *ganzen* Gottesvolkes, mit dem es auf den Ruf (ῥῆμα Χριστοῦ, 10,17) des wiederkommenden Christus (11,26b)[148] antwortet, endet Israels ἀπιστία (11,23). Und erst *dann*, in der Begegnung mit dem Parusiechristus, gelangt Gottes Verheißung an das von ihm selbst bestimmte Ziel[149]. So erfüllt und bewahrheitet sich die promissio dei *als* und *in* der populi dei iustificatio propter Christum per fidem.

Auf dieser innergeschichtlich nicht verrechenbaren oder gar einzuholenden Interdependenz von Verheißung und Rechtfertigung basiert die paulinische Heilshoffnung für Israel. Paulus ist gewiß, daß Gott seiner einmal gegebenen Erwählungszusage und Segensverheißung treu bleiben wird. Denn es ist derselbe Gott, der in ihm, dem Israelit, Same Abrahams und Benjaminit[150], seinen Sohn offenbarte[151] und ihn mit der Verkündigung des Evangeliums beauftragte (IKor 9,16f; IIKor 1,19; Gal 1,15f). Insofern spiegelt Paulus' irdische Existenz die Treue und Selbigkeit des in der Schrift sich bekundenden Gottes wider, dessen δύναμις das Evangelium bezeugt[152]. Der

---

[144] Vgl. bes. Römer, 274.

[145] Gal 3,6–9.14.16.19.22.28f; vgl. Röm 4,13.16.20–24; Gal 4,22.28f.

[146] M. Theobald, a.a.O. 131 Anm. 7.

[147] Πᾶς Ἰσραήλ umfaßt das gesamte nichtgläubige Israel abzüglich des dem Evangelium Glauben schenkenden »Restes« (ὑπόλειμμα, 9,27, vgl. 11,5.7.15), vgl. 9,31; 10,19.21; 11,7, dazu O. Hofius, Israel, 194f; J. M. G. Volf, Perseverance, 181–185. Einen guten Überblick über die divergierenden Auslegungsversuche bietet F. Refoulé, Israel, 36–45, der freilich πᾶς Ἰσραήλ auf die Gesamtheit der Gläubigen deutet.

[148] Hierzu O. Hofius, a.a.O. 197.

[149] M. Theobald, Römer 9–11, 7. 21 [Anm. 48 und 51].

[150] Röm 11,1; IIKor 11,22; Phil 3,5; vgl. Gal 1,14; Act 22,3; 23,6; 26,4f.

[151] IKor 9,1; 15,8; IIKor 4,6; Gal 1,16; vgl. Act 9,1–19a; 22,6–10; 26,12–18.

[152] Man darf vielleicht so weit gehen und sagen, daß sich der Apostel selbst als Beweis für die Verheißungstreue Gottes versteht. Der Wechsel in die 1.Pers. Sing. in 9,1ff signalisiert, daß das ab 9,6 entfaltete Thema οὐχ οἷον δὲ ὅτι ἐκπέπτωκεν ὁ λόγος τοῦ θεοῦ *auch*

Apostel verkörpert prototypisch, was *allen* seinen συγγενεῖς κατὰ σάρκα (9,3) verheißen ist. Zusammen mit dem πρῶτον von 1,16b halten 1,2–4[153]; 3,1–4; 4,1ff; 9–11 und 15,8 auf ihre Weise fest, daß die besondere verheißungsgeschichtliche Rolle der Juden ihren Platz sui generis in der göttlichen Heilsökonomie begründet[154] – trotz der unstrittigen eschatologischen Gleichstellung aller πιστεύοντες, Juden wie Heiden. Als Folge seines schöpfungstheologisch egalitären Ansatzes ist E. KÄSEMANN jedoch genötigt, die *promissio* der Rechtfertigung zu subsumieren. Das führt nicht nur zu einer christologischen Neuqualifizierung der Erwählungs- und Verheißungszusage (zu Recht!), sondern blendet sie zugleich als theologisch (nicht historisch[155]) zu wertendes Prius faktisch aus[156]. Im Ergebnis hat sich die *iustificatio* von der *promissio* gelöst und bleibt ohne sie bestehen.

5.1.3 Abraham als Verheißungsträger und Beispiel göttlicher Rechtfertigung χωρὶς ἔργων (Röm 4)

Nimmt man das Resultat des vorhergehenden Abschnitts als Problemanzeige, läßt sie sich mit O. HOFIUS dahingehend formulieren: inwieweit und warum deutet Paulus den nach Gen 12,2f *auch* den Heiden[157] verheißenen Segen (vgl. Gen 18,18; 22,18; 26,4; 28,14) in Gal 3 und Röm 4 »auf die in Christus beschlossene δικαιοσύνη« (Gal 3,8f.14; Röm 4,11f.16f; vgl. 15,8ff), während gleichzeitig die in der Schrift bezeugte Segensverheißung »einzig Israel kundgegeben und also der verheißene ›Segen‹ selbst *zuerst* den Juden zugedacht« ist[158]? Bezieht man Röm 1,16f in die Fragestellung mit ein, läßt sie sich weiter präzisieren. Welches Verhältnis besteht zwischen dem Ἰουδαίῳ τε πρῶτον der Heilsbotschaft und der Wahl Abrahams als Evidenzargument für Gottes universales Erlösungswerk, von dem der Apostel in 3,21–4,25 spricht?

---

biographische Züge trägt, vgl. 11,1.14. Vgl. hierzu CHR. MÜLLER, a.a.O. 54f; U. LUZ, Geschichtsverständnis, 27f; J. PIPER, a.a.O. 5.

[153] Beide Stellen sind für Paulus »eine volle Inhaltsangabe des Evangeliums«, G. BORNKAMM, Paulus, 128. Analog zum Gal (1,4) enthält auch der Röm mit 1,2–4 eine thematische Prolepse im Präskript.

[154] Vgl. U. WILCKENS, Rechtfertigung, 45: »An der Konkretion des κατὰ σάρκα Geschehenen hängt die geschichtliche Wirklichkeit der Erwählung! Das Fleischliche ist nicht Gesetz des Weges der göttlichen Erwählung, aber dieser Weg ist geschichtlich-*wirklich* darin, daß er durch Fleischliches hindurchführt«.

[155] An diesem Punkt ist E. KÄSEMANNS Einspruch gegen U. WILCKENS, a.a.O. 45.49, berechtigt, Glaube, 154. Vgl. auch G. KLEIN, Heilsgeschichte, bes. 20–43.

[156] Gewichtige Einwände finden sich bei W. G. KÜMMEL, Heilsgeschichte, bes. 166–176; R. SCHMITT, a.a.O. 17–19.23–38.

[157] In Gal 3,8 (zit. Gen 12,3c [LXX]) ersetzt Paulus πᾶσαι αἱ φυλαί durch πάντα τὰ ἔθνη (Gen 18,18b) und läßt τῆς γῆς aus. Πάντα τὰ ἔθνη entspricht πολλὰ ἔθνη in 4,17 (zit. Gen 17,5c [LXX]).

[158] A.a.O. 178.

Kap. 4 dient insgesamt dem Nachweis von 3,21f, die sich im Glauben an Jesus Christus offenbarende Gerechtigkeit Gottes sei bereits bezeugt »vom Gesetz und den Propheten«, d.h. sie sei schriftgemäß. Die einleitende Frage τί οὖν ἐροῦμεν εὑρεκέναι ᾽Αβραὰμ τὸν προπάτορα ἡμῶν κατὰ σάρκα (4,1)[159] eröffnet im Rückgriff auf 3,27f den Beweisgang (4,1–8) für die in den beiden Versen enthaltene These[160]. Sie besagt, daß der Mensch das Heil allein aus Glauben empfängt χωρὶς ἔργων νόμου (3,28) und daß damit jede menschliche καύχησις ausgeschlossen ist (3,27, vgl. 2,23). Die Frage von 4,1 zielt unmittelbar auf die Antwort der Schrift (Gen 15,6) in 4,3[161]. Vorausgesetzt ist dabei, daß der Gehorsam, von dem Gen 12,4 spricht, nicht Bedingung, sondern *Folge* dieses Glaubens ist. Abraham, *unser* Vater, ist das Urbild und Paradigma für die *uns* geschenkte Glaubensgerechtigkeit (4,1.12.16–18.24)[162]. Abgesehen von 4,1, wo sich Paulus mit dem *juden*christlichen Teil der römischen Gemeinde in dem προπάτωρ ἡμῶν κατὰ σάρκα (vgl. IIIMakk 2,21; Josephus, Bell V 380) zusammenschließt (vgl. 1,3; 9,3.5; IKor 10,18)[163], umgreift das ἡμεῖς an den übrigen Stellen durchweg Juden- und Heidenchristen[164]. 2,28f und 4,12 verwehren es, Abrahams Vaterschaft als Umschreibung eines empirischen Abstammungsverhältnisses mißzuverstehen. Schon deshalb enthält das κατὰ σάρκα – anders als etwa in Gal 4,23.29 – keinen negativen Beiklang. Es wertet die »irdische Wirklichkeit« nicht ab[165]. Die Auslegung des Zitats von Gen 15,6 in 4,3 auf die These von 3,27f hin stellt freilich klar, daß es für Paulus keine Schriftautorität am Christuskerygma vorbei gibt. Sie ist vielmehr vorausgesetzt und tritt ihrerseits erst im εὐαγγέλιον zutage[166].

Um so dringlicher stellt sich die Frage, welchen Gedanken Paulus im Zusammenhang seiner These, das Heil gründe nicht im Toragehorsam, sondern werde allein aus Glauben empfangen, gerade mit Abraham verbindet. Eine Auskunft geht dahin, mit Abrahams Erwählung sei der *Anbruch* der Got-

---

[159] Es gibt keinen überzeugenden Grund, in den Textbestand einzugreifen oder die Interpunktion zu ändern. Vgl. die Kommentare z.St.

[160] Gegen L. GASTON, Abraham, 45–63; J. G. GAGER, Origins, 217f, die das ganze Kap. 4 auf 3,29f bezogen wissen wollen. Vgl. auch N. ELLIOTT, Rhetoric, 161f.

[161] Anders U. WILCKENS, a.a.O. 38 mit Anm. 15; K. BERGER, Abraham, 66 mit Anm. 29. D. ZELLER verbindet 4,1 mit 3,28 und paraphrasiert: »Fand Abraham etwa δικαιοσύνη ἐξ ἔργων?« Die Schrift antwortet: Nein, Mission, 99.

[162] Vgl. IKor 10,1.6.11; Gal 2,16f; 3,13f.

[163] Der Zusatz κατὰ σάρκα hat darum eine »einschränkende Wirkung«, D.-A. KOCH, a.a.O. 308 Anm. 5. Zu beachten ist in diesem Zusammenhang die betont präsentische Formulierung in 9,3f; 11,1; IIKor 11,22; Phil 3,5. Daß sich 4,1ff speziell an Judenchristen wendet, läßt sich von 4,1 her nicht begründen, gegen U. WILCKENS I, 258f; P. STUHLMACHER, 65.69.

[164] Vgl. unten Abschnitt 6.5.3 Anm. 466.

[165] E. KÄSEMANN, 99. Richtig auch U. WILCKENS I, 261; W. SCHRAGE, Fleisch, 143–151.

[166] J. D. G. DUNN, Unity, 94f; D.-A. KOCH, a.a.O. 322–353.

tesgerechtigkeit irdisch gesetzt. Mit dem rechtfertigenden Handeln Gottes an Abraham beginne eine Verheißungsgeschichte auf Christus hin[167]. Sie konkretisiere sich in der Nachkommenschaft des Erzvaters, dem Volk Israel, als die auch zwischen den Zeiten – der Zeit Abrahams und der Zeit Christi – erfahrbare δικαιοσύνη θεοῦ. Daher konstituiere das empirische Israel die von Gott gesetzte Kontinuität seiner Verheißungstreue bis zur eschatologischen Offenbarung der Gerechtigkeit eben *dieses* Gottes in Jesus Christus[168]. M.a.W., durch die mit Abrahams Rechtfertigung anhebende Verheißungsgeschichte werde die Erwählung geschichtlich konkret und die zeitliche Erstreckung zwischen dem προπάτωρ und Christus theologisch in besonderer Weise qualifiziert[169]. Doch weder die Ausführungen in Röm 4 noch die in 9,4f.6–13; 11,13ff erlauben eine solche Deutung, die auf ein spekulativ-historisches Interesse des Apostels hinausläuft. Auch andere Stellen sperren sich dagegen[170]. Eine wie immer beschaffene Kontinuität zwischen Abraham und dem Glauben an Jesus Christus, die sich *irdisch* darstellen ließe, kennt Paulus nicht. Daß selbst der νόμος und die Beschneidung sie nicht herzustellen vermögen, machen ihrerseits 2,28–30; 3,21f.28; 4,11f.13 (vgl. Gal 2,16) unmißverständlich klar[171]. Von geschichtlicher Kontinuität kann angemessen nur im Blick auf *Gott* geredet werden. Die πίστις ... εἰς δικαιοσύνην (4,5, vgl. 4,3) ist die inmitten der Geschichte sich verwirklichende eschatologische Manifestation von *Gottes* Verheißungstreue, die er Abraham zugesagt hat[172]. Weder Israels Geschichte noch die an ihrem Anfang stehende *promissio* an Abraham (Gen 12,2f; 17,5f; 18,17–19; 22,17f; 26,3f, vgl. 15,5f) bilden ein Thema sui generis *neben* oder gar *abseits* der χωρὶς ἔργων νόμου geschenkten Gerechtigkeit ἐκ πίστεως.

Die Funktion des Rückbezugs auf Abraham ist aber auch mit der anderen Auskunft, am Beispiel des Erzvaters solle gezeigt werden, was Glauben ist[173], nur unzureichend erfaßt. Zwar ist Abraham nach 4,3–8 *das* Beispiel für die Erlangung göttlicher Gerechtigkeit χωρὶς ἔργων und also Paradigma für die Rechtfertigung des Gottlosen[174]. Und in 4,18–22 veranschaulicht Paulus

---

[167] U. WILCKENS, Römer 3,21–4,25, 58.69. Vgl. J. D. G. DUNN, Romans A, 197.

[168] U. WILCKENS, a.a.O. 66.

[169] Vgl. U. WILCKENS, Rechtfertigung, 33–49.

[170] 1,16f; 3,21ff.28–30; 4,11; 9,6–18; 11,17–24, vgl. Gal 3,6–18; 4,21–31.

[171] G. KLEIN, Römer 4, 157f. Vgl. H. BOERS, a.a.O. 81; W. SCHRAGE, a.a.O. 146.150; W. SCHMITHALS, 140. Daher trifft für H. HÜBNER das Prädikat *Heilsgeschichte* zur Charakterisierung der Geschichte Israels »nur in eigentümlicher Brechung« zu, Gesetz, 51.

[172] J. ROLOFF, Abraham, 248.250.

[173] J. JEREMIAS, Gedankenführung, 52.58; F. HAHN, Genesis 15,6, 101; W. S. CAMPBELL, Freedom, 39, vgl. H. MOXNES, Conflict, 104f.

[174] Anders als in der Auslegung des antiken Judentums, hierzu Bill III, 199–201; F. E. WIESER, Abrahamvorstellungen, 161–171, gilt Abraham Paulus als ein gottloser Heide, den sein von *Gott* bewirkter Glaube rechtfertigte, O. HOFIUS, Rechtfertigung, 129–131.

an ihm, was πιστεύειν heißt. Doch geht es dem Apostel um mehr. In 4,9–12 wertet er das *zeitliche* Nacheinander von Gerechtigkeitszusage qua πίστις (Gen 15,6) und später erfolgter Beschneidung (Gen 17,10f) *sachlich* aus. Aus der Abfolge: erst Glaube – dann Beschneidung leitet Paulus die Vaterschaft Abrahams für Juden- *und* Heidenchristen ab. Denn nur, wenn Abrahams Gerechtigkeit ausschließlich auf seinem Glauben beruht, nicht aber in seiner Beschneidung gründet, gilt auch *uns* (4,23.24a), d.h. *jedem* gegenwärtig Glaubenden, daß die δικαιοσύνη angerechnet wird τοῖς πιστεύουσιν ἐπὶ τὸν ἐγείραντα 'Ιησοῦν τὸν κύριον ἡμῶν (4,24c). Die christologische Verankerung seiner πίστις läßt dem Glaubenden die *Gegenwart* zur Zeit des eschatologischen Heils werden (3,26; IIKor 6,2). Deren Verständnis erschließt sich ihm von der Vergangenheit, d.h. von der ἐπαγγελία her, die jetzt bekräftigt (βεβαιοῦν, 4,16, vgl. 15,8) und in Geltung gesetzt wird (4,13)[175]. Israels σωτηρία vollzieht sich in der Glauben weckenden Begegnung mit dem ῥυόμενος ἐκ Σιών (11,26b), der auf diese Weise für die leibliche Nachkommenschaft des Erzvaters Gottes ἐπαγγελία an Abraham bestätigt[176].

Paulus läßt in der Tat von einem »von der Geschichte produzierten Kontinuum« nichts erkennen[177]. Ebensowenig thematisiert er die Zeitstrecke zwischen Abraham und der Gegenwart. Die Geschichte Israels stellt sich nicht als Objektivation oder Substrat einer verheißungsgeschichtlichen Entwicklungslinie dar, wie etwa U. WILCKENS meint. Gleichwohl gelangt der λόγος τοῦ θεοῦ (9,6a, vgl. 3,2; 9,9a), Gottes Verheißung an Abraham, erst mit der Rettung *ganz* Israels (11,26a) an sein Ziel[178]. Das Charakteristikum und singuläre Gepräge der Geschichte Israels resultiert aus der Spannung, innerhalb derer sie sich vollzieht (11,28)[179]. Es ist die Spannung zwischen Israels gegenwärtiger ἀπιστία (11,23, vgl. IIKor 3,15f) und seiner künftigen, die Verheißung und damit den λόγος τοῦ θεοῦ bekräftigenden σωτηρία, die in der Liebe Gottes ihren Real- und Erkenntnisgrund hat (Röm 11,28b). M.a.W., Paulus qualifiziert vom *Ende* der Geschichte, von Christus her, Israels irdischen Weg als Verheißungsgeschichte εἰς τὸ βεβαιῶσαι τὰς ἐπαγγελίας τῶν πατέρων (15,8, vgl. 9,4f). Damit nimmt er die Geschichte Israels von ihrem Ende, von der Parusie her, also gleichsam retrospektivisch in den Blick. Sie erschließt sich ihm christologisch. Im Glauben an Jesus Christus erweisen sich Gottes Verheißungen als wahr παντὶ τῷ σπέρματι, οὐ τῷ ἐκ τοῦ νόμου μόνον ἀλλὰ καὶ τῷ ἐκ πίστεως 'Αβραάμ, ὅς ἐστιν πατὴρ πάντων ἡμῶν (4,16, vgl. IIKor 1,20).

---

[175] Vgl. U. LUZ, Geschichtsverständnis, 67f; J. REUMANN, Righteousness, 77f.

[176] Vgl. unten 179.

[177] G. KLEIN, a.a.O. 158.

[178] F. MUSSNER spricht in diesem Zusammenhang von der »Totalerfüllung« der Verheißung an Abraham, Samen, 163.

[179] Diese Spannung resultiert nicht zuletzt aus der limitierenden Redeweise, mit der Pau-

Uneinigkeit besteht darüber, wer mit dem Samen ἐκ τοῦ νόμου gemeint ist. Sind es die *Juden*, so daß dann das σπέρμα ἐκ πίστεως 'Αβραάμ die Heidenchristen bzw. die Gesamtzahl aller Christen umfaßt[180]? Oder sind es die *Judenchristen*, denen die Heidenchristen an die Seite gestellt wären[181]? Eine Lösung des Problems stützt sich auf drei Beobachtungen. 1. Wie die unmittelbar voraufgehenden Verse 4,13f und das schlußfolgernde διὰ τοῦτο ... ἵνα zeigen, ist das entscheidende Signum des σπέρμα die πίστις. 2. 4,11f weist eine ganz analoge Argumentationsstruktur auf. Dort sind aber zweifellos Juden- und Heidenchristen gemeint. 3. Der Gedankengang läuft darauf hinaus, daß auch die Heiden in die ἐπαγγελία an Abraham mit einbezogen sind, sofern sie glauben[182]. Der Ton liegt auf der κατὰ χάριν geschenkten πίστις. Sie ist die gegenwärtige eschatologische Wirklichkeit der Verheißung, die keine Berufung auf ein genealogisch begründetes Zuordnungsverhältnis erlaubt (4,14). Darum denkt Paulus im ersten Teil der correctio (οὐ τῷ ἐκ τοῦ νόμου μόνον) an Judenchristen, nicht an die sich dem Evangelium verschließenden Juden[183]. G. KLEINS Verweis[184] auf 4,14, wo οἱ ἐκ νόμου in der Tat die Juden bezeichnet – wie auch σπέρμα in 4,13 –, ist als Gegenargument kaum stichhaltig, da er das Gefälle der paulinischen Gedankenführung vernachlässigt. Gesagt wird ja nicht, daß die Verheißung für das Israel κατὰ σάρκα hinfällig geworden ist[185], sondern daß sich die Verheißung im Glauben an das gepredigte Evangelium (10,14) κατὰ χάριν eschatologisch realisiert. Die ἐν τῷ νῦν καιρῷ (3,26; 11,5, vgl. IIKor 6,2) πιστεύοντες sind das πᾶν σπέρμα, dessen Vater Abraham ist[186]. Das empirische Israel bzw. die Juden kommen aber in 4,16 insofern in den Blick, als ein Teil von ihnen κατ᾽ ἐκλογὴν χάριτος (11,5, vgl. 9,7f.27; 11,7) zu dem Samen ἐκ τοῦ νόμου gehört, nämlich zu den Judenchristen[187]. Daß dem generellen κατὰ χάριν in 4,16 der christologische Bezug völlig fehle[188], erscheint wegen des engen Konnexes zur πίστις wenig plausibel. Richtig ist aber, daß es Paulus in 4,13–25 »um den Nach-

---

lus von Israel spricht. Die οἱ ἐξ 'Ισραήλ in 9,6bα sind, wie auch sonst in 9,27[bis].31; 10,19.21; 11,2.7.27f, identisch mit dem nichtglaubenden Israel κατὰ σάρκα. Hingegen bezieht sich die zweite Nennung in 9,6bβ auf eine Wirklichkeit *in* Israel *selbst*. Gemeint ist der *Rest* (9,27; 11,5), der die Judenchristen umschließt, die zwar zur *Heilsgemeinde* Israel gehören, jedoch nicht mit ihr identisch sind, sofern man nicht 9,6bβ von 9,24 her im ekklesiologischen Sinn interpretiert, wie es u.a. G. LÜDEMANN tut, Judentum, 32. Vgl. H.-M. LÜBKING, Israel, 62f.66; M. RESE, Israel, 212f (abzuweisen ist aber seine These, erst in 9,24 nehme Paulus *die* Christen in den Blick; die Judenchristen als deren Teil werden schon in 9,6bβ erwähnt); J. M. G. VOLF, a.a.O. 163f.

[180] So die meisten Kommentatoren. Vgl. ferner G. KLEIN, a.a.O. 161; F. MUSSNER, a.a.O. 160–163; W. KLAIBER, a.a.O. 29.

[181] H. W. SCHMIDT, 85; O. KUSS, 189; J. ROLOFF, a.a.O. 247 Anm. 36. CHR. MÜLLER, a.a.O. 52f; U. LUZ, a.a.O. 176, gehen von einem doppelten Gebrauch des νόμος-Begriffs aus und deuten ihn in 4,16, anders als in v.13–15, auf die ethnische Zugehörigkeit.

[182] A. v. DÜLMEN, Theologie, 94 Anm. 77.

[183] Gegen F. MUSSNER, a.a.O. 161; M. RESE, a.a.O. 215 Anm. 24.

[184] A.a.O. 161. Ihm schließt sich E. STEGEMANN an, a.a.O. 162 Anm. 80.

[185] So aber A. v. DÜLMEN, a.a.O. 94.

[186] D. ZELLER betont zu Recht, daß das ἡμεῖς von 4,16 entschränkter gebraucht ist als das von 4,1, a.a.O. 104.

[187] Nur liegt darauf oder auf der erhofften Wiedereingliederung der nichtglaubenden Juden in die Nachkommenschaft Abrahams nicht der Ton.

[188] H.-M. LÜBKING, a.a.O. 38.

weis der Universalität der Heilsverheißung an Abraham« geht[189], die auf die ἔθνη zielt (4,16b.17)[190], aber auch die Juden inkludiert, weil sie in Gottes dem νόμος *vorausgehenden* χάρις wurzelt[191].

Die ἐπαγγελία an Abraham und ihre gegenwärtige Realisierung in der δικαιοσύνη πίστεως (4,13) sind so aufeinander bezogen, daß diese jene nicht »verbraucht« oder außer Kraft setzt, sondern ihre von Anfang an beabsichtigte universale Geltung um so deutlicher herausstreicht. Denn Gottes Verheißung an den Erzvater geschah als »freie, gnädige Zuwendung«[192], die trotz des noch bestehenden Unglaubens den οἱ ἐκ νόμου zugesprochen *bleibt*[193], freilich ihrer Verwirklichung in der Begegnung mit dem wiederkommenden Christus noch harrt (10,17; 11,26). Nur wenn diese eschatologische Differenzierung der ἐπαγγελία festgehalten wird, darf man sagen, daß »bei dem οὐ τῷ ἐκ τοῦ νόμου μόνον zugleich der Jude als solcher *und* der gläubige Jude ins Auge gefaßt sind«[194].

5.1.3.1 Die Verheißung als Zeichen göttlicher χάρις (Röm 4,4.13f.16)

Diese am Evangelium gewonnene (4,23–25), soteriologisch ausgerichtete Verschränkung von *promissio* und *iustificatio* ist dort verkannt, wo Abraham nurmehr als ein in die Geschichte zurückprojizierter Modellfall, als ein zeitloses exemplum gegenwärtiger Glaubenserfahrungen gilt[195], nicht aber mehr als ein geschichtlich konkreter Empfänger von Gottes Heilshandeln, das über Abraham hinausweist. Und schon gar nicht wird man G. KLEIN beipflichten können, Israel sei aus diesem Grund mitsamt seiner Geschichte »radikal entheiligt und paganisiert«[196], sei »mit aller Schärfe aus der Nachkommenschaft Abrahams eliminiert«[197]. Das ist eine Paulus stracks zuwiderlaufende Folgerung[198]. Doch zeigt sich hier in aller Deutlichkeit, wohin die radikale Absonderung der *promissio* von der *iustificatio* führt. Sieht man sich G. KLEINS Argumente einzeln an, verlieren sie bei näherem Zusehen festen Bo-

---

[189] A.a.O.

[190] Mit den ἔθνη sind an der in v.17 zitierten Stelle Gen 17,5[LXX] natürlich die leiblichen Nachkommen Abrahams gemeint, nicht jedoch die Nichtjuden. Paulus deutet die ἔθνη auf das σπέρμα von Gen 15,5 (v.18), das, wie aus dem Vorhergehenden erhellt, mit den Glaubenden identisch ist.

[191] Deshalb ist D. ZELLER zuzustimmen, Paulus expliziere in v.16 »die der Verheißung an sich schon innewohnende Gnadenhaftigkeit«, Charis, 167.

[192] O. HOFIUS, a.a.O. 144.

[193] PH. VIELHAUER, a.a.O. 209; K. HAACKER, Friedensmemorandum, 36.

[194] H. SCHLIER, 131. Vgl. H. MOXNES, a.a.O. 250f; H. RÄISÄNEN, Analyse, 2930.

[195] E. GÜTTGEMANNS, a.a.O. 58; ähnlich G. KLEIN, Präliminarien, 234.236. Vgl. dagegen J. JEREMIAS, a.a.O. 54; I. DUGANDZIC, a.a.O. 189; J. ROLOFF, a.a.O. 248.

[196] Römer 4, 158.

[197] A.a.O. 159, vgl. Probleme, 174f; Individualgeschichte, 205.207f.210.216. Auch PH. VIELHAUER spricht in diesem Zusammenhang von der »Destruktion« der jüdischen Abrahamskindschaft, a.a.O. 208f.

[198] Vgl. nur die kritischen Anfragen bei E. KÄSEMANN, Glaube, 152.154f; U. LUZ, a.a.O. 153.270–274; H. HÜBNER, a.a.O. 50–52.

den. Ein Beispiel vermag dies zu illustrieren. G. KLEIN identifiziert die οἱ ἐκ νόμου von 4,16 mit denen ἐκ περιτομῆς (4,12a)[199]. Im Kontext seiner Beweisführung ist das nur konsequent, will er doch darauf hinaus, daß die περιτομή im ethnographischen Sinn zur »Bezeichnung eines Profanum« wird, das die Judenheit »entsakralisiert«[200]. Freilich rechtfertigt der innere Duktus von 4,9–12 diesen Schluß nicht. Denn wie immer man den Textbestand des schwierigen v.12 bestimmt – ob man das zweite τοῖς für ursprünglich hält[201], es der Nachlässigkeit und Ungeschicklichkeit des Apostels oder seines Schreibers anlastet[202], oder ob man es als Schreibfehler des Absenders bzw. eines späteren Kopisten erklärt[203] –, kann doch τοῖς ἐκ περιτομῆς nicht auf Israel κατὰ σάρκα und damit nicht auf die Juden bezogen werden. Im Fall des textlich gesicherten τοῖς nicht, weil Abraham Gerechtigkeit nicht qua Beschneidung, sondern bereits *vorher* aufgrund von Glauben erlangte, damit er zum Vater werde für alle, die als Unbeschnittene glauben (v.9–11). Im anderen Fall nicht, weil nur *die* ἐκ περιτομῆς Abraham zum Vater haben, die in die Fußstapfen des schon als Unbeschnittener glaubenden Erzvaters treten[204]. Zudem ist G. KLEIN gezwungen, Gal 3,23f in den Gedankengang von Röm 4,9–17 einzutragen, um die οἱ ἐκ νόμοι als Verheißungsträger zu »eliminieren«[205]. Folgt man ihm, wird der in der ἐπαγγελία bekundete Heilswille Gottes ein für allemal von Israel abgezogen. Es sinkt ab zu einem »vom nichtjüdischen Sektor der vorchristlichen Menschheit theologisch nicht mehr zu unterscheidende(n) ethnologische(n) Phänomen«[206]. Israels Unglaube und Festhalten am νόμος (4,15) als Heilsprinzip annulliert die Verheißung.

Diese Interpretation hängt unmittelbar davon ab, in welchem Verhältnis die Verse 13f und 16 zueinander stehen und was sich daraus für das Verständnis von ἐπαγγελία und χάρις ergibt. Deshalb ist noch einmal auf v.16 zurückzukommen. Das οὐ τῷ ἐκ τοῦ νόμου als näherbestimmter Teil des σπέρμα, dem die Verheißung gilt, impliziert für G. KLEIN eine »offenkundige *Integrierung*« der leiblichen Nachkommenschaft Abrahams in die Verheißung. Jedoch sei dies ein »sekundärer Vorgang«, den erst die χάρις, das zwischenhineingekommene Christusgeschehen, ermögliche[207]. Nun wird man dem κατὰ χάριν einen christologischen Beiklang durchaus konzedieren

---

[199] Römer 4, 155–159.

[200] A.a.O. 156.

[201] H. LIETZMANN, 54 (nach ihm ist die Wiederholung des Artikels ein zu Lasten von Paulus gehender syntaktischer Fehler); U. LUZ, a.a.O. 175; E. KÄSEMANN, 108.

[202] E. KÜHL, 141; O. KUSS, 186; U. WILCKENS I, 266; H. SCHLIER, 128.

[203] TH. ZAHN, 226; O. MICHEL, 167 Anm. 6; C. E. B. CRANFIELD, 237.

[204] Vgl. R. SCHMITT, a.a.O. 31 mit Anm. 171; D.-A. KOCH, a.a.O. 307f.

[205] A.a.O. 158f. Vgl. hingegen G. BAUMBACH, Abraham, 43.

[206] Individualgeschichte, 208.

[207] Römer 4, 161.

können. Doch verweist der präpositionale Ausdruck in erster Linie auf die Opposition von v.4 zurück: οὐ ... κατὰ χάριν ἀλλὰ κατὰ ὀφείλημα und nimmt die erste auf. Paulus *kann* nicht anders formulieren, will er folgerichtig die Konsequenzen aus der These von v.13 ziehen, daß die Verheißung auf dem Glauben beruhen muß, um in Gott selbst, d.h. in seiner dem νόμος zeitlich und sachlich vorausliegenden Gnade, verankert zu sein. Völlig zu Recht betont daher H.-M. LÜBKING den vom Apostel festgehaltenen »Unterschied zwischen der kraft der χάρις für den ganzen Samen feststehenden Verheißung des Erbes der Abrahamsnachkommenschaft und dem unveräußerlich an die Glaubensgerechtigkeit gebundenen *Vollzug* des Erbes«[208].

Das Stichwort χάρις besitzt eine Schlüsselfunktion in dem Argumentationsgang[209]. Ihr ist es zu verdanken, daß die ἐπαγγελία für die οἱ ἐκ νόμου weiterhin Gültigkeit besitzt (11,29)[210]. Diese werden darum nicht vermittels der χάρις sekundär in die ἐπαγγελία integriert. Andernfalls bestünde das den Apostel so bedrängende (9,1–3; 11,1) Problem gar nicht, wie denn die Abraham und seinem Samen gegebene, in der δικαιοσύνη πίστεως eschatologisch realisierte Verheißung sich verhält zum Unglauben der Mehrheit Israels gegenüber der sich im Evangelium offenbarenden Gottesgerechtigkeit. Nur weil die Verheißung in der Gnade ihren festen Bestand (βέβαιος) hat, fällt das περισσὸν τοῦ Ἰουδαίου nicht der Nichtigkeit anheim[211]. Eschatologisch wirklich wird es jedoch erst im Glauben an Jesus Christus. Röm 4,13–16 unterstreicht so einerseits die soteriologische Gleichstellung *aller* πιστεύοντες (vgl. 3,22; 10,12). Andererseits bekräftigen diese Verse die Gültigkeit der Verheißung auch für das zur Zeit noch heilsferne Israel[212]. Die rechtfertigungstheologisch formulierte Thematik des Briefes (1,16f) kehrt hier in ihrer verheißungsgeschichtlichen Variante wieder.

---

[208] A.a.O. 38 (Kursivierung von mir). Der Abschnitt v.13–17 ist ganz durchsichtig aufgebaut. An die These von v.13 schließt sich eine Begründung (v.14) an (εἰ γάρ), die die Aussage von v.13 in Form einer reductio ad absurdum bestätigt. Der mit einem explikativen γὰρ eingeleitete v.15 erläutert sie näherhin sub voce νόμος. Die Konsequenz zieht v.16 (διὰ τοῦτο) und bestätigt mit dem Leitwort πίστις die These von v.13. Zugleich wird der Zweck angegeben, warum sich die ἐπαγγελία im Glauben manifestiert: damit (finales ἵνα) sie ein Geschenk göttlicher Gnade bleibt, folglich (konsekutives εἰς mit subst. Infinitiv) fest bleibt und ihre Kraft für παντὶ τῷ σπέρματι behält. v.17a liefert den Schriftbeweis dafür, wer sich legitimerweise diesem Samen zuzählen darf: auch die ἔθνη.

[209] D. ZELLER, a.a.O. 165–167.

[210] Zu Recht unterstrichen von W. S. CAMPBELL, Policy, 10.

[211] Diese Interdependenz von χάρις und ἐπαγγελία wird von U. LUZ zu wenig beachtet, a.a.O. 175f.182–184.

[212] Schon deshalb ist es unzutreffend zu behaupten, daß Paulus »denies ... the election of Israel«, E. P. SANDERS, People, 207f. Ähnlich J. C. BEKER, Model, 360, der sich kurz darauf freilich (unbemerkt) korrigiert: »The equality of Jew and Gentile in the church does *not* suspend Israel's priority in God's salvation-history«, a.a.O. 362, vgl. auch 366 (Kursivierung von mir).

5.1.3.2 Die Gottesgerechtigkeit als Manifestation der Verheißung

Wie noch zu zeigen sein wird, verwirft E. KÄSEMANN aus guten Gründen die existential-ontologische Reduktion der paulinischen Rechtfertigungstheologie zugunsten ihrer universalkosmologischen Explikation. Seine schöpfungstheologisch-generalisierende Interpretation gelangt im Ergebnis aber zu einem Verständnis der paulinischen Soteriologie, das den *bleibenden* Wechselbezug von Rechtfertigung und Verheißung in ihrem dialektischen Zuordnungsverhältnis zu gering veranschlagt. Die Ursache dafür liegt in E. KÄSEMANNS entschiedener Weigerung, die Kategorie *Verheißung* zur Rechtfertigungslehre als der particula exclusiva und dem Zentrum der paulinischen Theologie in ein Konkurrenzverhältnis treten zu lassen. Seine Absage gilt jedem heilsgeschichtlichen Entwurf, der sich an »immanenten Entwicklungen« festmacht, die irdisch ablesbar, kontrollierbar, verrechenbar sind[213]. Eine solche Konzeption negiere den Primat der Rechtfertigungslehre und fixiere ihre lediglich subsidiäre Funktion. Im Ergebnis laufe sie auf eine Position hinaus, der die Rechtfertigungslehre als eine aus dem Konflikt mit judaistischer Gesetzlichkeit resultierende »Kampfeslehre«[214] oder als ein »Nebenkrater«[215] der paulinischen Theologie gilt, womit sie faktisch marginalisiert werde[216]. Für E. KÄSEMANN gibt es hier kein Sowohl – als auch, sondern nur ein Entweder – oder. Entweder ist die Rechtfertigungslehre als notwendige und konsequente Explikation der Christologie und Soteriologie das Spezifikum paulinischer Theologie schlechthin, oder sie ist es nicht. Tertium non datur[217].

E. KÄSEMANNS Beharren auf der von ihm exklusiv verstandenen christologisch-soteriologischen Explikation der Gottesgerechtigkeit ist sicher berechtigt. Zugleich redet diese Konzentration aber einer zu einseitigen Option das Wort. Denn die Kritik an einem heilsgeschichtlichen Zentrum läßt m.E. ihrerseits ein ganz anders gelagertes Anliegen von Paulus verstummen, das man als seine *soteriologische Dialektik* bezeichnen könnte. Während sich die *iustificatio* für den Glaubenden schon jetzt eschatologisch realisiert, hält Pau-

---

[213] Heilsgeschichte, 112f.

[214] W. WREDE, a.a.O. 67–74. Es führt daher nur zu Mißverständnissen, hält man wie W. KLAIBER an diesem Begriff fest, ohne allerdings der Meinung zu sein, Paulus ziehe mit ihm »eine temporäre Hilfslinie seines theologischen Denkens« aus, a.a.O. 158, vgl. auch 171f.

[215] A. SCHWEITZER, Mystik, 201–221, hier 220.

[216] In diese Richtung tendieren auch K. STENDAHL, Conscience, 78–96 (das gilt trotz seiner Antikritik, Jude, bes. 139–143); E. P. SANDERS, Judentum, 412–415.467–469.487; H. RÄISÄNEN, Legalism, 25–54. Vgl. weiter G. STRECKER, Rechtfertigung, 229–237; H.-H. SCHADE, a.a.O. 49f; U. SCHNELLE, a.a.O. bes. 49–76. Zu anderen Versuchen aus jüngster Zeit, das Proprium des Apostels zu bestimmen, vgl. das Referat von J. PLEVNIK, Center, 461–478.

[217] Vgl. auch P. STUHLMACHER, Theme, 31–44.

lus um der Wahrheit und Treue dieses rechtfertigenden Gottes willen (3,4.7, vgl. 1,25; 2,2; 15,8; Gal 2,5.14) an dem verheißungsgeschichtlich eröffneten Horizont fest, in den er das göttliche Heilshandeln an *ganz* Israel als eine innergeschichtlich weder einzuholende noch auch irdisch ablesbare Erlösungstat sui generis stellt. Die im Evangelium verkündigte δικαιοσύνη θεοῦ[218] *und* das durch den »Retter aus Zion« (11,26) herbeigeführte zukünftige Heil für πᾶς Ἰσραήλ sind als die *zwei* Aspekte des *einen* göttlichen Erlösungshandelns komplementär aufeinander bezogen. Erst mit ihm erfüllt sich für Paulus die Segensverheißung an Abraham.

Diese Komplementarität bleibt allzu oft unbeachtet, auch bei H. CONZELMANN[219]. Paulus' immer wieder als zu »einseitig und eng« erscheinende Rechtfertigungslehre dient ihm als Hauptstütze dafür, daß »das Evangelium ... der modus, die Gerechtigkeit der Inhalt der Offenbarung« ist[220]. Christologie und Soteriologie koinzidieren »in der Worthaftigkeit« des auf den jeweils einzelnen bezogenen »Heilsgeschehens«[221]. Doch bereits der sprachliche Befund weckt Bedenken, das paulinische Evangelium einfach mit *einem* Verkündigungsinhalt zu identifizieren, wie H. CONZELMANN besonders Röm 1,16f entnimmt. Das Substantiv εὐαγγέλιον begegnet nicht nur in verschiedenen Genitivverbindungen (εὐαγγέλιον [τοῦ] θεοῦ (Röm 1,1; 15,16.19; IIKor 11,7; IThess 2,2ff); εὐαγγέλιον τοῦ Χριστοῦ (Röm 1,16 [v.l.]; 15,29 [v.l.]; IKor 9,12.18 [v.l.]; IIKor 2,12; 9,13; 10,14; Gal 1,7; Phil 1,27; IThess 3,2 [vgl. 2,7]); εὐαγγέλιον ἡμῶν bzw. μου; εὐαγγέλιον τῆς περιτομῆς/τῆς ἀκροβυστίας; εὐαγγέλιον ἕτερον u.ö.[222]). Als Objekt wird es mit zahlreichen Verben kombiniert[223]. Daneben kann es andere Substantive näher erläutern[224]. Ob Paulus die Verbindungen selbst geschaffen oder ob er sie der Tradition entnommen hat, spielt dabei keine Rolle. Im jetzigen Kontext gehen sie ganz in seiner Sprachkompetenz auf. H. CONZELMANNS Urteil verrät eine ihm *vorausliegende* Vorentscheidung zugunsten der Rechtfertigungslehre, die er wiederum nur als Anthropologie darzustellen vermag[225]. Dadurch wird jede Perspektive a limine ausgeschlossen, die in der Rechtfertigung des

---

[218] δικαιοσύνη bezeichnet – wie auch δικαιοῦν und δικαιοῦσθαι – das von Gott geschenkte Heil. Paulus knüpft damit an einen Sprachgebrauch an, wie er besonders in den Psalmen (Ps 22,32; 40,11; 48,11; 51,16; 89,17; 98,2; 103,17) sowie Deutero- und Tritojesaja begegnet (Jes 46,12f; 51,5f.8; 54,17; 56,1; 62,1f u.ö.). Zur soteriologischen Bedeutung von δικαιοσύνη bzw. seinem hebräischen Äquivalent צדקה s. auch Bar 5,2.9; Jub 31,25; äthHen 39,5; IVEsr 8,36; CD 20,20.

[219] Rechtfertigungslehre, 191–206; Theologie, 236–243.

[220] Rechtfertigungslehre, 201, vgl. Theologie, 238.243.

[221] Rechtfertigungslehre, 198, mit Verweis auf Röm 3,24–26. Vgl. auch Theologie, 275.278, wo dieser Gedanke im Blick auf das Verhältnis von Erwählung (Prädestination) und Rechtfertigung zugespitzt wird. Erwählung wird hier soteriologisch auf das Geschick des prädestinierten Individuums reduziert.

[222] Vgl. die Zusammenstellung weiterer Belege bei P. STUHLMACHER, Evangelium, 57f.

[223] Röm 1,1.9; 10,16; 15,16.19; IKor 4,15; 9,12.14.18; 15,1f; IIKor 2,12; 10,14; Gal 1,7.9.11f; 2,2.7; Phil 1,27; 2,22; 4,3; IThess 2,4.8f. u.ö.

[224] IKor 9,18; IIKor 4,3f; 9,13; Gal 2,5.14; Phil 1,5.7.12.16.27; 4,15. Hierzu P. STUHLMACHER, a.a.O. 59; M. BARTH, Rechtfertigung, 141f; G. STRECKER, Evangelium, 204–211.

[225] Rechtfertigungslehre, 193.

Sünders den *Ermöglichungs-* und *Erkenntnisgrund* einer auch Israel[226] einschließen-
den Heilshoffnung erblickt[227].

Trotz der von E. KÄSEMANN mit Verve attackierten »Doppelfront«[228] von
heilsgeschichtlichen Spekulationen einerseits[229] und einer formalistisch begriffenen, allein am Individuum orientierten *iustificatio impii* andererseits[230], wird bei ihm die Erwählungs- und Verheißungsgeschichte Israels in
die kosmologisch-universalisierte Rechtfertigung des gottlosen Sünders integriert bzw. ihr subsumiert[231]. Gewiß will E. KÄSEMANN damit nicht »das
Besondere und das Proprium des jüdischen Volkes Israel und seiner Geschichte ... völlig eliminieren«, wie ein Vorwurf unterstellt[232]. Und es ent-
behrt nicht einer gewissen Pikanterie, ihm ein »totales« Defizit »an hermeneutischer Reflexion über seinen modus loquendi« zu attestieren[233], fällt
doch der Vorwurf auf seinen Urheber zurück[234]. Dennoch, wird innerhalb des
Koordinatensystems von *iustificatio* und *promissio* die Rechtfertigung verabsolutiert und zum hermeneutisch einzig legitimen Interpretationsrahmen
nicht nur der paulinischen[235], sondern der christlichen Theologie schlechthin
erklärt, figuriert die erwählungsgeschichtliche Prärogative Israels in der Tat
kaum mehr als »ein letztlich spielerischer Schnörkel der Rechtfertigungslehre«[236]. M.a.W., aus der Kritik an heilsgeschichtlichen Spekulationen, die
sich mit dem empirischen Israel und seiner Geschichte verknüpfen, ist nolens
volens die Negation jeder Heilshoffnung für die das Evangelium abweisende
Mehrheit des erwählten Gottesvolkes geworden – außer daß es sich be-
kehrt[237]. Im Ergebnis droht die geschichtlich-kontingente Verheißung Gottes
an Abraham im Kontinuum »Wort« zu verschwinden. Jedenfalls dann, wäre
»das Kontinuum zwischen Abraham und dem Glaubenden« wirklich »ein

---

[226] *Sachlich* ist damit die Erwählungszusage und Segensverheißung Gottes an Abraham
gemeint, auf die sich u.a. Dtn 7,6f; 1Kön 3,8; Ps 33,12; 135,4; Neh 9,7; Jes 41,8f; 44,1f;
49,7; Ez 20,5 beziehen, vgl. IIMakk 1,25.

[227] Vgl. bes. Theologie, 272–279. Dazu T. TAKEDA, Völker, 38–42 (7f, Anhang).

[228] Glaube, 152.

[229] Ihr Kennzeichen besteht im Postulat eines immanent-kontinuierlichen Entwicklungs-
prozesses ohne jene spannungsreichen Paradoxien und Friktionen, deren hervorstechend-
stes Merkmal das Kreuz Jesu Christi als Zeichen der göttlichen Treue ist.

[230] Römer, 109f.302.

[231] Römer, 301.

[232] T. TAKEDA, a.a.O. 74.

[233] T. TAKEDA, a.a.O. 75. Der Vorwurf resultiert aus dem oben in den Abschnitten 3.2 und
3.3 skizzierten Dissens über Notwendigkeit und Grenzen einer christlichen Theologie nach
Auschwitz.

[234] Vgl. nur T. TAKEDA, a.a.O., bes. 2–5.

[235] Vgl. Römer, 302: »Pls hat die Schrift von seiner Rechtfertigungslehre her gelesen ...
und alle seine Aussagen an ihr gemessen sehen wollen«. Vgl. auch Israel, 194.

[236] E. GÜTTGEMANNS, a.a.O. 54.

[237] F. W. MAIER, Israel, 142; P. STUHLMACHER, Interpretation, 560; E. KÄSEMANN, 300f.

Rückentwurf heutigen Glaubens, als solcher unanschaulich und selber ganz und gar Gegenstand des Glaubens«[238]. Es bliebe völlig rätselhaft, warum Paulus Abraham als Beispiel und »Urbild« (E. KÄSEMANN) der Gottesgerechtigkeit wählte[239].

Der Widerspruch G. KLEINS und anderer (A. H. J. GUNNEWEG, F. HESSE, PH. VIELHAUER) gegen die »Idee der Heilsgeschichte« ist primär christologisch begründet. Mit ihr solle, wie die Kritiker argwöhnen, die Gerechtigkeit Gottes extra Christum in Israels Geschichte empirisch aufgewiesen und damit, so der eigentliche Einwand, außerhalb des Glaubens objektiviert werden[240]. Als schlagender Gegenbeweis gilt Röm 4. Zwar beziehe Paulus in diesem Kapitel – ähnlich wie in Gal 3 – Abraham als Paradigma und Modell der bereits in der Schrift bezeugten *iustificatio impii* in seine Argumentation ein. Doch werde er »als geschichtlich vergangene Gestalt« zugleich auch »isoliert«[241]. Das empirische Israel scheide daher als Träger einer heilsgeschichtlichen Entwicklungslinie von vorneherein aus. Eine »soteriologisch belangvolle Verbindung mit Abraham«[242] sei geschichtlich nicht herstellbar.

Richtig ist daran, daß Abraham als Gewährsmann für eine »christliche Geschichtsspekulation«[243] im Sinne einer »ablesbare(n) irdische(n) Kontinuität«[244] nicht zur Verfügung steht. Freilich folgt daraus keineswegs, »die Frage einer möglichen Heilsgeschichte ante Christum crucifixum« sei dadurch »im Sinne des Apostels definitiv ausgestanden«[245]. Wie immer man über die Terminologie urteilen mag, Heilsgeschichte oder besser Erwählungs- bzw. Verheißungsgeschichte besagt nicht mehr und nicht weniger, als daß Gott an seinem Abraham gegebenen Verheißungswort für seine Nachkommenschaft und für *alle* Völker (Gen 12,2f; 17,5f; 18,18f; 22,18) festhält

---

[238] G. KLEIN, Römer 4, 157, vgl. Heilsgeschichte, 29f. Zur Kritik s. W. G. KÜMMEL, Heilsgeschichte, bes. 166–174; H. W. JOHNSON, Paradigm, 180f.195–198; D.-A. KOCH, a.a.O. 313–315.

[239] Es verrät eher die Verlegenheit des Exegeten, wenn G. KLEIN davon »überrascht« ist, daß Paulus die »mit dem Christusgeschehen erschlossene Gottesgerechtigkeit ... an der vorchristlichen Gestalt des jüdischen Stammvaters Abraham legitimiert«, Heilsgeschichte, 29. Darin bloß »eine letzte Bindung ... an das Alte Testament« zu sehen, Ph. Vielhauer, a.a.O. 208, wird Paulus nicht gerecht. Schon deswegen nicht, weil Paulus ja gerade an der eschatologisch-christologischen Interpretation der Schrift gelegen ist, J. BLANK, Schriftverständnis, 206.

[240] Die heilsgeschichtlich orientierten Entwürfe sind durchaus heterogen und weisen erhebliche Differenzen untereinander auf, vgl. nur O. CULLMANN, Heil, bes. 131–146.166–267; O. KUSS, 275–291; L. GOPPELT, Heilsgeschichte, 220–233; W. G. KÜMMEL, a.a.O. 157–176; U. WILCKENS, Offenbarungsverständnis, 42–90 (für Paulus bes. 63–71); CH. DIETZFELBINGER, Heilsgeschichte, 10.16–19.22f.33f.36–44; U. LUZ, Geschichtsverständnis, 119.168–186; R. SCHMITT, a.a.O. 117–144.227–239. Gegenentwürfe präsentieren neben den genannten Arbeiten G. KLEINS vor allem F. HESSE, Abschied, passim; Profanität, 262–290; PH. VIELHAUER, a.a.O. 196–228; A. H. J. GUNNEWEG, Hermeneutik, 164–175.

[241] G. KLEIN, Heilsgeschichte, 29.

[242] A.a.O. 30.

[243] E. KÄSEMANN, Heilsgeschichte, 123.

[244] A.a.O. 155.

[245] G. KLEIN, a.a.O. 37.

durch die Zeiten hindurch[246]. Nichts anderes intendiert Paulus in Röm 4,9–12(16). So gesehen impliziert Verheißungsgeschichte kein exklusives Geschehen sui generis. Eine ihr eignende Offenbarungsmächtigkeit ist ebenso ausgeschlossen, wie ihre Ansiedlung auf einer ahistorisch begriffenen Metaebene jenseits oder neben der (Profan-) Geschichte dem paulinischen Anliegen widerspricht. Verheißungsgeschichte *ist* die Geschichte von Gottes je und je kontingentem *Handeln* an seinem Volk Israel und an den Heiden[247]. Jede Differenzierung in »Heilsgeschehen« und »Heilsgeschichte«[248] ist künstlich und reißt Zusammengehöriges auseinander. Eben weil sich Verheißungsgeschichte in Zeit und Raum ereignet, ermangelt sie einer wie auch immer beschaffenen ontologischen Qualität extra fidem. In gleicher Weise fällt sie »als mögliches Substrat von Heil« und damit von Gott selbst aus[249]. Positiv formuliert ist Verheißungs- bzw. Erwählungsgeschichte die durch das Christusgeschehen definierte *geschichtliche* Zeit als *erfüllte* Zeit (Joh 3,16f; Röm 8,3; Gal 4,4; IJoh 4,9, vgl. IKor 6,2), in der Gott seiner Verheißung treu bleibt. Sie läuft auf Christus hin und wird dadurch Sinn-voll[250].

Daß Gottes Erwählungszusage einem Volk gilt, das sich in seiner Mehrheit dem Glauben an Christus verweigert (was im übrigen auch für die Mehrheit der ἔθνη gilt), kennzeichnet den sub specie aeternitatis unabgeschlossenen und unverrechenbaren Charakter dieser Verheißungsgeschichte. Ihre *Kontinuität* besteht darin, daß »in Abraham ... die – dann unter dem Ungehorsam Israels und der Verwerfung Gottes verborgene – Linie der Erwählung im Glauben (beginnt), die die Gemeinde mit der Ursprungssituation Israels verbindet«[251]. Ihr Ziel ist die σωτηρία für ganz Israel (Röm 11,26) *und* die Heiden (11,11). Denn Gottes Erbarmen gilt *allen* Menschen (11,32)[252].

5.1.4 *Existential-ontologische Reduktion der Gottesgerechtigkeit*

Die *Konsequenzen* einer ausschließlich am Individuum orientierten Rechtfertigungslehre, deren anthropologische Zuspitzung man als existential-ontologische Radikalisierung des in solenner Weise von E. KÄSEMANN vertretenen rechtfertigungstheologischen Ansatzes bezeichnen könnte[253],

---

[246] So verstehe ich L. GOPPELT, wenn er von dem »*Bogen der Verheißung und Treue Gottes*« spricht, a.a.O. 227.

[247] Wie anders ist das Nacheinander von Röm 4,1–8.9–12 zu verstehen, wo »Abraham als Typus des sola fide gerechtfertigten Heiden und David als Typus des sola fide gerechtfertigten Juden« erscheinen, O. HOFIUS, a.a.O. 129, ohne daß der Gedanke von Abraham als dem Vater *aller* Glaubenden aufgegeben ist, vgl. 4,11f.16f?

[248] F. HESSE, Abschied, 7. Vgl. auch W. KLAIBER, a.a.O. 173.

[249] G. KLEIN, a.a.O. 34.

[250] K. KERTELGE, Rechtfertigung, 139.

[251] D.-A. KOCH, a.a.O. 314f.

[252] Von hier aus wäre m.E. das kritische Gespräch mit dem bei G. KLEIN vorausgesetzten existential-ontologischen Referenzrahmen aufzunehmen, in dem das »geschichtliche« Handeln Gottes auf die individuelle Glaubensentscheidung reduziert wird. Ebenso mit der (zumindest zu Mißverständnissen Anlaß gebenden) These CHR. DIETZFELBINGERS, Heilsgeschichte verwirkliche sich erst in der christlichen Gemeinde, a.a.O. 39–45.

[253] Ohne daß E. KÄSEMANN selbst diese individualistische Engführung billigte oder gar mitmachte. Im Gegenteil. Doch läßt sich gerade von seinem Ausgangspunkt her zeigen, wel-

sind beträchtlich. Sie betreffen vor allem die von G. KLEIN annotierten Konstitutionsbedingungen des den Glauben begründenden Kontinuums *Wort*[254]. Seine Antwort läuft darauf hinaus, daß die Kontinuität zwischen der Verheißung an Abraham, in der die *iustificatio impii* als ein Werk göttlicher χάρις (Röm 4,4f) Gestalt annimmt, und der vom Evangelium gewirkten δικαιοσύνη für (παντί) τῷ σπέρματι (αὐτοῦ) (4,13.16)[255] *vom Glauben selbst* hergestellt wird. In diesem Sinne interpretiert er 4,11f. »Abraham *ist* niemandes Vater, – er *wird* zum Vater, im und durch den Glauben«[256]. Folglich entstehe Kontinuität »allererst dort, wo man wie Abraham glaubt«[257]. Dieser fungiere somit als ein Modell, an dem Paulus »einfach die Strukturelemente des Rechtfertigungsgeschehens« demonstriere[258].

Auch ohne ein näheres Eingehen auf die hier waltenden hermeneutischen Prämissen ist evident, daß hiermit die πίστις eine Funktion erhält, die sie nicht besitzt. Paulus' exegetische Beweisführung zielt auf seine These, Rechtfertigung geschehe angesichts der ἀσέβεια καὶ ἀδικία ἀνθρώπων[259] *allein* aus Glauben. Aus der Schrift selbst ergibt sich (Röm 4,3/Gen 15,6), daß der ὁ δικαιῶν τὸν ἐκ πίστεως Ἰησοῦ (3,26) kein anderer als der ὁ δικαιῶν τὸν ἀσεβῆ ist[260]. Wenn Paulus also von Kontinuität spricht, definiert er sie streng *theo*logisch[261]. Sie ist nicht vom Glauben zu realisieren, sondern ihm immer schon vorgegeben[262]. Der Glaube des vormals gottlosen (ἀσεβής [4,5], vgl. 1,18; 5,6; 11,26) Abraham ist ausschließlich von *Gott* gewirkt[263]. *Deshalb*

---

che Konsequenzen einer Paulusdeutung innewohnen, die sich in der *iustificatio* zentriert, ohne ihr zugleich die *promissio* als deren komplementäres Moment bleibend zuzuordnen.

[254] Die in diesem Zusammenhang immer wieder hervorgehobene *Worthaftigkeit* des Heilsgeschehens wirft ein Licht auf die im Hintergrund stehenden systematischen Prämissen. Sie entspringen einer Wortontologie, der eine Ontologisierung der Geschichte notwendigerweise entspricht: der Glaube als ein unbedingt *geschichtliches* Phänomen verdankt sich dem im *Kerygma* begegnenden Christus praesens, wobei das Kerygma im Modus der *Anrede* das neue Seins- und Existenzverständnis *selbst* vermittelt.

[255] Vgl. 4,18; 9,7f; Gal 3,29; Hebr 2,16; 11,18; Apk 12,17.

[256] Römer 4, 157.

[257] A.a.O.

[258] A.a.O. 153, vgl. 155; Heilsgeschichte, 29.

[259] χωρὶς ἔργων νόμου ist streng adversativ und damit exklusiv gemeint, wie besonders die eine andere Möglichkeit ausschließende Formulierung in Gal 2,16 (ἐὰν μή) beweist, s. auch 2,19f. Der Ton liegt auf dem Gegensatz von νόμος und πίστις (vgl. Röm 3,21f; Gal 2,21; 3,11; 5,4; Phil 3,9 u.ö.), A. v. DÜLMEN, a.a.O. 23; R. LIEBERS, Gesetz, 47–49. Gottes δικαιοσύνη wird *ohne* und *abseits* vom νόμος dem Glaubenden zuteil. Entsprechend beziehen sich die ἔργα (νόμου) nicht auf einzelne Taten oder Werke des Gesetzes, sondern immer auf den Toragehorsam im umfassenden Sinn, vgl. neben Gal 2,16 noch Röm 3,20.27f; 4,2.6; 9,12.32; 11,6; Gal 3,2.5.10.

[260] Vgl. die diesem Gedanken korrespondierende christologisch-soteriologische Aussage in 5,6.9.

[261] L. GOPPELT, a.a.O. 227; W. KLAIBER, a.a.O. 156f.

[262] Vgl. A. GUERRA, Theology, 265.269.

[263] G. SCHRENK, ThWNT II 210. Nach Phil 3,9 gilt dies generell für alle πιστεύοντες, vgl.

formuliert Paulus in 4,11f.16 indikativisch. Abrahams Vaterschaft ist keine jeweils im Glauben zu aktualisierende Möglichkeit. Vielmehr liegt aller Nachdruck darauf, daß Abraham durch die *iustificatio* als einem kreatorischen Akt göttlicher Gnade (4,3f)[264] *unser* Vater *ist*, was 4,23f auf eigene Weise unterstreicht. Das aus der Sicht der Schrift in dem μέλλει liegende *futurische* Moment (vgl. Gal 3,23) bezieht sich auf die *heutigen* πιστεύοντες, d.h. auf die der paulinischen Gegenwart. Die Abraham sola gratia geschenkte Gerechtigkeit hat Gott in und vor aller Öffentlichkeit offenbar werden lassen (3,21)[265] in dem geschichtlich unwiederholbaren, nur eschatologisch zu qualifizierenden Christusgeschehen, konkret in Kreuzestod und Auferweckung Jesu Christi (3,24–26; 4,24f)[266]. Von dieser χωρὶς νόμου, positiv gesagt, διὰ (τῆς) πίστεως[267] offenbarten δικαιοσύνη heißt es aber: μαρτυρουμένη ὑπὸ τοῦ νόμου καὶ τῶν προφητῶν (3,21, vgl. 1,2[268]; Gal 3,8), d.h. von der Schrift[269]. Abraham ist das in ihr bezeugte Exempel, damit gleichsam der »Prototyp« der eschatologischen Offenbarung und universellen Geltung göttlicher Rechtfertigung sola gratia per fidem in Jesus Christus. Pointiert formuliert, Abraham ist das »präexistente Glied der Ekklesia«[270].

Wie Paulus trotz der sachlichen Übereinstimmung des Glaubens die Situation Abrahams von der Zeit der Offenbarung der Glaubensgerechtigkeit in Jesus Christus als dem πλήρωμα χρόνου (Gal 4,4), dem καιρὸς εὐπρόσδεκτος und der ἡμέρα σωτηρίας (IIKor 6,2, vgl. Röm 3,26a) in charakteristischer Weise abhebt, zeigen 4,17b und 4,24b. Wird Gott dort als der ζωοποιῶν τοὺς νεκρούς prädiziert[271], wird er post Chri-

---

Röm 4,11.13; 9,30; 10,6, da jeder πιστεύων von Hause aus ein ψεύστης ist (Röm 1,25; 3,4 [zit. Ps 115,2LXX], vgl. Ps 78,36f). S. auch H. LJUNGMAN, PISTIS, 13.17; P. STUHLMACHER, Gerechtigkeit, 82.

[264] Vgl. 1,17; 3,21f; 5,17; 10,3; IIKor 5,21.

[265] Das Perfekt πεφανέρωται (Passivum divinum) ist eine resultative Aktionsart. Es bezeichnet einen nach abgeschlossener Handlung bestehen bleibenden Zustand, BDR § 318,4. Im Anschluß an J. A. BENGEL bezieht O. HOFIUS das Verb auf die im verkündigten Evangelium ergehende Offenbarung, Wort, 150 mit Anm. 10. Daß aber der *Erweis* von Gottes Gerechtigkeit im Tod Jesu Christi (3,25b.26a) und ihre *Offenbarung* im Evangelium (1,16f) als die beiden Aspekte der *einen* δικαιοσύνη θεοῦ zu betrachten sind, betont O. HOFIUS ausdrücklich.

[266] Vgl. 6,4f; 8,34; 14,9; IKor 15,3b.4; IIKor 5,15; Gal 1,1–4; IThess 4,14; 5,10 sowie Röm 5,16f.18f.21.

[267] 3,22.25.30 (vgl. v.31); Gal 2,16; 3,14.26; Phil 3,9. Dieser Wendung entspricht der Ausdruck ἐκ πίστεως Röm 1,17; 3,30; 4,16; 5,1; 9,30.32; 10,6; Gal 2,16; 3,8.11.22.24, wie an Röm 3,20 und Gal 2,16 zu erkennen ist. Vgl. auch Röm 3,28; 4,5.9.11f.13f. Zu den damit verbundenen Einzelfragen s. K. KERTELGE, a.a.O. 170–178.

[268] Der Relativsatz ist eine Näherbestimmung des εὐαγγέλιον θεοῦ von 1,1.

[269] Vgl. Gal 3,10; 5,3.14; Phil 3,9, ferner Mt 5,17; 7,12; 22,40; Lk 16,16; 24,44; Joh 1,45; Act 13,15; 24,14; 28,23; Jak 2,10. Zu dieser in der Schrift bezeugten *Sache* vgl. bes. H. GRAF REVENTLOV, Rechtfertigung, 37–102; W. H. SCHMIDT, a.a.O. 157–168.

[270] F. NEUGEBAUER, In Christus, 168.

[271] Vgl. Dtn 32,39; IReg 2,6; Hi 5,11; Ps 112,7[LXX]; Sir 48,5 (dort auf Elia bezogen);

stum bekannt als ὁ ἐγείρας Ἰησοῦν τὸν κύριον ἡμῶν ἐκ νεκρῶν [272]. Die Differenz in der Gottesprädikation negiert nicht die Selbigkeit des als ὁ ζωοποιῶν *und* als ὁ ἐγείρας handelnden göttlichen Subjekts. Vielmehr unterstreicht die unterschiedliche Terminologie, bei aller Parallelität des πιστεύειν, eine die beiden Zeiten kennzeichnende differentia specifica: ihre Abfolge von *Verheißung* und universal-eschatologischer *Verwirklichung* der Gottesgerechtigkeit[273]. Dies ist bei aller Identität des Glaubens Abrahams und des Glaubens der Christen[274] festzuhalten.

Daß Gott seine Gerechtigkeit allein dem Glaubenden zuspricht, betonen auch die Verse 3,21f. Sie knüpfen über 1,18–3,20 hinweg an die Aussage von 1,16f an und nehmen sie erneut auf. Zudem entspricht μαρτυρουμένη ὑπὸ τοῦ νόμου καὶ τῶν προφητῶν (3,21b) der Explikation des εὐαγγέλιον θεοῦ (1,1) in 1,2 (ὃ προεπηγγείλατο διὰ τῶν προφητῶν αὐτοῦ ἐν γραφαῖς ἁγίαις). 3,21f wiederholt also das Thema des Briefes (1,16f), um zugleich an die Übereinstimmung des Evangeliums mit dem in der Schrift bekundeten Heilswillen Gottes zu erinnern. Dem Nachweis dieses Sachverhaltes dienen die Ausführungen in Kap. 4.

Auf der Basis dieser Übereinstimmung gewinnt der Neueinsatz in 3,21 sein besonderes Profil. Mit der Mehrzahl der Ausleger[275] ist daran festzuhalten, daß dem νυνὶ δέ[276] neben dem *temporalen* Aspekt[277] vor allem ein *sachlogisches* Moment innewohnt. Es markiert die eschatologische »Äonenwende«[278], die mit der in 3,21f proklamierten und in 3,24–26 inhaltlich begründeten δικαιοσύνη stattgefunden hat. Die in Christi Tod und Auferweckung *erwiesene* (ἔνδειξις, 3,25f) und in der Verkündigung des Evangeliums *offenbarte* Gerechtigkeit Gottes als Glaubensgerechtigkeit ist die soteriologische Wende in der Zeit (IKor 1,30; IIKor 5,21, vgl. Gal 1,16). Daß sie jedoch keinerlei »Vorgeschichte« habe und absoluter Anfang sei[279], trifft nicht zu. Ebensowenig darf man die Wahl des Verbs μαρτυρεῖν (3,21) dahingehend interpretieren, als wolle Paulus mit ihm einem Mißverständnis der Schrift als

---

Sch^emone Esre (paläst. Rez.) 2. Benediktion; JosAs 20,7; IIMakk 7,22f; Joh 5,21; IClem 59,3, vgl. Apuleius, Met. XI 16,2.

[272] Vgl. Röm 8,11; IIKor 1,9; 4,14; Gal 1,1, ferner Röm 10,9. Man kann geradezu von einem christlich geprägten Gottesnamen sprechen, E. GRÄSSER, Gottesverständnis, 246f.

[273] Vgl. D.-A. KOCH, a.a.O. 307f.

[274] Hierzu A. T. HANSON, Studies, 66; E. KÄSEMANN, Glaube, 172f.

[275] Vgl. nur U. WILCKENS I, 184f.

[276] Vgl. 3,26; 5,9–11; 6,22; 7,5f; 11,30f; 13,11; IKor 6,9–11; IIKor 5,16f; 6,2; Gal 4,8f; Eph 5,8; Kol 1,21f; 3,7f; IPetr 2,10.25; JosAs 12,5.13; 13,6.11; MRuth 1,19 u.ö. Dazu Bill I, 568, und P. TACHAU, Einst, bes. 80–88.

[277] 3,26. Vgl. C. E. B. CRANFIELD, 201; M. WOLTER, Rechtfertigung, 13, und die dort Genannten.

[278] D. LÜHRMANN, Offenbarungsverständnis, 149, vgl. G. BORNKAMM, Offenbarung, 10.

[279] G. KLEIN, Römer 4, 146 (hier gegen O. MICHEL, 90 [= 148, 14. Aufl.]). Dementsprechend muß er das im Evangelium selbst enthaltene Zeugnis der Schrift herunterspielen, a.a.O. 146f.

Offenbarung wehren[280]. Gewiß ist für den Apostel eine Konkurrenz zwischen der Gerechtigkeit aufgrund der ἔργα (νόμου) und der ἐκ (διά) πίστεως ein für allemal eschatologisch, d.h. christologisch, überholt. Durch den »Erweis seiner (sc. Gottes) Gerechtigkeit« (3,26) im Sühnetod Jesu Christi erweist sie sich als obsolet. Dennoch bezeugen bereits ὁ νόμος καὶ οἱ προφῆται, daß die im Evangelium wirkmächtig zugesprochene und im Glauben zugeeignete *iustificatio impii* keine andere ist als die in den γραφαὶ ἅγιαι (1,2) verheißene, in ihnen im voraus verkündigte (1,2; 3,12; Gal 3,8) Gottesgerechtigkeit[281].

Eben dies legt Paulus in Röm 4 am Beispiel Abrahams dar. Insofern fungiert 3,21b in der Tat als »ein verkürzter Schriftbeweis …, der denjenigen von Kap. 4 in nuce vorwegnimmt«[282]. Nur braucht dazu der geschichtliche Ablauf zwischen Abraham und der Zeit des Evangeliums nicht thematisiert zu werden. Denn Paulus geht es um die »Ausarbeitung der sachlichen Priorität des Glaubens«[283], dem zuallererst die Verheißung gilt. Daß es freilich *derselbe* Glaube, damit *dieselbe* iustificatio impii ist, von der auch in der Schrift geredet wird, stellt neben Röm 1,1f (εὐαγγέλιον … προεπηγγείλατο) und Gal 3,8 (ὅτι ἐκ πίστεως δικαιοῖ … ὁ θεός, προευηγγελίσατο τῷ ᾽Αβραάμ) IKor 10,4 fest, setzt Paulus doch hier die Gegenwart des präexistenten Christus in Israel voraus. M.a.W., indem die Rechtfertigung vom Glauben her als das der Verheißung gemäße, ja in ihr schon bezeugte eschatologische Handeln Gottes erfahren und in der Verkündigung des Evangeliums als Gottes Gerechtigkeit im Vollzug christologisch begründet wird, weist sie auf die ἐπαγγελία zurück und auf die Heilszuversicht weckende, rettende δύναμις des Evangeliums voraus[284]. Als Wort (ῥῆμα Χριστοῦ, 10,17) des zur Parusie erscheinenden Christus wird es auch den Unglauben Israels überwinden (11,26f)[285].

---

[280] D. LÜHRMANN, a.a.O. 150, vgl. auch 80–82. Ähnlich H. THYEN, Studien, 168f.

[281] Die damit natürlich nicht zu einem »in der Vergangenheit vorliegende(n) ›objektive(n)‹ Heilsfaktum« wird, wie H. THYEN zu Recht betont, a.a.O. 169. Wohl aber findet in Gottes vergangenem wie gegenwärtigem rechtfertigenden Handeln und also in seiner gnädigen Zuwendung dem Gottlosen gegenüber seine unverbrüchliche Verheißungstreue ihren adäquaten Ausdruck.

[282] M. WOLTER, a.a.O. 25.

[283] U. LUZ, a.a.O. 182.

[284] Vgl. 1,17; 2,7; 5,9f.17.21; 6,22; 8,13; 10,5; 11,15; IIKor 2,16; 5,4; Gal 3,11f.21; 6,8; IThess 1,10; 5,10.

[285] Vgl. auch U. LUZ, Bemerkungen, 206f. »Paulus spricht … in der Tat von einer bleibenden Erwählung Israels, aber nicht in einem linearen Sinne an Christus vorbei, sondern in einem paradoxen Sinne und entgegen aller menschlich-christlichen Erwartung *durch* Christus«, 206 (Kursivierung von mir).

5.1.5 Die Integration der Rechtfertigung in die Verheißung

Bereits oben kamen die Stimmen zu Wort[286], die bei der Ursachenforschung für den Holocaust eine mal mehr, mal weniger offen zutage tretende antijüdische Grundstruktur in der christlichen Überlieferung namhaft machen. Spätestens der Judenmord habe jedem vor Augen geführt, um welchen Preis die Kirche sich im Laufe ihrer Geschichte von Israel entfernt habe. Durch ihr bereits in der Frühzeit propagiertes Selbstverständnis als das wahre Gottesvolk habe sie nicht nur Israels Ehrentitel usurpiert, sondern sich widerrechtlich an dessen Stelle gesetzt. Nach allem, was geschehen sei, müsse die bisher vorherrschende Verhältnisbestimmung von Ekklesia und Synagoge radikal hinterfragt werden. Denn das mit einem guten dogmatischen Gewissen abgesicherte »Unberührtsein« von den nationalsozialistischen »Vernichtungsaktionen« sei die späte Frucht einer schon in der ältesten Zeit der Kirche beginnenden »Desensibilisierung« gegenüber dem »lebendigen Gottesvolk«[287], wie ein keineswegs singulärer Vorwurf lautet. Daß er nicht völlig grundlos erhoben wird, lehrt ein nur flüchtiger Blick auf die Geschichte der Alten Kirche. Von seltenen Ausnahmen abgesehen galten ihr die Juden als »testes iniquitatis suae et veritatis nostrae«, wie Augustin[288] stellvertretend für andere formuliert[289].

Die Kritik hat nicht zuletzt die aufgrund ihrer Wirkungsgeschichte in reformatorischer und nachreformatorischer Zeit dominierende Rolle der Rechtfertigungslehre im Visier. Da sie – zumindest in der protestantischen Tradition – von nicht wenigen als *der* zentrale Wegweiser zum Verständnis der paulinischen Theologie[290], ja als die sachkritische Mitte des Neuen Testaments schlechthin angesehen wird[291], wundert es nicht, daß die primär an der Rechtfertigungslehre orientierte Geschichte der Paulusinterpretation unter Ideologieverdacht gerät. An sie richtet sich die Frage, ob nicht auch sie zu den geistesgeschichtlichen Wurzeln gehört, die den Holocaust herbeigeführt haben[292]. Von M. Luther und J. Calvin bis in die Gegenwart hinein durchziehe sich wie ein roter Faden, so B. KLAPPERT, die Individualisierung der ur-

---

[286] Vgl. die Abschnitte 3.2 und 3.3.

[287] CH. BARTSCH, Frühkatholizismus, XXXVII. Daraus folgert er, »das überkommene, herrschende Christentum (habe), unbeschadet aller Differenzierungen im einzelnen, einen mörderischen Charakter«. Ein solch apodiktisches Urteil beendet das Gespräch, noch bevor es begonnen hat.

[288] Enarrationes in Psalmos 58,1,22 (CCL 39,744).

[289] Ich verweise auf die im Ergebnis weithin übereinstimmenden Darstellungen bei B. BLUMENKRANZ, a.a.O. 84–101.133f; B. KÖTTING, Entwicklung, 136–174; H. SCHRECKENBERG, Adversos-Judaeos-Texte, bes. 179–362; J. NIEWIADOMSKI, a.a.O. 13–31.

[290] Vgl. nur R. Y. K. FUNG, Status, 4–11.

[291] J.REUMANN, a.a.O. 181–191.

[292] K. HAACKER, Elemente, 404.

sprünglich Israel zugesprochenen Erwählung im Akt der Rechtfertigung. Dadurch verlöre aber die in solenner Weise in Röm 9–11 thematisierte »konkrete Erwählung des Volkes Israel« ihr entscheidendes Proprium[293]. Selbst dort, wo die in der Rechtfertigung sich vollziehende Erwählung nicht bloß auf Individuen beschränkt, sondern schöpfungstheologisch universalisiert werde, werde dennoch die »Erwählung des Volkes Israel« der »kosmisch und weltweit orientierte(n) Rechtfertigung« dienstbar gemacht. Im Ergebnis beseitige auch die von E. KÄSEMANN erweiterte Subjekt – Objekt Relation im Rechtfertigungsgeschehen »das Besondere der Erwählungsverheißung an Israel«. Denn sie ordne die Verheißung »in die generellen Koordinaten von Welt und Mensch« ein und beraube sie so ihres eigenen Charakters[294]. Deshalb lautet die Gegenthese: »Die Erwählung Israels und die Verheißung Gottes für Israel ist Israels Stellung zum Evangelium«, d.h. der im Evangelium geoffenbarten Gerechtigkeit Gottes ἐκ πίστεως εἰς πίστιν (Röm 1,17), »übergeordnet«[295]. In gleicher Weise äußern sich M. BARTH[296], K. STENDAHL[297], F.-W. MARQUARDT[298], P. v. d. OSTEN-SACKEN[299], E. STEGEMANN[300] und andere[301], wenngleich mit Modifikationen im einzelnen[302].

Diese genaue Umkehrung der Verhältnisbestimmung von Kirche und Israel bedeutet in christologischer, soteriologischer und in ekklesiologischer Hinsicht einen Paradigmenwechsel. Denn sie akzentuiert ihrerseits den Primat der *promissio*, indem sie die Rechtfertigung der Erwählung Israels und der Verheißung Gottes an sein Volk subsumiert. Folgerichtig wird die im Christusgeschehen gründende Rechtfertigung der »Völkerwelt« als Integration der ἔθνη in die Verheißung interpretiert. Auf diese Weise bekommen sie Anteil an der Erwählung Israels[303]. Das bedeutet *christologisch*, daß nicht

---

[293] Traktat, 62.

[294] A.a.O. 63. Vgl. Erwählung, 368–410.

[295] Traktat, 64.

[296] Volk, bes. 48–102.

[297] Conscience, 78–96; Jude, passim.

[298] Römerbrief. Sein Fazit lautet: »Das Thema von Römer 9–11, die Judenfrage, ist, wenn nicht überhaupt auch das Thema, so doch ein Integral aller übrigen Erörterungen des Römerbriefes, besonders aber der Kapitel 1–8«, a.a.O. 3.

[299] Evangelium, 9–30; Verständnis, 159–196; Grundzüge, passim.

[300] Menschheit, passim.

[301] Vgl. G. EICHHOLZ, a.a.O. 215–264.284–301; F. MUSSNER, Traktat, bes. 11–87.212–241; J. G. GAGER, Origins, 193–264; L. GASTON, Believers, 116–134.225–230.

[302] Dazu T. TAKEDA, a.a.O. 137–175 (32–41, Anhang); H. HÜBNER, Paulusforschung, 2721–2725; J. PLEVNIK, a.a.O. 461f.470.

[303] Vgl. M. BARTH, a.a.O. 62; F. MUSSNER, a.a.O. 69f; B. KLAPPERT, Traktat, 65.82.92; W. LIEBSTER, Tradition, 180–182, sowie These 4 des Rheinischen Synodalbeschlusses. Der Anfrage G. BAUMBACHS, ob nicht diese Inkorporationsthese die in Gal 4,21–31 beschriebene irdische »Spannung zwischen der zweigeteilten Abrahamsnachkommenschaft« außer acht läßt, Schriftbenutzung, 422, entzieht sich K. HAACKER dadurch, indem er diese

mehr das Evangelium von Jesus Christus alleiniger Wirkgrund und Inhalt menschlicher Heilshoffnung ist. Es heißt *soteriologisch*, daß *neben* dem Glauben an Christus »sowohl die jüdische Treue zur Tora als auch die messianische Erwartung der Juden als eigenständige und unersetzbare Variante des biblischen Erlösungsparadigmas« zu gelten haben[304]. Und schließlich folgt daraus *ekklesiologisch*, daß die Zugehörigkeit zur Heilsgemeinde Gottes nicht mehr exklusiv an die πίστις Χριστοῦ (Gal 2,16c; Phil 3,9)[305] gebunden ist.

Die Beweggründe und Absichten sind offenkundig. Sie stehen im Dienst einer »theologische(n) ›Wiedergutmachung‹«[306] christlichen Unrechts an Israel. Darüber hinaus aber will die ausdrücklich als *Gegenthese* formulierte Umkehrung ein nach dem »ungeheure(n) Leidensweg von Unverständnis und Gewalt gegenüber dem jüdischen Volk« unabdingbares »Kriterium neutestamentlicher Sachaussagen über die Juden« sein[307]. Mit dieser Forderung ist nicht nur Einspruch gegen die Dominanz einer Auslegungstradition eingelegt, der die Rechtfertigungslehre als Mitte und Norm paulinischer wie neutestamentlicher Theologie gilt. Sie enthält vielmehr ein fundamental-theologisches Programm, dessen hermeneutische Basis mit dem Kürzel *»Theologie nach Auschwitz«* zu umschreiben ist.

5.1.5.1 Vorgaben und Voraussetzungen

Das zu dieser neuen Gesamtschau führende Paulusverständnis stützt sich im wesentlichen auf eine dreifache Vorgabe.

1. In seiner konzentrierten Form stellt es sich als ein Extrakt der sog. Israelkapitel des Röm dar (Kap. 9–11). Sie bilden mit ihrer Rahmung in 9,1–5 und 11,33–36 eine inhaltliche Einheit[308]. Innerhalb dieses Gefüges wird dem

---

Passage als eine »merkwürdige« Paulusexegese wertet und sie in die Nähe des heidnischen Antijudaismus rückt, a.a.O. 412–414.

[304] E. STEGEMANN, Schwierigkeit, 173, vgl. Nähe, 121. Einen ähnlichen Gedanken scheint H. RÄISÄNEN zu verfolgen, wenn er davor warnt, die »eigene christozentrische Tradition zu verabsolutieren«, und gleichzeitig »eine Art Zwei-Bünde-Theologie (ein Bund für die Juden, ein anderer für die Christen)« in Erwägung zieht, Freiheit, 65.

[305] Vgl. Röm 3,22.26; Gal 2,16a.20; 3,22; Phil 3,9. Es handelt sich hier m.E. immer um einen Genitivus objectivus, nie um einen Genitivus subjectivus, so vor allem G. HOWARD, Christ, 212–215; R. B. HAYS, Christology, 714–729. Für S. K. WILLIAMS, Again, 431–437, ist im subjektiven Verständnis das objektive Moment eingeschlossen, ähnlich wie er M. D. HOOKER, ΠΙΣΤΙΣ ΧΡΙΣΤΟΥ, 321–342, bes. 340–342, die deshalb die deutsche Übersetzung »Christusglauben« [Christ-faith] vorzieht. Gegen eine Interpretation im Sinne des subjektiven Verständnisses spricht jedoch eindeutig Gal 2,16, wo διὰ πίστεως Ἰησοῦ Χριστοῦ durch εἰς Χριστὸν Ἰησοῦν ἐπιστεύσαμεν wieder aufgenommen wird. Zur Sache vgl. zuletzt J.D.G. DUNN, Once More, 730–744.

[306] F. MUSSNER, a.a.O. 242.

[307] B. KLAPPERT, a.a.O. 58.

[308] W. G. KÜMMEL, Probleme, 246; E. JOHNSON, Function, 110–116.

Abschnitt 11,16–24 besondere Aufmerksamkeit entgegengebracht. Er ist mitsamt seinem weiteren Kontext der Eckpfeiler, auf den sich die beabsichtigte »Ent-Antijudaisierung des Evangeliums«[309] stützt. Nicht nur der Mangel an methodischer Transparenz wirft zahlreiche Fragen auf[310]. Viel grundsätzlicher ist Zweifel an der Selbstverständlichkeit anzumelden, mit der die seit geraumer Zeit in den Mittelpunkt des Interesses gerückten Kap. 9–11 mit dem Anspruch befrachtet werden, ihrerseits Leitlinie und Interpretationsschlüssel des *gesamten* Briefes, ja der paulinischen Theologie *schlechthin* zu sein. Zwar trifft es zu, daß Röm 9–11 konstitutiv zum Briefkorpus gehört[311] und nicht sekundär, wenngleich von Paulus selbst, eingefügt wurde[312]. Auch stellen die Kapitel weder einen Exkurs dar[313], noch sind sie ganz oder teilweise als Gegenrede eines »Anti-Paulus« auf das Konto einer späteren Redaktion zu buchen[314]. Richtig gesehen ist ferner der enge thematische und sprachliche Bezug zu Röm 1–8, insbesondere zu 3,1–8[315], so daß sich die Ausführungen in Röm 9–11 zum Teil als deren theologische Explikation verstehen lassen[316]. Nur ist mit diesen zutreffenden Feststellungen noch nicht über den hermeneutischen Stellenwert des Abschnitts entschieden, um den es doch gerade geht, so daß an ihm alle übrigen Aussagen des Apostels sach-

---

[309] E. Stegemann, Holocaust, 63.

[310] Vgl. oben Abschnitt 3.3.

[311] So die meisten Kommentatoren. Vgl. weiterhin J. Dupont, Structure, 365–397; U. Luz, Geschichtsverständnis, 19–22; W. G. Kümmel, a.a.O. 246–248.255–257; W. S. Campbell, Place, 121–131; B. Corley, Future, 48f; B. Noack, Backwater, 155–166 (zu den Verbindungslinien zwischen Kap. 8 und 9 bes. 158); J. C. Beker, Faithfulness, 10–16; J. D. G. Dunn, Analysis, 2867f.

[312] Ch. H. Dodd, 148–150; O. Kuss, 664f; F. Refoulé, Unité, 219–242; J. Kinoshita, Writings, 258–277. Vgl. W. Sanday-A. C.Headlam, 225; W. D. Davies, People, 345 Anm. 32.

[313] Gegen D. Zeller, Mission, 110. Genau umgekehrt erblickt B. Noack in der Nachfolge F. Chr. Baurs in Röm 9–11 das eigentliche, heilsgeschichtlich orientierte Zentrum der paulinischen Theologie, während die Kap. 1–8 sich als »backwater« apostolischer Apologetik zu erkennen gäben, a.a.O. 164f.

[314] So M. Widmann, Redaktor, 150–158. Er rechnet 9,6b-19; 9,30–10,21; 11,7–10 dazu. Als davon zu unterscheidende Glossen erwiesen sich 10,14f.17; 11,6. Dieser Beitrag belegt eindrucksvoll, mit welch schwacher Begründung das literarkritische Seziermesser immer noch geführt wird.

[315] 9,6a und 11,1a weisen unmittelbar auf 2,1–29 zurück und nehmen im Fortgang 3,1.3 auf. Vgl. weiterhin 9,30; 10,4.12; 11,32 mit 3,3.31 und den engen Konnex zwischen 2,28f; 4,13–16 und 9,7–13; 11,5–7. Zudem ist die Rückbindung von 11,30–32 an 1,18–3,20 und 5,12–21 offensichtlich, vgl. oben Anm. 112 und unten Anm. 467. Auch rhetorische Signale unterstreichen die Kohärenz der Kapitel: τί οὖν (ἐροῦμεν) (3,1.5; 4,1; 6,1.15; 7,7; 8,31; 9,14.30; 11,7), μὴ γένοιτο (3,6.31; 6,2.15; 7,7.13; 9,14; 11,1.11), οὐ γάρ (1,16; 2,13; 3,22; 7,15.19; 8,15; 9,6; 10,12; 11,25), ἄρα οὖν (5,18; 7,3.21.25; 8,1.12; 9,16.18; 10,17). Weiteres bei J.-N. Aletti, L'argumentation, 43; N. Elliott, a.a.O. 258–263.

[316] J. Dupont, a.a.O. 391f; W. Schmithals, Problem, 20–22; P. Richardson, a.a.O. 143; R. Scroggs, Rhetorician, 273.281; W. S. Campbell, Key, 22–40. Anders etwa Th. Zahn, 429.

kritisch zu messen wären. Wenn etwa P. v. d. OSTEN-SACKEN diese Kapitel zur Prüfinstanz für heutige christliche Theologie erklärt[317], stellt er damit zunächst nur eine zu beweisende Behauptung auf. Entschieden ist noch nicht, inwiefern die Erhebung dieser Passage zu einem »zentralen dogmatischen Kapitel«[318] sich mit den *übrigen* theologischen Erörterungen innerhalb des Briefganzen und des Corpus Paulinum verträgt, ohne daß vorschnell harmonisiert wird oder gleich das wirkungsgeschichtlich gewonnene Verdikt »antijüdisch« ertönt[319].

2. Exegetisch fußt die These, die Rechtfertigung sei ein der Erwählung Israels nachgeordnetes Moment von Gottes Heilshandeln, zu nicht geringem Teil auf einer bestimmten Interpretation der Verse 11,16b-18. Wie es bereits der Untertitel des Rheinischen Synodalbeschlusses als Motto ausdrückt, wird die ῥίζα, von der hier die Rede ist, mit Israel identifiziert[320]. Demzufolge seien mit dem ἀγριέλαις (v.17b.24) die Heiden gemeint. Entsprechend beziehe sich das Personalpronomen σύ (v.17b.18b) auf die Kirche. Nach dieser Erklärung drückt Paulus in metaphorischer Sprache aus, Israel sei und bleibe der Kirche als deren Wurzelgrund vorgeordnet. Die Kirche aus der Völkerwelt (ἔθνη) werde durch den Juden Jesus, den sie als den Messias bekenne, *sekundär* in den Gottesbund des erwählten Volkes hineingenommen[321]. Gegenüber dieser Deutung der Bild-Metaphorik sind aber begründete Zweifel angebracht[322]. Sie hängen nicht bloß mit der mehr oder minder großen Unsicherheit zusammen, alle Einzelheiten des Bildes eindeutig zu dechiffrieren. Die ῥίζα selbst wird man in keinem Fall auf das *empirische* Israel als Verheißungsträger beziehen dürfen.

Im Alten Testament wird Israel häufig als Pflanzung Gottes bezeichnet[323]. Jedoch ist schon hier eine semantische Differenzierung unverkennbar. Der Terminus »Pflan-

---

[317] Grundzüge, 36f; Schibboleth, 294–314. Vgl. F. MUSSNER, a.a.O. 64; L. STEIGER, Schutzrede, 45. Der EKD-Studie II gilt Röm 9–11 ebenfalls als »theologisch(e) ... Mitte« des *ganzen* Neuen Testaments, 53, vgl. 54f.

[318] E. GRÄSSER, Christen, 281.

[319] Vgl. oben Abschnitt 4.7.

[320] F. MUSSNER, Mitteilhaberin, 153–159; M. BARTH, Juden, 75.78; B. KLAPPERT, a.a.O. 82.92; F. HAHN, Verständnis, 225f; H. RÄISÄNEN, Analyse, 2914f (zugleich deutet er auch den Ölbaum auf Israel); H. THYEN, Juden, 696. In sich widersprüchlich ist U. WILCKENS II, 246f. Einerseits bezeichnet er *Israel* als die Wurzel (247), andererseits identifiziert er sie mit den Erzvätern bzw. ihrer Erwählung (246 mit Anm. 1102).

[321] Vgl. den programmatischen Aufsatz E. ZENGERS, Gottesbund, 99–114, bes. 108–111.

[322] Vgl. nur CHR. MAURER, ThWNT VI 989; D. ZELLER, 196f; U. LUZ, a.a.O. 276–279; K. H. RENGSTORF, Ölbaum-Gleichnis, bes. 138–140; E. STEGEMANN, Menschheit, 300f; N. WALTER, Interpretation, 180f; W. D. DAVIES, Suggestion, 156f; M. THEOBALD, Römer 9–11, 14 Anm. 54[21]; A. G. BAXTER/J. A. ZIESLER, Arboriculture, 25–32, bes. 27.

[323] Ex 15,17; Num 24,5f; IISam 7,10[IChr 17,9]; Ps 44,3; 80,9; Jes 5,7; 27,6; 60,21; 61,3; Jer 2,21; 11,16f; 12,2; 18,9; 24,6; 31,28; 32,41; 42,10; 45,4; Ez 17; Hos 14,6; Am 9,15. Vgl. Ps 52,8; 92,13; Jes 1,30; 6,13; 9,13.

zung« (מעט) wird nachexilisch auf die *Gerechten*, also auf einen Teil *in* Israel, beschränkt (Jes 60,21; 61,3). Die gleiche Differenzierung begegnet im Frühjudentum.
Gilt einerseits Israel als Ganzes als »Pflanze der Gerechtigkeit für immer und ewig«
(äthHen 93,5, vgl. Jub 16,26), wird andererseits betont, erst eine Umpflanzung (Jub
1,16) lasse »die erwählten Gerechten aus der ewigen Pflanze der Gerechtigkeit« (äth
Hen 93,10, vgl. 62,8; 84,6)[324], d.h. das eschatologische Gottesvolk, entstehen. Diese
enger gefaßte Bezugsgröße ist auch PsSal 12,3 und 14,3–5 gemeint. Das beweist die
Fortsetzung in 14,6. Dort werden die ἁμαρτωλοί und παράνομοι ausdrücklich aus der
Heilsgemeinde Israel ausgeschlossen[325]. Allein der Gemeinde der Frommen gilt die
Zusage ewigen Bestehens (Jub 21,24; 36,6; 1QS 8,5; 11,8f; 1QH 6,15; 8,6, vgl. CD
1,9–11). Vor allem aber wird zwischen der *Wurzel* und der aus ihr sprießenden *Pflanze*
deutlich unterschieden[326]. Die Wurzel ist *Abraham* (Jes 41,8; äthHen 93,5.8; Jub 16,26
[vgl. 16,14.17]; Philo, Her 279[327]), nicht jedoch Israel[328] in seiner Gesamtheit[329].

Auch kann das σύ keineswegs die Kirche *schlechthin* repräsentieren. Das ergibt sich schon aus der Verbindung σὺ δὲ ἀγριέλαιος ὤν (v.17b). Der *Wildling*
(vgl. v.24) ist nur der heidenchristliche Teil der sich aus den ἔθνη *und* dem
λεῖμμα κατ' ἐκλογὴν χάριτος (11,5, vgl. 9,6bβ.7f; 11,7) zusammensetzenden
eschatologischen Heilsgemeinde, dem σπέρμα Ἀβραάμ (4,13.16 [18]; 9,7f;
vgl. Gal 3,29). Die Verse 4,11f (vgl. v.16c) betonen ausdrücklich, daß Abraham der Vater von Juden- *und* Heidenchristen ist, die in ihrer *Gesamtheit*
(9,24) die κλητοὶ ἅγιοι (1,7, vgl. 1,6; Phil 1,1), d.h. nach IKor 1,2b die
ἐκκλησία, bilden[330]. Wiederum bestätigt sich der Grundsatz, alle Aussagen
von Röm 9–11 und den Duktus dieser Kapitel in den bisher von Paulus angebahnten brieflichen Gesamtrahmen einzufügen. Nur dadurch wird die Gefahr

---

[324] Vgl. Jub 7,34, wo das »Gepflanztwerden in Gerechtigkeit« an das *Tun* der Gerechtigkeit geknüpft wird.

[325] Vgl. 14,9; LibAnt 28,4; CD 1,5–8.

[326] ÄthHen 10,16; 93,2.5.8; 1QS 8,5; 11,8; 1QH 6,15; 7,10; 8,6, vgl. Hi 14,7–9; Jes
10,33; 11,10; 41,8f.

[327] In Jub 21,24 ist die Wurzel Isaak.

[328] Ebenso wie N. Walter deutet J.M.G. Volf, a.a.O. 186, die ῥίζα allgemein auf die
Patriarchen Israels. Undeutlich bleibt J.D.G. DUNN, Romans B, 662 (»spiritual heritage
which stems from Abraham through the Jews«). Indiskutabel ist m.E. der neuerliche Vorschlag A. T. HANSONs, die ῥίζα von 15,12 her auf Christus zu beziehen, a.a.O. 105–125, bes.
117.119.125. Daß die Heiden als *Proselyten* in den Ölbaum Israel eingepfropft werden, H.
RÄISÄNEN, a.a.O. 2915, ist in den Text hineingelesen.

[329] Merkwürdigerweise wird in diesem Zusammenhang die Teighebe (ἀπαρχή), die Paulus in v.16 als erstes Beispiel im Doppelgleichnis einführt (Num 15,18–21, vgl. Lev 23,17;
Dtn 26,1–11), so gut wie gar nicht beachtet. Aufgrund der formalen Parallelität zwischen
v.16a und v.16b und der von Paulus verfolgten Intention, vgl. 9,5; 11,28, ist eine identische
Interpretation am wahrscheinlichsten. Beide Deutungen stützen sich demnach. Zwar wird
die ἀπαρχή immer wieder auf die Judenchristen gedeutet, vgl. H. LIETZMANN, 104; C. E. B.
CRANFIELD, 564; J. C. BEKER, Apostle, 90. Doch ist dieser Gedanke bereits in 11,1b-5.7
(vgl. 9,27) deutlich ausgesprochen.

[330] Schon im ältesten Paulusbrief gilt der Anspruch des Evangeliums Juden und Hei-
den(christen) gleichermaßen. Im IThess ist die ἐκκλησία (1,1; 2,14) das durch Christi Tod

vermieden, einzelne Textsegmente zu verabsolutieren und den Kontext zu ignorieren.

3. Der Geschichte der frühchristlichen Evangeliumsverkündigung wird ein weiteres Argument entnommen. Ihr Verlauf dient als historisches Widerlager, um die Berechtigung des angezeigten Paradigmenwechsels innerhalb der paulinischen Theologie vom Primat der Rechtfertigungslehre zu dem der Partizipation »der Menschen aus der Völkerwelt ... an der Erwählung Israels«[331] flankierend zu unterstützen.

Die *iustificatio impii* könne deswegen nicht als *das* grundständige, das Denken des Apostels unverwechselbar prägende Thema gelten, weil sie einer geschichtlich-kontingenten Situation entspringe und nur auf deren Hintergrund angemessen zu verstehen sei. Den Schlüssel zur paulinischen Theologie habe man mit ihr nicht in der Hand[332]. Sie diene Paulus ausschließlich zur Legitimation seiner gesetzesfreien *Heiden*mission im aktuellen Konflikt mit christlichen Nomisten[333]. Der Apostel bestreite keineswegs den nach wie vor verpflichtenden Charakter der Tora für Israel. Das paulinische Interesse richte sich in erster Linie darauf, den heidnischen Konvertiten ihre im Christusglauben verankerte Freiheit von der Toraobservanz als schriftgemäß zu bestätigen und diese Position gegenüber jüdischer oder judenchristlicher Kritik zu verteidigen. Mit seiner Rechtfertigungslehre habe Paulus ein dieser konkreten Konfliktsituation adäquat Rechnung tragendes theologisches Denkgebäude entwikkelt, zu dem er freilich von außen genötigt worden sei. Denn sein an die Heidenwelt gerichtetes Evangelium habe in der Gefahr gestanden, durch nomistische Forderungen usurpiert und damit in sein Gegenteil verkehrt zu werden. Insofern entspringe die paulinische Rechtfertigungstheologie einer Art Systemzwang[334], der die in ihr enthaltenen polemischen Spitzen als »ein(en) Kampf mit einem *bestimmten* Judentum« plausibel mache, »das er selbst (sc. Paulus) einmal vorbildlich verkörpert hatte«[335]. Mit dem Niedergang dieses Judentums 70 n.Chr. erlahmten auch die Kräfte, die theologisch zu überwinden Sinn und Funktion der Rechtfertigungslehre gewesen sei. Entfalle aber durch die veränderte historische Situation der Zwang, das Evangelium rechtfertigungstheologisch zu formulieren, könne die *iustificatio impii* mit ihren polemisch-antijüdischen Spitzen *heute* nicht mehr länger als das Zentrum der paulinischen Theologie gelten. Sie erweise sich vielmehr als eine geschichtlich-kontingente Gestalt des

---

und Auferstehung (1,9f; 5,9f) ins Dasein gerufene eschatologische Gottesvolk. Es führt das altbundliche nicht einfach fort oder erweitert es, sondern stellt sich als eine qualitativ neue Größe dar (vgl. IIKor 5,17; Gal 6,15). In sie sind beide, Juden wie Heiden, auf gleiche Weise und gleichberechtigt berufen. Die Berufung geschieht durch die geistgewirkte Predigt des Evangeliums (IThess 1,5; 2,13), das im Leben des Gläubigen sichtbar Gestalt annehmen will (3,12; 4,1–8; 5,23). Vgl. oben Abschnitt 3.1 Anm. 29.

[331] B. Klappert, a.a.O. 92. Vgl. R. Badenas, a.a.O. 93f (»extension of Israel«); J. C. Beker, a.a.O. 332.

[332] K. Stendahl, Jude, 141.

[333] A.a.O. 141f; Conscience, bes. 80–86; J. G. Gager, a.a.O. 193–264; L. Gaston, Torah, 15–34; Enemies, 80–99; F. H. Agnew, Adversary, 548f. Vgl. auch G. Strecker, Evangelium, 205.208f; Rechtfertigung, 230–237; H. Räisänen, Law, 176f.229–269.

[334] E. P. Sanders, Judentum, 451–487.660–666.

[335] K. Haacker, Galaterbrief, 111, vgl. auch 107f.

Evangeliums, veranlaßt durch die konkrete apologetische Zielsetzung des Apostels im Kampf gegen judenchristliche Opponenten[336].

Einige Bemerkungen genügen, um die entscheidende Schwachstelle dieser dritten Vorgabe zu benennen. Paulus hat seinen Apostolat als Sendung zu den ἔθνη verstanden[337]. Diese Ausrichtung auf die nichtjüdische Völkerwelt gehört zu den konstitutiven Elementen seiner Berufung vor Damaskus[338], gleichviel, welche sonstigen Inhalte man immer mit ihr verbinden mag. Wie IIKor 11,24.26 zu entnehmen ist (vgl. Gal 2,3–5.11–14; Act 9,23–25; 13,45; 14,19; 18,6f.12f; 21,21.28), geriet Paulus mit seiner bald einsetzenden Missionsverkündigung, die ein neues Verhalten Heiden gegenüber einschloß, in den Verdacht, Gebote der Tora und halachische Vorschriften zu mißachten (vgl. IKor 8; 10,14ff auf dem Hintergrund von Mak 3,10). Den Einfluß der zunächst judenchristlichen, dann zunehmend heidenchristlich orientierten Gemeinden (Damaskus, Antiochien) auf Paulus wird man nicht gering veranschlagen dürfen[339]. Dies und sein von Anfang an enger Kontakt zu solchen Mitchristen[340], die bereits vor Paulus eine differenziert abgestufte Distanz zu Tora und halachischen Vorschriften auch nach außen hin zu erkennen gaben[341], machen es wahrscheinlich, daß der in der Rechtfertigungsbotschaft enthaltene gesetzeskritische Kern von Beginn an zum Grundbestand der paulinischen Verkündigung gehörte[342]. Dazu bedurfte es nicht erst der späteren, im IIKor, Gal und Phil dokumentierten Konflikte mit jüdischen oder judenchristlichen Kombattanten (vgl. auch IThess 2,15f), so gewiß diese Auseinandersetzungen zur Präzisierung und reflektierten Ausgestaltung des Evangeliums als Offenbarung der δικαιοσύνη θεοῦ beigetragen haben. Etwas anderes kommt hinzu. Die vor bzw. nebenpaulinischen Traditionsstücke Röm 3,25f; 4,25; 6,7; 8,29f; IKor 1,30; 6,11b; IIKor 5,21 sind durchwirkt mit Rechtfertigungsterminologie. Neben der geläufigen Annahme, mit ihr drücke Paulus einer schon geprägten Überlieferung seinen Stempel auf[343], ist auch zu erwägen, ob wir nicht schon bei ihrer Ausformulierung mit einem nen-

---

[336] Vgl. hierzu S. WESTERHOLM, Law, 65–69.81–86.93–101.216–218; R. P. MARTIN, Reconciliation, 32–37.237f.

[337] Gal 1,12.15f; vgl. Röm 1,5; 11,13; 15,15f; 16,25f; IKor 9,2; Gal 2,2.7–9; Act 9,15; 22,21; 26,17f.

[338] J. BECKER, Paulus, 74f. Daß die Universalität des Evangeliums bereits den ältesten Paulusbrief zentral bestimmt, hat zuletzt T. SÖDING noch einmal eindrücklich unterstrichen, Entwicklung, 194–196.

[339] Vgl. unten Abschnitt 6.4.1 und Exkurs V.

[340] Vgl. die durchweg mit Namen bzw. Personen verbundenen Berichte Act 6,5.8–14; 7,2–53; 8,1.4.26–40; 9,10ff; 11,19–26; 13,1; 21,8. Weiterhin ist an die späteren Mitarbeiter von Paulus zu denken.

[341] Zu den Gründen vgl. oben 33f.

[342] Vgl. unten Exkurs V.

[343] K. KERTELGE, a.a.O. 48–53.242–246.302.304; J. A. ZIESLER, Righteousness, 156–161; R. Y. K. FUNG, Justification, 246–261.

nenswerten paulinischen Anteil zu rechnen haben[344]. Jedenfalls muß *vorpaulinisch* nicht gleichbedeutend sein mit *nicht*paulinisch. Daher halte ich es auch aus diesem Grund für wenig plausibel, Paulus habe mit seiner in spezieller Weise rechtfertigungstheologisch formulierten Evangeliumsverkündigung auf nomistisch argumentierende Gegner reagiert[345].

Bei näherem Zusehen stehen alle drei Vorgaben auf wackeligem Fuß. Die erste ist hermeneutisch bedenklich, die zweite exegetisch unhaltbar, die dritte historisch fragwürdig. Weder einzeln noch zusammengenommen taugen sie als Stütze für die Behauptung, Paulus integriere die *iustificatio impii* in die allein Israel geltende *promissio* und ordne sie dieser unter. Sie wie auch ihr konzeptioneller Antipode mit seiner genauen Umkehrung der Verhältnisbestimmung von Rechtfertigung und Verheißung müssen sich kritisch daraufhin befragen lassen, ob sie nicht jeweils *einen* Aspekt der von Paulus festgehaltenen umfassenden Heilshoffnung für Christen und Juden auf Kosten des anderen suspendieren. Die kosmologisch-universal gedachte Rechtfertigung entgeht nicht der Gefahr, in der *promissio* nur ihre heilsgeschichtliche Variante zu sehen, so daß sie grundsätzlich auch ohne diese zu denken ist. Die programmatische Vorordnung der *promissio* erliegt dem Fehlurteil, die im Evangelium offenbarte δικαιοσύνη θεοῦ sei von dem *alleinigen* Ziel bestimmt, auch den *Heiden* Anteil an der Erwählung Israels zu gewähren. Hier wie dort wird zwar nicht die Spannung ignoriert, die zwischen der »unabdingbar individual-soteriologisch(en) Struktur des im Christusevangelium angesagten Heils« und der Heilszusage Gottes an Israel als ganzes besteht, wie »Paulus sie ... in der Tora als Verheißung eben jenes Gottes vorfindet«[346]. Sie wird jedoch einseitig aufgelöst, entweder zugunsten der *iustificatio* oder zugunsten der *promissio*.

---

[344] Vgl. unten 242f.

[345] So u.a. G. STRECKER, Rechtfertigung, 231.235–237; Evangelium, 205–209; S. SCHULZ, Paulus, 230f.236; H.-H. SCHADE, a.a.O. 49f.112f; U. SCHNELLE, Christusgegenwart, 92–103.217–223; Wandlungen, bes. 49–76. G. STRECKER trennt die Christusvision vor Damaskus von der Entstehung der Rechtfertigungslehre zeitlich und sachlich ab. Daß Paulus erst im Gal von der Gerechtigkeit bzw. dem Gerechtwerden aus Glauben spricht (vgl. 2,16; 3,6.8.24; 5,5), macht diesen Schluß jedoch keineswegs zwingend. Denn G. STRECKER identifiziert unter der Hand Begriffs- und Traditionsgeschichte, ohne in Rechnung zu stellen, daß die gemeinte Sache um einiges älter sein kann als ihre erste literarische Bezeugung. Aus dem Quellendunkel des vorliterarischen Paulus macht er so eine hermeneutische Tugend. Ein weiteres Problem besteht darin, daß G. STRECKER den IThess noch der paulinischen Frühphase zuordnet. Hingegen gilt ihm der Gal, obwohl er seiner Ansicht nach chronologisch auf den ältesten Paulusbrief folgt, als ein Zeugnis des späten Paulus. Eine tiefgreifende Zäsur im theologischen Denken des Apostels müßte sich demnach während des nicht allzu langen Zeitraums zwischen der Abfassung dieser beiden Briefe vollzogen haben. Zudem ist G. STRECKER gezwungen, die Konflikte, die sich hinter IIKor 11,24f.26.32f (vgl. Act 9,24f); IThess 2,15f verbergen, zu marginalisieren. Zum Gal vgl. in diesem Zusammenhang H. HÜBNER, TRE XII 8, zum IKor A. LINDEMANN, Eschatologie, 373–399.

[346] N. WALTER, a.a.O. 172.

Beide Ansätze sehen unbestreitbar Richtiges, verkennen zugleich aber Entscheidendes. Denn sie lassen eine Antwort darauf vermissen, wie Rechtfertigung und Verheißung so miteinander vermittelt werden können und aufeinander bezogen *bleiben*, daß die *promissio* weder zum verheißungsgeschichtlichen Appendix der *iustificatio* degradiert, noch die *iustificatio* zum soteriologischen Substrat der *promissio* für die nichtjüdische Völkerwelt herabgestuft wird. Dabei weist Paulus selbst den Weg, der zwar oft genug gesehen, aber im Blick auf unsere Fragestellung noch nicht wirklich beschritten wurde. Indem der Apostel die Selbigkeit und Identität eben jenes Gottes unterstreicht (Röm 3,30; IKor 8,4.6; Gal 3,20), der Israels Erwählung nicht revoziert, obwohl Gerechtigkeit nur im Hören auf das εὐαγγέλιον τοῦ Χριστοῦ[347] geschenkt wird, verankert er den Glauben an die künftige σωτηρία der *einen* Menschheit, Juden und Heiden, im Subjekt dieses Erlösungshandelns. Der Röm entfaltet diese Grundüberzeugung des Apostels in mehreren Gedankenschritten.

5.1.5.2 Gottes Verheißungen und Israels Unglaube

Trotz des harten und unverbundenen Neueinsatzes, der auf den hymnischen Abschluß von 8,39 mit dem emphatischen ἀλήθειαν λέγω ἐν Χριστῷ (9,1) folgt, schließt dieser bis 11,36 reichende Briefteil sachgemäß an das Vorhergehende an. 8,31–39 bilden mit 5,1–11 eine Inklusion. Gott hat in der Dahingabe seines Sohnes seine Liebe erwiesen ὑπὲρ ἡμῶν (5,8; 8,31.34). Gegen jede bedrohliche Macht (8,33–35.38f) ist sie das Unterpfand, das den δικαιωθέντες ἐκ πίστεως (5,1) den Sieg verbürgt (8,37.39b). Diese Gewißheit der ἐκλεκτοὶ θεοῦ (8,33a, vgl. 9,11; 11,5.7), zu denen er sich auch zählen darf (11,1b), führt Paulus zu der Frage, warum die Juden, die κατὰ δὲ τὴν ἐκλογὴν ἀγαπητοὶ διὰ τοὺς πατέρας (11,28b), in ihrer Mehrzahl dem Evangelium vom gekreuzigten und auferweckten Jesus Christus keinen Glauben schenken. Daran schließt sich die zweite an, ob solche Ablehnung (vgl. 10,18–21) von Gott mit der Annulierung seiner Verheißung (vgl. 9,6a) und dem Verstoßen seines Volkes (11,1f) beantwortet wird.

Von diesem Problemhorizont her erklärt sich die thematische Geschlossenheit von Röm 9–11[348]. Sie wird unterstrichen durch eine in den Paulusbriefen beispiellose Häufung alttestamentlicher Zitate und Anspielun-

---

[347] Röm 15,19; IKor 9,12; IIKor 2,12; 9,13; 10,14; Gal 1,7; Phil 1,27; IThess 3,2; vgl. Röm 1,3.9; IIKor 4,4.

[348] Dafür sprechen auch die paulinischen Hapaxlegomena ἀπωθεῖν (11,1f), πώρωσις (11,25), σκληρύνειν (9,18), ἐκλογή (9,11; 11,5.7.28) sowie die auffallende Häufung von ἔλεος (9,23; 11,31, vgl. 15,9; außerhalb des Röm nur Gal 6,16, bezeichnenderweise auch hier verbunden mit dem Stichwort Ἰσραήλ) und ἐλεεῖν (9,15.18; 11,30.31.32, vgl. 12,8; sonst nur IKor 7,25; IIKor 4,1; Phil 2,27). Das Verb πωροῦν begegnet bei Paulus nur Röm 11,7 und IIKor 3,14, auch hier auf die υἱοὶ Ἰσραήλ (3,13) bezogen.

gen[349]. Nach der Schlußdoxologie (11,33–36) erfolgt ein gleichfalls abrupter Übergang zu dem mit 12,1 beginnenden paränetischen Abschnitt (παρακαλῶ οὖν ὑμᾶς, ἀδελφοί). Lassen also der Inhalt wie die Einbettung in den brieflichen Kontext die herausgehobene Stellung der sog. Israelkapitel unschwer erkennen, weisen sie andererseits deutliche Bezüge zu dem vorhergehenden Teil auf[350]. Ebensowenig stehen sie gänzlich unverbunden neben den folgenden Kapiteln, vgl. nur 9,4f mit 15,8 und 11,16b-18 mit 15,12. Besonders auffällig ist die enge sprachliche und thematische Verwandtschaft mit 3,1–8. In 9,4f.6a.9 schlägt Paulus den Bogen zu 3,2.4 zurück. Das Stichwort ἄδικος von 3,5 kehrt, fragend auf Gott bezogen, in 9,14 wieder (ἀδικία). Seine Opposition δικαιοσύνη (3,5) ist das beherrschende Leitmotiv[351] der Folgerungen von 9,30–33[352], wobei in 10,5a.6a wie auch in 10,3 die δικαιοσύνη selbst dissoziierend gebraucht wird. Der Apostel stellt den λόγος τοῦ θεοῦ d.h. die in 9,4[5] aufgezählten χαρίσματα (11,29)[353], für Israel nicht zur Disposition, sondern setzt ihn nach wie vor als existent voraus (beachte das Tempus: εἰσίν).

Mit λόγος τοῦ θεοῦ umschreibt Paulus das Evangelium (IKor 14,36; IIKor 2,17; 4,2; IThess 2,13, vgl. IKor 2,4; Kol 1,25; IThess 1,8: ὁ λόγος τοῦ κυρίου), das seinem Ursprung und seiner Funktion nach näher qualifiziert werden kann. Es ist der λόγος τοῦ σταυροῦ (IKor 1,18), der λόγος τῆς καταλλαγῆς (IIKor 5,19), der λόγος ἀληθείας IIKor 6,7, vgl. Kol 1,5) und der λόγος ζωῆς (Phil 2,16). Im Unterschied dazu enthält der λόγος τοῦ θεοῦ in 9,6 (= ὁ λόγος οὗτος, 9,9) gleichsam abbreviaturhaft die in 9,4 genannten Bundeszusagen (αἱ διαθῆκαι)[354] und Heilsverheißungen

---

[349] Vgl. die Übersichten bei A. Maillot, Citations, 57f.60–71; H. Hübner, Gottes Ich, 149–160, ferner W. R. Stegner, Midrash, bes. 38–48; J. W. Aageson, Scripture, 265–289
[350] Vgl. oben Anm. 315.
[351] Vgl. auch 3,7 mit 9,23.
[352] Hierzu B. Corley, a.a.O. 46–50. Vgl. H. Ljungman, a.a.O. 80–86.
[353] Zu ihnen U. Luz, a.a.O. 270–273. A. Schlatter denkt im engeren Sinn an den Dekalog, a.a.O. 294f, P. Stuhlmacher an »das Bundesrecht in Gestalt der Gebote Gottes« (vgl. Dtn 33,9; Ps 18[LXX]; 106,11[LXX]), a.a.O. 85. E. Güttgemanns setzt ὁ λόγος τοῦ θεοῦ mit τὸ εὐαγγέλιον von 1,16a gleich, a.a.O. 40–42. Keine seiner Begründungen ist jedoch stichhaltig. Den deutlichen Bezug auf 3,2 muß er herunterspielen (»zwar irgendwie bezogen auf, aber nicht identisch mit τὰ λόγια τοῦ θεοῦ«) und die Identität mit 9,9 (ὁ λόγος οὗτος) verneinen, was jedoch aufgrund des zusammengezogenen Schriftzitats (Gen 18,10.14 [LXX]) nicht möglich ist. Denn es wird ja in v.9a betont als ἐπαγγελία charakterisiert, womit Paulus unzweideutig auf 9,4 zurückverweist. Zudem muß E. Güttgemanns das Ἰσραήλ in 9,6bβ auf das »eschatologische Israel«, d.h. die »Gemeinde der Glaubenden« aus Juden *und* Heiden, deuten, was dem Duktus der paulinischen Argumentation gerade nicht entspricht.
[354] Vgl. 11,27; IIKor 3,14; Gal 3,17; 4,24; Lk 1,72; Act 3,25; 7,8; Eph 2,12; Hebr 9,4.15; Apk 11,19 sowie Lev 26,42; Jer 31,33f; Ez 16,29; Sir 17,10; 24,22; 28,7; 39,8; 41,19; 42,2; 44,12.18.20.22; 45,5.17; PsSal 9,10f; IMakk 1,15.57.63; IIMakk 1,2.27; 4,10; 8,15; Weish 18,22; Jdt 9,13; Bar 2,25. Zur Sache s. Bill III, 262; C. Roetzel, Διαθῆκαι, 377–390 (er denkt näherhin an göttliche Gebote); F. Dreyfus, Le passé, 136f; B. Mayer, a.a.O. 169f; E. P. Sanders, Covenant, bes. 15–22.39–44; M. Rese, Vorzüge, 216; E. Grässer, Bund, 17–20. J. M. G. Volf bezieht diesen λόγος allgemein auf Gottes Erwählung, a.a.O. 163 Anm. 12.

(αἱ ἐπαγγελίαι)[355] Gottes. Sie sind den Vätern gegeben (vgl. 15,8)[356] und begründen Israels Gottessohnschaft (υἱοθεσία, 9,4)[357]. Aufgrund der von Paulus gewählten Konkretionen wird man kaum urteilen dürfen, der λόγος τοῦ θεοῦ in 9,6a sei »formalisiert« gebraucht[358].

Gegen die Deutung der in 9,4f aufgezählten Gnadenerweise Gottes an Israel als *bleibendes* Geschenk für sein Volk hat zuletzt P.-G. KLUMBIES Einspruch erhoben[359]. Zwar rüttle Paulus nicht daran, *daß* Gott Israel diese Vorzüge gewährt habe. Doch relativiere der Apostel deren »Heilsträchtigkeit« und »neutralisiere« sie, so daß sie als weiterhin gültige Heilsgaben nicht länger in Betracht kämen. P.-G. KLUMBIES wäre zuzustimmen, beendete der Apostel seine Erörterungen mit 11,10. Daß er es *nicht* tut, hängt einzig und allein mit der in der Schrift bezeugten Erwählung *ganz* Israels, nicht bloß eines Rests, und mit der dort ausgesprochenen Heilsverheißung an den *ganzen* λαὸς αὐτοῦ [sc. τοῦ θεοῦ] (11,1f; vgl. 9,7a) zusammen. Eben dies drücken die beiden Bildworte in 11,16 aus.

Angesichts der in 1,18ff entfalteten menschlichen und speziell in 2,1ff (vgl. 2,9.25–29; 3,1–7.9–20) illusionslos geschilderten jüdischen Wirklichkeit coram deo[360], werden diese λόγια freilich zur Anfrage an die weitere Gültigkeit von Gottes πίστις (3,3), seiner ἀλήθεια (3,4.7, vgl. 15,8), δικαιοσύνη (3,5) und seinen ἐπαγγελίαι[361]. Nimmt man das schroffe Fazit von 3,22b.23 hinzu, das sich bereits in 3,9b.19f ankündigt, erstaunt trotz der proleptischen Korrekturen des Apostels in 3,2–7, mit welcher Zuversicht Paulus 9,6a (vgl. 11,1.28f) vorträgt[362]. Zwar folgt in 9,6b.7 sogleich eine mit einem begrün-

---

[355] J. D. G. DUNN, Romans B, 539. Gerade weil Paulus hier allgemein von den ἐπαγγελίαι spricht im Unterschied zu 9,7ff, wo er an einzelne Verheißungen denkt, die an die Erzväter ergangen sind, wird man diese Auszeichnung Israels in der gleichen Weise verstehen müssen wie die διαθῆκαι, C. E. B. CRANFIELD, 464. Darin sind die Väterverheißungen natürlich eingeschlossen (Röm 4,13.20; 9,9; 15,8; Gal 3,16–18.29; 4,23.28). Auf keinen Fall will Paulus aber »die γραφή dem Besitzstand Israels« absprechen, nur weil sie in 9,4f nicht erwähnt wird, gegen G. KLEIN, Römer 4, 179.

[356] Gen 12,1–3.7; 13,14–17; 17,4–8; 18,18; 22,15–18; IIMakk 1,25; 8,15; Weish 18,22.

[357] Ex 4,22f; Dtn 14,2; 32,5f; Jes 30,1; 45,11; 63,16; 64,7; Jer 31,9.20; Ez 16,21; Hos 11,1; Jub 2,20; JosAs 8,9; 16,14; Av 3,15 u.ö. Vgl. H. HÜBNER, a.a.O. 15f.149; A. FEUILLET, Privilèges, 484f; J. PIPER, a.a.O. 16–18; J. M. SCOTT, a.a.O. 148f. O. HOFIUS, Israel, 178 Anm. 13, faßt den λόγος τοῦ θεοῦ enger und erblickt in ihm die in 4,13ff und Gal 3,6ff angeführte Verheißung an Abraham.

[358] D. ZELLER, 176.

[359] A.a.O. 138f.142. Ähnlich H. RÄISÄNEN, Analyse, 2896: Paulus spreche den Israeliten ihre in 9,4f konzedierten Privilegien in 9,6–13.22 wieder ab. Daher klinge »die feierliche Aufzählung der Vorzüge ... in 9,4f etwas hohl«.

[360] Zwar kommt Paulus erst ab 2,17 expressis verbis auf die Lage der Juden zu sprechen. Sie ist jedoch schon ab 2,1ff im Blick, N. WALTER, Zorn, 219. Vgl. unten Anm. 406.

[361] Vgl. 4,13f.16.20f; 9,4.8f; 15,8; IIKor 1,20; Gal 3,14.16–18.21f.29; 4,23.28.

[362] 9,6a ist der »fundamentale, alles tragende Satz« der Kap. 9–11, H. SCHLIER, 289. Vgl. U. WILCKENS II, 191; W. S. CAMPBELL, Freedom, 28; W. SCHMITHALS, 338 (v.6a zitiert einen synagogalen Einwurf); J. D. G. DUNN, a.a.O. 539. Trotz des unmittelbaren Bezugs auf 9,6–13 ist v.6b für G. KLEIN die »Leitthese« von Kap. 9–11, Präliminarien, 235. Damit würde aber der Gesamtkomplex faktisch auf 9,6–29 reduziert.

denden γάϱ angeschlossene, den Israel-Begriff ausdifferenzierende und ihn qualifizierende Näherbestimmung[363]. In 9,6bα bezeichnet οἱ ἐξ Ἰσϱαήλ unter *ethnischem* Aspekt die *Gesamtheit* des jüdischen Volkes[364] (vgl. 9,27a.b; 11,2.25f)[365]. Hingegen umfaßt das zweite Ἰσϱαήλ in 9,6bβ die τέϰνα τοῦ θεοῦ bzw. die τέϰνα τῆς ἐπαγγελίας (9,8), unter denen die *Heilsgemeinde* Israel zu verstehen ist[366]. Zur ihr gehören zunächst nur die *Juden*christen als »eine von *Gott* gesetzte und bewegte ... Wirklichkeit *in* Israel selbst«[367], nicht jedoch auch die *Heiden*christen[368], so daß eine ekklesiologische Interpretation von 9,6bβ nicht statthaft ist[369]. Das Ἰσϱαήλ von 9,6bβ ist identisch mit der ἐϰλογή in 11,7 (vgl. auch das ὑπόλειμμα in 9,27c und das λεῖμμα in 11,5). Doch liegt der Vordersatz v.6a ganz auf der Linie des bereits in 1,2– 4.16f; 3,1–8.21.28–30; 4,1–25 angebahnten und dann in Kap. 9–11 ausgeführten Gedankengangs. Er ist von dort her, d.h. von dem argumentativen Duktus des brieflichen Makrotextes her, zu interpretieren und zu erschließen.

5.1.5.3 Struktur und Gedankengang von Röm 3,1–8

Gemessen an der These von 1,18 und ihrer Durchführung bis 3,20 wirkt 3,1– 8 wie eine Unterbrechung[370]. Sie beantwortet die mit 2,29 aufgeworfene Frage, worin denn das πεϱισσὸν τοῦ Ἰουδαίου noch besteht, wenn das leibliche Judesein eine soteriologische Prävalenz nicht zu begründen vermag. Aufgrund dieses unmittelbaren Rückbezugs heißt unterbrechen jedoch nicht abschweifen oder einen »Nebengedanken ... erledigen«[371]. Auch dieser Abschnitt dient der Explikation des Briefthemas von 1,16f, das deutlich im Hintergrund steht[372]. Wollte Paulus nur sagen: alle Menschen, Juden wie Heiden, sind ihrer Sünde wegen unentschuldbar; auch die Beschneidung als Signum

---

[363] C. E. B. CRANFIELD, 471.473f; B. W. LONGENECKER, a.a.O. 96–98; J. W. AAGESON, Typology, bes. 54–56. Man sollte daher nicht von einer »Einschränkung« sprechen, J. WINKEL, Argumentationsanalyse, 68.

[364] Abwegig ist L. GASTONS Vorschlag, οἱ ἐξ Ἰσϱαήλ auf Heiden und jüdische Apostaten zu beziehen, Enemies, 94 und 218 mit Anm. 77. Er verwechselt schlicht ἐξ mit ἔξω.

[365] Vgl. E. DINKLER, a.a.O. 249 Anm. 19. Zum Sprachlichen s. Act 6,9; 11,2; Röm 4,12; Gal 2,12; Kol 4,11; Tit 1,10.

[366] O. HOFIUS, a.a.O. 179.

[367] M. THEOBALD, Röm 9–11, 7. Vgl. B. MAYER, a.a.O. 170f; P.-G. KLUMBIES, a.a.O. 143.

[368] So jetzt wieder J. M. G. VOLF, a.a.O. 163f.

[369] Ganz zutreffend G. EICHHOLZ, a.a.O. 291.293.

[370] J. JEREMIAS, Chiasmus, 288. M. THEOBALD spricht von einem Exkurs, Glaube, 292 Anm. 24. CH. H. DODD meint gar, »the argument of the epistle would go much better if this whole were omitted«, 46. Vgl. hingegen U. WILCKENS I, 161; W. SCHMITHALS, 103; J.D.G. DUNN, Romans A, 129f.

[371] So H. LIETZMANN, 45. Ähnlich O. KUSS, 59.99; H. SCHLIER, 97.

[372] U. LUZ, Aufbau, 167–169; F. VOUGA, Römer 1,18–3,20, 230. Es ist daher mindestens unscharf zu sagen, Paulus nehme erst mit 3,21ff »die These von der Rechtfertigung aus Glauben (1,16f) wieder auf«, W. POPKES, Aufbau, 490.

seiner Erwählung bewahrt den Juden nicht vor Gottes Verurteilung im Endgericht (2,12–16.25–29), hätte er mit dem in 3,10ff durch eine Kette von
Schriftbelegen massiv vorbereiteten und in 3,19f bündig formulierten Fazit
den in 1,18 begonnenen Abschnitt *vor* 3,1 resümieren können. Paulus tut dies
nicht. Er stellt sich vielmehr einem Einwand, der mit den Stichworten περιτομή und ὠφέλεια an 2,25 bzw. 2,25–29 anknüpft (vgl. 2,9f). 3,2 eröffnet eine
überraschende, angesichts der behaupteten eschatologischen Egalität von Juden und Heiden scheinbar aus dem Rahmen fallende Perspektive[373]. Diese
evoziert sogleich einen erneuten Vorhalt, der sich – auf der Basis des über den
Ἰουδαῖος Gesagten – als Frage kleidet, in Wahrheit aber eine These formuliert: die in der Schrift belegte und angesichts der Evangeliumsverkündigung offenkundige ἀπιστία der Mehrheit Israels setzt die Verheißungstreue
Gottes gegenüber seinem Volk mit eschatologischer Wirkung außer Kraft
(3,3).

Die zumeist alternativ geführte Diskussion, ob mit der ἀπιστία in 3,3 »die Untreue
und Bundbrüchigkeit der Juden« gemeint ist[374], oder ob mit ihr primär die Verweigerung des Glaubens an Christus in der Gegenwart beschrieben wird[375], fixiert eine
Scheinalternative. So gewiß Paulus als Kontrast zu den anvertrauten λόγια τοῦ θεοῦ
die in die Vergangenheit zurückreichende, vor allem in der prophetischen Umkehrpre-
digt (Hosea!) und deuteronomistischen Theologie bezeugte *geschichtliche* Dimension
von Israels ἀπιστία als der παράβασις τοῦ νόμου (2,23) vor Augen hat[376], so gewiß
charakterisiert ἀπιστία in besonderer Weise Israels Zurückweisen des Evangeliums
von Jesus Christus[377]. Dafür sprechen auch 11,20.23 sowie der ausschließlich als Gegensatz zum Christusglauben verwendete Oppositionsbegriff ἄπιστος (IKor 6,6;
7,12–15; 10,27; 14,22–24; IIKor 4,4; 6,14f). Als paulinisches Hapaxlegomenon ist
ἠπίστησαν (Röm 3,3) in diesem Sinn zu verstehen. Wer in Röm 1–3 das »jesuanische
Urteil vom verlorenen Israel« bei Paulus rezipiert findet[378], verwechselt den Apostel
mit seinem in 3,1ff zu Wort kommenden theologischen Widerpart. *Dieser* zieht die
Paulus unterstellte Konsequenz, wohingegen das Israel geltende πρῶτον und das
περισσὸν τοῦ Ἰουδαίου Paulus ein solches Fazit verbieten, wie gerade der Röm beweisen soll.

Wie sehr diese – von wem auch immer vorgetragene[379] – These samt allen ihr
korrespondierenden weiteren Einwänden ins Zentrum trifft, beweist der Fort-

---

[373] Vgl. D. R. HALL, Romans 3.1–8, 183; E. STEGEMANN, Menschheit, 122.

[374] P. STUHLMACHER, Gerechtigkeit, 85. So auch O. MICHEL, 138; E. KÄSEMANN, 73; H.
SCHLIER, 93; D. ZELLER, Mission, 113.

[375] H. MOXNES, a.a.O. 57 (vgl. aber 62); E. STEGEMANN, a.a.O. 124; CH. H. COSGROVE,
Occasion, 92.97; H. RÄISÄNEN, Verständnis, 189–191. Vermittelnd W. SANDAY-A. C. HEAD-
LAM, 71.

[376] Konkret wäre etwa an die Anklagen eines Natan (IISam 12,1ff), an Jesaja (5,1ff) und
Amos (Am 1f) zu denken, W. POPKES, a.a.O. 497.499.

[377] H.-W. SCHMIDT, 57; H.-J. v. d. MINDE, Schrift, 48; M. THEOBALD, Gnade, 136.

[378] J. BECKER, Geltung, 51.

[379] Gewöhnlich sieht man in 3,1.3 Paulus rhetorisch selbst gestaltend am Werk, während

gang in 3,4–8. Unbeschadet der zwischen v.4 und v.5 liegenden Zäsur[380] (erneute Gegenfrage nach dem begründenden doppelten Schriftzitat, Subjektswechsel [ὁ θεός, v.4/ἡ ἀδικία, v.5], Verschiebung der Perspektive durch den Wechsel in die 1.Pers.[381]), gehört der Textkomplex aufs engste zusammen[382]. Dafür spricht zunächst die durchgängige Stichwortverbindung: ἀληθής – ἀλήθεια (v.4.7), ψεύστης – ψεύσματι (v.4.7), δικαιωθῇς – δικαιοσύνη (v.4f), κρίνεσθαι – κρινεῖ – κρίνομαι – κρίμα (v.4.6.7f), ἀδικία – ἄδικος – ἔνδικος (v.5.8). Weiterhin nimmt der Einwand von v.5 das zweite Schriftzitat (Ps 50,6[LXX]) von v.4b auf und knüpft daran an, während sich v.7 und v.8a auf das erste (Ps 115,2[LXX]) beziehen. Zudem radikalisiert v.8 den bereits in v.7 verschärften Einwand von v.5 noch einmal[383]. Entscheidendes Indiz für die sachliche wie thematische Kohärenz dieser Verse ist schließlich eine Kette von Oppositionen. Sie legt den theologischen Zielpunkt der paulinischen Argumentation offen und ist in dreifacher Weise rhetorisch kunstvoll strukturiert (doppelter Chiasmus innerhalb eines synonymen Parallelismus, wobei die einzelnen Glieder sich einander antithetisch gegenüberstehen):

ἡ ἀπιστία αὐτῶν	τὴν πίστιν τοῦ θεοῦ (v.3) a
ὁ θεὸς ἀληθής	πᾶς δὲ ἄνθρωπος ψεύστης (v.4) b
ἡ ἀδικία ἡμῶν	θεοῦ δικαιοσύνην (v.5) a
ἡ ἀλήθεια τοῦ θεοῦ	ἐν τῷ ἐμῷ ψεύσματι (v.7) b

Paulus konterkariert die hinter 3,3b steckende These, Israels Unglaube hebe Gottes Verheißungstreue[384] auf und stelle damit seine »Integrität«[385] infrage.

---

die Einwände in 3,5.7f (vgl. 3,9) von jüdischer bzw. judenchristlicher Seite stammten. Oder man setzt sie in toto auf deren Konto, U. WILCKENS I, 160ff; W. POPKES, a.a.O. 494, will man nicht, wie jüngst D. R. HALL, a.a.O. 183–197, die ganze Passage als einen von Paulus verfaßten fiktiven Dialog verstehen. Jedesmal geht man ab v.5 von einem Themenwechsel aus. Der reale oder fingierte Gegner mahne hier die fatalen Konsequenzen an, die sich für ihn aus der paulinischen Rechtfertigungsbotschaft ergäben. Um sie geht es jedoch schon ab 3,1, was die auf 2,25 rückverweisende Vokabel περιτομή anzeigt. E. STEGEMANN vermutet Heidenchristen als Adressaten von 3,1–4, a.a.O. 123. Mit 3,5 ändere sich die Front, verursacht durch antipaulinische Polemik jüdischer bzw. judenchristlicher Provenienz. Doch legt es die sprachlich-rhetorische Gestaltung des gesamten Abschnitts 3,1–8 m.E. nahe, daß Paulus hier ihm bekannte, also reale, oder aber nach den bisherigen Darlegungen zu erwartende Gegenargumente aufgreift, um sie im Blick auf bereits Gesagtes und später noch zu Erläuterndes zu entkräften.

[380] Zur Gliederung vgl. neben den Kommentaren J. JEREMIAS, Gedankenführung, 269f; M. THEOBALD, a.a.O. 133–138; F. WATSON, a.a.O. 124–128.

[381] Es ist zu erwägen, ob der Plural ἡμῶν in v.5a durch das formelhafte τί ἐροῦμεν (vgl. 4,1; 6,1; 7,7; 8,31; 9,14.30, ferner IKor 10,19) bedingt ist. In v.5c.7 steht, korrespondierend zu v.4b, der Singular. Der Plural in v.8 ist wegen der τινές gefordert.

[382] C. K. BARRETT, 61–65; M.-J. LAGRANGE, 60f; M. BLACK, 61; W. S. CAMPBELL, Key, 33.

[383] Diese enge Beziehung zum Vorhergehenden beachtet G. LÜDEMANN nicht, Heidenapostel II, 159, und isoliert darum v.8 im Gesamtgefüge.

[384] Vgl. 4,14. καταργήσει ist ein logisches Futur.

[385] R. B. HAYS, Logic, 109.

Zwar kommt er der gegnerischen Behauptung soweit entgegen, daß Israels
ἀπιστία[386] tatsächlich zu einer theologischen Einsicht verhilft. Jedoch ist sie
ausschließlich von Gott selbst her zu gewinnen. Insofern indizieren das kate-
gorische μὴ γένοιτο, das auch sonst – abgesehen von Gal 6,14 – einer sich
anschließenden Bekräftigung vorangestellt ist[387], und der zweifache Schriftbeweis (Ps 116,11; 51,6) die genaue Umkehr des vermeintlichen, in 3,3b angelegten Fazits. Mehr noch, gerade in dem der Erwählung gegenüber
kontrafaktischen Verhalten der Juden wird exemplarisch offenbar, als was
jeder Mensch (πᾶς δὲ ἄνθρωπος) vor dem allein wahrhaftigen Gott (θεὸς
ἀληθής) dasteht: als ein Lügner (v.4). Ebensowenig wie der Heide vermag
der Jude aus der »Solidarität der Sünder«[388] auszuscheren. Darum kontrastiert Paulus im folgenden scharf *unsere* ἀδικία mit *Gottes* δικαιοσύνη[389],
mein ψεῦσμα mit *Gottes* ἀλήθεια[390] (beachte den konsequent deduktiven
Gang: πᾶς – ἡμεῖς – ἐμός). In v.8b rekapituliert Paulus gleichsam die zuvor
genannten Oppositionen[391] und bringt sie auf den allgemeinsten Nenner.

Das φασίν τινες läßt auf einen tatsächlich gegen Paulus erhobenen und in der Schreib-
situation aktuellen Vorwurf schließen[392]. Seinem Inhalt nach ist er jedoch sehr allgemein. Er dürfte kaum ein wörtliches Zitat wiedergeben. Eher resümiert Paulus ihm aus
seiner bisherigen Verkündigungstätigkeit begegnende Einwände und formuliert an
dieser Stelle selbst. Dann legt es sich aber nahe, auch die Fragen in 3,1.3.5.7.9 dem
Apostel zuzuschreiben[393]. Trotzdem wäre es falsch, sie als fiktiv zu charakterisieren
oder in ihnen nur ein rhetorisches Spiel zu sehen. Paulus führt an dieser Stelle keine
Scheindiskussion, er bekämpft andere nicht mit fingierter Polemik. Die hinter ihm liegenden Konflikte in Jerusalem, Antiochien, Philippi, Korinth und Galatien[394] sowie
die Befürchtungen angesichts des bevorstehenden Besuchs in Jerusalem (15,30f) ge-

---

[386] Die Wendung ἠπίστησάν τινες hat ihre genaue Parallele in 10,16 (οὐ πάντες
ὑπήκουσαν) und ist der *Sache* nach eine Litotes, wobei die Negation im Verb steckt. Gemeint
ist ja, daß die *meisten* untreu waren, d.h. nicht glaubten.

[387] 3,6.31; 6,2.15; 7,7.13; 9,14; 11,1.11; Gal 2,17; 3,21; IKor 6,15, anders Lk 20,16. Zur
rhetorischen Funktion s. C. TH. RHYNE, a.a.O. 33f.140f.

[388] M. THEOBALD, a.a.O. 134.

[389] Hier setzt Paulus bereits voraus, was er einige Verse später unmißverständlich begründet, daß *alle* Menschen Sünder sind (3,10ff.23; 10,12, vgl. 5,12), nicht nur die Heiden,
die in der jüdischen Tradition als die Sünder schlechthin gelten, PsSal 1,1; 2,1f; JosAs 8,5.7;
Ohal 18,7; AZ 2,1; bShab 14b; bGit 45b; TAZ 3,3[463]; yYom 60a; Act 10,28; Joh 18,28.
Vgl. dazu Bill IV/1, 353–414; R. DABELSTEIN, Heiden, 23–27.53–57. Paulus reißt an dieser
Stelle nur an, was er in 9,14ff und 10,14ff ausführt, vgl. auch 3,25; 15,8. Dieser innere Bezug rechtfertigt allerdings nicht, aus Röm 1–4.9–11 eine zusammenhängende, vorliterarische Homilie zu rekonstruieren, so R. SCROGGS, a.a.O. 271–298, bes. 277.

[390] Die Genitive sind durchweg subjektive Genitive, was ihre jeweiligen Oppositionen
bestätigen.

[391] Das wird von S. K. WILLIAMS, Righteousness, 266, und R. B. HAYS, a.a.O.110, nicht
beachtet.

[392] H. MOXNES, a.a.O. 59–62; G. LÜDEMANN, a.a.O. 159f.

[393] D. ZELLER, 77.

[394] Ohne daß man gleich die im Gal sich verbergende Konfliktsituation als den gehei-

ben einen Einblick in die von Paulus geführten bzw. ihn noch erwartenden Auseinandersetzungen. Der historische Bezug ist mit v.8a.b unzweideutig gegeben (vgl. 6,1.15; 7,7; 9,1.6a.14.19.30; 11,1)[395]. Nur muß Paulus nicht unbedingt deren einzelnen Vertreter oder eine konkrete Gruppe als Kontrahenten vor Augen gehabt haben[396], wie andererseits Fiktion keineswegs identisch ist mit Irrealität. Als real erweisen sich die Fragen in 3,1–8 schon deshalb, weil ihre Beantwortung die Wahrheit des Evangeliums gegen den Anspruch des Menschen zur Sprache bringt (vgl. 3,9ff). Genauer, die Einwände artikulieren von jüdischer bzw. judenchristlicher Seite stammende Argumente, die die paulinische Verkündigung der in Christus geschehenen Rechtfertigung des Sünders in die bestehenden Koordinaten des Bundesverhältnisses zwischen Gott und Israel einordnen, um sie dadurch zu disqualifizieren und ad absurdum zu führen[397].

Entrüstet und mit bissiger Ironie kehrt Paulus wie schon in 3,3b die Behauptung der τινές (vgl. IKor 15,12.34; Gal 1,7; 2,12), seine Verkündigung stifte geradewegs zum Tun des Bösen an, damit durch den Freispruch im Gericht Gott um so mehr verherrlicht werde (3,7a), gegen diese selbst. Denn wer das Sündigen ad maiorem dei gloriam als Konsequenz der paulinischen Rechtfertigungsbotschaft proklamiert, verkennt nicht allein das Wesen von Gottes δικαιοσύνη, deren Auswirkungen auf die christliche Existenz der Apostel in 6,1ff mit dem begründenden Rekurs auf die Taufe entfaltet[398]. Er stellt sie als heilschaffende Macht mitsamt allen Folgen für sich selbst zur Disposition. *Darin* liegt die eigentliche Spitze von 3,8c. Sie enthält zwar auch eine »Abrechnung mit den Gegnern«[399]. In erster Linie aber verweist sie auf das unabwendbare eschatologische Korrelat eines fundamentalen theologischen Mißverständnisses, das meint, Gottes Verheißungs- und Bundestreue zu Israel gegen sein rechtfertigendes Handeln ausspielen zu können. Der Bezug zu 2,1ff ist offenkundig[400]. Hier wie dort realisiert sich die Folge

---

men Hintergrund für die Unterstellung in Röm 3,8 anzunehmen hätte, G. LÜDEMANN, a.a.O.160.

[395] Zur thematischen Kohärenz dieser Stellen s. H. MOXNES, a.a.O. 56–63.

[396] Vgl. E. BRANDENBURGER, Schriftauslegung, 3–5.

[397] U. WILCKENS, Abfassungszweck, 147–149; H.-M. LÜBKING, a.a.O. 33f; N. ELLIOTT, a.a.O. 139–141. H. MOXNES nimmt deshalb nur einen Teilaspekt des Abschnitts auf, wenn er dessen Leitthema als »God's judgment upon Jews and non-Jews« bestimmt, dem er die Kap. 9–11 als »Paul's defence of a continued salvation for the Jews« kontrastiert, a.a.O. 57. Beidemal geht es dem Apostel zentral darum, daß Gottes rechtfertigendes Handeln nicht gegen seine Verheißungstreue an Israel ausgespielt werden darf.

[398] Der stark von Weisheitstraditionen geprägte paränetische bzw. katechetische Teil in 12,1–15,13 zieht dann die Folgen für das Leben in der Gemeinde.

[399] E. SYNOFZIK, Vergeltungsaussagen, 35.

[400] Vgl. N. ELLIOTT, a.a.O. 133. Das oft als eine crux empfundene διό in 2,1 nötigt weder zu einer Umstellung von 2,1 und 2,2, wie W. SCHMITHALS vorschlägt, 84, noch zu der Annahme, 2,1 sei eine frühe Glosse, die als Schlußfolgerung aus 2,3 an den Anfang gerutscht sei, R. BULTMANN, Glossen, 281; E. KÄSEMANN, 49f. Ebensowenig befriedigt H. LIETZMANNS Lösung, die mit διό erfolgte Verknüpfung zum Vorhergehenden als »farblos« abzu-

der Warnung vor dem κρίνειν τὸν ἕτερον (2,1, vgl. 14,3f.10–13; IKor 4,4f). Es behaftet den Urheber im Gericht Gottes mit seinem Tun (2,2; 3,8; 14,10c.12)[401]. Den Hintergrund bildet eine im wahrsten Sinn des Wortes unheilvolle Diskrepanz. Es ist die heuchlerische Attitüde dessen, der – obwohl selber ein ἄδικος – sich anmaßt, über den anderen zu Gericht zu sitzen. Vor dieser Hybris wird in der alttestamentlich-jüdischen Tradition immer wieder gewarnt[402]. Nicht zuletzt deshalb, weil sie Gott als richterliche Instanz eigenmächtig verdrängt[403]. Es ist also das βλασφημεῖν der paulinischen Gegner (3,8), das ihr κρίνειν als hybride entlarvt[404]. Die kommende δικαιοκρισία Gottes (2,5)[405] bestätigt hingegen sein Gericht κατὰ ἀλήθειαν (2,2, vgl. IVEsr 7,32; syrBar 85,9; Av 3,20).

Paulus verfolgt mit seiner Argumentationsstrategie in 3,1–8 ein doppeltes Ziel. Zunächst bestätigt er in 3,2 das περισσὸν τοῦ Ἰουδαίου von 3,1 und damit das allein Israel auszeichnende πρῶτον von 1,16. Jedoch wehrt der Fortgang einer fatalen Schlußfolgerung, die die Wirklichkeit auch des Juden coram deo (2,1ff)[406] ignoriert, sich erwählungsgeschichtlich abzusichern sucht und Gottes Gottsein (vgl. 9,11ff; 11,5ff), d.h. seine freie Gnadenwahl[407],

---

schwächen, 39. Das ὦ ἄνθρωπε πᾶς κρίνων korrespondiert deutlich dem πᾶσαν ἀσέβειαν καὶ ἀδικίαν ἀνθρώπων von 1,18, ἀναπολόγητος verweist auf ἀναπολόγητος von 1,20. Die rhetorische Funktion des διό in 2,1 entspricht der des διότι in 1,19. Während jedoch das διότι einen sich verschränkenden Beweisgang eröffnet, an dessen Ende (1,32) das Fazit steht, formuliert bereits 2,1, angezeigt durch das διό, das der nachfolgenden Argumentation gemäße Urteil. Vgl. S. K. STOWERS, Diatribe, 110; W. A. MEEKS, Judgement, 296 (er bestreitet jedoch einen mit 2,1 beginnenden Adressatenwechsel).

[401] Zum Entsprechungsverhältnis von irdisch-menschlichem Tun und dem Ergehen im eschatologischen Gericht vgl. Sib II 63; TestSeb 5,3; 8,1.3; Av 2,4; Mt 7,1fpar Lk 6,37f; IKor 4,3–5; Jak 4,11f; Sextus, Sent. 182f, ferner die Belege bei Bill I, 444f.

[402] Vgl. nur Lev 19,15 (mit der Begründung in v.14); Dtn 1,17; PsSal 15,8; Ps.-Phok 10f; Sir 7,1.

[403] Vgl. hingegen Gen 18,25; Ps 75,8; Jes 33,22; 1QS 10,18; Av 4,8; IITim 4,8; Hebr 12,23; Herm mand XII 6,3; sim IX 23,4.

[404] Genau besehen bezieht sich die Anklage also nicht auf das Recht oder Unrecht, das Tun eines zweiten zu beurteilen. Das steht außer Frage, wie die paulinischen Briefe zur Genüge zeigen. Andernfalls wären ethische Normen, deren Befolgen oder Nichtbefolgen kontrollierbar ist, sinnlos. Vgl. H. S. HWANG, a.a.O. 207; W. A. MEEKS, a.a.O. 294f.

[405] Vgl. Phil 1,28; IIThess 1,5; IITim 4,8; 1QH 1,30; 10,36; 17,20f; 1QM 18,7f; Sib 3,702–709; TestLev 3,2. Weiteres bei U. WILCKENS I, 125f.

[406] M.E. ist immer noch die traditionelle Sicht am überzeugendsten, nach der Paulus in 1,19–2,11 von zwei unterschiedlichen Typen von Tätern spricht, von Heiden (1,19–32) und Juden (2,1ff). Die Erweiterung erfolgt jedoch »fast unmerklich«, N. WALTER, a.a.O. 219, und der Adressat wird erst in 2,17 offen genannt. E. BAASLAND bestreitet dies. Die Heiden würden in 1,18–3,20 überhaupt nicht angesprochen, nur in 2,14 als Kontrastfigur eingeführt. Der ausdrücklich genannte Jude repräsentiere die Menschheit schlechthin, a.a.O. 195f. Dem steht jedoch einmal 2,9f und 3,9 entgegen. Zum anderen, daß die Heiden durchaus präsent sind: als Teil des römischen Adressatenkreises. Vgl. G. BORNKAMM, Offenbarung, 26f; G. EICHHOLZ, a.a.O. 63–81.82–89; E. STEGEMANN, a.a.O. 107f.

[407] Dazu s. O. HOFIUS, a.a.O. 179f.

nicht gelten läßt. Zu Recht betont darum Cн.H. Cosgrove die »theozentrische Orientierung« dieses Abschnitts[408]. Gerade durch Israels ἀπιστία
kommt der radikale Unterschied zwischen Mensch und Gott an den Tag (3,4),
wenngleich diese Tatsache keine ontologische Prävalenz der Heiden statuiert
(1,19–32; 3,9.22f; 5,12; 10,12). So bezeugt der Jude, daß er wie *jeder*
Mensch (πᾶς ἄνθρωπος) auf Gottes gnädiges, rechtfertigendes Handeln
angewiesen ist. Eben *darin* besteht und bestätigt sich Gottes Wahrheit und
Treue auch gegenüber Israel. Sein in den Väterverheißungen geoffenbarter
Heilsratschluß[409] realisiert sich eschatologisch in der und durch die *iustifica-*
tio impii. Diese stellt den ἐπαγγελίαι gegenüber kein opus alienum dar, vielmehr ist sie deren eschatologische Bestätigung und setzt sie in Kraft. Denn
Gottes Heilswille ist unabänderlich[410]. Daß selbst Israels ἀπιστία ihn nicht
entmächtigt, ihn nicht zur Hoffnungslosigkeit gewandelt hat, ist der Anlaß
und innere Tenor des Abschnitts 3,1–8. Mit ihm knüpft Paulus sachlich an
1,2f.16f; 2,9f an und präludiert zugleich die Kap. 9–11[411]. Im engeren Kontext von Röm 1–4 und im weiteren von Röm 1–11 dienen diese Verse als eine
Art Scharnier, um die enge Zusammengehörigkeit und Verschränkung von
promissio und *iustificatio* in *Gottes* πίστις *seiner* δικαιοσύνη und ἀλήθεια
aufzuweisen.

Der Apostel setzt aber noch einen weiteren Akzent. Er greift auf den bereits in 2,1–3.12.16.27 expressis verbis thematisierten Gerichtsaspekt zurück
und wendet ihn 3,8c exemplarisch an. Auch dies ist ein eindeutiger Hinweis
auf die enge Kontextverklammerung von 3,1–8[412]. Anders als in der theologisch grundsätzlichen Erörterung von Kap. 2 verbindet ihn Paulus in 3,4.6f
mit einer spezifischen Diskussions- und Kommunikationssituation (v.8). Er
sichert am Paradigma den bereits in 1,19 begonnenen, ab 2,1 speziell auf den
Juden bezogenen Gedankengang ab. Paulus resümiert[413] eine ihm bekannt
gewordene, ihn scharf attackierende Polemik, die die vermeintliche Absurdität seiner Verkündigung angreift[414]. Seine Reaktion (v.8c) ist vom Kontext
her geboten und mehr als eine »fluchartige Verwünschung«[415]. Sie kündigt

---

[408] A.a.O. 105.

[409] Gen 12,2f; 15,5.7; 17,1–8; 18,17f; 22,17f; vgl. Röm 9,4f; Hebr 6,13f; 11,8.

[410] Num 23,19; Jos 21,45; 23,14; ISam 3,19; IISam 7,28; Ps 33,4; 89,35; 145,13; Prov
19,21; Jes 40,8; 45,23; IIIMakk 2,10f; Sir 47,22; 1QS 3,16; 1QH 15,14; Philo, VitMos I 283;
Röm 9,6; 11,1f.29; Tit 1,2; Hebr 6,17f; 10,23; 11,11; vgl. Joh 3,33; 8,26; Röm 15,8; Jak 1,17;
IClem 27,1f.

[411] Vgl. U. Luz, Aufbau, 167–169; H. Räisänen, Verständnis, 188f.197f.

[412] Die Verse führen also nicht »immer weiter vom Thema ab«, wie H. Lietzmann, 45,
meint, sondern sie bringen die Anklage gegen den Ἰουδαῖος auf den Punkt.

[413] Vgl. oben Anm. 379.

[414] Die mit der Interpunktion verbundenen syntaktischen Alternativen werden diskutiert
bei C. E. B. Cranfield, 185–187, und W. Hendriksen, 112.

[415] E. Stegemann, a.a.O. 126. Vgl. E. Käsemann, 78f; C. E. B. Cranfield, 187; H.
Schlier, 97.

den die Wahrheit verdrehenden τινές (vgl. 2,8) Gottes Gericht an (vgl. 2,2f; IKor 11,34; Apk 17,1. Denn die Paulus unterschobene Konsequenz der soteriologischen Implikationen seiner Verkündigung: ποιήσωμεν τὰ κακά, ἵνα ἔλθῃ τὰ ἀγαθά, abstrahiert nicht allein vom Aufweis der eigenen (jüdischen) ἀδικία, kritisiert auch nicht nur die auf dem Boden von 2,13 in 2,25ff festgehaltene eschatologische Indifferenz gegenüber den heidnischen Sündern. Die ethische Verleumdung des paulinischen Evangeliums ist vielmehr ein zentraler Angriff auf Gott selbst[416] und liefert eine böswillige Karikatur seiner heilschaffenden Gerechtigkeit. *Darum* ist sie blasphemisch (vgl. 1,16f mit 2,16 und Gal 1,6–9.11f.16)[417]. Angesichts des sich solchermaßen artikulierenden menschlichen ψεῦσμα[418] erweist sich Gottes Richtspruch – v.4 zitiert Ps 50,6[LXX] – um so überzeugender als wahr[419].

Vom »Rechtsstreitgedanken« her interpretiert CHR. MÜLLER den ganzen Abschnitt 3,1–8[420]. Doch ist zu beachten, daß die zitierte Psalmstelle ein Sündenbekenntnis ist und die juridische Terminologie im Kontext der Gerichtsdoxologie (v.6c) begegnet[421]. Zudem dient Ps 50,6[LXX] als direkter Schriftbeweis (καθὼς γέγραπται) für 3,4a (ὁ θεὸς ἀληθής, πᾶς δὲ ἄνθρωπος ψεύστης). Dieser primäre Bezug und die Funktion der Gerichtssprache als Homologie machen es m.E. wenig wahrscheinlich, daß der Rechtsstreitgedanke als konzeptioneller Rahmen hinter 3,1–8 steht.

Die Ankündigung des Gerichts in v.8c entspricht performativer Rede. Sie vollstreckt das in v.4 (vgl. 1,18; 2,2) enthaltene Urteil, ist also mehr als ein den Eventualfall ins Auge fassender deklaratorischer Akt[422]. Mit diesen abrupten Worten lassen nahezu alle Ausleger Paulus auf die zitierte Blasphemie reagieren, die ihrerseits die Einwände von 3,5–7 auf die Spitze treibt. Zweifellos ist der unmittelbare Bezug des Gerichtswortes auf die gegnerische

---

[416] U. WILCKENS, a.a.O. 167.

[417] J. PIPER, a.a.O. 104f.110f; H. RÄISÄNEN, a.a.O. 200.

[418] Das ἡμεῖς in v.5 ist m.E. bewußt schillernd gebraucht. Zwar dürfte sich hinter ihm *primär* der jüdische bzw. judenchristliche Widerpart verbergen, der in dem Abschnitt auch bisher anvisiert wurde, H. LIETZMANN, 46. Doch schließt das keineswegs aus, daß Paulus darüber hinaus an *alle* Menschen denkt.

[419] Diese thematische Verklammerung von v.4 und v.8 widerspricht dem von E. STEGEMANN angenommenen Frontwechsel. Vgl. CH. H. COSGROVE, a.a.O. 98.

[420] A.a.O. 65–67. Vgl. D. ZELLER, Mission, 180–182; J. A. ZIESLER, a.a.O. 190; J. REUMANN, a.a.O. 72. E. BAASLAND deutet den größeren Abschnitt 1,18–3,20 als Gottes Gerichtsverhandlung gegen die Menschheit, innerhalb der Paulus als Gottes Zeuge auftrete, a.a.O. 195.202f.

[421] Diesen Terminus kritisiert H. THYEN, Studien, 165f. Seine Paraphrase von 3,5–8 verlangt freilich, hinter κρίνομαι (v.7) kein Fragezeichen zu setzen, καθώς bis λέγειν als Parenthese aufzufassen, das ὅτι als ursprünglich nicht zum Textbestand gehörig zu streichen und an seiner Stelle ein λέγωμεν gedanklich zu ergänzen.

[422] Vgl. hingegen die Konditionierung des Fluchs in IKor 16,22; Gal 1,8f. Paulus verfolgt darum in v.4 das Ziel aufzudecken, »daß sein (sc. Gottes) Zornesgericht verdientermaßen und das heißt eben ›gerecht‹ ergeht«, H. THYEN, a.a.O. 166.

Unterstellung evident. Jedoch geht v.8 darüber hinaus. Er enthält eine besondere Pointe, berücksichtigt man stärker die Verankerung dieses Verses bzw. die von 3,5–8 in dem übergreifenden thematischen Kontext vor allem von 2,1ff[423]. Mit dem Ausblick auf das zukünftige, die menschliche ἀδικία (1,18.29; 2,8; 3,5; 6,13) mitsamt ihrem verkehrten Tun richtende göttliche κρίμα am »Tag des Zorns« (2,5)[424] fügt sich der Abschnitt 3,1–8 in diesen Gedankengang ein[425]. Das βλασφημεῖν ist nichts anderes als die aktuelle Konkretion des menschlichen ψεῦσμα, das in ihm kulminiert (beachte die Steigerung der vorgebrachten Argumente von v.5 an). Es erweist sich als der *Modus* des hybriden κρίνειν, an dem sich die generelle, in 3,4 noch einmal nachdrücklich bestätigte Maxime von 2,1b.2 bewahrheitet. Damit wird aber der gegnerische Vorwurf vom Gerichtsgedanken her funktional neu bestimmt. Er gerät nun zum überführenden Beweis des zuvor von Paulus beschriebenen gesetzlosen Tuns (vgl. 2,1–3.13.24f), mit dem die τινές – sie sind ja wie oder gar als die eigentlichen Adressaten von Kap. 2 Juden bzw. Judenchristen[426], aus deren Blickwinkel auch die Anfragen von 3,1.3.5.7 formuliert sind – sich selbst ihre Gerichtsverfallenheit bestätigen und nolens volens ihren eigenen Schuldspruch fällen. Dessen Kurzform in 3,8c ist darum nichts anderes als die Konsequenz aus der Anklage von 2,1ff[427]. Im Blick auf die dort breit entfaltete anthropologische Ebene besitzt das paulinische Resümee von 3,8 also exemplarischen Charakter[428]. Im Ergebnis vertauscht der Apostel das von seinen Kontrahenten intendierte Subjekt-Objekt Verhältnis, bezogen auf das κρίνειν. Es findet ein Perspektivenwechsel statt. In ihrer verblendeten Polemik, mit der die τινές die Absurdität des paulinischen Evangeliums zu enttarnen trachten, dessen nicht bloß akzidentieller ethischer Mißstand und vermeintliche Konsequenz ihr ποιήσωμεν τὰ κακά, ἵνα ἔλθῃ τὰ ἀγαθά verhöhnt, offenbart sich in Wahrheit, wenngleich ungewollt, ihre ontologische Wirklichkeit vor Gott. Auf diese Weise bestätigen sie selbst die vorherige Analyse des Apostels. Die Urheber des das Evangelium diskreditierenden menschlichen κρίνειν verwandeln sich so nach dem Anspruch eben

---

[423] Vgl. E. STEGEMANN, a.a.O. 126; J. REUMANN, a.a.O. 73.

[424] Vgl. 2,16; 13,12; IKor 1,8; 3,13; 4,3; 5,5; IIKor 1,14; Phil 1,6.10; 2,16; IThess 5,2.4; IJoh 4,17. Dazu H.-J. ECKSTEIN, a.a.O. bes. 82–89.

[425] E. KÄSEMANN, 79. Das Präsenspartizip ἐπιφέρων in 3,5 ist sicher futurisch zu verstehen.

[426] Vgl. P. STUHLMACHER, 49. Unbestimmt bleibt D. ZELLER, 79.

[427] Ein weiteres Indiz dafür, daß der Ἰουδαῖος bereits ab 2,1 angesprochen wird, obwohl Paulus ihn erst mit 2,17 direkt anredet. N. ELLIOTTS rhetorische Disposition von 3,1–8 ist deswegen problematisch, weil er auf der Textebene auch die v.2.4 und v.6 als Einwände bzw. Zurückweisungen des fiktiven Widerparts betrachtet, a.a.O. 139f. Richtig gesehen ist aber, daß in v.8c der Gegner faktisch den auf ihn selbst fallenden Schuldspruch formuliert.

[428] G. BORNKAMM, a.a.O. 27; F. VOUGA, a.a.O. 229f.

dieses Evangeliums (2,16) und nach dem Maßstab der Wahrheit und Gerechtigkeit Gottes (2,2.12; 3,4) in das Objekt des göttlichen κατακρίνειν (2,1f).

In gleicher Weise kehrt sich die verleumderische Behauptung um. Sie erzeigt sich nämlich paradoxerweise dadurch als wahr, indem sie in genauer Verkehrung ihrer ursprünglichen Absicht die Summe des schuldhaften menschlichen Verhaltens zieht (τὰ κακά)[429], womit die Urheber ihr Tun selber (dis-) qualifizieren. Zwar bilden κακόν/ἀγαθόν bereits in der Septuaginta ein gängiges Antonymenpaar[430]. Doch dürfte die Opposition τὰ ἀγαθά hier kaum zufällig an ein geläufiges Prädikat Gottes erinnern[431]. Der Kreis schließt sich. Auch 3,8 belegt auf dem Hintergrund und unter der Voraussetzung von 1,18–32; 2,1–29 die These von 3,4: ὁ θεὸς ἀληθής, πᾶς δὲ ἄνθρωπος ψεύστης. Das Fazit des in seiner Konsistenz und inneren Kohärenz beeindruckenden Gedankengangs zieht darum 3,20a mit Notwendigkeit: ἐξ ἔργων νόμου οὐ δικαιωθήσεται πᾶσα σὰρξ ἐνώπιον αὐτοῦ. Die Ausgangsbasis von 1,16f ist e contrario bestätigt.

5.1.6 Gottes Treue als Fundament der Heilshoffnung für Juden und Heiden

Auf die enge Verzahnung von 3,1–8 mit den Kap. 9–11 habe ich bereits hingewiesen[432]. Sie ist nun inhaltlich zu präzisieren. Gemessen an der Themenangabe des Briefes in 1,16f enthält der Abschnitt 1,18–3,20 ein retardierendes Moment. Das gilt besonders für 2,1ff; 3,4.9–20, bezieht man die Verse auf das πρῶτον von 1,16c. Gottes ὀργή kennt kein Ansehen der Person (2,9–11), weil ausnahmslos alle Menschen unter der Macht der Sünde stehen (3,9.22b.23). Angesichts dieser Realität (3,12) gibt es auch für den Juden kein Entrinnen vor dem göttlichen κρίμα (2,2, vgl. 1,18; 2,5.16.17ff). Aus dieser Betroffenheit erwächst die Frage von 3,1. Kaum zufällig eröffnet Paulus seine Antwort wiederum mit einem πρῶτον, das auf den Beginn seiner plerophoren Beteuerung von 3,2a folgt[433]. Es nimmt einerseits 1,16c auf und

---

[429] Vgl. Röm 1,30; 2,9; 7,19.21. Das entspricht prophetischer und vor allem weisheitlicher Tradition, W. GRUNDMANN, ThWNT III 479f.

[430] Num 14,23; 32,11; Dtn 1,39; IIIReg 3,9; Ps 33,15; Sir 11,14.25.31; 12,3; 13,25; 17,7; 18,8; 33,14; 39,4. Vgl. auch IIReg 14,17; Koh 12,14 (ἀγαθόν/πονηρόν); Lev 27,10.12.14.33; Num 24,13 (καλός/πονηρός).

[431] IChr 16,34; IIChr 5,13; IIEsr 3,11f [LXX]; Ps 106,1; 107,1; 118,1–4.29; Weish 15,1; Philo, All I 47; Som I 149; Mut 7; Decal 176; Ber 9,2; bPes 161a; MRuth 3,13; MQoh 7,8; Mk 10,18parr. Weitere Belege bei Bill I, 809; W. GRUNDMANN, ThWNT I 10–13. Vgl. ferner K. BERGER, Gesetzesauslegung, 398–400.

[432] S. oben Anm. 112 und 315 sowie H.-M. LÜBKING, a.a.O. 31; D. R. HALL, a.a.O. 183.

[433] U. WILCKENS meint, Paulus führe das πρῶτον wegen der »gedrängten Diskussionssituation« nicht weiter aus. Ihm habe jedoch eine vergleichbare Reihung wie in 9,4f vor Augen gestanden, Römer I, 163 Anm. 432. Dafür spricht m.E. nichts. Der Einwand bezieht sich allein auf das Stichwort περιτομή (2,25–29) und fragt nach deren ὠφέλεια. Das πρῶτον

verstärkt das dortige πρῶτον, steht andererseits jedoch in einer merklichen Spannung zu 2,1ff. Diese Spannung wird durch den Fortgang in 3,9–20 noch erhöht, so daß eine eigentümliche Dialektik den Rahmen von 3,1–8 prägt, will man nicht gar von Differenzen und Kontradiktionen sprechen. Das τί οὖν (3,9) greift den Beginn von 3,1 wieder auf und leitet eine erneute Opposition ein. Mit dem οὐ πάντως reagiert Paulus in der gleichen emphatischen Weise auf die mit προεχόμεθα gestellte Frage *negativ*, wie er mit der redundanten Wendung in 3,2a das περισσὸν τοῦ Ἰουδαίου *positiv* wertet.

Die in dem Argumentationsgang zutage tretenden Widersprüche sind auf der Ebene begrifflicher Logik nicht lösbar. Doch sucht Paulus auf *dieser* Basis keine Antwort darauf, wie die in seinem Evangelium verkündigte Gottesgerechtigkeit mit den Israel unverbrüchlich zugesagten göttlichen χαρίσματα (9,4–6, vgl. 11,1f.28b.29) zusammengedacht werden kann[434]. Weder bemüht sich der Apostel um den Nachweis, die in der Schrift bezeugten Verheißungen stünden auch außerhalb des Evangeliums und abgesehen von ihm in Kraft, noch erklärt er Israels Erwählung als vom Evangelium überholt. Im Gedankengefälle von 3,1ff signalisiert der Subjektswechsel von v.3b (ἀπιστία αὐτῶν) zu v.4a (ὁ θεός) die im strengen Sinn des Wortes theo-logisch angelegte Lösung des Problems. Weil der menschliche Unglaube die πίστις τοῦ θεοῦ nicht ungültig zu machen vermag (v.3b) und die Wahrheit ein Prädikat Gottes ist (ὁ θεὸς ἀληθής, v.4a), läßt Paulus die kognitive Dissonanz zwischen dem erwählten, sich mehrheitlich aber dem Evangelium verschließenden Israel und dem allein παντὶ τῷ πιστεύοντι (1,16b, vgl. 3,22.28; Gal 2,16) zugesprochenen eschatologischen Heil in der Identität des Subjekts von Erwählung und Rechtfertigung, d.h. in Gott koinzidieren[435]. Freilich geht Paulus von keinem spekulativ-ontologischen Apriori aus, das die Notwendigkeit Gottes aus diesem Grund zu denken hätte. Vielmehr umschreiben Erwählung und Rechtfertigung die *Wirklichkeit* des Gottes, der sich der Welt und dem Menschen gleichermaßen in der erfahrbaren *Wirksamkeit* seines Handelns zugewandt hat[436].

Paulus entnimmt diese Gewißheit seinem Christusglauben. Er ist der Erkenntnisgrund für das theologisch fundierte innere Zuordnungsverhältnis von Israel und Ekklesia. Auch der durch Israels ἀπιστία erzwungene Vorbe-

---

steht am Anfang eines Begründungszusammenhangs für das περισσὸν τοῦ Ἰουδαίου, vgl. 3,21b; 4,1–25; 9,4–6 (und schon 1,2–4), der auf 11,25–27 hinausläuft. Diese kompositorische Anlage ist ein weiterer Beleg für die Integration der Kap. 9–11 in den gesamtbrieflichen Kontext.

[434] Deshalb wird H. RÄISÄNENS Seitenhieb gegen die »vagen Behauptungen über Dialektik und Paradoxie« bei Paulus dem theologischen Ernst des Apostels nicht gerecht, Analyse, 2930 (hier vor allem gegen E. KÄSEMANN gerichtet).

[435] H. HÜBNER, Gottes Ich, 16. Vgl. U. LUZ, Geschichtsverständnis, 28.277; R. DABELSTEIN, a.a.O. 104.

[436] Vgl. E. GRÄSSER, Gottesverständnis, 233–237.

halt (3,3)[437] ändert daran grundsätzlich nichts, wie die Verse 3,4–6 unmißverständlich darlegen. Das Ziel der Erwählung Abrahams und seiner ihm geschenkten πίστις εἰς δικαιοσύνην (4,5) wird erst durch die Auferweckung
Jesu von den Toten (4,24f), in der sich die das Leben verheißende (1,16f)
Schöpfermacht Gottes (4,17) eschatologisch-universal manifestiert hat, erkannt. Unterstreicht das Bekenntnis zu dem δικαιῶν τὸν ἀσεβῆ in 4,5a mit
Hilfe des Schriftbeweises von 4,3 die geschichtliche Tiefe der christologischen Klimax von 3,26c (δικαιῶν τὸν ἐκ πίστεως ᾽Ιησοῦ), um sie theologisch zu identifizieren, nimmt 4,1ff die programmatische These von 3,21f
auf, um anhand der Gestalt Abrahams die Rechtfertigung auch der ἔθνη zu
demonstrieren, die sich διὰ πίστεως ᾽Ιησοῦ Χριστοῦ (3,22a) realisiert.

Diese sich stützende und ergänzende Doppelbewegung innerhalb der paulinischen Argumentation ist nur möglich, weil Paulus Gen 15,6[LXX] in charakteristisch anderer Weise deutet als die jüdische Tradition. Gilt ihr Abraham als Urbild dessen, der seinen Glauben in Treue bewährte[438], in Versu-
chungen standhaft blieb[439] und *darum* das Prädikat *Gerechter* verdient[440], interpretiert Paulus die Stelle als dictum probans für die Schriftgemäßheit der
Rechtfertigung des Gottlosen (4,3, vgl. 4,9.18.23).

Von dieser christologisch qualifizierten Perspektive aus (vgl. oben Abschnitt 5.1.3) entwickelt der Apostel seine Position in Röm 4. In immer neuen
Anläufen rekurriert er auf seine im eigentlichen Sinn des Wortes theo-logi-
sche Basis. Während sie in 3,3b sub voce πίστις τοῦ θεοῦ verdichtet erscheint, wird sie im folgenden Kapitel in einer spiralförmigen Sequenz entfaltet (4,1–8[1–5.6–8].9–12.13–17.18–22.23–25). Thematisch geht es in ihm
um die *Universalität* der Heilsverheißung Gottes an Abraham, wie vor allem
4,13–17 verdeutlicht[441]. Mit der Wiederaufnahme des Stichwortes χάρις
(4,16a) schlägt Paulus den Bogen zu 4,4[442]. Damit sichert er die Unverfügbarkeit des göttlichen Handelns ab (vgl. 9,6b-13.14–18.19–23), bringt zugleich aber dessen Kontinuität erneut in Erinnerung. Nur unter der Prämisse,
daß Abrahams Glaube εἰς δικαιοσύνην (4,5.9.22) in einem ursächlichen Zusammenhang mit dem Erweis von Gottes Gerechtigkeit ἐν τῷ νῦν καιρῷ

---

[437] Zu der hier vorliegenden Litotes vgl. oben Anm. 386. Sachlich vergleichbar sind
9,6b; 10,16 und 11,25c: ἀπὸ μέρους.

[438] Jub 18,16; 23,10; IMakk 2,52; Sir 44,20; Josephus, Ant I 222–224; Qid 4,14 u.ö., vgl.
Jak 2,21–23. Sogar vor der schriftlichen Niederlegung des Gesetzes hat er die »Werke der
Gebote« schon getan, syrBar 57,2, vgl. bYom 28b.

[439] Hier spielt Gen 22 die entscheidende Rolle, vgl. 2Esr 19,8 (Neh 9,8); IVMakk 16,19f;
Jub 17,17f; 19,9; PRE 26; MTeh 18,25; BerR 55,1, vgl. auch Hebr 11,17ff.

[440] Bill III, 186f.199–201. Vgl. weiterhin O. SCHMITZ, Abraham, 99–123; F. E. WIESER,
a.a.O. 161–171; D. ZELLER, Charis, 86–92.

[441] Zur inneren Logik dieser Verse vgl. oben Anm. 208.

[442] Vgl. 11,5 sowie 4,1 auf dem Hintergrund von Gen 18,3[LXX].

(3,26a) steht[443], ist der πατὴρ περιτομῆς (4,12) zugleich der πατὴρ πάντων τῶν πιστευόντων δι᾽ ἀκροβυστίας (4,11). Diese πίστις Abrahams wurzelt einzig in Gottes dem νόμος vorauslaufender χάρις (4,4). Schon das Zitat in 4,3 (Gen 15,6[LXX]) innerhalb des ersten Schriftbeweises (4,1–5) klärt, wer das den Glauben weckende Subjekt ist. Es ist Gott[444], der ἐγείρων ᾿Ιησοῦν τὸν κύριον ἡμῶν (v.24). Er schenkt den zur δικαίωσις führenden Glauben (v.25). Der Ermöglichungsgrund von Abrahams Vaterschaft für Juden *und* Heiden liegt in Gottes χάρις[445]. Anders formuliert, die Selbigkeit des Gottes Abrahams mit dem Gott, der sich uns (4,24) in Jesus Christus als der πιστὸς ὁ ἐπαγγειλάμενος[446] verbürgt hat, resultiert aus seiner Verheißungstreue (Gen 22,16–18; Dtn 7,9; Hi 13,7; Ps 145,13b u.ö.) κατὰ χάριν[447].

Die Fortsetzung in v.17f vertieft die Absicht der paulinischen Argumentation. Das Zitatfragment in v.17a (Gen 17,5[LXX] bezieht sich einmal auf v.16d zurück. Mit dem einleitenden καθὼς γέγραπται definiert Paulus die Aussage des vorhergehenden Teilverses. Das πατὴρ πάντων ἡμῶν schließt die Heiden(christen) mit ein. Gleichzeitig verweist das Zitat, wie aus dem nachfolgenden ἐπίστευσεν hervorgeht, auf die Rechtfertigung Abrahams als *Konsequenz* seines Glaubens, der der Verheißung Gottes entspricht. Daneben aber setzt v.17 noch einen weiteren, ganz eigenen Akzent. Paulus vergleicht die Erwählung Abrahams mit einem Akt göttlicher Neuschöpfung[448]. Indem er Gottes erwählendes Handeln schöpfungstheologisch interpretiert[449], kom-

---

[443] Aus 4,23f ergibt sich, daß allein um dieser Gegenwart willen die Vergangenheit in den Blick kommt, vgl. 15,3f; IKor 9,10; 10,11. Jede »unbeteiligte ›Phänomenologie‹ des Glaubens Abrahams« ist Paulus fremd, D. ZELLER, Mission, 104. Freilich bedarf die Gegenwart der Perspektive der Vergangenheit, um angemessen verstanden zu werden.

[444] ἐλογίσθη ist ein Passivum divinum, vgl. 4,9f.22f.

[445] Vgl. A. v. DOBBELER, Glaube, 137. ἐκ πίστεως ᾿Αβραάμ in v.16c erfordert, das Personalpronomen im Syntagma πατὴρ πάντων ἡμῶν (v.16d) durch die ἔθνη (Heiden) des Zitats aus Gen 17,5[LXX] zu qualifizieren. Paulus schließt sich demnach mit den Heiden zusammen. Das Personalpronomen ist also entschränkter gebraucht als in 4,1 (vgl. als Parallele Josephus, Bell V 380), gegen K. BERGER, Abraham, 71; W. HENDRIKSEN, 157; F.-J. LEENHARDT, 72.

[446] Hebr 10,23, vgl. IKor 1,9; 10,13; IIKor 1,18; IThess 5,24; IIThess 3,3; IITim 2,13; Hebr 11,1; IJoh 1,9; Apk 1,5.

[447] Vgl. R. SCHMITT, a.a.O. 37f.

[448] Zur Gleichsetzung von Erwählung (resp. Bekehrung) und Neuschöpfung vgl. bYev 22b.48b[Bar.].62a.97b; bKet 8b; SifDev 3,29; MPs 18 § 6; Philo, Abr 70; Migr 122; Virt 130; IIMakk 7,22f; JosAs 8,10; 12,1–3; 15,5.7.12; 20,7, vgl. auch 16,16; 2. Benediktion des Achtzehn-Gebets. In Qumran realisiert sich die eschatologische Neuschöpfung des neuen Mitglieds mit dem Eintritt in die Gemeinde, 1QH 3,19–26. Christlicherseits s. Joh 5,21; Clemens Alexandrinus, Quis div.salv. 42,15 (Identität von μετάνοια und παλιγγενεσία), vgl. IPetr 2,2; Barn 6,11; außerchristlich Apuleius, Met. XI 16,2. Zur Frage vgl. H.-W. KUHN, Enderwartung, 75–78; H. THYEN, Studie, 141f; D. SÄNGER, Bekehrung, 26–29.

[449] Ähnlich in Röm 11,15. Die πρόσλημψις Israels wird hier charakterisiert als ein kreatorisch-eschatologischer Akt: ζωὴ ἐκ νεκρῶν.

biniert er zwei Traditionslinien, die – bei aller Eigenständigkeit – in rechtfertigungstheologischer Hinsicht dialektisch aufeinander bezogen bleiben.
Einerseits manifestiert sich in der Auferweckung Jesu Christi[450] das schlechthin *Neue* des nur mit der Welterschaffung vergleichbaren eschatologischen
Schöpferhandelns Gottes[451], so daß diese Auferweckungstat geradezu zu einem Prädikat Gottes wird. Andererseits gewinnt von diesem christologisch
qualifizierten *Neuen* das schöpferisch-erwählende Handeln Gottes an Abraham seine Eindeutigkeit. Das Evangelium proklamiert es als auf *uns* (ἐγράφη
… καὶ δι' ἡμᾶς, οἷς μέλλει λογίζεσθαι) ausgerichtet (4,24a). Dadurch wird es
aus dem Partikularen ins Universelle überführt und gelangt zu seinem schon
in der Schrift bestimmten Ziel als ein für alle Menschen geltendes Heilsgeschehen[452]. So erweist sich paradoxerweise gerade im Aufbrechen des auf
Israel beschränkten Erwählungsglaubens die Kontinuität und Selbigkeit des
rechtfertigenden εἷς ὁ θεός (3,30; 4,11f), der trotz aller zeitlichen Differenz
und trotz des geschichtlichen Gefälles kein anderer ist als der, der Abraham
aus Chaldäa rief[453].

Für Gottes Verheißung an Abraham gilt daher ein Doppeltes. Sie ist zum
einen Gottes letztes Wort für Israel. Zum anderen wird Abraham/Israel selber
zum letzten Wort für πάντα τὰ ἔθνη τῆς γῆς (Gen 18,18; 22,18)[454], insofern
Gott seine Verheißung für die ἔθνη an den wahren Abrahamssohn Jesus Christus gebunden hat (Gal 3,8f.14.16f.29). Von ihm her bestimmt Paulus das
Verhältnis des empirischen Israels zur christlichen Gemeinde. Die in der Auferweckung Jesu Christi von den Toten offenbar gewordene, in der Verkündigung des Evangeliums wirkmächtig zugesprochene Rechtfertigung des Gottlosen bildet den Sinnhorizont von Gottes vorgängigem Handeln an Abraham

---

[450] Röm 4,24f; IIKor 1,9; Gal 1,1, vgl. IKor 15,3f.20; IThess 4,14.

[451] Paulus denkt hier in dem apokalyptischen Urzeit – Endzeit – Schema. Er radikalisiert
es jedoch, indem er es konsequent in rechtfertigungstheologischer Absicht anthropologisch
interpretiert (vgl. Röm 4,5 mit 4,24; 8,11; 10,9, ferner IKor 12,13; Gal 3,26–28; Eph 1,19f;
IPetr 1,21) und auf die Gegenwart bezieht. M.a.W., Gott wird als Schöpfer erst von seinem
Handeln in Christus und der in diesem Handeln beschlossenen Rechtfertigung her erkannt,
wie auch der Glaube an den, »der den Gottlosen rechtfertigt« (Röm 4,5), den Schöpfungsglauben neu erschließt.

[452] Vgl. Gal 3,6–8; Röm 1,2 mit 8,11; IKor 15,21f; IIKor 4,14; IThess 4,14.

[453] Vgl. E. GRÄSSER, Gottesverständnis, 241: Paulus sieht den *einen* Gott in das »neue
Licht des schon Gekommenen (sc. Christus, D.S.) gestellt, und er unterzieht sich der theologischen Denkanstrengung, das, was er in diesem neuen Licht zu sehen bekommt, begrifflich
klar auszuformulieren, um die *Selbigkeit* Gottes zu wahren«.

[454] Vgl. Gen 12,3; 15,5b; 17,4–6; 26,4; 28,3.14; 35,11; Sir 44,19; Tob 4,12; Jdt 2,34f; Jub
15,30; Act 3,25; Gal 3,8. Freilich bezieht sich die im nachbiblischen Judentum breit aufgenommene Mehrungsverheißung immer ad intra. Wenn sie auf die Heiden ausgedehnt
wird, sind Proselyten gemeint, Bill III, 195f.203.211; F. E. WIESER, a.a.O. 171–175, als deren größter Abraham gilt, Philo, Mut 15f; Virt 219; ShemR 1,36. Paulus deutet die ἔθνη entgegen der Aussageabsicht seines Schriftbelegs auf die Heiden.

und seinem leiblichen Samen. Weder Israels vergangene noch gegenwärtige irdische Existenz produziert aus sich heraus ein erwählungsgeschichtliches Kontinuum. Ein solches ist nach Röm 1,18ff und 3,3ff aus paulinischer Sicht ausgeschlossen. Denn es ignorierte die von Gott auch *um Israel willen* gezogene christologische Zäsur[455] und suchte Israels Heilshoffnung abseits vom Evangelium sarkisch festzuschreiben[456].

Gottes Erwählungshandeln an Abraham und seine Rechtfertigungstat in Jesus Christus stellen darum keine unabhängig voneinander existierenden oder parallel zueinander verlaufenden soteriologische Entwürfe dar, von denen der eine an Israel adressiert wäre, der andere sich hingegen auf die ἔθνη beschränkte. Diesen privatisierenden Irrweg konfrontiert Paulus mit dem Zeugnis der Schrift (Röm 3,4.9–20, vgl. 11,32; Gal 3,22) und der Gestalt Abrahams (Röm 4; Gal 3,6–9.16–18.29). Sie demonstrieren die für das Evangelium konstitutive, gleichwohl jedem empirischen Zugriff entzogene Einheit von Erwählung und Rechtfertigung. Mit den ihm zur Verfügung stehenden begrifflichen Kategorien seiner Rechtfertigungslehre legt Paulus den »Erwähler Israels und Herr seiner Geschichte«[457] als den im Evangelium bezeugten Gott aus – und umgekehrt. So sind *Erwählung* und *Rechtfertigung* die formelhaft abgekürzte Umschreibung für die Heilsabsicht des in der Geschichte Israels *und* im Christusgeschehen schöpferisch tätigen *einen* Gottes (Röm 4,5.17.19.24f)[458]. Negativ formuliert bedeutet dies: die Rechtfertigung des Gottlosen ἐκ bzw. διὰ πίστεως ist kein Spezialfall des auf die ἔθνη ausgeweiteten Erwählungshandelns des Gottes Israels. Positiv formuliert heißt dies: die *Erwählung* Israels ist immer schon *identisch* mit der *Rechtfertigung* des Gottlosen, die von Beginn an die ἔθνη inkludiert.

Paulus gibt mit dieser Überzeugung wieder, was er schlicht τὸ εὐαγγέλιον nennt. Er verdankt es Gott selbst, der ihm seinen Sohn offenbarte und ihn zum ἐθνῶν ἀπόστολος (Röm 11,13, vgl. 1,5; Gal 1,16) berief (Gal 1,12.15). Das Evangelium vom Gottessohn, wie Paulus es in Röm 1,2–4 unter Aufnahme eines älteren Bekenntnisses knapp umreißt[459], eröffnet ihm ein neues

---

[455] Diese für das christliche Israelverständnis eminent positive Funktion der Christologie zeitigt unmittelbare Konsequenzen für die paulinische Hermeneutik und den materialen Gehalt seines Schriftgebrauchs, vgl. W. SCHRAGE, Christologie, 131; A. H. J. GUNNEWEG, a.a.O. 190–192; E. GRÄSSER, Bund, 92f.

[456] Vgl. dagegen nur Gal 2,16b.

[457] R. SCHMITT, a.a.O. 117.

[458] Schon aus diesem Grund sollte man mit dem Begriff *Diskontinuität* zur Bezeichnung des Verhältnisses der beiden Testamente zueinander sparsamer umgehen, als es gewöhnlich geschieht.

[459] M. HENGEL, Sohn, 93–104. Die von J. M. SCOTT zugunsten eines paulinischen Ursprungs angeführten Gründe sind jedoch beachtlich, a.a.O. 229–236. In jedem Fall hält das Bekenntnis die beiden Aspekte fest, die auch für das paulinische Denken entscheidend wichtig sind: Jesu irdische Herkunft ἐκ σπέρματος Δαυίδ (1,3b) und seine Einsetzung zum Sohn Gottes durch seine Auferstehung (1,4a).

Verständnis des in der Schrift bezeugten und in Jesus Christus in nicht mehr überbietbarer Weise auf den Plan tretenden Gottes und Vaters[460]. Es ist der dem Wort seiner Verheißung unverbrüchlich treu bleibende Gott Israels. Die Selbigkeit des sich in Christus auslegenden und durch ihn identifizierten Gottes mit dem Gott der Väter (vgl. Röm 9,5; 15,8) ist für Paulus soteriologisch ebenso denknotwendig[461], wie sie theologisch gefordert ist. Andernfalls liefe die Abkoppelung der Rechtfertigung des Gottlosen als der begrifflichen Explikation von Gottes Selbsterweis in Kreuz und Auferweckung Christi[462] von dem im Alten Testament bezeugten Erwählungshandeln eben dieses Gottes auf einen in ihm angelegten Dualismus hinaus. Die Erwählung wäre dann, marcionitisch gesprochen, dem »Evangelium vom fremden Gott« (A. v. HARNACK) bloß funktional vor- und zugeordnet. Sie bliebe sein opus alienum. Demgegenüber hält Paulus am Bekenntnis der Personen- und Handlungsidentität des *einen* Gottes als dem Wirkgrund von Schöpfung *und* Erlösung (Röm 3,24–26; 5,8f; IIKor 4,6, vgl. IPetr 2,9), von Erwählung *und* Rechtfertigung (IIKor 1,19f) fest[463]. Zugespitzt formuliert, Paulus erneuert und vertieft den alttestamentlichen Erwählungsglauben rechtfertigungstheologisch, indem er ihn christologisch füllt[464].

---

[460] Röm 1,7; 6,4; 8,15; 15,6; IKor 1,3; 8,6; 15,24; IIKor 1,2f; 6,18; 11,31; Gal 1,1.3f; 4,6; Phil 1,2; 2,11; 4,20; IThess 1,1.3; 3,11.13; Phlm 3. Für die vor- und nebenpaulinische Tradition ist auf Röm 8,11; 10,9; IKor 6,14; IIKor 4,14; Gal 1,1 u.ö. zu verweisen. Von besonderem Interesse ist hier die aus judenchristlicher Tradition stammende εἷς θεός – εἷς κύριος – Prädikation in IKor 8,6. Trotz ihrer griechisch-philosophischen Terminologie, zu ihr R.A. Horsley, Background, 130–135, wehrt sie einem ditheistischen oder modalistischen Mißverständnis, indem sie von der Schöpfungsmittlerschaft Jesu Christi spricht und Gott im Bekenntnis zum Kyrios Jesus Christus definiert, vgl. Joh 1,1–3; Kol 1,16; Hebr 1,2, hierzu T. HOLTZ, Christologie, 190–194. M.a.W., die *Geschichte Jesu Christi*, die seinen Tod und seine Auferstehung umschließt, wird als authentische *Gottesgeschichte* begriffen.

[461] Daß der formale Gebrauch der Redefigur »Selbigkeit Gottes« für die Einheit des biblischen Gottesverständnisses noch nicht viel besagt, ist wohl richtig, W. H. SCHMIDT, Einheit, 56 Anm. 54. Die von ihm angemahnte inhaltliche Explikation liefert zumindest für Paulus seine im 1. Gebot verankerte Überzeugung, daß Gott in Jesus Christus zugunsten des Menschen gehandelt hat (Gal 4,4f). Darum ist Gottes Einzigkeit nie eine solipsistische, sondern immer ein Sein in relatione, genauer: ein Sein in der Beziehung zu Jesus Christus und durch ihn zu allen Menschen.

[462] Vgl. hierzu CHR. DEMKE, a.a.O. 475f.

[463] Auch im Joh basiert der innere Bezug von Protologie und Eschatologie in der Wesenseinheit von Gott und Logos, dessen Schöpfungsmittlerschaft und Heilshandeln als Gesandter des Vaters, 1,1–3.11; 3,14–17.36; 5,19.21f.24–28; 6,46; 7,33; 8,16.19.42; 10,38; 12,44f.49; 14,6f.9–11.24; 16,27f; 17,3.21–23.

[464] Ich halte die Nachfrage für lohnend, inwieweit diese Explikation inhaltlich bereits in der Verkündigung Jesu angelegt ist, auch wenn Paulus sich expressis verbis in diesem Kontext nicht auf sie bezieht. Jesu Rede von der Gottesherrschaft und die Weise, wie und wem er sie zuspricht, liefert m.E. eine Reihe von Anhaltspunkten. Vgl. vorläufig die Erwägungen W. SCHRAGES, a.a.O. 135–154.

Von hier aus stellt sich dem Apostel das Verhältnis des nichtglaubenden Israel zur Gemeinde Christi theologisch in aller Schärfe. Denn wenn er seine theologischen Aussagen stricte sensu christologisch definiert und gleichzeitig an Gottes Treue als dem Signum seiner Wahrheit und Gerechtigkeit Israel gegenüber festhält, muß die Existenz des nichtglaubenden Israel auch christologisch begriffen werden können, und zwar innerhalb der Koordinaten von Erwählungszusage und Verheißungswort an das alttestamentliche Gottesvolk einerseits und Rechtfertigung aller Menschen διὰ πίστεως ’Ιησοῦ Χριστοῦ andererseits. Damit sind wir an die Kap. 9–11 des Röm verwiesen.

5.2 Verheißung und Rechtfertigung nach Röm 9–11

Die Kap. 9–11 lassen sich in vielerlei Hinsicht als eine breit angelegte Explikation von Gedanken verstehen, die bereits in Kap. 3 und 4 teils nur angeschnitten, teils ausführlicher erörtert wurden. Für Kap. 3, insbesondere den Abschnitt 3,1–8, ist das schon hinlänglich deutlich geworden[465]. Aber auch Kap. 4 hat – ebenso wie 5–8, ja wie der ganze erste Hauptteil des Briefs[466] – enge sachliche und sprachliche Berührungspunkte mit den Kap. 9–11[467]. Das gilt nicht zuletzt für das Stichwort χάρις. Wie es in 4,16c, auf 4,4 zurückverweisend, die Unverfügbarkeit des göttlichen Handelns unterstreicht, zugleich aber dessen Kontinuität noch einmal betont, ruft es in 11,5 (vgl. 11,7) erneut den Grund für die Existenz des λεῖμμα κατ’ ἐκλογήν in Erinnerung und verankert die freie Erwählungstat Gottes (9,6b-23; 11,2–5) in seiner χάρις.

Diese Rückkoppelungen gestatten auch eine Antwort darauf, welchem noch unerledigten, für den Leser jedenfalls bisher nicht deutlich genug beantworteten Thema sich die drei Kapitel verdanken. Dabei ist ein oft festgestellter Sachverhalt von exegetischem Gewicht. Paulus liefert expressis verbis keinen Grund für seinen Gefühlsausbruch in 9,2, der ihn, so F. W. MAIER, »auf einmal aus seligen Himmelshöhen in den finstersten, trostlosesten Abgrund stürzte«[468]. Die emphatisch vorgebrachte innere Bewegung[469] kulminiert in der Bereitschaft, sich selbst zugunsten der συγγενεῖς κατὰ σάρκα zu

---

[465] Vgl. die vorhergehenden Abschnitte 5.1.5.2 und 5.1.5.3.

[466] H.-M. LÜBKING, a.a.O. 21–51.

[467] Vgl. 4,13f.16.20 mit 9,4.23 (ἐπαγγελία); 4,2.6 mit 9,11.32; 11,6 (ἔργον); 4,17 mit 9,7.11.24–26, vgl. 11,29 (καλεῖν); 4,1–3.9.11f.16–18 mit 9,5.10; 11,28 (πατήρ bzw. προπάτωρ/’Αβραάμ); 4,13.16.18 mit 9,7f.29; 11,1 (σπέρμα).

[468] Israel, 6.

[469] Vgl. schon die schwurartige Beteuerung in 9,1, der durchaus auch ein apologetischer Zug innewohnt, F. SIEGERT, a.a.O. 121. Angesichts der konkreten Vorwürfe, wie sie in 3,1–8 sichtbar werden, wird sie keineswegs bloß auf der literarischen Ebene verständlich.

opfern (9,3). Trotz dieser stark persönlich gefärbten Anteilnahme meldet sich
hier mehr zu Wort als der »jüdische Patriot«[470] und »herzlich an seinem Volk
hängende ... Jude Paulus«[471]. Gewiß spielt das existentielle Moment mit hinein. Doch geht es in erster Linie um ein Sachproblem von eminent theologischer Bedeutung. Denn die Interzession besagt im Umkehrschluß, daß Israel in den Augen des Apostels den Status innehat, den er – falls es möglich
wäre[472] – anstelle seiner das Evangelium abweisenden Brüder auf sich nehmen würde: ἀνάθεμα εἶναι αὐτὸς ἐγώ[473]. Die *quaestio facti* lautet daher für
Israel: »Verdammtsein, Christuslossein«[474]. Paulus greift damit auf schon
Bekanntes zurück. Er erinnert an Israels ἀπιστία, von der in 3,3 die Rede war,
die aber bereits die Argumentation von 1,18ff und besonders von 2,1ff leitet, und setzt sie – wie auch im folgenden – als gegeben voraus (9,31;
10,2f.14.16–21; 11,7a.20.23a.31)[475].

Weniger deutlich fällt auf, daß Paulus hier e contrario die Basis anklingen
läßt, die angesichts von 9,4f (vgl. 3,2) seine Ausführungen ab 9,6 bestimmt.
Entgegen dem Augenschein indiziert Israels Unglaube keineswegs die Hin-
fälligkeit des λόγος τοῦ θεοῦ (9,6a.9)[476]. Denn gesetzt den Fall, es verhielte
sich so, würden Gottes ἀλήθεια, seine πίστις und δικαιοσύνη in Zweifel gezogen (3,3–7), in denen doch das περισσὸν τοῦ Ἰουδαίου[477] gründet (3,1)[478].

---

[470] W. WREDE, a.a.O. 74.

[471] H. LIETZMANN, 45 (hier auf 3,1ff mit Verweis auf Kap. 9–11 bezogen); ähnlich F.
MUSSNER, Rettung, 49 Anm. 40 (»Herzensprogramm«).

[472] Die *Irrealität* der Bitte – der paulinische Sprachgebrauch in IIKor 13,7.9 und vor allem Röm 10,1 legen es nahe, das εὔχεσθαι als ein Bittgebet, nicht nur als einen Wunsch zu
verstehen, U. WILCKENS II, 186f, – steckt *sprachlich* in dem ηὐχόμην, BDR § 359,5. *Sachlich* ist der Irrealis gefordert, weil a) die hier zu assoziierende intercessio Mose für sein Volk
(Ex 32,30–32; Ps 106,23, vgl. Num 11,15) mit einer *negativen* Antwort Gottes beschieden
wird (Ex 32,33), b) Paulus sich selbst den ἐκλεκτοὶ θεοῦ (Röm 8,33a) zurechnen darf, die
nichts von der in Jesus Christus erschienenen Liebe Gottes (8,38f), d.h. vom eschatologischen Heil (vgl. 10,1b), trennen kann (9,27; 10,9.13).

[473] Zur Konstruktion BDR § 405,1. Zur im Alten Testament und antiken Judentum breit
bezeugten prophetischen Interzession vgl. U. B. MÜLLER, Prophetie, 229–232; K. O. SAND-
NES, a.a.O. 177–180.

[474] L. STEIGER, a.a.O. 52.

[475] Diesen m.E. bewußten Rückverweis verkennt E. GÜTTGEMANNS, a.a.O. 38f.

[476] Mit dieser Überzeugung weiß Paulus die Schrift auf seiner Seite, Jos 21,45; 23,14;
ISam 3,19; IKön 8,56; Jes 40,8; 46,11b.23; Ps 89,35, vgl. Sir 47,22.

[477] Obwohl Paulus in Röm 1–8 durchweg vom Ἰουδαῖος bzw. von den Ἰουδαῖοι spricht
(1,16; 2,9f.17.28f; 3,1.9.29), hingegen in 9–11 immer von Ἰσραήλ (9,6.27.31; 10,19.21;
11,2.7.25f; die Ausnahmen in 9,24 und 10,12 sind wegen der Ergänzung ἔθνη bzw. Ἕλληνες
[vgl. 1,16] gefordert), darf man nicht sagen, es gehe ihm in Kap. 1–8 um die Judenfrage, in
9–11 um die Israelfrage, U. LUZ, Geschichtsverständnis, 28.269 (dort auch Anm. 9). Die
enge Verzahnung von 3,1–8 mit Röm 9–11, der antithetische Parallelismus in der Sachaussage von 1,16f und 9,30f (vgl. 10,3) und die Wahl des Begriffs Ἰσραήλ zur Bezeichnung des
empirischen Volkes in 9,6bα und 9,27a erlauben m.E. eine solche Typisierung nicht.

[478] Zutreffend M. RESE, Rettung, 423; M. THEOBALD, Röm 9–11, 9. Von der unbedingten

Insofern treibt Paulus in 9,1ff, wie überhaupt in Kap. 9–11, die Frage nach der Wahrhaftigkeit Gottes weiter und artikuliert sie als die Frage nach der Gültigkeit und Zuverlässigkeit der göttlichen Verheißung angesichts von Israels Unglaube[479]. Das οὐχ οἷον von 9,6a hat deshalb seine Parallelen in dem μὴ γένοιτο von 3,4a; 9,14; 11,1 und 11,11. Die Negation wehrt der Schlußfolgerung, das ἀνάθεμα impliziere das *endgültige* Verdammungsurteil über Israel, womit sich Paulus zugleich in einen fundamentalen Widerspruch zu der von ihm in 11,25b-27 angesagten Gewißheit brächte. Ebenso stellt sich das μὴ γένοιτο in 3,4 dem die πίστις τοῦ θεοῦ disqualifizierenden καταργεῖν von 3,3c entgegen, wie es in gleicher Weise die vermeintliche Ungerechtigkeit Gottes (9,14), das ἀπωθεῖν in 11,1 sowie den Eindruck verneint, Israel könnte definitiv zu Fall gekommen sein (11,11)[480]. Das μὴ γένοιτο steht jedesmal an Verbindungsstellen[481], an denen die Argumentation eine neue Richtung einschlägt, indem sie die in der Vorderfrage angelegte potentielle Ja-Nein-Alternative als eine unmögliche Möglichkeit abweist[482]. Es folgt jeweils eine die Negation stützende Antwort mit Gegenbeispielen. Sie sind teils der Gegenwart entnommen (11,1b: Paulus selbst; 11,5: die Judenchristen), teils entstammen sie der Schrift (3,4b zit. ψ 50,6; 9,15 zit. Ex 33,19 [Gottes Antwort an Mose]; 11,2–4: Elia [IKön 19,10.14], die 7000 Israeliten [IKön 19,18]). 11,11f wertet die Verstockung Israels positiv als einen in Gottes umfassender Heilsökonomie (vgl. 10,19) notwendigen Schritt.

Bezogen auf das ἀνάθεμα von 9,3 ist die Partikel οὐχ οἷον auf der gleichen sprachlich-rhetorischen Ebene angesiedelt wie das μὴ γένοιτο. Zwar trifft es zu, daß auch in 9,6a der Grund des Schmerzes deutlich zum Ausdruck kommt, denkt man an das Verb[483]. Durch die betont an den Anfang gestellte, das Pathos von 9,2f kontrastierende Negation wird er freilich gleich in das folgende Argumentationsgefälle eingeordnet und durch die These von 9,6a limitiert. So gewiß Israel, der λαὸς [τοῦ θεοῦ] (11,1), sich mehrheitlich dem Glauben an das Evangelium verschließt und bestrebt ist, seine eigene

---

Wahrhaftigkeit und Verlässlichkeit des göttlichen Wortes redet die Schrift mehrfach, IISam 7,28; Ps 89,36 (beidemal auf die Davidsverheißung bezogen); Ps 33,4; 145,13, vgl. ferner IIIMakk 2,10f (πιστὸς εἶ καὶ ἀληθινός). Im Neuen Testament begegnet dieser Topos Joh 3,33; 8,26; Röm 15,8; Tit 1,2; Hebr 6,18 [IClem 27,1f]; 10,23; 11,11.

[479] M. RESE, Unwissen, 253. P.-G. KLUMBIES, a.a.O. 136–140, und M. WOLTER, Evangelium, 189, haben dieser thematischen Klammer von Röm 9–11 entschieden widersprochen. Beide bestreiten die hier waltende Spannung zwischen Erwählung Israels und seinem Unglauben, erblicken sie vielmehr zwischen der *ganz* Israel geltenden Heilszusage und seiner gegenwärtigen Heilsferne. Mir ist nicht klar geworden, worin die Alternative besteht. Denn es ist ja gerade der Unglaube, aus dem für Paulus Israels Heilsferne resultiert.

[480] Vgl. zum letzteren ISam 12,22; ψ 93,14, ferner Jer 31,37 und Bill III, 286.

[481] S. K. STOWERS nennt sie »key junctures«, a.a.O. 177.

[482] Vgl. BAUER-Wb. 317f[I 3a]. Zu μὴ γένοιτο als starke Zurückweisung vgl. BDR § 384,2.

[483] F. SIEGERT, a.a.O. 124.

Gerechtigkeit aufzurichten (10,3)[484], wird Israel trotz seines Verharrens in der ἀπιστία nicht von Gott verflucht oder verstoßen. Israels Verhalten dem Evangelium gegenüber verkehrt seine Erwählung nicht in Verwerfung. Die Begründung erfolgt 11,28f in ziemlicher Knappheit. Sie ist aber bereits mehrfach vorgeschattet (3,3–6; 9,4f.6.11; 11,1f.11–15, vgl. auch 2,9f; 8,29f) und insofern nur bedingt überraschend. Die Gnadengaben, d.h. die κλῆσις τοῦ θεοῦ[485], sind unwiderruflich. Der berufende Gott ist die Beständigkeit in Person, auch in seiner Treue dem ungläubigen Israel gegenüber. Die auf dem Hintergrund von 8,28–30 formulierte Frage von 8,31b findet darum, einmal hypothetisch auf Israel als das fragende Subjekt bezogen, in Röm 9–11 ihre theozentrische[486] Antwort: Gott selbst jedenfalls nicht. Damit sind *Veranlassung* – wie steht es um Israel und seinen Unglauben angesichts der im Evangelium offenbarten und im Glauben geschenkten göttlichen Gerechtigkeit?[487] – und *Thematik* dieser Kapitel – Gottes Treue gegenüber seinem Verheißungswort – benannt[488].

---

[484] Dabei stellt der Kontext klar, daß dieser Versuch mißlingt.

[485] Mit O. MICHEL, 357f, verstehe ich das καί in 11,29 explikativ, BDR § 442,6a, vgl. J. D. G. DUNN, Romans B, 686. Die κλῆσις tritt zu den χαρίσματα nicht additiv hinzu, sondern identifiziert šie, J. JEREMIAS, Beobachtungen, 202. Objekt der κλῆσις ist πᾶς Ἰσραήλ (11,26), nicht mehr nur die τέκνα τοῦ θεοῦ bzw. die τέκνα τῆς ἐπαγγελίας von 9,8, die mit dem σπέρμα des Schriftzitats von Gen 21,12[LXX] identisch sind. Wie Ἰσραήλ gebraucht Paulus auch das καλεῖν dissoziierend.

[486] U. LUZ, a.a.O. 262–264.276–278.296f.401f; E. BAASLAND, a.a.O. 216f; J. C. BEKER, Faithfulness, 15.

[487] K.-W. NIEBUHR, a.a.O. 140. Daß Paulus gerade an dieser Stelle seines Briefs auf Israel zu sprechen kommt, ist durch das voraufgehende Kapitel bedingt, daher folgerichtig. 8,28 stellt den παθήματα τοῦ νῦν καιροῦ von v.18 eine positive These gegenüber: diejenigen, die Gott lieben, sind die κατὰ πρόθεσιν κλητοί. Daran schließt sich ein vierfacher Kettenschluß an (v.29f). Die Reihung ist klimaktisch aufgebaut mit dem Schwerpunkt auf den beiden letzten Gliedern. Rechtfertigung und Verherrlichung (v.30b.c) der dem Bilde Christi gleichgestalteten Gotteskinder (v.29) bilden das Ziel. Das wie die übrigen Verben im Aorist gehaltene ἐδόξασεν (vgl. hingegen v.18: ἡ μέλλουσα δόξα), das den Abschnitt v.28–30 beschließt und in Korrespondenz zu v.18 eine Inklusion bildet, blickt gleichsam antizipatorisch auf das göttliche Handeln zurück, das mit der Erwählung (v.29a) begann. Der Abschnitt 8,31–39 endet darum in v.38f hymnisch mit dem »Hohenlied der Heilsgewißheit« (U. WILCKENS II, 177) für die Christusgläubigen. Es ist diese Überzeugung der Berufenen, der Zukunft gewiß zu sein und am eschatologischen Heil teilzuhaben (vgl. 8,24a), die nach 1,2–4.16f; 2,9f; 3,1–6.21 und Kap. 4 auf eine theologische Reflexion darüber drängt, ob Israel von dieser Heilsgewißheit ausgeschlossen ist, ob die Erwählungszusage Gottes an sein Volk weiterhin Gültigkeit besitzt oder nicht, wodurch sich die υἱοθεσία, mit der Gott Christen (8,15.23) und Juden (9,4) in ein Verhältnis zu sich setzt, auszeichnet, und vor allem wie sich die Gemeinde der ἐκλεκτοὶ θεοῦ (v.33a) zu diesen Israel betreffenden Fragen stellt. Zur Klärung dieser Problematik bedurfte es keines externen Anstoßes, gegen U. WILCKENS II, 181. Sie war Paulus aus den vorher genannten Gründen vielmehr gestellt. Und sie war ihm vorgegeben qua eigener Existenz, nämlich aufgrund der Tatsache, daß der Inhalt des εὐαγγέλιον θεοῦ (1,1), Jesus Christus, dem Fleische nach aus dem Samen Davids stammt (1,3) und damit ihm – wie allen Juden – ein συγγενὴς κατὰ σάρκα (9,3, vgl. 11,1b; IIKor 11,22; Phil 3,5) geworden ist. Insofern bilden die Kap. 9–11 nicht nur die sachlich notwendi-

5.2.1 Röm 11,25–32 im Kontext von Kapitel 9–11

»Der Schlußabschnitt 11,25ff bildet ... das Ziel des paulinischen Gedanken-
ganges in Röm 9–11, hier laufen die vorausgehenden Linien zusammen[489].
M.A. GETTY gilt er deshalb als eine »summary of key ideas developed in
chaps. 9 through 11«[490]. Diese Stimmen stehen für viele[491]. Demgegenüber
warnt J. BECKER davor, »sich sofort auf das Israelgeheimnis in 11,25f. zu
stürzen«, und meldet Bedenken an, allzu schnell von diesem Wort her das
Verständnis von Röm 9–11 diktiert sein zu lassen[492]. In der Tat birgt die
Konzentration auf thesenartige Kurzaussagen die Gefahr in sich, den größeren Zusammenhang zu vernachlässigen. Darum soll der Kontext von
11,25–32 zunächst skizziert[493] und in den bisher angebahnten Horizont des
Verhältnisses von Kirche und Israel, wie es sich aus Kap. 1–4 ergeben hat,
eingefügt werden.

Röm 9–11 ist durch den Abschnitt 9,1–5 mit der Eulogie in v.5b[494] und das
Lob Gottes in 11,33–36 hymnisch gerahmt. Beide Stücke sind trotz des

---

ge Ergänzung der ersten vier Kapitel, sondern stellen das auf Israel bezogene Pendant zu
Kap. 5–8 dar. Deshalb kann ich J. BECKER nicht zustimmen, der »keine eindeutige Vorberei-
tung der Israelkapitel im vorangehenden Teil des Römerbriefes« zu erkennen vermag, Paulus, 495, obwohl er kurz darauf und m.E. zu Recht die von Paulus in 9,4f.6a und 11,28f festgehaltene Treue Gottes als Grundlage für das »Heil aller Menschen« ansieht, a.a.O. 496.
Von dieser gerade für die Kirche aus Juden und Heiden (9,24) grundlegenden Wesensbe-
stimmung Gottes ist aber bereits 1,16f und 3,1ff die Rede, vgl. oben Abschnitt 5.1.6.

[488] Vgl. C. K. BARRETT, 185; C. E. B. CRANFIELD, 448; R. SCHMITT, a.a.O. 68; M. RESE,
Israel, 212.

[489] H.-M. LÜBKING, a.a.O. 145.

[490] A.a.O. 457. Vgl. R. HVALVIK, Examination, 89; E. STEGEMANN, a.a.O. 224.

[491] Stellvertretend für andere B. CORLEY, a.a.O. 50; J. C. BEKER, a.a.O. 13f, vgl. F.
MUSSNER, a.a.O. 48–53. Das gilt cum grano salis für alle Exegeten, die Paulus in Röm 9–11
einen in sich schlüssigen Gedankengang verfolgen sehen.

[492] A.a.O. 494.

[493] Ich beschränke mich auf die Herausarbeitung der Aspekte, deren Resultate für meine
Fragestellung wichtig sind. Zur thematischen, makrosyntaktischen und rhetorischen Gliede-
rung (was nicht immer dasselbe ist) vgl. neben den Kommentaren U. LUZ, a.a.O. 25–37; D.
ZELLER, Mission, 113–133; B. MAYER, a.a.O. 168–313; E. GÜTTGEMANNS, a.a.O. 37–51; M.
THEOBALD, Gnade, 141–165; J. WINKEL, a.a.O. 65–79; F. SIEGERT, a.a.O. 115–119; H.
RÄISÄNEN, Analyse, 2895–2923; N. ELLIOTT, a.a.O. 261–275.

[494] Entgegen der grammatisch näherliegenden Lösung beziehe ich die Eulogie nicht auf
Christus, sondern auf Gott. Dafür sprechen mehrere Gründe: 1. Paulus bezeichnet Christus
nie als θεός. Der neben anderen Stellen oft herangezogene Vers Phil 2,6 beweist nicht das
Gegenteil. Dort betonen die inhaltlich kongruenten Wendungen ἐν μορφῇ θεοῦ (v.6a) und
εἶναι ἴσα θεῷ (v.6b) zwar das Gottgleichsein des Präexistenten, ohne jedoch damit eine We-
sensdefinition in dem Sinne vorzunehmen, als sei Christus mit Gott identisch, vgl. Röm
1,3f; IKor 8,6; 15,28. 2. Der Bezug auf Gott ist in Röm 1,25 und IIKor 11,31 unstrittig. Jedoch liefert die dortige syntaktische Konstruktion – die Eulogie schließt an der ersten Stelle
relativisch an, an der zweiten bezieht sie sich als appositioneller Partizipialsatz auf das zuvor genannte Subjekt (ὁ θεός) – keinen Einwand gegen das hier vorgetragene Verständnis,
nur weil in 9,5b ein asyndetischer Anschluß der Eulogie vorliegt. Er ist häufiger zu finden

unvermittelten Einsatzes in 9,1 einerseits und des ebenso abrupten Übergangs von 11,36 nach 12,1 andererseits eng mit ihrem Kontext verklammert.
Für 9,1–5 ist das bereits deutlich geworden. Die in die Doxologie von 11,36
einmündenden Verse 11,33ff erwachsen aus dem schlußfolgernden bzw. erklärenden Fazit der v.30f in v.32[495]. Gott hat τοὺς πάντας, d.h. Juden und Heiden, in den Ungehorsam eingeschlossen, damit er sich *aller* erbarme. Daneben enthalten sie retrospektivisch Anklänge an Gedankengänge, die in den
drei vorhergehenden Kapiteln zu finden sind. Aufgrund seiner formalen
Struktur weist dieser Passus zudem über Röm 9–11 nach vorn und schlägt die
Brücke zu 8,31–39. Hier wie dort begegnen die für den hymnischen Stil cha-
rakteristischen rhetorischen Fragen[496] samt Fragepartikel:

τίς καθ᾽ ἡμῶν (8,31b)	τίς γὰρ ἔγνω (11,34a)
πῶς οὐχί (8,32b)	τίς … ἐγένετο (11,34b)
τίς ἐγκαλέσει (8,33)	τίς προέδωκεν … καὶ
τίς ὁ κατακρινῶν (8,34)	ἀνταποδοθήσεται (11,35)
τίς ἡμᾶς χωρίσει (8,35)	

Kaum zufällig sind auch die Parallelen im Vokabular: βάθος (8,39a/11,33a),
κατακρίνειν (8,34a) – κρίμα (11,33c), gleicher Wortstamm bei den Verben in
8,32ab und 11,35a. Freilich dürfen die in den beiden Textsegmenten un-

---

(vgl. die unter 3 angeführten Belege), so daß das sprachliche Argument von untergeordneter
Bedeutung ist. 3. Die Formel εὐλογητός κτλ. wird im Alten Testament und im jüdischen
Schrifttum immer in Bezug auf Gott verwandt, vgl. Gen 9,26; 14,20; 24,27; Ex 18,10; ISam
25,33; IReg 1,48; 5,21; 8,15; IIChr 6,4; Esr 4,40; Ps 17,46[LXX]; 40,13[LXX];
143,1[LXX]; Sach 11,5; Tob 3,11; Jdt 13,17; IIMakk 1,17; JosAs 3,3; 15,12 u.ö., ferner Yom
3,8; 4,1f; 6,2; tTaan 1,11f. 4. Der inhaltliche Bezug der Eulogie an den übrigen Stellen des
Neuen Testaments (Lk 1,68; IIKor 1,3; Eph 1,3; IPetr 1,3, vgl. Mk 14,61) unterliegt ebenfalls keinem Zweifel. Nirgends ist sie an Christus adressiert. 5. Das κατὰ σάρκα in 9,5a enthält keine Limitierung, die eine steigernde Ergänzung bedarf. Eine solche Ergänzung im
Sinne eines positiven Gegensatzes ist auch wegen 9,3b nicht gefordert. Im übrigen wird zu
wenig beachtet, daß das εὐλογητός κτλ. zur Negation der These von 9,6a überleitet, die das
Festhalten Gottes an seiner Verheißung bekräftigt. Auch von daher ist der Bezug der Eulogie
auf Gott sachgemäß. Die bisher diskutierten Lösungsversuche zu dieser Frage sind bei C. E.
B. CRANFIELD, 464–470, und O. KUSS, 679–696, ausführlich referiert. Beide Namen stehen
im übrigen für die gespaltene Forschungslage.

[495] Das γὰρ ist hier nicht kausal zu verstehen. In seiner rhetorischen Analyse des Röm
bestimmt J.-N. ALETTI den Abschnitt 9,1–11,36 als eine konzentrisch disponierte Substruktur der von 1,18 bis 11,36 reichenden *probatio*, wobei 9,1–5 innerhalb dieser Substruktur als
exordium, 11,33–36 als *peroratio* fungiere, Dispositio, 391–393.

[496] R. DEICHGRÄBER, Gotteshymnus, 61–64, bes. 61 Anm. 4 mit zahlreichen Belegen. Zu
11,33–36 vgl. auch G. BORNKAMM, Lobpreis, 71–73; J. JEREMIAS, a.a.O. 203f. P. v. d.
OSTEN-SACKEN, Beispiel, 14–18.28, lehnt aus formgeschichtlichen Gründen die Bezeichnung »Hymnus« für 8,31–39 ab. Statt dessen spricht er von einem von Paulus bearbei-
teten »katechetische(n) Formular«, a.a.O. 35. Doch muß dies vielleicht kein Gegensatz sein,
sofern man die Begriffe »Hymnus« und »Doxologie« nicht formgeschichtlich preßt, sondern inhaltlich faßt, wozu P. v. d. OSTEN-SACKEN selber neigt, a.a.O. 318.

terschiedlich gesetzten Akzente nicht nivelliert werden. Während in 8,31–39[497] die Erlösungsgewißheit der Christusgläubigen in der Dahingabe des *Gottessohnes* gründet (8,32.34), ist der Lobpreis von 11,33–36 die Antwort auf *Gottes* unbegreifliche und unerforschliche Barmherzigkeit Juden (v.31b) wie Heiden (v.30.31a) gegenüber[498], wodurch die Theozentrik der Kap. 9–11 abschließend noch einmal unterstrichen wird[499].

Die Ausführungen zwischen 9,5 und 11,33 stellen eine durchgehende Begründung der den Charakter einer petitio principii tragenden These von 9,6a dar[500]. Innerhalb dieser Erörterungen ist ein Spannungsbogen unverkennbar, was aufgrund des in 1,16f präludierten Briefthemas kaum überrascht[501]. Unter den Exegeten, die an der inneren Stringenz und Kohärenz der paulinischen Darlegungen im Röm, besonders auch in Kap. 9–11, festhalten, erklären einige diese Spannung aus der Situation des Paulus heraus. Er habe in Kap. 9 noch nicht gewußt, worauf es bei ihm in 11,11ff letztlich hinauslaufe[502]. Eine solche Vermutung ist jedoch kaum mehr als eine Verlegenheitslösung, die zudem den planvollen Aufbau des Briefganzen und die dahinter stehende denkerische Leistung zu gering achtet. In jedem Fall bleibt sie unbefriedigend. Andere wiederum konstatieren auf der synchronen Textebene, und zwar parallel zur biographisch-diachronen der vita Pauli, eine Fülle von

---

[497] Ob sich in 8,31–34 ein vorpaulinischer Hymnus erhalten hat, den Paulus geringfügig modifiziert übernahm, und die v.35–39 ad hoc auf ihn hin formuliert wurden, so H. PAULSEN, Überlieferung, 137–151, ist hier nicht weiter zu diskutieren. Ich rechne eher damit, daß Paulus einzelne Traditionssplitter (z.B. v.32a; v.34 [Christusformel]; v.35b; v.38f) aufgriff und seinem Anliegen dienstbar machte. Eine Variante dieser Möglichkeit stellt die Annahme P. v. d. OSTEN-SACKENS dar, diese vorpaulinischen Elemente seien Bestandteil einer umfangreicheren, katechetisch ausgerichteten Überlieferung gewesen, a.a.O. 26–34.309–317.

[498] Damit soll natürlich nicht geleugnet werden, daß auch in 8,31ff Gott das handelnde Subjekt ist, wie die drei Verben in v.32 unmißverständlich klarstellen. Doch erweist er seine Liebe zu uns im Geschick des ihm gehorsamen *Sohnes* (v.32a.34b) und schenkt uns in *ihm* alles (v.32c). Ganz sachgemäß werden darum die Christusaussagen (v.34–37) in v.38f zusammengefaßt.

[499] 11,36b endet deshalb stilgemäß mit der Schlußformel αὐτῷ ἡ δόξα εἰς τοὺς αἰῶνας, ἀμήν, die uns in ähnlicher Weise im Alten Testament (IChr 16,36; IIChr 30,8; Neh 5,13; 8,6; Ps 68,35; 104,31; 106,48) und im altjüdischen Schrifttum begegnet (IVMakk 18,24; OrMan 15 (=Od 12,15[LXX]; äthHen22,14; 25,7; 27,5; 36,4; 39,9–13; 48,10; 81,3; 83,11; 84,1–3, vgl. 1QH 1,31; 10,12; 13,12f). M.E. ein weiteres Argument dafür, die Eulogie in 9,5b auf Gott zu beziehen. Wenn H. HÜBNER unter Berufung auf E. NORDEN die Ansicht vertritt, das Ende des Hymnus ziele auf die Heiden, a.a.O. 125, kann er sich zwar auf 11,36a, nicht jedoch auf 11,36b stützen.

[500] R. SCHMITT, a.a.O. 69 (»Beweisthema«); N. A. DAHL, Future, 143.

[501] E. E. JOHNSON weist m.E. zu Recht darauf hin, daß der spezifische Diskussionsgegenstand von Röm 9–11, Israel coram deo, dem in 1,16f formulierten Briefthema eingeordnet bleibt, so daß sich die dortige soteriologische Dialektik von Juden und Heiden auch in diesen Kapiteln niederschlägt, a.a.O. 120.

[502] B. NOACK, a.a.O. 165f; CHR. SENFT, L'élection, 132.141; N. WALTER, Interpretation, 176.

inhaltlichen Diskrepanzen und Ungereimtheiten. Folgt man ihnen, hat sich Paulus, auch gemessen an früheren Äußerungen (IThess 2,15f; Gal 2f; IIKor 3), in einem Wust von Widersprüchen verfangen[503]. Dieses Urteil basiert vor allem auf dem Vergleich der größeren Passage 9,6–11,10 mit 11,11–32(33–36)[504]. Eine Prüfung der vorgebrachten Gründe liefert zugleich erste Hinweise darauf, wie Paulus diese drei Kapitel gedanklich aufgebaut hat und wie er sie strukturiert wissen will.

Zumeist wird Röm 9–11 in drei Abschnitte eingeteilt (9,6–29; 9,30–10,21; 11,1–32 (33–36)[505]. Schwierigkeiten bereitet jedoch immer wieder die eindeutige Zuordnung von 9,30–33 und 11,1–10. So wird etwa 9,30–33 als »Scharnier«[506], »Überleitung«[507], »transmissio«[508] oder auch als eine thetische Verklammerung der Abschnitte 9,6–29 und 10,1–21[509] bestimmt. Das einleitende τί οὖν ἐροῦμεν (vgl. 3,5; 4,1; 6,1; 7,7; 8,31; 9,14) gilt ebenso wie λέγω οὖν in 11,1 als ein diese Funktion hervorhebendes Gliederungsmerkmal. Doch wird man dies ebenfalls von dem τί οὖν ἐροῦμεν in 9,14, der fragenden Interjektion ἐρεῖς (9,19) und dem abermaligen λέγω οὖν in 11,11 sagen müssen. Auch sie besitzen eine vergleichbare Signalfunktion. Zudem hat die sich asyndetisch anschließende direkte Anrede in 10,1 (ἀδελφοί) mitsamt dem Sprecher-Ich (10,1f) ihre Parallele in 9,1–3[510]. Schon dieser Befund weckt Zweifel an der gewöhnlich vorgenommenen Einteilung. Hinzu kommt, daß das λέγω οὖν von 11,1 auf das ἀλλὰ λέγω von 10,19 zurückgreift, wobei Paulus die sich nicht erst seit 10,19ff aufdrängende Frage μὴ ἀπώσατο ὁ θεὸς τὸν λαὸν αὐτοῦ im folgenden (11,1b-10) energisch verneint (11,1b-5) und zugleich den χάρις-Gedanken von 11,6 mit einer gegenläufigen, aber gleichfalls göttlichen Aktion in 11,7–10 (vgl. 9,13.18. 22f) unterfüttert[511].

---

[503] F. WATSON, a.a.O. 168–174; H. RÄISÄNEN, a.a.O. 2909f.2911f.2917.2927f.2930–2935; E. DINKLER, a.a.O. 250–253; W. SCHMITHALS, 405f; P. FIEDLER, Israel, 19f.23. Vgl. auch das Referat von R. REFOULÉ, Cohérence, 55–59, und die dort Genannten.

[504] Für G. LÜDEMANN besteht zwischen beiden Teilen ein »glatter Widerspruch«, Judentum, 35. Ähnlich H. HÜBNER, a.a.O. 100f; E. GRÄSSER, Heilswege, 229; N. WALTER, a.a.O. 173–176; H. RÄISÄNEN, Call, 74. Vgl. hierzu den m.E. weithin Zustimmung verdienenden Widerspruch E. BRANDENBURGERS, a.a.O. 43–47. Er geht aber zu weit, wenn er zwischen 11,10 und 11,11 keine Zäsur gesetzt findet.

[505] Neben den Kommentaren z.St. vgl. nur U. LUZ, a.a.O. 28–35; E. STEGEMANN, a.a.O. 239.270; H.-M. LÜBKING, a.a.O. 61.79.105 (bei ihm firmiert dabei 11,1–10 als »Zwischenbilanz«, 99); J. D. G. DUNN, Analysis, 2869–2871; H. HÜBNER, a.a.O. 15f.37.60.99; J.-N. ALETTI, a.a.O. 392.

[506] R. SCHMITT, a.a.O. 69.

[507] O. KUSS, 743; W. SCHMITHALS, 362.

[508] M. THEOBALD, a.a.O. 141 Anm. 53.

[509] H.-M. LÜBKING, a.a.O. 79.

[510] Auch das anaphorische αὐτῶν (10,1) bezieht sich auf die συγγενεῖς κατὰ σάρκα in 9,3f, vgl. auch 9,32b.

[511] Zutreffend bemerkt J. W. AAGESON: »The contrast between 11:1–6 and 11:7–8 illu-

Dieser in spiralförmigen Sequenzen verlaufende argumentative Duktus, der in seiner formalen Disposition an Röm 4 erinnert[512], legt eine andere, zumindest nicht weniger plausibel erscheinende Einteilung nahe. Vor allem dann, wenn neben den formal-sprachlich gewonnenen Strukturmerkmalen verstärkt die inhaltliche Seite berücksichtigt wird. Dabei spielt das vom Kontext her zu erschließende Verständnis der Verse 10,16 und 10,18f eine wesentliche Rolle. Häufig werden sie als Stütze dafür herangezogen, in 9,30–10,21 bzw. in 10,1–21 rede Paulus, anders als in dem prädestinatianisch grundierten Abschnitt 9,6–29, von der *Schuld* der Juden[513]. Der zugunsten dieses Verständnisses unterstellte Widerspruch zwischen 10,16a (οὐ πάντες ὑπήκουσαν) und dem οὐ πάντες von 9,6b besteht in Wahrheit jedoch nicht. Daß nicht alle ἐξ Ἰσραήλ zu Israel, d.h. zum σπέρμα und zu den τέκνα τοῦ θεοῦ bzw. zu den τέκνα τῆς ἐπαγγελίας (9,7f), gehören, beruht *nicht* in dem schuldhaften Verkennen ihrer eigenen »Heillosigkeit und Fluchverfallenheit«[514], sondern basiert einzig auf dem καλεῖν Gottes und ist damit in seiner freien Setzung (9,11b) verankert. Von der ungläubigen *Mehrheit* Israels spricht Paulus in 10,16a (beachte die Litotes). Ihr Nichtgehorchen entspringt keineswegs ihrer »Weigerung, Gottes Angebot anzunehmen«[515]. Das οὐ πάντες ὑπήκουσαν beschreibt vielmehr eine von *Gott* ausgehende und bestimmte Wirklichkeit *innerhalb* Israels. Gott hat die λοιποί verstockt (11,7b)[516], daß sie dem Evangelium keinen Glauben schenken und deshalb der im Modus des Glaubens eschatologisch realisierten σωτηρία (noch) nicht teilhaftig geworden sind. Daß wirklich *Gott* der Urheber der Verstockung ist (vgl. 9,18; 10,2f), lehrt überdies das erste Subjekt (ὁ θεός) der unmittelbar angefügten, den vorherigen Vers begründenden Zitatengruppe.

Grundlage von v.8 ist Dtn 29,3. In dieses Zitat fügt Paulus πνεῦμα κατανύξεως[517] der sachlich verwandten Stelle Jes 29,10 ein. Damit präzisiert und verschärft er die Aus-

---

strates the way Paul struggles to maintain the efficacy of God's word, to hold together divine sovereignity and divine mercy, and to preserve the distinction between works and grace«, Scripture, 281, vgl. auch 280. S. ferner A. J. GUERRA, Purpose, 234; F. REFOULÉ, Israel, 164–167.

[512] Siehe oben 146.

[513] A. NYGREN, 268; F. J. LEENHARDT, 150; J. MURREY II, 46; E. KÄSEMANN, 264.280; W. HENDRIKSEN, 348.352f; H. HÜBNER, a.a.O. 70.74.97. Charakteristisch anders H.W. SCHMIDT, 171f.174.182f; M. THEOBALD, a.a.O. 152; O. HOFIUS, Israel, 181f; M. RESE, Unwissen, 257f.263.266.

[514] So P.-G. KLUMBIES, a.a.O. 154.

[515] H. RÄISÄNEN, a.a.O. 2909.

[516] ἐπωρώθησαν ist Passivum divinum. Da es hier einzig und allein um eine göttliche Aktivität geht, wird man trotz der sprachlichen Härte (Inkongruenz von ἐκλογή und λοιποί) mit U. LUZ auch eine aktive Bedeutung der ἐκλογή annehmen dürfen, a.a.O. 82 mit Anm. 227. Gottes Erwählungshandeln, d.h. sein Gnadenhandeln (11,5, χάριτος verstehe ich epexegetisch), steht seinem Verstockungshandeln gegenüber.

[517] Der Genitiv hat konsekutiven Sinn, BDR § 400,2.

sage, daß die Verblendung von *Gott* herrührt. V.9f zitiert Ps 68,23f[LXX]. Der gegenüber ψ 68,23 umgestaltete Text in v.9 – ἐνώπιον αὐτῶν ist weggelassen, nach εἰς
παγίδα noch καὶ εἰς θήραν hinzugenommen (vgl. ψ 34,8; Prov 11,8f), die beiden letzten Glieder ἀνταπόδομα (für ἀνταπόδοσιν) und σκάνδαλον sind umgestellt, αὐτοῖς
ist hinzugefügt – dürfte sich der dadurch ermöglichten vierfachen Reihung mit der
Präposition εἰς verdanken. Diese Redundanz im Präpositionalgebrauch unterstreicht
nicht allein die *Tatsache*, sondern das *Ziel* des göttlichen Handelns.

Das Verständnis der Frage von 10,19a ist mit dem von 10,16 eng verkoppelt.
Nur wenn im Sinne des Apostels die Antwort auf μὴ Ἰσραὴλ οὐκ ἔγνω *positiv*
ausfallen soll, wäre Israels Unglaube zumindest partiell das Resultat seiner
Weigerung, der Glauben stiftenden Predigt (10,17) Folge zu leisten. Doch O.
HOFIUS[518] und E. BAASLAND[519] haben m.E. überzeugende Gründe vorge-
bracht, daß im Unterschied zu 10,18a, wo Paulus die negativ formulierte Frage durch das adversative μενοῦνγε selbst in eine sie bejahende Richtung korrigiert[520], 10,19a trotz 10,2f auf eine *negative* Antwort angelegt ist. In diesem
Fall korrespondiert aber 10,19a mit v.16a und fügt sich zugleich in den mit
9,6a beginnenden bisherigen Argumentationsgang ein. Die Konsequenzen
für die gedankliche Gliederung liegen auf der Hand. 10,16.19ff und 11,1–10
sind der Sache nach mit 9,6–29 zu verbinden[521]. Gründet das καλεῖν der
τέκνα τοῦ θεοῦ hier ausschließlich in dem »mit Auswahl (verfahrenden) Ratschluß Gottes«[522], so dort die Existenz der nichtglaubenden λοιποί in ihrer
ebenfalls von *Gott* verfügten Verstockung[523].

Auch 9,30–33 erweisen sich als mit 9,6ff zusammengehörig. Denn das
Stichwort δικαιοσύνη ist festes Implikat des λόγος τοῦ θεοῦ, wie nicht zuletzt aus 3,2ff ersichtlich wird. Dem entspricht, daß τί οὖν ἐροῦμεν in 9,30
weder einen jüdischen oder judenchristlichen Einwand[524] noch einen Selbst-
einwand einleitet. Es eröffnet ein Resümee[525], mit dem Paulus zugleich auf
das Briefthema rekurriert. Diese Rückblende ist wiederum nicht überraschend, denkt man an den durch 8,31–39 ausgelösten Reflexionsgang ab 9,1.
Der Apostel benennt hier offen die gegenwärtige Situation, wie sie sich für
Juden und Heiden darstellt. Durch den dominanten Gebrauch von δικαιοσύνη
in 9,30–33 (viermal) und 10,3–6.10 (sechsmal) wird »Gerechtigkeit« zum
strukturierenden Terminus, dem die auffällige Häufung von σῴζειν/σωτηρία

---

[518] A.a.O. 176 mit Anm. 5.
[519] A.a.O. 211f. Zustimmend jetzt auch M. RESE, a.a.O. 262.
[520] Vgl. BDR § 450,4; BAUER-Wb. 1020.
[521] Vgl. G. LÜDEMANN, a.a.O. 32f; M. RESE, Rettung, 424f.
[522] So H. LIETZMANNS Übersetzung von 9,11b, 90.
[523] Vgl. auch 11,25b, ferner D. C. ALLISON, Suggestion, 27f; I. BROER, Urteil, 26f. Es ist
deshalb zumindest unscharf, von »schuldhafter Verstockung« zu sprechen, N. WALTER,
a.a.O. 174.
[524] So etwa O. MICHEL, 320; J. JEREMIAS, a.a.O. 208 (Diskussionsteil).
[525] C. E. B. CRANFIELD, 506; F. SIEGERT, a.a.O. 141.

(10,1.9f.13) zur Seite tritt. Als deren negativ formulierte soteriologische Variante erscheint das Zitatfragment aus Jes 28,16[LXX] οὐ καταισχυνθήσεται (9,33c; 10,11b).

Freilich enthält 10,1ff gegenüber 9,30–33 einen diese Verse präzisierenden Aspekt, der in ihnen so noch nicht zu finden ist[526]. Nach der abermals persönlichen, an 9,2f erinnernden Bemerkung von 10,1 – der Vers schließt wie 9,1 asyndetisch an das Vorhergehende an –, kommt Paulus in 10,2f auf den für ihn konstitutiven hermeneutischen Rahmen zurück, der bereits das Fazit von 9,31f bedingte, um sogleich das δικαιοσύνην κατέλαβεν der ἔθνη (9,30) als Kontrast dazu zu entfalten. Israel ist zwar Eifer für Gott (ζῆλος θεοῦ, Genitivus objectivus)[527] zu bescheinigen[528], aber eben kein Eifer κατ᾿ ἐπίγνωσιν, *weil* es Gottes δικαιοσύνη verkannte.

Die fehlende ἐπίγνωσις hat nichts mit einem bloß intellektuellen Nichtwissen zu tun. Auch hebt Paulus mit der Wahl dieses Begriffes nicht auf ein »theoretisches Verhalten« ab[529]. Mit ἐπίγνωσις gibt die Septuaginta דעת wieder (Hos 4,1.6; 6,6; Prov 2,5). Dem dazugehörigen Verb ἐπιγινώσκειν liegt in den meisten Fällen ידע zugrunde[530]. Zwar kann das Objekt des Erkennens sehr unterschiedliche Gegenstände oder Personen bezeichnen (Gen 29,5; Ex 1,8; Dtn 22,2; 28,33.36; IISam 22,44; Jes 55,5; Jer 9,15; 15,14; 17,4; 22,28; Ez 28,19; 32,9; Hi 5,24; Ruth 2,11; Prov 12,10; Cant 6,12). Doch in den meisten Fällen ist ἐπιγινώσκειν (ידע) – wie auch ἐπίγνωσις (דעת) – mit יהוה (κύριος) und אלהים (θεός) verbunden. Man hat daher zu Recht von einer »Theologisierung« des Erkenntnisbegriffs gesprochen[531]. Charakteristisch für diesen Sprachgebrauch ist die Verbindung von *Furcht Jahwes* und *Erkenntnis* in der Spruchweisheit (Prov 1,7.29; 2,5; 9,10). In besonderer Weise wird Israels Erwählung (Am 3,2, vgl. Ex 33,12.17; Dtn 34,10; IISam 7,20[IChr 17,18]) oder auch die Bestellung zum Propheten (Jer 1,5) als ein von Gott ausgehendes ἐπιγινώσκειν qualifiziert. Entsprechend negativ konnotiert sind die Aussagen, die vom Abfall des Volkes von Gott, d.h. vom Nichterkennen des heilschaffenden Gotteswillens und seiner göttlichen Erwählung, reden (ISam 2,12.25.30; Jes 1,4; Jer 2,8; 9,1f; Hos 2,7; 4,6.10). Bei den Propheten, vor

---

[526] Gegen F. MAIER, a.a.O. 69; E. KÄSEMANN, 267.

[527] Vgl. aber IKor 11,2 (Genitivus subjectivus).

[528] Diese Aussage ist zunächst einmal als ein positiv zu wertendes Zugeständnis ernstzunehmen, E. P. SANDERS, People, 37; H. RÄISÄNEN, Law, 100.108 Anm. 80; 168 (hier freilich wieder verknüpft mit der falschen Alternative, ob Paulus' Gesetzesverständnis primär anthropologisch oder christologisch fundiert sei). Vor allem auch deshalb, berücksichtigt man das Verhältnis von v.2 zu v.3 im Blick auf das begründende γάρ von v.3. Paulus will doch sagen: Gerade *weil* die Juden Gottes Gerechtigkeit nicht erkannt haben, geht ihr Eifer in die Irre, nicht aber das Umgekehrte, wie E. KÄSEMANN, 268.270f, meint. Im Hintergrund des ζῆλος-Motivs steht die im Judentum als beispielhaft gepriesene Tat von Pinhas (Num 25,6–13; Ps 106,30f; Sir 45,23; IMakk 2,26.54; IVMakk 18,12) oder auch Elias' (IKön 18,37.40; 19,10.14; IMakk 2,58) und Mattathias' (IMakk 2,24–27) Eifer für das 1. Gebot und gegen den Abfall von Gott, vgl. Dan 9,27; 11,30; IMakk 1,43; 2,16.23.52; 6,21; 10,14, s. ferner Gal 1,14; Phil 3,6; Act 22,3.

[529] Mit Recht zurückgewiesen von E. KÄSEMANN, 268.

[530] E. HATCH/H. A. REDPATH, Concordance, 517f.

[531] G. J. BOTTERWECK, ThWAT III 496.

allem bei Hosea und Jeremia, wird der Schuldvorwurf mangelnder Gotteserkenntnis in der Gerichtsansage laut (Hos 4,1; 5,4; 8,2; Jer 2,8; 4,22; 9,2.5, vgl. Hos 2,10). Jedoch betont die parallel dazu ergehende Heilsverkündigung das Ziel Gottes mit seinem Volk. Es soll den Herrn erkennen (Hos 2,22; Jer 31,34, vgl. Jes 11,2.9; 28,9; 33,6; Jer 22,16; Dan 11,32, ferner Prov 24,14; Sir 51,16) und diese Einsicht und Erkenntnis nach innen (Ex 18,16.20; ISam 10,8; Ez 44,23) und außen (Ps 105,1; 145,12; Jes 12,4) weitertragen.

Der dem οὐ κατ' ἐπίγνωσιν innewohnende Doppelaspekt wird durch die begründende Funktion (γάρ) des unmittelbar angeschlossenen Partizips ἀγνοοῦντες in 10,3aα illustriert. Der alttestamentliche Sprachgebrauch legt es nicht zuletzt aufgrund des von Hosea repräsentierten semantischen Wortfeldes (Hos 2,21–25) nahe, unter ἐπίγνωσις die dem Menschen sich von Gottes Handeln her erschließende Einsicht in die göttliche, dem Menschen zugewandte Wirklichkeit zu verstehen. Auf diese Einsicht soll die ihr gemäße Antwort im Tun erfolgen (vgl. Röm 1,28; 1,32[πράσσειν]; 3,20[532]; Phil 1,9; Phlm 6). Zugleich aber stellt die nicht zufällig das Fazit von 3,20 rekapitulierende Negation von 10,3 klar, daß Gottes δικαιοσύνη menschlichem Erkenntnisvermögen unzugänglich ist[533]. Denn ihr Gegenüber ist nach 1,18–3,20; 5,12–21 und 7,7–25 der adamitische Mensch, dessen Existenz der νόμος als die des Sünders aufdeckt (3,20b) und verurteilt. Deshalb _kann_ Israel, das ungehorsame und widerspenstige Volk (10,21), von 10,19 und 11,7–10 her die allein in Jesus Christus beschlossene Gerechtigkeit in »freier Entscheidung« _nicht_ finden[534]. Heilsteilhabe und Heilsverschlossenheit gründen einzig in Gott selbst (9,15f, vgl. 11,5.7.25b)[535]. Der schon den Abschnitt 9,6–29 leitende prädestinatianische Zug regiert auch die Aussagen von 10,2f.19 und 11,7–10[536].

Der in 9,6b einsetzende erste Argumentationsgang endet daher erst in 11,10[537]. In ihm reflektiert Paulus die Diastase, die sich für ihn aus dem Ge-

---

[532] Das von U. WILCKENS vertretene primär kognitive Verständnis der ἐπίγνωσις ἁμαρτίας in 3,20b, vgl. Römer I, 175.177, ist aufgrund der soeben nur knapp skizzierten alttestamentlichen Vorgeschichte dieses Begriffs viel zu einseitig. Vgl. die berechtigte Kritik G. KLEINS, Sündenverständnis, 261–267, und das folgende.

[533] Deswegen enthält das ἀγνοοῦντες ein objektives Moment, das den ζῆλον θεοῦ (10,2) von vornherein zum Scheitern verurteilt. Der οὐ κατ' ἐπίγνωσιν angestrebte ζῆλος θεοῦ wird als subjektives Wollen der Israeliten damit gerade _nicht_ als selbstverschuldeter Ungehorsam abqualifiziert.

[534] Gegen B. MAYER, a.a.O. 234f.

[535] Vgl. O. HOFIUS, a.a.O. 180.

[536] Diesen entscheidenden Sachverhalt verkennt M. RESE bei seiner Analyse von Kap. 10, so daß er 11,1–10 von 10,1–21 thematisch abtrennt, Unwissen, 256f.

[537] E. STEGEMANN betrachtet 11,1–12 als eine in sich geschlossene Einheit, die von der Paränese an die Heidenkirche (11,13–24) abzutrennen sei, a.a.O. 288.294. Dabei wird nicht genügend beachtet, daß 11,11ff zwar an 11,1 anknüpft, die Verse aber die Thematik entscheidend vorwärtstreiben und Paulus über bisher Gesagtes hinausgeht (dazu gleich).

gensatz zwischen der Assertio von 9,4 (vgl. 9,3b) und der Limitierung in 9,6b ergibt. Den zunächst paradox erscheinenden, theologisch gleichwohl sich als notwendig erweisenden Wechselbezug beider Aussagen konnte Paulus im Sinne des 9,6a formulierten Beweisziels bis 11,10 noch nicht aufzeigen. Jedoch stellt 10,1 nicht nur im Blick auf 9,2f eine gewisse Zäsur *innerhalb* dieses Gefüges dar[538], die freilich von 9,30–33 terminologisch wie inhaltlich vorbereitet ist[539]. Diese Verse besitzen, wenn man so will, einen transitorischen Charakter. In keinem Fall ist es statthaft, 9,24–26 vom folgenden zu trennen[540] oder einen Schnitt vor 9,25–29(30–10,21) zu ziehen[541]. Denn Gottes zum Heil führendes καλεῖν (9,24, vgl. 9,12a) findet, auf die ἔθνη bezogen, seine schriftgemäße Begründung in v.25f (v.25 zit. Hos 2,25b.c[LXX], v.26 zit. Hos 2,1b[LXX]). Die Erwählung der ἐξ Ἰουδαίων ist für Paulus in Jes 10,22f[LXX] (v.27f, vgl. Hos 2,1; Jes 28,22) und Jes 1,9[LXX] (v.29) angesagt[542]. Dabei hebt die gegenüber 9,24 chiastische Anordnung der begründenden Zitate[543] die innere Verschränkung des Objekts des jeweiligen καλεῖν hervor, wodurch sich kaum von ungefähr ein auf 11,11ff vorausweisender Zug ergibt[544]. Während 9,30b das Ziel der Berufung von 9,24 unter dem Stichwort δικαιοσύνη ἐκ πίστεως resümiert, wird das Verharren der *übrigen* ἐξ Ἰουδαίων im Unglauben in 9,31–33; 10,2f.14–21 weiter thematisiert, bis schließlich – nach den ersten Hinweisen in 9,13.18.22f – die Verse 11,7–10 das Warum erklären. Damit wird in dem üblicherweise als Mittelstück von Röm 9–11 bezeichneten Abschnitt, gemessen an der Zitatenfolge 9,27–29, eine Spannung erzeugt (vgl. schon 9,13), auf deren Auflösung der Leser wartet.

Der von Paulus bis 11,10 entwickelte und belegte Gedankengang läßt sich folgendermaßen bündeln: Israel als Ganzes ist das von Gott erwählte Volk, nicht bloß ein Rest. Denn die an Abraham ergangene Verheißung richtete sich ohne Einschränkung an seine leibliche Nachkommenschaft. Doch in seiner freien Gnadenwahl hat Gott diese Zusage *bis jetzt* nur an einem Teil erfüllt. Und dieser Tatbestand steht wie die Berufung der dem Evangelium gehorsamen Heiden zum λαός Gottes (9,25f) nicht im Widerspruch zur Schrift, ist vielmehr in ihr zu finden. Der status quaestionis ist demnach der: wie wird

---

[538] CHR. PLAG, Wege, 13; M. THEOBALD, a.a.O. 141; F. SIEGERT, a.a.O. 115f.119.148.

[539] Darin liegt das partielle Recht derer, die mit 9,30 einen neuen Teil eröffnet sehen.

[540] J. WINKEL, a.a.O. 70f.

[541] So B. MAYER, a.a.O. 214.

[542] Darauf liegt m.E. der Ton und nicht primär darauf, daß »la citation d'Isaïe en 9,27 souligne simplement le contraste entre la multitude du peuple et le petit nombre des sauvés«, F. REFOULÉ, a.a.O. 149, ähnlich auch A. J. GUERRA, a.a.O. 231.

[543] v.24aα: ἐξ Ἰουδαίων (a), v.24aβ: ἐξ ἐθνῶν (b), v.25f: Heiden (b), v.27–29: Israel (a).

[544] Schon deswegen ist der Zitatenverbund sicher nicht zufällig, O. MICHEL, 317 (aber mit anderer Begründung). Damit erscheint aber die bisweilen anzutreffende Annahme, Paulus habe die Kombination einer Testimoniensammlung entnommen, unwahrscheinlich.

der in dem πρῶτον von 1,16 (vgl. 2,9f) bereits angelegte, in 3,2 und 9,6a bekräftigte λόγος τοῦ θεοῦ als gnadenhaft gewährtes Unterpfand der schon vom
Gesetz und den Propheten bezeugten göttlichen Gerechtigkeit (3,21) zur
heilswirksamen Realität für *ganz* Israel? M.a.W., kann »das Israel der Erwählung unterschieden werden ... in Erwählte und solche, die verstockt *bleiben*«[545]? Die enge Verzahnung von Israels Geschick mit der Existenz der Ekklesia[546] durchzieht auch die Kap. 9 und 10. Nicht zuletzt deshalb, weil die
hier aufgeworfene Frage im paulinischen Sinn weder mit einem non licet
noch mit einem einfachen Ja beantwortet werden kann. Vor allem aber, weil
die sich verschränkende Zuordnung deutlich in der Zitatenreihe Dtn 32,21;
Jes 65,1 und 65,2 in Röm 10,19–21 zum Ausdruck kommt. Sie wie das ganze
Kap. 10 ist der Erklärung des διὰ τί von 9,32aα gewidmet.

Von 11,11 an wendet sich Paulus einer Lösung des Israelproblems zu,
wobei seine Antwort den von ihm selbst gestellten Fragen (9,14.19;
11,1.11), die textpragmatisch den Charakter von »Teillösungen« haben[547],
genügen muß. Paulus muß darlegen, welche Absicht hinter der Verstockung
der Mehrheit Israels steckt (9,13.16.18; 10,16a; 11,7b), wie lange diese Verstockung noch befristet ist und auf welche Weise Gott die Erfüllung seiner
Verheißung realisieren wird. 11,11a greift 11,1 als Problemanzeige wieder
auf. Zugleich aber führen die in mehreren Teilschritten gegebenen Antworten (11,11b-15.16–24.25–32) über bisher Gesagtes hinaus. Die v.11b-15
benennen Grund und Ziel der Verstockung, die folgenden (v.16–24) nehmen das ὑμῖν δὲ λέγω τοῖς ἔθνεσιν von v.13a auf (vgl. die durchgängige
Anrede in der 2. Pers. Sing.) und wenden das zuvor Gesagte paränetisch an,
wobei wiederum (v.21) an Gottes gnädige Wahl – hier zugunsten der angeredeten Heiden – erinnert wird[548]. Die v.25–32 schließlich knüpfen sachlich an v.11b-15 an. Sie bilden die Klimax, wenn man so will auch das Zentrum[549] aller bisherigen Erörterungen seit 9,1. Zugleich setzt v.25 den
paränetischen Ton von 11,16–24 (vgl. 11,13) fort (v.25aβ) und verbindet
mit dem begründenden γάρ das μυστήριον mit dem Vorhergehenden. Die als
ein »Geheimnis« angekündigte Rettung von πᾶς Ἰσραήλ (11,26a) bewegt
sich zum einen auf der Grundlage von 9,4, zum anderen ist das σωθήσεται

---

[545] L. STEIGER, a.a.O. 54.

[546] Ich verstehe hier Ekklesia von 9,24 her.

[547] H. MERKLEIN, Prophetie, 426.

[548] Diese mit dem Vorherigen verknüpfte Weiterführung in 11,11ff spricht gegen die Erwägung H. HÜBNERS, Paulus könne Röm 9–11 zunächst ohne 11,13–24 konzipiert und diesen Passus nachträglich eingefügt haben, a.a.O. 109 mit Anm. 382. Dazu sind die Verse zu
organisch in den Gesamtduktus eingeordnet. Auf der anderen Seite ist es unstatthaft, gerade
diesen paränetischen Teil zum Angelpunkt der gesamten Interpretation der Israelkapitel zu
machen, G. EICHHOLZ, a.a.O. 124.299f; B. KLAPPERT, Traktat, 72.81–83.130f.

[549] U. LUZ, a.a.O. 268; J. D. G. DUNN, Romans B, 677.

ein synonymer Parallelismus zu dem futurischen Indikativ ἐγκεντρισθήσονται (v.24b)[550]. In Überbietung der bereits in v.12 (τὸ πλήρωμα αὐτῶν), v.15
(ἡ πρόσλημψις) und v.23f angelegten Lösung, die ein Ende der Verstockung
antizipiert[551], gibt Paulus zudem an, *wann* und *wie* die Rettung sich vollzieht. Der Vers 11,29 verstärkt und bekräftigt noch einmal das im μυστήριον
von 11,25b-27 offenbarte Gnadenhandeln Gottes, indem er das ἀγαπητοὶ
διὰ τοὺς πατέρας (v.28b) begründend erläutert. Was in der in 9,18 »dialektisch halbierten«[552] These von 9,16 um der σωτηρία der Heiden willen
(11,11b) noch ungesagt bleiben mußte, kann Paulus in 11,32 (vgl. v.30f) im
Subjekt (ὁ θεός) des ἐλεεῖν koinzidieren lassen[553]. Deshalb ist es nur folgerichtig, wenn Röm 9–11 in die Doxologie von v.33–36 einmündet[554] und
Paulus mit ihr die Israelkapitel beschließt.

5.2.2 Das Israel-Mysterium

Die Klimax von Röm 9–11 bildet das von Paulus mitgeteilte μυστήριον. Es
soll im folgenden vornehmlich unter zwei Aspekten näher betrachtet werden.
1. Teilt in ihm Paulus ein den Adressaten bisher noch unbekanntes Geheimnis
mit? 2. Enthüllt es eine definitive, alle bisherigen Antworten in sich schlie-
ßende Lösung der Frage, wie sich Gottes Erwählungszusage und seine
Verheißungen an Israel zur Rechtfertigung aller Glaubenden διὰ πίστεως
Ἰησοῦ Χριστοῦ (3,22, vgl. 1,16f; 3,26.30f; 5,1.18; 10,4) verhalten?

5.2.2.1 Gliederung und sprachliche Struktur

Der genaue Umfang des in 11,25a angekündigten μυστήριον ist nach wie
vor strittig. Die Diskussion spitzt sich im wesentlichen auf die Alternative
zu, ob neben 11,25b.26a auch die angeschlossenen Schriftzitate 11,26b.27

---

[550] Wiederum ein Passivum divinum. Diese sachlich begründete Parallelität wird von H.
MERKLEIN zu wenig beachtet. Zwar ist ihm darin zuzustimmen, daß in den Ausführungen
des Apostels bis 11,24 noch eine »Leerstelle« verbleibt, die durch das μυστήριον gefüllt
wird, a.a.O. 426f. Doch kann sein Inhalt nach dem theologischen Diskurs von 11,11–24
nicht mehr überraschen, sondern er fügt sich ein in die bereits hier angebahnte Argumentation. Vgl. unten Abschnitt 5.2.2.2.

[551] Vgl. D. C. ALLISON, a.a.O. 27f; I. BROER, a.a.O. 26.

[552] F. SIEGERT, a.a.O. 117.

[553] Vgl. U. LUZ, a.a.O. 296f; P. STUHLMACHER, Interpretation, 566.

[554] Pointiert gesagt ist 9,6–11,32 ein Vorspiel zu dieser Doxologie. Durch deren Adres-
sierung an Gott (v.33, vgl. 11,1.2[bis].8.21.22[bis].23.29.30.32), auf den sich auch die beiden Zitate Jes 40,13[LXX] in v.34 (die gleiche Stelle wird IKor 2,16 christologisch verwandt) und Hi 41,3 in v.35 beziehen, wird der in v.32 hervorgehobene theozentrische
Aussagehorizont, innerhalb dessen das Verhältnis von Juden und Heiden allein zu behandeln
ist, noch einmal eingeschärft

zu ihm gehören[555]. Den in 11,13 unmittelbar angeredeten ἔδνη teilt der Apostel mit:

v.25b: Eine teilweise Verstockung ist Israel widerfahren[556] (d.h. von Gott über Israel verhängt, vgl. 11,7), bis daß die Vollzahl der Heiden eingegangen sein wird.

v. 26: Und so wird ganz Israel gerettet werden, wie geschrieben steht: »Aus Zion wird der Retter kommen, hinwegschaffen wird er die Gottlosigkeit von Jakob.

v.27: Und das wird mein Bund für sie sein (sc. die Erfüllung der von mir ergangenen Bundesverheißung, vgl. 9,4), wenn ich ihre Sünden hinweggenommen haben werde«[557].

Ein Einverständnis über Abgrenzung und Inhalt des mitgeteilten Mysteriums hängt wesentlich von der syntaktischen Funktion und sprachlichen Interpretation des v.26 einleitenden καὶ οὕτως ab[558]. Zunächst ist *negativ* festzustellen, daß καὶ οὕτως keine primär temporale Bedeutung (»und dann« = καὶ τότε) in sich trägt. Die als Belege herangezogenen Stellen[559] Act 17,33; 20,11, vgl. 27,17 sind allesamt nicht beweiskräftig, da in ihnen die temporale Bedeutung des Adverbs οὕτως *nicht* vorliegt. Zudem wäre in diesem Fall ein voraufgehender temporaler Nebensatz, ein Participium conjunctum oder ein Genitivus absolutus zu erwarten[560]. Die ebenfalls vorgeschlagene Lösung[561], καὶ οὕτως im modalen Sinn auf v.25bβ (ἄχρι οὗ ... εἰσέλθῃ) zurückzubeziehen, ist philologisch zwar möglich (vgl. Röm 5,12). Dabei wird aber stillschweigend schon in den Halbvers der Inhalt der beiden anschließenden Schriftzitate (v.26b.27a[Jes 59,20f]; v.27b[Jes 27,9]) eingelesen, nämlich die Art und Weise der Rettung von πᾶς Ἰσραήλ[562]. Nur eine Variante dieser Posi-

---

[555] Vgl. neben den Kommentaren den breit angelegten, auch auf sprachliche und inhaltliche Divergenzen eingehenden Überblick bei F. REFOULÉ, a.a.O. 25–93, ferner H.-M. LÜBKING, a.a.O. 122–128.145.249–257.269 (er selbst schwankt jedoch, was die genaue Abgrenzung des Mysteriums betrifft).

[556] ἀπὸ μέρους ist aufgrund seiner Satzstellung am ehesten auf πώρωσις zu beziehen, nicht adverbial auf γέγονεν oder adnominal auf Ἰσραήλ.

[557] Zu ὅταν mit Konj. in futurischer Bedeutung BDR § 382,3.

[558] Auf die These CHR. PLAGS, 11,25–27 sei als ein sekundärer, aus dem Überrest eines anderen Paulusbriefs stammender Einschub zu beurteilen, Wege, 36–47.55–62.65, gehe ich nicht näher ein. Sie wird weder dem argumentativen Duktus der drei Kapitel gerecht noch läßt sie sich textgeschichtlich stützen.

[559] E. KÄSEMANN, 300. S. ferner TH. ZAHN, 523; F. F. BRUCE, 222.

[560] H. G. LIDDELL/R. SCOTT, Lexicon, s.v. οὕτως I 7).

[561] J. JEREMIAS, a.a.O. 198f. Vgl. nur F. W. MAIER, a.a.O. 140; F. HAHN, Verständnis, 227; R. STUHLMANN, a.a.O. 164f; F. MUSSNER, Israel, 243.249; H. SCHLIER, 338f.

[562] Weil v.26a für U. B. MÜLLER als der »Höhepunkt des Ganzen und ... (als) die eigentliche Abrundung der Aussage« gilt, klappt für ihn das doppelte Schriftzitat nach. Denn es passe »nicht recht zu der knappen und prägnanten Art des voranstehenden dreigliedrigen Satzgefüges«, a.a.O. 266. Damit interpretiert er aber faktisch den Inhalt der Zitate in v.26a hinein und gewinnt allein auf diese Weise die von ihm postulierte Struktur des Mysteriums.

tion stellt die Auskunft dar, v.26a expliziere, was in v.25b eigentlich schon enthalten sei[563]. Erhebliche Schwierigkeiten bereitet auch der Vorschlag, das καὶ οὕτως als ein nach vorne verweisendes und mit καθὼς γέγραπται korrelierendes Adverb aufzufassen[564]. Die zugunsten dieses Verständnisses herangezogenen sprachlichen Parallelen Röm 15,20f; IKor 16,1 und Phil 3,17 entfallen jedoch allesamt als Belege, denn sie begründen nicht, was sie sollen. An den beiden letztgenannten Stellen findet sich die Relation οὕτως – καθὼς γέγραπται überhaupt nicht. In Röm 15,20f bezieht sich οὕτως m.E. eindeutig und ausschließlich auf den *Modus* des εὐαγγελίζεσθαι, nämlich darauf, daß der Apostel es sich zur Ehre anrechnet, nicht dort zu predigen, wo der Name Christi schon bekannt ist. Ein unmittelbarer Bezug zu dem mit καθὼς γέγραπται angeschlossenen Zitat Jes 52,15 in 15,21 liegt nicht vor, zumal die Zitationsformel durch das adversative ἀλλά eingeleitet wird. Überhaupt verwendet Paulus καθώς/καθάπερ γέγραπται nie in Korrelation zu οὕτως, sondern leitet mit der Wendung wie in 11,26 *stets* ein Zitat ein[565].

Alle drei vorgetragenen Lösungsvorschläge sind mit erheblichen Schwierigkeiten belastet. Hinzu kommt ein weiteres Problem, das sich bei einem modalen Verständnis – ob zurückverweisend oder vorausweisend – einstellt. In beiden Fällen liegt der Ton auf dem *Wie* der Rettung »ganz Israels«[566], was dann die Schriftzitate in eindringlicher Weise unterstrichen. Doch verrät v.26a zunächst schlicht, *daß* »ganz Israel« gerettet wird, wobei die Bedingung der Möglichkeit in dem ἄχρι οὗ ... εἰσέλθῃ liegt. Der prospektive Konjunktiv des Verbs besitzt eine finale Nuance[567]. Das bedeutet hinsichtlich der teilweisen Verstockung Israels zweierlei. Sie ist 1. durch das εἰσέρχεσθαι des πλήρωμα τῶν ἐθνῶν zeitlich begrenzt, und sie dient 2. dazu, dem πλήρωμα τῶν ἐθνῶν den Eingang in die Heilsgemeinde Gottes zu ermöglichen. Trifft dies zu, wird das καὶ οὕτως am ehesten im logischen bzw. folgernden Sinn zu verstehen sein[568], dem freilich schon wegen des ὅτι-Satzes ein zeitliches Mo-

---

Unbegründet ist W. SCHMITHALS' Annahme, 11,25b.26a sei ein Paulus aus hellenistisch-jüdischen Kreisen überkommenes Traditionsstück, das der Apostel nur geringfügig überarbeitet habe (für ursprüngliches καὶ τότε das καὶ οὕτως), 402f.

[563] H. HÜBNER, a.a.O. 109; H. RÄISÄNEN, Analyse, 2919.

[564] P. STUHLMACHER, a.a.O. 560. Wie er auch BAUER-Wb. 1209; CHR. PLAG, a.a.O. 37 Anm. 148; CHR. MÜLLER, a.a.O. 43 Anm. 88.

[565] Röm 1,17; 2,24; 3,4.10; 4,17; 8,36; 9,13.33; 10,15; 11,8; 15,3.9.21; IKor 1,31; 2,9; 8,15; 9,9, vgl. Röm 9,29; IIKor 6,16. Zudem wird F. MUSSNER darin recht haben, daß Paulus, wollte er οὕτως mit καθώς verbinden, wohl anders formuliert hätte: πᾶς Ἰσραὴλ οὕτως σωθήσεται, a.a.O. 243.

[566] Exemplarisch H.-M. LÜBKING, a.a.O. 123; H. HÜBNER, a.a.O. 112. Danach wäre v.25b die Begründung für v.26a und v.26b.27 ein sie stützender Schriftbeweis.

[567] BDR § 383,3. Alttestamentlich Hi 14,14; Ps 123,2; Jes 62,1.7, neutestamentlich Lk 21,24; IKor 11,26; 15,25.

[568] S. KIM, Origin, 83–85; O. HOFIUS, a.a.O. 193; J. M. G. VOLF, a.a.O. 177–179; R.

ment nicht völlig abzusprechen ist. Auf ihm liegt jedoch nicht der Ton[569]. M.a.W., ἄχρι οὗ zielt primär nicht auf den terminus ad quem[570] der Verstokkung Israels, sondern auf deren eschatologisches Ziel[571]. Thematisiert v.26a unter Rückbezug auf v.25b die Gewißheit der künftigen Rettung »ganz Israels«, beschreibt die Zitatenkombination in v.26b.27 deren Modus[572]. Beides, das *Daß* und das *Wie*, gehört zu dem von Paulus mitgeteilten μυστήριον[573].

Innerhalb der Zitate sind besonders der präpositionale Ausdruck ἐκ Σιών und das Subjekt von v.26b ὁ ῥυόμενος in ihrer Bedeutung umstritten, wobei mit diesem ein weiteres Interpretationsproblem verknüpft ist. Im paulinischen Sinn dürfte von IThess 1,10 her (vgl. Phil 3,20f) am wahrscheinlichsten sein, daß sich ὁ ῥυόμενος auf Christus bezieht, nicht auf Gott[574], wenngleich sich v.26bβ dagegen zu sperren scheint. Denn nach dem jesajanischen Kontext (59,15ff, vgl. 43,25; 44,22) und gemäß alttestamentlich-jüdischer Überzeugung (Ex 34,6f; Ps 103,3; 130,3f.7f; Mi 7,19; Jer 31,34; 50,20; Ez 37,23; Sach 13,1; 1QS 2,8 [vgl. 1,24–26]; CD 3,18; 20,34; Mk 2,7/Lk 5,21b; Mt 6,12a/Lk 11,4a) ist es ausschließlich Gott, der Sünden vergeben kann[575]. Doch ist die frühe christliche Gemeinde der Überzeugung, Jesus habe aus unmittelbarer göttlicher Vollmacht heraus die Vergebung der Sünden gewährt (Mk 2,5b.10parr; Lk 7,48, vgl. Mk 3,28; 11,25; auf die Gemeinde erweitert Mt 9,8; 16,19; 18,18; Joh 20,23)[576]. Weiterhin ist zu beachten, daß a) Jes 59,19f in bSan 98a auf die messianische Zeit gedeutet wird[577], b) im Pentateuch-Targum der Messias als Retter erscheint (TPsJ zu Ex 40,9.11, vgl. TPsJ zu Ex 12,42[578]), c) Jes 28,16 in Röm 9,33 und 10,9 zweifellos christologisch interpretiert wird, d) der Subjektswechsel zwischen v.26 und v.27 kaum nur

---

HVALVIK, a.a.O. 97. Vgl. auch K. O. SANDNES, a.a.O. 173f; F. J. LEENHARDT, 165; CH. H. DODD, 182; H. W. SCHMIDT, 199.

[569] R. STUHLMANN, a.a.O. 165f (»temporaler Nebensinn«); F. REFOULÉ, a.a.O. 82.

[570] Nach ihm fragt aber das ἕως πότε in Ps 12,2; 73,10; 78,5; 79,5; 93,3; Jes 6,11; Dan 8,13; 9,20–27; 12,6b; Sach 1,12; IVEsr 4,35; 6,59; Apk 6,10f, vgl. ferner IVEsr 10,38f; syr Bar 81,3f; ApkAbr 28,3–29,2; äthHen 107,1; Tob 14,4–7; TestLev 16,5; TestJud 22,5; 23,5; TestNaph 4,5; TestAss 7,2f (christliche Interpolation?); Lk 21,24. Zum synonymen Gebrauch von ἕως und ἄχρις (οὗ) s. BDR § 383,1–2.

[571] D. ZELLERS Kritik übersieht die in εἰσέλθῃ enthaltene finale Note, a.a.O. 256.

[572] So m.E. zutreffend M. RESE, Rettung, 429; F. MUSSNER, Traktat, 58; T. HOLTZ, Gericht, 321.

[573] Aufgrund der von ihm herausgearbeiteten Strukturparallelität von IThess 4,15–18 und IKor 15,50–58 (vgl. IKor 2,6–15) erblickt H. MERKLEIN in v.25b.26a das eigentliche prophetische Wort, während v.28–32 als dessen Deutung zu interpretieren sei, a.a.O. 410–419.424f.

[574] J. MURRAY II, 100, und M. RESE, a.a.O. 429, wollen beide Möglichkeiten gelten lassen. Die Argumente pro und contra sind bei F. REFOULÉ zusammengefaßt, a.a.O. 52–55.

[575] Vgl. H. THYEN, Studien, 27–49, ferner die Belege bei Bill I, 495f.

[576] Diese Überzeugung beruft sich m.E. zu Recht auf den irdischen Jesus, O. HOFIUS, Sündenvergebung, 123–133; H. MERKEL, Gottesherrschaft, 157f. Gegen P. FIEDLER, Sünder, 95.111–113.

[577] Bill IV/2, 981.

[578] Weitere Belege bei R. LE DÉAUT, Nuit, 277f. Diesen wichtigen Aspekt unterschlägt CH. D. STANLEY, Redeemer, 118–142:137ff.

zitationsbedingt ist[579]. Aufgrund der futurischen Formulierung (ἥξει, ἀποστρέψει)[580] ist mit dem kommenden Retter an den Parusiechristus zu denken. Dagegen spricht *nicht*, daß in Röm 9–11 sonst nirgends »eine direkte Verbindungslinie zur Parusie ... gezogen« wird[581]. Dieser Einwand verliert schon deshalb an Beweiskraft, weil auch die eschatologische Rettung »ganz Israels« – von dieser Stelle einmal abgesehen – dem Neuen Testament und der übrigen frühchristlichen Literatur fremd ist[582]. Die von U. LUZ vorgeschlagene Alternative, v.26b auf das bereits erfolgte Kommen Jesu Christi und damit »auf das Christusgeschehen insgesamt« zu deuten[583], kollidiert wie alle übrigen Lösungsvorschläge[584] mit der futurischen Zeitangabe[585] und wird hier wie dort mit der Diskrepanz zwischen zitiertem Wortlaut und paulinischer Aussageabsicht erkauft.

Unmittelbar verknüpft mit dieser Frage ist die andere, wie der gegenüber der LXX-Vorlage veränderte Präpositionalgebrauch (ἐκ statt ἕνεκεν Σιών) zu erklären ist[586]. B. SCHALLER will ἐκ Σιών als einen vorpaulinischen Verschrieb aus εἰς Σιών lesen[587], der seinerseits eine hebraisierende Korrektur der den Sinn der hebräischen Vorlage לציון verlagernden LXX-Übersetzung ἕνεκεν Σιών darstellte. Diese paläographisch mögliche und textgeschichtlich denkbare Lösung bleibt freilich äußerst hypothetisch und ist zudem sehr kompliziert. Vor allem aber lassen sich m.E. andere Gründe namhaft

---

[579] Freilich verliert die Alternative, ob ὁ ῥυόμενος auf Gott oder auf Christus zu beziehen ist, an Schärfe, sobald erkannt ist, daß v.26b.27 als Schriftbeweis auf v.26a bezogen *auch* eine begründende Funktion besitzt und das dortige Verb ein Passivum divinum ist (σωθήσεται). Von da her wie auch von 4,24f; 9,15f; 10,2f.19 und 11,7–10 her erhielte jede Ausschlußcharakter beanspruchende Option eine bedenkliche Schlagseite, da im paulinischen Sinn weder von Christus ohne Gott noch umgekehrt von Gott ohne Christus gesprochen werden kann. Beiden Redeweisen eignet, werden sie je für sich absolut genommen, eine Abstraktion auf der begrifflichen Ebene, die dem Apostel fremd ist, vgl. Röm 8,3; IKor 8,6; Gal 4,4; Phil 2,6f und zur Sache E. P. SANDERS, People, 194f.205; F. MUSSNER, Bund, 48 mit Anm. 35. Wenn also P. FIEDLER im Gefolge K. STENDAHLS zugunsten seiner ausschließlich auf Gott bezogenen Deutung des ῥυόμενος argumentiert, in 11,11–36 sei nie von Jesus Christus, sondern »nur von Gott und seinem Handeln« die Rede, Israel, 23, läßt er ganz unpaulinisch die christologische Komponente von 11,26b mit der theozentrischen Perspektive von 11,26a.27 (vgl. v.23b.32) konkurrieren. Vgl. auch die begründete Kritik S. HAFEMANNS, Salvation, 38–58.

[580] Die beiden Future unterstreichen die Gleichzeitigkeit des künftigen Geschehens. Der ῥυόμενος wird bei seinem Kommen die Gottlosigkeit von Jakob hinwegschaffen.

[581] D.-A. KOCH, Schriftgebrauch, 187. Vgl. auch N. A. DAHL, a.a.O. 153; R. HVALVIK, a.a.O. 95.

[582] Vgl. hingegen Jub 1,22–25; 50,5; IVEsr 10,38–55.

[583] A.a.O. 294f, erwogen auch von D.-A. KOCH, a.a.O. 188.

[584] D. ZELLER, 199, möchte das Futur wie auch das in 9,25–28.33b; 10,6.13.19b als schon realisierte Prophetie verstehen, ähnlich J. BECKER, a.a.O. 501. Wieder anders H. RÄISÄNEN, a.a.O. 2920: das Futur erweise sich aufgrund des Zitatcharakters als kontextbedingt und blicke vom Standpunkt des *Propheten* aus (!) in die Zukunft. Weitere Vorschläge hat F. REFOULÉ notiert, a.a.O. 56–61.

[585] Übrigens auch mit dem prospektiven Konj. ὅταν ἀφέλωμαι in v.27b, der einen futurischen Akzent trägt, R. KÜHNER/B. GERTH, Grammatik II/2, 368f. Entsprechend ist in dem vorhergehenden Nominalsatz gedanklich ein ἔσται zu ergänzen.

[586] Sonst ist bis auf das jeweilige Fehlen von καί vor den Verben (v.26b) Jes 59,20[LXX] wörtlich wiedergegeben.

[587] Textgestalt, 201–206. Ihm folgt offenbar R. HVALVIK, a.a.O. 93f.

machen, die die Änderung bedingt haben könnten. In den Psalmen 13,7; 19,3; 49,2; 52,7; 109,2 (alle LXX) sowie in Jes 2,3[LXX] = Mi 4,2, vgl. Ps 128,5f; 133,3 (beide LXX), begegnet ἐκ Σιών durchweg im Zusammenhang soteriologischer, auf Israel bezogener Aussagen[588]. Besonders auffällig sind dabei die Übereinstimmungen bzw. Ähnlichkeiten im Vokabular zwischen ψ 13,7 und Jes 59,19f[LXX] einerseits (ἐπιστρέψαι/ἀποστρέψει; Ἰακώβ/Ἰακώβ) sowie zwischen ψ 49,1f und Jes 59,19f andererseits (ἀπὸ ἀνατολῶν ἡλίου/ἀπὸ ἀνατολῶν ἡλίου; μέχρι δυσμῶν/ἀπὸ δυσμῶν; ἥξει/ἥξει)[589]. Diese Gemeinsamkeiten legen den Schluß nahe, Paulus selbst habe qua Analogieschluß (Gezera schawa) ἕνεκεν Σιών durch ἐκ Σιών ersetzt. Röm 9,5 verstärkt diese Vermutung. Denn am Ende seiner Aufzählung der Vorzüge Israels fügt Paulus an: καὶ ἐξ ὧν ὁ Χριστός. Er dürfte demnach nicht zuletzt im Sinne seines in v.26b formulierten christologischen Anliegens die Präposition ἐκ bewußt gewählt haben[590]. Christus wird bei der Parusie vom Zion aus erscheinen[591]. Dabei muß nicht notwendigerweise an das himmlische Jerusalem (Gal 4,26) gedacht werden. Ebenso gut ist möglich, daß der Apostel die Offenbarung Christi bei seiner Parusie vom irdischen Jerusalem vor Augen hat, zumal dieser Bezug auch in Röm 9,33 vorliegt. Das Rettungshandeln Christi vom Zion aus besteht darin, daß er die Sünden Jakobs, d.h. Israels[592], hinwegnimmt (vgl. 1,18; 3,9.22b.23). Für das dem Evangelium ferne Israel wird damit eingelöst (vgl. 9,31; 10,19.21; 11,7 mit 9,27; 11,5.14), was Gott Abraham und seinen Nachkommen verheißen hat. Der terminologische und sachliche Bezug zu Röm 4,1–8 ist offenkundig. Wird der ῥυόμενος und durch ihn Gott selbst die ἀσεβείας ἀπὸ Ἰακώβ hinwegschaffen, ereignet sich an πᾶς Ἰσραήλ[593] nichts anderes, als was nach 4,3.5 Gott, der δικαιῶν τὸν ἀσεβῆ (4,5), an Abraham gewirkt hat und was das begründende Zitat ψ 31,1.2a in 4,7 innerhalb des Davidbeispiels über die Vergebung der ἀνομίαι und das Bedecken der ἁμαρτίαι (vgl. den Plural in 11,27) sagt. M.a.W., wie in 4,13–17 kehrt auch in 11,25b-27 die rechtfertigungstheologisch formulierte Thematik

---

[588] Vgl. IVEsr 13,35; 4Qflor I 11–13; WaR 24,4 zu 19,2; MPs 14 § 6 zu v.7.

[589] Vgl. auch ψ 13,7a (τὸ σωτήριον τοῦ Ἰσραήλ) mit Röm 11,26a (σωθήσεται).

[590] Für D.-A. Koch ist sie freilich ein Indiz einer im vorpaulinischen Schriftgebrauch erfolgten christologischen Akzentuierung, a.a.O. 188f. Nach Ch. D. Stanley hat Paulus die Kombination Jes 59,20f/27,9 bereits in dieser Form aus der mündlichen Tradition des Diasporajudentums übernommen, a.a.O. 124–126.131–136.

[591] Auch hier gilt, daß diese Vorstellung nicht schon aufgrund ihrer Singularität Paulus abzusprechen ist, auch nicht mit Hinweis auf IThess 4,15–17, gegen U. Luz, a.a.O. 294; D.-A. Koch, a.a.O. 188. Deswegen überzeugt der Einwand nicht, die Bundesaussage (v.27a) verweise bei Paulus sonst nie auf ein futurisch-eschatologisches Geschehen, sondern beziehe sich durchweg auf das Christusgeschick (vgl. Röm 4,24f; IKor 11,25; IIKor 3,6; Gal 3,15–18), J. Becker, a.a.O. 500, ähnlich Ch. D. Stanley, a.a.O. 124.

[592] Zum synonymen Sprachgebrauch vgl. Jes 10,20f; 14,1; 27,6; 29,22f; 41,8.14.20, ferner 65,9.

[593] Es braucht hier nicht noch einmal dargelegt zu werden, daß πᾶς Ἰσραήλ wie San 10,1; TestBenj 10,11 auf Israel in seiner diachronen Erstreckung zu beziehen ist, wobei der Ausdruck nicht numerisch-individuell aufgefaßt werden darf – dann wäre πάντες οἱ Ἰουδαῖοι oder auch πάντες οἱ Ἰσραηλῖται zu erwarten –, sondern die repräsentative Gesamtheit des Gottesvolkes umgreift, vgl. schon ISam 18,16; IISam 2,9; 3,21; IIChr 12,1, ferner Dtn 31,11; Ri 8,27; ISam 7,5; 11,15; 13,20; IISam 15,6; 18,17. »Ganz Israel« inkludiert die verstockte Mehrheit und das ὑπόλειμμα (9,27) bzw. das λεῖμμα (11,5). Paulus meint also nicht nur die Juden, »die am Ende der Zeit unter den Lebenden weilen«, E. Dinkler, a.a.O. 252. Vgl. F. Refoulé, a.a.O. 135–143; J. M. G. Volf, a.a.O. 181–184.

des Briefs (1,16f) in ihrer verheißungsgeschichtlichen, auf Israels künftige Rettung bezogenen Variante wieder.

Bezieht man die eben angestellten Überlegungen auf die eingangs gestellte Frage nach dem Umfang des von Paulus mitgeteilten Geheimnisses, ist die Antwort eindeutig. Es umschließt den ganzen Passus 11,25b-27, also auch den Zitatenverbund Jes 59,20f/27,9. Kontrastiert v.25b die zeitliche Begrenzung der über Israel verhängten πώρωσις mit ihrem von Gott gesteckten Ziel, formuliert v.26a die sich aus der Erfüllung dieser Ansage ergebende Erkenntnis πᾶς Ἰσραὴλ σωθήσεται. 11,26b.27 stützen die zuvor ausgesprochene Gewißheit anhand der Schrift und geben zugleich den Modus an, wie die Rettung von »ganz Israel« sich vollzieht[594].

5.2.2.2 Das Verständnis des μυστήριον im Zusammenhang von Röm 9–11

Stellt man Röm 11,25b-27 in den engeren Kontext der Kap. 9–11, stößt man auf den schon mehrfach beobachteten, aber für die Interpretation dieser Verse zumeist vernachlässigten[595] Tatbestand, daß wesentliche Inhalte des Mysteriums keine gegenüber den bisherigen Ausführungen des Apostels völlig neue und überraschende Einsichten vermitteln. Das gilt zunächst für v.25bα: πώρωσις ἀπὸ μέρους τῷ Ἰσραὴλ γέγονεν. Die sachlichen Voraussetzungen hat Paulus bereits in 9,6ff dargelegt (vgl. auch 2,28f; 4,12). Grundlegend ist das dissoziierend gebrauchte Ἰσραήλ in 9,6b, das in 9,bβ die Judenchristen umfaßt. Diese wiederum sind mit der ἐκλογή (11,7) bzw. mit dem ὑπόλειμμα (9,27) und dem λεῖμμα (11,5) identisch[596] und bilden den engeren Kreis der

---

[594] Deshalb läßt sich das Daß der Rettung von ihrem Wie kaum so strikt voneinander trennen und auf einzelne Halbverse konzentrieren, wie es oftmals geschieht, wenngleich das Gefälle unverkennbar ist. Und nichts spricht dafür, die erste Zeile der Zitatenkombination gegen ihren zweiten Teil auszuspielen, um in ihm den Zielpunkt der paulinischen Intention zu finden, gegen R. HVALVIK, a.a.O. 96. Denn gerade die christologische Komponente ist für den Apostel auch im Blick auf Israel soteriologisch konstitutiv. Nicht zuletzt an diesem Punkt bekommt die sprachlich zutreffende Deutung von καὶ οὕτως ihr theologisches Gewicht.

[595] Ausnahmen bilden J. C. BEKER, Apostle, 334; H. RÄISÄNEN, a.a.O. 2922.2932; D. G. JOHNSON, Structure, 101; K. O. SANDNES, a.a.O. 177; R. HVALVIK, a.a.O. 98f.106; I. BROER, a.a.O. 25–27.

[596] Wie auch 11,3 (zit. IKön 19,10.14) zeigt, knüpft Paulus an diesen Stellen an den IKön 19,18 begegnenden, dann besonders in exilischer und nachexilischer Zeit lebendigen Gedanken an, nach dem Gott nur einen Rest aus dem Volk erwählt hat, IChr 12,39; 13,2; IIChr 12,7; 30,6; 34,21; 36,20; Esr 1,4; 3,8; 9,6–15; Neh 1,1–3; 11,20; Sach 8,11f; 13,8f; Joel 3,5 u.ö. Er ist jedoch auch in früheren Überlieferungsschichten wenn nicht immer terminologisch, so doch der Sache nach zu finden, Gen 6,8.17f; 7,23; 19,12f, vgl. 32,8f; 45,7. Das gilt vor allem für die vorexilische Prophetie, Am 5,14f; Jes 1,8f; 4,3; 6,13; 7,3.9; 14,32; 28,16; Mi 5,6f, vgl. Zeph 2,7.9; 3,12f.

Heilsgemeinde Israels[597]. Nach 9,24 gehören auch die ἔθνη in den durch das göttliche καλεῖν bzw. ἐλεεῖν (9,7.15f.18, vgl. 9,12.26) konstituierten Bereich. Weil also das empirische Gottesvolk aufgrund des κατ' ἐκλογὴν πρόθεσις (9,11) berufenen Rests *schon jetzt* Anteil an dem eschatologischen Israel hat, kann Paulus in 11,1 mit vollem Recht betonen, daß Gott sein Volk trotz dessen Weigerung, dem Evangelium Glauben zu schenken, nicht endgültig verstoßen hat. Hinsichtlich der nichtglaubenden Mehrheit vermag der Apostel jedoch nur zu konstatieren, daß sie von Gott verstockt wurde (11,7–10). Genau diesen Gedanken wiederholt er in 11,25bα und kann ihn hier, da er zuvor ausführlich begründet wurde, knapp und thetisch formulieren.

Mit der Fortsetzung ἄχρι οὗ τὸ πλήρωμα τῶν ἐθνῶν εἰσέλθῃ verhält es sich ähnlich, wenngleich ein ergänzender Aspekt hinzutritt. Der Temporalsatz ist dem apokalyptischen Vorstellungshorizont verpflichtet, nach dem Gott ein bestimmtes Maß festgesetzt hat, das erfüllt sein muß, bevor die Heilszeit und mit ihr die Weltenwende anbricht[598]. Der Zeitpunkt des von Gott bestimmten εἰσέρχεσθαι des πλήρωμα τῶν ἐθνῶν limitiert und determiniert zugleich Israels πώρωσις, wobei – wie auch bei πᾶς Ἰσραήλ – das πλήρωμα nicht im Sinne numerischer Vollständigkeit (»alle Heiden«), sondern inkludierend als die durch göttliche Erwählung festgelegte eschatologische Fülle der ἔθνη zu verstehen ist[599]. Was als Beziehungsobjekt zu dem absolut stehenden εἰσέρχεσθαι gedanklich zu ergänzen ist[600], muß letztlich offenbleiben. Vom unmittelbar voraufgehenden Kontext her (11,16ff) wird man die dortige Ölbaum-Metaphorik als Deutehorizont beachten müssen. Durch ihr Einpfropfen in den Ölbaum und ihren dadurch gewährten Anteil an seiner fettspendenden Wurzel (v.17.19.24) finden die Heiden Zugang zur endzeitlichen

---

[597] Vergleichbar ist das Selbstverständnis der Qumranfrommen, 1QS 8,4f.10–13; 1QH 6,7f; 8,5–7; 1QM 13,8; 14,8f; CD 2,6; 6,2f.

[598] IVEsr 4,36f; 7,74; syrBar 42,6; 70,1f; LibAnt 3,2; 13,7f; 14,4, vgl. ferner Jes 40,12; Dan 9,24; Hi 28,25; 38,5; Weish 11,20; AssMos 12,4; syrBar 12,4; 21,20; 23,5; 24,2; äthHen 92,2; 93,13; 1QpHab 7,12f; Mk 1,15; Gal 4,4; Eph 1,10 und zur Sache W. HARNISCH, Verhängnis, 276–287; R. STUHLMANN, a.a.O. 40–45.

[599] An eine Totalität ist demnach nicht gedacht, wie etwa auch Röm 15,19.23 (vgl. 11,16) nahelegen. In diesem Fall wäre wohl πάντα τὰ ἔθνη zu erwarten. Daß das Eingehen des πλήρωμα τῶν ἐθνῶν nicht zuletzt aufgrund der paulinischen Evangeliumsverkündigung bereits im Gang ist, ist natürlich richtig. Aber aus 15,16 im Rückgriff auf Jer 3,14 zu folgern, Paulus sehe das Maß als erfüllt an, sobald er seine geplante Spanienmission erfolgreich abgeschlossen habe und die neugewonnenen Gläubigen ihren Anteil an der von den heidenchristlichen Gemeinden gesammelten Kollekte nach Jerusalem gebracht hätten, R. A. AUS, Plans, 232–262, bes. 234–237.260f, überzeugt nicht. Denn hier wird *einer* Etappe des eschatologischen Prozesses Abschlußcharakter zugebilligt.

[600] Im Anschluß an H. WINDISCH, Sprüche, 171f, entscheiden sich viele Ausleger für εἰς τὴν βασιλείαν. Weitere Varianten hat F. REFOULÉ aufgelistet, a.a.O. 82f. N. WALTER denkt an das Eingehen in den Heilsraum Gottes, den er durch Christus allen Menschen eröffnet hat, a.a.O. 182–185.

Heilsgemeinde Israel[601]. Dieser naheliegende Bezug spricht freilich nicht dagegen, der Apostel erinnere mit dem Stichwort εἰσέρχεσθαι an das Theologumenon von der eschatologischen Völkerwallfahrt der Heiden zum Zion[602]. Allein dessen Nennung in v.26b liefert einen deutlichen Hinweis. Freilich wird die in dem Theologumenon zum Ausdruck gebrachte Erwartung in eigentümlicher Weise abgewandelt. Nun ist es nicht mehr Israel, dessen Rettung eine attrahierende Funktion für die Heidenwelt ausübt, sondern umgekehrt bewirkt die durch die Verkündigung des Evangeliums den Heiden geschenkte σωτηρία, daß Israels Verstockung beendet und »ganz Israel« gerettet wird[603]. Doch trotz dieser Verkehrung des eschatologischen Fahrplans[604] bleibt das Grundanliegen der ursprünglichen Vorstellung bestehen. Beidemal werden Israel und die Heiden soteriologisch aufs engste aufeinander bezogen, mehr noch, sie bleiben heilsökonomisch aufeinander angewiesen.

Spätestens hier wird ersichtlich, daß der mit ἄχρι οὗ eingeleitete Temporalsatz weder unvermittelt begegnet noch etwas enthält, was seinen Adressaten völlig neu wäre. Denn bereits Inhalt und Duktus von 11,11ff nehmen entscheidende Gedanken vorweg. Kap. 10 ist vornehmlich der Beantwortung der aus der These von 9,31 erwachsenden Frage διὰ τί von 9,32aα gewidmet[605]. 11,11 setzt die in 9,32f gegebene Antwort mitsamt ihrer Explikation

---

[601] Es ist nur eine diesen Gedanken modifizierende Variante, keine Alternative, an das Eintreten in den Bund Gottes zu denken, so F. Refoulé, a.a.O. 83, der auf Dtn 29,11f verweist, zumal in 29,12 ausdrücklich auf die Väterverheißung abgehoben wird, die auch Paulus in Röm 11,18 vor Augen hat. Verfehlt ist m.E. B. Klapperts These, das εἰσέρχεσθαι impliziere die »*Teilnahme an und Hinzukommen der Völker zu der realisierten Erwählung von ganz Israel*«, Traktat, 82 (Kursivierung im Original). Diese Sicht scheitert exegetisch schon daran, daß die Wurzel von 11,16.18 *nicht* auch den Stamm und mit ihm »das sich dem Evangelium verweigernde Mehrheits-Israel mit umschließt«, wie B. Klappert meint, a.a.O. 92.

[602] Jes 2,2f; 49,22f; 66,18.23; Jer 3,17; Mi 4,1f; 7,12, vgl. Ps 48,3.11; 68,30.32; 76,11f; 102,14–16.22f; Sach 2,15; 8,21f; 9,10; 14,16–19; Jes 25,6–8; 54,15[LXX]; 60,5–16; Hag 2,6f; Tob 13,9–13, ferner PsSal 17,34f; Sib III 115–131.716–718.725f.772–775; TestDan 9,2; 10,5.9–11; TestBenj 9,2; äthHen 10,21; 48,5; 50,2–5; 90,33; syrBar 68,5; 1QM 12,13f; bAZ 3b; yYev 47b.109b; yQid 706; BemR 7,1f, weitere rabbinische Belege bei Bill III, 150–152.

[603] Von 11,25b her läßt sich die Auskunft M. Reses nicht halten, Paulus liege der Gedanke völlig fern, »die Rettung der Heiden sei in irgendeiner Weise die Voraussetzung für die Rettung auch der verstockten Mehrheit Israels«, a.a.O. 428. Genau dies ist die Meinung des Apostels.

[604] G. Theissen spricht hier ganz zutreffend von einem Rollentausch, Judentum, 338f. D. C. Allison, a.a.O. 23–30, erblickt in der Abfolge ein traditionelles eschatologisches Muster (1. Israel hat das von Gott gesetzte Ziel verfehlt und muß sich bekehren, 2. vor dem endzeitlichen Geschehen wird es sich bekehren, 3. wenn dies der Fall ist, wird das Ende kommen, vgl. TestDan 6,4; TestSim 6,2–7; TestJud 23,5; AssMos 1,18; syrBar 78,6f; IVEsr 4,38–43; bSan 97b; bShab 118b; bBB 10a; yTaan 63d; Act 3,19f; IIPetr 3,11f), dessen Grundstruktur von Paulus übernommen und abgewandelt worden sei.

[605] Vgl. oben 164.

in Röm 10 voraus und knüpft daran an, nun aber ausschließlich auf die λοιποί von 11,7 bezogen, die von Gott verstockt wurden. Vehement bestreitet Paulus, der Zweck ihres Strauchelns sei, daß sie endgültig zu Fall kämen. So wenig die Verheißungen Gottes an sein Volk überholt sind, so wenig bedeutet Israels Fall seinen definitiven eschatologischen Untergang. Schon deswegen nicht, weil Paulus der Gedanke fernliegt, Israels Nichtglauben als Konsequenz seiner Verstocktheit und diese wiederum als eine sich in ihr manifestierende Wirkung seiner Schuld aufzuweisen[606]. Effektive Folge des τὸ αὐτῶν παράπτωμα[607] ist die σωτηρία für die Heiden (v.11b), damit diese Israel, genauer, seine nichtglaubende Mehrheit, eifersüchtig machen. Wie wenig Paulus einer Substitution Israels das Wort redet, stellt das παραζηλοῦν klar. Selbst das παράπτωμα birgt eine zwar jetzt noch rätselhafte, für Israel letztlich aber positiv zu Buche schlagende Bewegung in sich[608]. Und dieser Vorgang steht, wie bereits 10,19 (zit. Dtn 32,21) andeutet, im Einklang mit der Schrift.

11,12 wiederholt die in v.11 anklingende Heilsabsicht Gottes gleich zweifach und verstärkt sie. Das Zu-Fall-Kommen Israels am λίθος προσκόμματος (9,33a[Jes 8,14]) wird zum Reichtum für den κόσμος, d.h. für die Heiden[609]. Das ἥττημα[610] im zweiten Teil der doppelten Protasis von v.12 ist Kontrastbegriff zu παράπτωμα. Schon deswegen dürfte der in ἥττημα enthaltene qualitative Aspekt mitschwingen[611]. Doch liegt auf ihm nicht der eigentliche Ton. Versteht man τὸ πλήρωμα αὐτῶν in der Apodosis (v.12) von 11,25 her – dort analog zu πᾶς Ἰσραήλ (v.26a) gebraucht –, erheben sich gegen eine Interpretation des ἥττημα mit *ausschließlich* qualitativer Bedeutung Bedenken. Daher dürfte es stärker quantitativ aufzufassen sein. Das in der Gegenwart nicht realisierte, einem künftigen Rettungsakt vorbehaltene πλήρωμα Israels als Heilsgemeinde, die an der Vollzahl gemessen jetzige *Verminderung* der zum Heil geführten Juden, bewirkt den πλοῦτος ἐθνῶν. Wenn aber, so der folgende Qal-Wachomer-Schluß, schon Israels bis auf einen Rest reduzierte Anzahl der Glaubenden den Reichtum der Heiden nach sich zieht, was für einen Reichtum bedeutet dann erst Israels Vollzahl, und zwar als Glaubensgemeinde Jesu Christi. Über den Modus dieses Geschehens äußert sich Paulus an dieser Stelle noch nicht. Ebensowenig gibt er schon hier seine defi-

---

[606] Gegen M. WOLTER, EWNT III 79. Zutreffend hingegen M. THEOBALD, Röm 9–11, 10 und 19 mit Anm. 34; F. MUSSNER, Bund, 43. Der Sache nach sind IIKor 2,15f und 4,3f zu vergleichen.

[607] Das Pronomen steht für die λοιποί.

[608] E. STEGEMANN, a.a.O. 292.

[609] πλοῦτος κόσμου und πλοῦτος ἐθνῶν bilden in v.12 einen synonymen Parallelismus und interpretieren sich wechselseitig.

[610] Im Neuen Testament nur noch IKor 6,7, alttestamentlich Jes 31,8[LXX].

[611] H. LIETZMANN, 103; E. KÄSEMANN, 292; H. SCHLIER, 329f.

nitive Gewißheit des Daß preis. Doch deutet bereits das emphatische μὴ γένοιτο mit dem nachgestellten ἀλλά (vgl. 7,7.13) in v.11 an, daß Israels jetzige Situation keineswegs als ein unveränderlicher Status quo festgeschrieben ist. Auch das ἥττημα impliziert die zeitliche Limitierung der von Gott verhängten πώρωσις, als deren Zielpunkt die Vollzahl schon in den Blick kommt (v.12). Diese Möglichkeit der Veränderung ist ebenfalls in v.13f angelegt. In direkter Anrede (ὑμεῖς) wendet sich Paulus an die Heidenchristen[612]. Die apostolische Sendung zu den Heiden ist zugleich, wenn auch auf Umwegen, ein missionarischer Dienst zugunsten seiner συγγενεῖς κατὰ σάρκα (9,3). Indem er ihnen ein »Nicht-Volk« (10,19b, vgl. 9,25) vor Augen hält, das die Eifersucht Israels wecken soll (10,19b[Dtn 32,21]; 11,11.14), erfüllt Paulus auch einen Dienst an den Juden[613].

Mit v.15 wird der in v.11f beginnende Gedankengang weiterverfolgt. Hier wie dort stehen die Heilsteilhabe der Heiden und die Verweigerung des rettenden Glaubens durch Israel in einem engen, wechselseitigen Verhältnis. Durch Israels ἀποβολή[614] rücken die Heiden gleichsam auf, ohne jedoch einfach an Israels Stelle zu treten. Mit dem von ihm verwendeten Bild vom Lauf mit jeweils wechselndem Vorsprung, das sich bereits in 9,30–33 ankündigt[615], bewegt sich Paulus theologisch auf der Basis, die er in Röm 1,18–3,20 und in Kap. 4 breit dargelegt hat. Gottes ἐπαγγελία gilt von Beginn an und universal dem *Glaubenden*, d.h. dem σπέρμα Ἀβραάμ (4,12f.16). Doch ebenso gilt, daß Gott die *ganze* Menschheit, Juden wie Heiden, unter die Sün-

---

[612] Vom Kontext her dürfte ἔθνη exklusiv gemeint sein und nicht die römische Christenheit *insgesamt* als Heidenkirche bezeichnen.

[613] Ob man diesen Dienst, d.h. die Evangeliumsverkündigung, Mission nennt oder nicht, ist unerheblich. Konnotiert man nicht die üblicherweise mit ihm verbundenen Vorstellungen aus der Missionsgeschichte des 19. und der ersten Hälfte des 20. Jahrhunderts, ist der Begriff von 11,25b her sicher nicht falsch, vgl. auch Röm 11,13f; Gal 2,7–9; IKor 9,20. Zur Sache s. B. W. LONGENECKER, a.a.O. 103f; I. BROER, a.a.O. 29.

[614] Mit der Mehrzahl der Kommentatoren verstehe ich αὐτῶν als einen Genitivus objectivus. Das von H. KREMERS, Judenmission, 45f, vertretene subjektive Verständnis ist sprachlich wie sachlich verfehlt. Sprachlich, weil in diesem Fall ein ergänzendes Objekt gefordert wäre, H. G. LIDDELL/R. SCOTT, Lexicon, 193. Sachlich, weil der weitere (11,7: οἱ δὲ λοιποὶ ἐπωρώθησαν, vgl. 9,27–29; 10,19–21) und der engere Kontext (das Antonym πρόσλημψις) entschieden für einen Genitivus objectivus sprechen. Das paulinische Hapaxlegomenon ἀποβολή bedeutet hier – anders als in Act 27,22, wo es den Verlust des Lebens bezeichnet – Verwerfung, vgl. die *sachlich* identische Opposition πρόσλημψις/ἐκβολή in Sir 10,21. V. JEGHER-BUCHERS Vorwurf, in der Übersetzung »Verwerfung« artikuliere sich ein beschämender Antijudaismus, Erwählung, 329f, trifft in Wahrheit Paulus selbst, der ja gerade diesen Gedanken in 9,6ff expliziert und ihn in 11,11ff als zeitlich befristetes Schicksal Israels zugunsten der Heiden begründet hat, vgl. D. ZELLER, Mission, 240, sowie die bei O. HOFIUS notierte Stelle MPs § 22,7 zu v.2ff: »Auf (Gottes) Zorn folgt alsbald (seine) Gnade, auf Fall Aufrichtung«, a.a.O. 186 Anm. 40.

[615] Hierzu G. THEISSEN, a.a.O. 336.338f.

de beschlossen hat[616]. Weil die an Abraham ergangene Verheißung von jeher universale Gültigkeit besaß, ist das Hinzukommen der Heiden kein Sekundärphänomen infolge von Israels Unglaube. Vielmehr sind die Heiden, wie Paulus Röm 3,21 mit anderen Worten bekräftigt, in dem für ihn konstitutiven Verheißungstext Gen 12,3b (vgl. 18,18b; 22,18; 26,4; 28,14) eingeschlossen (vgl. Gal 3,6–9.14). Erst wenn man diese Ausgangslage in Rechnung stellt, wird 11,11–15 im Kontext des Argumentationsgefälles von 11,11–32 evident. Zugleich wirft 11,11–15 ein erstes Licht auf 11,30–32. Die Abraham gewährte Verheißung, der λόγος τοῦ θεοῦ (9,6a, vgl. 3,2), läßt den Unglauben der Mehrheit Israels dem Evangelium gegenüber als einen vorläufigen und befristeten Zustand erkennen (vgl. IIKor 3,16), der ebenso wie die ἀπείθεια der Heiden überwunden wird (11,30f). Auch das Eingehen der Heiden und dessen Relation zur Verstockung Israels wird in 11,25b also keineswegs unvermittelt von Paulus eingeführt. Der heilsökonomische Sinn des damit verfolgten göttlichen Plans kommt schon in 11,11–15 hinreichend klar zur Geltung, wenngleich hier eher diskursiv entfaltet als thetisch formuliert. *Neu* ist nur die in 11,25b gegebene *Ziel-* und *Zeitangabe* der von Gott verfügten πώρωσις.

Wie verhält es sich mit dem Satz, in dem viele Ausleger die »eigentliche Heilsankündigung«[617] erblicken: πᾶς ᾽Ισραὴλ σωθήσεται? Der vorhergehende Halbvers thematisiert sowohl den Ermöglichungs- als auch den Realgrund für die Rettung ganz Israels, da Gott das Subjekt der Verstockung Israels und Urheber des sich seinem rechtfertigenden Handeln (vgl. 4,5) verdankenden εἰσέρχεσθαι der Heiden ist. Dem entspricht, daß in der Ansage πᾶς ᾽Ισραὴλ σωθήσεται Israel zwar als das grammatische, Gott aber als das logische Subjekt fungiert. M.E. bietet auch 11,26b keine Perspektive, die von dem zuvor anklingenden Grundtenor der eschatologischen Hoffnung für Israel grundsätzlich differiert. Diese Sicht wird freilich von denen bestritten, die das σῴζεσθαι konditionieren. Einem verbreiteten exegetischen Urteil zufolge müsse ihm Israels Glauben als Antwort auf die Verkündigung des Evangeliums, d.h. seine Bekehrung, vorausgehen[618]. Jedoch ist zu fragen, ob die zugunsten dieser Interpretation immer wieder herangezogenen Verse 11,23f (vgl. 11,20) hergeben, was sie beweisen sollen. Sie stehen innerhalb des paränetischen Abschnitts 11,13–24. Wie der allgemein gehaltene, warnende Unterton in v.20.22 und die ab v.17b durchgängig in der 2. Pers. Sing. formu-

---

[616] 1,18ff; 2,1ff; 3,9 (mit der anschließenden Zitatenkette); 7,14.20; 8,7f.

[617] Exemplarisch U. B. MÜLLER, a.a.O. 227.

[618] TH. ZAHN, 524; O. KUSS, 794; E. KÄSEMANN, 292.295.297; H. SCHLIER, 327f; E. GRÄSSER, Heilswege, 228; F. HAHN, a.a.O. 228f; G. LÜDEMANN, a.a.O. 33f. Unbestimmt bleibt T. HOLTZ, a.a.O. 323. Auch er spricht von Israels Bekehrung, sieht sie aber »ganz als Tat Gottes«, und zwar als die von ihm gewirkte »glaubende Annahme des Evangeliums, dessen Inhalt Christus ist«.

lierte Anrede nahelegen, richtet er sich vornehmlich an die Heidenchristen (ἔθνη, v.13)[619]. Die ab v.16b leitmotivisch entwickelte Ölbaum-Metaphorik spielt bei der Lösung des Problems eine wesentliche Rolle. Sie treibt den Gedanken von 11,11–15 weiter, daß eine Interdependenz besteht zwischen der nichtgläubigen Mehrheit Israels und der Heilsteilhabe der Heiden. Die eingepfropften wilden Zweige, d.h. die Glaubenden aus den Heiden, sind wohl an die Stelle der ausgebrochenen natürlichen Zweige, des nichtgläubigen Israels, getreten. Doch besteht für die Heidenchristen kein Grund zum Hochmut (v.20). Wie Gott die eingepfropften Zweige auch wieder abhauen kann, so kann er erst recht die natürlichen Zweige, die um der eingepfropften willen vom Stamm entfernt wurden, wieder einpfropfen. Und das wird er tun, sofern sie nicht länger in ihrer ἀπιστία verharren (v.23f).

Die Heilsverheißung für πᾶς Ἰσραήλ, die v.26a offen ausspricht, scheint von v.23 her in der Tat durch die πίστις konditioniert zu sein. Als deren Voraussetzung wird in dem rückläufigen Kettenschluß von 10,14f das Hören des Evangeliums genannt (vgl. 10,16f; IKor 15,11; IThess 2,13). Doch fallen gleich mehrere Einwände ins Gewicht. Zunächst ist das Gefälle von v.23 zu v.24 zu beachten. Die Anrede in v.24 gilt den Heidenchristen und ist im Aorist formuliert: du bist eingepfropft worden (ἐνεκεντρίσθης). Und dieser Akt verdankt sich ausschließlich Gottes gnädigem Heilshandeln, wie das betonte παρὰ φύσιν unterstreicht[620]. In einem Qal-Wachomer-Schluß überbietet Paulus die sich in v.23 noch verhalten abzeichnende *Möglichkeit* (δυνατὸς γάρ ἐστιν) der zeitlich befristeten Verstockung Israels, die wenig später in v.25b als Gewißheit begegnet, indem er Israels künftiges Geschick mit dem im Gang befindlichen Rettungshandeln Gottes an den Heiden parallelisiert, und zwar in indikativischer Form. Wenn schon Heiden zum Glauben kamen und dadurch in den edlen Ölbaum eingepfropft wurden, um wieviel mehr *wird* Gott Israel wieder *einpfropfen*. Die Korrespondenz zu dem πρῶτον von 1,16 (vgl. 2,9f)[621] sowie zu den in 3,1f; 9,4f festgehaltenen Auszeichnungen Israels ist unübersehbar[622].

---

[619] Es ist jedoch Vorsicht geboten, aus diesem Befund eine generelle Aussage über das Verhältnis von Christen und Juden abzuleiten und auf seiner Basis eine ganze Israeltheologie zu entwickeln. Wer von dem in 11,13–24 angeschlagenen Ton auf eine prinzipielle Kirchenkritik schließt, systematisiert nicht nur in unzulässiger Weise einen seines Kontexts entkleideten Abschnitt. Er forciert zudem eine falsche Alternative. Denn nicht zuletzt aus 9,24 wird ersichtlich, daß die römische Gemeinde sich aus Juden- *und* Heidenchristen zusammensetzte, die der Apostel auf ihre *gemeinsame* Verantwortung hin anredet. Zur Sache s. W. SCHRAGE, Ja und Nein, 129–132; E. BRANDENBURGER, a.a.O. 9; T. HOLTZ, a.a.O. 319f.

[620] Sollten die beiden Dative in 11,20 modalen, nicht kausalen Sinn haben (vgl. Röm 4,20; IIKor 1,24), fände sich hierfür eine zusätzliche Stütze.

[621] Vgl. J. P. SAMPLEY, a.a.O. 329–332.

[622] Vgl. auch das betonte πρῶτον in Act 3,26 (hier zudem verbunden mit der Abrahamsverheißung Gen 12,3 in 3,25) und Act 13,46.

Der Indikativ von v.24b entscheidet im Verein mit den drei futurischen Verben von v.26 über den Sinn des ἐὰν μὴ ἐπιμένωσιν τῇ ἀπιστίᾳ (v.23a). Zumeist erblickt man in dieser Wendung eine Bedingung, die seitens Israels zu erfüllen ist. So dient der Vers J. BECKER als Beleg dafür, Paulus deute mit keinem Wort an, »Israel würde unabhängig vom Evangelium ein letztes Heilsangebot erhalten ... Wie die Heiden aufgrund des Evangeliums auf den Weinstock aufgepfropft wurden, so kann es bei Aufgabe des Unglaubens auch wieder Israel geschehen«[623]. Die dieser Interpretation zugrundeliegende Annahme, Israel könne, wie der Mensch überhaupt, als verantwortliches Subjekt auf das Evangelium in freier Glaubensentscheidung antworten[624], widerstreitet jedoch der von Paulus im ersten Briefteil entfalteten anthropologischen Sicht. Vor allem Röm 7 dient dem Nachweis, daß der Mensch aufgrund seiner sarkischen Existenz radikal der Sünde verfallen ist (7,14, vgl. 5,12ff), von ihr beherrscht wird (7,17.20, vgl. auch 3,9.23; 11,32; Gal 3,22) und sich dem Gesetz Gottes nicht nur faktisch entgegenstellt (τὸ φρόνημα τῆς σαρκὸς ἔχθρα εἰς θεόν, τῷ γὰρ νόμῳ τοῦ θεοῦ οὐχ ὑποτάσσεται, 8,7a.b), sondern ihm qua σάρξ prinzipiell nicht gehorchen *kann* (οὐδὲ γὰρ δύναται, 8,7c). Will man Paulus nicht unterstellen, er habe sich in dieser anthropologisch und, was den Inhalt des Glaubens anbelangt, christologisch und damit soteriologisch fundamentalen Frage innerhalb weniger Kapitel in einem unlösbaren Widerspruch verfangen, wird man in der Aufhebung der ἀπιστία Gottes eigenes, durch den Parusiechristus (11,26b) sich vollziehendes Handeln an Israel erblicken müssen[625]. Daß Gott selbst den Israel zum Heil führenden Glauben schafft, stimmt kontextgemäß mit dem futurischen Passivum divinum ἐγκεντρισθήσονται (v.24b) überein und findet schließlich seine Bestätigung in Röm 1,16.17a; IKor 1,21; Phil 2,13; IThess 1,8, vgl. Kol 2,12. M.a.W., der Glaube konditioniert nach 11,23 nicht Israels Heil, sondern er ist der von Gott verfügte *Modus* seiner σωτηρία.

Eine auffällige Sachparallele zu Röm 11,23 bietet IIKor 3,16. Zuvor hat Paulus erklärt, »bis heute liegt, wann immer[626] Mose (sc. die Tora) verlesen wird, eine Decke auf ihren Herzen« (v.15). Damit geschieht ἄχρι γὰρ τῆς σήμερον ἡμέρας (v.14a), was bereits der Generation des Exodus widerfuhr. Der Grund lag und liegt darin, daß ihre νοήματα von Gott verstockt (ἐπωρώθη) wurden (v.14a). Wenn es dann in v.16 heißt:

---

[623] A.a.O. 501. Ganz ähnlich argumentiert U. SCHNELLE, Wandlungen, 84f. Seine Auskunft, das σωθήσεται des Jesaja-Zitats in Röm 9,27 präjudiziere das Verständnis des σωθήσεται in 11,26a, ist wegen der Asymmetrie zwischen den Bezugswörtern ὑπόλειμμα in 9,27 und dem πᾶς Ἰσραήλ in 11,26a nicht stichhaltig.

[624] Vgl. R. BULTMANN, Theologie, 315–317.

[625] Vgl. O. HOFIUS, a.a.O. 188 mit Anm. 48. Zutreffend auch M. RESE, a.a.O. 428: »Gottes Macht beendet den Unglauben der verstockten Juden, nicht jedoch sie selbst; so wie Gott das Subjekt ihrer Verstockung war (v.7–10), so wird er auch das Subjekt der Aufhebung ihrer Verstockung sein«.

[626] Zu ἡνίκα ἄν mit Konj. Praes. vgl. Lev 10,9; Prov 3,27; 6,22; Ez 32,9.

ἡνίκα δὲ ἐὰν ἐπιστρέψῃ[627] πρὸς κύριον, περιαιρεῖται τὸ κάλυμμα, ist ebensowenig wie in Röm 11,23 von einer Bekehrung Israels bzw. der Synagogengemeinde die Rede[628], sondern, wie das μεταμορφούμεθα ἀπὸ δόξης εἰς δόξαν in v.18b klarstellt, von einem schöpferischen Geschehen (καινὴ κτίσις, IIKor 5,17, vgl. Gal 6,15), das der lebendig-machende Geist (3,6b, vgl. 3,3.18b) und damit Gott selbst bewirkt (IIKor 5,18a: τὰ δὲ πάντα ἐκ τοῦ θεοῦ).

Wie steht es mit dem Urteil, Israel erhalte »unabhängig vom Evangelium«, d.h. abgesehen von der im Wort der apostolischen Verkündigung ergehenden Christusbotschaft, kein »letztes Heilsangebot« mehr? Die Antwort der meisten Ausleger fällt, wie gesagt, bejahend aus. Begründet wird sie mit dem ausdrücklichen Verweis auf den unmittelbaren Kontext, speziell auf 11,12.15.23f.31f. Doch gerade die Einbeziehung aller drei Kapitel führt zu einem anderen Resultat, wie vor allem 10,8–17 lehrt. In diesem Abschnitt differenziert Paulus zwischen der im Wort ergehenden Predigt, der Verkündigung, und dem Evangelium. Das εὐαγγέλιον von 10,16a ist identisch mit dem ῥῆμα Χριστοῦ (v.17b). Von ihm zeugt die ἀκοή derer, die mit der Verkündigung (κηρύσσειν, 10,8.14f)[629] des ῥῆμα (10,8) und damit des λόγος (Phil 1,14; IThess 1,6)[630] bzw. des εὐαγγέλιον[631] beauftragt und zu seiner Ausrichtung gesandt sind (Röm 10,15a). Sind demnach der *Inhalt* des Evangeliums – die von *Gott* in Christus beschlossene σωτηρία[632] – und die zum Glauben führende ἀκοή (Röm 10,16b.17a) – die apostolische Missionspredigt (vgl. Gal 3,2.5; IThess 2,13) – nicht einfach gleichzusetzen, so gewiß diese in jenem unmittelbar verankert ist und es mitteilt[633], wird man die den Ungehorsam Israels aufhebende Begegnung mit dem Evangelium und also mit Christus selbst nicht kerygmatisch pressen dürfen. Vielmehr sagt Röm 11,26 unzweideutig, daß es der zur Parusie kommende Christus ist, der die Gottlosigkeit von Jakob hinwegschaffen und Israel den Heil wirkenden Glauben schenken wird[634]. Durch diese Differenzierung zwischen dem Evangelium als dem der Verkündigung immer vorgegebenen, exklusiv an Christus gebundenen Gotteswort und der apostolischen Predigt wird die vermeintliche Diskrepanz zwischen 11,23f und der hier vorgetragenen Interpretation von 11,25b.26a gegenstandslos.

---

[627] Zur Konstruktion vgl. Gen 24,41; Ex 13,5; 33,22; Dtn 25,19; Jos 24,20; Ez 33,33.

[628] So deuten u.a. E. GRÄSSER, a.a.O. 228; U. SCHNELLE, a.a.O. 85.

[629] Vgl. ferner IKor 1,21; 2,4; 15,14.

[630] In 10,8 ist die Wahl des Wortes ῥῆμα durch die Zitatvorlage Dtn 30,14 bedingt.

[631] Röm 1,16; 10,16; 11,28; IKor 4,15; 9,14.18.23; 15,1; IIKor 8,18; Gal 1,11; 2.2.5.7.14; Phil 1,5.7.12.16.27; 2,22; 4,3.15; IThess 2,4; Phlm 13.

[632] Deshalb fügt Paulus oftmals den Urheber des εὐαγγέλιον bzw. des λόγος bei, Röm 1,1; 15,16; IKor 14,36; IIKor 2,17; 4,2; 11,7; IThess 2,2.8f.13.

[633] Vgl. zum folgenden die Erwägungen bei O. HOFIUS, Wort, 150–154.

[634] Mit Recht weist M. THEOBALD darauf hin, daß auch Paulus auf diesem Weg, nämlich durch eine ἀποκάλυψις des gekreuzigten und auferweckten Gottessohnes (Gal 1,15f), zum Glauben fand, nicht aber aufgrund der Predigt, a.a.O. 13 und 21 [Anm. 51].

Die paulinischen Ausführungen in Kap. 4 erlauben es, noch einen Schritt weiterzugehen. Denn bereits hier ist Gottes Plan mit seinem erwählten Volk vorgeschattet. Retrospektivisch gesehen, von 11,26a her, bilden die einleitenden Verse ein Widerlager zum Israelmysterium. In 4,1–5.9–12 greift Paulus gezielt auf Abraham zurück, um ihn und die Verheißung Gottes an ihn für die Rechtfertigung des Gottlosen aufgrund der πίστις (4,3.5, vgl. 5,6) in Anspruch zu nehmen. Dadurch wird mit Hilfe Abrahams der schriftgemäße Nachweis für die in 3,21ff und vor allem in 3,27–30 entfalteten Aussagen geführt[635]. Nachdem er in 9,5 die πατέρες als ein weiteres Beispiel für die einzigartigen Treueerweise Gottes gegenüber Israel genannt hat, geht Paulus in 9,7–13 an den Erzvätern Abraham, Isaak und Jakob entlang[636] und schließt mit Mose sowie den Propheten Hosea und Jesaja an (9,14–29). Sie belegen, daß sich Gott immer schon als der erwählende und rechtfertigende, darin aber zugleich als der freie Gott (9,18, vgl. 9,11–13) gezeigt hat[637]. Stellt der Apostel damit auf der einen Seite heraus, »daß Gott sein Volk bereits und gerade in den Vätern zur Rechtfertigung der Gottlosen erwählt hat«[638], macht auf der anderen Seite die betonte Wiederaufnahme (vgl. 9,7.12) des καλεῖν in 9,24 unmißverständlich klar, daß Gott in der Gegenwart, und zwar jetzt auf den Rest (v.27) und die Heiden bezogen (v.25f), in gleicher Weise handelt. Im Blick auf das noch heilsferne Israel wird dieser Gedanke in 11,28 in heilsgeschichtlicher Terminologie ausgedrückt (διὰ τοὺς πατέρας), deren christologisch-soteriologischen Referenzrahmen jedoch 11,26 betont herausstellt.

Ich ziehe ein Fazit. Versteht man unter μυστήριον[639] ein Geheimnis, dessen Wesen den Menschen ebenso unbekannt wie unzugänglich ist und das sich ihnen nur in einem Akt der Offenbarung enthüllt[640], trifft diese Definition auf den Komplex Röm 11,25b-27 nur in eingeschränktem Sinn zu. Was Paulus in ihm den römischen Christen mitteilt, eröffnet ihnen nach der bishe-

---

[635] Vgl. oben Abschnitt 5.1.3.

[636] Vgl. die parallele Reihung in dem Geschichtsrückblick IVEsr 3,13–16.

[637] Vgl. J. DUGANDZIC, a.a.O. 282.

[638] P. STUHLMACHER, a.a.O. 564. Zwar begegnet ἀσεβής in diesem Zusammenhang nicht, wie H. HÜBNER einwendet, a.a.O. 24. Doch steht dieser Gedanke zweifelsohne im Hintergrund. Darauf deutet schon die Nennung Abrahams hin, der in 4,5 als ἀσεβής bezeichnet wird.

[639] Im klassischen Griechisch wird immer der Plural gebraucht, H. G. LIDDELL/R. SCOTT, Lexicon, 1156. Erst in hellenistischer Zeit erscheint der Singular, vgl. Menander, Monostichoi (ed. MEINEKE, frag. 4,340); Schol. Aristophanes, Lys 645. Auch inschriftlich begegnet er spät, MAMA 4 (ed. BUCKLER/CALDER) 281, datiert um 460 v.Chr.; IG I², 6 = DITTENBERGER, Sylloge I³, Nr. 42b (es handelt sich hier um eine Kultsatzung). Vgl. auch Heraklit, frag. 14 bei H. DIELS, FVS 81 = Clemens Alexandrinus, Protr II 22,1; Herodot 2,51,17 – 52,1 (p. 64,10f ed. STEIN), dort auf die samothrakischen Mysterien bezogen. Siehe ferner SEG 12 (1955) Nr. 12 = F. SOKOLOWSKI, Lois, 1 (Volksbeschlüsse über die großen und kleinen Mysterien).

[640] Hierzu und zur Etymologie von μυστήριον s. O. KERN, PRE XVI,2 1209f; G. BORNKAMM, ThWNT IV 810; D. SÄNGER, Mysterien, 96–98.

rigen Lektüre des Briefs keineswegs eine *gänzlich* neue oder überraschende Einsicht. Gleiches gilt hinsichtlich der Illustration des καὶ οὕτως in 11,26f. Sie erscheint weder unvermittelt noch abrupt. Denn die Relation zwischen der Verstockung Israels und dem Eingehen der Heiden einerseits zur Rettung von πᾶς Ἰσραήλ andererseits schreibt exakt die Linie fort, die Paulus schon in 11,11–15 und 11,23f ausgezogen hat[641]. Das für die Adressaten *Neue* des μυστήριον besteht demnach nicht in dem in Gottes Ratschluß (vgl. 9,11b) verankerten Daß der Rettung ganz Israels. Es beschränkt sich auf den Sinn und die Funktion von Israels πώρωσις. Die Verstockung dient a) dem εἰσέρχεσθαι des πλήρωμα τῶν ἐθνῶν und ist b) definitiv zeitlich befristet, bis das von Gott gesetzte Maß der Heilsteilhabe der Heiden erfüllt ist[642].

5.2.2.3 Röm 11,25b-27 – ein himmlisches Offenbarungswissen?

Läßt sich die Eigenart des μυστήριον noch genauer erfassen? Paulus leitet 11,25b-27 mit der Litotes οὐ γὰρ θέλω ὑμᾶς ἀγνοεῖν[643] ein und charakterisiert das folgende als ein Geheimnis[644]. Diese Nomenklatur hat zu dem weitgehenden Forschungskonsens geführt, wir hätten es hier mit einer Paulus zuteil gewordenen »apokalyptische(n) Offenbarung«[645], einem dem menschlichen Wissen wesenhaft entzogenen »eschatologische(n) ›Geheimnis‹«[646] zu tun, »known only through divine impartation«[647]. Mit diesem allgemein ge-

---

[641] Zutreffend H.-M. Lübking, a.a.O. 145.269 mit Anm. 978; I. Broer, a.a.O. 23, und E. E. Johnson, a.a.O. 161f, die eine durchgängige Linie von 9,22f über 10,19, 11,11–15 und 11,16–24 zu 11,25f erkennt. Vgl. auch E. Käsemann, 292: Röm 11,15 nimmt »das Motiv des πᾶς Ἰσραήλ von 26 in seiner eschatologischen Modifikation« vorweg.

[642] Präzise ist zu sagen: nicht allein auf dieser Verflechtung liegt der eigentliche Akzent des Mysteriums, sondern er liegt im Aufdecken des Israels σωτηρία vorbedingenden Modus und damit auf der genauen Angabe des Zeitpunkts, wann die Verstockung ein Ende haben wird, vgl. R. Hvalvik, a.a.O. 99; K.-W. Niebuhr, a.a.O. 146[mit Anm. 46].153.178. Mißverständlich bestimmt H.-M. Lübking die paulinische Intention, wenn er das μυστήριον »auf den eschatologischen Sinn des gegenwärtigen Unheils Israels« antworten läßt, a.a.O. 123. Dann könnte die Klimax auch in dem εἰσέρχεσθαι der Heiden liegen.

[643] Vgl. Röm 1,13; IKor 10,1; 12,1; IIKor 1,8; IThess 4,13. Sie läßt sich paraphrasierend wiedergeben mit »es liegt mir sehr daran, daß Ihr zur Kenntnis nehmt«, J. Jeremias, Beobachtungen, 194f. Auf die Einleitungsformel muß nicht notwendigerweise ein bisher unbekannter Sachverhalt folgen, wie IKor 10,1; 12,1 belegen.

[644] Abgesehen von dem wahrscheinlich sekundären Briefschluß in Röm 16,25 begegnet der Singular im Corpus Paulinum nur noch IKor 2,1.7; 15,51, hier ebenfalls absolut gebraucht.

[645] G. Lüdemann, a.a.O. 34.

[646] O. Hofius, Israel, 188, vgl. U. Luz, a.a.O. 288.

[647] J. M. G. Volf, a.a.O. 177, vgl. S. Kim, Origin, 85; K. O. Sandnes, a.a.O. 180. Die apokalyptische Interpretation hinterläßt auch bei denen Spuren, die Paulus' Sprache und Vorstellungshorizont nicht durchgehend apokalyptisch geprägt sein lassen, vgl. J. C. Beker, Apostle, 23–36; E. E. Johnson, a.a.O. 6–23 (zu Röm 9–11 bes. 124–131); M. A. Getty, a.a.O. 460. Im übrigen ist zu beobachten, daß im Kontext des Mysteriums *Eschatologie* (deren Konstitutivum die durch göttliches Eingreifen herbeigeführte Wende zum Besseren ist)

haltenen Nenner erschöpfen sich aber schon die Gemeinsamkeiten. Die Differenzen beginnen dort, wo die Fragen nach dem Ursprung und der spezifischen Eigenart des μυστήριον gestellt werden[648]. Während S. KIM es als Integral der Damaskusepiphanie interpretiert und es damit seiner übergreifenden These von der dort erfolgten Geburtsstunde der paulinischen Theologie einordnet[649], sucht U. B. MÜLLER die Lösung in einer anderen Richtung. Er hält das μυστήριον für einen prophetischen Ausspruch, mit dem Gott auf das interzessorische Gebet des Apostels (9,2f; 10,1) antwortet[650]. Dieser Vorschlag hat nicht zuletzt deshalb Anklang gefunden, weil er den inneren Spannungen von Röm 9–11 Rechnung zu tragen versucht[651] und das »prophetische Heilswort« von 11,25f mit dem »prophetischen Gerichtswort« von IThess 2,15f kontrastiert. Dieses sei nun durch jenes für ungültig erklärt[652].

S. KIMS Auffassung scheitert m.E. an Röm 9,1–3 und 10,1. Es bliebe völlig rätselhaft, warum sich Paulus derart besorgt und voller Trauer über Israels gegenwärtige ἀπιστία zeigte, wenn er schon seit seiner Berufung zum Heidenapostel über das eschatologische Geschick seines Volkes im Sinne von 11,26a Bescheid wußte[653]. Gegen U. B. MÜLLERS Vorschlag spricht, daß Funktion und Kontext des Abschnitts 11,25b-26 dessen Charakterisierung als »tröstende(s) Heilswort« widerstreiten. Er ist eingebettet in die 11,13 beginnende Paränese (vgl. v.18a.20b), selbst explizit paränetisch ausgerichtet (ἵνα μὴ ἦτε παρ' ἑαυτοῖς[654] φρόνιμοι, v.25αβ) und an die *Heidenchristen* adressiert (11,13a). U. B. MÜLLER ist diese Schwierigkeit nicht entgangen, denn er

---

und *Apokalyptik* (in deren Zentrum die Mitteilung himmlischer Geheimnisse steht) zumeist promiscue gebraucht werden.

[648] Vgl. den Überblick bei S. KIM, a.a.O. 85–92.

[649] Paulus »heard the mystery of Rom 11,25f. together with God's call to the Gentile apostleship on the Damascus road and later found in Isa 6 and 49,1–6 their confirmation«, a.a.O. 95, vgl. 94–99.

[650] A.a.O. 229–232.

[651] U. WILCKENS II, 254. Nach J. D. G. DUNN stand diese Antwort für Paulus schon lange vor der Abfassung des Röm fest und war die eigentliche Triebfeder seines Heidenapostolats, Romans B, 678f. Aufgenommen und weitergeführt wurde U. B. MÜLLERS These von K. O. SANDNES, a.a.O. 175–180. Auch D. ZELLER und H. MERKLEIN, a.a.O. 424f, bestimmen das μυστήριον als einen Prophetenspruch, wobei sich D. ZELLER wie U.B. MÜLLER Röm 9,2f und 10,1 als die reale Situation vorstellt, »in der dem Apostel eine solche Offenbarung zukommen konnte«, a.a.O. 253, vgl. 249f.

[652] A.a.O. 230. Darin trifft er sich mit vielen anderen, vgl. nur O. HOFIUS, a.a.O. 189f (»grundstürzende Revision seines eigenen Urteils«); H. RÄISÄNEN, a.a.O. 2925; U. SCHNELLE, a.a.O. 85f. Auf der Gegenüberstellung beiden Passagen basiert B. NOACKS Urteil, über die Lösung des Israelproblems habe Paulus erst während des Diktats von 11,13–36 Gewißheit erlangt, a.a.O. 165f.

[653] Darüber verliert auch J. D. G. DUNN kein Wort.

[654] Von der äußeren Bezeugung her ist keine sichere Entscheidung möglich, ob παρ' ἑαυτοῖς, ἐν ἑαυτοῖς oder nur der einfache Dativ zu lesen ist. Trotz des denkbaren Einflusses von Röm 12,16 und Prov 3,7a folge ich dem von NESTLE/ALAND (26. Aufl.) und GNT gebotenen Text.

hält 11,25f für ein »Trostwort«, das »primär ... Paulus selbst« gilt[655]. Doch auch mit dieser Auskunft ist der ἵνα-Satz nicht vereinbar. Vor allem aber sind die von ihm und K. O. SANDNES herangezogenen alttestamentlichen[656] und frühjüdischen[657] Belege nicht beweiskräftig, um die unterstellte formgeschichtliche Einheit von prophetischer Fürbitte und göttlichem Offenbarungswort zu stützen[658]. Denn an diesen Stellen ist ebensowenig wie in Röm 11,25f die unmittelbare Abfolge von prophetischer Bitte und göttlicher Antwort aufgrund einer Offenbarung zu finden, was K. O. SANDNES auch einräumen muß[659]. All dies zusammengenommen macht es ganz unwahrscheinlich, Röm 11,25f mit 9,1–3 und 10,1 in der vorgenommenen Weise kombinieren und von einem geläufigen, formgeschichtlich konsistenten Muster sprechen zu dürfen[660].

5.2.2.4 Zum Verständnis des μυστήριον auf dem Hintergrund jüdischer Traditionen

5.2.2.4.1 Apokalyptische Literatur

Ungeachtet der Schwäche dieser Variante herrscht ein breiter Konsens, die von Paulus in Röm 11,25b–27 entfaltete prophetische Zukunftsaussage gehöre in den Rahmen jüdisch-apokalyptischer Vorstellungen hinein. Durch sie werde ein der römischen Christengemeinde bisher unbekanntes eschatologisches Geheimnis erschlossen.

Diese Prämisse rührt an ein grundsätzliches Problem der Apokalyptikforschung. Sie betrifft das bis heute kontrovers diskutierte Verhältnis des Apokalyptikers zur Schrift (Tora) und zur Prophetie. Die Quellen stützen zwei gegenläufige Deutungsansätze. Auf der einen Seite wird darauf verwiesen, die schriftliche Überlieferung bedürfe dem Selbstverständnis des Apokalyptikers nach nicht bloß der Ergänzung, sondern der Korrektur. Gott selbst habe Mose am Sinai befohlen, einen Teil der ihm offenbarten »Geheimnisse der Zeiten und das Ende der Zeiten zurückzuhalten« (IVEsr 14,5f). Folglich verstünde sich der Apokalyptiker als Offenbarer und Interpret des bisher geheimgehaltenen göttlichen Plans. Damit stellte er seine enthüllende Botschaft der

---

[655] A.a.O. 232.

[656] IIChr 20,5–19; Jer 14,1ff; 15,1; 21,2; Ps 12,2–6; 14,1–6.

[657] IVEsr 6,57–59; 12f; syrBar 34f; 40,2f; 81,1–3.

[658] Das gilt auch für die bei U. B. MÜLLER, a.a.O. 231, notierten Belege aus den ParJer (1,2.5f; 2,3; 3,4ff, zu ergänzen wären noch 6,8ff; 7,28; 8,2f). Zwar sind 1,5f und 1,7, 3,6f und 3,8 sowie 3,9 und 3,10 jeweils als Bitte-Antwort-Folge strukturiert. Doch von einem Röm 11,25f vergleichbaren Offenbarungsgeschehen ist gerade nicht die Rede, auch nicht immer von einer Heilsankündigung, vgl. 1,7. Daß in IIMakk 15,14; AssMos 11,11; syrBar 2,2; 81,1f der Prophet (vgl. IVEsr 12,42) Fürbitte leistet, ist richtig. Nur fehlt bezeichnenderweise jeweils die göttliche Antwort, so daß auch diese Stellen für die anstehende Frage nichts austragen.

[659] A.a.O. 178–180.

[660] Daß Paulus das Mysterium einem »prophetisch-apokalyptischen Buch« entnommen habe, wie M. BARTH mutmaßt, Volk, 79 [Anm. 66].94, ist reine Spekulation.

Willenskundgebung Gottes in der Sinaitora gleichberechtigt zur Seite. Mehr noch, da sich diese in Wahrheit nur als Fragment einer ursprünglich viel umfassenderen Offenbarung erweise, sei sie auf das dem Apokalyptiker zugängliche besondere Offenbarungswissen hin ausgerichtet, müsse sich an ihm messen lassen und von ihm her gedeutet werden[661]. Auf der anderen Seite ist zu beobachten, mit welcher Intensität die apokalyptischen Schriften sich durchgängig auf die Tora als für sie verbindliche Norm beziehen. Der Weheruf äthHen 99,2 richtet sich gegen diejenigen, die die »Worte der Wahrheit« verändern und »das ewige Gesetz«, d.h. die Tora, zu zerstören trachten[662]. Sie ist das Licht, das Israel erleuchtet (syrBar 17,4–18,2; 77,13–16, vgl. Ps 19,9; 119,105; Jes 51,4)[663], und gilt ewig (syrBar 59,2; IVEsr 9,31f.35–37). Die Partizipation am göttlichen Offenbarungswissen dient vornehmlich der vertieften Einsicht in die Tora und gewährt Teilhabe an Gottes Weisheit[664].

Man wird jedoch keinen der beiden Interpretationsansätze verabsolutieren dürfen. Von den Texten her legt es sich vielmehr nahe, die fixierte Überlieferung, d.h. Mosetora und Schriftprophetie, und das spezielle apokalyptische Offenbarungswissen nicht einfach in Konkurrenz zueinander treten zu lassen, wenngleich der Apokalyptiker eine Sonderstellung für sich beansprucht. Dank seiner speziellen Erkenntnisse reklamiert er für sich das hermeneutische Prae im Vergleich zur Schrift. Doch will er sie nicht ersetzen, sondern ergänzen, indem er ihren verborgenen, aber ihm in einzigartiger Weise zugänglichen Sinn enthüllt. Sein Legitimator ist niemand anders als Gott selbst, denn die Tora vom Sinai und das apokalyptische Offenbarungswissen haben den gleichen göttlichen Ursprung[665].

Für den Begriff μυστήριον[666] wie auch für das mit ihm verbundene Denken ist wesentlich, daß er »die für die letzte Offenbarung bestimmten Ratschlüsse Gottes« bezeichnet, nämlich »die im Himmel schon real existierenden, überschaubaren letzten Geschehnisse und Zustände, die am Ende nur aus ih-

---

[661] Vor allem D. RÖSSLER hat diese Sicht näher zu begründen versucht, Gesetz, bes. 45–54.

[662] Vgl. äthHen 106,13f. Beide Aussagen bilden einen synonymen Parallelismus.

[663] Vgl. ferner Prov 6,23; Weish 18,4; Sir 24,27; LibAnt 9,8; 11,1; 15,6; 23,10; 33,3; TestLev 14,4; 19,1; TestBenj 11,2; TJes 2,5; 21,12; 24,16; 42,7; 45,17.

[664] syrBar 38,1–4 (auf dem Hintergrund der Vision 36,2–11); 44,14; 46,5; 48,24; 85,3f; IVEsr 8,12; 13,53–56. Entsprechend werden Daniel, Henoch und Esra als »Weise« charakterisiert, Dan 1,3ff; 2,48; äthHen 32,2–4; IVEsr 14,50.

[665] IVEsr 14,3–8; Jub 1,4f, vgl. AssMos 1,12–17; 10,11; 11,1; LibAnt 19,10. Zur Frage s. M. N. A. BOCKMUEHL, Revelation, 28f.

[666] Übersetzung des aus dem Persischen stammenden Lehnwortes רז in Dan 2,18f.27–30.47[bis]; 4,6 (4,9[Θ]). Ansonsten begegnet es nur in apokryphen Schriften, Tob 12,7.11; Jdt 2,2; Weish 2,22; 6,22; 14,15.23; Sir 3,18[v.l.]; 22,22; 27,16f.21; IIMakk 13,21, vgl. äth Hen 8,3; 16,3; 103,2; 104,12; hebrSir 8,18, ferner Weish 12,6; IIIMakk 2,30; 3,10. Vgl. hierzu M. N. A. BOCKMUEHL, a.a.O. 102 (sein Anm. 73 gegebener Beleg Dan 2,39 ist in 2,30 zu korrigieren). Daniel erzählt (2,31–35) und deutet (2,37–45, vgl. IVEsr 12,10–12; syrBar 52,1ff; äthHen 40,2.8; 43,3; 46,2f) Nebukadnezars Traum (2,1). Er vermag es nur, weil Gott ihm dies Geheimnis enthüllt (ἀποκαλύπτειν [גלה, aramäisch גלא] 2,19.22.29f.47bis). Außer in 2,22 hat גלה im Buch Daniel an allen Stellen רז als Objekt, vgl. Weish 6,22; Sir 3,18[v.l.]; 22,22; 27,16f.21. In 2,28f wird ὁ ἀποκαλύπτων μυστήρια geradezu zu einem Prädikat des im Himmel (ἐν οὐρανῷ, v.28) verborgenen Gottes.

rer Verborgenheit heraustreten und offen zum Ereignis werden«[667]. Röm 11,25b-27 böte demnach eine auf welchem Weg auch immer – durch Traum[668], Vision[669], Entrückung[670], Audition, pneumatische Inspiration[671] – Paulus zuteil gewordene Offenbarung, die in diesen Versen aufdeckte, was zuvor niemand zu wissen und zu sagen vermochte.

In der Tat legt sich die Annahme nahe, wir hätten es in dem fraglichen kurzen Abschnitt mit einem apokalyptischen Offenbarungswort zu tun, zumal die Verse einen Einblick in das eschatologische Geschichtshandeln Gottes mit Israel gestatten[672]. Denn gerade die Geschichte wird zum bevorzugten Gegenstand apokalyptischer Entwürfe[673]. Sie ist der Erfahrungsort religiöser, sozialer und politischer Krisensituationen, damit aber auch der Ort der Bewährung angesichts einer als defizitär empfundenen, weil durch Ungerechtigkeit und Leiden erschütterten innerweltlichen Glaubens- und Lebensperspektive, deren drohender Verlust den Gerechten und Weisen[674] anficht. Paulus wäre dann als Empfänger und Mediator eines auf Israels künftiges Geschick bezogenen göttlichen Geheimnisses neben die pseudonymen Verfasser jüdischer oder auch christlicher Apokalypsen (Daniel, äthHen, syr Bar, IVEsr, Apk etc.) zu stellen. Was IVEsr 10,38 ankündigt:

---

[667] G. BORNKAMM, a.a.O. 822. Bis heute fehlt eine einvernehmliche Klärung dessen, was unter jüdischer Apokalyptik, ja unter Apokalyptik überhaupt, zu verstehen ist. Vgl. die sehr unterschiedlichen Definitionsversuche bei J. LEBRAM, TRE III 192f; J.J. COLLINS, Morphology, 9f; H. STEGEMANN, Apokalyptik, 498–501.507.526–528, ferner die Erwägungen von E. P. SANDERS, Genre, 447–458; U. B. MÜLLER, Strömungen, 217–221 (er folgt weitgehend J. J. COLLINS), den Versuch einer ordnenden Übersicht bei K. RUDOLPH, Apokalyptik, bes. 772–782, sowie die Beiträge (vor allem die von J. J. COLLINS und D. HELLHOLM) in dem von J. J. COLLINS/J. H. CHARLESWORTH hg. Sammelband, Mysteries. Bezeichnenderweise wurden die am Ende des Apokalyptikkongresses von Uppsala unternommenen Definitionsversuche nicht in dem Dokumentationsband abgedruckt. Bei allen Divergenzen im einzelnen und ohne daß über inhaltliche Fragen schon entschieden wäre, ist unzweifelhaft, daß die apokalyptischen Offenbarungsschriften eine transzendente Wirklichkeit enthüllen, die sich mitsamt ihrer zeitlichen und/oder räumlichen Dimension nur aufgrund göttlicher Autorisierung, d.h. qua himmlischem Offenbarungswissen, erschließt.

[668] äthHen 83,85; syrBar 36f; 53; IVEsr 10,59; TestLev 2–7.

[669] äthHen 1,2; 13,8; 14; 19,3; 37,1; 93,2, vgl. Weish 10,10. Im Alten Testament sind die am Kultort lokalisierten visionären Theophanieschilderungen zu vergleichen, Ps 18,7–15; 97,1–5; 114; Jes 6; Hab 3,3–6(16), vgl. Gen 20,3.6f; 31,11–13.24. Die Ambivalenz von Visionen wird jedoch schon früh thematisiert. Im Streit um die prophetische Legitimation gelten gerade sie als ein Kriterium falscher Prophetie, Jer 25,25–32; 27,9f; 29,8f, vgl. Dtn 13,2–6; 18,14; Sach 10,2; Koh 5,5f.

[670] äthHen 14,8ff; 39,3–8; 40f; 52,1ff; IVEsr 14,49, vgl. IIKor 12,1–4.

[671] Dan 4,9 (Θ); äthHen 104,12; IVEsr 12,10f.

[672] Vgl. schon Dtn 29,28 auf dem Hintergrund von 29,21ff, ferner Dtn 32,34.

[673] Vgl. nur Dan 2,37–45; 7,2–14.17–27; 8,3–14.17.20–25; 10,1–12,4; 12,7.11f; äthHen 83f; 85–90 (Tiervision); 102,4–104; 106,13; IVEsr 4,26–43; 6,11–28; 7; 9,1–25; 14; 16,68–78. Diesem Bild entspricht die Zwei-Äonen-Lehre mitsamt ihrem dualistischen wie universalistischen Grundzug.

[674] So werden beispielsweise Esras Gerechtigkeit, Weisheit und Aufrichtigkeit immer

»Höre nur zu, so will ich dich belehren und dir kundtun, wovor du erschrickst; denn der Höchste hat dir große Geheimnisse offenbart«[675],

und was der Verfasser des äthHen den Prototypen des frommen Weisen[676] der Urzeit schlechthin[677] von sich sagen läßt:

»Ich kenne die Geheimnisse der Heiligen, denn der Herr hat sie mir gezeigt und sie mir kundgetan« (106,19)[678],

reklamierte der Apostel hinsichtlich der eschatologischen Heilsverheißung Israels auch für sich. Doch beschränkt sich die Gewißheit, allein durch esoterisches Offenbarungswissen Einsicht in Gottes geheime Pläne und in sein Walten gewinnen zu können, nicht auf das apokalyptischen Schrifttum. Sie ist im antiken Judentum weit verbreitet, wie ein Blick auf die Qumrantexte und die rabbinische Literatur lehrt[679].

5.2.2.4.2 Qumran

Gott schenkt den »Männern der Wahrheit« und »Tätern der Tora« (1QpHab 7,10f; 8,1, vgl. 1QS 5,9; 8,20; 9,18f) Weisheit, Erkenntnis und Wissen[680]. Die

---

wieder hervorgehoben, IVEsr 6,32; 7,77; 10,39; 12,7; 13,54f, vgl. auch 6,26 mit 14,9 und 8,51f.62; 14,9 mit 9,13.

[675] Vgl. 12,36.38; 14,4–6. Knapp und allgemein formuliert 7,31 einen ihrer zentralen Inhalte: »Dann aber wird der Äon, der jetzt schläft, erwachen und die Vergänglichkeit selber vergehen«.

[676] Daß apokalyptisches Geheimwissen als Weisheit bezeichnet werden kann, lehrt u.a. äthHen 37,2–4; IVEsr 14,46f, vgl. äthHen 91,1–11; 92; 94–105, bes. 99,10.

[677] Gen 5,22–24; äthHen 1,2; Weish 4,10.14; Sir 44,16; 49,14; Hebr 11,5, vgl. Jud 14. Das TestAbr(B) nennt ihn gar »Lehrer des Himmels [und der Erde, fehlt in Hs. E] und Schriftgelehrter der Gerechtigkeit« (11,3). Diese Wertschätzung besaß Henoch auch in der rabbinischen Literatur (vgl. CN und TPsJ), jedoch nicht ungeteilt (BerR 25,1). Die in Qumran gefundenen Fragmente des äthHen (4Q En^a) bekunden ebenfalls, welche Verehrung Henoch genoß.

[678] Zu diesen Geheimnissen und verborgenen Dingen vgl. 16,3; 40,2; 41,1; 43,3; 46,2; 51,3; 60,10f; 61,4f; 84,3; 103,2; 104,10.12, ferner slavHen 24,3; grEsr 1,5; syrBar 48,3; 81,4; grBar 1,8; Weish 6,22 und D. LÜHRMANN, Offenbarungsverständnis, 98–104. סוד im Sinn des geheimen Ratschlusses Gottes (Jer 23,18.22; Hi 15,8) und seines Plans (Am 3,7).

[679] Im folgenden Überblick geht es mir ausschließlich um eine auf den strukturalen wie inhaltlichen Aspekt von Röm 9–11, bes. 11,25b–27, bezogene Orientierung, so daß ich mich mit einer Skizze begnüge, deren textliche Differenzierung sich auf die genannten Bereiche konzentriert. Die Qumrantexte sind bereits mehrfach Gegenstand teils ausführlicher Erörterungen gewesen, soweit sie die hier verfolgte Fragestellung betreffen, R. E. BROWN, Mystery, bes. 22–29; F. NÖTSCHER, Terminologie, 71–77; O. BETZ, Offenbarung, 6–8.75–88; J. COPPENS, Mystery, 132–158; H.-W. KUHN, Enderwartung, 139–175; C. ROWLAND, Heaven, bes. 115–120; M. KÜCHLER, Weisheitstraditionen, 88–113; E. J. SCHNABEL, Law, 195–204; M. N. A. BOCKMUEHL, a.a.O. 42–56. Für die jüdische Traditionsliteratur verweise ich neben Bill I, 659f; IV, 1133–1136, auf G. A. WEWERS, Geheimnis, passim; M. N. A. BOCKMUEHL, a.a.O. 104–123.

[680] Vertreten durch die Stämme ידע, שׁכל, בין, חכם, גלה samt ihren Derivaten, wobei sich die Mehrheit der Belege auf das Verb ידע (qal, ni., hi.) und die Substantive דעת und דעה konzentriert, vgl. K. G. KUHN (Hg.), Konkordanz s.v., die Nachträge in RdQ 4 (1963/64) 175–

auffällige Häufung der genannten Begriffsgruppe[681] läßt den Schluß zu, daß sich in ihr das Selbstverständnis der Qumranfrommen artikuliert, und zwar in bewußter Abgrenzung gegenüber denen, die sich außerhalb der Gemeinschaft befinden (1QS 4,24; 1QH 4,8; 13,4). Wie in apokalyptischen Texten und vor allem im Danielbuch, bezieht sich diese Erkenntnis auf die göttlichen Geheimnisse (רזין)[682]. Sie sind dem Menschen prinzipiell nicht zugänglich (1Q27 1,3; 1QS 11,19). Gott muß sie ihm offenbaren (1QH 7,27; 11,17f; 12,33; 1QpHab 7,5), sie ihm einsichtig machen (1QS 9,18; 1QH 11,10; 12,20), sie ihn schauen lassen (1QS 11,3.19)[683] und in sie einweisen (1QH 4,27; 7,26f)[684], denn sie sind bei Gott verborgen (1QM 14,14)[685]. Kein »fleischlicher Geist« (1QH 13,13f) und kein »nichtiger Mensch« (1QH 7,32) vermag eigenmächtig in diese Geheimnisse einzudringen. Das Wissen um sie ist gebunden an die Zugehörigkeit zur Gemeinschaft der Qumranfrommen, wie vor allem die Loblieder erkennen lassen[686]. 1QS 11,5–7 bietet geradezu eine »kleine Erkenntnislehre«[687] für die Auserwählten. Darauf deutet der Wechsel von dem betonten »Ich« der v.5f[688] zum gemeindebezogenen Plural von v.7 hin.

Zu den Geheimnissen gehört, was die Söhne des Lichts und der Gerechtigkeit durch die Engel der Finsternis auf Erden zu erdulden haben[689]. Dazu zählt aber auch die zeitliche Befristung dieses Frevels (1QS 4,18, vgl. 1QM

---

234 s.v.; M. KÜCHLER, a.a.O. 89f, sowie die ergänzende Auflistung bei E. J. SCHNABEL, a.a.O. 195–197.

[681] Allein דעה/דעת begegnen 83mal. Nimmt man ידה hinzu, erhöhen sich die Belege auf 244 (Verb plus Nomen). Hingegen ist שׂחל als Verb und Nomen 55mal, בינה 37mal und חכמה 18mal zu finden. Vgl. auch משׂכיל in 1QS 3,13; 9,12.21; 1QSb 1,1; 3,22; 5,20; CD 12,21; 1QH frag 8,10; 4Q510[Shir^a] frag 1–4; 4Q511[Shir^b] frag 2,1,2.

[682] Meist im Plural gebraucht. Trotz der Streichung in 1QH frag 25,1 (vgl. Nachträge, 226 mit Anm. 179; auch 1QH 13,13 ist unsicher), erscheint רז häufiger als sein Äquivalent (vgl. 1QH 4,27f, anders etwa 4,25; 14,18; 1QS 6,19; 11,7ff) סוד, nämlich 65mal. Neben den bei K.G. KUHN in der Konkordanz gebotenen Belegen vgl. noch 1QGenApoc 1,2f; 1Q23 15,2; 4QMess ar 1,8[bis]; 4Q176 16,2; 4Q401 14,2,24; 17,6; 4Q403 1,2,27[bis]; 4Q405 3,2,9; 4Q511[Shir^b] 2 II 6; 44–47 I 6; 48–51 II 7 (J. H. CHARLESWORTH, Concordance), vgl. auch D. PATTE, Hermeneutic, 226f. Dieser terminologische Befund ist zu beachten, gerade auch im Blick auf den apokalyptischen Kontext, zu dem die Qumranschriften eine besondere Affinität besitzen, wie nicht zuletzt Fragmente des äthHen (4Q En^a) zeigen.

[683] »Sehen« ist ein charakteristisch apokalyptischer Offenbarungsterminus, äthHen 38,1; 55,4; 62,3; 108,14f; syrBar 51,7f; IVEsr 4,26.43, vgl. 6,25; 7,37f; 9,7f.

[684] Dem entspricht, daß Gott, der »Quelle der Erkenntnis« (מקור דעת, 1QS 10,12; 11,3; 1QH 2,18), allein Erkenntnis und Wissen über das »Geheimnis des Gewordenen und des ewigen Seins« (1QS 11,3f, vgl. 11,5f; 1Q27 1,4) zukommen (1QS 3,15; 1QH 1,26; 12,10).

[685] Vgl. 1QS 9,18; 11,5; 1QH 1,21.26–28; 2,13; 3,20–23; 4,27f.30; 13,2.13; 1Q27 1,7; CD 5,5)

[686] H.-W. KUHN, a.a.O.155–163.

[687] M. KÜCHLER, a.a.O. 99.

[688] Möglicherweise ursprünglich auf den Lehrer der Gerechtigkeit bezogen.

[689] 1QS 3,21ff; 1QM 13,11f; 14,6.9, vgl. 1QS 4,1; 1QH 2,22; 5,25–6,2.5; 7,34; 1Q27 1,7.

14,9–11). Weiterhin beziehen sich die Inhalte des offenbarten Wissens auf die Geheimnisse der Schöpfung und des Kosmos (1QH 1,9–13.21; 1QS 3,15, vgl. 1QM 10,11f; 14,14; 1Q27 13,3), auf den Gang der Geschichte[690] und auf das, was ewig ist (בהווא עולם, 1QS 11,5). Vor allem aber betreffen sie die Auslegung der Schrift, wie 1QpHab 2,8f hervorhebt. Zwar hat Gott dem Propheten – hier Habakuk – aufgetragen,»er solle aufschreiben, was kommen wird über das letzte Geschlecht; aber die Vollendung der Zeit hat er ihm nicht kundgetan« (1QpHab 7,1f). Daher bedürfen die Prophetenworte einer gesonderten, weiterführenden Deutung[691], mit der in einzigartiger Weise der Lehrer der Gerechtigkeit[692] betraut ist. Ihm hat Gott die Quelle der Einsicht ins Herz gegeben (1QH 5,25f, vgl. 8,6), ja seine Worte entstammen unmittelbar dem Munde Gottes (מפיא אל, 1QpHab 2,2f)[693]. Da die prophetische Rede als solche zu den Geheimnissen (רזין) zählt, wird der, der sie zu deuten vermag, selber zu einem Propheten Gottes[694]. An Röm 11,33 erinnert die Erkenntnis, daß dennoch, trotz aller dem Frommen geschenkten Einsicht in Gottes Wege und Pläne, »keiner da ist außer dir, ... zu verstehen deinen ganzen heiligen Plan und in die Tiefe deiner Geheimnisse zu blicken und alle deine Wunder zu begreifen« (1QS 11,18f). Denn die vollständige Enthüllung der himm-

---

[690] 1QS 11,3f; 1Q26 1,4; 1Q27 1,3; 1QpHab 7,6–8.

[691] Eine Sachparallele findet sich in Dan 8,15f – voraus geht das Gesicht mit dem Widder und dem Ziegenbock (v.3–12) – und 12,4.8f. Auch hier bleibt dem Propheten selbst noch verborgen, was erst in der Endzeit enthüllt werden soll. Doch dann, am Ende der Tage (8,17b.19b; 12,4.7b.9.13, vgl. 1QpHab 2,5; 7,2.6f.12f), werden allein die Weisen, d.h. die Frommen, nicht aber die Gottlosen (12,10) die jetzt versiegelte Weissagung verstehen und durch sie große Erkenntnis (דעת) gewinnen, 12,4.

[692] Schon der Titel מורה הצדק bzw. צדק מורה (das nomen rectum der status-constructus-Verbindung ist als ein Genitivus objectivus zu verstehen) liefert einen ersten Hinweis auf das von ihm Gelehrte und dessen göttliche Legitimation, vgl. 1QS 11,17f mit 1QpHab 7,4. Damit wird nicht nur seine Lehre als von Gott stammendes esoterisches Wissen beschrieben (1QH 2,7.10; 4,10.18.27f; 5,8f.25; 6,4; 7,10; 8,16.35), sondern das Wissen der Qumrangemeinde insgesamt als ein sich göttlicher Offenbarung verdankendes bestimmt. Vgl. J. COPPENS, a.a.O. 144; F. NÖTSCHER, a.a.O. 74; E. J. SCHNABEL, a.a.O. 202–204.

[693] מפי אל ist fester Terminus der Prophetensprache (IIChr 35,22; 36,12; Jer 23,16, sachlich identisch Jes 59,21; Ez 3,17; 33,7; Esr 1,1). Hierzu und zum Verhältnis der Schriftauslegung Qumrans, speziell des Lehrers der Gerechtigkeit, zur Prophetie und Mosetora vgl. O. BETZ, a.a.O. 74–82.98f; G. JEREMIAS, Lehrer, 81.140–142. Die jüngst von A. S. v. d. WOUDE erneut aufgeworfene Frage, ob mit dem in 1QpHab 2,7f erwähnten Priester wirklich der Lehrer der Gerechtigkeit gemeint sei, Qumranforschung, 29, ist von 4Q171 [4QPsᵃ 3,15] her m.E. zu bejahen.

[694] Ein Problem für sich ist es, ob 1QpHab auf einer dem Lehrer der Gerechtigkeit zuteil gewordenen Offenbarung beruht, man also eine gesonderte göttliche Offenbarung bzw. Inspiration hinter 2,2f.8f; 7,4f anzunehmen hat (etwa analog den Traumdeutungen des Danielbuchs), oder ob der Pescher insgesamt als ein Midrasch zu beurteilen ist, der inhaltlich zwar durch die dem Lehrer der Gerechtigkeit kundgetanen göttlichen Ratschlüsse beeinflußt wurde, selber jedoch nicht das Ergebnis einer spezifischen Offenbarung darstellt. Zur Diskussion verweise ich auf A. S. v. d. WOUDE, a.a.O. 24–29.

lischen Geheimnisse, ihre aus der göttlichen Sphäre herausdringende Offenbarung, die nicht mehr nur auserwählten einzelnen zuteil wird, gehört in die Endzeit (1QH 6,12; 11,26f; 1QpHab 11,1, vgl. 4QpPs37 2,7f; CD 20,14). Dazu bedarf es der vorherigen Reinigung des Menschen »durch den heiligen Geist von allen gottlosen Taten« (1QS 4,21, vgl. 4,18–22).

5.2.2.4.3 Rabbinische Literatur

Eine Einschränkung zuvor. Die Hekhalot-Literatur bleibt im folgenden weithin ausgespart, sie erforderte eine eigene Darstellung. Der Grund liegt im Wesen dieser Literatur selbst. Sie präsentiert sich *insgesamt* als ein Kompendium esoterisch-mystischen Wissens, das sich einer unmittelbaren Offenbarung Gottes, dem הכם הרזין[695], verdankt[696]. Auch aus chronologischen Gründen nimmt sie eine Sonderstellung ein. Das genaue Datum der literarischen Fixierung der vorliegenden Makroformen (die bedeutendsten sind Hekhaloth Rabbati, Hekhalot Zutarti, Maʿase Merkava, hebrHen) ist bisher ungeklärt. Ebenfalls herrscht bis heute kein Einvernehmen über das Alter des jeweiligen Traditionsmaterials. Während G. SCHOLEM für weite Teile von einem »echte(n) und ungebrochene(n) Traditionszusammenhang mit der talmudischen Geheimlehre« ausgeht, der ihm eine Frühdatierung einzelner Überlieferungen bis ins 1./2. Jahrhundert erlaubt[697], plädiert P. SCHÄFER für eine teils erheblich spätere Entstehungszeit (weithin nachtalmudisch[698]). Angesichts dieser aus der Forschungssituation herrührenden Unsicherheit, die die Hekhalot-Literatur mit den in den beiden vorhergehenden Abschnitten vorgestellten jüdischen Zeugnissen nur bedingt vergleichbar macht, bleibt sie für die hier verfolgte Fragestellung außer Betracht.

Mit Qumran und dem apokalyptischen Schrifttum teilt die frühjüdische Traditionsliteratur die Überzeugung, bei Gott seien Geheimnisse[699] verbor-

---

[695] Vgl. die vorangestellten Berakhot in Merkava Rabba § 676.687; Hekhalot Rabbati § 237.268.277.321, ferner Hi 12,22; Dan 2,22; IIMakk 12,41; äthHen 49,2; bBer 58a.b; bHag 5b; yBer 13c; tBer 7,2.

[696] Dabei ist es von zweitrangiger Bedeutung, ob sie von Gott selbst oder, wie zumeist, von einer Mittlergestalt (Metatron, Gallizur/Raziel u.a.) stammt, Hekhalot Rabbati § 279f; Merkava Rabba § 675–687.705–708; hebrHen 18,16; 45,1–6 u.ö.

[697] Ursprung, 16.19. Jüngst hat C. R. A. MORRAY-JONES aufgrund eines Vergleichs von hebrHen 45,2 mit bBer 61b, hebrHen 4,6–9 mit bSan 38b und hebrHen 16,1–5 mit bHag 15a wahrscheinlich zu machen versucht, daß zumindest Teile der Hekhalot-Literatur ein traditionsgeschichtlich älteres Stadium repräsentieren als talmudische Texte, Literatur, 1–39, bes. 6–36.

[698] Übersetzung II, XX-XXIII; Hauptthemen, 7f.155f. Vgl. auch die kurzgefaßte Diskussion bei C. R. A. MORRAY-JONES, a.a.O. 1–5.

[699] Terminologisch dominieren סוד (bPes 49b; bHal 51a; bHag 14a; bKet 111a.112a; ySan 18c; BerR 49,2; PRE 38[40a]; ShemR 15,27), רז (Av 6,1; bShab 88a; bHul 59a; bSan 42a.70b; bYom 87b; abgesehen von Av 6,1 fehlt רז in der Mischna wie auch in Sifra, SifBam, SifDev, Mekh), מסטירין nebst Varianten (yGit 44b; yShab 13d; BerR 49,2; 50,9; 68,12; 96; ShemR 19,1; 19,6; PesR 5[14b]; TanB Ber 3,4[§ 23]; TanB Shem 8,1[6]; Yalq 702[451c]),

gen, die sich dem Wissen und dem Blick des Menschen entziehen. Selbst in
der Tora sind sie nicht zu finden, denn »Mose schrieb manches in der Tora,
ohne es zu erklären« (ShemR 15,22). Wie werden diese Geheimnisse dem
Menschen dennoch zugänglich? Eine Antwort gibt tSot 13,3:

>»Von dem Zeitpunkt an, da die letzten Propheten: Haggai, Sacharja und Maleachi,
>starben, verschwand der heilige Geist von Israel; aber man ließ sie doch durch die bat
>qol hören«[700].

Ihr läßt sich zweierlei entnehmen. Der heilige Geist begabte auserwählte
Menschen, eben die Propheten, anderen entzogene Dinge aus Gegenwart und
Zukunft ans Licht zu bringen und sie zu offenbaren[701]. Das Ende der Schriftprophetie besagt freilich nicht, daß Gott fernerhin schwieg. Die von ihm ausgehende, auf Erden gehörte Offenbarungsstimme (קול בת)[702] befähigt Menschen, je und je am himmlischen Wissen zu partizipieren[703]. Dabei geht das
prophetische Erbe vornehmlich auf die Weisen, die Ausleger der Schrift,
über. Sie werden so zu Offenbarungsmittlern par excellence[704]. Von daher
wird verständlich, daß die Tora als ein geheimer, verborgener Schatz bezeichnet wird (bShab 88b) und ihre geistgewirkte Auslegung einem Offenba-
rungsvorgang gleichkommt (Av 3,3; 6,1)[705]. Zu den Geheimnissen der himmlischen Welt, deren Wesen sich irdischem Zugriff entzieht, zählt nach bPes
54b[Bar.]:

>»Sieben Dinge sind den Menschenkindern verhüllt, und das sind sie: der Tag des Todes
>und der Tag des Trostes und die Tiefe des Gerichts. Und der Mensch weiß nicht, wo-
>durch er Lohn haben wird, und der Mensch weiß nicht, was im Herzen seines Ge-
>nossen ist und wann das Königreich des Davidhauses an seinen Platz zurückkehren
>wird und wann dieses schuldige Königreich (sc. Rom) ausgerottet wird«[706].

In dieser Aufzählung dominieren die eschatologischen, transzendenten
Geheimnisse. Sie ist deshalb aufschlußreich, weil trotz der aufgelisteten

---

סתר (bSuk 49b; bMQ 16a.b; bHag 5b). Zu den Begriffen und ihrem semantischen Umfeld
vgl. G. A. WEWERS, a.a.O. 191–203.

[700] Vgl. bSot 48b; bYom 9b; bBB 12a; ySot 24b; yTaan 65a; BerR 37,7; ShemR 32,1;
ShirR 8,9; Yalq 261, vgl. SOR 30[139f]; SOZ 26f. Eine ausführliche Interpretation von tSot
13,3 samt Kontext bietet P. KUHN, Offenbarungsstimmen, 305–314.

[701] Wie die verwendeten Verben anzeigen (ruhen auf, lagern, wohnen), ist der heilige
Geist dabei als eine auf Dauer verliehene Gabe verstanden, TO und TPsJ zu Gen 45,27; TO,
TPsJ, TFrag und CN zu Num 11,26; ShemR 52,4; WaR 1,1; ARN(A) 30; PRE 39; SifZ
251.272; PesR 11a.12a; MekhSh 3.72; tSot 6,2. Weitere Belege bei P. SCHÄFER, Geist, 159f,
vgl. auch 151–159.

[702] Zu ihr ausführlich P. KUHN, a.a.O. passim, bes. 273–280.

[703] bMeg 3a; bShab 88a, vgl. yMeg 71c; BerR 47,29.

[704] bBB 12a; ySan 28b; SOR 30[140] = MHG Ber 213, vgl. bBer 34b; bYev 121b; WaR
21,8.

[705] Zur Sache vgl. M. N. A. BOCKMUEHL, a.a.O. 113–116.

[706] Vgl. BerR 65,12; QohR 11,5.

Einzelpunkte jeder Hinweis unterbleibt, der als ein spekulatives Eindringen in den göttlichen Terminplan gedeutet werden könnte. Das gilt vor allem für die Tage des Messias (bSan 94a)[707] und den Anfang des künftigen Äons. Selbst Mose vermag nicht mehr von ihm zu sagen, als daß er kommen wird (vgl. bBer 34b; bShab 145b)[708].

Bezeichnet das Nomen רז in Qumran als theologischer terminus technicus das himmlische Sonderwissen, begegnet es in den rabbinischen Texten vor allem so, daß es Geheimnisse der Tora erschließt, die im Verborgenen existieren. Als ein Beispiel unter vielen mag ein Wort R. Eleasars dienen. Ihm gilt Judas Kenntnis von Thamars Schwangerschaft und seiner Vaterschaft (Gen 38,26) als göttliche Offenbarung (bMak 23b)[709]. Ein weiteres Beispiel, wie Menschen ein ihnen prinzipiell verschlossenes, exklusiv Gott und der himmlischen Welt vorbehaltenes Sonderwissens vermittelt wird, findet sich bBM 85b. Im Gebet erfährt R. Chijja ein göttliches Geheimnis (רז), das ihm der Prophet Elia kundtut[710].

5.2.2.5 Ergebnisse und Folgerungen für Röm 11,25b-27

Wenngleich die gegebenen Hinweise und Belege leicht zu vermehren wären und sie die Sachthematik keineswegs erschöpfend beantworten, dürften sie doch exemplarisch sein. Eine breitere Dokumentation der Quellen ergäbe kein grundsätzlich verändertes Bild. Zusammenfassend ergibt sich: μυστήριον bzw. seine hebräisch/aramäische Übersetzungsgrundlage רז bezeichnen in der apokalyptischen Literatur, in Qumran und in der rabbinischen Tradition ein besonders qualifiziertes, göttliches Geheimnis, ein dem himmlischen Bereich vorbehaltenes, transzendentes Wissen[711]. Der Zugang zu ihm ist ausschließlich auf dem Weg esoterischer Offenbarung möglich (Weish 9,13–17, vgl. schon Ps 51,8). Die Bekanntgabe seines Wesens ist in der Regel auserwählten und dazu legitimierten[712] Mediatoren vorbehalten[713]. Empfänger

---

[707] Vgl. Mt 24,36; Act 1,7. Charakteristisch anders Hekhalot Rabbati § 136 (vgl. § 137). Dort wird das versiegelte Buch von Dan 12,4 von R. Yishmael entschlüsselt und das Erscheinen des von Gott verborgen gehaltenen Messias zeitlich bestimmt.

[708] Vgl. aber BemR 19,6: R. Aqiva wurden die Geheimnisse der kommenden Welt enthüllt.

[709] Vgl. bSot 10b; BerR 85,12; MTeh 72,1[163a].

[710] Weiteres hierzu bei G. A. WEWERS, a.a.O. 68f.298.

[711] Das gilt mit gewissen Einschränkungen auch für die sachlich verwandten Substantive מסטירין, סתר, סוד, M. KÜCHLER, a.a.O. 92f.110f; E. J. SCHNABEL, a.a.O. 197f.

[712] Dies bestätigt bBM 85b auf seine Weise. Elia wird für die eigenmächtige Offenbarung des himmlischen Geheimnisses mit 60 Feuerschlägen bestraft.

[713] Vgl. Dan 2,25(28); 9,22–27 (Gabriel); Sach 1,7–6,8; äthHen 40,2.8; 43,3; 46,2f; syr Bar 56,1; 76,1 (der angelus interpres); TestIsaak 8; ApkAbr 10; PesR 20,4, ferner TestLev 2. In JosAs 16,14 verkündigt der Engel Michael Aseneth die ἀπόρρητα μυστήρια τοῦ θεοῦ. Die esoterisch-mystische Literatur kennt vor allem Metatron und Gallizur/Raziel (hebrHen 41–

sind entweder ein beschränkter Adressatenkreis oder auch einzelne, durch die Offenbarung besonders ausgezeichnete Individuen[714].

Das μυστήριον von Röm 11,25b-27 hebt sich, was seinen in ihm mitgeteilten *Inhalt* betrifft, in signifikanter Weise von dem Offenbarungsverständnis ab, wie es uns in den genannten jüdischen Texten entgegentritt. Es enthüllt kein vergleichbares Geheimnis. Auch ohne die abermalige Explikation in 11,25b–27 ist das Daß der Rettung »ganz Israels« bereits bekannt (11, 12f.15.16–24), wie auch der ordo salutis, nämlich das Wann (11,12.15, vgl. 11b) und das Wie (vgl. 10,17) von Israels σωτήρια, in den vorhergehenden Ausführungen enthalten[715] ist. Religionsphänomenologisch ausgedrückt bedeutet dies, die *sprachliche* Kennzeichnung des Abschnitts Röm 11,25b–27 als μυστήριον (das φαινόμενον) und seine *inhaltliche* Aussage (das εἶδος)[716] sind inkongruent[717]. Aus alledem vermag ich nur den Schluß zu ziehen: das μυστήριον von Röm 11,25b-27 ist eben kein Mysterium im genuinen Sinn – etwa so, wie wir es in der jüdischen Apokalyptik, in Qumran, im Rabbinat oder auch in IKor 15,51 finden[718]. Warum gebraucht Paulus dann aber den Terminus μυστήριον in diesem Zusammenhang? Auf diese Frage läßt sich m.E. eine doppelte Antwort geben.

1. Wiederholt und zu Recht ist Röm 11,25b-27 als Zusammenfassung, Zentrum oder auch als der Teil bezeichnet worden, auf den die ganze Argumentation in Kap. 9–11 zuläuft[719]. Was Paulus zuvor diskursiv darlegte, wird hier thetisch formuliert[720]. Μυστήριον drückt die Rätselhaftigkeit des göttlichen Heilsplans für πᾶς Ἰσραήλ und die ἔθνη aus. Die Wendung τὸ μυστήριον τοῦτο weist daher nicht bloß auf die folgenden Sätze voraus und charakterisiert sie. Das Demonstrativum trägt einen starken reflexiven Ak-

---

48; Hekhalot Rabbati § 279f u.ö.) als Mediatoren des göttlichen Geheimnisses (מידה). Auch die Seraphim »wissen um die Geheimnisse des Heiligen«, hebrHen 26,12.

[714] Analog wäre im Neuen Testament auf Mk 4,11par Mt 13,11/Lk 8,10 (Geheimnis der Gottesherrschaft) zu verweisen, aber auch auf Röm 16,25 (vgl. Eph 3,3f.8f; 6,19; Kol 1,25–27; 2,2; 4,3: Christus bzw. das Evangelium als Geheimnis Gottes); IKor 15,51.

[715] Mit einer Ausnahme freilich. Vgl. dazu oben 180f.

[716] Vgl. hierzu D. Sänger, Phänomenologie, 18–22.24f.

[717] Aufgrund der zu beobachtenden Spannung zwischen der durch das Stichwort μυστήριον angezeigten Form und dem doch nicht mehr wirklich unbekannten Inhalt erklärt sich auch die Schwierigkeit vieler Exegeten, das Mysterium seinem Wesen nach zu benennen. Vgl. nur D. Zeller, a.a.O. 250; H. Hübner, a.a.O. 112f.

[718] Eine formgeschichtliche Parallele zu Röm 11,25–27 bietet m.E. die Kultformel bei Apuleius, Met. XI 23,8. Entgegen verbreiteter Überzeugung enthüllt der Wortlaut gerade nicht das geheime Geschehen während des Initiationsaktes. Vielmehr faßt Apuleius in der Form eines σύνθημα mit eigenen Worten zusammen, was in XI 21,6 dem Inhalt nach schon einmal gesagt wurde. Auch hier finden wir eine Inkongruenz zwischen Sprachgestalt und Sachgehalt. Vgl. näherhin D. Sänger, Mysterien, 132–135.

[719] Exemplarisch Chr. Müller, a.a.O. 47; U. Luz, a.a.O. 268.

[720] Anders aber als U. Luz sollte man v.23f nicht als eine hypothetische Formulierung bezeichnen, a.a.O. 35.288. Dagegen spricht der betonte Indikativ in v.24b.

zent. Es zeigt an, wie sich das bisher Gesagte in wenigen Worten bündeln läßt. Die Kap. 9–11 stehen deshalb insgesamt unter dem Stichwort μυστή-ριον, sofern ihr Skopus so genannt werden kann[721].

2. Die Einleitungsformel οὐ γὰρ θέλω ὑμᾶς ἀγνοεῖν verfolgt nicht nur die Absicht, die Aufmerksamkeit des Lesers bzw. Hörers zu wecken[722]. Sie eröff-net ihm didaktisch geschickt eine Reihe katechismusartiger »Merksätze«, die die zuvor entwickelten Gedankengänge zusammenfassen. Diese können so gleichsam zu seinem »Besitz« werden. Doch genau darin liegt die paräneti-sche Funktion des ἵνα-Satzes von 11,25aβ. Denn nun ist der Adressat mit der Erkenntnis konfrontiert, wie das Geheimnis der göttlichen Heilsökonomie beschaffen ist. Etwas aus Unwissenheit (ἐν ἀγνοίᾳ) getan oder nicht getan oder nicht erkannt zu haben, galt im antiken Judentum durchweg als Ent-schuldigungsgrund vor Menschen, vor allem aber vor Gott[723]. Nach dieser solennen Einleitung ist es den hier Angeredeten jedoch verwehrt, sich in Zu-kunft auf ihr Nichtwissen und Nichtverstehen zu berufen, wenn es um das grundsätzliche Verhältnis von Israel zur christlichen Gemeinde geht. Es ist daher nur folgerichtig, daß das Mysterium gerade auf die an die ἔθνη sich richtende Paränese von 11,13–24 zurückblickt und mit ihr durch das begrün-dende γάρ verbunden wird. Entgegen dem Augenschein *ist* und *bleibt* Israel das von Gott berufene Volk, dem seine Verheißung und Treue gilt. Aber eben-so gilt, daß in Christus *derselbe* Gott Juden und Heiden zum Heil bestimmt hat. Beiden enthüllt Paulus ihre Bestimmung füreinander (11,25b), die im tiefsten keine Auszeichnung des einen vor dem anderen verträgt, schon gar keine Herabsetzung des einen durch den anderen. Insofern trägt Röm 11,25b-27 seinen Namen als μυστήριον zu Recht.

---

[721] Vgl. H. Räisänen, a.a.O. 2922; J. C. Beker, a.a.O. 334; R. Hvalvik, a.a.O. 98. An-ders M. N. A. Bockmuehl, a.a.O. 170–173[mit Anm. 77]. Sein synoptischer Überblick von IKor 15,50–55; Röm 11,25–27; IThess 4,13–17 erhellt alleine die Struktur, nicht jedoch den spezifischen Inhalt von Röm 11,25b-27. Zudem vernachlässigt er das γάρ in 11,25a, das die folgenden Verse mit den vorherigen eng verbindet.

[722] Dieser Effekt ist natürlich auch intendiert, S. Pedersen Isagogik, 50. Er verweist in diesem Zusammenhang auf die gleichlautende Formel in 1,13 (ohne das begründende γάρ) und IIKor 1,8 (hier im Plural formuliert: θέλομεν). In beiden Fällen ist zu beobachten, »daß die Information, zu der die Formel den Übergang bildet«, jeweils »eine Wiederaufnahme des Inhalts der vorangegangenen Danksagung/Eulogie bedeutet«. Von der Verbindung mit dem Proömium einmal abgesehen, trifft diese Charakterisierung exakt auf das Mysterium von Röm 11,25b-27 zu.

[723] Lev 4,2; 5,17f; Num 15,22–27; TestLev 3,5; TestJud 19,3; TestSeb 1,5; JosAs 6,4; 11,10; 12,5; 13,11.13; 17,10; LibAnt 22,6; Philo, SpecLeg II 196; All I 35; Imm 134; Post 11; Quaest in Gn IV 65, vgl. Röm 10,3; Eph 4,18; Act 3,17; 13,27; 17,23.30; ITim 1,13; IPetr 1,14; IClem 59,2; IIClem 1,7; Herm sim V 7,3; ActThom 59 [NTApo II, 328]; Hieronymus, Adv.Pelag. II 2; Marc Aurel, Wege zu sich selbst 6,22.26 (ed W. Theiler) und unten Ab-schnitt 6.3.1 Anm. 136.

5.2.2.6 Israels Heil und der Glaube an Jesus Christus

Bleibt zum Schluß noch auf die zweite der eingangs gestellten Leitfragen (vgl. oben Abschnitt 5.2.2) einzugehen. Inwiefern ist mit dem Inhalt des Mysteriums eine Antwort darauf gegeben, wie sich die Heilsverheißung Gottes an Israel verhält zu dem allein in Jesus Christus beschlossenen Heil für *alle* Menschen? Anders gefragt, gibt es für Paulus einen soteriologischen *Sonderweg* für Israel an Christus vorbei[724]? F. MUSSNER entnimmt dem Schriftzitat Jes 59,20 (Röm 11,26b), der Parusiechristus werde Israel erretten »sola gratia, ohne Werke des Gesetzes, aber auch ohne vorausgehende ›Bekehrung‹ der Juden zum Evangelium ... Gott rettet Israel auf einem ›Sonderweg‹, und dennoch nicht am Evangelium vorbei«[725]. Diese umstrittene und, was ihre Aufnahme in der Forschung und kirchlichen Öffentlichkeit betrifft, auch zu Mißverständnissen Anlaß gebende Terminologie[726] soll anhand von 11,26a: πᾶς Ἰσραὴλ σωθήσεται auf ihre Berechtigung hin geprüft werden. Im Röm begegnet σῴζειν 8mal (5,9f; 8,24; 9,27; 10,9.13; 11,14.26), das Substantiv σωτηρία 5mal (1,16; 10,1.10; 11,11; 13,11). Die überwiegende Zahl der Belege findet sich in den Kap. 9–11. Gleich zu Beginn seines Briefs formuliert Paulus programmatisch (1,16f), wie σωτηρία, πίστις und δικαιοσύνη aufeinander bezogen sind. Die Predigt des Evangeliums von der in Christus offenbarten Gerechtigkeit Gottes bewirkt den Glauben εἰς σωτηρίαν. In Röm 10,9–14 schärft Paulus in einem rückläufigen Kettenschluß die Relation von predigen – hören – glauben – bekennen – gerettet werden ein. Diese Reihenfolge ist von sachlichem Gewicht und in ihrer inneren Verschränkung für den Apostel konstitutiv[727]. Die »Konnotation von πίστις und σωτηρία als Ausdruck des sola gratia«[728] durchzieht den ganzen Röm (1,16f; 5,1.9f; 9,27 [vgl. das καλεῖν von 9,24]; 10,9–13; 13,11). Paulus sagt jedoch ausdrücklich, daß erst der vom Zion aus kommende ῥυόμενος Israels Sünden hinwegschaffen wird (11,26b). Verbindet man diese eschatologische Perspektive mit dem differenzierenden paulinischen Sprachgebrauch, der zwischen der Predigt des Evangeliums (ἀκοή) und seinem ihm vorgegebenen Inhalt, Jesus Christus (10, 16a.17b), unterscheidet[729], kann Israel seine σωτηρία nicht aus dem Gehor-

---

[724] Dies scheint für U. KELLERMANN ausgemacht. Er spricht von der »heilszeitlichen Errettung Israels an Jesus vorbei durch den sündenvergebenden Rettergott vom Zion«, Licht, 24. Ähnlich pointiert urteilen K. STENDAHL, a.a.O. 14; L. GASTON, Misstep, 143f.147f;

[725] Israel, 250f; Traktat, 59f.

[726] Der Begriff *Sonderweg* stammt von D. ZELLER, a.a.O. 245, vgl. CHR. SENFT, a.a.O. 140. Zur Sache s. H. HÜBNER, a.a.O. 114–123.

[727] Vgl. IThess 1,5–10; 2,13; IKor 15,1f; Röm 5,9; 9,33; 10,11, ferner IThess 5,9; IPetr 2,6 und E. BRANDENBURGER, Pistis, 186–190.

[728] H. HÜBNER, a.a.O. 117.

[729] Vgl. oben 179.

sam gegenüber der glaubenstiftenden Verkündigung gewinnen. Denn aufgrund der ihm fehlenden ἐπίγνωσις (10,2f) vermag es nicht zu verstehen (10,19a), *weil* es von *Gott* verstockt wurde (11,7–10).

Stellt man die beiden soteriologischen Aussagen in ihrer jeweils spezifischen funktionalen Zuordnung nebeneinander, ist es nicht einmal falsch, von einem soteriologischen *Sonderweg* Israels zu sprechen[730]. Jedenfalls dann nicht, wenn man nicht schon einfach »Israels Israelsein«[731] als zureichenden Grund für seine endzeitliche Rettung ansieht. Freilich ist die dialektische Spannung zu beachten, die hier waltet und keine sie aufbrechende Option zugunsten der einen oder anderen Seite verträgt, geschweige denn eine jeweils darauf aufbauende Systematisierung. Das dialektische Gefüge wird jedoch dort ignoriert, wo die ῥίζα innerhalb der Ölbaum-Metaphorik (11,16b-18) auf das empirische Israel bezogen und das εἰσέρχεσθαι der Heiden als deren durch Christus eröffneten sekundären Zugang in den Gottesbund Israels interpretiert wird. Von einem solchen doppelt ausgestalteten Heilsweg weiß Paulus schlechterdings nichts. Nicht zuletzt der Tatbestand, daß er die Israelkapitel mit einer Doxologie beschließt (11,33–36), sollte zur Vorsicht mahnen. Das Lob der *unbegreiflichen* Gerichte Gottes und seiner *unerforschlichen* Wege ist auch hermeneutisch ernst zu nehmen. Das Geheimnis, von dem Paulus in 11,25b-27 spricht, besteht in Israels besonderer Weise seiner Rettung. Doch vollzieht sie sich, wie die der Heiden, durch niemand anderen als durch Jesus Christus und im Glauben an ihn – nur eben nicht aufgrund der Verkündigung des Evangeliums[732].

Damit zieht Paulus die eschatologisch-soteriologischen Konsequenzen seiner christologischen Interpretation der Abrahamsverheißung (Gen 12,3; 15,5; 17,6f; 18,18; 22,17f, vgl. 26,3f). Für die ἔθνη realisiert sie sich im Glauben an das Evangelium, das die Rechtfertigung des Gottlosen verkündigt (Röm 4,3.5, vgl. 3,28–30; 4,9–12.13–18.23; 9,6ff; Gal 3,6–9.16.21–31). Um dieses Rettungshandelns willen bleibt Israel von Gott verstockt[733], bis daß das von ihm gesetzte Maß der Heilsteilhabe der Heiden voll ist (Röm 11,25b)[734]. Dann aber setzt die Begegnung mit dem Parusiechristus für Israel eschatologisch in Kraft, was der leiblichen Nachkommenschaft Abrahams

---

[730] Mit Vorsicht auch vertreten von M. Rese, a.a.O. 430. An dieser Stelle modifiziere ich meine frühere Äußerung, Rettung, 117f.

[731] I. Broer, a.a.O. 25, hier bezogen auf die Position F. Mussners.

[732] O. Hofius, a.a.O. 197f. Daß Christus der Wirkgrund auch von Israels σωτηρία ist, bezweifelt M. Rese entgegen dem klaren Wortlaut von 11,26b. Deshalb ist mir seine Kritik an N. Walter, der genau darauf verweist, unverständlich, a.a.O. 430 Anm. 30

[733] Dieser Gedanke steht m.E. auch hinter Röm 11,28a.

[734] Vgl. hierzu F. Siegert: »Sobald erkannt ist, was Gott bewegt, die Juden zum Unglauben zu provozieren – die Absicht nämlich, die Heiden zum Glauben zu gewinnen ..., ist auch ein Ende dieses ›unnatürlichen‹ Zustands des jüdischen Volkes absehbar: eben wenn die Heiden in *Fülle eingegangen* sind«, a.a.O. 172.

ohne Einschränkung zugesprochen war[735]. Denn πᾶς Ἰσραήλ ist aufgrund seiner in den Vätern erfolgten Erwählung von Gott geliebt, und Gottes Berufung ist unumstößlich (11,28f, vgl. 11,1.11). Indem Paulus so die Erwählung als Rechtfertigung und die Rechtfertigung als die christologische Realisierung der Erwählungszusage Gottes deutet, verschränken sich Erwählung und Rechtfertigung. Sie koinzidieren in beider Subjekt, dem εἷς θεός (3,30). Von dieser Verschränkung her gewinnt Israels Nein zur apostolischen Predigt vom gekreuzigten und auferweckten Jesus Christus seine universale Tragweite. Wird durch das εἰσέρχεσθαι der Heiden die πώρωσις der Mehrheit Israels theologisch erst begreifbar, schafft Israels ἀπιστία umgekehrt der Verkündigung des Evangeliums unter den Heiden Raum (15,16ff). Damit sich Gottes universaler Heilsplan bis zur Parusie erfüllen kann[736], ist die gegenwärtige Heilsverschlossenheit Israels – bezogen auf die σωτηρία der ἔθνη *und* auf sein eigenes eschatologisches Geschick – soteriologisch notwendig[737].

Paulus ist in Röm 9–11 als Jude κατὰ σάρκα darum bemüht, die Konsequenzen seiner Rechtfertigungsbotschaft auch für Israel zu durchdenken. Die Spannungen, die sich für ihn aus der Alternative *Rechtfertigung als Individualprinzip* und *Heilsverheißung an Israel als Ganzes* ergeben, prägen diese Kapitel. Sie spiegeln sich auch in der dialektisch angelegten Lösung von 11,25b-27 wider, die freilich, und darin wird man einen neuen Erkenntnisgewinn des Apostels erblicken dürfen, innergeschichtlich weder zu realisieren

---

[735] Vgl. Röm 3,2.3–6; 9,4f.6.11; 11,1f.11–15, ferner 2,9f; 8,29f.

[736] Die Parusieerwartung (13,11f) gehört zentral in diesen Denkhorizont hinein, M. RESE, Rolle, 317.

[737] Diese eschatologisch-soteriologische Reziprozität von Israel und den Heiden wirft m.E. ein Licht auf das Verhältnis von IThess 2,14–16 und Röm 11,25b-27. Wer diese Passage im ältesten Paulusbrief nicht als Interpolation eines Späteren betrachtet, versucht sie zumeist auf andere Weise zu entschärfen. Etwa so, daß sich Paulus hier »nur« der Sprache des paganen Antijudaismus seiner Zeit bediene, oder aber, daß er ein judenkritisches Traditionsstück der frühen Christenheit verarbeitet habe. Weitere Erklärungen gehen dahin, man habe eine erst allmählich sich entwickelnde Einsicht des Apostels in das Verhältnis von Kirche und Israel anzunehmen (R. PENNA, L'évolution, 390–421, bes. 391–397.411–418.419f; M. RESE, a.a.O. 316f), oder Paulus habe die Konsequenzen seiner Rechtfertigungslehre für Israel neu durchdacht (vgl. oben Anm. 652). Auch an diesem Punkt wird mit Wandlungen im paulinischen Denken gerechnet. M.E. ist eine andere Lösung plausibler. Nach Röm 11,25 ist Israels σωτηρία an das Eingehen der Heiden gekoppelt. Damit dies geschieht, muß unter ihnen zuvor die glaubenschaffende Evangeliumsbotschaft verkündigt, d.h. die ἔθνη müssen missioniert werden. Indem aber die Juden (IThess 2,14) »uns wehren, den Heiden zu predigen, damit sie (sc. die Heiden) gerettet werden« (2,16), setzen jene in den Augen des Apostels ihr eigenes eschatologisches Heil aufs Spiel. Sie sägen sich geradezu den Ast ab, auf dem sie sitzen. Von dieser bedrohlichen Perspektive her wird nicht nur der aggressive Ton theologisch verständlicher. Es wird auch deutlich, daß sich Paulus schon viel früher als zur Zeit der Abfassung des Röm der inneren Verschränkung von Israels σωτηρία und dem Heil für die Heiden bewußt war. Vgl. auch die auf diesen Zusammenhang hinweisenden Bemer-

noch einzufordern ist. Anders als mancher seiner späteren Interpreten operiert Paulus mit keinem vermeintlich sicheren Wissen. Die »Tiefe der Erkenntnis«, die nach 11,33 alleine Gott zusteht, reklamiert er für sich gerade nicht. Als von Gott berufener Apostel[738] ist er jedoch davon überzeugt, daß jede auf Israel bezogene Heilshoffnung, die Jesus Christus ausblendet, auch an Gott vorbeigeht[739]. Angesichts dieser ganz von Christus her sich erschließenden Israelperspektive stellt sich die Frage nach den christologischen Konstitutionsbedingungen von Israels Unglaube in aller Schärfe. In Röm 9,32f und 10,18–21 gibt der Apostel eine erste, wenngleich äußerst komprimierte Antwort. Im folgenden Kapitel soll sie auf der Grundlage einer breiteren Textbasis, auch über Paulus hinaus, entfaltet werden. Dabei bildet wiederum der aktuelle Stand des christlich-jüdischen Dialogs den Rahmen, innerhalb dessen die exegetische Diskussion erfolgt.

---

kungen bei M. HENGEL, Ursprünge, 20f; D. C. ALLISON, a.a.O. 29f; G. THEISSEN, a.a.O. 340f.

[738] Röm 1,1; 16,7; IKor 1,1; 9,1; IIKor 1,1; Gal 1,1, vgl. IKor 15,8; IIKor 4,6; Gal 1,15f.

[739] Vgl. die inhaltlich identischen Formulierungen in 11,26bβ (ἀποστρέψει ἀσεβείας ἀπὸ Ἰακώβ) und 11,27b (ἀφέλωμαι τὰς ἁμαρτίας αὐτῶν) mit jeweils verschiedenem Subjekt: Christus (v.26bβ), Gott (v.27b).

6 Der gekreuzigte Christus
als Skandalon und Heilshoffnung

Das dialogische Zentrum zwischen Christen und Juden bildet zweifellos die Christologie. Alle anderen Themen dienen ihrer Explikation. In der Christologie zentriert sich aber auch die konfliktträchtigste Aufgabe der mit dem Dialog angestoßenen Neuorientierung innerhalb der Theologie. Die Diskussion ist nämlich darüber zu führen, welche Bedeutung der geschichtlich bestimmbare Mensch Jesus von Nazareth besitzt, in dem sich nach christlicher Überzeugung der in den heiligen Schriften Israels bezeugte Gott neu definiert und endgültig offenbart hat. Nicht von ungefähr gilt die christologische Frage als Prüfstein dafür, wie die beiden Dialogpartner ohne Identitätsangst und jederzeit lernbereit aufeinander zugehen und einander zuhören. Vor allem aber fordert sie die Offenheit, den eigenen Glauben dem anderen konfessorisch zuzumuten, selbst wenn dadurch Differenzen benannt werden. Denn der Dialog setzt das Zeugnis der wechselseitigen konfessorischen Bindung nicht einfach voraus, sondern anerkennt es ausdrücklich[1]. Gerade so kann das Gespräch davor bewahrt werden, daß der Christ über den Juden – oder umgekehrt – theoretisch wie praktisch zu verfügen trachtet. Wer hier aus Gründen einer vermeintlichen Annäherung schweigt und ungelöste Probleme vorderhand ausklammert, verhält sich in Wirklichkeit ebenso kontraproduktiv wie unredlich. Der Respekt vor den Glaubensgrundlagen und dem Bekenntnis des anderen ist eine Bedingung für die Wahrhaftigkeit des Dialogs. Die an ihm Beteiligten nehmen ohne diesen Respekt weder sich und ihren Glauben noch auch ihren Gesprächspartner ernst.

Das Bekenntnis zu Jesus Christus gehört zur Grundstruktur christlicher Existenz. Es rührt an die Wurzel ihrer Identität. An der Person Jesu Christi und an der Stellung zu ihr wird sie gewonnen oder verspielt. Kein Jude[2] und kein Christ[3] leugnet die Priorität der christologischen Frage, selbst wenn die

---

[1] Vgl. H. DEMBOWSKI, Anfangserwägungen, 38. Er spricht in diesem Zusammenhang von einem gegenseitigen diakonisch-dialogischen Bemühen, dem alles Dekretorische fremd sein sollte, a.a.O. 39.41.

[2] J. JOCZ, People, 7–9.281–286; J. KLAUSNER, Jesus, 409–415.572–574; SCH. BEN-CHORIN, Image, 401–430; D. FLUSSER, Schisma, 216f.221f.

[3] Stellvertretend für viele C. THOMA, Theologie, 186–196; F. MUSSNER, Traktat, 336–363; CHR. GESTRICH, Christologie, 217–219.221.223f.

jeweiligen Antworten höchst unterschiedlich ausfallen. Für den Christen erschließen sich Kreuz und Auferweckung Jesu Christi als Realgrund des dem
Menschen von Gott gewirkten eschatologischen Heils. Es ist in der Wirklichkeit dieser Welt bereits zugegen (Röm 8,24: ἐσώθημεν[resultativer Aor-
ist], vgl. 5,1), allerdings nur im Modus der Hoffnung aussagbar, wie Paulus
besonders Röm 8,19f.23–25 (vgl. 4,18; 5,2.5; IIKor 5,7; Gal 5,5; IThess 5,8)
und in weiten Strecken des IKor gegen mögliche enthusiastische Mißverständnisse einschärft[4]. Jedoch zeigen sich Christen darin uneins, *wie* und *auf
welcher Grundlage* die Christologie dem Judentum gegenüber verantwortet
und ins Gespräch gebracht werden soll[5]. Eine Vergewisserung darüber, worin der Kern des Bekenntnisses zu Jesus als dem Christus besteht, was christologisch als essentiell und damit als das eigentliche Discrimen zwischen
Juden und Christen anzusehen ist, erscheint daher unerläßlich.

Diese Rückfrage redet keinen erneuten Abgrenzungstendenzen das Wort.
Sie macht vielmehr ernst mit der »Grundformel« von der »Beziehung in der
Unterscheidung« und der »Unterscheidung in der Beziehung«, deren beide
Pole dialektisch aufeinander bezogen sind[6]. Schon deshalb überzeugt der
Einwand nicht, dieser Ansatz erweise sich nur als eine erneute Variante des
diskussionshemmenden christlichen Absolutheitsanspruchs, der positivistisch und ohne jede Kritik seiner selbst immer schon vorausgesetzt sei. Wie
kann denn der Anspruch, den Wahrheit selber fordert, anders als asserto-
risch, konfessorisch und damit *kommunikativ* in den Dialog eingebracht werden?

Der Dialektik von Unterscheidung und Beziehung entspricht die andere
von Geschichte und Glaube. Der Grund für das Auseinandergehen der Wege
von Juden und Christen hat seinen theologischen Ort in der Geschichte. Ihn
aufzuspüren könnte identisch sein mit der Entdeckung, worüber der christlich-jüdische Dialog der Gegenwart im Kern zu führen ist. Anders ausgedrückt, spricht Christologie Jesus konfessorisch so »mit Gott und Heil zusammen, indem sie von seinem Leben, seinem Kreuzestod und seinem Auf-

---

[4] Die in der Taufe zugesagte Gotteskindschaft (Röm 6, vgl. 3,24; IKor 1,30; 6,11), d.h.
die eschatologische Existenz der Glaubenden, löst die alte Wirklichkeit nicht einfach ab.
Vielmehr verhalten sich alte und neue Existenz bleibend zueinander, vgl. G. Nebe, Hoffnung, 90–94.267–269.

[5] Die gegenwärtig diskutierten Alternativen vertreten exemplarisch E. Grässer, Heilswege, 224–230; Christen, 272–278, einerseits und P. v. d. Osten-Sacken, Antijudaismus,
239–255, bes. 250–253, andererseits.

[6] B. Klappert, Leitlinien, 620. Wenn er aber gegen eine »Christologie der Trennung
vom Judentum« votiert, ist bereits stillschweigend vorausgesetzt, was doch erst zu erweisen wäre, daß nämlich das Bekenntnis zu Jesus Christus eine solche Trennung nicht zu begründen vermag. Unter der Hand werden dabei *Trennung* und *Antijudaismus* in eins gesetzt.
Wie bereits in Kap. 4 deutlich geworden ist, sollen auch die folgenden Ausführungen zeigen, daß diese Gleichung am christologischen Bekenntnis keinen Anhalt hat.

erstehen spricht«[7], muß sich an dem an Kreuz und Auferstehung gewonnenen, soteriologisch ausgerichteten Inkarnationsbekenntnis erweisen lassen, inwieweit es von Christen und Juden nur um den Preis ihres Jude- bzw. Christseins nachzusprechen oder aber zu verwerfen ist. Eine erneute Reflexion darüber gehört ebenso zur Thematik dieser Studien, wie sie zu den brisantesten und umstrittensten Feldern der innerchristlichen Diskussion über das Verhältnis zum Judentum gehört.

6.1 Die Ausgangsbasis

Die im Jahre 1975 erschiene EKD-Studie »Christen und Juden« (Studie I) gilt trotz ihres erkennbaren Kompromißcharakters[8] seither als *die* maßgebliche Stellungnahme der EKD zum Thema[9]. Die Studie und das sie begleitende wie interpretierende »Arbeitsbuch Christen und Juden« von 1979 benennen als den entscheidenden Grund für die Separation der frühen Christen vom Synagogenverband und damit als die eigentliche Differenz zwischen Christen und Juden den Glauben »an Jesus als den Messias«[10]. Jesu Leiden, sein Sterben und seine Auferweckung werden diesem messianischen Glauben zugeordnet. Dadurch erhält er zwar einen weniger allgemeinen Charakter, als es zunächst den Anschein hat[11]. Doch liegt das Hauptgewicht der das Zentrum des christlichen Glaubens beschreibenden Aussage eindeutig auf der zitierten Kurzformel. Sie dominiert in der seitherigen Debatte pro und contra.

Nun ist gleich zuzugeben, daß aufgrund der gedrängten Knappheit, die im Wesen einer solchen Studie liegt, umfassende exegetische Begründungen und Absicherungen kaum zu erwarten sind. Andererseits läßt die thesenartige Zuspitzung die unterliegende theologische Entscheidung in wünschenswerter Deutlichkeit hervortreten. Ihr ist aber zu widersprechen. Denn sie beruht auf einem exegetischen und historischen Urteil, das in dieser prägnanten Formulierung den Kernpunkt und, von jüdischer Warte aus gesehen, das Skandalon (Röm 9,32f; IKor 1,23; Gal 5,11; IPetr 2,7f, vgl. IKor 1,17f; 2,2; Gal 3,1; 6,14) des christlichen Glaubens nicht hinreichend umschreibt,

---

[7] H. DEMBOWSKI, a.a.O. 28.

[8] Vgl. R. RENDTORFF, Volk, 55f.

[9] Fortgeschrieben wurde sie in der 1991 erschienenen EKD-Studie II. Ein explizites Eingehen auf kritische Anfragen, die sich an die Studie I richteten, sucht man jedoch vergeblich.

[10] Studie I, 17, vgl. auch 17–19; Arbeitsbuch, 110 (hier bes. den Abschnitt 111–123).

[11] Studie I, 18; Arbeitsbuch, 110f, vgl. auch 122f. Studie II, bes. 32f, argumentiert hier differenzierter, aber ohne jeden korrigierenden oder präzisierenden Bezug zu Studie I.

geschweige denn adäquat erfaßt[12]. Daher stellt sich die Aufgabe, unter Rückbezug auf das den christlichen Glauben konstituierende neutestamentliche Zeugnis Voraussetzung und Berechtigung der These, die Inanspruchnahme der Messiastitulatur für Jesus erweise sich als das Schibboleth zwischen Christen und Juden, einer kritischen Prüfung zu unterziehen. Sie geschieht exemplarisch anhand dreier Texte (Act 2,14–39; 5,34–39; Gal 3,1–14), wobei der Schwerpunkt auf dem paulinischen Schreiben an die galatischen Gemeinden liegt. Komplementär dazu ist – bezogen auf den innerjüdischen Bereich und die in ihm vorhandenen messianischen Vorstellungen – ein Blick auf die durch R. Aqiva erfolgte Messiasproklamation Bar Kokhbas lehrreich.

6.2 Christologie und jüdische Messianologie

6.2.1 Act 5,34–39 und das Problem jüdischer Messiasprätendenten

Ob das Bekenntnis zu Jesus als dem Messias[13] der Stein des Anstoßes war, der zum Exodus der christusgläubigen Juden aus den Synagogengemeinden führte, soll zunächst anhand zweier Texte aus der Act beantwortet werden. Als heuristischer Einstieg bieten sie sich auch deshalb an, weil in ihnen die Verkündigung der frühen Gemeinde im Kontext zeitgenössischer messianischer Vorstellungen thematisiert und reflektiert wird. Zudem enthalten sie alte Credoformulierungen, deren kerygmatisches Konzentrat von besonderem Interesse ist.

Wichtig ist zunächst Kap. 5. Nach 5,18 sind alle Apostel verhaftet und in das Gefängnis gesteckt worden. Entgegen den Auflagen des Sanhedrins

---

[12] Auf diesen Punkt konzentrierte sich schon die Rückfrage M. Honeckers, Glaubensbekenntnis, 203f, vgl. M. Karrer, Gesalbte, 411f.

[13] Der Begriff *Messias* ist schillernd und kann für ganz unterschiedliche Vorstellungen stehen. Ein einheitlicher Gebrauch ist für das Alte Testament (es setzt z.B. mehr als nur *ein* Amt des Gesalbten voraus, wie allein die Parallelität von König und Priester in Sach 4 erkennen läßt) und die jüdische Traditionsliteratur ebensowenig belegbar wie für die Pseudepigraphen. Das erschwert von vornehrein jeden eng gefaßten Definitionsversuch. Unter *Messias* verstehe ich im folgenden eine national-jüdische Heilsgestalt, mit der sich eschatologische Hoffnungen und Erwartungen auf eine politische Restitution des jüdischen Volkes verbinden. Die Gestalt des Messias begegnet uns in *dieser* Form erst ab der zwischentestamentlichen Literatur, wenngleich nicht in allen ihren Schriften. Vgl. die Übersicht bei J. H. Charlesworth, Concept, 188–218 (das Resümee 216–218), sowie F. Hahn, Hoheitstitel, 133–158; M. Stone, Concept, 295–312; S. Isser, Messianism, 56–73; J. J. Collins, Messianism, 97–109, bes.97f; M. Karrer, a.a.O. 242–267; A. Chester, Expectations, 17–19. Daß die Messiasfrage in der jüdischen Überlieferung – anders als im christlichen Glauben – kein so »entscheidendes Element« darstellt, J. Neusner, Judentum, 61, ist richtig. Trotzdem spielte und spielt sie eine beherrschende Rolle im christlich-jüdischen Verhältnis – nicht zu Unrecht, wie sich an der mit ihr verbundenen Weichenstellung zeigen läßt.

(4,1–3.15–18.21a) hatten sie den gekreuzigten und von Gott auferweckten Jesus von Nazareth als den alleinigen Heilsgrund verkündigt (4,10–12.20; 5,21.30f). Erneute Vorwürfe und Vermahnungen seitens des Hohepriesters (5,27b-28) bleiben fruchtlos. Sein Verbot, weiterhin in Jesu Namen zu lehren (v.28), erscheint den Aposteln als eine widergöttliche Forderung (5,29, vgl. 4,19f). Würde sie von ihnen befolgt, wirkte sie dem Auftrag und der Sendung Jesu (5,30f) entgegen. Angesichts zu befürchtender blutiger Reaktionen auf dieses apostolische Nein hin (5,33) steht der Sanhedrist Gamaliel auf und hält seine berühmte Rede (5,35–39)[14]. Die Verse 5,36f verdienen besondere Beachtung. Verbindet man v.36 mit der bei Josephus, Ant XX 97–99, überlieferten Episode[15], dann ergibt sich, daß Theudas[16] als Messiasprätendent auftrat[17] oder aber von seinen Anhängern dafür gehalten wurde[18]. Dennoch spricht ihm Gamaliel weder seine legitime Zugehörigkeit zum jüdischen Volk ab noch beschuldigt er ihn aufgrund seines Anspruchs der Apostasie. Zwar charakterisiert Josephus Theudas ausgesprochen negativ als γόης τις ... προφήτης γὰρ ἔλεγεν εἶναι (Ant XX 97, vgl. 167.188; Bell II 261). Doch zumindest in Lukas' Sicht umschreibt das λέγων εἶναί τινα ἑαυτόν dessen messianische Ambitionen[19]. In Act 8,9 wird Simon Magus ganz ähnlich eingeführt: λέγων εἶναί τινα ἑαυτὸν μέγαν[20]. Theudas' an Ex

---

[14] Ob dieses Stück sowie der ganze zugehörige Abschnitt 5,21b-40 lukanische Redaktion ist oder ob es der vorlukanischen Überlieferung zuzurechnen ist, mag hier auf sich beruhen. M.E. ist ein striktes Entweder-oder fehl am Platz, wie besonders 5,30–32 zeigt, s. den Nachweis bei U. WILCKENS, Missionsreden, 45.200–205. Zumindest 5,30b (κρεμάσαντες ἐπὶ ξύλου, vgl. Dtn 21,22[LXX] = 10,39b, vgl. Gal 3,13) spricht für vorlukanischen Traditionsstoff. Unerheblich ist in unserem Zusammenhang der mit dem Namen Theudas verbundene Anachronismus, sofern Gamaliel mit πρὸ γὰρ τούτων τῶν ἡμερῶν die seiner Gegenwart unmittelbar voraufgehende Zeit meint, vgl. dazu die übernächste Anm.

[15] Daß der hier erwähnte Theudas mit dem gleichnamigen prophetischen Wundertäter von Act 5,36 identisch ist, bestreitet F. F. BRUCE zu Unrecht, Acts, 116 Anm. 57. Nicht nur der Name, auch die mit ihm zusammenhängenden Ereignisse lassen sich an beiden Stellen in Deckung bringen, M. HENGEL, Zeloten, 235f; R. MADDOX, Purpose, 119.

[16] Zum historischen Hintergrund vgl. Bill II, 639f; L. CAMPEAU, Theudas, 235–245. Während der im lukanischen Aufriß in Act 5,34–39 geschilderte intervenierende Auftritt Gamaliels in die erste Hälfte der dreißiger Jahre weist, trat Theudas erst später unter dem von 44–46 n.Chr. residierenden Prokurator Cuspius Fadus auf, Josephus, Ant XIX 363.

[17] Zu Recht jetzt wieder unterstrichen von H. LICHTENBERGER, Erwartungen, 9–20:18f, anders F. HAHN, a.a.O. 361. Auch D. GEORGI sieht in Theudas nur einen Wundertäter ohne jeden eschatologischen Anspruch, Gegner, 123.

[18] S. G. F. BRANDON, Zealots, 100. Seine These, Jesus gehöre in die messianisch eingefärbte zelotische Aufstandsbewegung hinein, ist jedoch unhaltbar.

[19] O. BETZ, Probleme, 585; D. HILL, Prophets, 148.

[20] Innerhalb des stark lukanisch durchgestalteten Abschnitts Act 8,9–25 haben wir besonders in den v. 9–13 mit vorgegebenem Material zu rechnen, wie D.-A. KOCH aufgewiesen hat, Geistbesitz, 70f. Hinsichtlich des Partizipialsatzes von v.9c bleibt eine Entscheidung aber unsicher. Die sprachliche Parallele in 5,36 spricht für lukanische Redaktion, die sachlich und sprachlich parallele Wendung bei Josephus, Ant XX 97, sowie bSan 93b deuten eher auf eine traditionelle Formulierung hin.

14,16.21f und Jos 3,13–17 erinnernde Ankündigung, die Fluten des Jordan zu teilen, um seinem Gefolge einen Durchgang zu ermöglichen (Ant XX 97)[21], läßt ein messianisch orientiertes Selbstverständnis erkennen, das die Moseverheißung von Dtn 18,15–18 auf sich bezog[22].

Diese Interpretation ist freilich nicht unumstritten, wenngleich ihr m.E. die wenigsten Bedenken entgegenstehen. R. MEYER[23] deutet Theudas als Jonas redivivus, was aber aufgrund der Quellenlage kaum überzeugt. T. SAITO[24] erblickt in ihm den wiedergekommenen Elia, wobei er an IIReg 2,13f als der für ihn nächsten Parallele zu Jos 3,13–17 denkt. Jedoch lassen sich auch gegen diesen Erklärungsversuch Einwände geltend machen – so ist es in IIReg 2,13f Elisa, der mit dem Prophetenmantel das Jordanwasser teilt –, obwohl Elia als endzeitlicher Prophet begegnet[25] und sich mit ihm messianische Vorstellungen verbinden[26]. Am ehesten läßt sich Theudas' Verhalten auf dem Hintergrund und im Zusammenhang der altjüdischen Mosetradition verstehen. Der Talmud deutet den Namen *Mose* (messianisch?) als *Retter Israels*, bSot 12b (vgl. 11b.13a.14a); bSan 101b. In den Midraschim werden Mose und der Messias als der erste und der zweite Erlöser einander zugeordnet (BerR 85,14; RutR 2,14; MQoh zu 1,9[27]). Es gibt sogar vereinzelte Stimmen, die Mose so in die Nähe Gottes rücken, daß zur Apotheose nicht mehr viel fehlt[28]. Ähnliches läßt sich bei Philo feststellen[29], dem

---

[21] Vgl. Ant XX 167–169.188; Bell II 259.261–263 und Mt 24,4f.23–26; Act 21,38. Der erneute Zug in die Wüste (ἐρημία) wiederholt den Exodus und die dort dem Volk Israel widerfahrenen Wunder. Vgl. nur die versprochenen σημεῖα ἐλευθερίας (Ant XX 168; Bell II 260) mit τῶν ... τὴν ἐλευθερίαν αὐτοῖς σημείων (Ant II 327). Damit wird nichts weniger als eine neue Heilszeit proklamiert. Auch der Exodus einer Gruppe jüdischer ἄποροι unter ihrem Anführer Jonathan (Bell VII 437f) ist zu erwähnen. Jonathan kündigte diesen Armen in der Wüste (ἔρημος) σημεῖα καὶ φάσματα an, womit sie auch hier in einem typologischen Zusammenhang mit der Geschichte Israels stehen (Hos 12,10f; Jes 40,3, vgl. 1QS 8,13–15), vgl. P. W. BARNETT, Prophets, 682–686; R. A. HORSLEY, Prophets, 456–461; W. J. BITTNER, Zeichen, 64–68.

[22] Zutreffend J. JEREMIAS, ThWNT IV 862–864; H. M. TEEPLE, Prophet, 65; M. DE JONGE, Use, 333.

[23] Prophet, 84.

[24] Mosevorstellungen, 170f.

[25] Mal 3,1.23f; Sir 48,10f; äthHen 90,31; IVEsr 7,28; Ed 8,7, weitere Belege bei Bill IV, 785.787.

[26] Vgl. Mt 11,14par; 17,10–12; Mk 6,14f; 8,28; 9,4parr; Sir 48,10; WaR 34,8; RutR 5,6; ShirR 2,13; BerR 71,9; 99,11; BemR 18,12; ShemR 44,1; PesR 2,32; 4,2; MMish zu Prov 19,21; Sot 9,15; bSot 13a; bSuk 52b; ySan 10,1[28a]; tEd 3,4; tSot 4,7, aber auch bSuk 5a; bBM 59b; ShirR 1,6. Zur Frage s. noch H. M. TEEPLE, a.a.O. 2–13; E. SCHÜRER, History II, 515f.

[27] Vgl. auch ShemR 1,26; bSan 98 und zum Ganzen J. KLAUSNER, Idea, 15–18.

[28] AssMos 11,16; Josephus, Ant III 180; Artapanos bei Euseb, Praep.Evang. IX 27,6; bShab 55b; bHag 4b; TanB 4,51f = BemR 15,13, vgl. BemR 15,15; QohR 8,8; SifBam 10,8. Weiteres bei L. GINZBERG, Legends III, 481; D. L. THIEDE, Figure, 237; W. A. MEEKS, God, 354f. Doch trotz dieser einzigartigen Stellung Mose bleibt die Gottesaussage Jes 42,8 unangetastet: »Ich bin Jahwe, das ist mein Name, und meine Ehre gebe ich keinem anderen«, vgl. auch MShir zu 1,9 (in Deutung von Jes 44,6).

[29] VitMos I 155–162; II 288.291; Sacr 8–10; Som I 164f; II 189; Prob 42–44; Mut 19.125–128; All I 40; Migr 84; Det 160–162, ferner SpecLeg I 331f; LegGai 118 und E. R.

er ansonsten als der ideale König[30], als Prophet[31], Hohepriester[32] und Gesetzgeber[33], ja als νόμος ἔμψυχος (VitMos I 162) gilt.

Im Unterschied zu Führern zeitgenössischer, messianisch orientierter Bewegungen hat der irdische Jesus offensichtlich nicht das Exodusgeschehen herangezogen, um seine Sendung zu deuten[34], auch nicht angesichts seiner bevorstehenden Passion. Im Hinblick auf das Schicksal eines Judas Galiläus wird Jesu Schweigen freilich plausibel. Sein Wirken und seine Verkündigung des kommenden Gottesreiches sollten nicht »als Streben nach politischer Befreiung« mißverstanden werden[35], vgl. Joh 1,49 und 12,14–16 mit 18,36.

Auch Judas Galiläus, den Gamaliel neben Theudas erwähnt (Act 5,37) und der die Gruppe der Sikarier gründete (Josephus, Bell VII 253)[36], wird man als Messiasprätendenten bezeichnen dürfen[37]. Zumindest war er es in den Augen des auctor ad Theophilum. Denn im lukanischen Sinn ist Gamaliels Argumentation[38] nur stringent, wenn Jesus (vgl. Act 5,29–32), Theudas und

---

GOODENOUGH, Light, 223f; L. BIELER, ΘΕΙΟΣ ANHP, 34–36, kritisch dazu W. A. MEEKS, a.a.O. 354–371.

[30] VitMos I 29.148 (dazu vgl. II 131; Abr 261; Som II 243; Praem 54; Quaest in Gn IV 76); 153f.158.163; II 2f. Vgl. Josephus, Ant II 327; III 75–77.87f; IV 303; V 20.40. Philos Vorstellung vom idealen König entspricht weitgehend dem platonischen Ideal vom König als dem wahren Philosophen, vgl. VitMos II 2 mit Plato, Resp. V 473d; VitMos I 24 mit Resp. VI 486b.487a und VitMos I 25 mit Resp. VI 485e.487a. Vgl. hierzu E. R. GOODE-NOUGH, Kingship, 53–102; C. R. HOLLADAY, THEIOS ANER, 109–112.

[31] VitMos I 1 (vgl. Praem 55).156.175.201; II 6.187–245.250.258; Her 262; VitCont 64; Quaest in Ex II 29. Vgl. auch Sir 44,23–45,5; Weish 10,16; 11,1; Arist 139; AssMos 11,16; Eupolemos bei Euseb, Praep.Evang. IX 30,1.

[32] VitMos II 66f.71.166.187.292.

[33] VitMos II 12–65. Vgl. Josephus, Ant I 95.240; III 180.286.320.322; IV 193; V 98; VII 384; VIII 120; XVII 159; Ap I 238.279; II 154–175; syrBar 59,3f; IVEsr 14,4–6; Euseb, Praep.Evang. VIII 6,9.

[34] Trotz mancher Anklänge, vgl. Mt 2,13–23; 4,2; 5,1f; Mk 6,31–44parr; 8,1–10parr; Joh 6,1–13, ist Jesus kein neuer Mose, der sein Volk aus einem »Ägypten« herausführt. Die Warnung Mt 24,23–26 ist in dieser Hinsicht mehr als deutlich.

[35] H.-W. KUHN, TRE X 744.

[36] Vgl. ferner Ant XVII 271f; XVIII 1–10.23–25; XX 102; Bell II 56.117f.433, dazu S. FREYNE, Galilee, 216–220.250f; D. M. RHOADS, Revolution, 47–60. In Ant XVIII 4.9 nennt Josephus neben Judas noch den Priester Saddok als Gründer der von ihm genannten vierten Partei, Ant XVIII 23; Bell II 118. Doch läßt sich dieser Saddok mit keiner der uns bekannten historischen Personen jener Zeit sicher identifizieren. Möglicherweise liegt ein Irrtum, wenn nicht gar eine bewußte Unschärfe seitens Josephus' vor, G. BAUMBACH, Zeloten, 736f.

[37] Gleiches gilt für Simon aus Peräa (Ant XVII 273–277; Bell II 57–59; Tacitus, Hist. V 9), den Hirten Athronges (Ant XVII 278–285; Bell II 60–65) und auch Menahem, Sohn des Judas Galiläus und Enkel Ezekias (Ant XIV 159; XVII 271; Bell I 204; II 56), vgl. noch Bell II 434 und V. TCHERIKOVER, CPJ I 90 Anm. 82. Zur Frage s. M. HENGEL, a.a.O. 296–307; D. HILL, a.a.O. 144f; W. R. FARMER, Judas, 147–155. Interessant ist in diesem Zusammenhang die Stelle bei Origenes, Hom. XXV in Luc. (GCS 49 [35] 150,19ff), nach der Judas Galiläus von einigen als Messias angesehen wurde.

[38] Mit dem Hinweis auf Theudas und Judas Galiläus bedient sich Gamaliel eines rhetorischen Kunstgriffs, die eigene Argumentation durch einen Rekurs auf für seine Adressaten

Judas Galiläus den gleichen messianischen Typus repräsentieren[39]. Die alt-jüdische Messianologie ist trotz ihres Nuancenreichtums in sich darin stim-mig, daß der Messias sich nicht selbst, d.h. eigenmächtig aufstellt[40]. Sein Erscheinen und sein Wirken bleiben ausschließlich der Initiative Gottes vorbehalten (Ps 2,2[*sein* Gesalbter].6[*mein* König]; 110,1f; Jer 30,9b; Ez 17,22–24; 21,32b; Hos 3,5; Hag 2,21–23; Sach 3,8)[41]. Nicht schon das Auf-treten eines Messiasprätendenten, sondern erst sein Scheitern erweist seinen Anspruch als hybride und pseudomessianisch (vgl. Dtn 18,20–22; IKön 22,18–28; Jer 28,9; 11QTemple 61,2–5; IIPetr 1,21; 2,1)[42]. Wie für andere, gilt diese Konzession auch für Jesus, obgleich sein Tod bereits das Urteil über ihn gesprochen zu haben scheint. Doch Gamaliels intervenierende Rede verschiebt die Zeitebene und zieht Jesu Auftreten in das Zeugnis der Apostel hinein. Aufgrund ihrer Verkündigung muß sich sein messianischer Anspruch im Hier und Jetzt der Gegenwart bewähren. Daher ist Gamaliels Folgerung plausibel. Sollte Gott selber[43] Verkündigung und Wirken der verhafteten und

---

Bekanntes zu stützen. Vergleichbares finden wir bei Sallust, De coniur. Cat. LI 5f, und Ta-citus, Ann. XI 24 (vgl. bes. den Schluß der claudischen Rede). Josephus erinnert Bell V 376–399 an die πατέρων ἔργα und an die ἔργα τοῦ θεοῦ, um mit Hilfe einer midraschartigen Erzählung seine Jerusalemer Landsleute zur Kapitulation zu bewegen.

[39] In der ersten Hälfte des ersten nachchristlichen Jahrhunderts kann man kaum säuber-lich zwischen prophetischen, messianischen und sozialrevolutionären Bewegungen tren-nen, gegen R. A. HORSLEY, a.a.O. 437–461; Movements, 3–27, der sich vor allem gegen M. HENGELS messianische Interpretation der Führer jüdischer Aufstandsbewegungen wendet. Eine phänomenologisch orientierte Abgrenzung ist jedoch, wie R. A. HORSLEY selber zuge-stehen muß, schon aufgrund der Quellenlage schwierig. Was ist von Josephus apologetisch oder romfreundlich gefärbt? Welche Nachrichten und welcher Bericht sind historisch zu-verlässig? Vollends unmöglich ist aber die von ihm geforderte Distinktion deshalb, weil oftmals prophetisch-eschatologische und messianische Elemente und Traditionen bei ein und derselben Bewegung zu finden sind, die erklärtermaßen ökonomisch-soziale Verände-rungen als Zielvorstellungen propagierte, H. KIPPENBERG, Klassenbildung, 128–135.164–172; G. BAUMBACH, a.a.O. 727–740, ohne daß man die starken religiösen Antriebskräfte unterschlagen darf. Diese werden zu Recht stark betont von M. HENGEL, a.a.O. passim. Vgl. auch D. M. RHOADS, a.a.O. 94–149.167–173; S. FREYNE, a.a.O. 231. W. J. BITTNER, a.a.O. 57–74, hängt bei seinem Bemühen, das Prophetische strikt vom Messianischen zu trennen, in erheblichem Maße von R. A. HORSLEY ab. Beide gehen von einer Entsprechung der begrifflich-theologischen Unterscheidung auf der historischen Ebene aus, was m.E. der historischen Wirklichkeit nicht gerecht wird.

[40] Auch PesR 15(17b); PesR 36(162a) und LeqT 2(130a) zu Num 24,17 sind nicht als gegenteilige Zeugnisse zu werten, wie Bill I, 954f.1017f, annimmt. Vgl. die überzeugende Zurückweisung dieser Sicht bei V. HAMPEL, Menschensohn, 131 mit Anm. 359.

[41] S. ferner PsSal 17,44; 18,5.7; äthHen 48,10; 52,4; syrBar 39,7; 72,2; IVEsr 13,32.37; bBer 29a; TJon zu ISam 2,10; IISam 22,51; Ez 37,24; Sach 4,7; TPs 18,51; 85,52; 1QSa 2,11f. Dazu G. DALMAN, Worte, 237–241; Bill II, 588.

[42] Zur Sache A. STROBEL, Wahrheit, 24–26.83f; V. HAMPEL, a.a.O. 132.

[43] In 5,39 bezieht sich ἐκ θεοῦ der Sache nach auf das im Zeugnis der Apostel (5,32) verkündete, von Gott selbst inaugurierte und autorisierte Heilsgeschehen des ἀρχηγὸς καὶ σωτήρ Jesus (5,30f, vgl. IClem 20,5). Der johanneisch klingende präpositionale Ausdruck

vorgeführten Apostel legitimieren, die ihren durch einen Engel erneuerten Zeugenauftrag (Act 5,19f) vom Auferstandenen empfangen haben (Lk 24,47f; Act 1,8), wären Widersacher nichts anderes als Kämpfer gegen Gott selbst (θεομάχοι)[44].

6.2.2 Rabbi Aqiva und Bar Kokhba

Daß nicht schon das Bekenntnis zur *Messianität* Jesu geeignet ist, als *das* Spezifikum des christlichen Glaubens gegenüber dem Judentum geltend gemacht zu werden, läßt sich an einem weiteren Beispiel aus dem jüdischen Bereich verdeutlichen. Rabbi Aqiva Ben Joseph[45], schon zu seinen Lebzeiten, vor allem aber nach dem Ende des zweiten jüdisch-römischen Kriegs (132–135 n.Chr.) eine unumstrittene Autorität[46], erklärte den Führer des Aufstands, Simon Bar Kokhba[47], öffentlich zum Messias: דין הוא מלכא משיחא (yTaan 4,8 [68d])[48], vgl. EkhaR 2,4 zu Thr 2,2[49]. Wie besonders die Tar-

---

(Joh 1,13; 7,17; 8,42.47; IJoh 3,9f; 4,1–4.6f; 5,1.4.18f; IIIJoh 11, sachlich korrespondiert ἀπὸ θεοῦ in Joh 3,2; 16,30) charakterisiert den messianischen Eventualfall.

[44] Nach Act 23,9 ist das Leugnen der endzeitlichen Auferstehung aus pharisäischer Sicht gleichbedeutend mit einem Streiten gegen Gott (θεομαχεῖν), vgl. IIMakk 7,19.

[45] Zu Aqiva s. L. FINKELSTEIN, Akiba; J. GOLDIN, Profile, 38–56; P. LENHARDT/P. v. d. OSTEN-SACKEN, Akiva (dort weitere Lit.).

[46] Das wird nicht nur mit seinem Märtyrertod zusammenhängen (bBer 61b). Wesentlich dürfte sein, daß Aqiva – und dann seine Schüler – zu den maßgeblichen Wegbereitern der wenig später erfolgten Redaktion der Mischna gehörten, San 3,4; bSan 86a; vgl. weiterhin tMSh 2; ARN(A) 18[33b]; tZav 1,5; ySheq 5,48c, dazu S. SAFRAI, Halakha, 200–207. Obwohl die Erzählung vom Ende Aqivas in bBer 61b legendarische Züge trägt und deutliche Hinweise auf eine nachträgliche Erweiterung enthält – vgl. die Versionen yBer 9,7[14b]; ySot 5,7[20c]; bAZ 18a, dazu P. LENHARDT/P. v. d. OSTEN-SACKEN, a.a.O. 52f –, wird man sie doch nicht in der Weise als historisch unzuverlässig abqualifizieren dürfen, wie es J. NEUSNER tut, Verständnis, 95.103f. Vgl. dagegen nur P. SCHÄFER, R. Aqiva, 119f.

[47] Zur Namensform vgl. DJD II/1,124f[24B]. 128[24C]. 130[24D]. 160[43].

[48] Zur Interpretation dieser wichtigen Stelle vgl. P. SCHÄFER, R. Aqiva, bes. 86–90; Aufstand, 168f (mit Korrekturen an dem zuvor genannten Beitrag); P. LENHARDT/P. v. d. OSTEN-SACKEN, a.a.O. 307–317.

[49] Diskussion und kritische Wertung der in Frage kommenden einschlägigen rabbinischen (bSan 93par Yalq § 416[781a]; ShirR 2,7) und frühchristlichen Texte (Justin, Apol. I 31,6; Euseb, HistEccl. IV 6,2; ApkPetr 2 [NTApo II 567]; Hieronymus, Apol. adv. Rufin III 559 [PL 23,480]) sowie der Münzfunde und Brieffragmente bei P. SCHÄFER, Aufstand, 55–67; Y. MESHORER, Coins, Plates XIX-XX.XXI-XXVIII; Y. YADIN, Bar Kochba, 122.124–139. P. SCHÄFER hält den Mittelteil von yTaan 4,8[68d] (vgl. EkhaR 2,4 zu Thr 2,3): »R. Aqiva sagte, als er den Bar Kozeva sah: ›Dieser ist der König Messias‹«, für den späteren Einschub eines Glossators, R. Aqiva, 87f. Dafür spricht die aramäische Sprachform inmitten des sonst hebräisch abgefaßten Kontextes. Aber selbst wenn die direkte Proklamation sekundär sein sollte, wird durch die vorherige Auslegung von Num 24,17 auf Bar Kokhba hin: דרך כוכבא מיעקב und die dadurch ausgelöste Antwort R. Jochanan ben Tortas die messianische Ausrichtung unzweideutig.

Auf die im antiken Judentum lebendigen messianischen Erwartungen, wie sie in divergierender Form und Ausprägung begegnen, gehe ich in diesem Zusammenhang nicht aus-

gumim und Midraschim belegen (TanB Dev 1a[§ 6]; DevR 1,19f; TO zu
Num 24,17; TPsJ zu Num 24,17[50]), knüpft Aqiva dabei an eine Tradition im
rabbinischen Judentum an, die den Bileamspruch Num 24,17f auf den Messias[51] hin interpretierte:

»Es wird ein Stern aus Jakob aufgehen und ein Zepter aus Israel aufkommen und wird
zerschmettern die Schläfen der Moabiter und den Scheitel aller Söhne Seths. Edom
wird er einnehmen, und Seir, sein Feind, wird unterworfen sein. Israel aber wird Sieg
haben«[52].

Trotzdem weist der Vorgang um Bar Kokhba eine Besonderheit auf. Denn
seine Messiasproklamation durch Aqiva ist insofern singulär in der rabbinischen Literatur, als hier eine messianisch verstandene Verheißung auf eine
historische Person der zeitgenössischen Gegenwart übertragen wurde. Mög-

---

führlicher ein. M. KARRER hat in seiner Studie den Realienhintergrund und den Begriffs-
rahmen umfassend dargestellt, a.a.O. bes. 95–267. Im folgenden nenne ich nur die wichtigsten einschlägigen Texte und in Auswahl speziell auf sie bezogene Literatur: a) *Apokryphen
und Pseudepigraphen:* PsSal 17f; Sib V 256–259; TestRub 6,7–12; TestSim 7,1f; TestLev
18,1–9.12; TestJud 21,1f; 24; TestIss 5,7; TestDan 5,4.9f; TestNaph 8,2f; syrBar 29,3; 30,1;
39,7; 40,1; 70,9; 72,2; 73,1–74,3; IVEsr 7,28ff; 11,37–12,1; 12,32; 13,3–25; 14,9; AssMos
10,1–10; Sir 35,22–25; 36,1–17; Weish 3,1–4; 5,15f; äthHen 46,1–6; 71,14.17; 83–90; Jub
23,26–31; LibAnt 3,10 (J. KLAUSNER, a.a.O. 248–386; A. S. v. d. WOUDE, Vorstellungen,
190–216; A. HULTGÅRD, Messiah, 93–110; G. L. DAVENPORT, Anointed, 67–92); b) *Philo:*
Praem 93–97.162–172; c) *Qumran:* 1QS 4,18b–21a; 9,10f; 1QSa 2,11b–22; 1QSb 1,21–
3,21; 5,1–19.27; 1QM 2,1–4; 5,1f; 11,4b–9a; 12,7–13a; 13,1–2a; 15,4–8a; 16,11–14; 19,9–
13; 1QH 3,5–18; CD 2,2–13; 5,15–6,3; 7,18–21; 12,22–13,2; 14,18–22; 19,10f; 19,32–
20,1; 1QpHab 5,1–6a; 8,1–3a; 8,13–9,2; 9,8–12a; 11,2b–8; 4Qflor 1,11; 4Qtest 9–13; 4Qps
DanA[a] (4Q246); 4QpJes[a] A 2 (4Q161); 4QpJes[a] D 1 (4Q164); 4QPBless 1–4; 4QDibHam[a]
12 IV 5–8 (=4Q504); 11QMelch u.ö. (A. S. v. d. WOUDE, a.a.O. 7–189.268f; K. G. KUHN,
Messias, 168–179; D. JUEL, Exegesis, bes. 61–77; H.-W. KUHN, Messias, 103–112[zu
4Q246]; J. LIVER, Doctrine, 354–390; M. N. A. BOCKMUEHL, Messiah, 155–169[zu
4Q285]); d) *rabbinische Literatur:* Bill I, 6–13.76f.525; IV/1, 1–3; IV/2, 816–844.857–
976; A. GOLDBERG, Namen, 1–93; M. ZOBEL, Gesalbter, 29ff.69ff.104ff und 161–166 (zu
den Gebeten); S. H. LEVEY, Messiah (zu den Targumim). Übergreifende Darstellungen finden sich bei W. GRUNDMANN u.a., ThWNT IX 482–518; J. MAIER, Erwartungen, 23–58.90–
120; K.H. KIM, ΧΡΙΣΤΟΣ, 129–189.254–270; E. SCHÜRER, History II, 488–554 (Lit.); A.
CHESTER, a.a.O. 17–89 (82–89 Lit.), sowie in den Sammelbänden von L. LANDMAN (Hg.),
Messianism; J. NEUSNER u.a. (Hg.), Messiahs. Der samaritanische Taheb übernimmt zwar
die Funktion eines zukünftigen Heilbringers. Eine im eigentlichen Sinn messianische Gestalt ist er jedoch nicht.

[50] Vgl. yNed 4,12[38a]. Bereits die LXX übersetzt *Zepter* (שבט MT) mit ἄνθρωπος, das
TO gleich mit משיח (כד יקום מלכא מיעקב ויתרבא משיחא מישראל). Ganz ähnlich TPsJ und das
TFrag (»Erlöser und Herrscher«), der CN wie TFrag. Vgl. auch TestJud 24,1; CD 7,18–21;
1QM 11,6; 1QSb 5,27; 4Qtest 9–13 und Bill I, 76f.

[51] Vgl. nur G. VERMÈS, Scripture, 59.165; E. E. URBACH, Sages, 673f.999 Anm. 81.

[52] Zwar hat M. KARRER darin recht, daß bis R. Aqiva die frühjüdische Aneignung von
Num 24,17 titular fließend ist, a.a.O. 318 mit Anm. 28. Die messianische Interpretation die-
ser Stelle durch Aqiva bleibt aber ohne eine bereits vorgängige herrscherlich-messianische
Rezeption in der jüdischen Tradition schwer erklärbar.

licherweise verband Aqiva mit Bar Kokhba die Erfüllung von Hag 2,6f oder auch die Einlösung des Prophetenwortes aus Sach 8,3–5[53]. Der gescheiterte Aufstand, Bar Kokhbas Ende und R. Aqivas Schicksal führten jedoch keineswegs dazu, dessen Torakonformität zu bezweifeln. Aqivas Frömmigkeit wird bMen 29b vielmehr als beispielhaft hingestellt:

»In der Stunde, da Mose zur Höhe hinaufstieg, fand er den Heiligen, gelobt sei er, wie er saß und die Buchstaben (der Tora) mit Krönchen umwand. Da sprach er zu ihm: Herr der Welt, wer hält deine Hand zurück? Er sprach zu ihm: Nach einer Reihe von Geschlechtern wird es jemand geben – Aqiva ben Joseph sein Name –, der wird aus jedem einzelnen Häkchen haufenweise Halachot erforschen«.

Trotz eines nicht zu überhörenden leicht ironischen Tons, der an dieser Stelle anklingt, ist entscheidend, daß Gott selbst Aqivas Schriftgelehrsamkeit lobt, wie ja im unmittelbaren Anschluß Mose sich unter Aqivas Schüler im Lehrhaus mischt, um ihm zu lauschen. Eine Abweichung oder gar einen Abfall vom väterlichen Glauben behaupteten selbst die nicht, die Aqivas Einschätzung Bar Kokhbas ablehnten[54].

Ein solch breites Spektrum war im antiken Judentum möglich, weil es keine feste und für jedermann verbindliche messianische »Dogmatik« gab[55]. Das hängt zum einen mit dem Charakter der rabbinischen Traditionsliteratur zusammen. In ihr gibt es weder Werk noch Autor, sie nennt keinen Urheber. Es fehlen alle absoluten Daten. Soweit ein chronologisches Gerüst existiert, sind die entsprechenden Hinweise relativ (bQid 72b; bYom 3b)[56]. Im wesentlichen besteht sie aus einzelnen Zitaten, die unter ganz verschiedenen Gesichtspunkten zu komplexeren literarischen Einheiten zusammengefügt wurden. Daneben ist aber auch die Unbefangenheit in Anschlag zu bringen, mit der eine Reihe von messianischen Namen genannt wird (David, Semah, Menahem, Shilo, Yinnon, Hanina, Nehira, Ephraim u.a.)[57]. Der erwartete Messias kann sogar mehrere auf einmal tragen[58] und verschiedene Epitheta auf sich vereini-

---

[53] Vgl. bMak 24a; EkhaR 5,18; SifEqev § 43, dazu E. E. URBACH, a.a.O. 673.998 Anm. 76.

[54] Vgl. hierzu die Fortsetzung in yTaan 4,8[68d]: »R. Jochanan ben Torta (sagte) zu ihm (sc. Aqiva): Gras wird aus deinen Kinnbacken (d.h. aus deinem Grab) wachsen, und noch immer nicht wird der Sohn Davids (der Messias) gekommen sein«. Eine vergleichbare Skepsis, was die messianische Naherwartung betrifft, findet sich bSan 97b.98b.

[55] Das läßt sich an zwei grundverschiedenen messianischen Konzeptionen illustrieren. Während die des äthHen sich mit der Gestalt des Menschensohnes verbindet, ist die von Qumran – in Anknüpfung an Num 24,17b und Sach 4,11.14 (vgl. 3,8) – in doppelter Weise ausgestaltet. Neben dem priesterlichen Messias aus dem Stamme Levi (4Qtest 14), dem Aaroniten (1QS 9,11; CD 12,23; 14,19; 19,10[B]; 20,1 u.ö.), begegnet der königliche aus Juda, der endzeitliche Davidide (1QSb 5,27f; 4Qflor 1,11–13; 4QPBless 1–4, vgl. CD 7,18–21; 1QM 11,6f; 4Qtest 9–13; 11QMelch), R. E. BROWN, Messianism, 53–82; E.-M. LAPEROUSAZ, L'Attente, 138–148.

[56] Vgl. W. S. GREEN, Problematic, 77–96; K. MÜLLER, Datierung, 551–587.

[57] Vgl. yBer 2,4; bSan 98b; EkhaR 1,16; Yalq MMish 150b. Dazu A. GOLDBERG, a.a.O. bes. 26–47.

[58] MMish 19; Ma'ase Tora (A. JELLINEK, BHM II, 100); bSan 94b, vgl. Jes 9,5.

gen[59]. Trotz der relativ spärlichen terminologischen und inhaltlichen Basis, die eine koordinierende Einordnung erleichtern würde, hat es in der rabbinischen Traditionsliteratur eine systematisch strukturierte Messianologie nie gegeben.

Daß es sie auch in neutestamentlicher Zeit nicht gab, bestätigt auf seine Weise und wohl ohne Absicht der dritte Evangelist. Lk unterstreicht Autorität und Würde Gamaliels gleich vierfach, obgleich dieser die messianische Legitimation Jesu abwägt und nicht einfach bestreitet. Gamaliel ist Mitglied des Sanhedrins[60], Pharisäer, Schriftgelehrter[61] und – damit noch lange nicht identisch – τίμιος παντὶ τῷ λαῷ (Act 5,34)[62]. Eine abwägende Haltung angesichts eingeforderter messianischer Ansprüche (Act 2,31.36.38; 3,6.18.20; 4, 10.26), ja selbst die Proklamation eines Messiasprätendenten muß im nachbiblischen Judentum nicht schon per se als Apostasie stigmatisiert werden, wie das Beispiel R. Aqivas zeigt. H. MANTELS Urteil, daß »messianic claiments appeared before the time of Jesus, as they were to do after him, and there is no record of their having been prosecuted«[63], wird von daher vollauf bestätigt. Angesichts der zu beobachtenden ›liberalen‹ theologischen Praxis im Umgang mit messianisch orientierten Bewegungen und ihren Anführern[64] spricht *historisch* nichts dafür, allein in der Übertragung der Messiastitulatur auf Jesus von Nazareth das spezifisch Christliche zu sehen und *diesen* Sachverhalt für das Auseinandergehen der Wege von Juden und Christen haftbar zu machen.

---

[59] A. GOLDBERG, a.a.O. 74f.83f.

[60] Nach Act 5,21 unterscheidet Lk zwischen dem Jerusalemer Sanhedrin, d.h. dem »Rat« der Stadt (Lk 23,50f), und der Gerusia, dem bis in syrisch-hasmonäische Zeit zurückreichenden Ältestenkreis des jüdischen Volkes. Indem er beide Gremien auftreten läßt, konfrontiert er die vorgeführten Apostel mit den Vertretern *ganz* Israels, wodurch der Konflikt eine grundsätzliche Bedeutung erhält.

[61] Nur hier stehen im Neuen Testament Gesetzeslehrer (νομοδιδάσκαλος) und Pharisäer zur Bezeichnung ein und derselben Person nebeneinander. Ursprünglich zwei getrennte Gruppen, werden die Soferim und P^eruschim bereits vor 70 n.Chr. Filiationen eingegangen sein. Ob nach 70 *beide* Strömungen im Typus des Rabbi aufgegangen sind, läßt sich aufgrund der Quellenlage nicht mehr sicher entscheiden.

[62] Auffällig ist die Inkongruenz von Form und Inhalt in den syntaktisch parallel konstruierten Versen 5,17f: ἀναστὰς δὲ ὁ ἀρχιερεὺς καὶ πάντες οἱ σὺν αὐτῷ ... καὶ ἐπέβαλον τὰς χεῖρας ἐπὶ τοὺς ἀποστόλους und 5,34f: ἀναστὰς δὲ ... Γαμαλιὴλ ... εἶπεν δὲ πρὸς αὐτούς. Während die einen aufstehen, um die Apostel zu verhaften und anzuklagen, erhebt sich der andere zu ihrer Verteidigung. Zum semitisch beeinflußten pleonastischen Gebrauch des Partizips, eine lukanische Stileigentümlichkeit, vgl. Lk 1,39; 4,29.38; 6,8; 15,18.20; 17,19; Act 5,6.17.34; 8,27; 9,11.18.39; 10,20; 11,28; 13,16, sowie BDR § 419.

[63] A.a.O. 268f, vgl. auch H. G. FRIEDMAN, Pseudo-Messiahs, 251–255; G. THEISSEN, Lokalkolorit, 207.

[64] Als Einschränkung gilt natürlich: solange sie sich in römischen Augen nicht als politisch gefährlich erwiesen. Weder die aramäisch noch die griechisch sprechenden Judenchristen der ersten Zeit in Jerusalem wurden von Staats wegen verfolgt. Die in der Act geschilderte Verfolgung (6,11–14; 7,56; 8,1–3; 9,1f; 22,3–5; 26,9–11), an der Paulus beteiligt war und über die er berichtet (Gal 1,13f.23; Phil 3,6, vgl. Act 7,57; 8,1.3; 9,1), hatte andere Gründe, vgl. unten Exkurs V.

Exkurs IV: Politisch-messianische Deutung der Kreuzigung Jesu?

Die Frage, inwieweit man von einem »völlig unmessianischen Jesus« auszugehen hat, der die Entstehung der Christologie in der Tat zu einem historisch und theologisch nur schwer verständlichen Rätsel macht[65], ist strikt zu trennen von der anderen, ob Jesus als *politisch ambitionierter* (!) Messiasprätendent getötet wurde. Beide Aspekte werden nicht immer genügend auseinandergehalten. Zwar spricht alles dagegen, daß Jesus selbst sein Wirken in einem explizit politischen Kontext verstand, der Gewaltanwendung nicht ausschloß (vgl. Mt 5,38–48par; 7,12; 26,52; Mk 12,28–31parr). Dennoch ist damit zu rechnen, daß es von judäischer Warte aus so aufgefaßt werden konnte, zumal Jesus im Unruheherd Galiläa auftrat und dort seine Jünger gesammelt hatte[66]. Gleichwohl ist es wenig wahrscheinlich, daß Jesus im nur noch schwer zu durchschauenden Zusammenspiel von priesterlich-aristokratischen[67] und – vielleicht – pharisäischen Kreisen[68] mit der römischen Provinzialbehörde[69] von dieser gekreuzigt

---

[65] Vgl. M. HENGEL, Sühnetod, 20f.141f; Lehrer, 147–188; O. BETZ, Bewußtsein, 140–168; F. MUSSNER, Messias, 75–88, und von jüdischer Seite J. KLAUSNER, Jesus, 411–415; D. FLUSSER, a.a.O. 219, sowie den Überblick bei M. KARRER, a.a.O. 37–42.

[66] Zum Problem s. H.-W. KUHN, Kreuzesstrafe, 678.709f.732–736; G. THEISSEN, a.a.O. 243f. Ausführlicher dazu jetzt S. FREYNE, a.a.O. 220–229.251–253.

[67] Vgl. nur Mk 14,53–64parr; 15,1.3.11parr. (der durchgehend genannte Hohepriester [Sing. oder Plur.] steht als pars pro toto für die sadduzäische Priesterschaft) sowie die Erwägungen bei E. P. SANDERS, Jesus, 309–318. Daß zur Zeit der römischen Prokuratoren sadduzäische Hohepriester das Amt bekleideten, darf als sicher gelten, E. BAMMEL, Bruderfolge, 147–153.

[68] Bekanntlich fehlen die Pharisäer in der Passionsüberlieferung gänzlich. Mt 27,62; Joh 18,3 sprechen nicht dagegen. In Mt 27,62 kommen Pharisäer und Hohepriester *nach* der Grablegung Jesu zu Pilatus, um von ihm eine Wache für das Grab zu erbitten. Joh 18,3 erwähnt *Diener* der Pharisäer (ἐκ τῶν Φαρισαίων ὑπηρέτας), nicht jedoch diese selbst. Trotzdem ist der Schluß gewagt, schon deshalb ließen sich Vertreter dieses Personenkreises mit dem Tod Jesu nicht in Verbindung bringen, P. WINTER, Trial, 174–176. Selbst beim Anlegen strenger Maßstäbe darf man ihr Vorkommen – allein auf das Konto der jeweiligen Redaktion buchen. Die Konfliktszenen Mk 2,13–17 (vgl. Mt 11,19/Lk 7,34); 2,18–22; 7,1–15 (vgl. Mt 23,25/Lk 11,39–41 mit Mk 7,1–5.15); 10,2–9 (vgl. Mt 5,32/Lk 16,18); 12,13–17 weisen auf ältere Überlieferung hin, J. D. G. DUNN, Pharisees, 70f.83f; G. STEMBERGER, Pharisäer, 25f.38f.70–78. Deren möglicher historischer Wert ist nicht schon dadurch in Zweifel zu ziehen, indem man die Existenz pharisäischer Gruppen in Galiläa generell bestreitet, E. P. SANDERS, a.a.O. 292.390 Anm. 90. Vgl. dagegen J. D. G. DUNN, a.a.O. 77–79, der u.a. auf Jochanan ben Zakkai und dessen Schüler (bBer 34b) Chanina ben Dosa verweist, die in Galiläa lange wohnten bzw. von dort stammten. Allerdings scheint der pharisäische Einfluß in Galiläa nicht sehr groß gewesen zu sein. Die von A. OPPENHEIMER beigebrachten Belege mit einem anderslautenden Tenor, Study, 200–217, sind allesamt relativ spät. Keiner datiert vor Jabne. In diesem Zusammenhang ist aufschlußreich, daß von den in Mk 3,22par und 7,1parr in Galiläa auftretenden Pharisäern ausdrücklich gesagt wird, sie seien Besucher aus Jerusalem. M.E. läßt sich über die Rolle der Pharisäer beim Prozeß gegen Jesus nichts Sicheres mehr ausmachen, weder in der einen noch in der anderen Richtung. Immerhin ist zu erwägen, ob die Pharisäer nicht bei der Nennung der γραμματεῖς mitgedacht sein könnten (Mk 14,1par Lk 22,2; 14,43; 14,53par Mt 26,57; 15,1par Lk 22,66; 15,31par Mt 27,41; Lk 23,10). Zudem ist denkbar, daß der sadduzäisch beherrschte Sanhedrin Kenntnis von Konflikten besaß, die sich zwischen Jesus und Pharisäern in Galiläa abgespielt hatten. Vermittelnde Instanz könnten u.a. pharisäische

wurde, weil er sich als Messias verstanden und öffentlich dazu bekannt hatte[70]. Dies setzt doch die nirgends belegte Strafbewehrung des bloßen Messiasanspruchs voraus[71]. Das Verhör durch Pilatus, die Kreuzesstrafe und -aufschrift[72] weisen darauf hin, daß die Römer Jesus als politischen Aufrührer und Rebellen hinrichteten[73]. Wenngleich die Todesart *alleine* noch keinen *sicheren* Rückschluß auf den Vollstrecker zuläßt[74], ist der gemeinsame Tod mit den δυὸ λῃσταί (Mk 15,27parr, vgl. Joh 19,18), deren Zugehörigkeit zur antirömischen Aufstandsbewegung mit guten Gründen vertreten wird, doch ein Indiz für den staatsrechtlichen Hintergrund der Strafsanktion (vgl. Mk 15,7parr; Joh 18,39f) und damit für die Römer als Exekutoren.

Die Konfliktszenen der Evangelien, vor allem aber das Verhör vor dem Sanhedrin (Mk 14,53.55–59parr) durch den Hohepriester (Mk 14,60–65parr)[75] und die Ankla-

---

Gruppen gewesen sein, bei denen Jesu Stellung zu konkreten halachischen Fragen und Toravorschriften auf entschiedenen Widerspruch gestoßen war. In diesem Fall wären pharisäische Kreise zumindest mittelbar mit dem Prozeßverfahren gegen Jesus in Verbindung zu bringen. Außerdem ist zu beachten, daß die Pharisäer im Sanhedrin vertreten und spätestens seit Salome Alexandra (76–67 v.Chr.) zu einem gewichtigen Machtfaktor geworden waren (Josephus, Ant XIII 409). Doch über mehr als Vermutungen wird man nicht mehr hinauskommen.

[69] S. hierzu A. STROBEL, a.a.O. 95–99.105–117; J. GNILKA, Rekonstruktion, 11–40; K. MÜLLER, Kapitalgerichtsbarkeit, 78–83.

[70] So mit Nachdruck N. A. DAHL, Messias, 160. Ähnlich J. BLINZLER, Prozeß, 149f.186–197; J. BLANK, Paulus, 145 (mit Verweis auf Mk 15,2.9.12.18.26.32; Mt 27,11.29.37.42; Lk 23,2f.37f; Joh 18,33.37.39; 19,3.12.14f.19.21); O. BETZ, Probleme, 625–639.

[71] Zutreffend H. MANTEL, Studies, 268f; A. STROBEL, a.a.O. 77f.

[72] Zu ihr E. BAMMEL, Titulus, 353–364; H.-W. KUHN, a.a.O. 725.734f; K. MÜLLER, a.a.O. 81f

[73] H.-W. KUHN, a.a.O. 732–736; M. KARRER, a.a.O. 409f.

[74] Dazu E. BAMMEL, Crucifixion, 76–78.

[75] Verhör und Verurteilung Jesu durch den Sanhedrin oder einen Großteil seiner Mitglieder sind immer wieder angezweifelt worden, zuletzt von H. MAASS, König, 21–34. Sein Fazit lautet daher, man müsse darauf verzichten, »eine Verurteilung Jesu aus religiösen Gründen anzunehmen«, 34. Merkwürdigerweise konzediert er dann doch, daß eine jüdische Instanz am Prozeß beteiligt war, und zwar wegen (!) eines politischen Verdachts gegen Jesus. Die historische Gegenprobe führt zu einem anderen Ergebnis. Hätten die frühen christlichen Kreise in Jerusalem und Judäa von einem fiktiven Verhör und einer nicht stattgefundenen Verurteilung Jesu durch den Sanhedrin überhaupt erzählen können, ohne ihrerseits als Lügner überführt zu werden? Zur Kontrolle solcher Überlieferungen standen gewiß noch genug Zeitzeugen zur Verfügung. Auch ist auf folgendes hinzuweisen. Sollte, was mir wahrscheinlich ist, der markinischen Passionsgeschichte eine ältere Tradition zugrundeliegen, hierzu G. SCHNEIDER, Problem, 222–244; V. HAMPEL, a.a.O. 174–178 (sein Vorgehen ist freilich methodisch dadurch belastet, daß er von der unterstellten *literarischen Einheit* von Mk 14,55–65 aus auf die *historische Zuverlässigkeit* des hier Berichteten schließt, a.a.O. 176), wird sie in Palästina, am ehesten in Jerusalem, zu lokalisieren sein. Dann ist aber die Anonymität des am Prozeß gegen Jesus beteiligten Hohepriesters, die immer wieder zu weitgehenden Schlußfolgerungen Anlaß bot, durchaus beredt. Der Mt 26,3.57; Lk 3,2; Joh 11,49; 18,13f.24.28 namentlich angeführte Hohepriester Kaiphas amtierte von 18–36 n.Chr. Er gehörte zum Haus des Hannas, einer sadduzäisch gesinnten, reichen (bPes 57a; tMen 13,18) Aristokratenfamilie (Josephus, Ant XX 199), die der neu entstandenen Gruppe der Christen überaus feindlich gesonnen war (Act 4,6–21; 5,17f.27–33, vgl. Josephus, Ant

gepunkte vor Pilatus (Mk 15,1–5parr, vgl. Joh 19,7) lassen ihrerseits darauf schließen, daß Jesus von seinen jüdischen Anklägern der Irrlehre, Volksverführung und
Blasphemie gemäß Dtn 13; 17,2–7; 18,9–13.20–22, vgl. Lev 24,16; Num 15,30f; tSan
11,7, für schuldig befunden wurde[76]. Dies bestätigt bSan 43a[Bar.]. Der dort enthaltene gleichlautende Vorwurf gegen Jesus ist m.E. keine nachgetragene Anschuldigung
des zweiten Jahrhunderts, in dem das Christentum aus jüdischer Sicht weitgehend als
häretische Größe galt. Schließlich wird man auf dem Hintergrund von Jer 26,1–19 die
mehrfach zum Ausdruck kommende tempelkritische Einstellung Jesu[77], die auch in
seinem Prozeß eine Rolle spielte[78], als einen weiteren Anlaß von Seiten der sadduzäischen Priesterschaft nehmen müssen, Jesu Tod zu wollen oder zumindest in Kauf zu
nehmen[79]. Die Mk 11,15f berichtete Aktion stellte das »auf den Tempel konzentrierte
und von den Sadduzäern verfochtene Kult- und Sühnewesen in Frage«[80]. Mit dieser
Zeichenhandlung verband sich möglicherweise auch ein Protest gegen diejenigen, die
das Volk durch die Präsentation kultischer Pracht zu beeindrucken suchten (Lk
21,5)[81]. Die Priesterschaft mußte eine solche Tat als gegen Gott und das Volk gerichtet sehen, galt doch der Tempel als der Ort des heilschaffenden hohepriesterlichen
Sühnehandelns schlechthin (Lev 16,14–17.21f, vgl. 16,29f; 23,27f; 25,9; Num
29,7)[82].

All das sind Gründe, die sich gerade auf dem Hintergrund der zeitgenössischen
messianischen Erwartungen mit ihren jederzeit zu aktualisierenden politischen Implikationen als eine theologisch wie politisch höchst brisante Mischung erweisen mußten (vgl. Joh 11,48). Daher wird man trotz des Fehlens eindeutiger Hinweise auf ein

---

XX 200f). Die Träger von in ihrem Einflußbereich überlieferten Traditionen waren gut
beraten, Mitglieder dieser Familie in negativ besetzten Zusammenhängen nicht zu erwähnen. Insofern ist aus der Anonymität des Amtsträgers (Mk 14,47.53.60f.63.66) nicht schon
ipso facto auf die Ahistorizität des Erzählten zu schließen. Vgl. die Erwägungen bei G.
THEISSEN, a.a.O. 182–185 und 201–211.

[76] Vgl. ferner San 6,4; 7,4f; 11,3f; tSan 10,11 sowie Mt 27,63; Joh 7,12; Justin, Dial.
69,7; 108,1, dazu Bill I, 1023f; A. STROBEL, a.a.O. 55–61.66–94.97.113–117; G. SCHNEI-
DER, Anklage, 173–183; O. BETZ, a.a.O. 577–580.645f. Die Einwände K. MÜLLERS, a.a.O.
42f, verlieren an Überzeugungskraft, weil sie die jüdischen Rechtsvorschriften in Tora und
Mischna allzu pauschal als Grundlage für eine historische Nachfrage abwerten. Daß diese
Verlautbarungen primär rechts*theoretischer* Natur sind, ist zwar richtig. Doch fehlt ihnen
nicht schon deshalb jeder Bezug zur Realität, auch nicht zu der des 1. Jahrhunderts.

[77] Mk 11,15–18; 13,1fparr; 14,58; 15,29; Mt 17,24–27; 23,37–39; 26,61; 27,39f; Joh
2,13–16.19, vgl. Mt 5,23f; Act 6,11.13f; 7,48–50; Apk 21,22

[78] Hierzu A. STROBEL, a.a.O. 13.62–64; W. KRAUS, Tod, 216.

[79] D. DORMEYER, Passion, 227–231; A. WEISER, Tempelkritik, 159–161; G. THEISSEN,
Tempelweissagung, 142–159; E. P. SANDERS, a.a.O. 61–76.301f. Anders etwa H. RÄISÄ-
NEN, Bridge, 259f; L. SCHENKE, Urgemeinde, 161–163. Dieser Anklagepunkt widerspricht
keineswegs den zuvor genannten. Beide Beschuldigungen können durchaus die Meinung
der beiden führenden Fraktionen des Sanhedrins, die des pharisäischen und die des sadduzäischen Flügels, wiedergeben.

[80] M. TRAUTMANN, Handlungen, 121. Vgl. M. HENGEL, Sühnetod, 19.

[81] M. LIMBECK, Gebrauch, 158.

[82] Vgl. den Zusammenhang von priesterlichem Sühnehandeln und göttlicher Vergebung
Lev 4,20.26.31.35; 5,10.13.16.18.26; 19,22; Num 15,25.28. Zur Sache s. E. SCHÜRER,
a.a.O. 292–308; V. TCHERIKOVER, Civilization, 155–157.165.170–172.281; B. JANOWSKI,
Sühne, 265–274.347–349.

rein römisches Strafverfahren gegen Jesus[83] nun im Umkehrschluß »the almost complete absence of political motifs in the trial before Pilate« keineswegs dahingehend auswerten dürfen, Prozeß und Hinrichtung Jesu seien historisch gesehen ein genuin *jüdisches* Unternehmen gewesen, wie E. BAMMEL es tut[84].

6.3 Die frühchristliche Umformung jüdisch-messianischer Hoffnungen

J. KLAUSNERS Feststellung, daß »Christianity is wholly based on the personality of the Messiah«[85], weist in die Richtung, in der die Gründe für das Auseinandergehen der Wege von Christentum und Judentum zu suchen sind. Der eigentliche Dissens liegt in einer zum jüdischen Glauben im Widerspruch stehenden spezifischen inhaltlichen Ausformung des christlichen Messiasverständnisses, das von der Person und dem Werk Jesu nicht zu trennen ist. Einen ersten Hinweis darauf, daß es sich wirklich so verhält, liefert die Jüngerflucht nach der Gefangennahme Jesu (Mk 14,50; Mt 26,56). Sie ist nicht primär Ausdruck eigener Gefährdung (vgl. Joh 20,19) – das natürlich auch –, sondern muß, verstärkt durch den folgenden Kreuzestod und die auf ihn bezogene jüdische Interpretation von Dtn 21,22f, als Krisis der mit Jesus verbundenen messianischen Hoffnungen interpretiert werden (vgl. Lk 24,21)[86]. Ebensowenig wie ihre Zeitgenossen vermochten die Jünger Leiden und Tod mit ihrer messianischen Erwartung zusammenzudenken. Jesu Geschick schien sie zu diskreditieren.

An keinem alttestamentlichen Text findet eine leidensmessianische Interpretation, die bereits für das zeitgenössische Frühjudentum vorausgesetzt werden dürfte, eine Stütze. Das gilt auch für Jes 52,13–53,12 und Sach 13,7–9[87]. Zwar finden sich in späteren Midraschim Belege, die von einem leidenden Messias sprechen[88]. Und vom Ende des zweiten nachchristlichen Jahrhunderts an begegnet in der Gestalt des Mes-

---

[83] Daß die Römer in der Person des zuständigen praefectus Iudaicae, dem vom Kaiser das Mandat über Leben und Tod ad personam verliehen war (Josephus, Bell II 117; Ant XVIII 2; Ulpian I 18,6,8), und zwar auch in den Fällen, in denen jüdische Behörden am Gerichtsverfahren beteiligt waren, die letzte Entscheidung fällten, betont K. MÜLLER zu Recht, a.a.O. bes. 52–58. Die Reaktion des Prokurators auf die Tötung des Herrenbruders Jakobus durch Ananos, der das Interregnum zwischen Festus und Albinus zu seinen Gunsten ausnutzte (Josephus, Ant XX 200–203), bestätigt diesen statthalterlichen Primat.

[84] Trial, 445, vgl. 442.

[85] Idea, 525. Vgl. J. PARKES, Conflict, 33f; C. WITTON-DAVIES, Jews, 658.

[86] G. FRIEDRICH, Verkündigung, 30.

[87] Gegen J. JEREMIAS, ThWNT V 685–698.

[88] Vgl. die Diskussion bei J. KLAUSNER, a.a.O. 407; S. HURWITZ, Gestalt, 41–163 (aufgrund seiner Adaption C. G. JUNGSCHER Typologie sehr eigenwillig); E. E. URBACH, a.a.O. 687f; J. HEINEMANN, Exodus, 339–353; A. GOLDBERG, Erlösung, 39–64 (er rechnet mit christlichem Einfluß).

sias ben Joseph bzw. des Messias ben Ephraim auch der sterbende oder leidende Messias (bSuk 52a.52b; ySuk 5,2 [55b]; TShir 4,5; 7,4[89]), wobei es sich freilich um jeweils selbständige Vorstellungskomplexe handelt[90]. Zudem wird oftmals übersehen, daß die genannten Quellen keineswegs *alle* vom gewaltsamen Ende des Messias ben Joseph berichten. Vermutlich kennen sie es nicht einmal[91]. Auch ist Vorsicht geboten, Texte, die größtenteils sehr spät, möglicherweise erst im 9. Jahrhundert, verfaßt bzw. kompiliert und in ihre jetzige Form gebracht wurden[92], für Theologumena und Glaubensinhalte in Anspruch zu nehmen, wie sie zur Zeit Jesu, also schon in vortannaitischer Zeit, lebendig waren. Diese Vorbehalte gelten selbst dann, sollten die in ihnen enthaltenen Traditionen um einiges älter sein als ihre spätere Redaktion. So legt ySuk 5,2 die Stelle Sach 12,10b-12 zwar auf den Tod des Messias aus (vgl. bSuk 52a). Doch steht dieser Beleg aus dem Talmud Yerushalmi im Verdacht, christlich beeinflußt zu sein (vgl. Joh 19,37). In bSan 93a.b ist zwar von einem messianischen Leiden (so legt R. Alexandrai Jes 11,2f aus), nicht aber vom Tod des Messias die Rede[93]. Gleiches gilt für bSan 98a.b. Dort wird Jes 53,4 mit dem leidenden Messias verbunden, sein Tod ist jedoch nicht einmal angedeutet[94].

Überhaupt ist es wichtig daran zu erinnern, daß zwischen einer *messianischen* und einer *leidensmessianischen* Interpretation von Jes 52,13–53,12 und verwandten Texten zu differenzieren ist. Das bestätigt ein Blick auf TJon zu Jes 53[95]. Im Targum ist die Textüberlieferung zu Jes 53,3 gespalten. Die Lesart יפסיק (»er macht verschwinden«)[96] setzt als Subjekt den Messias voraus (»er [d.h. der Messias] wird zur Verachtung werden und macht verschwinden die Ehre der Königreiche«). Die Lesart יפסוק (Qal: »es wird aufhören«)[97] hat zum Subjekt »die Ehre aller Königreiche« und fordert die Übersetzung: »Daher wird zur Verachtung werden und verschwinden die Ehre aller Königreiche«[98]. Zwar hat die erste Lesart die größere Wahrscheinlichkeit für sich[99]. Aber auch dann ist es keineswegs zwingend, von einer *leidens*messianischen

---

[89] Vgl. A. JELLINEK, BHM IV, 87; PesR 34.36.37 (dazu A. GOLDBERG, a.a.O. 67–75.147–155.267–275), sowie Yalq Ps § 621; MShirZ zu 4,11. Weitere Belege bei M. ZOBEL, a.a.O. 51–55.

[90] S. HURWITZ, a.a.O. 42f. Vgl. G.H. DIX, Messiah ben Joseph, 130–143.

[91] J. HEINEMANN, a.a.O. 344–346.

[92] Zu nennen sind etwa RutR, die Homiliensammlung PesK oder auch PesR, wobei für die drei letzten Pesiqtot 34.36 und 37 eine genauere Datierung unmöglich ist, A. GOLDBERG, a.a.O. 21–23.

[93] Bezeichnenderweise wird Bar Kokhba deshalb ausdrücklich als Pseudomessias hingestellt.

[94] Das behauptet selbst J. JEREMIAS nicht, a.a.O. 689, der eine bereits in vorchristlicher Zeit erfolgte messianische Deutung dieser Stelle vertritt. Vgl. dazu A. GOLDBERG, Namen, 27f; V. HAMPEL, a.a.O. 264f. E. LEVINE datiert die bSan 98b enthaltene Vorstellung in die Zeit um 200 n.Chr., Version, 209.

[95] P. SEIDELIN, Jesajatargum, 194–231; J. JEREMIAS, a.a.O. 691–693; O. CULLMANN, Christologie, 57–59. Diesen Sachverhalt berücksichtigt M. ZOBEL in seiner materialreichen Studie so gut wie gar nicht, vgl. a.a.O. 141–160.

[96] So liest A. WÜNSCHE (nach Cod.Or. 2211 British Museum), Leiden, 41. Ihm folgt G. DALMAN, Messias, 47f. Vgl. auch H. HEGERMANN, Jesaja 53, Anhang z.St.; Bill I, 482.

[97] So die wahrscheinliche Lesart von Cod.Or. 1474 British Museum, P. SEIDELIN, a.a.O. 211.

[98] Vgl. a.a.O. 207.211.

[99] J. JEREMIAS, a.a.O. 692 mit Anm. 296.

Interpretation auszugehen. Im TJes 53,12 (»Hierauf will ich mit ihm die Beute vieler Völker teilen, und den Besitz fester Städte wird er als Beute verteilen, dafür daß er seine Seele dem Tode ausgesetzt hat [חלף דמסר למותא נפשיה][100] und die Widerspenstigen zu Dienern der Tora gemacht hat«) ist, anders als im MT, ebenfalls nicht unbedingt auf den Tod angespielt[101]. Vielmehr kann hier die Preisgabe an die *Todesgefahr* gemeint sein[102]. Insgesamt wird man urteilen müssen, daß Jes 52,12–53,13 zwar messianisch verstanden wurde, möglicherweise bereits in vorchristlicher Zeit, daß aber »lediglich die königlichen Züge des Gottesknechts auf den eschatologischen Davididen übertragen« wurden, »die Leidenszüge jedoch ... gerade nicht«[103].

In jüngster Zeit ist ein Fragment aus Höhle 4 von Qumran (4Q285) ins Spiel gebracht worden, das den gewaltsamen Tod des Messias belegen soll[104]. Träfe dies zu, wäre der erste sichere Beweis für die Existenz der Vorstellung eines sterbenden Messias schon in vorchristlicher Zeit erbracht. Das Fragment selbst erlaubt keine eindeutige Übersetzung des entscheidenden Passus in Z.4. Die Verbform המיתו kann das nachfolgende נשיא העדה (»Fürst der Gemeinde« = der davidische Messias) zum Objekt haben. Es kann aber auch Subjekt sein, wobei das nicht genannte Objekt im Kontext des Zitats aus Jes 11 (vgl. Z.1f) der Gewalttätige von Jes 11,4b wäre. Die Weissagung aus Jes 11 begegnet nun aber auch an einer anderen Stelle (1Q28b 5,20–26), und zwar ebenfalls bezogen auf den »Fürst der Gemeinde«. In einem Gebetswunsch für den Davididen wird Jes 11 auf den Messias hin ausgelegt: »Und du sollst schlagen die Völker mit der Kraft deines Mundes ..., und du wirst mit dem Hauch deiner Lippen die Gottlosen töten« (5,24f, vgl. Jes 11,4b). Diese zwischen dem »Fürst der Gemeinde« und Jes 11 hergestellte Verbindung macht es sehr wahrscheinlich, 4Q285 in gleicher Weise zu deuten und נשיא העדה als Subjekt von המיתו zu verstehen: »Der Fürst der Gemeinde wird ihn (sc. den Gewalttätigen) töten«[105].

Fazit: weder das Jesajatargum noch das Qumranfragment 4Q285 liefern einen eindeutigen Beweis dafür, daß in frühchristlicher oder gar in vorchristlicher Zeit die Vorstellung von einem *sterbenden* Messias existierte[106]. Angesichts dieses Befundes offenbart die Behauptung A. WÜNSCHES, die alte Synagoge habe »allezeit einen leidenden und sterbenden Versöhner«, d.h. Messias, gekannt[107], ein christlich-dogmatisches Denken, dem an einer ungebrochenen Kontinuität zwischen jüdischer Messianologie und ihrer christlichen Explikation gelegen ist.

---

[100] Vgl. TO zu Dtn 24,15: ליה הוא מסר ית נפשיה.

[101] Das wird auch von H. HEGERMANN zugestanden, a.a.O. 124, vgl. hingegen 53.75.92.

[102] G. DALMAN, a.a.O. 48 Anm. 3; P. SEIDELIN a.a.O. 215f; Bill I, 482f; O. CULLMANN, a.a.O. 58 Anm. 1.

[103] V. HAMPEL, a.a.O. 265. Vgl. auch M. RESE, Überprüfung, 21–41, bes. 25–33.38.

[104] R. EISENMAN/M. WISE, Urchristen, 30–36, bes. 30f.

[105] So auch die Übersetzung von M. N. A. BOCKMUEHL, Messiah, 88.

[106] Auch die von O. BETZ, Bewußtsein, 166f, in die Diskussion eingebrachten Stellen Jub 31,20; TestRub 6,11f; CD 14,19; MekhY 12,1(2a), in denen auf das Leiden und Sterben des davidischen Messias angespielt sein könnte, geben zu dieser Frage m.E. nichts her. TestRub 6,11f dürfte christlichen Ursprungs sein, J. BECKER, Untersuchungen, 197–201. CD 14,19 ist nur bruchstückhaft erhalten. MekhY 12,1 erscheint David neben anderen aus der Geschichte Israels als Beispiel für den leidenden Gerechten. Jub 31,20 schließlich ist viel zu unbestimmt und muß als Beleg ebenfalls ausscheiden

[107] A.a.O. 56, vgl. 55–121.

Die Flucht des Jüngerkreises[108], wie immer man ihn bestimmen mag[109], läßt zumindest eines unschwer erkennen. Das anfängliche Nichtverstehen seiner Mitglieder und deren Reaktion auf die Katastrophe der Kreuzigung (Lk 24,19–21) sprechen dafür, daß Jesu Tod von ihnen zunächst nicht in den Rahmen seiner Sendung und seiner Verkündigung eingeordnet werden konnte[110]. Selbst wenn man ein messianisches »Vorwissen« oder eine messianische »Vermutung« des vorösterlichen Jüngerkreises einräumt[111], war er an Jesu Todestag in die »völlige Konsternation« entlassen[112]. Denn trotz aller vorhandenen Pluriformität, auch angesichts zu beobachtender Schuldivergenzen und motivlicher Uneinheitlichkeit der altjüdischen Messianologie[113], war ein leidender und sterbender Messias oder Erlöser dort gerade *nicht* präfiguriert[114]. Daher wird man in der individuell-soteriologischen

---

[108] Nichts spricht gegen die historische Zuverlässigkeit dieser Nachricht. Daß das ἔφυγον πάντες von Mk 14,50par Mt 26,56, vgl. Joh 16,32 (beachte aber die ad personam Petri ausgerichtete Revocatio Mk 14,66–72), im Schicksal des leidenden Gerechten alttestamentlich präformiert ist – hier sind bes. die Psalmen, Hiob, Deutero- und Tritojesaja, aber auch Jeremia zu nennen, vgl. K. T. KLEINKNECHT, Gerechtfertigte, 23–84 –, darf nicht gegen die Historizität ausgespielt werden. In Mk 14,50 bleibt das Subjekt des φεύγειν zwar unbestimmt. Doch setzt das Verlassen eine vorherige Beziehung voraus, so daß nur die Jünger gemeint sein können. Mt 26,56 präzisiert demgegenüber und wehrt damit zugleich einem Mißverständnis.

[109] Die seit Jahren eingebürgerte Bezeichnung *Jesusbewegung* trifft den Sachverhalt auch nicht genau. Die Nomenklatur suggeriert eine Größe, bei der ortsgebundene Sympathisanten einerseits und der mit Jesus vor allem durch Galiläa ziehende engere Jüngerkreis auf der anderen Seite zu einer vermeintlichen Aktionsgruppe verschmelzen. Zudem kann eine begriffliche Nähe zu den religiös motivierten politischen und sozialen Aufstandsbewegungen der römischen Zeit zu Fehlschlüssen führen. Die von M. N. EBERTZ aufgrund religionssoziologischer Kriterien gewonnene Definition »charismatische Gruppe« (vgl. schon G. THEISSEN, Wanderradikalismus, 79–105) zur Kennzeichnung des in den Evangelien hervortretenden Zwölferkreises ist hilfreich, die Eigenart des inneren Kerns der Jesusbewegung hinsichtlich seiner kognitiven, normativen und affektiven Integrationsbasis zu charakterisieren, Charisma, 71–85.86.95. Freilich bleiben bei dieser Definition die ortsfesten Sympathisanten unberücksichtigt.

[110] Gegen R. PESCH, Materialien, 158.163. Nach ihm haben die Abendmahlsworte den Jüngern dazu verholfen, die Erfahrung des Kreuzestodes zu bewältigen. Das ist durchaus denkbar, sofern das Abendmahl auf das in den Einsetzungsberichten reflektierte Ereignis zurückgeht. Nur wurden diese Worte für die Jünger erst sprechend im Kontext einer durch Ostern ermöglichten expliziten Christologie, nicht jedoch durch das Ende Jesu am Kreuz. Das gleiche gilt m.E. für die in letzter Zeit verstärkt herangezogene Vorstellung vom notwendigen »Leiden des Gerechten«, wie sie etwa Ps 34,20 begegnet, vgl. Ps 16,9–11; 118,15–24.26–28; Jes 53,9–12; Weish 2,12–20(v.18); 5,1–5. Das mit ihr verbundene Verständnis des Todes Jesu als Konsequenz seiner irdischen Wirksamkeit setzt doch ebenfalls dessen reflektierte Deutung aufgrund der Ostererfahrung voraus.

[111] Vgl. N. BROX, Selbstverständnis, 187.

[112] H. MERKLEIN, Auferweckung, 231.

[113] Vgl. nur L. H. SCHIFFMAN, Concept, bes. 237–245; K. H. KIM, a.a.O. 129–192.259–270.

[114] Vgl. M. HENGEL, Atonement, 57–75.92–96; E. SCHÜRER, a.a.O. 549.

Ausgestaltung der Messiasvorstellung, wie sie uns im Bekenntnis zu dem gekreuzigten Jesus als dem Christus entgegentritt, eine im Rahmen des Judentums nicht angelegte genuine *interpretatio christiana* sehen müssen.

Freilich ist dies Bekenntnis ohne eine Verankerung im Leben des irdischen Jesus kaum denkbar[115]. Die für uns auf der strukturalen Ebene faßbare nachösterliche Messiasprädikation der Jünger mit ihrer expliziten Christologie erlaubt m.E. die Frage zu bejahen, ob dabei nicht auch »gewisse Elemente ... aus der vorösterlichen Erfahrung«, aus der Zeit ihrer Nachfolge »durchschimmern können«[116]. Die neutestamentliche Überlieferung ist bis auf zwei Ausnahmen[117] darin stimmig, daß sie, sofern Namen genannt werden, nur von solchen Begegnungen mit dem Auferstandenen berichtet, an denen Anhänger Jesu beteiligt sind[118]. Das Bekenntnis zu ihm als dem Χριστός impliziert somit die Erfahrung, daß der Auferstandene als der vormals Irdische wiedererkannt wurde[119]. M.E. macht dieses Bekenntniskontinuum die Existenz eines Traditionskontinuums plausibel[120]. Das heißt

---

[115] Darin liegt das Recht des Anliegens von O. BETZ, Bewußtsein, 140–168. Vgl. M. HENGEL, Chronologie, bes. 63–65; K. BERGER, Auferstehung, 231–235.636; N. A. DAHL, a.a.O. 160–163; J. D. G. DUNN, Unity, 205–216; G. B. CAIRD, Jesus, 58–68; R. BIERINGER, Ursprung, bes. 227–229.247f. Diese Rückfrage resultiert keineswegs aus einem bloß *historischen* Interesse, sondern sie geschieht aus einem eminent *theologischen*, zutreffend H.-F. WEISS, Kerygma, 69–105. Denn es kann theologisch nicht nur nicht »verboten sein zu wissen, ob und wie das urchristliche Kerygma der Verkündigung Jesu entspricht. Solches Wissen ist vielmehr geboten, weil die Wahrheit des Evangeliums zusammengehört mit der Wahrheit, die Jesus in Person gelebt und verkündigt hat«, E. GRÄSSER, Bilanz, 284.

[116] G. SAUER, Messias-Erwartung, 87 mit Anm. 27. Der Variantenreichtum der christologischen Entwürfe ist für G. SCHILLE ein eindeutiger Beweis für »die Breite der vorösterlichen Jesus-Bewegung«, Ostern, 47.

[117] Jakobus und Paulus. Der Herrenbruder (Mk 6,3par) wird angesichts der Notizen in Mk 3,31–35 und Joh 7,5 kein Mitglied des vorösterlichen Jüngerkreises gewesen sein. Dagegen spricht auch das von Hieronymus überlieferte Fragment des EvHebr (7) [NTApo I, 147], sofern es nicht aus IKor 15,7 herausgesponnen ist. Vgl. auch EvThom Logion 12 [83,25–30]; Hippolyt, Ref. V 7,1; Euseb, HistEccl. II 1,3f. Die Besonderheit der Christophanie vor dem die Gemeinde verfolgenden Paulus ist in IKor 15,8f; Gal 1,12f.15f festgehalten.

[118] Wer mit den 500 Brüdern von IKor 15,6 genauer gemeint ist, muß ungewiß bleiben. Auch wenn G. SCHILLES Ansicht schwerlich zutrifft, hinter der Zahl verberge sich eine »Massenveranstaltung« von Anhängern Jesu noch zu dessen Lebzeiten, a.a.O. 47.49 Anm. 12, spricht nichts dagegen, daß zumindest ein Teil der hier Erwähnten zum weiteren Jüngerkreis des irdischen Jesus gehörte. Gleiches gilt für die ἀπόστολοι πάντες von IKor 15,7. Paulus weiß von ihnen, vgl. IKor 9,5, ohne sie deshalb persönlich gekannt haben zu müssen.

[119] Daher enthält die in hermeneutischer Absicht verwandte Formel »Kerygma und Geschichte« bzw. »Glaube und Geschichte«, die die vergangene Geschichte Jesu mit ihrer Vergegenwärtigung im und für den Glauben in Beziehung setzt, keine dem exegetischen Befund gegenüber unangemessene systematische Kategorisierung. Deren wechselseitiges Verhältnis wird bereits im Evangelium selbst reflektiert, vgl. nur Mt 28,18–20.

[120] Vgl. vor allem H. SCHÜRMANN, Logientradition, 354.356–360. Seine damit einher-

aber nichts anderes, als daß »bereits die Wirksamkeit und die *Verkündigung*
Jesu ... den Einsatzpunkt des christologischen Denkens der Urgemeinde
überhaupt erst verständlich« machen[121]. Allerdings ist damit nicht schon die
Frage entschieden, ob Jesus den in seiner Verkündigung und seinem Handeln
zum Ausdruck gebrachten eigenen Anspruch, d.h. sein Selbstverständnis,
auch titular gefaßt hat[122]. Wenn überhaupt, wird man einen terminologischen
Anhaltspunkt dafür noch am ehesten im Bereich der Menschensohn-Vorstellung suchen dürfen[123]. Wie immer eine Antwort ausfällt, das Ostergeschehen
bildet in jedem Fall den Ausgangspunkt für die Formulierung einer *expliziten* Christologie. Andernfalls führte die Ununterscheidbarkeit von irdischem
Jesus und kerygmatischem Christus zu einer Identifikation des Historischen
mit dem Theologischen. Doch eignet der historischen Frage *als solcher* keine *unmittelbare* theologische Bedeutung, weil Geschichte nicht schon eo
ipso für den Glauben relevant ist. Gleichwohl *bleiben* beide Fragestellungen,
die historische und die theologische, aufeinander angewiesen, weil die historische die theologische überhaupt erst ermöglicht und die theologische die
historische erst sinnvoll macht.

Die beiden durch die Stichworte *Geschichte* und *Kerygma* charakterisierten Linien stehen nun weder unverbunden nebeneinander, noch sind sie einfach im Sinne einer ungebrochenen Kontinuität additiv aufeinander bezogen. Ihr Verhältnis ist ein durch Kreuz und Auferstehung Jesu begründetes
dialektisches. Es findet seinen Niederschlag im Rezeptionsprozeß des Übergangs vom irdischen Jesus zum Bekenntnis und zur Verkündigung der frühen
Gemeinde. So bestätigt sich noch einmal, daß erst der durch die Erscheinungen des Auferstandenen[124] konstituierte Glaube an die Auferweckung des
Gekreuzigten[125] den Real- und Erkenntnisgrund des messianischen Neuver-

---

gehende These von einer Kontinuität zwischen vor- und nachösterlicher Jüngergemeinde
beruht jedoch auf einer Abstraktion des Begriffs *Gemeinde*. Sie war in Cäsarea, Damaskus
und Antiochien oder in den Städten Griechenlands und Kleinasiens weder soziologisch
noch ethnisch identisch mit der Jüngergruppe um Jesus.

[121] M. HENGEL, Chronologie, 64.

[122] Vgl. N. BROX, a.a.O. 173–184; H. MERKLEIN, Gottesherrschaft, 145–149.

[123] Vgl. bes. Lk 12,8fpar Mt 10,32f; Mk 8,38. Hierzu H. MERKLEIN, a.a.O. 152–
154.158–164. Dabei ist es unerheblich, ob man die markinische Fassung oder die Q-Version
für ursprünglicher hält.

[124] Mt 28,8–10.16–20; Lk 24,13–32.36–51; Joh 20,14–29; 21; Act 1,3–8; 9,3–9; 22,6–
11; 26,12–18; IKor 9,1; 15,5–8; IIKor 4,6; Gal 1,15f.

[125] Mt 16,21parr; 17,23parr; 20,18parr; 28,5f; Mk 16,6; Lk 24,7; Joh 21,14; Act 3,15;
4,10; 5,30; 13,30.37; Röm 4,24f; 6,4.9; 7,4; 8,11.34; 10,9; IKor 6,14; 15,4.12–20; IIKor
4,14; 5,15; Gal 1,1; Eph 1,20; Kol 2,12; IThess 1,10; IITim 2,8; IPetr 1,21. Zur theologischen Problematik der Auferweckung Jesu Christi, deren beiden Pole die Stichworte
Historismus und *Mythos* bilden, vgl. K. BARTH, KD III,2, 530–537; J. BLANK, a.a.O. 170–
183.

ständnisses der Jünger Jesu bildet[126]. *Wie* dieser Glaube in der frühen Christenheit theologisch zur Geltung gebracht und in welcher *Zuspitzung* er bekannt wurde, soll im folgenden genauer befragt werden.

6.3.1 Der Gekreuzigte als der κύριος und Χριστός in Act 2,14–39

Der erste große Redekomplex in der Act ist die petrinische Pfingstpredigt (2,14–39), sieht man einmal von 1,16–22 ab. Sie zielt auf die christologische Aussage in 2,36 (vgl. 13,33; Röm 1,3f)[127]. Ihr Ton ist zwar weniger polemisch als in 2,22[128]. Dennoch enthält sie eine deutliche Gegenposition zu jüdisch-messianischen Vorstellungsinhalten. Act 2,36 zieht die Schlußfolgerung aus dem unmittelbar vorhergehenden, aus Ps 109,1[LXX] gewonnenen Schriftbeweis (v.34b–35) sowie aus dem in v.25–28 enthaltenen Zitat Ps 15,8–11[LXX]. Der Vers prädiziert den von Gott Auferweckten und Erhöhten (v.24.31f.34) als κύριος und Χριστός. Dieser ist niemand anderes als der gekreuzigte (ἐσταυρώσατε) Jesus[129] und nicht der πατριάρχης David. Denn der hat die Verwesung (διαφθορά) »gesehen« (vgl. 13,36)[130], wie sein »bis auf diesen Tag unter uns befindliches Grab« (v.29) beweist. Folglich spricht die Schrift nicht von ihm (v.27.31), sondern von Jesus Christus, dessen durch die Schrift legitimierter[131] Zeuge David ist. Den auf seinen Namen

---

[126] Dieses Neue unterstreicht J. KLAUSNER ebenfalls, Idea, bes. 525–529.

[127] J. R. WILCH, Schuld, 238f; R. C. TANNEHILL, Speeches, 402f.404.

[128] Dort werden die Adressaten (vgl. 2,5) mit dem von ihnen mitverursachten Geschick Jesu konfrontiert Ἰησοῦν τὸν Ναζωραῖον ... διὰ χειρὸς ἀνόμων ... ἀνείλατε (vgl. 2,36; 3,15; 4,10; 5,30; 7,52; 10,39; 13,28). Demgegenüber kontrastieren die eingeschobenen Partizipialsätze das tötende menschliche Tun mit dem wunder- und zeichenmächtigen Handeln Gottes in Jesus. Die ἄνδρες Ἰσραηλῖται und ὁ θεός stehen sich als jeweils agierende Subjekte gegenüber, vgl. Lk 23,5.13f.18.23.25b, dazu E. KRÄNKL, Knecht, 102f. Wie schon in der lukanischen Passionsgeschichte (vgl. 23,4.14f.22.25b auf dem Hintergrund der politischen Anklage in 23,2) und – besonders handgreiflich – in der Act (10,1ff; 13,12; 16,37–39; 18,15; 19,31; 22,25–29; 25,8, vgl. 23,29; 24,22; 25,25; 26,31), waltet auch hier ein apologetisches Interesse des auctor ad Theophilum. Die χεῖρες ἀνόμων sind zwar die der römischen Soldaten, vgl. 3,13; 13,28. Doch als die eigentlichen Urheber beschuldigt oder zumindest der Mittäterschaft bezichtigt werden die angeredeten ἄνδρες Ἰσραηλῖται (vgl. 3,12; 5,35), wie das Prädikat in v.23 erkennen läßt. Man darf also nicht von einer Entschuldigung *der* Juden reden, so aber D. SLINGERLAND, Composition, 103f (vgl. auch Act 4,10; 5,30; 7,51–53; 10,39), zutreffend J. T. SANDERS, Jews, 51f.248.354 Anm. 90. Lk liegt daran, das Verhältnis von Imperium und Christentum seitens der Christen als loyal zu bekräftigen, H. CONZELMANN, Mitte, 128–135; G. SCHNEIDER, Verleugnung, 193–196. Act 2,22–24 ist lukanisch, vgl. Lk 24,26f.44–48; Act 3,13–15.18; 4,28; 13,27–31; 17,3; 26,23.

[129] Vgl. M. HOFFMANN, Heil, 31f; D. L. BOCK, Proclamation, 184f.353 Anm. 98.

[130] Hier in bewußtem Kontrast zu dem auferweckten Jesus formuliert, den Gott »nicht der Verwesung überlassen hat« (13,34.37). Vgl. aber bBB 17a und MTeh 16,9f. Dort gehört David aufgrund von Ps 19,9 (vgl. Dtn 33,12) zu denen, über die »Gewürm und Geschmeiß keine Gewalt« hatte, d.h. denen die Unverweslichkeit zugesagt war.

[131] Hierzu D. L. BOCK, a.a.O. 179–181.

Getauften schenkt Jesus die Vergebung ihrer Sünden[132] und damit das Heil (v.40, vgl. 2,47)[133]. So wirkt er glaubens- und gemeindestiftend[134]. Petrus spricht jene Juden an (ἄνδρες Ἰουδαῖοι, v.14; ἄνδρες Ἰσραηλῖται, v. 22)[135], die im Sinne des Lk zumindest mittelbar (v.23)[136] für den Tod Jesu verantwortlich sind (v.36).

Die christologische Klimax[137] mutet der jüdischen Hörerschaft die Identifikation des gekreuzigten Jesus von Nazareth mit dem in der Schrift verheißenen (2,25–35, vgl. 4,10) Messias zu. Lk[138] legt das ganze Gewicht auf die christologischen Titel, in denen sich gerade im Blick auf die petrinischen Adressaten das christliche Bekenntnis manifestiert. Jedoch lassen weder ihre pointierte Stellung noch ihr Gebrauch den Schluß zu, Lk bzw. die der Rede zugrundeliegende Tradition verstünden den Tod Jesu nur als »Durchgang« und »Voraussetzung« seiner Erhöhung[139]. Denn der Sache nach sind weder der Kyriostitel noch auch die Christusprädikation für den Erhöhten reserviert. In Lk 4,18–21; 9,35; Act 2,22; 10,38, vgl. 3,6; 4,10; 9,34; 11,17 deuten

---

[132] 2,38, vgl. Lk 3,3; Act 5,31; 10,43; 13,38; 22,16; 26,18 sowie Mk 1,4.

[133] Weiterhin vgl. Act 2,21; 4,12; 7,25; 11,14; 13,26.47; 14,9; 15,1.11; 16,17.30f.

[134] 2,40, vgl. 2,44.47; 4,21.33; 5,14; 6,7; 10,44–48; 13,44.

[135] Wie in den anderen Reden der Act sind es auch hier die *Jerusalemer* Juden, die mit dem Tod Jesu belastet werden, CHR. BURCHARD, Zeuge, 116; F. J. MATERA, Responsibility, 78f.86–88.

[136] Vgl. das ἄγνοια-Motiv in 3,17; 13,27; 17,30, ferner Röm 10,3; Eph 4,18; ITim 1,13; IPetr 1,14; IClem 59,2; IIClem 1,7; ActThom 59, zu ihm J.-W. TAEGER, Heil, 81–83. Die alttestamentlich-jüdische Tradition differenziert zwischen wissentlich begangenen Sünden, d.h. den Sünden בְּיָד רָמָה (Num 15,30), und Sünden aus Versehen (בִּשְׁגָגָה, Num 15,27–29, vgl. v.22.24–26). Nur für diese besteht die Möglichkeit kultischer Sühnung, Lev 4,2.13.22.27; 5,15.18. Im Unterschied zu den willentlich vollzogenen Gebotsübertretungen (ἁμαρτία) handelt es sich bei ihnen um unabsichtlich unterlaufene Verfehlungen ἐν ἀγνοίᾳ, Lev 4,13; 22,14; ISam 26,21; Koh 5,5; Ez 45,20; Josephus, Ant II 231f; Philo, VitMos I 273; bBB 60b, vgl. auch Dan 4,33a.34[LXX]; Jub 41,25; TestJud 19,3; TestBenj 5,4; JosAs 6,4; 12,5; 13,13; Arist. 130; Philo, Virt 180.213; All III 211; Plant 98; Flacc 7. Spätestens seit Aristoteles gehört das κατὰ ἄγνοιαν Begangene in den Bereich des Tragischen, Poet. 1453b–1454a. Vgl. oben 5.2.2.5 Anm. 723.

[137] Zum Aufbau der Pfingstpredigt s. E. HAENCHEN, 148–151; U. WILCKENS, Missionsreden, 32–37; M. RESE, Motive, 45–66; K. KLIESCH, Credo, 144–148.260; A. WEISER, Pfingstpredigt, 1–12; D.L. BOCK, a.a.O. 156–187.342–354. U. WILCKENS legt das Gewicht der Predigt auf ihren Schluß. Der »Ruf zur Umkehr, Vergebung der Sünden und Heilsempfang« sei ihr »eigentliches Ziel«, a.a.O. 37, ähnlich K. KLIESCH, a.a.O. 147. Das trifft jedoch nur zu, wenn man den mit v. 37 beginnenden Schlußabschnitt die sachgemäße Konsequenz und Reaktion auf das in der Rede entfaltete und besonders in 2,36 verdichtete christologische Kerygma sein läßt. Denn die v.34–36 explizieren ja, wer der Kyrios ist.

[138] Von ihm dürfte nicht nur die Einleitung von v.36 stammen, sondern im wesentlichen der ganze Vers. Denn er nimmt im Aufriß der Rede die zuvor genannten Verheißungen (v.17–21.23–32.33–35) mit Hilfe der christologischen Hoheitstitel auf und bündelt sie, vgl. schon 2,22f.31f. Daher wird auch die Wendung καὶ κύριον αὐτὸν καὶ χριστὸν ἐποίησεν ὁ θεός lukanisch sein, H. CONZELMANN, 30; U. WILCKENS, a.a.O. 171–175.238f.

[139] W. SCHRAGE, Verständnis, 64.

sie den messianischen Charakter von Jesu Erdenleben[140]. Sein Ende am Kreuz stellt Lk betont heraus[141]. Damit rückt er das *Zentrum* des christlichen Messiasbekenntnisses, die Identität des gekreuzigten Jesus mit dem von Gott auferweckten und erhöhten Χριστός[142] und κύριος, in dem allein die σωτηρία für alle Menschen beschlossen liegt[143], in den Mittelpunkt der an jüdische Hörer gerichteten Petrusrede. Gegenüber diesem Adressatenkreis[144] entfaltet sie narrativ die göttliche Legitimation der messianischen Würde Jesu. Es ist freilich bemerkenswert, daß jede begrifflich-theologische Argumentation mit jüdischen Positionen fehlt. Offensichtlich fordern diese nicht oder nicht mehr zur Auseinandersetzung im kritischen Diskurs auf. Dieser auffällige Tatbestand erklärt sich m.E. am besten dadurch, daß solche Diskussionen hinter Lk liegen[145]. Möglich ist auch, daß *diese* Frage im Umfeld der lukanischen Gemeinde keine aktuelle Rolle spielte[146]. Die Heilsverkündigung von Jesus Christus mit der ihr eigenen Betonung der *Identität* des gekreuzigten Jesus von Nazareth mit dem von Gott auferweckten Χριστός, dessen wirk-

---

[140] Vgl. auch Lk 1,43; 2,11. Dazu H. CONZELMANN, Mitte, 162; C. F. D. MOULE, Christology, 174f; G. SCHNEIDER, Gott, 216–223.

[141] Act 2,22f.36; 3,15; 4,10; 5,30; 7,52; 10,39;13,27f.

[142] Etwas pointiert, aber ganz zutreffend urteilt M. HOFFMANN, indem Lk das Leidensgeschick »messianisiere«, stelle er »die Messianität Jesu in einen ausdrücklichen Zusammenhang mit seinem Leidensschicksal«, a.a.O. 23. Es ist zwar richtig, daß der dritte Evangelist den Tod Jesu nicht in gleicher Weise theologisch reflektiert wie etwa Paulus. Trotzdem ist Jesu Tod für Lk mehr als »a bare fact«, wie J. D. G. DUNN meint, a.a.O. 17.

[143] Neben der Anm. 136 genannten Studie J.-W. TAEGERS vgl. vor allem K. WURM, Rechtfertigung, 129–139.293–303; F. BOVON, Luc, bes. 255–284. Mit K. WURM ist stärker das futurisch-eschatologische Moment der lukanischen Heilsaussagen hervorzuheben, als es oftmals der Fall ist.

[144] Zu beachten ist seine Zusammensetzung (Act 2,5–11) und der Ort der Rede: Jerusalem. Wird in 5,17ff die christliche Gemeinde, repräsentiert durch die Apostel, dem Judentum in Gestalt des Sanhedrins konfrontiert, steht sie hier in der Person des Petrus dem Diasporajudentum gegenüber, vgl. auch 2,22f. Indem seinen Vertretern das Evangelium verkündigt wird, ist ein Teil der Verheißung von Act 1,8 eingelöst, vgl. schon 2,17–21, während sich in 4,8–12 und 5,29–32 (vgl. 18,9f; 22,1–21; 24,10–21; 26,2–23) das Wort Jesu von Lk 24,12–15 bewahrheitet. Dieser Bogen zeigt einmal mehr, wie Lk im Zusammenhang der Act auf sein Evangelium zurückverweist (vgl. Act 1,1) und dem Leser die Gesamtkonzeption des Doppelwerks in Erinnerung bringt.

[145] Auf die in Act 6,1–8,3; 9,1–30; 15,1–5.36–39; 21,8ff berichteten Ereignisse und die sie auslösenden Momente blickt der Verfasser bereits zurück.

[146] Christus ist für Lk der davidische Messias. Wie M. RESE gezeigt hat, verwendet der 3. Evangelist Χριστός ganz im technischen Sinn, Motive, 121–131. Wenn *diese* Weise der Verwendung nicht mehr diskutiert und gegen (jüdische) Einwände verteidigt werden muß, scheinen Auseinandersetzungen darüber bereits der Vergangenheit anzugehören, a.a.O. 124f. Das bedeutet freilich nicht, die lukanische Christenheit habe mit der synagogalen Schwester konfliktfrei zusammen- bzw. nebeneinandergelebt. Wie W. Stegemann dargelegt hat, mußte sie sich mit der Synagoge vor den munizipalen Instanzen heidnischer Obrigkeiten auseinandersetzen, Synagoge, 77–84.89f.

same Gegenwart sein Geist verbürgt[147], erscheint bereits als *Voraussetzung* wie als *Konsequenz* der Trennung von christlicher Gemeinde und Synagoge[148].

6.4 Das paulinische Evangelium
vom gekreuzigten Jesus Christus

Mehr und anders als Lk dokumentiert die paulinische Korrespondenz eine Fülle von Konflikten, in die der Apostel involviert war. Weder der Konfliktgegenstand noch die Kontrahenten waren immer die gleichen. Doch nicht von ungefähr überwogen die pauluskritischen Stimmen mit einem nomistischen Hintergrund, sei er jüdisch oder judenchristlich geprägt. Die Kritik entzündete sich an der *Praxis* der paulinischen Missionsverkündigung und dem sie begründenden *Christusverständnis*. Beide Streitpunkte benennen die *zwei* Aspekte des *einen* Evangeliums, dem die Einheit von Biographie und Theologie im Leben des Apostels entspricht.

Paulus' vorgängiger, pharisäisch bestimmter Glaube[149] und sein mit diesem Glauben verbundenes Gottesbild kollidierten diametral mit der Christophanie[150] des Erhöhten[151] (Gal 1,12.16, vgl. 1,1; Röm 1,1; 15,15b; IKor 1,1)[152]. Die Christusvision vor Damaskus, ein dem prophetischen Offen-

---

[147] Lk 12,12; Act 1,5.8; 2,4.17f.33.38; 4,8.31; 5,32; 6,3.5; 8,15–17; 9,17.31; 10,44f.47; 11,15.24; 13,9; 16,6f; 19,2.6; 20,28; 21,11.

[148] W. STEGEMANN, a.a.O. 34f.120f.

[149] Phil 3,5f, vgl. Röm 10,2f; 11,1; IIKor 11,22; Gal 1,14; 5,11(?); Act 22,3f; 23,6; 26,5 und J. D. G. DUNN, Pharisees, 270–272.285f; J. BECKER, Paulus, 34–59; M. HENGEL, Paulus, 212–239.265. Es ist müßig darüber zu spekulieren, ob Paulus – wenn er überhaupt gebunden war – der schammaitischen Schulrichtung angehörte oder ob sein Denken primär hillelitisch geprägt war. Act 22,3 hilft hier auch nicht weiter, s. J. NEUSNER, Traditions I, 341–376; M. HENGEL, a.a.O. 247f. Die rabbinische Schriftgelehrsamkeit des Apostels generell zu bestreiten, ist aber unzutreffend, D. LÜHRMANN, Tradition, 75–94; M. HENGEL, a.a.O. 222–225.239–251. Freilich muß Paulus deshalb nicht gleich ein ordinierter Rabbi gewesen sein. Eine Ordination zum Rabbinenamt, wie sie später begegnet, Bill II, 648–661, gab es zu seinen Lebzeiten noch nicht.

[150] IKor 9,1; 15,8–11; IIKor 4,6 (von U. SCHNELLE zu Unrecht als Beleg ausgeschieden, Wandlungen, 157f); Gal 1,15–17; Phil 3,7–11; Act 9,1–19a; 22,6–21; 26,12–18, vgl. IIKor 12,1.7; Gal 2,2.

[151] Paulus spricht in Gal 1,15 von der Offenbarung seines (sc. Gottes) Sohnes ἐν ἐμοί. Wie 1,12 (δι' ἀποκαλύψεως Ἰησοῦ Χριστοῦ) beweist, kann Paulus υἱὸς (τοῦ θεοῦ) und Ἰησοῦς Χριστός promiscue gebrauchen, vgl. auch Röm 1,1 mit 1,3f; 15,15f.

[152] Gal 1,16 expliziert v.12 als Offenbarung »seines Sohnes in mir«. Subjekt ist Gott (1,15). Von daher ist auch 1,12 zu verstehen, so daß in der Verbindung δι' ἀποκαλύψεως Ἰησοῦ Χριστοῦ der zweite Genitiv ein Genitivus objectivus ist. Inhalt der Offenbarung Gottes ist Jesus Christus, vgl. Mt 11,25–27par; 16,17 und K. KERTELGE, Apokalypsis, bes. 55–61; E. BEST, Revelation, 15f. Daraus ergibt sich: a) Ist die Offenbarung Gottes exklusiv an

barungsempfang (vgl. Jes 6,1–13; 49,1–6; Ez 1–3) analoges Geschehen[153], zwang den Apostel, die Abkehr von seiner früheren Verfolgertätigkeit zur jetzigen Evangeliumsverkündigung (Gal 1,13.22f; IKor 15,9f) auf der Ebene der diese beiden Epochen qualifizierenden messianischen Äonenwende (Röm 8,3f; IKor 10,11; IIKor 5,17; Gal 4,4, vgl. Röm 5,12–21; IKor 15,21f.45–49) zu begreifen[154]. Er hat diese Differenz für uns als erster *literarisch faßbar* formuliert, sie in ihren theologischen Implikationen ausgeformt und begrifflich präzisiert.

Daß und *wie* die theologische Interpretation des Kreuzes für das paulinische Verständnis Jesu konstitutiv ist, wird noch zu zeigen sein. Wie ein Blick auf die synoptischen Evangelien lehrt, liegt darin durchaus eine Besonderheit und eine polemisch-aggressive Spitze, die angesichts unserer weithin zur Chiffre gewordenen Rede von Kreuz und Kreuzestheologie mehr und mehr zu verblassen droht. Die synoptischen Evangelien sind, anders wiederum als das Joh (3,14; 12,32.34; 19,34–37, vgl. 8,28), weniger an der Todes*art* interessiert, die der Messias erleidet, als vielmehr daran, daß Jesus ins Leiden und in den Tod geht. Ausnahmen sind Mt 28,5 und Mk 16,6 (vgl. 8,34par). Dort ist der ἐσταυρωμένος christliches Bekenntnis, hervorgehoben und unterstrichen durch das unmittelbar folgende ἠγέρθη. Insgesamt wird man H.-W. KUHN zustimmen müssen, zumindest die Synoptiker hätten in der »Tötung (sc. Jesu) speziell am Kreuz ... kein(en) Anlaß zur theologischen Reflexion« gesehen[155]. Hinsichtlich des Evangelisten Markus sollte man daher besser von einer Passionstheologie statt einer Kreuzestheologie sprechen. Von da her wären Anfragen an die beinahe

---

Jesus Christus gebunden, beinhaltet der Selbsterweis Gottes in Kreuz und Auferweckung Jesu Christi die radikale Korrektur und Krisis jedes allgemeinen Gottesgedankens. Gott wird erkannt in seinem Handeln an Christus. Indem also der paulinische Heilsverkündigung »streng an die Rede von Gott und seinem Sohn Jesus Christus zurückgebunden« ist, T. SÖDING, Entwicklung, 192, werden Theologie und Christologie immer schon soteriologisch bestimmt. Deshalb ist b) kritisch zu hinterfragen, ob man bei Paulus von einer Kontinuität des Gottesgedankens ausgehen darf, durch die das hermeneutisch-noetische Prius der Christologie zugunsten einer ungebrochenen Rezeption der alttestamentlichen Gottesaussagen relativiert wird, auch wenn der Apostel unbestreitbar Gottesprädikationen der Schrift produktiv aufnimmt (vgl. nur Röm 3,29f; 4,5.17; IKor 8,6; IIKor 4,6; IThess 1,9). Aus den beiden vorhergehenden Punkte läßt sich c) ein für Paulus generell wichtiges Anliegen erschließen: mit dem Christusverständnis steht »zugleich immer auf dem Spiel, welches Verständnis wir von Gott haben«, CHR. GESTRICH, a.a.O. 218. Vgl. weiterhin IKor 9,10; IIKor 1,20, und W. SCHRAGE, Christologie, bes. 123–135; E. GRÄSSER, Gottesverständnis, bes. 242–258.

[153] Zu Gal 1,15 vgl. bes. Ri 16,17; ψ 22,10f; 71,6; Jes 49,1; Jer 1,5, zu Gal 1,16 noch Mt 16,17–19; Apk 1,1.

[154] R.P. MARTIN, Reconciliation, 28f; CHR. DIETZFELBINGER, Berufung, 120–125; K. O. SANDNES, a.a.O. 58–65. Daß Paulus seine Lebenswende analog einem Bekehrungsmuster verstand, wie es nach jüdischer Auffassung für Heiden (!) zutraf, Philo, Abr 70f.77–80; Migr 122; Virt 130; Imm 134–138; JosAs 8,9; 15,5.12; 20,7; ApkAbr 8f, dazu D. SÄNGER, Bekehrung, 27f; E. BRANDENBURGER, Pistis, 179f, zeigt, wie radikal er diesen ihn betreffenden Vorgang beurteilte.

[155] Gekreuzigter, 21f, vgl. auch 20–27.

inflationäre Verwendung des Terminus *Kreuzestheologie* vor allem in der protestantischen Theologie zu richten.

6.4.1 Grundsätzliches zur Genese der paulinischen Christologie

Die literarische Priorität besagt allerdings nicht, Paulus sei auch der erste oder gar der einzige gewesen, für den das Bekenntnis zu dem gekreuzigten Messias Jesus von Nazareth den Kernpunkt des neuen Glaubens bildete. Ebenso wäre es falsch, ihm eine Option auf die reflektierte Deutung des Christusgeschehens einzuräumen. Seine Selbstbezeichnung als ἔσχατος δὲ πάντων und ἐλάχιστος τῶν ἀποστόων (IKor 15,8f, vgl. Eph 3,8) ist trotz aller apologetischen Tendenz[156] auch chronologisch ernst zu nehmen[157]. Paulus bestätigt dies selbst durch das dreifache ὤφθη (IKor 15,5–7), mit dem er Kephas und den Zwölferkreis, 500 weitere Brüder, Jakobus und die übrigen Apostel als ihm vorausgehende Auferstehungszeugen würdigt[158]. Auch die Erscheinungsberichte der Evangelien[159] und die Act (vgl. nur 1,2–9) unterstreichen die Abfolge von IKor 15: erst die anderen, zum Schluß Paulus[160]. Er schließt sich jedoch andererseits durch die Art der ihm zuteil gewordenen Christusoffenbarung mit den anderen Aposteln zusammen. Das zeigt sich besonders an der Wahl der geradezu als terminus technicus gebrauchten Vokabel ὤφθη (IKor 15,5–8[4mal], vgl. 9,1: τὸν κύριον ἡμῶν ἑόρακα)[161]. Sie bezeugt die gleiche Qualität der in der Erscheinung des Auferstandenen gründenden apostolischen Legitimation von Paulus und seinen Vorgängern[162]. D.h. aber, daß Paulus seine Christophanie von den Ostererscheinungen des Zwölferkreises (IKor 15,5) und der übrigen Apostel her verstanden wissen will. Von dort her bemißt sich seine Gleichstellung mit ihnen[163].

---

[156] Vgl. aber H.-H. SCHADE, Christologie, 198f; G. SELLIN, Streit, 242f; J. PLEVNIK, Experience, 101–111, bes. 104–107.

[157] Mit dem adverbialen Gebrauch des Neutrums ἔσχατον δὲ πάντων intendiert Paulus mehr, als nur den Endpunkt einer Reihenfolge zu markieren. Seine Christophanie erfolgte nicht nur *nach* denen der anderen Jünger. Sie ist die definitiv letzte gewesen, die Auferstehungserscheinungen sind abgeschlossen.

[158] Auch Andronikus und Junia (Röm 16,7) haben zu den οἱ πρὸ ἐμοῦ ἀπόστολοι (Gal 1,17a) gehört. In Paulus' Verständnis wohl auch die λοιποὶ ἀπόστολοι in IKor 9,5.

[159] Mt 28,9f.16–20; Lk 24,13–51; Joh 20,11–17.19–23.26b-29; 21,4–22, vgl. Mk 16,7.

[160] Daran hält im übrigen auch die spätere legendarische Paulusüberlieferung fest, Ep Apost. 31[42] (»der Letzte der Letzten«).

[161] Ein unmittelbares Einwirken von Ex 3,2 ist nicht beweisbar, gegen P. STUHL-MACHER, Auferweckung, 71.

[162] Charakteristisch anders Act 13,31, wo Lk bzw. die von ihm aufgenommene Tradition Paulus selbst (13,16) sagen läßt, Jesus sei nur denen erschienen (ὤφθη), die mit ihm von Galiläa nach Jerusalem gezogen waren, vgl. auch Act 1,21; 10,41.

[163] J. BLANK, a.a.O. 133 (vgl. auch 186f); J. PLEVNIK, a.a.O. bes. 104–111.

Vermittelnde Instanz für den Konvertiten und zum Heidenapostel Berufenen[164] waren nicht die judenchristlichen Gemeinden Jerusalems und Judäas
mit ihren großteils aramäisch, zum Teil aber auch griechisch sprechenden
Mitgliedern (Act 6,1; 11,20)[165], sondern die vorpaulinisch-hellenistischen

---

[164] Röm 1,1.5; 11,13; 15,15f; 16,25f; IKor 9,2; Gal 1,16b; 2,2.7–9; vgl. Act 9,15; 22,21;
26,17f. Zur Sache s. E. Best, a.a.O. 16–22; G. Eichholz, Theologie, 27–29; J. Becker,
a.a.O. 73–99. Nichts spricht für die bereits von W. Wrede geäußerte Vermutung, erst die
Zurückweisung seiner Verkündigung durch die Juden habe Paulus zum Heidenapostel werden lassen, E. P. Blair, Call, 19–33; M. S. Enslin, Paul, bes. 63–80; F. Watson, a.a.O. 28–
32.34–36.187f, vgl. ferner H. Räisänen, Conversion, 407.412; K. P. Donfried, Paul, 17f.
Auf einem anderen Blatt steht, ob sich Paulus seiner *weltweiten* Verkündigungsaufgabe
(vgl. Röm 1,14f; 15,18f.23f; IIKor 2,14) bereits nach seiner Berufung vor Damaskus oder
erst nach dem Apostelkonvent bewußt war, wie M. Hengel vermutet, Ursprünge, 21.

[165] Eine gewisse und wohl auch beabsichtigte Distanz zu den στῦλοι (Gal 2,9) der Jerusalemer Gemeinde – Petrus, Jakobus, Johannes – drückt sich in Gal 1,17.18f aus. Trotz der
Opposition der die antiochenischen Aktivitäten kritisierenden »Falschbrüder« (2,4) kam es
zu einer einvernehmlichen Regelung der nicht erst seit dieser Übereinkunft auf unterschiedliche Zielgruppen ausgerichteten Missionsarbeit. Immerhin war Paulus im Verein mit
Barnabas (Act 13,1f.7; 14,14.20; 15,2.22.25.35) und anderen (Act 13,1.5.13;
15,2.22.27.32.39f) schon mehr als ein Jahrzehnt unter den ἔθνη in Syrien und Kilikien tätig
(Gal 1,21; 2,1, vgl. Act 9,30; 11,25f). Die Jerusalemer Regelung kann freilich nicht verbergen, daß Paulus in der Folgezeit hauptsächlich über die Kollekte (Röm 15,25–31; IKor
16,1–4; IIKor 8f; Gal 2,10) Verbindung mit der ältesten Christengemeinde hielt. Der Grund
dürfte in den aus paulinischer Sicht durch Jakobus ausgelösten Spannungen liegen (Gal
2,12f). Jakobus wird zwar das zwischen ihm, Petrus, Johannes, Paulus und der übrigen Gemeinde (Gal 2,3.6–9) Vereinbarte nicht grundsätzlich in Frage gestellt haben, hielt aber
offensichtlich einen Kompromiß im Sinne der Lev 17f (vgl. Act 15,20.29; 21,25) vor-
geschriebenen kultischen Forderungen für nötig. Das ab Act 21,15 Berichtete zeigt im Verein mit Röm 15,30f, wie gespannt das Verhältnis zwischen Paulus und Jerusalem war.
Jüngst hat O. Böcher einen neuen Vorschlag vorgelegt, die lukanischen Angaben über
das Aposteldekret und die Beteuerung des Apostels in Gal 2,6b, ihm sei im Blick auf seine
ἀποστολὴ εἰς τὰ ἔθνη (2,8) nichts auferlegt worden, zu harmonisieren, Aposteldekret, 325–
336. Dazu muß er den von Paulus später angesetzten antiochenischen Zwischenfall (Gal
2,11–14) mit dem Konflikt von Act 15,1f.5 identifizieren und gleichzeitig annehmen, daß
der Inhalt des Dekrets mit Paulus' Versicherung von Gal 2,6b nicht im Widerspruch steht.
Die Lösung des zuletzt genannten Problems besteht für O. Böcher darin, daß die Erwähnung der levitischen Reinheitsvorschriften sich für Paulus deswegen erübrigte, weil er
sie – wie für einen Juden selbstverständlich – nach wie vor befolgte (a.a.O. 331f). Daher
habe er sie auch nicht als eine »Last« empfinden können. Allein die Beschneidungsforderung wäre eine gewesen. Jedoch sei sie gerade nicht an den Apostel herangetragen worden (2,6f, vgl. 2,3). Diese zunächst verblüffend einfach erscheinende Lösung wirft gleich
ein ganzes Bündel von Fragen auf, auf die sie eine Antwort schuldig bleibt. *Warum* sollte
Paulus die Abfolge von Konvent und antiochenischem Zwischenfall vertauscht haben?
Auch ist ein Bezug auf diesen Konflikt im lukanischen Kontext doch erst dann möglich,
wenn man bereits von Gal 2 herkommt. Zudem geht O. Böcher mit keinem Wort darauf
ein, daß die Act 15,1f.5 und Gal 2,12f geschilderten Konflikte zwei unterschiedliche An-
lässe besaßen, Beschneidungsforderung dort, Tischgemeinschaft von Juden- und Heidenchristen hier. Andererseits ist die übereinstimmende Aussage von Act 15,2 und Gal 2,1
(Paulus und Barnabas ziehen mit anderen nach Jerusalem, ohne daß dieser Sachverhalt im
weiteren Verlauf eine Rolle spielt) kaum zufällig. Weiter ist Act 15,24 zu entnehmen, daß
die in 15,1f genannten Unruhestifter – anders als die von Jakobus gesandten Leute (Gal

Gemeinden, die auf die aus Jerusalem vertriebenen (Act 8,1.4.5ff; 11,19f) Diasporajuden zurückgingen. Sie begegnen uns in ihren personalen Repräsentanten, zu denen Stephanus (Act 6,5.8–15; 7) und andere, teils namentlich genannte Vertreter gehören (Act 6,5; 8,1.4.5f.26–40; 9,10–19; 11,19–26; 13,1). Neben Damaskus (IIKor 11,32f; Act 9,10.19b-25; 26,20)[166] und Cäsarea (Act 9,30; 10,1.24.48; 21,8f) spielte vor allem Antiochien als christliche Missionsgemeinde und zugleich Ort einer zahlenmäßig starken jüdischen Diaspora[167] eine herausragende Rolle[168].

Exkurs V: Paulus und die Hellenisten (Act 6,8–15)

Der seit langem vorherrschenden, bereits von F. Chr. Baur[169] vertretenen Ansicht, die *Hellenisten* seien nicht nur das entscheidende »Scharnier« beim Übergang der frühchristlichen Mission vom palästinischen Kernland in die angrenzenden Gebiete gewesen, sondern Paulus verdanke ihnen entscheidende Anstöße für seine gesetzeskritische Evangeliumsverkündigung[170], ist in jüngster Zeit energisch widersprochen worden[171]. Diesem Widerspruch korrespondiert die auf mehr und mehr Zustimmung stoßende andere These, Paulus habe erst in der literarisch dokumentierten Spätphase seiner missionarischen Tätigkeit und unter dem Eindruck judenchristlicher Gegnerschaft ein reflektiertes Gesetzesverständnis im Kontext seiner christologisch ausformulierten Rechtfertigungslehre entwickelt[172]. Die Annäherung an die theologi-

---

2,12a) – nicht als Beauftragte nach Antiochien kamen. Beide Vorfälle können darum nicht miteinander kombiniert werden. Im übrigen hätte Paulus, folgt man O. Böcher, kaum so gegen Petrus auftreten können, wie es tat, wenn er sich selber an die Vorschriften gehalten hätte, die er bei dem στῦλος Kephas als zur Separation führenden Faktor so scharf kritisierte.

[166] Der Anteil der jüdischen Bevölkerung belief sich nach Josephus auf 10500 Personen, Bell II 561. Nach Bell VII 368 waren es sogar 18000 Männer, Frauen und Kinder. Ihr Anwachsen könnte mit den Ereignissen unter Alexander Jannai zusammenhängen, die 8000 Menschen zur Flucht aus Judäa bewogen, Bell I 96–98.

[167] Josephus, Ant XVII 24f; Bell VII 43–45; IIMakk 4,33f; vgl. ySheq 6,3 [50a]; yHor 3,7 [48a]; DevR 12,20; WaR 5,4; Johannes Chrysostomos, Adv.Jud.Orat.1,6. Näheres bei C. H. Kraeling, Community, 130–160.

[168] Antiochien am Orontes, nicht zu verwechseln mit dem pisidischen Antiochien (Act 13,14; 14,19.21), kommt im Neuen Testament fast ausschließlich im Zusammenhang missionarischer Aktivitäten der Hellenisten und von Paulus vor, Act 11,19f.22.26f; 13,1; 14,26; 15,22f.30.35; 18,22, vgl. Gal 2,11; IITim 3,11. Zu ihrer Bedeutung für Paulus vgl. A. v. Harnack, Mission, 57–60; J. P. Meier, Antioch, 28–44; J. Becker, a.a.O. 107–119.

[169] Paulus I, 49–69.

[170] Vgl. exemplarisch P. Stuhlmacher, Gesetz, 154–156.

[171] G. Strecker, Rechtfertigung, 230f; U. Schnelle, Christusgegenwart, 99f.222; Wandlungen, bes. 18–20.

[172] Vgl. K. Stendahl, Conscience, 78–96; Jude, 37–58.140–143; G. Strecker, a.a.O. 229–259, bes. 230f.235f.237; Evangelium, 205–209; H.-H. Schade, a.a.O. 22–24.112f.171f.175–190.210–212.350–352; S. Schulz, Paulus, 230f.236; U. Wilckens, Christologie, 67–72; Entwicklung, 157f; H. Räisänen, Law, 162–202.251–263; Call, 55–92, bes. 63–67.72f; J. D. G. Dunn, Significance, 98 (bei ihm auf die Antithese: *entweder*

schen Konturen der *Hellenisten* geschieht im wesentlichen auf zweifache Weise. Der eine Weg führt über die überlieferungsgeschichtliche Analyse noch abgrenzbarer, älterer Traditionsstücke in den paulinischen Briefen. Die auf diese Weise herausgeschälten Traditionskerne werden im Rückschlußverfahren zu einem Gesamtbild des Kerygmas des vorpaulinisch-hellenistischen Christentums zusammengefügt[173]. Doch diese Rekonstruktion verdankt sich nicht selten Kriterien und Vorentscheidungen, in die ein bereits vorgängiges Bild vom Urchristentum eingeflossen ist, ohne daß der angewandte methodische Zirkelschluß immer kritisch reflektiert wird. Daher setzt der andere Zugang, den ersten ergänzend und stützend, bei den wenigen direkten Nachrichten über die *Hellenisten* ein, die vor allem die Act bereithält (Act 6–8; 11,19–30). Beide Vorgehensweisen, die analytische und die konstruktiv verfahrende, sind komplementär aufeinander bezogen.

Der kurze Abschnitt Act 6,8–15, in dessen Mittelpunkt Stephanus und die gegen ihn erhobene Anklage steht, besitzt in diesem Zusammenhang erhebliche Bedeutung[174]. Denn er wird in der Regel zu den wenigen Texten gerechnet, die es gestatten, der theologischen Position der *Hellenisten* wenigstens in den entscheidenden Zügen ansichtig zu werden[175]. Trifft diese Einschätzung zu, hebt sich der noch immer über weiten Teilen der frühen Christentumsgeschichte liegende Schleier zumindest ein Stück weit. Diese Hoffnung setzt freilich voraus, daß der Abschnitt mit hinreichender Sicherheit zuverlässige Nachrichten enthält, die einen Rückschluß auf die *Hellenisten* ermöglichen[176]. Anders sähe es aus, sollte er sich in seinen entscheidenden Passagen

---

Jesus *oder* das Gesetz bezogen); U. SCHNELLE, Christusgegenwart, 100–103.223; Wandlungen, bes. 54–76.91; R. JEWETT, Coexistence, 342.

[173] Vgl. die klassische Darstellung bei R. BULTMANN, Theologie, 69–186.

[174] Die Stephanusrede Act 7,2–53 lasse ich im folgenden unberücksichtigt, wenngleich sie zur Klärung des umstrittenen Sachverhalts mehr beizutragen vermag, als oftmals zugestanden wird. Vgl. nur O. H. STECK, Geschick, 265–269; R. SCROGGS, Christianity, 182–197; R. MADDOX, a.a.O. 52–54; U. WILCKENS, Missionsreden, 208–221; T. HOLTZ, Beobachtungen, 106–120 (er hält die tempelkritische Ausrichtung, wie sie besonders in 7,42b.43.49f zum Ausdruck kommt, aber für lukanisch); G. SCHNEIDER, Hellenisten, 237–249; T. L. DONALDSON, Typology, 27–52. Wie immer man aber das Verhältnis von Tradition und Redaktion und die Herkunft einzelner Überlieferungsstücke beurteilen mag, bietet der Abschnitt sicher keine authentische, von Lk gleichsam wortgetreu überlieferte (samaritanische!) Stephanusrede, wie u.a. A. SPIRO mutmaßt, Background, 285–300, bes. 293f.

[175] Neben den Kommentaren z.St. vgl. R. SCROGGS, a.a.O. 197–206; M. HENGEL, Hellenisten, bes. 185–204; U. B. MÜLLER, Rezeption, 161–165; O. CULLMANN, Kreis, 43–52; H. RÄISÄNEN, Bridge, 244–246; G. SCHNEIDER, a.a.O. 229–234.249–250; J. D. G. DUNN, Unity, 268–275; S. G. WILSON, Gentiles, 138–153; K. LÖNING, Stephanuskreis, 81–90; A. WEISER, Tempelkritik, 146–168. Stephanus von dieser Gruppe zu isolieren und ihn zu einer Ausnahmefigur zu stilisieren, M. SIMON, Hellenists, 98, ist durch nichts gerechtfertigt.

[176] Sofern man nicht wie G. SCHILLE die Existenz einer Jerusalemer hellenistischen Gemeinde überhaupt bestreitet, Anfänge, 34f. Eine nähere Begründung bleibt er freilich schuldig. Auch F. WATSON verneint für die Frühzeit die Existenz zweier judenchristlicher Gruppen in Jerusalem. Hellenisten wie Hebräer seien das Produkt zurückprojizierter späterer Konflikte zwischen Antiochien und Jerusalem (Gal 2) und damit das Resultat einer prototypischen Verobjektivierung innerchristlicher Spannungen. Zudem müßten die Hellenisten im Sinne des Lk mit den bekehrten Diasporajuden (vgl. Act 2,41) identifiziert werden, deren Heimat in 2,9–11 genannt sei. Mit dem Wegfall der historischen Authentizität von Act 2 sei auch die von 6,1ff erledigt, a.a.O. 26–28.186. Dazu ist nur zu sagen: a) die Projektions-

als ein Konstrukt des lukanischen Geschichtsbildes erweisen. Genau dies behauptet
U. SCHNELLE in seiner der Entwicklung der paulinischen Theologie gewidmeten Studie »Wandlungen im paulinischen Denken«[177]. Die Verse 6,8–15 entstammten in allen wesentlichen Teilen der Hand des 3. Evangelisten, seien mithin ohne jeden historischen Wert. Eine »Theologie des Stephanus oder der ›Hellenisten‹« könne man
ihnen nicht entnehmen. Infolge dessen dürfe der Abschnitt nicht länger als Basis für
die Vermutung herhalten, Paulus habe nicht zuletzt dieser Gruppe wesentliche Impulse für die Ausgestaltung seines gesetzeskritischen theologischen Denkens zu verdanken[178]. Im folgenden sollen die Behauptungen U. SCHNELLES von ihren eigenen Voraussetzungen her geprüft werden. Eine Erörterung aller der in dieser Passage enthaltenen oder auch mit Stephanus und seinem Kreis verbundenen Probleme ist nicht
beabsichtigt und in diesem Rahmen nicht möglich.

Mit erheblicher redaktioneller Gestaltung wird man in der Tat rechnen müssen.
Das gilt für den fraglichen Abschnitt selbst wie für seinen unmittelbaren Kontext, d.h.
zunächst für 6,1–7[179]. Der abrupte Übergang in Act 6,1 (ἐν δὲ ταῖς ἡμέραις ταύταις)[180]
leitet den zweiten Teil der Act (6,1–15,35) ein. In ihm dringt das Evangelium über
Jerusalem hinaus. Damit erfüllt sich, was die programmatisch am Anfang stehende
Verheißung von 1,8[181] angekündigt hat. Nachdem der Grund für die Unruhen zwischen *Hellenisten* und *Hebräern*[182] genannt wird, ergreifen die οἱ δώδεκα[183] Gegen-

---

these ist ein schieres Postulat, b) die Verbindung von Act 2 und 6 in dieser Form willkürlich
und durch den Duktus der lukanischen Darstellung nicht gedeckt.

[177] Vgl. schon Christusgegenwart, 99.

[178] Daß der Ausdruck Ἑλληνισταί *alleine* noch keinen Rückschluß auf eine »bestimmte
tora- und/oder tempelkritische Haltung« zuläßt, ist natürlich richtig, N. WALTER, Anfänge,
383.

[179] U. BORSE interpretiert diese Verse als einen aus 21,8 abgeleiteten Einschub. Er diene
Lk dazu, Hintergrundinformationen über den cäsareensischen Gastgeber von Paulus und
seine Verbindung mit Stephanus zu liefern, Rahmentext, 188f.191. M.E. ist das ganz un-
wahrscheinlich. Denn dabei wird übersehen, daß Philippus nur in der sicher traditionellen
Namensliste von v.5 erscheint und Lk eine Erklärung von 21,8 mit der Offenlegung einer
Konfliktsituation erkauft hätte.

[180] Vgl. Lk 1,39; 6,12; 24,18; Act 1,15, ferner Lk 2,1; 21,23; 23,7; Act 2,18 [Zit. Joel
3,2LXX]; 7,41; 9,37; 11,27. Die Verbindung der Zeitbestimmung mit ταύταις ist lukanischer Stil, BDR § 291,3[Anm. 5]. Das spricht gegen die Annahme einer gleich mit 6,1 beginnenden Quelle. Auch daß die christliche Gemeinde in diesem Vers zum ersten Mal in der
Act als αἱ μαθηταί bezeichnet wird, läßt nicht zwingend auf zugrundeliegende Überlieferung schließen. Von Act 11,20.26 her (die Lesart Ἑλληνιστάς in v.20 als die wahrschein-
lichste vorausgesetzt) könnte dieser Begriff im Zusammenhang mit den *Hellenisten* vom
Autor eingebracht worden sein. Dennoch kann in der Erwähnung des in 6,1b angedeuteten
Konflikts Tradition stecken, vor allem auf dem Hintergrund der harmonisierenden Tendenz,
mit der Lk in geradezu idealtypischer Weise die Urgemeinde in den Summarien 2,41–47
und 4,32–35 schildert. Trotzdem bleibt das sprachliche Argument, παραθεωρεῖσθαι und
καθημερινός seien neutestamentliche Hapaxlegomena, J. T. LIENHARD, View, 231, durchaus ambivalent.

[181] Das ἔσεσθέ μου μάρτυρες nimmt Jes 43,10 auf (vgl. 43,12; 44,8), das ἕως ἐσχάτου τῆς
γῆς zit. Jes 49,6. Die Deutung auf die Heidenwelt ist evident, vgl. Lk 24,47f, gleichviel, ob
man das Logion für lukanisch oder vorlukanisch hält.

[182] Zu beiden Gruppen vgl. umfassend M. HENGEL, a.a.O. bes. 157–172.176–185. Weiterhin s. S. G. WILSON, a.a.O. 138–141; R. PESCH u.a., Hellenisten, 87–92; E. E. ELLIS, Cir-

maßnahmen (v.2). Mit Zustimmung der versammelten Gemeindeglieder soll eine Gruppe von Sieben gewählt werden, die die beanstandete Witwenversorgung zu gewährleisten hat (v.3). Der einleitende Passus (6,1–7) ist weitgehend lukanisch[184]. Das gilt insbesondere für die Verse 2–4[185]. Die Namensliste (v.5b) war Lk aber vorgegeben. Dafür spricht unter anderem, daß außer Stephanus und Philippus[186] keine der genannten Personen mehr in der Act erwähnt wird[187]. Allenfalls geht die Voranstellung von Stephanus auf das Konto der Redaktion. Das legt die Fortsetzung in 6,8ff nahe und Stephanus' Charakterisierung als ἀνὴρ πλήρης πίστεως καὶ πνεύματος ἁγίου, vgl. Lk 4,1; Act 6,8; 7,55; 11,24; 13,52. Das Summarium in v.7 ist ein indirekter Beweis für den Erfolg der in v.3–5 beschlossenen Maßnahmen. Damit bezieht es sich zugleich auf v.1 zurück und dokumentiert die positive Wende des dortigen Streits. Missionarische »Erfolgsmeldungen« finden sich auch 2,41.47; 9,31; 11,21; 12,24; 14,1; 16,5 19,20 (vgl. Lk 13,19). Sie zeigen, wie sich das Evangelium trotz aller Hindernisse durchsetzt. Diese Tendenz entspricht dem lukanischem Anliegen (vgl. Lk 8,4–15) und verrät die Hand des auctor ad Theophilum. In v.7c bringt Lk zudem einen ersten Entlastungsgrund für die späteren Vorhaltungen in 6,11.13f ein.

Mit v.8 beginnt eine an Stephanus gebundene Personaltradition. Ihre erste Spur findet sich in v.5b. Da es keinen überzeugenden Grund gibt anzunehmen, Lk selbst habe Anlaß und nähere Umstände von Stephanus' Steinigung frei erfunden, ist die Suche nach der noch eruierbaren historischen Substanz des Konflikts, die hinter der lukanischen Darstellung steckt, nicht aussichtslos. V.8 stammt als Überleitung und Begründung des sich anschließend gegen Stephanus richtenden Widerstandes (v.9ff) von Lk. Die Charakterisierung des späteren Märtyrers (vgl. Act 22,20) als πλήρης χάριτος καὶ δυνάμεως, der τέρατα καὶ σημεῖα μεγάλα wirkt, ist 6,3b und 6,5a entnommen und entspricht lukanischem Sprachgebrauch (Act 2,19.22.43; 4,30; 5,12; 7,36; 14,3; 15,12)[188]. Stephanus' Verhalten gilt »von vornherein als gottgewollt und rich-

---

cumcision, 116–128; K. LÖNING, a.a.O. 81–88; L. SCHENKE, a.a.O. 69–74; E. LARSSON, Urgemeinde, 205–225. Falsch ist die im Anschluß an W. SCHMITHALS vorgenommene Unterscheidung von (christlichen) *Hellenisten* und »Judenchristen in Jerusalem« bei G. SCHILLE, a.a.O. 35. Diese Hellenisten *sind* Judenchristen.

[183] Hier als nomen proprium gebraucht, vgl. Lk 6,13; 8,1; 9,1.12; 18,31; 22,3.47.

[184] Über das genaue Ausmaß der redaktionellen Gestaltung ist Sicheres nicht mehr auszumachen. Vgl. E. HAENCHEN, 219–222; G. SCHNEIDER I, 420–422; J. T. LIENHARD, a.a.O. 230–236; N. WALTER, a.a.O. 372f. R. PESCH vermutet hinter 6,1–6 die Existenz einer den alttestamentlichen »Einsetzungsgeschichten« (vgl. Gen 41,29–43; Ex 18,13–26; Num 11,1–25; 27,15–23; Dtn 1,9–18) nachempfundene vorlukanische »Bestallungserzählung«, I, 225–227, ganz ähnlich E. J. RICHARD, Composition, 259–266.270–273. Freilich ist, wie R. PESCH einräumen muß, die Topik dieser Gattung in Act 6,1–6 nur »verknappt« faßbar. Aber auch wenn diese Vermutung zutreffen sollte, besagt sie nicht mehr, als daß in 6,1–6 traditionelle Elemente verarbeitet sind. Die weitgehend lukanische Verfasserschaft des Abschnitts bleibt davon unberührt. Darauf weisen auch die auffälligen Berührungen von 6,2–6 mit der Ergänzungswahl Act 1,15–26 hin, vgl. J. BIHLER, Stephanusrede,192f.209.

[185] Vgl. nur die Analyse J. T. LIENHARDS, a.a.O. 231–235.

[186] Act 8,5f.12f.26.29–31.34f.38–40; 21,8f. Philippus ist m.E. nicht der Apostel gleichen Namens, Mk 3,18parr; Joh 1,44; 6,5.7; 12,21f; 14,8f; Act 1,13, trotz Euseb, HistEccl. III 39,7–9; V 24,2 und der (fälschlichen) Identifizierung in den ActPhil.

[187] Zu Nikolaos vgl. Apk 2,6.15, weiterhin Irenaeus, Adv.haer. I 26,3; Clemens Alexandrinus, Strom. II 20,118,3; III 4,25,5; 4,26,1; Euseb, HistEccl. III 29,1–3.

[188] Anders M. HENGEL, a.a.O. 186. Nach ihm hat Lk diesen Zug seiner Quelle entnom-

tig«[189]. Auch deshalb ist Lk an ihm als dem Prototypen und Repräsentanten der Hellenisten[190] interessiert, werden doch deren späteren heidenmissionarischen Aktivitäten dadurch von Gott selbst sanktioniert. Hingegen wird man v. 9 am ehesten der Tradition zuweisen[191]. Darauf deutet vor allem die in sich inkongruente Aufzählung der Gegnerschaft hin. Den τινές aus der *Synagoge* der Libertiner, Kyrenäer und Alexandriner stehen τινές zur Seite, die aus Kilikien und der Provinz Asia stammen. Die Angaben über die Disputanten sind zumindest in ihrer zweiten Hälfte wenig präzise[192]. Sie lassen jedoch erkennen, und insofern sind sie aufschlußreich, daß der Konflikt zunächst nicht von amtlicher Seite aus geschürt wird, sondern von Mitgliedern hellenistisch-jüdischer Synagogengemeinden ausgeht. Er spielt sich demnach *innerhalb* der Ἑλληνισταί ab, zu denen auch die paulinischen Gegner von Act 9,29 gehören[193]. Act 6,10 nimmt leitende Begriffe aus v.3 auf (πνεῦμα, σοφία) und schlägt sub voce σοφία den Bogen zum ersten Teil des Gesamtwerkes zurück (Lk 21,15)[194]. Das macht es wahrscheinlich, den Vers der lukanischen Redaktion zuzuschreiben[195].

Anders sieht es m.E. in v.11 aus. Zwar schließt er mit τότε und damit in gut lukanischem Stil an 6,10 an (vgl. 1,12; 6,11; 8,17; 10,46.48; 15,22; 21,13; 27,32; 28,1). Doch folgt aus der Tatsache, daß die neuen Ankläger zu ihrem Tun angestiftet werden (ὑπέβαλον ἄνδρας v.11a), weder, daß ihre Anschuldigungen per se unwahr

---

men. E. LARSSON deutet die τέρατα auf Heilungswunder, die Stephanus gewirkt habe und die jüdischen Protest auslösten, a.a.O. 212.

[189] A. WEISER, a.a.O. 154.

[190] R. MADDOX, a.a.O. 52.

[191] E. HAENCHEN, 226; K. LÖNING, a.a.O. 85. Unter »Tradition« verstehe ich nicht unbedingt einen durchgängigen Quellenfaden, etwa eine antiochenische Quelle. Grundlegend dazu A. v. HARNACK, Apostelgeschichte, 130–158.169–173. Umfang und Anzahl der von Lk verarbeiteten Quellen werden, ihre Existenz vorausgesetzt, bis heute sehr unterschiedlich bestimmt, J. JEREMIAS, Quellenproblem, 238–255, bes.248–254; R. BULTMANN, Quellen, 412–423; M. HENGEL, Geschichtsschreibung, 59f.63–70.93–98. F. HAHN rechnet mit einem vorlukanischen Traditionsprozeß *innerhalb* der sog. antiochenischen Quelle, Problem, 316–331, bes. 325ff. Einen Überblick über die divergierenden Lösungsansätze gibt E. PLÜMACHER, TRE III 491–501 (er selbst lehnt das Vorhandensein einer antiochenischen Quelle ab); Acta-Forschung 1974–1982, 105–169, bes. 120–138. Zurückhaltender urteilen G. SCHNEIDER I, 86f, und R. PESCH I, 45–51, vgl. auch A. WEISER I, 36f (eher negativ bis non licet). M.E. muß man sich die Herkunft des verarbeiteten Traditionsmaterials, das natürlich auch aus Antiochien stammen kann, viel bunter vorstellen (Augenzeugenberichte, Personallegenden, Chroniken usw.), als mit dem Stichwort *Quelle* gewöhnlich suggeriert wird. Darüber hinaus sind auf diesem Material basierende Schlußfolgerungen und – warum nicht – die Imagination des auctor ad Theophilum in Rechnung zu stellen.

[192] G. LÜDEMANN, Traditionen, 89. U. SCHNELLE liest fälschlich die τινές von v.9 in v.7 ein, a.a.O. 18 Anm. 18.

[193] Insofern ist zwischen *judenchristlichen* Hellenisten und *jüdischen* Hellenisten zu differenzieren. Diesen Unterschied unterschlägt F. WATSON, a.a.O. 27.

[194] V. STOLLE, Zeuge, 240, sieht auch Lk 12,12 im Hintergrund. G. SCHNEIDER meint sogar, Lk habe bei der Abfassung von Lk 21–24 bereits die Stephanuserzählung ins Auge gefaßt, I, 433.

[195] So auch J. BIHLER, a.a.O. 10f; A. WEISER, a.a.O. 171. Eine Übernahme aus der Tradition erwägt G. LÜDEMANN, a.a.O. 86, wie schon vor ihm M. HENGEL, Hellenisten, 186.194f.

sind[196] – diese also *keine* historisch verwertbare Nachricht enthalten – noch daß Lk sie für gelogen hält[197]. Zu Recht macht A. WEISER geltend, daß a) der Vorwurf, er rede ῥήματα βλάσφημα εἰς Μωϋσῆν καὶ τὸν θεόν, Stephanus den Tod bringt, b) die als blasphemisch gebrandtmarkten Worte in der Rede 7,2–53 trotz des den Sprecher inkludierenden ἡμεῖς in v.38 nicht eindeutig widerlegt werden[198] und c) Act 25,7f zeigt, wie Lk einen aus seiner Sicht unrechtmäßig erhobenen Vorwurf abzuweisen versteht[199]. Auch die deutlichen Anklänge an die markinische Darstellung des Verhörs Jesu[200] sind an sich noch kein sicheres Indiz für lukanische Redaktion[201]. Vor allem dann nicht, wenn man sieht, daß sich Lk dort, wo er ganz offenkundig selbst am Werk ist (6,12c; 7,55–8,2), auf den Passionsbericht seines eigenen Evangeliums bezieht[202].

Der Blick auf v.13f hilft, den im Kern traditionellen Charakter von v.11[203] zu bestätigen[204]. Wie dort begegnen in v.13f ganze Passagen, die an den markinischen Passionsbericht erinnern. Der Anfang von v.13 nimmt im wesentlichen Mk 14,57 auf sowie das ἐψευδομαρτύρουν von 14,56a. Ebenso deutlich sind die Spuren von Mk 14,58 in Act 6,14[205]. Dieser Befund und weitgehende Übereinstimmungen zwischen Act 6,13 und 21,28 lassen nach U. SCHNELLE nur einen Schluß zu: beide Verse geben keinerlei historisch verwertbaren Auskünfte, sie stammen aus der Feder von Lk[206]. In ihnen bringe er die in seinem Passionsbericht unerwähnt gebliebenen Falschzeugen mitsamt dem »angebliche(n) Jesuswort über die Tempelzerstörung« unter, um den

---

[196] Das steht gerade *nicht* in v.11, wie U. SCHNELLE meint. Es ist aus v.13 hineingelesen. Die dort aufgebotenen μάρτυρες ψευδεῖς sind auf der Textebene und wohl auch in der Sicht des Lk andere als die ἄνδρες von v.11.

[197] Gegen U. SCHNELLE, Christusgegenwart, 99; Wandlungen, 19.

[198] Darauf macht auch V. STOLLE aufmerksam, a.a.O. 229. Vgl. E. HAENCHEN, 227; S. G. WILSON, a.a.O. 132.

[199] Tempelkritik, 155.

[200] Zu λέγοντας ὅτι ἀκηκόαμεν αὐτοῦ λαλοῦντος vgl. Mk 14,57f: λέγοντες ὅτι ἡμεῖς ἠκούσαμεν αὐτοῦ λέγοντος; zu ῥήματα βλάσφημα vgl. Mk 14,64: ἠκούσατε τῆς βλασφημίας.

[201] So aber A. WEISER, Tempelkritik, 159.

[202] Vgl. nur die Übersicht bei G. SCHNEIDER I, 433, sowie V. STOLLE, a.a.O. 234.

[203] G. SCHNEIDER, Hellenisten, 251; M. HENGEL, a.a.O. 187.195; E. J. RICHARD, a.a.O. 212–216; H.-W. NEUDORFER, Stephanuskreis, 172–182; A. WEISER I, 171; G. LÜDEMANN, a.a.O. 88.

[204] V.12 schildert näherhin die Wirkung der vorgebrachten Anschuldigungen auf andere (v.12a). Eine eindeutige Zuweisung zur Tradition oder zur lukanischen Redaktion ist m.E. kaum mehr möglich. Für CHR. BURCHARD gehört v.12a mit v.8–11 zur Tradition, Zeuge, 29. Nach H. CONZELMANN, 51, geht die Nennung des λαός deshalb auf eine Vorlage zurück, weil sie mit 5,26 kollidiere. Eine fundiertere Entscheidung läßt sich für v.12b. (vgl. v.15a; 7,1) treffen. Die Erwähnung des Sanhedrins harmoniert schlecht mit dem späteren Fortgang in 7,54–58, vgl. CHR. BURCHARD, a.a.O. 29. Sie paßt aber zur Absicht von Lk, die jüdischen Behörden in die Verfolgung der Christen einzubinden (9,1f), als deren prototypisches Opfer Stephanus gilt.

[205] ἡμεῖς ἠκούσαμεν αὐτοῦ λέγοντες ὅτι ἐγώ (Mk 14,58a) – ἀκηκόαμεν γὰρ αὐτοῦ λέγοντες ὅτι Ἰησοῦς (Act 6,14a); καταλύσω τὸν ναὸν τοῦτον (Mk 14,58b) – καταλύσει τὸν τόπον τοῦτον (Act 6,14b).

[206] Ähnlich J. BIHLER, a.a.O. 12–16; A. WEISER I, 171–173; F. WATSON, a.a.O. 26; T. SÖDING, Tempelaktion, 52f. Vgl. hingegen N. WALTER, a.a.O. 371.388 Anm. 7; G. LÜDEMANN, a.a.O. 87f.89f.

Prozeß gegen Stephanus im Lichte des Prozesses Jesu darzustellen. Überdies sei v.13b eine Zusammenfassung von v.14[207].

Die in der Tat auffällige Parallelität zwischen 6,13 und 21,28 (vgl. 21,21)[208] ist sicher kein Zufall. Sie fordert jedoch keineswegs die Erklärung, die U. SCHNELLE als die allein mögliche ausgibt. Mit gleicher Plausibilität ließe sich argumentieren, daß Lk seinerseits die fast zum Lynchmord an Paulus führende Anschuldigung (vgl. auch 24,6) im Blick auf 6,13f formuliert hat[209]. Der auf der redaktionellen Notiz von 21,28 basierende Rückschluß auf die lukanische Verfasserschaft von 6,13f setzt bereits voraus, was erst zu erweisen wäre[210]. Daß Lk das markinische Traditionsgut in 6,13f selbst eingefügt hat, ist trotzdem denkbar[211]. Allerdings nicht, um die in seiner Passionsgeschichte fehlenden Falschzeugen an dieser Stelle nachzutragen in der Absicht, beide Prozesse zu parallelisieren. Diese Annahme ist schon in sich nicht stimmig. Denn indem Lk Stephanus via Falschzeugen in den Mund legt, was er von Jesus in der Passionsgeschichte gerade *nicht* berichtet (vgl. Mk 14,58par Mt 26,61 mit Lk 22,66–71), schafft *er* doch erst die Asymmetrie[212], die die vermeintlich angestrebte Parallelität gerade aufhebt. Eine begründete Entscheidung über Funktion und Charakter von v.13f und deren Verhältnis zu v.11 ist m.E. erst dann möglich, wenn der innere Duktus der Anklage erkannt ist. Denn v.13 und v.14 liegen weder semantisch noch grammatisch auf einer Ebene. Darauf deutet schon das begründende γάρ in 6,14 hin. Und anders als in v.14 liegt in v.13 kein Zitat vor[213]. Vielmehr ziehen die μάρτυρες ψευδεῖς *selbst* aus v.14 eine böswillige, generalisierende Schlußfolgerung, die sie Stephanus als dessen Meinung unterschieben[214]. Erst in dieser in malam partem als

---

[207] Wandlungen, 19, vgl. Christusgegenwart, 99. Zutreffender ist es, von einer Konkretisierung des Vorwurfs von 6,13 in 6,14 zu reden, und zwar im Blick auf den Tempel (τόπος) und auf die ἔθη (= νόμος). Zur Identität von ἔθος und νόμος vgl. Lk 1,9; 2,42; Act 15,1.5; 16,21; 21,21; 26,3; 28,17, dazu M. KLINGHARDT, Gesetz, 115–117. Sie ist vor allem bei Josephus breit bezeugt, Bell I 26.153.214; II 392.410; VI 299f; VII 424; Ant II 313; XIV 245f; XII 281.324; XX 100, vgl. ferner IIMakk 11,25; IVMakk 18,5. Jedenfalls kann man nicht sagen, mit νόμος bezeichne Lk die ethisch-moralischen, mit ἔθος die kultisch-zeremonialen Gesetze. Die in diesem Sinn als Belege herangezogenen philonischen Stellen scheiden aus, da Philo – wie auch die rabbinische Literatur (bYev 13b; bNid 66a; bTaan 26b) – zwischen dem geschriebenen Gesetz Moses und den *allen Völkern* gemeinsamen ἔθη unterscheidet, SpecLeg IV 149; LegGai 115f.210; All III 30; Virt 65.

[208] Vgl. V. STOLLE, a.a.O. 226–233; H. RÄISÄNEN, a.a.O. 262.

[209] Vgl. U. BORSE, a.a.O. 198f.

[210] In gleicher Weise verfährt M. KLINGHARDT. Aufgrund der Strukturparallele von Act 6,13f einerseits und 21,21.28 andererseits weist er 6,13f der lukanischen Redaktion zu, a.a.O. 281.

[211] CHR. BURCHARD, a.a.O. 29; E. LARSSON, a.a.O. 216; W. STEGEMANN, a.a.O. 71f.164; W. KRAUS, a.a.O. 216. Nach G. SCHNEIDER folgt Lk zu Beginn der Verhörszene einer nicht-markinischen Vorlage, Verleugnung, 130. Daher entfällt bei ihm eine besondere sachliche oder theologische Begründung für das Weglassen des Zeugenverhörs.

[212] Das übersieht auch U. B. MÜLLER, a.a.O. 163.

[213] Dabei spielt es keine Rolle, daß das Jesuswort in doppelter Weise indirekt vermittelt erscheint: im Munde der Falschzeugen *als* Stephanuszitat.

[214] Genau deswegen werden sie, wohl von Lk selbst, als Falschzeugen bezeichnet. E. LARSSON konzediert einerseits, Stephanus könne historisch gesehen »sehr gut Tempel- und Gesetzeskritik geübt haben«, die in ihrer Art und Intention von seinen Gegnern verdreht worden sei, a.a.O. 216. Auf der anderen Seite wehrt er sich dagegen, diesen Befund auf die

Lästerung[215] verzerrt wiedergegebenen Form wird aus der *Ankündigung* der in der Zukunft erwarteten (καταλύσει) Tempelzerstörung eine *aktuelle Gegnerschaft* zu Tempel und Gesetz (ἀλλάξει) [v.13f][216].

Freilich ist auch damit noch nichts Definitives über die *Herkunft* des inkriminierten Tempelwortes gesagt. Lk kennt es als Jesuswort aus dem Mk. Die Alternative, um die es geht, heißt nicht einfach: ist es der Redaktion zuzuschlagen, oder gehört es der Tradition an? Daß Lk es von Mk übernommen und an dieser Stelle eingefügt hat, ist evident. Insofern ist es, obwohl Traditionsgut, nach gängiger Terminologie redaktionell[217]. Die für eine Entscheidung seiner historischen Valenz zentrale *Frage* lautet vielmehr: hat der Verfasser des Doppelwerkes ein ihm bekanntes Jesuslogion nur auf Stephanus übertragen? Oder besaß er aus der ihm überlieferten Personaltradition Kenntnis darüber, daß Stephanus bzw. seine Gruppe unter Berufung auf ein Jesuswort eine tempelkritische Haltung einnahmen[218]? In diesem Fall wäre Act 6,8–15 entgegen der Meinung U. SCHNELLES und anderer ein unmittelbarer Beleg für die kult- und, hier zumindest indirekt, auch gesetzeskritische[219] Einstellung[220] der Hellenisten[221]. Das m.E. durchschlagende Argument, die Frage im Sinn der letzten Alternative zu beantworten, liefert das zitierte Jesuswort selbst. Denn warum sollte Lk das im Evangelium *bewußt* vermiedene Tempelwort ausgerechnet in diesem Zusammenhang ein-

---

Hellenisten insgesamt zu beziehen, a.a.O. 216.219f.223, obwohl (!) sie als die Träger des »gesetzes- und tempelkritische(n) Moment(s) in der Jesustradition« anzusehen seien, 223.

[215] Anders als seine markinische Vorlage, die im Kontext des Evangeliums mit ἐψευδομαρτύρουν das *objektive* Moment der Falschaussage unterstreicht, hebt Lk mit μάρτυρες ψευδεῖς deren arglistige Absicht hervor. Vgl. auch J. BIHLER, a.a.O. 13.

[216] Dieses so beschriebene Verhältnis von v.13 zu v.14 hat G. SCHNEIDER richtig gesehen, I, 438.

[217] Auch S. ARAI unterstreicht die redaktionelle Bearbeitung von Mk 14,58 an dieser Stelle, setzt aber ohne nähere Begründung redaktionell mit ahistorisch gleich. Er hält es deshalb für »anachronistisch, wollte man ... das Tempelwort in Act 6.14 als einen dem Stephanus von den Judenchristen überlieferten Vers betrachten oder ... als Teil einer solchen Überlieferung bezeichnen«, Tempelwort, 399. Ähnlich argumentiert W. STEGEMANN, a.a.O. 164 Anm. 43.

[218] In vergleichbarer Weise differenziert W. KRAUS, a.a.O.216 mit Anm. 83. S. ferner M. HENGEL, Ursprünge, 29; S. G. WILSON, a.a.O. 150f; O. CULLMANN, a.a.O. 43f.

[219] Daß und wie Kult und Gesetz unmittelbar aufeinander bezogen sind, belegt beispielhaft IMakk 1,54–2,12; 2,19f.21f. Die mit dem königlichen Edikt (IMakk 1,44–51) intendierte Abschaffung des mosaischen Gesetzes, vgl. IMakk 1,47; IIMakk 6,5.21; 7,1, ging Hand in Hand mit einer einschneidenden Änderung des Tempelkults, IIMakk 6,1f. Vgl. hierzu E. BICKERMANN, Gott, 92–133; M. HENGEL, Hellenismus, 532–554.

[220] Ganz zutreffend spricht M. KLINGHARDT von einem »Gesetzesverständnis, das auf die Frage des Kultes zugespitzt wird«, a.a.O. 281. Vgl. auch R. G. HAMERTON-KELLY, Violence, 107; J. D. G. DUNN, a.a.O. 272f; F. M. YOUNG, Temple, 334f. Dabei ist es von sekundärer Bedeutung, ob sich etwa v. 14 als »a fixed tradition about Stephen« wahrscheinlich machen läßt, L. GASTON, Stone, 161, oder ob sich dieser Vers – wie möglicherweise der vorhergehende – Lk verdankt. Wie dem auch sei, unzutreffend ist in jedem Fall H. RÄISÄNENS Alternative, entweder »apokalyptic prophecy« oder »continuation of Jesus' preaching«, a.a.O. 264. Das eine schließt das andere keineswegs aus, zumindest nicht aus der Sicht von Lk, wie Stephanus' Charakterisierung in 6,5.8.10.15; 7,55f beweist, vgl. auch 21,9.

[221] Deshalb kann ich M. BACHMANN, Jerusalem, 370–373, und W. STEGEMANN, a.a.O. 164–179.186, nicht zustimmen, die diese Möglichkeit nicht einmal erwägen und aus der

führen, außer es wäre ihm qua Tradition vorgegeben, d.h. es hätte ihm als ein seiner Meinung nach von Stephanus benutztes Wort vorgelegen[222]? Wer dies in Zweifel zieht, muß seinerseits eine schlüssige Antwort darauf finden, und zwar eine Antwort, die dem Text selbst entnommen ist[223].

Gerade im Blick auf 6,11.13f dürfte sich zeigen, daß die auf textimmanenten methodischen Kriterien basierende Alternative *redaktionell* oder *traditionell* in Act 6,8–15 zu kurz greift. Mit dieser Kennzeichnung ist die historische Plausibilität der sich hinter diesem Abschnitt verbergenden Überlieferung weder zu begründen noch zu bestreiten[224]. Sicherlich sind die v.11 und v.13f in hohem Maße redaktionell durchgestaltet[225]. In ihrer Kernaussage verdienen sie jedoch auch unter historischem Blickwinkel Vertrauen. Nichts spricht ernsthaft dagegen, in ihnen die Überzeugung der Christen sich widerspiegeln zu sehen, die Lk in 6,1 *Hellenisten* nennt[226]. Damit ist freilich noch nichts Endgültiges über den *Ursprung* ihrer – vorsichtig ausgedrückt – kult- und wahrscheinlich auch gesetzeskritischen Einstellung[227] ausgemacht[228]. Ebensowenig darüber, ob Paulus wesentliche Impulse seines theologischen Denkens dieser Gruppe verdankt.

Charakterisierung von Act 6,13f als Falschzeugnis gleich auf Stephanus' unveränderte Treue gegenüber Tempel und Tora schließen.

[222] Dieser m.E. naheliegende Sachverhalt wird von S. ARAI überhaupt nicht bedacht, a.a.O. 403–409.

[223] W. STEGEMANNS Deutung, a.a.O. 72f, überzeugt mich nicht. Sicher haben die Ankläger Stephanus ein Wort Jesu in den Mund gelegt (6,14), das nicht von ihm stammt. Auf den *Urheber* der Tempelzerstörung bezogen sind ihre Anschuldigungen unwahr. Es war Titus, wie auch die Leser wußten. Doch überliefert Lk 21,5f ein Wort Jesu gegen den Tempel, das im unbestimmten Passiv gehalten ist (οὐκ ἀφεθήσεται ... καταλύσεται). Mit demselben Wort, nun aber im Aktiv und ad personam formuliert (Ἰησοῦς ὁ Ναζωραῖος ... καταλύσει), begründen Stephanus' Kombattanten ihren Vorwurf gegen Jesus und wollen damit zugleich Stephanus treffen. Daß die auf der *Textebene* offenkundige Falschanklage aber den Schluß erlaubt, auch auf der *historischen* Ebene bestünde deshalb keinerlei Verbindung zwischen Lk 21,6 und Act 6,14, ist nicht statthaft.

[224] Gleiches gilt im übrigen auch für die Stephanusrede in 7,2–53, wie vor allem M. SIMON gezeigt hat, a.a.O. 39ff.

[225] Darauf deutet u.a. die Parallelität in der Reihenfolge der Vorwürfe hin (v.13f), die der von 21,28 entspricht (vgl. aber 25,8). Auch die Klimax von v.11a über v.12a zu v.13a mit jeweils einer anderen Personengruppe als handelndem Subjekt verrät die redaktionelle Handschrift.

[226] Vgl. P. STUHLMACHER, Gesetz, 154; U. LUZ, Gesetz, 88; L. SCHENKE, a.a.O. 70f.176–179.183f.

[227] Von *Antinomismus* sollte man freilich nicht sprechen, da dieser Begriff eine grundsätzliche Reflexion über das Wesen des νόμος voraussetzt, wie wir sie literarisch erst bei Paulus antreffen. Ganz abwegig ist es m.E., den Stephanuskreis mit einem »gnostisierende(n) Christentum« zu identifizieren und ihm »Gesetzesfreiheit«, »Universalismus« und »Antinomismus« zu attestieren, W. SCHMITHALS, Herkunft, 400.408–412. Vgl. hingegen die das Problem erkennende Differenzierung zwischen *gesetzeskritisch* und *gesetzesfrei* bei U. B. MÜLLER, a.a.O. 158 Anm. 1a. Daß aber Kultkritik immer auch Torakritik bedeutete, weil die Tora zentral *Kult*tora war, will in diesem Zusammenhang beachtet sein.

[228] Wenngleich 6,14 einen deutlichen Hinweis gibt. Darf man überdies die oftmals überlesenen ῥήματα βλάσφημα εἰς ... τὸν θεόν der Anklage von 6,11b als einen Reflex des Streits »um den Tempel als Ort der Gegenwart Gottes« verstehen (vgl. 7,7.33.49), K. LÖNING, a.a.O. 86, hätten sich die Hellenisten auf Jesu Tempelwort berufen, das in ihren

Um an diesem Punkt weiterzukommen und ein begründetes Urteil fällen zu können, müssen ergänzende *historische* Überlegungen als Kontrolle hinzutreten. Dabei kommt es wesentlich auf deren sich vernetzende Plausibilität an, die anhand weiterer Nachrichten gewonnen wird oder sich durch Rückschlüsse erhärten läßt. Erst im Rahmen eines auf Konvergenzen, d.h. auf die Summe aller Einzelbeobachtungen, angelegten Rasters *sämtlicher* uns zur Verfügung stehender Informationen oder auch zu erschließender Erkenntnisse – seien sie wahrscheinlich oder doch mit einem ausreichenden Maß an Sicherheit zu vermuten – erhalten die paulinischen Briefe als Evidenzargument ihr Gewicht. Auch sie müssen sich, will man nicht einem Methoden-Monismus das Wort reden, in ein verstehbares Gesamtbild einfügen. Erst zusammen mit dem Maß des historisch Vorstellbaren gewinnen sie argumentative Kraft. Es genügt einfach nicht, zur Ermittlung des Wahrscheinlichkeitsgrads eines für das Verständnis der paulinischen Theologie folgenreichen Urteils die literarische Hinterlassenschaft des Apostels einer diachronen Betrachtung zu unterziehen, um bei der Prüfung festzustellen, daß erst in den paulinischen Spätschriften die begrifflich-theologische Entfaltung der Rechtfertigungslehre mit ihrer spezifisch gesetzeskritischen Ausrichtung begegnet[229]. Dieses Verfahren setzt unter der Hand einen weitgehenden Konsens über die (relative) Chronologie der Briefe voraus, den es nicht gibt[230]. Er wird zudem erschwert durch den Zweifel an der literarischen Integrität etwa des IIKor und des Phil und die damit gegebene Unsicherheit, einzelne Brieffragmente in die paulinische Chronologie einzuordnen. Vor allem aber läßt ein solches Vorgehen jede inhaltliche wie methodische Begründung des mit ihm intendierten historischen Urteils vermissen, das ja keineswegs als nur akzidentielle Beigabe abfällt.

Als methodisch bedenklich erscheint weiterhin das nicht weiter problematisierte Rückschlußverfahren von der Zeitebene auf die theologische Sachebene. Gewiß, die im Gal und Röm breit dargelegte und auch im Phil (Kap. 3) explizierte Rechtferti-

---

Augen mit einer Kritik an der sühnewirkenden Funktion des Tempelkults einhergingt. In diesem Fall wäre der für das weitere Verhältnis von Juden und Christen folgenschwere Paradigmenwechsel – die Konzentration soteriologischer Hoffnung auf den Tod Jesu als eschatologischem Sühnegeschehen – bereits in ihrem Kreis geschehen. Vgl. auch R. BIERINGER, a.a.O. 219–248.

[229] Vgl. G. STRECKER; Rechtfertigung, 229–259; Evangelium, 205–209; H.-H. SCHADE, a.a.O. 49f.111–113; U. SCHNELLE, Christusgegenwart, bes. 92–103.217–223; Wandlungen, passim. Obwohl H. HÜBNER – wie auch U. WILCKENS – eine Entwicklung des paulinischen Gesetzesverständnisses besonders zwischen dem Gal und dem Röm annimmt, hält er doch an der Rechtfertigungslehre als der Konstante im theologischen Denken des Apostels fest, Gesetz, passim; Gottes Ich, 10. Sollte überdies U. LUCK mit seiner These recht haben, *Evangelium* und *Gerechtigkeit Gottes* gehörten für Paulus untrennbar zusammen, wäre die häufige Verwendung von εὐαγγέλιον schon in den frühen Paulusbriefen ein Beleg dafür, daß in ihnen das Thema der Gottesgerechtigkeit präsent ist, Botschaft, 40; Bekehrung, 204f.

[230] Das sei nur am Beispiel der zuvor Genannten illustriert. Von der Reihenfolge IThess/ Gal/IKor/IIKor/Röm/Phil/Phlm geht G. STRECKER aus, Rechtfertigung, 230. Sie ist für ihn aufgrund seines entwicklungstheologischen Ansatzes von sachkritischer Bedeutung, Evangelium, 208. H.-H. SCHADE hält sie zwar für wahrscheinlich, erwägt aber auch IThess/IKor/ IIKor 1–9/Gal/IIKor 10–13/Röm/Phil oder IThess/IKor/Gal/IIKor 10–13/ IIKor 1–9/Röm/ Phil, a.a.O. 178–190.294–298. Für die Abfolge IThess/IKor/IIKor/Gal/Röm/Phil/Phlm votiert U. SCHNELLE, Wandlungen, 22–36. H. HÜBNER plädiert für Gal/IKor/IIKor/Röm als chronologisches Nacheinander der vier »Hauptbriefe«, Gesetz, 131. Auch für ihn ist diese Reihenfolge wichtig, um eine Entwicklung im paulinischen Gesetzesverständnis nach-

gungslehre[231] mit ihrem christologisch-soteriologischen Bezugsrahmen trägt zweifellos *auch* einen situativen Charakter. Das beweist etwa ihre polemische Funktion im Gal und Phil. Daraus aber generell zu folgern, erst die im Spätstadium der paulinischen Wirksamkeit aktuellen Kontroversen mit judenchristlichen bzw. jüdischen Kritikern hätten dem Apostel zu einem reflektierten Gesetzesverständnis verholfen[232], ist unzulässig[233]. Eine solche Sicht basiert nicht allein auf einer unter Umständen sehr subjektiven Briefchronologie[234], die der unterstellten theologischen Entwicklung entgegenkommt. Sie unterschlägt die einzufordernde historische Gegenprobe und macht aus der fragmentarischen Textüberlieferung mitsamt ihrem nur indirekt zu erschließenden Zeitrahmen eine hermeneutische Tugend. Wie sieht diese historische Gegenprobe innerhalb des postulierten Rasters aus? Sie läßt sich nach drei Seiten hin entfalten.

1. Paulus hat seine Berufung vor Damaskus als Sendung zu den Heiden verstanden[235]. Diesen ihm von Gott gegebenen Auftrag definierte er von Beginn an als

zeichnen zu können. Zum gegenwärtigen Diskussionsstand vgl. G. SELLIN, Hauptprobleme, 2986–2995; T. SÖDING, Chronologie, 31–59.

[231] Ihr terminologischer Referenzrahmen ist aber schon in der korinthischen Korrespondenz mit Händen zu greifen und dort keineswegs eine marginale Erscheinung, IKor 1,17.30; 4,15; 6,11; 9,12–18; 15,56f; IIKor 2,12; 3,4–18; 4,3f; 5,21. Auch deshalb hat U. SCHNELLE Schwierigkeiten, sie theologisch eindeutig zu werten. Unbestimmt spricht er von einem »Präludium« zur später breit entfalteten Rechtfertigungslehre, Christusgegenwart, 53, vgl. auch 100f sowie 188 Anm. 187.

[232] Vom Gal an gilt U. SCHNELLE die Rechtfertigungslehre als ein »neues Argumentationsmittel« für eine neue Situation«, Christusgegenwart, 64, vgl. auch Wandlungen, 54.

[233] Dagegen spricht schon eine einfache Beobachtung, die H.-H. SCHADE zwar macht, a.a.O. 113, aus der er aber nicht den m.E. einzig möglichen Schluß zieht. Paulus beschreibt Gal 1,12–16 seine Berufung zum Heidenapostel, ohne daß er dazu Vokabeln der Rechtfertigungsterminologie benutzt. Da er seine Rechtfertigungslehre aber im Gal breit entfaltet, folgt daraus, daß ein terminologischer Negativbefund noch keineswegs ein zureichendes Indiz dafür ist, das mit ihm verbundene Sachanliegen zu leugnen.

[234] Die von U. SCHNELLE, Wandlungen, 31–33, angeführten Argumente für eine Spätdatierung des nach seinem Urteil literarisch integren Phil in die römische Gefangenschaft lassen sich allesamt auch zugunsten einer früheren Ansetzung des Briefs auswerten. Eine Abfassung in Ephesus zöge den zeitlichen Rahmen nur wenige Jahre nach vorne. Sprachliche Berührungen mit dem IIKor und dem Röm sind ein durchaus ambivalentes Argument, da in jedem Fall zwischen dem Röm und Phil – U. SCHNELLES These einmal vorausgesetzt – die etwa zweijährige Gefangenschaft in Cäsarea liegt. Chronologisch setzt sie den Phil mindestens gleich weit vom Röm ab wie das mehrheitlich angenommene frühere Abfassungsdatum während einer ephesinischen Inhaftierung des Apostels. Zu ihr vgl. die zu IKor 15,32 passenden Angaben Act 19,23–20,1 und 20,17, ferner IIKor 1,8f; Phil 1,19–25 sowie D. GEORGI, Kollekte, 46.51. Daß der Name Ephesus in der Act als Gefangenschaftsort nicht erscheint, besagt angesichts von IIKor 11,23 gar nichts. Hinzu kommt, daß ein in Rom geschriebener Satz wie Phil 2,24 m.E. nicht mit den in Röm 15,23–29 geäußerten Reiseplänen in Einklang zu bringen ist. Sollten überdies die Übereinstimmungen zwischen den im Phil und IIKor zutage tretenden paulinischen Gegnern nicht zufällig sein (vgl. Phil 3,2f mit IIKor 11,13.22; Phil 3,12–21 mit IIKor 3,7–11.18; Phil 3,18 mit IIKor 11,4; Phil 3,10f mit IIKor 11,7; 4,7–18; 12,7–10, ferner Phil 3,4b-7 mit IIKor 11,21b.22), ist eine geographische und zeitliche Nähe dieser Korrespondenz wahrscheinlich. Das spricht aber eher für eine Abfassung des Phil in Ephesus. Vgl. hierzu J. GNILKA, 213–218; E. E. ELLIS, Opponents, 108f; T. SÖDING, a.a.O. 41–51.

[235] Vgl. Gal 1,15 und Röm 2,19f auf dem Hintergrund von Jes 49,1 und 49,6.

beschneidungsfreie Evangeliumsverkündigung. Selbst wenn seine entsprechenden brieflichen Äußerungen (vgl. Gal 1,16; 2,2b-4 und 2,7f mit IKor 7,18b.20.24)[236] ein späteres Reflexionsstadium verraten, gibt es keinen Grund für die Annahme, Paulus habe *nach* seiner Christusvision die Beschneidung, d.h. den νόμος[237], und seine in der Verkündigung des Evangeliums bestehende (Röm 15,16–21; IKor 1,17; IIKor 10,13f.16; Gal 1,16) ἀποστολὴ εἰς τὰ ἔθνη (Gal 2,8f, vgl. Röm 1,5; 11,13) als miteinander vereinbar zusammengedacht[238]. Angesichts seiner Vergangenheit als strenger Pharisäer (Phil 3,5, vgl. Gal 1,13; Act 22,6; 23,6; 26,5) und Eiferer für die πατρικαὶ παραδόσεις (Gal 1,14), d.h. für das Gesetz[239], war Paulus demnach gezwungen, den νόμος und den Inhalt seines Evangeliums, Jesus Christus, in völlig neuer Weise aufeinander zu beziehen. Man darf hier in der Tat von einem hermeneutischen Paradigmenwechsel sprechen[240]. An die Stelle der den Zugang zur Tora normierenden *traditio* (Av 1,1–12) tritt das εὐαγγέλιον τοῦ Χριστοῦ als die das Verstehen der Schrift erschließende Kraft[241]. Daraus folgt aber, schon sein in der Damaskuserfahrung wurzelndes Selbstverständnis als *Heidenapostel* und nicht erst spätere Konflikte mit judenchristlichen Kontrahenten verlangte von Paulus eine theologisch bzw. christologisch fundierte Antwort auf die Gesetzesproblematik[242]. Das heißt zugleich, »daß die Gesetzesfrage von Anfang an im Brennpunkt des Denkens des Apostels gestanden hat«[243], der Apostel sie also keineswegs in »liberaler« Weise handhabe und sie zunächst nur als eine ethische Aufgabe begriff[244].

2. Paulus hat Teile der frühen Christengemeinde verfolgt[245]. Ob sich die Verfolgung auf Damaskus und Umgebung beschränkte[246] oder trotz Gal 1,22 auch Judäa

---

[236] Ferner IKor 12,13; Gal 3,28; 5,11; 6,12f.15. Auf diesem Hintergrund sind die Stellen Act 21,20–26.28 mit Act 15,1.5; 18,13; 25,18f zu vergleichen.

[237] Die Identität von Beschneidung und Gesetz (νόμος) geht unzweideutig aus Gal 5,3f hervor.

[238] Richtig K. KERTELGE, Autorität, 94f.

[239] Daß die πατρικαὶ παραδόσεις mit dem νόμος identisch sind, lehrt Phil 3,6. Auf die halachische Überlieferung deutet M. WOLTER, Evangelium, 182, wobei er auf Josephus, Ant XIII 297.408, verweist. Doch angesichts der Hochschätzung der Halacha ist das kein Gegensatz.

[240] M. WOLTER, a.a.O. 181f.188.

[241] Vgl. D.-A. KOCH, Funktion, 178f.

[242] Vgl. S. KIM, Origin, 56–66.269–274; CHR. DIETZFELBINGER, a.a.O. 90f.95–116; E. P. SANDERS, People, 151f; D. LÜHRMANN, Tradition, 76. Die gegenteilige Behauptung, Paulus habe in seiner »Frühphase«, d.h. noch *nach* dem Apostelkonvent (!), den νόμος »im Sinn eines ›Adiaphorons‹ ... gehandhabt« und die »Gesetzesproblematik ... noch nicht voll durchdacht«, G. STRECKER, a.a.O. 230f, ist m.E. nicht haltbar. Um so weniger, als G. STRECKER selbst Paulus' »radikalen Bruch mit seiner jüdischen Lebenshaltung« unterstreicht, a.a.O. 232. Die gleiche Inkonsequenz liegt bei H. RÄISÄNEN vor. Einerseits unterstreicht er die Antithese von Christus und Nomos als genuin paulinisch. Andererseits geht er davon aus, der vormalige Eiferer für das Gesetz habe durch seine Berufung vor Damaskus noch keinen Anlaß gesehen, die damit verbundenen Konsequenzen für sein Gesetzesverständnis zu bedenken. Vgl. nur die berechtigte Kritik bei S. KIM, a.a.O. 270.

[243] U. WILCKENS, Entwicklung, 154.

[244] Diese Ansicht vertritt K. P. DONFRIED, a.a.O. 18.

[245] IKor 15,9; Gal 1,13.23; Phil 3,6; vgl. Act 8,3; 9,1f.4f.13f.21; 22,4f.7f; 26,10f.14f; ITim 1,13.

[246] So neben vielen CHR. DIETZFELBINGER, a.a.O. 21f; J. BECKER, a.a.O. 63, vgl. auch U. LUZ, a.a.O. 88f.

und Jerusalem mit einbezog[247], sei dahingestellt[248]. Die Gründe lassen sich nur vermuten, mit einer gewissen Wahrscheinlichkeit aber doch erschließen. Zwangsmaßnahmen richteten sich vornehmlich oder gar ausschließlich gegen die griechisch sprechenden Judenchristen, die Hellenisten (vgl. Act 8,3–5; 11,19–21)[249], während der aramäisch sprechende Teil mit seinen führenden Repräsentanten Petrus, Johannes und Jakobus weithin unbehelligt blieb (Gal 1,17–19; Act 8,1c.14; 9,26–28)[250]. Daß in erster Linie die griechisch sprechenden Judenchristen, zu denen dann auch Paulus gehörte (vgl. Act 9,29), Angriffsflächen boten, zeigt ebenfalls IKor 4,12; IIKor 4,9; 8,2; 11,24–26.32f; Gal 4,29 (?), vgl. auch IThess 2,15b; Act 13,50; 14,2.5. Dies muß mit den von ihnen akzentuierten _Konsequenzen_ ihrer Christusverkündigung zusammenhängen, nicht einfach mit dem von _allen_, Hellenisten wie Hebräern, geteilten Bekenntnis zu Jesus als dem Messias[251]. Es wurde offensichtlich noch nicht als eine das Maß des Tolerablen sprengende Mutation des Judentums angesehen, sondern konnte durchaus noch als eines von vielen Paradigmen jüdischen Glaubens gelebt und akzeptiert werden. Dann aber liegt die vielfach ausgesprochene Annahme nahe, daß die Hellenisten, anders als die Hebräer, mit ihrem Bekenntnis gesetzes- und/oder kultkritische Implikationen verbanden[252], die Maßnahmen seitens der Synagogengemeinden nach sich zogen[253]. Von da her finden die Anklagepunkte von Act 6,11.13f ihr historisches Widerlager. Mehr noch, trifft dieser synthetische Rekonstruktionsversuch im wesentlichen zu, ist Paulus' enger Anschluß an die gemischte Christengemeinde Antiochiens (Gal 2,1f.11; Act 11,26; 13,1–3; 15,1f.35; 18,22f), zu der er

---

[247] M. HENGEL, Paulus, 218f.276–283; CHR. BURCHARD, a.a.O. 26–31, bes. 30 Anm. 23; K.-W. NIEBUHR, a.a.O. 58–60.

[248] Das ἡμεῖς von Gal 1,23 kann ein gemeinchristliches sein und muß trotz seines Kontextes (v.22) nicht nur die Mitglieder der ἐκκλησίαι τῆς Ἰουδαίας umfassen.

[249] Gegen G. STRECKER, a.a.O. 231; U. SCHNELLE, Christusgegenwart, 99f.

[250] Bestritten von E. LARSSON, der zwischen den zwölf Aposteln und den aramäisch sprechenden Judenchristen scharf trennt und alleine die ersteren in Jerusalem verweilen läßt, a.a.O. 222. Dabei übersieht er deren Repräsentantsfunktion, vgl. Act 21,18ff (hier Jakobus), vor allem aber, daß nach 11,22 Lk weiterhin von der Existenz einer ἐκκλησία ... ἐν Ἰερουσαλήμ ausgeht, während die διασπαρέντες (11,19) anderweitig missionarisch aktiv sind.

[251] Der Herrenbruder Jakobus steht exemplarisch dafür, daß im Verein mit Toraobservanz das Messiasbekenntnis auch im Kultzentrum (und Hinrichtungsort Jesu) Jerusalem toleriert wurde. Sein vom sadduzäischen Hohepriester Ananos verursachter Tod (Josephus, Ant XX 200f) läßt darum keine antinomistische Deutung zu.

[252] R. SCROGGS, a.a.O. 199f; M. HENGEL, a.a.O. 283–289; K.-W. NIEBUHR, a.a.O. 63–65 (für ihn sind aber Messiasglaube und Gesetzeskritik jeweils für sich ausreichende Verfolgungsmotivationen gewesen). Das bedeutet nicht eo ipso totale Gesetzesabrogation, konnte aber, worauf die Verfolgung der Stephanusleute hinweist, so verstanden werden. Vor allem dann, wenn es um das Bundeszeichen, die Beschneidung, ging. In diesem Zusammenhang könnten Gal 5,11 und 6,12 einen darauf bezogenen Hinweis enthalten. Denn wenn die Beschneidung von heidnischen Konvertiten eine Verfolgung seitens der Judenschaft ausschloß, besagt das im Umkehrschluß, daß ein Beschneidungsverzicht diese Strafsanktion nach sich zog.

[253] E. P. SANDERS, a.a.O. 191f. M. HENGEL vermutet Maßnahmen der synagogalen »Gemeindezucht«, wobei er wohl an Stellen wie Dtn 25,2f denkt, Geschichtsschreibung, 65. Zur Strafpraxis vgl. Bill III, 527–530 (Prügelstrafe); IV/1, 293–333, und W. SCHRAGE, ThWNT VII 845f (Synagogenbann).

nach seiner relativ kurzen Zeit in Damaskus (IIKor 11,32f; Gal 1,17; Act 9,19b-25) gelangte, mehr als verständlich.

3. Paulus erblickt das Besondere seiner göttlichen Berufung darin, ἐν τοῖς ἔθνεσιν das Evangelium zu verkündigen (Gal 1,16, vgl. Röm 1,5; 11,13). Diese unmittelbare Gewißheit setzt m.E. die Existenz einer Form von Heidenmission voraus, gegen die er *vor* seiner Berufung agitiert hatte. Als Träger dieser beschneidungsfreien juden-christlichen Missionspraxis bieten sich nur die Hellenisten an[254], die nach ihrer Ver-treibung aus Jerusalem[255] in die Gebiete Samariens (Act 8,5–8.14; 9,31, vgl. 1,8)[256], in die Städte der Küstenebene (Gaza [Act 8,26–40], Cäsarea [Act 9,30; 21,8]) sowie in die syrisch-kilikischen und phönizisch-palästinischen Raum[257] auswichen (Act 11,19f). Aus Paulus' Anbindung an die gemischte antiochenische Gemeinde, deren starker heidenmissionarischer Impetus nicht zuletzt auf die vertriebenen Hellenisten zurückgehen dürfte, wird ersichtlich, welche engen Berührungspunkte zwischen ih-nen und dem Apostel bestanden.

Resümierend läßt sich festhalten: die in Act 6,8–15 enthaltenen Anklagepunkte gegen Stephanus dürfen nicht schon aufgrund der noch erkennbaren redaktionellen Eingriffe, mit denen Lk das ihm vorgelegene Traditionsmaterial auch in diesem Ab-schnitt geformt hat, als historisch unglaubwürdig abgetan werden. Ein solches Urteil marginalisiert die in den paulinischen Briefen enthaltenen oder aus ihnen zu erschlie-ßenden geschichtlichen und theologischen Auskünfte. Sie liefern weitere historisch verwertbare Informationen, die das von Lk gezeichnete Bild der Hellenisten vervoll-ständigen und es mit schärferen Konturen versehen. Zwischen Paulus und den Helle-nisten gab es in der Frage der gesetzesfreien Heidenmission eine weitgehende Über-einstimmung. Die Hellenisten hatten diesen für die Geschichte der Christenheit kaum zu überschätzenden Schritt bereits vor Paulus gewagt, möglicherweise schon in Jeru-

---

[254] Mit M. HENGEL, Hellenisten, 191f; P. STUHLMACHER, a.a.O. 154f; H. RÄISÄNEN, Conversion, 405f.413f.

[255] Ob sie bereits in der judäischen Kapitale gesetzesfreie, d.h. beschneidungsfreie Heidenmission betrieben, so u.a. G. KLEIN, TRE XIII 62, muß offen bleiben. Sollte die In-terpretation des Todes Jesu als Sühnetod (Röm 3,25f; IKor 11,23–25; IIKor 5,21, vgl. Röm 5,8–10; 8,3; IKor 1,30; 6,11; Act 8,32f [Zitat Jes 53,7f]) und die Übertragung kultischer Terminologie auf die christliche Gemeinde (Röm 12,1; IKor 3,16f; 6,19; IIKor 6,16, vgl. Mt 16,18; Eph 2,19–22; Kol 2,7; IPetr 2,4–10 – in ähnlicher Dichte auch in Qumran, 1QS 5,5–7; 7,17; 8,4–10; 9,6; 11,8; 1QH 6,25–30; 7,9; 4Qflor 1,6f –, ferner Mk 14,58 auf dem Hintergrund von Jes 28,16; Ps 118,22; äthHen 90,28f; 91,13; 93,7; Sib III 29; Jub 1,17; 1QH 6,26f) wesentlich auf sie zurückgehen, H. MERKLEIN, Sühnetod, 185–188; L. SCHEN-KE, a.a.O. 88.176–185, mußte ihre darin kulminierende Gesetzes- und Tempelkritik zu eben dieser Konsequenz führen, sobald der ihr entgegenstehende soziale und theologische Druck entfiel. Das war aber außerhalb des Kultzentrums Jerusalem und besonders in den jüdi-schen Randzonen Galiläas, Samariens, Syriens, der Dekapolis und des Nabatäerlands der Fall.

[256] Ob hier Traditionen wie die von Lk 9,52–57; 10,30–37; 17,11.16; Joh 4,3–42 nach-wirken?

[257] Dort könnten sie mit charismatischen Jesusboten, den sogenannten Wanderradikalen (G. THEISSEN), zusammengetroffen sein, die unter der hier beheimateten altisraelitischen Bevölkerung missionarisch wirkten und die Hellenisten mit der erzählenden Jesus-überlieferung sowie mit Teilen der Logientradition vertraut machten. Träfe dies zu, ließe sich so eine indirekte Verbindung zwischen Paulus und der Jesustradition herstellen.

salem[258]. Nichts spricht ernsthaft gegen die Annahme, von ihnen habe Paulus wesentliche Impulse empfangen, die sein theologisches Denken nachhaltig beeinflußten[259]. Die paulinischen Angaben selbst wie auch chronologische[260] und geographische Argumente stützen vielmehr die Plausibilität dieser Hypothese[261]. Daneben werden erste missionarische Erfahrungen verstärkt auf Paulus (und auf die Hellenisten) eingewirkt und seine in der Berufung gewonnene Überzeugung bekräftigt haben, daß die Verkündigung des Evangeliums und die Beschneidungsforderung einander ausschließen[262]. Vielleicht besaßen sie sogar eine katalytische Funktion, die für Paulus' weitere Reflexion über Wesen und Funktion des Gesetzes gerade in der galatischen Krisensituation von Bedeutung war. Schließlich ist im Blick auf Act 6,14 zu fragen, ob sich die *Herkunft* der kult- und gesetzeskritischen Einstellung der Hellenisten – und damit zumindest indirekt auch die von Paulus – nicht am zwanglose-

---

[258] Das unterschied sie von den Hebräern. Könnte auf diesem Hintergrund die Erwähnung der Falschzeugen in Act 6,13 zu verstehen sein, mit der Lk, dem an der Einheit der Urgemeinde liegt (Act 2,44–46; 4,32a), die sich an der Heidenmission entzündenden innerchristlichen Spannungen zu kaschieren sucht?

[259] H. RÄISÄNEN zählt vor allem dazu a) das pneumatische Verständnis der Beschneidung (Röm 2,29; Phil 3,3), b) deren ethische Interpretation (Röm 2,25–29; IKor 7,19), c) das egalitäre Moment der Taufe (Gal 3,28), d) die Zentrierung der Tora im Liebesgebot (Röm 13,8–10; Gal 5,14), e) die kultische Dimension christlicher Existenz (IKor 3,16; 6,19; IIKor 6,16, vgl. auch Röm 12,1), a.a.O. 414f. Vielleicht darf man in diesem Fall auch Gal 2,18 erwähnen. Dort wählt Paulus innerhalb des exponierten Kontexts von 2,15–21 kaum zufällig mit καταλύειν und οἰκοδομεῖν zwei kultisch hochbesetzte Begriffe, vgl. Mk 13,2; 14,58; 15,29; Mt 26,61; 27,40; Joh 2,19; Act 6,14.

[260] So wird z.B. viel zu selten oder gar nicht beachtet, daß Paulus in Gal 1,6–9 ausdrücklich auf seine Erstverkündigung verweist, der die Galater ihre Berufung verdanken (v.6), vgl. 4,13. Diese Erstverkündigung erging nach der Darstellung der Act in den Gemeinden der römischen Provinz Galatien, die Paulus mit Barnabas auf der 1. Missionsreise durchzog (Act 13,13–14,24) und die er später abermals besuchte (Act 16,1–7; 18,23). Da sonst immer eine »Kongruenz zwischen dem Gründungsbericht in der Apg und den Empfängern« der Briefe besteht, H. BOTERMANN, Urchristentum, 303, und Gaius in Act 20,4 ausdrücklich als ein aus Derbe (vgl. 14,20f; 16,1) stammender Gemeindevertreter bezeichnet wird, wird man trotz des von Gal 3,1 abgeleiteten sprachlichen Arguments *gegen* die Lokalisierung der Adressaten des Zirkularschreibens in der Provinz Galatien ihre dortige Ansiedlung zu erwägen haben, auch wenn die Mehrzahl der Forscher die Adressaten des Gal im zentralanatolischen Hochland um die Städte Ancyra, Tavium und Pessinus vermuten. Dieser Entscheid ist jedoch mit einer zweifachen Hypothek belastet. Er arbeitet a) mit einem argumentum e silentio: Paulus müßte die dort zu lokalisierenden Gemeinden auf einer Reise gegründet haben, von der die Act nichts berichtet, und man hätte b) anzunehmen, der Apostel hätte die Christen in der Provinz Galatien später unbeachtet gelassen, sofern man nicht von vorneherein urteilt, der lukanische Bericht in Act 13,13ff und 16,1ff sei historisch unzuverlässig. Doch wie man sich in dieser Frage auch entscheidet, darf man Paulus unterstellen, seine im *Wort* ergangene Evangeliumsverkündigung und deren spätere *briefliche* Mitteilung hätten eine jeweils verschiedene *inhaltliche* Gestalt gehabt? Im übrigen darf hier an den IThess erinnert werden. Er gibt sich großenteils als ein die paulinische Erstverkündigung präzisierender und sie angesichts der die Gemeinde beunruhigenden Fragen vertiefender Kommentar zu erkennen (1,5; 2,1.9ff; 3,3ff; 4,1f.10.14; 5,2.11).

[261] Vgl. auch J. BLANK, a.a.O. 245f.

[262] G. DAUTZENBERG vermutet im Hintergrund stehende charismatische Erfahrungen, Gesetzeskritik, 60f. Stellen wie Röm 2,29; Gal 3,2–5.14; Phil 3,3 können dies bestätigen.

sten dadurch erklärt, daß sie sich auf Jesus selbst berufen konnten[263]. Der Eintrag des Tempelwortes aus Mk 14,58 an dieser Stelle und sein Fehlen im lukanischen Passionsbericht weist m.E. in diese Richtung[264].

Unter dem Strich ergibt sich als Fazit: die Behauptung U. SCHNELLES, »eine gesetzeskritische Haltung läßt sich für Stephanus und die ›Hellenisten‹ nicht wirklich nachweisen«, beruht auf keiner soliden Grundlage. Das Gegenteil ist vielmehr wahrscheinlich. Damit ist zugleich die Stütze der weitergehenden These hinfällig, diese Gruppe scheide als Wegbereiter für das paulinische Denken und als eine ihm wesentliche Impulse vermittelnde Instanz aus[265].

Paulus war demnach keineswegs der einzige oder auch erste in der frühen Christenheit gewesen, der den Weg der gesetzesfreien Heidenmission beschritt. Indirekt bestätigen das die Notizen in IKor 1,12; IIKor 11,22 und IKor 3,4–23[266]. Dennoch, trotz dieser Einschränkung und eingedenk eines für die Antike historisch wie traditionsgeschichtlich höchst problematischen Begriffs vom schöpferischen Individuum und unabhängigen Subjekt bleibt Paulus die für uns wichtigste, weil älteste literarisch dokumentierte Gestalt

---

[263] R. SCROGGS, a.a.O. 205f; N. WALTER, a.a.O. 384.387; J. BECKER, Geltung, 45f.48f.51. Zum historischen Kontext und soziologischen Widerlager der Authentizität der Beschuldigung von Mk 14,58 s. G. THEISSEN, Tempelweissagung, 142–144.152f.157–159; L. GASTON, Stone, 67–70 (die erste Vershälfte sei jüdische Polemik, die zweite im Kernbestand jesuanisch). T. SÖDING hält das Logion für ein »Wort eines hellenistisch-judenchristlichen Propheten«, was sich für ihn vor allem aus der Gegenüberstellung »von Händen gemacht – nicht von Händen gemacht« und aus dem Motiv der »drei Tage« ergibt, Tempelaktion, 52f. Methodisch ist es jedoch unzulässig, von den Motiven des Evangelisten auf die Historizität des Berichteten zu schließen.

[264] Inkonsequent ist an diesem Punkt U. B. MÜLLER. Nach ihm haben die Hellenisten einerseits »an die offene Haltung Jesu gegenüber den Leuten des Amhaares« angeknüpft, was sich gerade an ihrem Werben um die Unbeschnittenen zeigt, a.a.O. 166. Andererseits hält er es für unwahrscheinlich, »daß sich auch mit Worten des Irdischen ihr jeweiliges Handeln legitimieren«, a.a.O. 167. Zur Begründung führt er denen Osterglaube als autorisierende Instanz an. Doch kann sich a) auch der Osterglaube sprachlich mit Worten des Irdischen artikulieren und darf man b) eine personale Kontinuität zwischen dem Jüngerkreis Jesu und Mitgliedern der Hellenisten nicht a limine ausschließen. Eine Verbindung zwischen diesen und den in IKor 15,6 Genannten ist ebenso möglich, wie ein Brückenschlag zwischen den dortigen Erscheinungen des Auferstandenen und dem Pfingstbericht in Act 2 denkbar ist.

[265] Christusgegenwart, 99f; Wandlungen, 20.

[266] Zumindest zu erwägen ist, ob nicht auch Petrus diese Missionspraxis beförderte. Anders ist seine Anhängerschaft in Korinth (IKor 1,12) kaum erklärbar, ohne daß man seine wann immer erfolgte persönliche Anwesenheit vorauszusetzen hätte. Insofern werden die Nachrichten der Act (9,32; 10; 11,4–17; 15,7–11) durchaus historisch Zuverlässiges mitteilen. Eine antipetrinische Interpretation des antiochenischen Zwischenfalls, der oftmals als Passepartout für die Rezeption des frühchristlichen Petrusbildes herhalten muß, geht dann zu weit, wenn aus ihm ein *grundsätzlicher* Gegensatz zwischen Paulus und Petrus abgeleitet wird. Zwar tadelt Paulus scharf Petrus' Verhalten (Gal 2,14b). Doch tut er dies gerade unter Berufung auf die gemeinsame Basis (εἰδότες, 2,16a, wenngleich auch im Blick auf die galatische Situation formuliert), die Petrus in diesem *einen* Fall verlassen hat. Daraus einen generellen Bruch zwischen Paulus und Petrus herauszulesen, halte ich für eine zu weit gehende Folgerung. Zur Sache vgl. M. KARRER, Petrus, bes. 213–221.

im Prozeß des erstaunlich raschen Fortschreitens[267] des christologischen
Denkens im Urchristentum. Folgendes ist nämlich zu beachten. Die uns
erhaltenen sicher echten Briefe bzw. Brieffragmente im Corpus Paulinum
(Röm I/IIKor Gal Phil IThess Phlm) entstammen etwa dem Zeitraum von 49/
50 (IThess)[268] bis 55/56 (Röm) n.Chr.[269] Das Datum der Bekehrung wird
man nicht allzu weit von dem gemeindegründenden Ostergeschehen abrük-
ken dürfen. Am ehesten kommen etwa die Jahre 32–34 in Betracht, zieht
man die Angaben von Gal 1,18 und 2,1 zu 15–17 Jahren zusammen und setzt
man sie in Beziehung zu den übrigen uns bekannten bzw. erschlossenen
chronologischen Daten der vita Pauli[270]. Während dieser langen Periode[271]
hat Paulus zumindest in und um Damaskus, im Gebiet der Nabatäer, in Syrien und Teilen Kleinasiens missionarisch aktiv gewirkt (Gal 1,17f.21, vgl.
Act 9,30; 11,25f). Hinzu kommen Aufenthalte – wahrscheinlich noch von
Antiochia aus – in anderen, uns nicht näher bekannten Gegenden, die sich
hinter der summarischen Angabe in Gal 2,1 verbergen können. Nichts
spricht dagegen, vielmehr manches dafür, insbesondere unsere Kenntnis der
Phase des »literarischen« Paulus, für die in dieser Zeitspanne erfolgte Ausgestaltung und Weiterbildung der Christologie mit einem erheblichen pauli-

---

[267] Auf diese Zeitkomponente hat M. HENGEL nachdrücklich hingewiesen, Chronologie, 43–67. Ein psychodynamischer Erklärungsversuch findet sich bei G. THEISSEN, Aspekte, 25f.

[268] Die von N. HYLDAHL vorgeschlagene Abfassung *beider* Thessalonicherbriefe in
Ephesus ist aus inneren (IIThess ist deuteropaulinisch) und äußeren, d.h. chronologischen
Gründen nicht überzeugend, Chronologie, 107–111. G. LÜDEMANNS Frühdatierung des
IThess ins Jahr 41 hängt unmittelbar mit der Verteilung von Act 18,1–11 und 18,12–17 auf
unterschiedliche Traditionsstücke zusammen, denen er zwei Korinthbesuche des Apostels
entnimmt, Heidenapostel I, 174–195. Während der ersten sich Paulus den IThess verfaßt
haben. Vgl. dagegen R. JEWETT, Paulus-Chronologie, 135f.138f.

[269] Vgl. PH. VIELHAUER, Literatur, 89.178f; J. BECKER, Paulus, 17–32.

[270] Auf die heftig umstrittene Pauluschronologie, insbesondere auf das Verhältnis der
einschlägigen Angaben in der Act und im Gal, gehe ich hier nicht ein, zumal auch die Entscheidung pro oder contra im Hinblick auf Teilungshypothesen den chronologischen Rahmen verändern können. Zur ausführlichen Diskussion der Probleme vgl. A. SUHL, Galaterbrief, 3068–3082; G. SELLIN, a.a.O. 2986–2995; T. SÖDING, Chronologie, 31–51.

[271] Allein diese Tatsache verbietet es, den *frühen* und den *späten* Paulus mit der Zeit
seiner uns bekannten literarischen Wirksamkeit zu identifizieren und den ersten im IThess,
den zweiten in den Kämpfen am Werk zu sehen, die die übrigen Briefe dokumentieren,
S. SCHULZ, Paulus, 228–236, ganz ähnlich auch G. STRECKER, Rechtfertigung, 230.237.
Hier wird nicht nur übersehen, daß *alle* schriftlichen Zeugnisse des Paulus in die letzten
zehn Lebensjahre fallen. Es wird auch einfach vorausgesetzt anstatt erwiesen, der Apostel
habe eine theologische Entwicklung durchgemacht, die ihm von *außerhalb aufgezwungen*
worden sei. Damit soll natürlich nicht bestritten werden, daß Paulus – wie andere auch – im
Laufe der Zeit in seiner theologischen Erkenntnis fortgeschritten ist (vgl. Phil 3,13a). Der
Röm hätte sicherlich nicht unmittelbar nach seiner Bekehrung geschrieben werden können.
Doch eine Konstruktion wie die von S. SCHULZ marginalisiert die viel längere Zeitspanne
von Paulus' Christophanie bis zur Abfassung des ersten der uns überlieferten Briefe. Nur in
ihr gibt es den *frühen* Paulus.

nischen Anteil zu rechnen. Dies um so mehr, nachdem sich die antiochenischen Christen aus dem Synagogenverband lösten bzw. – auch nach außen hin wahrnehmbar (Act 11,26, vgl. 26,28) – aus ihm herausgedrängt wurden und ihre Identität als nun primär heidenchristlich orientierte Gemeinde nicht anders als durch ihren unmittelbaren Rückbezug auf Christus gewinnen konnten. Da Paulus neben Barnabas einer ihrer führenden Vertreter wurde (Act 13,1, vgl. 15,1f; Gal 2,1), wird man nicht fehlgehen, die »im wesentlichen dem antiochenischen Gemeindewissen« zugeschriebene »alte Tradition«[272] auch von Paulus beeinflußt und von ihm mitgeprägt zu sehen[273]. Trifft dies zu, relativiert es die Rede vom vorpaulinisch-christologischen Traditionsgut in den Briefen des Apostels, sofern *vor*paulinisch gleichbedeutend ist mit *nicht*paulinisch[274]. Angesichts der langen und intensiven, wenngleich für uns weithin im Dunkel liegenden vorliterarischen Epoche des paulinischen Apostolats dürfen die im Corpus Paulinum enthaltenen christologischen Formeln, Homologien und Hymnen[275] nicht ohne weiteres als paulinisches Fremdgut interpretiert werden. Selbst dann nicht, wenn sie sich als traditionell erweisen lassen[276].

Die sich gegenwärtig einer steigenden Beliebtheit erfreuende Alternative, Paulus sei »primarily ... an interpreter of the early Christian tradition«, nicht aber »a builder of Christian doctrine«[277], reißt auseinander, was zusammengehört. Der genuin paulinische Akzent, daß der Kreuzestod Jesu ein aufgrund der menschlichen Sünde notwendiges Sühnegeschehen ist, in dem sich Gottes heilvolle Gerechtigkeit manifestiert (Röm 3,24–26), zeigt, wie der Apostel den ihm aus der jüdischen Überlieferung geläufigen, qualitativen Unterschied von Sünde und Gerechtigkeit[278] im Christusglauben koinzidieren läßt (IIKor 5,21), ihn aber mit Hilfe frühchristlicher Tradition ausformuliert. Neben den bekannten literarischen Gründen lassen es auch diese prinzipiellen Überlegungen sinnvoll erscheinen, Paulus und seine Briefe als die älteste uns zur Verfügung stehende breitere Quellenbasis dafür heran-

---

[272] J. BECKER, a.a.O. 109.

[273] A.a.O. 110. Vgl. schon M. HENGEL, a.a.O. 53f.

[274] Die paulinische Zeit mit der literarischen Hinterlassenschaft des Apostels beginnen und den vorpaulinischen Zeitraum »sich von Christus bis etwa in die fünfziger Jahre« erstrecken zu lassen, J. LAMBRECHT, Gesetzesverständnis, 89, ignoriert jeden denkbaren Anteil des Paulus an der theologischen Ausformung und begrifflichen Präzisierung der frühchristlichen Verkündigung.

[275] Vgl. nur Röm 1,3f; 3,24–26; 4,24f; 10,9; IKor 8,6; 14,26; 15,3b-5; IIKor 5,18f; Phil 2,6–11; IThess 1,9f; vgl. weiterhin Act 16,25; Eph 4,4–6; 5,19/Kol 3,16; Kol 1,15–20; ITim 3,16; 1Joh 4,15; 5,5; Hebr 1,3; 4,14 u.ö.

[276] M. CASEY, Chronology, 124–135; M. HENGEL, Erwägungen, 135–158. Für IThess 1,9f hat T. HOLTZ überzeugend herausgearbeitet, daß Paulus unter Aufnahme traditioneller Topoi den Text selbst formuliert hat, Glaube, 270–292.

[277] J. C. BEKER, Faithfulness, 10.

[278] Vgl. hierzu D. LÜHRMANN, Tradition, bes. 80–90.

zuziehen, wie jüdisch-messianische Vorstellungen christlich umgeprägt und neu interpretiert worden sind.

6.4.2 Zum Gebrauch von Χριστός bei Paulus

In den unstrittig echten Paulusbriefen kommt Χριστός 270mal vor[279]. Bedenkt man, daß der Wortbestand des Corpus Paulinum, gemessen an dem aller neutestamentlichen Schriften, weniger als 20% ausmacht und damit dem Umfang des lukanischen Doppelwerks entspricht[280], fällt die Fülle der Belege auf. Von allen 531 Stellen[281] des Neuen Testaments – nur im IIIJoh fehlt Χριστός – konzentriert sich mehr als die Hälfte auf knapp ein Fünftel seines gesamten Textbestands. Daraus läßt sich eines unschwer folgern. Χριστός ist für Paulus bzw. schon für die in seinen Briefen enthaltene und von ihnen mitrepräsentierte frühchristliche Überlieferung eine, wenn nicht gar *die* entscheidende Deutekategorie für Jesus von Nazareth. Vergleicht man daneben die Anzahl der nächsthäufigen christologischen Prädikationen κύριος[282] und υἱὸς (τοῦ) θεοῦ[283], fällt die massive Verwendung von Χριστός im paulinischen Briefkorpus um so mehr auf.

Es lassen sich nur noch begründete Vermutungen darüber anstellen, warum gerade Χριστός zum dominierenden Prädikat für Jesus von Nazareth avancierte. Daß man »im Christus-Bekenntnis das Charakteristikum der Jesusanhänger erkannte«[284], ist sicher richtig. Nur wird damit alleine der ihnen wohl von außen beigelegte Namen Χριστιανοί (Act 11,26; 26,28; vgl. IPetr 4,16)[285] verständlich. Erklärt ist noch nicht, wie es dazu gekommen ist. Ganz offensichtlich bekundet diese Namensübertragung das Selbstverständnis und Bekenntnis derer, die sich zur christlichen Gemeinde hielten[286]. Ihre allmählich sich vollziehende Loslösung von der Synagoge wurde von anderen wahrgenommen und auf diese Weise gleichsam objektiviert[287]. Mit der Proklamation Jesu als Χριστός ist der Inhalt ihres Glaubens in Kurzform benannt. Daß der Christusname traditionsgeschichtlich gerade an den Aussagen über die soteriologi-

---

[279] K. ALAND, Konkordanz II: Spezialübersichten, 300f.
[280] Die Zahlen nach R. MORGENTHALER, Statistik, 164.
[281] K. ALAND, a.a.O. 301.
[282] 189mal, K. ALAND a.a.O. 166f. Vgl. W. KRAMER, Christos, 154–179.
[283] Röm 1,3f.9; 5,10; 8,3.29.32; IKor 1,9; 15,28; IIKor 1,19; Gal 1,16; 2,20; 4,4.6; IThess 1,10. Hierzu W. KRAMER, a.a.O. 105–123; M. HENGEL, Sohn, 19–31.
[284] G. SCHNEIDER, EWNT III 1146.
[285] Außerchristliche Belege: Plinius d.J., Ep. X 96; 97,1 (Trajans Reskript); Suéton, Vit Ner. 16,2; Lukian, Alex. 38; Peregr. 11–13.16. Dennoch könnte es Lukas' Meinung gewesen sein, die Christen hätten sich den Namen selbst gegeben.
[286] F. HAHN, EWNT III 1165; T. HOLTZ, Bekenntnis, 93.
[287] Im Blick auf Act 24,5 (τῶν Ναζωραίων αἱρέσις), vgl. 2,22; 3,6; 4,10; 6,14; 22,8; 26,9, ferner Mt 2,23; 26,71; Lk 18,37; Joh 18,5.7; 19,19, dürfte die Bezeichnung Χριστιανοί von Heiden stammen. Die durch Lk gegebene zeitliche Terminierung (etwa Mitte der 40er Jahre) wird zutreffen, J. P. MEIER, a.a.O. 49.

sche Bedeutung des Todes Jesu haftet (Röm 5,6.8; 14,15; IKor 8,11; 15,3; IIKor 5,14f; Gal 2,21; IThess 5,10), ist dabei auffällig.

Jesus selbst hat von sich – oder von einer himmlischen Richter- und Herrschergestalt, vgl. Dan 7,13f; äthHen 45–57.58–67.70f; IVEsr 13[288] – als dem *Menschensohn* gesprochen[289]. Freilich vermochte es diese die Eigenart der Sendung Jesu umschreibende Bezeichnung kaum, außerhalb jüdischer Kreise eine produktiv-vermittelnde Funktion auszuüben. Vor allem nicht im Rahmen einer missionarischen Verkündigung, die sehr bald auch heidnische Adressaten erreichte. Hingegen war Χριστός bzw. schon sein Äquivalent משׁיח offensichtlich in der Lage, die an die Verheißung der Schrift geknüpften eschatologischen Vorstellungen zu transportieren und sie mit einer Heilsgestalt zu verbinden, über deren Legitimität durch die Auferweckungstat Gottes entschieden war[290]. Vielleicht kann man noch weiter präzisieren. M. Hengel hat mit Nachdruck darauf hingewiesen, daß das Wirken Jesu und sein Eindruck auf seine Jünger wie auf breite Kreise des Volkes sachgemäß nur mit dem Begriff *messianisch* zu umschreiben ist[291]. Sollte der titulus crucis historisch im Recht sein[292], fände sich für die Dominanz des Christus-Titels als Sprachform der expliziten Christologie eine plausible Erklärung[293]. »König der Juden« ist die in römischen Augen politisch angemessene Umschreibung des Messiasprätendenten Jesus[294]. Träfe dies zu, reflektierte die Bezeichnung Χριστός den von außen wahrgenommenen eschatologischen Anspruch des irdischen Jesus, ohne daß er diesen Titel auf sich selbst bezogen haben muß. M.a.W., der titulus konnte »eine paradoxe Übernahme«

---

[288] Zu diesen Stellen vgl. Ch. C. Caragounis, Son of Man, 84–119.119–131; G. Schimanowski, Weisheit, 153–194.204f.

[289] C. Colpe, ThWNT VIII 433–444; H. Bietenhard, Menschensohn, 302–313.337–346; J. Jeremias, Theologie I, 246–263, und jetzt mit umfassender Diskussion der Literatur V. Hampel, a.a.O. bes. 7–37.41–48 und passim.

[290] Vgl. T. Holtz, a.a.O. 95f. Der methodische Ansatz M. Karrers, die Vorstellung des Gesalbten im Neuen Testament und in der Alten Kirche nicht alleine auf dem Hintergrund der jüdisch-eschatologischen Erwartung einer hoheitlichen Heilsgestalt anzusiedeln, ist prinzipiell berechtigt. Die Vermittelbarkeit der mit der Prädikation Χριστός verbundenen theologischen Intention dürfte aber – das gilt zunächst nur für den hier interessierenden Kreis der vorpaulinischen und paulinischen Gemeinden wie auch für Paulus selbst – eher auf einem von allen Beteiligten in diesem Kommunikationsprozeß geteilten Referenzrahmen basieren. Dessen Koordinaten werden aber, zumindest was den genannten Kreis betrifft, am ehesten durch den Begriffs- und Realienhintergrund des jüdischen Erbes bestimmt. Darauf weist neben der von M. Karrer skizzierten sprachlichen Entwicklungslinie, Gesalbte, 63f.66.89f., auch die Adressatenschaft der paulinischen Verkündigung hin. Näheres dazu gleich.

[291] Chronologie, 48.64; Lehrer, 147–188. Vgl. R. Pesch, Materialien, 159.

[292] *Historisch* meint in diesem Fall nicht nur das Faktum der Kreuzesaufschrift, sondern den sich in dem titulus artikulierenden Anspruch Jesu, der das Kommen der Basileia Gottes aufs engste mit seiner Person verband.

[293] Vgl. auch M. Karrer, a.a.O. 409–411: der titulus crucis habe ein herrschermessianisches Mißverständnis des theonomen Anspruchs Jesu fixiert, der mit seiner Basileia-Verkündigung verbunden wurde.

[294] Zugleich aber auch eine Warnung an mögliche Epigonen, da »König der Juden« ein für römische Ohren höchst sensibler *politischer* Begriff ist, Diod. Sic. 40,2; Josephus, Ant XIV 36; XVI 311,

einer im politischen Sinn mißverstandenen Messiasbezeichnung in das christliche Bekenntnis befördern[295].

In der Septuaginta ist χριστός fast immer Übersetzung von מָשִׁיחַ[296]. Nur zweimal wird mit dem Verbaladjektiv מָשׁחַ (Lev 21,10.12) wiedergegeben – sonst zumeist mit χρῖσμα übersetzt (Ex 29,7; 30,25; 35,19; 38,25; 40,9) – und nur einmal מָשׁחַ (IIChr 22,7). Im Alten Testament bezeichnet מָשִׁיחַ ursprünglich den König als den Gesalbten Gottes[297], kann aber auch für den (Hohe-) Priester gebraucht werden[298]. Der Gedanke einer zukünftigen Heils- oder Erlösergestalt ist mit diesen alttestamentlichen Stellen jedoch noch nicht verbunden. Gleiches gilt für Dan 9,25f[299].

Freilich ist es nicht unproblematisch, in einer eschatologischen Erlösergestalt oder einfach in der Eschatologie überhaupt die Antwort auf die Frage zu suchen, was denn einen alttestamentlichen Text als messianisch definiert[300]. Denn in diesen sehr allgemeinen Rahmen lassen sich mannigfaltige und miteinander durchaus nicht vereinbarende Vorstellungen einspannen, etwa die des Menschensohns von Dan 7,13f (der aber weder König oder Priester noch auch ein Prophet oder Gesalbter ist) oder auch des Gottesknechts (Jes 52,13–53,12, vgl. 42,1–4; 49,1–7; 50,4–11)[301]. Deshalb wird zum Teil bestritten, die üblicherweise als messianisch bezeichneten Texte – die wichtigsten sind Jes 7,10–17; 8,23; 9,1–6; 11,1–5; Mi 4,14–5,1–5; Jer 23,5f; 33,14–16; Ez 17,22–24; 34,23f; 37,24; Hag 2,21–23; Sach 3,8; 4,1–6a.10b.11.13b; 6,12; 9,9f; Ps 2; 110, vgl. Am 9,11–15[302] – auch als messianisch zu charakterisieren[303], zumal die Prophetenstellen wie auch Ps 110 ohne eine Bezeichnung der in ihnen anvisierten Herrschergestalt als Gesalbter auskommen. Gleichwohl ist deutlich, daß im Alten Testa-

---

[295] H. MERKLEIN, Auferweckung, 232.

[296] Vgl. E. HATCH/H. A. REDPATH, Concordance, 1475f.

[297] ISam 16,6; 24,7; 26,9.11; IISam 1,14.16; 19,22; 23,1; Ps 2,2; 18,51; 20,7; 28,8; 72,11.17; 84,10; 89,39.52; 105,15/IChr 16,22; Ps 132,10/IIChr 6,42; Ps 132,17; Thr 4,20; Hab 3,13; vgl. Jes 9,5f; 11,1–5; 14,2; Jer 23,5f; 66,12.19–21; Mi 5,1–3; Hag 2,20–23; Sach 4,1–6.10–14; 14 sowie TestRub 6,7.11f; TestJud 24,6; PsSal 17,21.32; syrBar 29,3; 39,3.7; 40,3; 53,10f; 70,9; 73,1; IVEsr 13,37f.49; AssMos 10; äthHen 90,30. Kein Nordreichkönig, von Saul abgesehen (ISam 12,3.5; 24,7.11; 26,9.11.16.23; IISam 1,14.16, vgl. ISam 9,16; 10,1; 15,1.17), wird מָשִׁיחַ genannt.

[298] Lev 4,3.5.16; 6,15; Dan 9,25; vgl. Ex 29,2; Num 3,3; 6,16. Für die zwischentestamentliche Literatur s. M. de JONGE, ThWNT IX 502–508; M. WITTLIEB-SZCZECIN, Erwähnung, 31f.

[299] Hierzu K. SEYBOLD, ThWAT V 57f; J. COPPENS, Messianisme, 13f, vgl. 84.126.

[300] Vgl. nur A. S. v. d. WOUDE, Vorstellungen, 6. R. E. CLEMENTS mißt Stellen wie Jes 7,10–17; 9,2–7; 11,1–5; Jer 33,14–26; Ez 34,23f; 37,24–28; Esr 3–6 traditionsgeschichtlich viel zu einseitig an IISam 7,1–17, Hope, bes. 12–14.

[301] Dazu J. JEREMIAS, ThWNT V 685–698; W. H. SCHMIDT, Ohnmacht, 18–34; H. GESE, Messias, 138–145. ISam 9,16 und 10,1 entnimmt R. KNIERIM eine »Konzeption der Messianität Sauls«, Messianologie, 117.

[302] Bei Deuterojesaja ist der Gesalbte kein Davidide, sondern der Perserkönig Kyros, Jes 45,1, vgl. Ez 17,22–24; 34,23f; 37,24.

[303] Vgl. besonders F. HESSE, ThWNT IX 494; H. STRAUSS, Messias, 89–96. Den entgegengesetzten Standpunkt vertritt K.-D. SCHUNCK, Attribute, 641–652.

ment der Titel *Messias* bzw. *Messias Jahwes* mehrheitlich an das davidische Königtum gebunden ist, ISam 2,10.35; 16,6; 19,22; 22,51; 23,1; IIChr 6,42; Hab 3,13; Ps 2,2; 20,7; 28,8; 84,10; 89,39.52; 132,10.17 u.ö.[304]. Darum ist es m.E. berechtigt und sachgemäß, die Frage nach dem Messias im Alten Testament als die »Frage nach jenem Traditionskomplex (zu stellen), der durch den Titel Messias und das Phänomen der Salbung samt deren Beziehung zur Davidtheologie *und* ihre Verheißungsinhalte definitiv zur Sprache gebracht ist«[305].

Frühestens ab der zwischentestamentlichen Literatur begegnet *der Gesalbte* (משיח = χριστός) »im Sinne eines eschatologischen Funktionsnamens, der einem Eigennamen gleichkommt«[306]. Die politischen und religiösen Erschütterungen unter den Hasmonäern sowie die römische Okkupation schufen wesentliche Impulse dafür, daß sich die Hoffnung auf eine künftige nationale Restauration unter einem Davididen herausbildete[307], wie beispielhaft PsSal 17f oder auch Sib III 36–92, bes. 46–50, belegen. Der Abschnitt PsSal 17,21–43 darf als ein locus classicus jüdisch-messianischer Erwartungen gelten[308]. Auch die zahlreichen Messiasprätendenten des 1. Jahrhunderts werfen ein Licht auf die Rezeption und Breitenwirkung messianischer Vorstellungen in bedrängter Zeit[309].

Einen unmittelbaren und bruchlosen Übergang von den facettenreichen, schon im Alten Testament keineswegs in sich stimmigen messianischen Konzeptionen und ihrer zwischentestamentlichen Nachgeschichte hin zum Zeugnis von der Messianität Jesu gibt es nicht. Sie sind weder hinsichtlich ihrer formalen Seite noch auch ihrem materialen Gehalt nach einfach deckungsgleich. Eine genetische Ableitung ist schon deshalb nicht möglich, weil im Neuen Testament Jesus als der leidende und sterbende Messias verkündigt wird[310]. Dennoch setzt die neutestamentliche Rede von Jesus als

---

[304] Vgl. auch ISam 16,12f; IISam 2,4.7; 5,3; 12,7; IIReg 9,3.6.12; 11,12; 23,30; IChr 11,3; IIChr 22,7, dazu E. KUTSCH, Salbung, 52–63; F. HESSE, a.a.O. 487–489.

[305] E.-J. WASCHKE, Frage, 324 (Kursivierung von mir), vgl. J. COPPENS, a.a.O. 38.126. Freilich sollte man in diesem Zusammenhang nicht von Christologie reden, um messianische Ansätze innerhalb des Alten Testaments zu charakterisieren, so aber R. KNIERIM, a.a.O. 131. Der Terminus ist nicht nur sprachlich bedenklich. Er systematisiert zudem in sich komplexe und unausgeglichene Vorstellungen und behauptet unter der Hand überlieferungsgeschichtliche Zusammenhänge, wo sie nach eigenem Eingeständnis nicht bestehen.

[306] A. S. v. d. WOUDE, ThWNT IX 500. Seine a.a.O. Anm. 71 notierten Belege sind, was ihr traditionsgeschichtliches Alter angeht, freilich umstritten. Dem entspricht, daß die Verwendung von (ὁ) χριστός im titularen Sinn in der LXX nicht mit Sicherheit nachzuweisen ist. Ebenfalls ist fraglich, ob in der uns interessierenden vortannaitischen Zeit artikelloses bzw. indeterminiertes משיח überhaupt gebräuchlich war, trotz Joh 4,25. Nach der Auflistung K. BEYERS fehlt ein eindeutiger palästinischer Beleg vor dem 2. Jahrhundert, Texte, 631.

[307] Vgl. L.H. SCHIFFMAN, a.a.O. bes. 237–241.

[308] Vgl. E. SCHÜRER, a.a.O. 503–505.

[309] Vgl. J. KLAUSNER, a.a.O. 317–325; D. M. RHOADS, Revolution, passim.

[310] J. D. G. DUNN, a.a.O. 17f.43–45. Auf diese kategoriale Neuinterpretation gehen

dem Χριστός die im Alten Testament wurzelnde Messianologie zwingend voraus. Mit dieser verbinden sich Verheißungsinhalte, deren Erfüllung sachgemäß nur mit dem Begriff *Eschatologie* umschrieben werden können[311]. Im neutestamentlichen Bekenntnis zu Jesus als dem Χριστός werden demnach (vergangene) Geschichte und Verheißung so in eine Beziehung gesetzt und miteinander vermittelt,»daß der Messias die Geschichte auf Grund der Verheißung vollendet und daß in dem Messias die göttliche Verheißung als eine geschichtliche selbst offenbar wird«[312]. Damit kommt aber der alttestamentliche משיח dem neutestamentlichen Χριστός sehr nahe.

Obwohl »der Jude und Rabbi Paulus (weiß), daß Χριστός der Gesalbte = Messias heißt«[313], verwendet er den Begriff keineswegs nur appellativ oder titular. Andererseits besitzt dieser auch nicht durchweg den Charakter eines nomen proprium[314]. Offenbar sieht Paulus sich nicht genötigt, das Wissen um Jesu Messianität in seinen Briefen näher zu entfalten, geschweige denn ausführlich zu begründen. Dafür gibt es m.E. zwei Erklärungen.

1. Paulus' literarische Zeugnisse repräsentieren ein christologisches Reflexionsstadium, in dem Χριστός mit einem semantisch eindeutig zu bestimmenden Sinngehalt (appellative Funktion) *neben* seine Verwendung als zum Namen Jesu gehörig treten konnte. In IKor 1,12 steht Χριστός sogar *anstelle* des nach den drei vorher genannten Namen eigentlich zu erwartenden Ἰησοῦς[315]. 2. Bei seinen Adressaten durfte Paulus eine für die Kommunizierbarkeit seines theologischen Anliegens unentbehrliche Vertrautheit mit jüdischen Traditionen wenigstens insoweit voraussetzen, als ihnen die eschatologische Heilsfunktion des (ὁ) Χριστός nicht fremd war[316].

---

merkwürdigerweise die wenigsten Untersuchungen zur neutestamentlichen Christologie ein. Vgl. oben 6.3.

[311] Vgl. F. Hesse, a.a.O. 495–500; K.-D. Schunck, a.a.O. bes. 642f.

[312] E. J. Waschke, a.a.O. 329.

[313] E. v. Dobschütz, Thessalonicher-Briefe, 61. Vgl. M. de Jonge, Use, 321.

[314] Die vor allem seit E. v. Dobschütz in der Forschung verbreitete These, Χριστός sei neben Ἰησοῦς durch Abschliff im Sprachgebrauch nurmehr zum Eigennamen mutiert, ist spätestens seit M. Karrers Untersuchung nicht länger haltbar, a.a.O. 48–71. Freilich gab es schon immer Aufweichungen der reinen Abschliff-Theorie, schon bei E. v. Dobschütz selbst (etwa zu Röm 9,5; IIKor 5,10; Phil 1,15), a.a.O. 61. N. A. Dahl vermutet bei grundsätzlicher Zustimmung in Röm 15,7; IKor 1,23; 10,4; 15,22; IIKor 5,10; 11,2f; Phil 1,15.17; 3,7 messianische Konnotationen, ohne daß freilich Χριστός streng als Prädikatsnomen aufzufassen wäre, Messianität, bes. 83f. Für W. Kramer kommt titularer Gebrauch nur Röm 9,5, allenfalls noch IKor 10,4, in Frage, a.a.O. 203–214, ähnlich M. Hengel, Erwägungen, 137f; F. Hahn, EWNT III 1156–1159: 1159 (Titel ersetzt den Namen). In der Verbindung τὸ εὐαγγέλιον τοῦ Χριστοῦ (Röm 15,19; IKor 9,12; IIKor 2,12; 9,13; 10,14; Gal 1,7; Phil 1,27a; IThess 3,2) sieht O. Hofius noch den titularen Sinn durchscheinen »als Abbreviatur für die Person und das Werk Jesu Christi«, Wort, 152.

[315] Vgl. die Zusammenfassung bei M. Karrer, a.a.O. 89f.

[316] Die Verständlichkeit des Begriffs für pagane Ohren konzediert M. Karrer natürlich auch, a.a.O. 94. Er läßt aber das historische und gemeindesoziologische Widerlager vermissen.

Offensichtlich galt dies auch für die Mitglieder der mehrheitlich heidenchristlichen Missionsgemeinden, an die Paulus seine Briefe adressierte. Dieser Sachverhalt spricht einmal mehr dafür, daß sie sich zum Großteil aus den sich vorher zur Synagoge haltenden *Gottesfürchtigen* (σεβόμενοι/φοβούμενοι τὸν θεόν) rekrutierten. Wiewohl keine Vollproselyten, waren sie doch mit zentralen jüdischen Glaubensüberlieferungen vertraut, die ihnen in Halacha und Haggada, vor allem aber in den homiletischen Midraschim, den schriftauslegenden Synagogenvorträgen, begegneten[317]. Wenngleich die einzelnen Paraschen der Tora und die jeweils dazugehörige Haftara auf hebräisch gelesen wurden, erfolgte die Auslegung in der Landessprache, also auch in griechisch (vgl. yMeg 1,11 [71c]). So war sichergestellt, daß jeder, auch der σεβόμενος/φοβούμενος τὸν θεόν, das Gesagte verstehen konnte[318]. Während seiner Gründungsaufenthalte in den Gemeinden, die nicht zufällig immer wieder mit Synagogenbesuchen verbunden waren[319], konnte Paulus verkündigend und argumentierend an diese Vorkenntnisse anknüpfen. Darauf weisen vor allem die zahlreichen alttestamentlichen Zitate und Anspielungen in den Briefen hin, die von den Adressaten ja verstanden sein sollten.

Die gemeindegründende Missionsverkündigung von Paulus und seinen Mitarbeitern[320] bietet demnach nur die *eine* Seite des Erklärungsmodells dafür, wie das beabsichtigte Ziel der paulinischen Korrespondenz, ein auf die Zustimmung zu ihren Inhalten basierendes Einverständnis der Adressaten mit dem Apostel zu erreichen, realisiert werden konnte. Daß die zuvor genannte *andere* hinzutreten muß, beweist der Röm. Er richtet sich an Christen in einer nicht von Paulus gegründeten Gemeinde, wenngleich persönliche Beziehungen zu einzelnen Mitgliedern bestehen (Röm 16,3–15.21–23) und Paulus sich in mancherlei Hinsicht über die inneren Angelegenheiten informiert zeigt (3,8; 12,8.13; 14,1–15,13, vgl. auch 1,14; 3,31; 6,1.15)[321].

---

[317] Daß der Synagogenbesuch die »charakteristische Frömmigkeitsäußerung der Gottesfürchtigen« war, ist wohl richtig, F. SIEGERT, Gottesfürchtige, 131. Die Geschichte des synagogalen Gottesdienstes ist nach wie vor mit vielen Unbekannten verbunden. Sicher ist aber, daß die Verlesung der Tora mit anschließender Auslegung der Parasche von Beginn an zu den wesentlichen Elementen der liturgischen Ausgestaltung gehörte, Dtn 31,10–13; Neh 8.1–12.13–18; 9, dazu Sot 7,7; bMeg 29b.31a; yMeg 3,1 [73d]; 4,1 [75a]. Ebenso bezeugen Lk 4,16f.21; Act 13,15 die Reihenfolge Schriftlesung – Homilie in der Synagoge, vgl. ferner Josephus, Ap II 175; Philo, Som II 127; VitMos II 215f; LegGai 156; VitCont 30ff; Prob 81f; Hypothetica bei Euseb, Praep.Evang VIII 7,12f. Zur Frage s. I. ELBOGEN, Gottesdienst, 155–198; S. SAFRAI, Synagogue, 914–933; L. TREPP, Gottesdienst, 189–201.

[318] Vgl. I. ELBOGEN, a.a.O. 186–198. Viel zu wenig wird in Rechnung gestellt, daß selbst in Palästina viele Juden das Hebräische nicht mehr beherrschten und darum eine Übersetzung in ihrer Alltagssprache benötigten, die schließlich in Gestalt der aramäischen Targumim vorlag.

[319] Act 13,5.14.44.46f; 14,1; 16,13.16; 17,1f.10; 18,4.19; 19,8; 20,21; 24,12. Auch wenn Lk schematisiert, dürfte er den historischen Sachverhalt korrekt wiedergeben, R. PESCH, Anfänge, 54; H. THYEN, Studie, 151–153; W. WIEFEL, Eigenart, 218–231.

[320] Die von Paulus συνεργοί genannten Frauen und Männer (Röm 16,3.9.21; IKor 3,9; IIKor 1,24; 8,23; Phil 2,25; 4,3; IThess 3,2; Phlm 1.24) sind wie er Arbeiter am Evangelium (IIKor 1,19; Phil 2,22; IThess 2,1–12; 3,2 u.ö.), und d.h. von *Gott* zum Missionsdienst beauftragte (IKor 3,5.9) *Partner* des Apostels. Vgl. hierzu grundlegend W.-H. OLLROG, Mitarbeiter, 63–92.

[321] P. LAMPE, Christen, 63f.

Der römische Schriftsteller Juvenal ist ungewollt ein Zeuge dafür, wie intensiv sich Nichtjuden mit Fragen jüdischen Glaubens und seiner Praxis beschäftigten. Der Satiriker mokiert sich darüber, daß *quidam sortiti metuentem sabbata patrem nil praeter nubes et caeli numen adorant* (Saturae XIV 96f). Mit seiner Bemerkung zielt Juvenal auf die noch unbeschnittenen Sympathisanten des Judentums, die Gottesfürchtigen[322]. Weiter spricht er davon, dieser Personenkreis lernte und praktizierte das mosaische Gesetz mit Ehrfurcht (Saturae XIV 101f). Es gab also Römer, die bereits vor ihrem Übertritt und vielleicht ohne je diesen letzten Schritt zu vollziehen[323] sich des Studiums der Schrift befleißigten und jüdische Kult- und Speisevorschriften einhielten[324]. Diese Leute waren also nicht nur *passiv* aufgrund des λόγος ἀκοῆς (IThess 2,13, vgl. Röm 10,16f; Gal 3,2.5; Hebr 4,2) für den Nachvollzug und die rechte Einordnung alttestamentlich-jüdischer Theologumena gerüstet. Zumindest partiell wird man eine aus *eigenem* Antrieb resultierende Schriftkenntnis innerhalb dieser Gruppe annehmen dürfen[325]. Sie erleichterte es Paulus, die Schrift als dictum probans heranzuziehen und sie als Zeuge seiner Evangeliumsverkündigung argumentativ einzusetzen. Daher erklärt es sich, wenn Paulus den aus dem Paganismus stammenden römischen Christen, in der Mehrzahl ehemaligen Gottesfürchtigen, und erst recht den sich zur christlichen Gemeinde zählenden Juden nicht mehr eigens zu verdeutlichen brauchte, welche Vorstellungen sich mit der Christus-Titulatur verbanden[326]. Was für Rom gilt, wird in vergleichbarer Weise für die anderen paulinischen

---

[322] Vgl. M. STERN, Authors II, 103–107. Über die dort gegebenen Belege hinaus vgl. IIIMakk 3,4; IVMakk 15,28; 16,12; Jdt 16,15f; Sir 1,13; 2,7–9; 10,24; PsSal 3,12; 5,18; 13,12; TestAbr(A) 4; TestNaph 1,10; TestJos 2,4; 6,7; TestBenj 3,4; JosAs 22,13; CD 20,19f; 1QSb 1,1; 1QH 12,3; slHen(A) 42,7; Philo, Mut 197 sowie A. DEISSMANN, Licht, 391f.

[323] Juvenal weiß aber auch von Proselyten, Saturae XIV 99.

[324] Vgl. Saturae I 127–131; III 10–18.290–296; VI 153–160.542–547; VIII 158–162; XIV 96–106, ferner Horaz, Satirae I 9,67–72; Ovid, Ars amat. I 76. Auch Horaz und Seneca beklagten die Wirkung jüdischen Missionseifers auf ihre römischen Mitbürger. Vgl. die Belege bei M. STERN, Authors I, 321–327 (Horaz), 429–434 (Seneca), ferner noch Josephus, Ant XX 195; Tacitus, Ann. XVI 5.

[325] Vor allem deshalb, weil sie auch sozial Bessergestellte umfaßte, vgl. CIJ I 5; Ovid, Ars amat. I 76; Josephus, Ant XX 195. Die Aufschlüsselung der Berufe und Funktionen der auf der Marmorstele (Seite b) von Aphrodisias genannten θεοσεβεῖς ergibt zweifelsfrei, daß bei ihnen eine Tätigkeit mit gehobenem sozialen Status dominierte, J. REYNOLDS/R. TANNENBAUM, Godfearers, 119–122; P. TREBILCO, Communities, 153f.250f. Das gilt ebenfalls für die auf Seite a aufgelisteten Emmonios und Antoninus, bei denen eine Berufsangabe fehlt. Doch auch sie haben »zur Linderung der Not für die Gemeinde aus eigenen Mitteln [diese] Gedenk[stätte] errichtet«, wie es einleitend heißt. Folglich haben sie über die dazu notwendigen Gelder verfügt und gehörten damit zur gehobenen sozialen Schicht. Zumindest bei einem Teil ihrer Angehörigen darf man Lese- und Schreibkenntnisse voraussetzen. Dieser Aspekt der frühchristlichen Kommunikationsbedingungen wird kaum je beachtet.

[326] Daß die römische Gemeinde schon relativ früh, und zwar bevor der Apostel brieflich Kontakt mit ihr suchte, von Jesustradition Kenntnis besaß, ist mir aufgrund der Zusammensetzung der Gemeinde wahrscheinlich. Die Charakterisierung des Ehepaares Andronikus und Junia als ἐπίσημοι ἐν τοῖς ἀποστόλοις (Röm 16,7) rekurriert m.E. auf deren persönliche Bekanntschaft mit den palästinischen Aposteln. Rufus und seine Mutter (16,13) kennt Paulus ebenfalls. Auch Epaenetus (16,5), Ampliatus (16,8), Urbanus und Stachys (16,9), Apelles (16,10) und Persis (16,12) scheint Paulus persönlich zu kennen. Darauf deu-

Missionsgemeinden zutreffen, auch wenn man mit Verallgemeinerungen gerade in dieser Frage zurückhaltend sein muß.

In der Verbindung Ἰησοῦς Χριστός bzw. innerhalb der Inversion Χριστὸς Ἰησοῦς (Röm 8,34)[327] ist Ἰησοῦς Eigenname (nomen proprium), Χριστός Appellativum[328]. Andererseits kann Χριστός den Eigennamen vertreten (Röm 9,5; 15,3.7; IKor 1,12f; 10,4; 11,3; 12,12). Die Grenzen zwischen Titel und Name sind fließend. Doch auch in der Funktion als nomen proprium bleibt sein appellativer bzw. titularer Charakter erhalten (vgl. IKor 1,23f; Gal 3,13)[329]. Ein Bedeutungsgefälle innerhalb der Appositionsverbindung Ἰησοῦς Χριστός oder ihrer Inversion in der Weise, daß Χριστός sich bereits im vorpaulinischen Sprachgebrauch – und dann verstärkt bei Paulus – vom Titel weitgehend zum Asemantem, d.h. zum Cognomen, abschliff, läßt sich nicht belegen[330].

Die Wortfolge Ἰησοῦς Χριστός entspricht dem aramäischen יֵשׁוּעַ מְשִׁיחָא. Freilich hebt der Apostel in signifikanter Weise die dem Doppelnamen innewohnenden *soteriologischen* Implikationen hervor. Christus ist *für uns* (ὑπὲρ ἡμῶν)[331] gestorben (Röm 5,8)[332]. Das persönliche Präpositionalobjekt präzisiert das jeweilige Bekenntnis auf verschiedene Weise: ὑπὲρ ἀσεβῶν (Röm 5,6), ὑπὲρ ἀδελφοῦ (Röm 14,15, vgl. 14,13), ὑπὲρ τῶν ἁμαρτιῶν (IKor 15,3; Gal 1,4), ὑπὲρ πάντων (IIKor 5,14f). Sachlich entsprechen Röm 4,25; 8,32; IKor 8,11; Gal 2,20; 3,13; IThess 5,10[333]. In Röm 5,9f entfaltet

ten die Reminiszensen und gegenseitige Vertrautheit signalisierenden Hinweise wie »meine Geliebten«, »unser Mitarbeiter« bzw. »der Bewährte in Christus« hin. Diese vielleicht schon lange Jahre zurückliegende, teils enge Beziehung der Genannten zu Paulus ist ein Indiz für ihre Partizipation an den gleichen Traditionssträngen, auch was ihr Wissen über Jesus betrifft. Vielleicht ist es auch gestattet, IClem 13,1f; 16,16f; 46,6–8; 49,1 in dieser Hinsicht auszuwerten, P. STUHLMACHER, Abfassungszweck, 192. Inwieweit jedoch die römische Gefangenschaft von Paulus ihrerseits als traditionsbildender Faktor in Rechnung zu stellen ist und sich im IClem niederschlägt, muß offen bleiben.

[327] Die Wortstellung ist textkritisch nicht immer gesichert, vgl. nur Röm 1,1; 2,16; 6,3; 8,11.34; IKor 1,1; 4,17b; IIKor 13,5; Gal 2,16a; 3,14; 5,6; Phil 1,6; 2,21.

[328] Vgl. den sprachlichen Nachweis bei M. KARRER, a.a.O. 48–52.

[329] M. KARRER, a.a.O. 53–57.

[330] Das ist das m.E. überzeugende Ergebnis der philologischen und sprachgeschichtlichen Analyse M. KARRERS. Freilich wird auch von den Forschern, die von dem Abschliff des titularen Gebrauchs von Χριστός ausgehen, durchweg betont, daß die unterstellte semantische Reduktion nicht gleichzusetzen sei mit einer restlosen messianisch-titularen Verflüchtigung.

[331] Dabei hat bereits die vorpaulinische ὑπέρ-Formulierung einmal eher die Bedeutung »für, zugunsten von« im Sinne des personalen Stellvertretungsgedankens, Röm 5,6.8; IKor 15,3; IThess 5,10 u.ö., ein andermal »anstelle von«, z.B. Gal 3,13; IIKor 5,21. Aber gerade Gal 3,13 zeigt, daß eine genaue Abgrenzung nicht immer möglich ist.

[332] Die Qualifizierung des Todes Jesu als *für uns geschehen* erklärt neben der möglichen historischen Verhaftung des Christus-Titels an der Kreuzigung die Dominanz seiner Verwendung, vgl. K. H. KIM, a.a.O. 21–128.221–254.

[333] Vgl. daneben Mk 10,45par; 14,24; Mt 26,2 (περὶ πολλῶν); Lk 22,19; Joh 6,51; 10,15;

Paulus die Aussage von v. 8b, wobei eine Akzentverschiebung nicht zu übersehen ist. Während v.8 von dem Gedanken der personalen Stellvertretung her argumentiert, gehört v.9 in den Vorstellungsbereich der stellvertretenden kultischen Sühne (Stichwort αἷμα). Mit ihm schlägt Paulus den Bogen zu 3,21ff, besonders zu 3,25. Durch den Qal-Wachomer-Schluß werden die traditionsgeschichtlich eigenständigen Stellvertretungsaussagen in v.8f inhaltlich eng miteinander verzahnt[334]. Die v.9f qualifizieren das Χριστὸς ὑπὲρ ἡμῶν ἀπέθανεν (vgl. 8,34)[335] als ein Sühne bzw. Versöhnung wirkendes Geschehen, das Gott selber (8,31f) zugunsten des Menschen und seines Heils (σωθησόμεθα, 5,9) wirkt (Röm 3,25; 8,3.32; IIKor 5,18–21)[336].

Die theologischen Voraussetzungen legt der Abschnitt Röm 1,18–3,20 dar. Er weist die Tora als für *alle* Menschen gültige und verbindliche Rechtsforderung Gottes auf[337]. Sie gilt ungeteilt und ist als Ganze dem Menschen gegeben. Aus Lev 18,5; Dtn 27,26 und 28,58 erschließt Paulus, daß nur derjenige, der *alle* Gebote der Tora befolgt, leben wird[338]: ὁ ποιήσας αὐτὰ (ἄνθρωπος) ζήσεται ἐν αὐτοῖς (Röm 10,5; Gal 3,12, vgl. 3,11)[339]. Der

---

11,51; 17,19; 18,14; Röm 3,25; Eph 5,2.25; ITim 2,6; Tit 2,14; Hebr 2,9; 10,12; IPetr 2,21; 3,18; IJoh 3,16. Zur Sache W. SCHRAGE, Verständnis, 77–80; G. DELLING, Verkündigung, 336–339; J. D. G. DUNN, Christology, 121; R. BIERINGER, a.a.O. bes. 222–247.

[334] Vgl. den schon mit 5,5b beginnenden Faden der theologischen Argumentation, der sich am Leitwort ἀγάπη τοῦ θεοῦ orientiert.

[335] Wie in IKor 15,3 und Gal 1,4 inkludiert das ἡμεῖς eine anthropologische Seinsaussage. Das ἔτι ἁμαρτωλῶν ὄντων (v. 8) besagt, daß jeder Mensch *grundsätzlich* ein Sünder ist und unter der Macht der ἁμαρτία steht. Diese transindividuelle Universalität der Sünde – nicht zu verwechseln mit den Taten des einzelnen – bestimmt das menschliche Sein schlechthin, 5,12, vgl. Röm 3,23; 7,14.17.20; 11,32; Gal 3,22; IIKor 5,11. Vgl. H. WEDER, Sünde, 360–363; O. HOFIUS, Rechtfertigung, 122f. Daß sich für Paulus die Frage nach der »Notwendigkeit des Evangeliums« deshalb stelle, weil die Lage des Menschen aufgrund seiner »geschichtlichen Bedingungen« *faktisch*, nicht jedoch aufgrund seines Wesens *zwangsläufig* hoffnungslos sei, M. THEOBALD, Glaube, 289 Anm. 13, widerspricht dem in Röm 1,18–3,20 geführten Nachweis von der Sündenverfallenheit *jedes* Menschen (3,10b.12), vgl. auch 3,23; 7,14.20; 8,7.

[336] Diese »*theozentrische Perspektive*« wird von C. BREYTENBACH, Versöhnung, 154, mit Recht herausgestellt, vgl. auch M. WOLTER, Rechtfertigung, 180.188. Das paulinische Verständnis von Sühne und Versöhnung hat nichts zu tun mit dem äußerst problematischen, von Anselm stammenden juridischen Sühnebegriff, wonach für eine in einer Tat begründeten Schuld eine äquivalente Strafe zu erleiden ist, die Gott als Richter nach dem Kriterium der Gerechtigkeit qua Gleichheit zumißt. Vgl. nur O. HOFIUS, Sühne, 33–49.

[337] 1,18–20; 2,1.11.14f; 3,9, vgl. 2,25; Gal 3,10; 5,3. Hierzu E. JÜNGEL, Adam, 155; O. HOFIUS, Gesetz, 53f.

[338] Vgl. TJes 26,2, wonach allein der ein Täter des Gesetzes ist, der die Tora mit »vollkommenem Herzen gehalten« hat. Entsprechend gilt die Verheißung Gottes denen, die nicht gesündigt haben, TJes 7,2; 10,21f. Vgl. auch 1QpHab 8,1–3; bBB 10a; grHen 99,10.

[339] Röm 10,5 und Gal 3,12 zitieren Lev 18,5[LXX], jedoch nur die zweite Hälfte. Wie in Lev 18,5a steht das Pronomen αὐτά in Röm 10,5; Gal 3,12 stellvertretend für πάντα τὰ προστάγματά μου καὶ πάντα τὰ κρίματά μου, wodurch der verpflichtende Charakter der *ganzen* Tora unterstrichen wird. Wie σωθησόμεθα in Röm 5,9f ist ζήσεται streng futurisch

Sache nach entspricht diesem Gedanken Röm 2,13: οἱ ποιηταὶ νόμου δικαιωθήσονται[340]. Zieht der Gehorsam gegenüber den Geboten der Tora Heil und Leben nach sich[341], richtet sich umgekehrt die Fluchdrohung in Dtn 27,26 gegen denjenigen, der sie nicht *uneingeschränkt* hält (Gal 3,10; 5,3, vgl. Röm 2,5–10). Weil aber niemand, nicht einmal *einer* (Röm 3,12) diese Toraforderung erfüllt, ja nicht erfüllen *kann*[342], gilt daher für *alle* Menschen, daß sie unter der Macht der Sünde stehen (Röm 3,9), vor Gott schuldig sind (Röm 3,19), vom Gesetz verflucht (Gal 3,10.13), verurteilt (IIKor 3,9) und dem Zorngericht ausgeliefert sind (vgl. Röm 2,2–5.16; 4,15; 5,9)[343]. Das heißt aber nichts anderes, als daß sie den Tod verdient haben (Röm 7,7–25)[344], vgl. 1,32; 5,12.17f.21; 6,7–9.23; IKor 15,56; IIKor 3,6f Diese Konsequenzen sind unausweichlich, sofern man die Tora, wenngleich auch nur hypothetisch, als heilssuffiziente Größe anerkennt. Von dieser tödlichen Wirkung der Tora, die sich ihm in seiner vorchristlichen Existenz noch nicht erschließen konnte, gewinnt Paulus sein Verständnis für das durch Jesus Christus, genauer, durch seinen Tod dem Menschen geschenkte neue Leben, wie der Apostel paradigmatisch im Mittelstück des Gal, insbesondere in 3,6–14 ausführt. Der Abschnitt ist daher für die hier verfolgte Fragestellung von besonderem Gewicht. Freilich ist im Auge zu behalten, daß diese Verse nur einen Teil des brieflichen Gesamtgefüges bilden und sich ihm einordnen. Jede Auslegung wird daher den Makrotext beachten müssen, an dem die Einzelinterpretation zu kontrollieren ist.

---

zu fassen. Gemeint ist die zukünftige, an Jesus Christus gebundene und durch ihn ermöglichte ζωή (5,10). Vgl. 2,7 (ζωὴν αἰώνιον) und IThess 4,17 (σὺν κυρίῳ ἐσόμεθα).

[340] οἱ ποιηταὶ νόμου entspricht dem hebräischen התורה עוֹשׂי (1QpHab 7,11; 8,1; 12,4f) bzw. dem aramäischen אוריתא עבדי des TJes (4,2; 5,20; 9,6; 13,12; 31,9; 38,17; 42,21; 53,10).

[341] Das ist die vielfältig belegbare Überzeugung des Frühjudentums. Neben dem von Bill III, 129–131.237.277f.498, dargebotenen Material vgl. noch TPsJ zu Dtn 30,19f.

[342] Röm 8,7c: οὐδὲ γὰρ δύναται, vgl. 3,9f.23; 5,12. Im Kontext des Gal ergibt sich dies m.E. unzweideutig aus 3,8 und 3,11. Paulus entnimmt der Schrift (Gen 12,3; 18,18), daß Gott die Heiden ἐκ πίστεως gerechtspricht. Die δικαιοσύνη ἐκ πίστεως steht der ἐξ ἔργων diametral gegenüber, 2,16; 3,2.5.10.21, vgl. 2,21; Röm 10,5f. Sie ist in der Schrift vorhergesehen (3,8a) und geht der Sinai-Tora sachlich und zeitlich voraus (3,8b: προευηγγελίσατο). Da in Abraham aber nicht nur πάντα τὰ ἔθνη gesegnet sind, sondern er zugleich πατὴρ πάντων ἡμῶν (Röm 4,16d, vgl. 4,11f), also auch der Vater der Juden ist (Röm 4,11), folgt notwendigerweise: ἐν νόμῳ οὐδεὶς δικαιοσύνη παρὰ τῷ θεῷ, Gal 3,11. Vgl. K. BERGER, Abraham, 68.76; H.-J. ECKSTEIN, Erwägungen, 204–206.

[343] Mit ὀργή ist in Abbreviatur das Endgericht umschrieben, vgl. äthHen 55,3; 62,12f; 91,9; Mt 3,7, aus dem die Gerechtfertigten errettet werden, äthHen 62,13; grHen 99,10; 1QpHab 8,1–3; bBB 10a; Act 15,1; IThess 1,10; 5,9; IIThess 2,13; Hebr 10,39, s. auch Bill I, 115f.

[344] Zum Argumentations- und Begründungszusammenhang von Röm 7 vgl. nur P. v. d. OSTEN-SACKEN, Beispiel, 194–220; G. THEISSEN, Aspekte, 181–223; H. WEDER, Widerspruch, 130–142; S. VOLLENWEIDER, Freiheit, 339–374.

6.5 Das Christusevangelium
im Konflikt mit nomistischen Gegnern in Galatien

Die Diskussion über die rhetorische Eigenart, die Disposition, den epistolo-
graphischen Charakter und die Gedankenführung des Gal ist durch H. D.
BETZ' Kommentar neu entfacht worden. Das lebhafte Echo in der Forschung
spricht für sich[345].

Ein Großteil der Literatur erschien als Reaktion auf seinen Versuch, den Gal entsprechend den Regeln der griechisch-römischen Rhetorik und Epistolographie kategorial
als einen dem genus iudicale angehörenden *apologetischen Brief* zu verstehen. H. D.
BETZ gliedert ihn, sieht man einmal von Präskript (1,1–5) und Postskript (6,11–18)
ab, in *exordium* (1,6–11), *narratio* (1,12–2,14; *propositio* (2,15–21), *probatio* (3,1–
4,31), *exhortatio* (5,1–6,10)[346]. Diese These, konsequent durchgeführt, ist zweifellos
von beträchtlichem heuristischen Wert. Kritische Anfragen, nicht zuletzt von seiten
der Altphilologie vorgetragen, zielen primär auf den methodischen Ansatz. Es seien
nur die m.E. entscheidenden Punkte aufgelistet: 1. Lassen sich Rhetorik und Epistolographie, d.h. Rede und Brief, derart gleichsetzen, wie es bei H. D. BETZ geschieht? 2.
Sind die paulinischen Briefe wirklich Reden mit brieflichem Rahmen[347]? 3. Die vorgenommene Unterteilung rechnet mit der idealtypischen Vorfindlichkeit des rhetorischen Genus, dessen abgrenzbare Segmente funktional noch eindeutig bestimmbar
sind. 4. Nicht Einzelbeobachtungen am vorhandenen Text, die zunächst einmal mit
Theorie und Praxis der Regeln antiker Rhetorik zu vergleichen wären, führen H. D.
BETZ zu seinem Ergebnis. Vielmehr wird von vornherein die Kategorie »apologetischer Brief« als Raster angelegt, dem sich die Summe der jeweiligen Aufbauelemente
strukturell[348] einzufügen hat[349].

Eine divergierende rhetorische Klassifizierung des Gal, die von einem genus di-
cendi in anderer Reingestalt ausgeht, hilft auch nicht viel weiter. Sie ist nur eine
scheinbare Alternative. Während auffällt, daß H. D. BETZ im wesentlichen von Gal
1–4 her die Zugehörigkeit zum genus iudicale bestimmt, stützt z.B. G. A. KENNEDY
seine These, der Gal weise eher die Merkmale der deliberativen Rhetorik auf[350], in

---

[345] Vgl. nur den Überblick bei A. SUHL, Galaterbrief, bes. 3088–3132, sowie H. HÜB-
NER, Epistolographie, 241–250; C. J. CLASSEN, Rhetorik, 1–15.29–33 (dort 9 Anm. 21 weitere Lit.).

[346] Galaterbrief, bes. 54–72.

[347] Zum Gal vgl. J. SCHOON-JANSSEN, Apologien, 82–86.90f.112f. Er macht vor allem
auf die durchgängig zu beobachtenden Charakteristika des Diatribe-Stils (Antithesen, Paradoxien, Anreden, rhetorische Fragen, Einwände, spezifischer Zitateinsatz usw.) aufmerksam.

[348] H. D. BETZ spricht von »Oberflächenstruktur«, a.a.O. 57.

[349] Stellvertretend für viele vgl. H. HÜBNER, a.a.O. 244; G. A. KENNEDY, Criticism,
144–152; M. BÜNKER, Briefformular, bes. 11–15.76–80.81f.150–152; C. J. CLASSEN,
a.a.O. 13–15.29f.

[350] Konsequent durchgeführt von J. SMIT, Letter, bes. 9–24. Seine ausschließliche Berufung auf Cicero, De inventione, Rhetorica ad Herennium und Rhetorica ad Alexandrum
führt jedoch zu den gleichen methodischen Vorbehalten wie gegenüber H. D. BETZ.

erster Linie auf die beiden letzten Kapitel[351]. Vieles deutet darauf hin, daß – wenn überhaupt – der Brief weder mit der einen noch mit der anderen Gattung in der postulierten Form identisch ist[352]. Schon sehr früh galt die klassische aristotelische Dreiteilung in deliberative (symbuleutische), forensische (dikanische) und epideiktische (demonstrative) Redeweise als ein zu enges Muster, das kaum je in dieser idealtypischen Weise existierte[353].

Wird man aus all diesen Gründen das Thema »Paulus als Rhetoriker im Gal« im Sinne des »apologetischen« Briefs noch keineswegs als abschließend beantwortet, und zwar positiv beantwortet, ansehen dürfen, ist es andererseits unstatthaft, den durchaus präsenten apologetischen Ton – bes. in 1,1.20–2,14354 – zu bestreiten und den Brief generell von der »Sprache der Demagogie« und Polemik beherrscht sein zu lassen, wie P.-G. KLUMBIES es tut. Dabei meint er genau zwischen den paulinischen Selbstaussagen, denen über die Gemeinde und die in Galatien anwesenden Gegner unterscheiden zu können[355]. Doch schon seine Bemerkungen zu Gal 1,1 und 1,10ff lassen erkennen, daß die gewünschten Differenzierungen und Korrekturen ihrerseits nur um den Preis exegetischer Konstruktionen aufrecht zu erhalten sind[356]. Außerdem, kann man wirklich Apologie, Polemik und Paränese in jedem Fall säuberlich voneinander trennen?

Im folgenden geht es mir wesentlich um eine Interpretation des Abschnitts Gal 3,1–14. Er gehört in jedem Fall, ob man H. D. BETZ beipflichtet oder nicht, zum brieflichen Hauptteil, der bis 4,31 reicht. Deshalb sind die divergierenden Ergebnisse der rhetorischen Analysen, die ansonsten auch zu einer unterschiedlichen Disposition des Briefs führen, für die hier anstehende Thematik von untergeordneter Bedeutung.

Die Gegner, mit deren Wirksamkeit in der Gemeinde sich Paulus auseinandersetzt, sind (hellenistische?) Judenchristen (1,6f; 3,26–29; 5,1–7)[357], die

---

[351] A.a.O. 19–23.144–152, vgl. R. G. HALL, Outline, 277–287; G. W. HANSEN, Abraham, bes. 57–71. Dieser variiert das Grundschema und geht von einem zweifachen rhetorischen Genus aus. 1,6–4,11 repräsentiere die forensische Redeweise (»rebuke section«), 4,12–6,10 deliberative Rede (»request section«), a.a.O. 53f.59f.

[352] Hierzu M. BACHMANN, Sünder, 12–19; K.-W. NIEBUHR, a.a.O. 5f.

[353] C. J. CLASSEN, a.a.O. 29.31f.

[354] Vgl. J. SCHOON-JANSSEN, a.a.O. 92–113.

[355] A.a.O. 110–112.120.122 [Anm. 40].128 Anm. 53.

[356] Vgl. bes. 111–113.

[357] Zum Terminus vgl. Gal 2,14; Josephus, Bell II 454; Euseb, Sermones VII (PG 86,353), vgl. auch Gal 1,13f; IIMakk 2,21; 8,1; 14,38; IVMakk 4,26. Freilich sollte man mit allzu vorschnell sich einstellenden negativen Konnotationen vorsichtig sein. Nicht daß diese Gruppe die Beschneidung praktiziert oder weiterhin more judaico zu leben versucht, ist das eigentliche Problem. Mit dem Evangelium unvereinbar erweisen sich ihre Verkündigung und Praxis, indem sie als Judenchristen die Hinwendung zum Christusglauben erst in der Beschneidung *vollendet* sehen, vgl. Gal 2,3f; 5,2.4; 6,12f diese also den Galatern gegenüber für soteriologisch relevant erklären. Zur Gegnerfrage in Galatien s. J. ECKERT, Streit, bes. 1–18.64–71.231–238; B. H. BRINSMEAD, Resonse, 9–22.206–214 (geraffter Überblick über die Identifizierung der Gegner von Irenäus bis zur Gegenwart); A. SUHL, a.a.O. 3082–3088; G. W. HANSEN, a.a.O. 167–174.258–265; T. SÖDING, Gegner, 305–321.

einen christlichen Nomismus vertreten. Weder sind sie Juden[358] noch Judenchristen mit einem starken gnostischen Einschlag[359]. Wer eine antipaulinische Front überhaupt in Zweifel zieht, muß Paulus unterstellen, er argumen-
tiere gegen ein von ihm selbst aufgerichtetes Zerrbild von Gegner an. Da es
Paulus im Konflikt mit diesen Nomisten vornehmlich um einen zentralen
Punkt ihres jüdischen Glaubenserbes, die Beschneidung (5,2f.6.12; 6,12f,
vgl. 2,3–5.7), geht, dem andere Aspekte zugeordnet sind (4,3.9f), wird man
in dem Brief eine grundsätzliche Reflexion und theologische Klärung des
Verhältnisses von jüdischer Glaubensposition und paulinischer Christusverkündigung erwarten dürfen. Mit der Entgegensetzung von εὐαγγέλιον τοῦ
Χριστοῦ (1,7, vgl. 2,5.14; 5,7) und ἕτερον εὐαγγέλιον (1,6), die mit der von
οὐκ ἀπ' ἀνθρώπων οὐδὲ δι' ἀνθρώπου ἀλλὰ διὰ Ἰησοῦ Χριστοῦ in 1,1 korrespondiert, werden die Argumentationsfelder gleich zu Beginn in deutlicher
Zuspitzung abgesteckt[360].

6.5.1 Gal 3,1 – 4,31 als kohärenter Briefabschnitt

Mit 3,1 beginnt der »most decisive« und »central part« des Briefkorpus[361].
Die schon sprachlich in besonderer Weise gewichtete (ὦ ἀνόητοι Γαλάται,
vgl. Lk 24,25), in 3,3 abermals vorgetragene direkte Anrede an die Leser

---

[358] So N. WALTER, Gegner, 351–355. Obwohl K. HAACKER hinsichtlich der paulinischen
Gegner von Judaisten spricht, meint er faktisch doch Juden, genauer, Vertreter eines »zelo-
tisch eingestellte(n) Judentum(s)«, Galaterbrief, 105, gegen die der Apostel polemisiere.

[359] W. SCHMITHALS, Häretiker, 9–46, bes. 22–29; Judaisten, 27–58; H. SCHLIER, 19–21
(Vertreter eines »gnostischen Vorstadiums«); K. WEGENAST, Tradition, 36–40. Dagegen
vgl. nur R. MC L. WILSON, Gnostics, 358–367; J. W. DRANE, Paul, 89–91 (er schließt aber
eine entwicklungsbedingte Affinität zu gnostisierenden Bewegungen nicht aus, 115–
124.173–177). J. MUNCK, Heilsgeschichte, 79.81.114f.125f, denkt ähnlich wie M. BARTH,
Juden, 62f, an judaisierende Heidenchristen, die in Paulus nicht den Apostel Jesu Christi,
sondern den Abgesandten speziell der Jerusalemer Urgemeinde gesehen hätten. Deswegen
sei Paulus in Gal 1–2 gezwungen gewesen, einen ausführlichen Nachweis seiner Selbständigkeit zu führen.

[360] Zu beachten ist freilich, daß wir die Identität der Gegner allein von der paulinischen
Position her bestimmen. Sie selbst mögen sich hingegen wie Paulus auch als Apostel und
Lehrer verstanden haben, die – wiederum analog zu Paulus – ihr Evangelium predigten, vgl.
K. BERGER, Gegner, 391; J. L. MARTYN, Mission, 205 (dort 211–213 ein Rekonstruktions-
versuch ihrer galatischen Verkündigung).

[361] H. D. BETZ, Composition, 368, vgl. auch B. H. BRINSMEAD, a.a.O. 52.78–87. Hingegen erblickt F. J. MATERA in Gal 5,1–6,17 das eigentliche Ziel der paulinischen Argumentation. Erst hier komme zum Vorschein, worauf der Brief von Anfang an hinauslaufe, nämlich
auf die Warnung vor der Beschneidung, Culmination, 79–91. Ähnlich A. SUHL, Geist, 284,
für den der Höhepunkt mit 5,13–24 erreicht ist. In dieser Form ist F. J. MATERAS These
nicht haltbar. Bereits in 2,3.7–9.12 ist von der Beschneidung die Rede. Außerdem ist sie
doch nur die Konkretion des νόμος, dessen Geltung innerhalb des soteriologischen Kanons
gerade im Mittelstück 3,1ff energisch bestritten wird. Insofern ist die vorgenommene Differenzierung künstlich, vgl. J. P. SAMPLEY, Comparison, 318. Freilich ist zu beachten, darin
hat F. J. MATERA recht, daß 5,1ff nicht einfach als ein ethischer Appendix von 3,1–4,31 zu

(vgl. 1,1–5.6–9.11.13; 3,15.26–29; 4,12.21.28.31; 5,2.11.13; 6,1) markiert nicht nur einen Neuanfang im Gefüge des Gal, sondern fordert die Adressaten zu erhöhter Aufmerksamkeit[362] auf. Denn es folgt ein weiterführender bzw. ein das bisher Gesagte explizierender Gedankengang. Er setzt die im Kontext des 2,11–14 geschilderten öffentlichen Konflikts mit 2,15 beginnende Rechtfertigungsthematik voraus. Jedoch ist umstritten, wie weit dieser Mittel- und Hauptteil geht, ob er mit 4,31[363] oder erst mit 5,12[364] endet. Im zweiten Fall wäre 5,1–12 eine Zusammenfassung der *probatio* von 3,1 – 4,31[365].

Eine eindeutige Entscheidung ist schwer zu treffen. Für die letzte Möglichkeit spricht, daß in 5,5f die den Abschnitt 3,1ff programmatisch eröffnenden Stichworte πνεῦμα und πίστις in ihrer Verschränkung (πνεύματι ἐκ πίστεως ... ἀπεκδεχόμεθα) den Abschluß der mit 3,1 anhebenden Argumentation bilden, aus der sich die unmittelbare Konsequenz von 5,6 ableitet. Ohne daß man H. D. Betz und seiner den Brief strukturierenden Disposition folgen muß, dürfte mit ihm schon in 4,31 der Schluß des argumentativen Beweisteils zu sehen sein[366]. Der paränetische Abschnitt schließt sich in 5,1–6,10 an. Für den Neueinsatz nach 4,31 spricht a) das folgernde οὖν von 5,1b, das als οὖν-paraeneticum[367] die sich aus der theologischen Grundlegung von 4,21–31 ergebenden Konsequenzen einleitet und sie nun ethisch gewendet

---

behandeln ist. Dagegen spricht die enge Verklammerung, die die Stichworte πνεῦμα (3,2f.5.14; 4,6.29; 5,5.16–18.22.25; 6,1.8f), πίστις (3,2.5.7–9.11f.14.22–26; 5,5f.22; 6,10), νόμος (3,2.5.10–13.17–19.21.23f; 4,4f.21; 5,3f.14.18.23; 6,2), σάρξ (3,3, vgl. 2,2a; 4,13f.23.29; 5,13.16f.19.24; 6,8) und ζῆν (3,11f; 5,25, vgl. 2,19f) anzeigen.

[362] Sie entspricht dem dialogischen Charakter der Diatribe, Epiktet, Diss. I 4,11; II 8,12; 22,44.85; 23,17; Horaz, Satirae II 3,123; Plutarch, Moralia (de cup.div.). 525C.525D.

[363] So H. Lietzmann, 36; H. D. Betz, 433–436; G. Ebeling, Wahrheit, 319.322f; W. Harnisch, Einübung, 285; F. Vouga, La construction, 262f; F. F. Bruce, 57 (unter Einschluß von 5,1); J. Rohde, 211. 5,1–6,10 charakterisiert B. H. Brinsmead als *refutatio*, die als Strukturelement der Gerichtsrede die Funktion habe, im Anschluß an die *probatio* die gegnerischen Gründe zurückzuweisen, vgl. Ad Herennium II 30,47. Er weitet aber mit seiner Bezeichnung die rhetorische Nomenklatur zu stark aus, da die *refutatio* »takes on a paraenetic function«, a.a.O. 54. Damit gehört B.H. Brinsmead in die Reihe derer, die, das rhetorische Genus einmal unterstellt, die *probatio* bzw. *confirmatio* oder auch *argumentatio* mit 4,31 enden lassen.

[364] O. Merk, Paränese, 83–104; H. Schlier, 118; J. Becker, 67; D. Lührmann, 83.86; A. Feuillet, Structure, bes. 32–37; R. Y. K. Fung, 221.243; G. W. Hansen, a.a.O. 50f.54, der freilich 5,1–12 (»authoritative appeal) von 5,13–6,10 (»ethical appeal«, d.h. Paränese) abhebt und von 4,12 an mit einem Wechsel des rhetorischen Genus rechnet. A. Suhl nimmt noch 5,13–24(25) hinzu, Geist, 284, obwohl er vorher 5,13–6,10 als »ethische Belehrung« bestimmt, a.a.O. 268.273. U. Borse, 163–166.188f, läßt den paränetischen Teil bereits mit 4,21 beginnen, was m.E. wegen der engen Verbindung von 4,21–31 mit dem Vorhergehenden s.v. Abraham nicht möglich ist. Daß 5,13–6,10 sekundär in den Brief gelangt sein soll, J. Smit, a.a.O. 8f.25f, ist m.E. nicht ernsthaft zu diskutieren.

[365] O. Merk, a.a.O. 100–103; H. Hübner, TRE XII 6.

[366] A.a.O. 236f.431f.

[367] W. Nauck, Das οὖν-paraeneticum, 134f.

weiterführt: στήκετε οὖν καὶ μή ... ἐνέχεσθε[368], b) der Stichwortanschluß zwischen 4,31 und 5,1: ἐλευθερία – ἠλευθέρωσεν. Er nimmt die affirmative Aussage von 4,31 auf (ἐσμὲν) τέκνα ... τῆς ἐλευθέρας und leitet sie in die Paränese über, indem er den Ermöglichungsgrund der in 4,21–31 entfalteten Freiheit nennt: Christus, c) der analoge Auftakt der drei Unterabschnitte 5,1–12; 5,13–24; 5,25–6,10 in 5,1a.13a.25a, wodurch sich der ganze Abschnitt 5,1–6,10 als zusammengehörig erweist[369].

Die Alternative, um die es Paulus mitsamt den sich aus der jeweiligen Antwort ergebenden Folgerungen geht, formuliert er in 3,2.5 gleich zweimal. Habt ihr Galater das πνεῦμα empfangen ἐξ ἔργων νόμου oder ἐξ ἀκοῆς πίστεως, d.h. aus der Glauben weckenden Verkündigung des Evangeliums[370]? Diese Frage setzt voraus, daß die pneumatischen Erfahrungen der Adressaten und ihre Begabung mit dem Pneuma zwischen ihnen und Paulus nicht strittig ist[371]. Vor allem dann nicht, sollte Paulus hier an die Taufe erinnern, der die Galater ihr geistgewirktes gegenwärtiges Sein verdanken[372]. Jedoch wiederholt 3,5b nicht einfach 3,2b. Während v.2b an die *vergangene Erfahrung* der Galater erinnert, die für Paulus in der Gegenwart gleichwohl argumentative Kraft besitzt[373], zielt v.5b auf das *gegenwärtige* Handeln Gottes in der Gemeinde. Allerdings führt Paulus mit der πίστις gleich zu Beginn seines Beweisgangs das bleibende Fundament der Heilsteilhabe in den Diskurs ein (vgl. neben 3,2.5 noch 3,7.8.9.11.12.22.24)[374]. Der Geist ist das Zeichen des im Glauben geschenkten eschatologischen Heils. Weiterhin knüpft der Apostel trotz des antiochenischen Zwischenfalls (2,11–14) an den für ihn verbindlichen Konsens an (ἡμεῖς ... εἰδότες, 2,15f[375]), daß der Mensch im

---

[368] Vgl. Röm 6,12; 12,1; IThess 4,1 u.ö. Auf dieses sprachlich-sachlogische Argument geht z.B. A. Suhl mit keinem Wort ein, Galaterbrief, 3221f.

[369] Wieder anders M. Bachmann, a.a.O. 110–151. Nach ihm beziehen sich 3,1ff; 4,8ff und 5,2ff in einem »Dreierschritt« auf 2,15–21 zurück und explizieren die dort an Judenchristen sich richtende Argumentation im Blick auf die galatischen Heidenchristen.

[370] Vgl. Röm 10,8; IThess 2,13, weiterhin Röm 10,17; 15,19; Gal 2,2; IThess 2,8 und schon Platon, Phaid 61d. Die πίστις ist daher als die fides qua creditur aufzufassen, mit H.-J. Eckstein, a.a.O. 219f; H. W. Johnson, Paradigm, 188; anders A. v. Dobbeler, Glaube, 18–25 (und die dort Genannten); S. K. Williams, Hearing, 82–93 (»hearing of faith«). Eine geraffte Zusammenfassung der Diskussion bietet H. W. Johnson, a.a.O., 185–188.

[371] Ohne daß man mit H. D. Betz gleich einen Paulus und die galatischen Gemeinden gleichermaßen bestimmenden »intensiven ›Enthusiasmus‹« anzunehmen hat, Geist, 93.

[372] U. Schnelle, Christusgegenwart, 63; J. Becker, Rede, 40.44.

[373] Deshalb ist ἐλάβετε weder ein rein effektiver noch ein rein ingressiver Aorist.

[374] Vgl. D. Zeller, Mission, 94f.97; A. v. Dobbeler, a.a.O. 57f. Die untrennbare Verbindung von Geist und Glaube vernachlässigt Ch. H. Cosgrove bei seiner Interpretation von 3,1–5 völlig, Study, 40–46. Vgl. hingegen F. W. Horn, a.a.O. 114.

[375] Dieses εἰδέναι ist hier weder ein Versatzstück noch eine bloße Redefigur des Diatribenstils, den Paulus gerade mit diesem Wortstamm sonst gerne pflegt, Röm 11,2; IKor 3,16; 5,6; 6,2f.9.15f; 7,16; 9,13; Phil 4,15 u.ö. Das εἰδέναι ist vielmehr qualifiziert als eine Funktion des πιστεύειν, vgl. Röm 6,9; 13,11; IKor 2,2.12; IIKor 1,7; 4,14; Gal 4,8. S. ferner Röm 2,2; 3,19; 5,3; 7,14; 8,22.28; IKor 8,4; IIKor 5,1; 6,1; IThess 3,3; 5,2 und B. H. Brins-

kommenden Gericht Gottes nicht ἐξ ἔργων νόμου, sondern ausschließlich διὰ πίστεως Ἰησοῦ Χριστοῦ gerechtgesprochen wird (2,16)[376]. Diese zunächst gemeinsame Basis beschreibt den Ausgangspunkt für den folgenden Gedankenschritt innerhalb des argumentativ sich als zusammengehörig erweisenden Abschnitts 3,1–4,31.

Die Verse 3,1–5 eröffnen den ersten von mehreren Beweisgängen, in denen *Paulus* die notwendigerweise sich ergebenden Konsequenzen aus der für *alle* zustimmungsfähigen These von 2,15f zieht[377]. Dafür spricht der deutlich als Inklusion gestaltete Teil der Doppelfrage in 3,2 und 3,5: ἐξ ἔργων νόμου ... ἢ ἐξ ἀκοῆς πίστεως. Paulus dringt auf die Alternative und zielt mit der Frage auf die Zustimmung der Adressaten zugunsten ihres zweiten Teils. Denn die Gabe des Pneumas als die verbindliche Grundlage des beiderseitigen Argumentationshorizontes konzediert der Apostel den Galatern ausdrücklich, so daß er an dieses Einvernehmen anknüpfen kann. Strittig ist allein das *Woher* des Pneumas. Eben darum geht es in 3,6ff, wie der betonte Stichwortanschluß von v.5 zu v.6 (πίστεως – ἐπίστευσεν) anzeigt. Insofern ist Gal 3,1–5 notwendiger Bestandteil des sich anschließenden, theologisch prinzipiellen Argumentationsablaufs. Er kommt einer Art pädagogischer Mäeutik für die eigentlich schon wissenden (2,16) Galater gleich, die freilich genau die falschen Konsequenzen ziehen (2,17–21).

MEAD, a.a.O. 70. Einen ganz eigenen (und eigenwilligen) Vorschlag hat jüngst V. JEGHER-BUCHER unterbreitet. Sie hält die Passage 2,11–16 für eine »*Variante der Ausspruchschrie*«, die als Frage und Antwort aufgebaut ist. Danach gibt v.11 das Thema an, v.12f erklären, wie es zur Situation gekommen ist, v.14 formuliert die entscheidende Frage (Paulus), auf die Petrus (!) in v.15f antwortet und seinen Fehler zugibt, Betrachtung, 310–312.314f, vgl. auch Rhetorik, 150–179. Die entscheidenden Gegenargumente sind a) es gibt keinerlei Antwortanzeige in v.15, b) das Subjekt von εἰδότες (v.16) und ζητοῦντες (v.17) ist das ἡμεῖς von v.15, und zwar auf der gleichen Sprecherebene; daß das Personalpronomen in v.15 und v.16 die Galater nicht einschließen könne, Rhetorik, 163f.173, verkennt zum einen den persuasiven Charakter dieser Stelle (dazu gleich) und wird zum anderen durch 3,13f widerlegt (vgl. unten Anm. 466), c) die vorgeschlagenen Textkonjekturen in v.14 (εἶπόν τε Κηφᾷ anstelle von εἶπον τῷ Κηφᾷ) und v.15 (φησίν statt φύσει) sind willkürlich und nicht wirklich begründbar, Betrachtung, 318f. Vgl. auch A. WECHSLER, Geschichtsbild, 368f. 371f.

[376] Das Präsens δικαιοῦται trägt futurischen Sinn wie das ἀποκαλύπτεται in Röm 1,18, s. den Nachweis bei H.-J. ECKSTEIN, Zorn, 74–89, und entspricht somit Röm 3,20: ἐξ ἔργων νόμου οὐ δικαιωθήσεται πᾶσα σάρξ (zit. Ps 142,2[LXX] mit seinem κρίσις-Motiv). Das Verhältnis von gegenwärtigem und zukünftigem Handeln Gottes bestimmt Paulus so: die δικαιοκρισία τοῦ θεοῦ (Röm 2,5) wird am »Tag des Zorns« offenbaren, daß diejenigen durch den Glauben an Jesus Christus gerechtfertigt werden, die δικαιωθέντες νῦν ἐν τῷ αἵματι αὐτοῦ (Röm 5,9). Entsprechend fährt der Apostel fort: σωθησόμεθα δι᾽ αὐτοῦ ἀπὸ τῆς ὀργῆς. Zum forensischen und eschatologischen Charakter des δικαιοῦσθαι vgl. R. BULTMANN, Theologie, 271–275; E. SYNOFZIK, a.a.O. 151–177.

[377] Vgl. H. D. BETZ, 236; B. H. BRINSMEAD, a.a.O. 78–82; J. BECKER, Paulus, 292. 2,17f markiert den Dissens, obwohl die im Konditionalsatz enthaltene Prämisse v.17a von Paulus natürlich bejaht wird. Mit dem paradigmatischen ἐγώ von 2,19–21 expliziert der Apostel die zurückgewiesene Frage von v.17b und die Assertio von v.18.

Was H. D. BETZ für den ganzen Brief plausibel zu machen versucht hat, gilt nach K. BERGER für den Abschnitt 3,1–14 in gleicher Weise. Auch in ihm spiegelten sich die Strukturelemente des genus iudicale wider[378]. Danach wäre 3,1f das Proömium mit der *captatio*, v.3–5 bildeten die *narratio* als Basis der sich anschließenden *argumentatio* (v.6–12) mit ihren beiden Teilen von *probatio* (v.6–10) und *refutatio* (v.11f), der die *peroratio* als bündelnder Schlußteil folgte (v.13f). Dieser Analyse steht jedoch ein wesentliches Argument entgegen. 3,10–14 ist eine Einheit. Die Verse dürfen in ihrer rhetorischen Funktion nicht auseinandergerissen werden. Ihr Gefälle läuft eindeutig auf v.13 zu (vgl. unten 6.5.3), so daß dieser Vers in jedem Fall – das unterstellte rhetorische Schema einmal vorausgesetzt – zur *probatio* gehörte und damit der Beweisführung zuzuschlagen wäre. Die Konsequenzen aus dem Vorhergehenden zieht erst v.14, den man in der Tat als *recapitulatio* auffassen kann[379]. An der entscheidenden Stelle versagt sich demnach der Abschnitt 3,1–14 der vorgeschlagenen Einordnung in die Grundstruktur des genus iudicale. Gegenwärtig ist eine Tendenz zu erkennen, fast die gesamte paulinische Korrespondenz oder Teile aus ihr unter rezeptionsästhetischen, kommunikationstheoretischen und rhetorischen Gesichtspunkten zu interpretieren. Abgesehen davon, daß die Grundlagenproblematik noch keineswegs ausdiskutiert ist, droht hier ein wichtiger, die Einsicht in das kommunikative Geschehen zwischen Autor und Rezipient vertiefender sowie die Forschung fördernder Ansatz aus Entdeckerfreude heraus verabsolutiert zu werden.

6.5.2 Der Glaube Abrahams und die Verheißung für die ἔθνη (Gal 3,6–9)

Gal 3,6–14 beantwortet die auf die beiden rhetorischen Fragen (3,2b.5b) zugespitzte Alternative, die freilich nach 2,16 für die Galater keine beliebige Option mehr offenhält[380] (vgl. Röm 3,28), in zwei Anläufen (3,6–9.10–14)[381]. Beide Teilantworten sind der Frage von 3,5b chiastisch zugeordnet, wodurch sich ein unmittelbarer Stichwortanschluß zwischen 3,5 und 3,6 ergibt. ἐπίστευσεν nimmt das Ende von 3,5 auf, während 3,10 mit der Opposition ἐξ ἔργων νόμου den zweiten, unter dem Stichwort Fluch stehenden

---

[378] Exegese, 43–45. Ebenso J. BECKER, bezogen auf 2,14b-21, a.a.O. 292.

[379] K. BERGER, a.a.O. 45.

[380] Das signalisiert schon der Ausschließlichkeitscharakter des ἐὰν μή vgl. BDR § 376,2 und BAUER-Wb, s.v. ἐάν I 3b [426]. Daß es elliptisch gebraucht sei und den übergeordneten Satz (v.16a) inkludiere, V. JEGHER-BUCHER, Rhetorik, 175 Anm. 111, ist eine sprachliche petitio. Auch deswegen halte ich ihre Textparaphrase für verfehlt.

[381] In 3,15 folgt ein Neueinsatz. Der mit 3,6 beginnende Abschnitt, die eigentliche Auslegung von Gen 15,6, endet mit 3,14. Inhaltlich geht es aber in 3,15–18 immer noch um die an Abraham ergangene ἐπαγγελία, so daß diese Verse wie eine Explikation von 3,6–14 wirken. Paulus wehrt sich gegen das Mißverständnis, als sei der νόμος eine notwendige Ergänzung der ἐπαγγελία. Nach den Ausführungen über den νόμος in 3,19–25 (vgl. 3,10–12) lenkt Paulus mit 3,29 wieder auf das Thema der Abrahamverheißung und -kindschaft zurück, nachdem schon 3,26–28 – nicht zuletzt durch die Wendung διὰ τῆς πίστεως – an 3,13f zurückgebunden wurde.

Gedankengang einleitet[382]. Er mahnt bei der Präferenz für diese Alternative sogleich die Konsequenz an: ὑπὸ κατάραν εἰσίν (3,10b)[383]. Mit einem »Evidenzargument«[384] (δῆλον), das er mit Hilfe der Schrift stützt (Hab 2,4b), begründet Paulus einerseits v.10. Zum anderen bereitet er damit den Gegensatz von νόμος und πίστις in v.12 vor, der spätestens seit 2,16 die paulinische Argumentation leitet. Nun separiert der Apostel aber in äußerst schroffer und exklusiver Weise die πίστις vom νόμος[385], um anschließend die Negation ἐν νόμῳ οὐδεὶς δικαιοῦται παρὰ τῷ θεῷ (v.11) im Sinne seines wiederum aus der Schrift gewonnenen, christologisch begründeten Heilsverständnisses[386] positiv zu wenden (v.13f).

Auf den Erkenntnisgrund seiner Darlegung hatte Paulus bereits in 1,12.16 pointiert hingewiesen. Es ist Gottes Offenbarung seines Sohnes ἐν ἐμοί (1,16) als das sein Evangelium zuallererst konstituierende Ereignis (1,11f). Diese sich ihm als göttliche Gnade (1,15; 2,9.21, vgl. IKor 15,8–10) erschließende Offenbarung legitimiert seine ἀποστολὴ … εἰς τὰ ἔθνη (2,8, vgl. 1,16)[387]. Die Übereinkunft in Jerusalem galt ausdrücklich Ziel und Inhalt des

---

[382] Die Opposition von 3,2.5 wird einmal in 3,8f.14 und dann in 3,10–13 s.v. εὐλογεῖν bzw. εὐλογία und κατάρα wieder aufgenommen, so daß sich die Abschnitte 3,6–9 und 3,10–13 insgesamt antithetisch gegenüberstehen. Zur Bedeutung dieses Gegenübers für die paulinische Argumentationsstrategie D. LÜHRMANN, 53–59.

[383] Beachte den antithetischen Parallelismus in 3,9 und 3,10: οἱ ἐκ πίστεως (v.9a) – ὅσοι γὰρ ἐξ ἔργων νόμου εἰσίν (v.10aα), εὐλογοῦνται σὺν τῷ πιστῷ Ἀβραάμ (v.9b) – ὑπὸ κατάραν εἰσίν (v.10aβ). Die Evidenz der inhaltlichen Alternative von 3,2b.5b spiegelt sich auf einer ihr korrespondierenden sprachlich-formalen Argumentationsebene wider. M.E. ein Indiz dafür, daß Paulus die Gesetzesfrage in v.10 auf der gleichen grundsätzlichen Ebene angeht wie in v.11, die beiden Verse also nicht in Spannung zueinander stehen im Sinne eines einmal *quantitativen* (v.10) und andermal *qualitativen* (v.11) Arguments, so aber H. RÄISÄNEN, Law, 96; G. KLEIN, Werkruhm, 205. Freilich reicht das Schriftzitat in 3,10b zur Begründung der Eingangsaussage von 3,10a noch nicht aus. Erst in Verbindung mit den Zitaten in v.11b.12b erhärtet es die generelle These. S. hierzu die überzeugende Interpretation bei D.-A. KOCH, Zeuge, 265–267.

[384] K. KERTELGE, Freiheit, 189.

[385] Vgl. J. ECKERT, a.a.O. 40f; U. WILCKENS, Entwicklung, 179; R. Y. K. FUNG, 141f.145.

[386] Paulus geht es in Gal 3,6ff entschieden um die *soteriologische* Dimension des Christusglaubens. Allerdings hat er nicht nur und nicht einmal primär die Heiden im Blick, wie F. HAHN meint, Gesetzesverständnis, 55[Anm. 80]. Das Pronomen ἡμᾶς und der präpositionale Ausdruck ὑπὲρ ἡμῶν umgreifen Heiden *und* Juden(christen), was vor allem durch das inklusive τὰ πάντα – vgl. Röm 11,32: τοὺς πάντας – von 3,22 sichergestellt wird und was 2,15f bestätigt: ἡμεῖς ἐπιστεύσαμεν, ἵνα δικαιωθῶμεν. Vgl. H. HÜBNER, Gesetz, 135.

[387] P. STUHLMACHER, Evangelium, 76; U. LUCK, Bekehrung, 187–208; J. C. BEKER, Apostle, 5f. J. P. BERCOVITZ bestimmt das Tempus der *beiden* Partizipien ἀφορίσας und καλέσας als effektive, gegenüber εὐδόκησεν … ἀποκαλύψαι die Vorzeitigkeit betonende Aoriste, Gal 1:5, 28–37. Demnach wäre die »Offenbarung seines Sohnes« als ein späteres Geschehen von der Berufung abzurücken. Aber der Gebrauch von καλεῖν Röm 1,1 und IKor 1,1 in Verbindung mit dem Apostolat (der Sache nach eine Auslegung des ἵνα-Satzes von

paulinischen Apostolats, dem εὐαγγέλιον τῆς ἀκροβυστίας (2,7, vgl. 2,2.9)[388]. Insofern argumentiert Paulus aus seiner Sicht in der Kontroverse mit den Galatern und seinen Gegnern keineswegs bloß als Einzelperson. Er rekurriert vielmehr auf den Konsens mit den Jerusalemer στῦλοι und kann sich auf die mit ihnen feierlich bekräftigte κοινωνία (2,9) berufen. Diese Übereinkunft ist die Basis für jegliche offensiv geführte Kommunikation, gerade wenn es sich um einen aus ihr resultierenden, tiefer greifenden Dissens unter den ehemaligen Vertragspartnern handelt[389]. Der Bericht über Verlauf und Ergebnis der Jerusalemer Verhandlungen wird somit nicht bloß als historische Reminiszenz oder nur unter einem biographischen Gesichtspunkt plausibel[390]. Er erscheint als Stärkung der theologischen Position gegenüber den Galatern geradezu notwendig[391], wie umgekehrt der Rückgriff auf die antiochenische Auseinandersetzung im Rahmen des Briefkorpus performativen Charakter besitzt. Indem Paulus seinen Adressaten diesen Eklat in Erinnerung ruft bzw. sie über ihn informiert[392], läßt er sie an

---

Gal 1,16) sowie der Kontext von Gal 1,11–16 und die Nachrichten aus der Act sprechen dagegen.

[388] Mit dieser und mit der Petrus betreffenden Formulierung wird man nur die jeweils grundsätzliche Zielrichtung verbinden dürfen. Sie bedeutet keine Ausschließlichkeitsklausel. Der in Parenthese gesetzte v.8 gibt mehr als nur die persönliche Überzeugung von Paulus wieder. Er präzisiert vielmehr das πεπίστευμαι τὸ εὐαγγέλιον τῆς ἀκροβυστίας von v.7 und verankert in Gott selber den Ursprung und die Legitimation des je besonderen petrinischen und paulinischen Missionsauftrags. Das damit gegebene objektive, auch für die δοκοῦντες geltende und von ihnen anerkannte Moment unterstreichen die Partizipien ἰδόντες (v.7) und γνῶντες (v.9). M.a.W., was für Paulus nach Gal 1,15f Grundlage seines Apostolats ist, bestätigen ihm die Leiter der Jerusalemer Gemeinde ausdrücklich. Konsequenz: 1. die von Paulus angestrebte Egalität zwischen ihm und ihnen, 2. die Legitimation seines Apostolats.

[389] Es ist gut möglich, daß Petrus, in welcher Weise auch immer, in die verwickelte galatische Situation involviert war. Jedoch ist nicht mehr zu klären, ob er mitagierte oder ob man sich ohne sein Zutun oder gar ohne sein Wissen auf ihn berief. Vgl. zuletzt T. V. SMITH, Controversies, 191f.

[390] Deshalb sind die beiden ersten Kapitel des Gal mehr als nur eine »biographische Einleitung«, U. LUZ, Geschichtsverständnis, 146. Sie entfalten den sich unmittelbarer göttlicher Autorisierung verdankenden Ursprung des paulinischen Apostolats, wobei der Abschnitt 2,15–21 den Kern des Christusevangeliums inhaltlich zusammenfaßt und die beiden folgenden Kapitel prospektivisch bündelt.

[391] Diese Funktion des geschichtlichen Rückblicks wird noch von einem anderen Aspekt her bekräftigt. Paulus hat sich u.a. des Vorwurfs zu erwehren, sein Evangelium hänge von Menschen ab, vgl. Gal 1,1.10f, wobei sich seine Gegner auf den ihnen bekannten Kontakt zu den Jerusalemer στῦλοι berufen konnten, 1,18f. Deren Autorität wird nun aber mit einem unüberhörbar kritischen Unterton als ein εἶναί τι hingestellt (2,6, vgl. 6,3; Act 5,36; 8,9), bei dem ein ironisch-sarkastischer Beiklang mitschwingen mag, G. Klein, Werkruhm. 207 Anm. 61. Man wird nicht umhin können, diesen ironischen Schlenker im Kontext des Pochens auf die göttliche Unmittelbarkeit der eigenen apostolischen Verkündigung zu sehen.

[392] Die Art, wie Paulus knapp und ohne weitere Erklärung in 2,11 von Jerusalem nach Antiochien wechselt, läßt m.E. auf die Kenntnis des Konfliktes und der mit ihm verbundenen Personen in den galatischen Gemeinden schließen.

dem Konflikt teilnehmen und stellt sie an seine Seite in Opposition zu den τινὲς ἀπὸ Ἰακώβου (2,12) und zu dem judaisierenden Petrus (2,14)[393], indirekt auch zu den τινές, die er in 1,7 vor Augen hat. Die Retrospektive hat im paulinischen Sinn demnach nicht allein eine legitimierende, sondern im hohen Maße auch eine persuasive Funktion. Sie soll die durch die judenchristlichen Gegner gestiftete Verwirrung bereinigen und die von ihnen erfolgreich hervorgerufenen Zweifel an Inhalt und Konsequenz des paulinischen Evangeliums beseitigen[394]. In 3,6–9 liegt Paulus in erster-Linie daran, die für die Galater strittige, im Rückblick auf 2,15–21 für ihn freilich nur als rhetorische Redefigur existierende Alternative von 3,2b.5b[395] im Blick auf die ἔθνη positiv, d.h. im Sinne der πίστις, zu beantworten[396]. Er tut es in 3,6 unter Berufung auf die Abrahamsverheißung Gen 15,6, deren zentrale Bedeutung im Konflikt mit den Judaisten dadurch sichtbar wird[397]. Und indem er von den nicht strittigen pneumatischen Erfahrungen der galatischen Christen ausgeht, werden diese Erfahrungen von der Schrift her gedeutet.

Trotz des καθώς[398] ist Abraham alles andere als ein zufälliges Beispiel. Er ist nicht nur Stammvater des Gottesvolkes Israel, Gen 12,2; 26,3f; Jes 51,1f; PsSal 9,16; 11,8f; AssMos 3,9; IVEsr 3,15; LibAnt 23,4; Jub 16,17f; Mt 3,9parr; Joh 8,33.37.39.56; Röm 4,1.12.16 u.ö.[399]. Gott hat mit ihm einen Bund geschlossen, der seinen Nachkommen Heil verheißt, LibAnt 4,11; 30,7; TestAss 7,7; TestLev 15,4; IMakk 4,10; IIMakk 1,2–5; 8,15; Weish 18,22; PsSal 9,9f; AssMos 3,9; Sir 44,21; Josephus, Ant XI 169; BerR 15,1; WaR 26,42; MShir zu 1,5 [87b], vgl. Mt 3,7–9par; 22,31parr; Lk 1,55.73; 19,9; Röm 11,18.28. Freilich ist diese Heilsverheißung nicht in jedem Fall

---

[393] Daher wird man trotz der vorausgesetzten formalen Einheit der in 2,14b beginnenden Redesituation mit dem asyndetischen ἡμεῖς in 2,15 einen impliziten Adressatenwechsel anzunehmen haben. Paulus richtet sich primär an die Galater und hat nur noch *mittelbar* die historische Situation vor Augen, vgl. G. S. DUNCAN, 63; H. N. RIDDERBOS, 98; C. K. BARRETT, Freedom, 18. Anders A. WECHSLER, a.a.O. 372f, der erst mit 3,1 die Anrede an die Galater beginnen läßt.

[394] In Paulus' Sicht ist das von ihm verkündigte Evangelium nichts anderes als das εὐαγγέλιον τοῦ Χριστοῦ (1,7c, vgl. IIKor 2,12; 9,13; 10,14; Phil 1,27; IThess 3,2), was sich schon aus 1,8f ergibt.

[395] Richtig CHR. DIETZFELBINGER, Hermeneutik, 10: »Die Meinung des Paulus dazu steht von vorneherein fest«.

[396] Die gleiche Verschränkung findet sich IThess 2,13. Der λόγος ἀκοῆς ist der »von uns« (παρά gibt den Tradenten an, vgl. IThess 4,1; IIThess 3,6; Gal 1,12) verkündigte λόγος θεοῦ, der das πιστεύειν wirkt (ἐνεργεῖν), vgl. Gal 3,5).

[397] H. SCHLIER, 127; F. MUSSNER, 212f; G. EBELING, a.a.O. 224f; G. W. HANSEN, a.a.O. 112. Ein kurzer Überblick über die Auslegungsprobleme dieser Textstelle findet sich bei K. HAACKER, TRE XIII 282–284. Die Frage nach der Abrahamskindschaft dürfte in der gegnerischen Argumentation eine wesentliche Rolle gespielt haben, wohl vor allem in Verbindung mit der Beschneidungsforderung. Paulus griff sie auf, um sie im Sinne der πίστις Ἰησοῦ Χριστοῦ zu beantworten.

[398] Die Partikel ist, da sie Abraham und die Galater unter soteriologischem Aspekt zusammenbindet, elliptisch gebraucht.

[399] Weiteres bei Bill I, 116–120.

mit der physischen Abstammung identisch[400], syrBar 85,12; IVEsr 7,102–115; slHen 53,1; LibAnt 33,5; Av 5,21; bQid 36a; bBes 32b[401]. Sie gilt dem, der Abraham bzw. den Vätern gleicht und sich wie sie im Gehorsam vor Gott bewährt, TestAbr[B] 9; LibAnt 33,5; Av 5,2f; 6,7.10; PRE 26; ARN[A] 33; BerR 55,2; WaR 3,11; 11,7; Justin, Dial 44,1; 119,5, vgl. Joh 8,30–47. An diese Tradition knüpft Paulus an, nimmt also »das Bewährungsmodell zum hermeneutischen Ansatz für seine Deutung Abrahams«[402]. Nur geht es ihm nicht primär um den Aspekt der Bewährung, sondern um die in ihr beschlossene Heilszusage. Sie kontrastiert er mit der zwar in Abraham gründenden, aber auf Jesus Christus zielenden göttlichen Segensverheißung (Gal 3,6f.16, vgl. Röm 1,2; 3,2; 4,13ff; 9,4.6). Paulus deutet also die soteriologische Rolle Abrahams[403] und damit die Heilsteilhabe von Juden und Heiden in signifikant anderer Weise als seine Kontrahenten.

Die πίστις Abrahams konstituiert die Gotteskindschaft ἐκ πίστεως, und zwar deswegen, so ist zu ergänzen, weil Abraham Gott glaubte und er von ihm deshalb gerechtgesprochen wurde, *bevor* er sich der Beschneidung unterzog (Gen 17,23)[404]. So wird Abraham »das Urbild der Rechtfertigung des Gottlosen und, wie die Heidenchristen beweisen, auch der Vater der gerechtfertigten Gottlosen«[405]. Deshalb *kann* die aufgrund der πίστις zugesprochene δικαιοσύνη nicht an die ἔργα νόμου, zu denen die Beschneidung gehört[406],

---

[400] Schon deswegen nicht, weil ja Abraham selbst Proselyt war, bSuk 49b; BerR 46,2; ShemR 1,36; L. GINZBERG, Legends V, 209. Vgl. B. J. BAMBERGER, Proselytism, 61f.149–154.175–179.

[401] Dieser Gedanke verdrängt aber den anderen nicht, nach dem *alle* Israeliten qua leiblicher Abstammung am Segen Abrahams teilhaben: »Ob so oder so (ob ihr euch wie Kinder führt oder nicht), ihr heißt (immer) Kinder, wie gesagt ist: einfältige Kinder (aber doch Kinder) sind sie«, bQid 36a (R. Meir). Weiteres bei Bill III, 264.

[402] F. E. WIESER, a.a.O. 43, vgl. auch 160f.

[403] Im zeitgenössischen Judentum hängt sie wesentlich mit seiner Beschneidung zusammen, in der sich sein Gehorsam manifestiert. Vgl. die LXX-Fassung von Ex 4,25[MT] (חתן דמים אתה לי) ἔστη τὸ αἷμα τῆς περιτομῆς τοῦ παιδίου sowie TO und TPsJ zu Ex 4,26; Ned 3,11; Av 3,12; bSan 99a; bYom 28b.85b; Qid 4,14; BerR 2,10; 46,1; 95,3; IMakk 2,52. Weitere Hinweise und Belege bei G. VERMÈS, Scripture, 178–192.

[404] Freilich geht es Paulus weder in 2,15ff noch in 3,6ff um den »Abbau der jüdischerseits prätendierten Abrahamssohnschaft«, G. KLEIN, Individualgeschichte, 203, ähnlich F. HAHN, Gen 15,6, 98 mit Anm. 40. Der paulinische Akzent liegt vielmehr darauf, die an den *Heiden* und also an den wie die ἔθνη *gottlosen* Abraham ergangene Segensverheißung Gottes (Gen 12,1–3) als zugleich die ἔθνη – so interpretiert der Apostel Gen 12,3: πᾶσαι αἱ φυλαὶ τῆς γῆς, vgl. Gen 18,18b[LXX] – inkludierend aufzuweisen, G. BAUMBACH, Abraham, 38–40. Zum schon in der LXX geläufigen und von Paulus vorausgesetzten Gebrauch von τὰ ἔθνη = die Heiden vgl. R. DABELSTEIN, a.a.O. 23–27.127–132; N. WALTER, EWNT I 926f.

[405] E. KÄSEMANN, Glaube, 157.

[406] Sie kann dann nur noch ein nachträgliches Signum des die δικαιοσύνη schon bewirkenden Glaubens sein (Röm 4,9–11). Jedenfalls ist sie nicht mehr Bedingung des Heils, wenn anders die ἀλήθεια τοῦ εὐαγγελίου verspielt würde, Gal 2,5.14, vgl. 2,3f mit Act 16,3; Gal 3,26–28. Vgl. T. HOLTZ, Bedeutung, 144f.147f.162–165; E. BRANDENBURGER, Pistis, 195 mit Anm. 99.

gebunden sein[407]. Dieser Gedanke wird schließlich noch einmal mit Hilfe des Mischzitats[408] in 3,8d begründet und so durch die Schrift (γραφή)[409] erhärtet und autorisiert. Die verheißene εὐλογία (Gen 12,2f; 18,18) gilt demnach, so die Schlußfolgerung (ὥστε, 3,9) den »an Christus Glaubenden, so wie Abraham (sie) mit der ›Anrechnung‹, d.h. dem Zuspruch der Glaubensgerechtigkeit, empfangen hat«[410]. Gen 15,1–6 interpretiert also für Paulus die Segensverheißung von Gen 12,2f, wie umgekehrt Gen 12,3 der Grundtext und »eigentliche Schlüssel« zum Verständnis von Gen 15,6 ist[411].

6.5.3 Die christologisch-soteriologische Argumentation in Gal 3,10–14

Mit dieser ersten Beweisführung hat Paulus die entscheidende christologische und soteriologische Argumentation in 3,10–14 vorbereitet. Sie bleibt nach wie vor auf den Ausgangspunkt bezogen, daß sich das in der Gemeinde wirksame Pneuma nicht dem Toragehorsam der Galater, sondern der Glaubenspredigt verdankt[412]. Paulus geht aber jetzt einen Schritt weiter und thematisiert den Realgrund des phänomenologisch Faßbaren. Er dient dem Er-

---

[407] O. Hofius ist darin zuzustimmen, daß der Ausdruck ἔργα νόμου (Röm 3,20.28; Gal 2,16[3x]; 3,2.5.10) bzw. nur ἔργα (Röm 4,2.6; 9,12.32; 11,6, vgl. 3,27) den Toragehorsam im umfassenden Sinn zu umschreiben vermag und nicht eo ipso für die einzelnen Gebote steht, Rechtfertigung, 127 Anm. 35, anders etwa J. D. G. Dunn, Perspective, 192f.194. Doch zeigen Stellen wie Röm 2,6.15 und der dazugehörige Kontext, bes. 2,21–23, daß ein Entweder-oder dem paulinischen Befund schwerlich gerecht wird.

[408] In ἐνευλογηθήσονται ἐν σοὶ πάντα τὰ ἔθνη zitiert die erste Hälfte Gen 12,3c[LXX], die zweite Hälfte Gen 18,18b[LXX], vgl. Gen 22,18; 26,4; 28,14; Sir 44,21.

[409] γραφή bezieht sich nicht bloß auf das Zitat in v.8b und leitet es ein, sondern hat wie auch in Röm 4,3; 10,11; 11,2; Gal 3,22; 4,30 die *ganze* Schrift vor Augen. Zum Sprachgebrauch vgl. TestSeb 9,5; Arist 155.168; Joh 2,22; 10,35; ITim 5,18; Jak 2,8.23; 4,5; IPetr 2,6; IIPetr 1,20, anders z.B. Mk 12,10; Lk 4,21; Joh 19,37; IVMakk 18,14; Philo, Her 266, wo γραφή jeweils eine einzelne Schriftstelle bezeichnet. Dafür, daß γραφή in Gal 3,8 auf die ganze Schrift zu beziehen ist, spricht vor allem das betonte προευηγγελίσατο. Eine enge Sachparallele ist Röm 1,2: προεπηγγείλατο (sc. τὸ εὐαγγέλιον) διὰ τῶν προφητῶν αὐτοῦ ἐν γραφαῖς ἁγίαις.

[410] O. Hofius, a.a.O. 130. Man kann daher von einer Kongruenz zwischen christlichem und abrahamitischem Glauben sprechen, ohne daß Abraham dadurch christianisiert würde, wie J. C. Beker meint, Apostle, 103.

[411] F. Hahn, a.a.O. 99. Beide Stellen interpretieren und ergänzen sich im paulinischen Sinn gegenseitig. Die Kritik A. v. Dobbelers an F. Hahn, Paulus verstehe Gen 12,3 und 18,18 ausschließlich von 15,6 her, gerade darin erweise sich die »spezifisch paulinische Innovation«, a.a.O. 146, verkennt die enge Verzahnung von Glaube und Segensverheißung.

[412] Mit den Präsenspartizipien ἐπιχορηγῶν und ἐνεργῶν (3,5) hebt Paulus die auf der brieflichen Zeitebene *gegenwärtig* von Gott gewährten und sich auswirkenden δυνάμεις hervor. In ihnen konkretisiert sich das empfangene Pneuma, vgl. 3,2. Jedoch ist es falsch, deshalb auf einen »akuten Enthusiasmus der Galater« zu schließen, W. Schmithals, Judaisten, 43f Anm. 58. Die Partizipien in der Weise temporal zu pressen, gibt der Zusammenhang 3,1–5 nicht her, vgl. BDR § 339.

weis der sich gerade in den pneumatischen Erfahrungen manifestierenden göttlichen Autorisierung des paulinischen Evangeliums von Jesus Christus[413].

Dem Segen für die bereits in Abraham erwählten ἔθνη korrespondiert in einem »negativen Rückschluß«[414], wie das folgernde γάρ[415] in 3,10 anzeigt, der Fluch, unter dem notwendigerweise alle die stehen[416], die ihre δικαιοσύνη (vgl. 2,16.21; 3,11) aus den Werken des Gesetzes zu gewinnen trachten[417]. Wiederum zieht Paulus ein mit einem begründenden γάρ eingeleitetes Schriftzitat (3,10b = Dtn 27,26/29,19b[LXX])[418] heran[419]. Paulus kann sich nicht deshalb auf dieses Zitat stützen, weil er etwa stillschweigend unterstellt, de facto könne kein Mensch (vgl. 2,16; Röm 3,9f.12.20.23) die Rechtsforderung der Tora erfüllen, konkret, ihre Gebote halten[420] und *deswegen* nicht zum Leben gelangen[421]. In diesem Fall müßte er ja folgerichtig einräumen, daß durch vollkommene Toraobservanz das eschatologische Heil zu erlangen und die πίστις überflüssig sei[422]. Nur unter der Voraussetzung,

---

[413] Vgl. 1,11f.16f; 2,9.21; 3,1–5.14; 4,6; 5,5.16–18.22.25; 6,18.

[414] H. D. BETZ, 261.

[415] Im gleichen Sinn ist es Röm 2,25; 5,7; 14,5.15; IKor 10,1; IIKor 1,12; 3,14b; 10,12; 11,5; Gal 1,11; 5,13 gebraucht. Ein kausales Verständnis setzte einen unausgesprochenen Zwischengedanken voraus, der auf ein Nicht-gesegnet-Werden derer hinausliefe, die ἐξ ἔργων νόμου sind, so J. LAMBRECHT, Gesetzesverständnis, 112. Eine solche Annahme wird aber durch das Textgefälle nicht gestützt.

[416] Zum generellen Sinn von ὅσος vgl. BDR § 293,1.

[417] Die Literatur zu 3,10–14 und speziell zu v.10 mit den Stichworten *Gesetzeswerke* und *Fluch* allein in den vergangenen 25 Jahren ist uferlos. Schon daher ist eine detaillierte Diskussion der bisher vorgelegten Interpretationsversuche nicht möglich und nicht sinnvoll. Ich beschränke mich auf eine Skizze des Abschnitts und des paulinischen Argumentationsgangs. Einen Überblick über die exegetischen Alternativen bieten D. J. MOO, Law, 287–307, bes. 292–298; J. LAMBRECHT, a.a.O. 113–124; TH. R. SCHREINER, Abolition, 47–74, bes. 47–55; F. THIELMAN, Plight, 63.65–72.

[418] Vgl. Dtn 28,58.61; 29,19f.26; 30,10.

[419] Dazu D.-A. KOCH, a.a.O. 163–165; F. F. BRUCE, Curse, 28.

[420] So aber J. ROLOFF, Abraham, 240: »Offenbar scheitert dieser Versuch des Tuns des Gotteswillens«. Ganz ähnlich U. SCHNELLE, Wandlungen, 56: Paulus orientiere sich an der »menschlichen Erfahrung des Scheiterns am Gesetz«.

[421] Diese Deutung vertreten neben anderen K. BERGER, Abraham, 51; A. v. DÜLMEN, Theologie, 32f; M.-J. LAGRANGE, 68; H. HÜBNER, Gesetz, 93; U. WILCKENS, Werke, 89f; U. LUZ, Gesetz, 94f.

[422] Das wäre in der Tat die Konsequenz, die die zuvor Genannten ziehen müßten. Die pointiert von G. KLEIN, TRE XIII, bes. 70f, vertretene Gegenposition, schon der Versuch, den νόμος zu erfüllen, sei Ausdruck menschlicher Sünde und werde mit dem Fluch behaftet, übersieht, daß seine Androhung mit dem Nicht-Tun verbunden ist. Freilich kann es diesen Täter des Gesetzes weder *faktisch* (U. WILCKENS) noch *prinzipiell* (G. KLEIN) nicht geben. Er existiert allenfalls rein *hypothetisch*. Es kann ihn deswegen geschichtlich nie geben, »weil jeder Mensch immer schon der Mensch im Schatten Adams ist (Röm 5,12ff; 7,7ff) und niemand vor Adam anfangen kann«, O. HOFIUS, a.a.O. 127, vgl. auch 123f, ferner J. BLANK, Warum, 55–60; J. BECKER, Hoffnung, 39. Für Paulus erschließt sich diese Überzeugung aber erst angesichts der Offenbarung Gottes in Jesus Christus (Gal 1,12.16, vgl. Röm

daß die paulinische Hermeneutik und ihr theologisches Ziel darin bestehen, die in den nachfolgenden Schriftworten Hab 2,4b und Lev 18,5c begründete Antithetik von Gesetz und Glaube – sie ist identisch mit der von νόμος und Christus – auszulegen, ist die Schriftstelle im Kontext argumentativ stringent. Paulus zeigt auf, welchen »gesetzesimmanenten Bedingungen«[423] sich derjenige unterwirft, der das eschatologische Heil auf dem Weg des νόμον ποιεῖν zu erlangen trachtet. Durch die beabsichtigte oder bereits vollzogene Übernahme der Beschneidung (5,2f; 6,12f) und die genaue kultische Beachtung eines Festkalenders (4,10)[424] minimieren die heidenchristlichen Galater die *umfassend* gebotene Toraobservanz im Ansatz[425]. Gleichwohl meinen sie, in der von ihnen intendierten Proselytenidentität more judaico zu leben und *dadurch* ihre δικαιοσύνη zu erlangen. In den Augen des Apostels mißachten sie damit jedoch den geforderten Gehorsam gegenüber der *ganzen* Tora und stehen unter dem in 3,10b ausgesprochenen Fluch. Paulus behaftet die Galater bei ihrem diese Konsequenzen mißachtenden Fehlschluß. Paradoxerweise argumentiert er auf der Seite der Tora gegen die, die meinen, das Bundeszeichen als heilsrelevanten Faktor antipaulinisch ausspielen zu können. Ohne jedes Zugeständnis an ihren heilsmächtigen Charakter wendet sich Paulus *mit* der Tora *gegen* ein Verständnis der Tora, das sie auf die Beschneidungsforderung reduziert.

Der Stellenwert von Dtn 27,26 (vgl. 29,19b) als Begründung für die unmittelbar voraufgehende generelle These von Gal 3,10a wird oft als problematisch empfunden[426]. Dtn 27,26 als Abschluß der Fluchreihe Dtn 27,15ff bedroht das *Nicht*halten der dort verkündigten Gebote mit dem Fluch[427]. Zweifellos wird im Deuteronomium wie auch in der späteren jüdischen Deutung – trotz einiger Vorbehalte, vgl. nur Koh 7,20; IVEsr 7,46; 8,35 – deren prinzipielle *Erfüllbarkeit* unterstellt[428]. Wenn also der

---

7,4). M.a.W., die Erkenntnis über das Wesen des Gesetzes ist abhängig von der Christuserkenntnis (Gal 2,15f; IIKor 3,14; Phil 3,7–11). Daher läßt sich dieses Gesetzesverständnis angemessen nur als ein eschatologisches beurteilen. Es ist am historisch Vorfindlichen ebensowenig interessiert wie daran, ob es empirisch zu verifizieren oder zu falsifizieren ist, H. WEDER, Einsicht, 21f.

[423] G. KLEIN, Sündenverständnis, 271.

[424] Vgl. Philo, SpecLeg II 56; Justin, Dial. 8,4; 46,2. Diese Kultordnung war offensichtlich Bestandteil des Gesetzesgehorsams, den die Gegner von den Galatern erwarteten, ohne daß die geforderte Praxis sich in Kalenderfrömmigkeit erschöpfen mußte, vgl. D. LÜHRMANN, Tage, 428–445.

[425] Gegen U. WILCKENS, Christologie, 68. Er setzt – aus der Sicht der Gegner – die Beschneidungsforderung mit dem Zwang zur Observanz des *ganzen* mosaischen Gesetzes in eins. Doch diese Konsequenz bedachten die Galater offensichtlich *nicht*. Andernfalls müßte sie ihnen nicht von Paulus eingeschärft werden, vgl. 3,10; 5,3.

[426] Vgl. die Übersicht bei G. W. HANSEN, a.a.O. 117–119.244.

[427] Vgl. W. ZIMMERLI, Gesetz, 78.81–93; W. SCHOTTROFF, Fluchspruch, 26.94.220–227.

[428] Vgl. Bill III, 129–133.237.541f. Der Mensch kann die Gebote der Tora halten, wenn er nur *will*, Sir 15,11–20; IVEsr 8,55f; 9,10–12; PsSal 9,4f; Bar 3,9.14; 4,2ff, vgl. auch IVEsr 7,18ff.72; 8,26–30.33; 14,22.34f; Bar 4,1. Andernfalls wäre die Tora nicht der νόμος

Fluch nur dem Gesetzes*übertreter* gilt, zieht Paulus dann nicht die Stelle ihrer eigentlichen Intention *zuwider* für seine Argumentation heran? Entsprechend zahlreich sind
die Versuche, die genannte Schwierigkeit zu beheben[429] oder zu vermuten, Paulus
gehe – anders als das zeitgenössische Judentum – »stillschweigend«[430] von dem Faktum aus, kein Mensch halte das Gesetz vollkommen[431], wenngleich er der Meinung
sei, der Mensch könne »theoretisch durch die Werke des Gesetzes zum Leben kommen«[432].

Dabei ist übersehen, daß Paulus im Entscheidenden die vorausgesetzte Auffassung über die Funktion der Tora eben *nicht* teilt. Für ihn gilt von Christus her, daß
alle Menschen gottlos sind (Röm 3,9–18; 4,5; 5,6), die Tora mithin auf einen Menschen stößt, der qua Sünde gar nicht in der Lage sein *kann*, im Gehorsam den Geboten der Tora zu entsprechen (vgl. Röm 5,13.20; 7,14ff; 8,7). Nach Paulus stellt sich
so die Situation des Menschen *schlechthin* dar[433]. Folglich belädt das Amen des
sichemitischen Dodekalogs das ganze Volk mit dem dieser Wirklichkeit korrespondierenden *Fluch*. Weil Paulus also »in der Beurteilung der Situation des Menschen, dem das Gesetz gilt, fundamental von den Voraussetzungen der Gesetzes-
texte selbst« abweicht[434], ist das Zitat Dtn 27,26 im Rahmen seiner Argumentation
stringent. Zudem ist darauf hinzuweisen, daß diese Schriftstelle nur die erste von
zwei weiteren ist und zu ihnen in einer engen Verbindung steht, ja sie geradezu erfordert. Wie D.-A. Koch überzeugend nachgewiesen hat[435], sichert Hab 2,4b in der
von Paulus geänderten Fassung (dazu gleich) das strenge Aufeinanderbezogensein
von πίστις und δικαιοσύνη (3,11), wohingegen Lev 18,5c in 3,12b den Zusammenhang von νόμος und ποιεῖν festhält. Erst indem Paulus in 3,12a die πίστις und die
mit ihr geschenkte δικαιοσύνη streng von dem νόμος separiert und beider Unvereinbarkeit betont – das Gesetz führt nicht zu der allein im Glauben realisierten, in Christus offenbar gewordenen Gerechtigkeit Gottes (Röm 3,21f; 5,18f; IKor 1,30; IIKor

---

ζωῆς, Sir 17,11; 45,5, vgl. IVEsr 14,30; PsSal 14,2; Bar 3,9. Daß die Unerfüllbarkeit dieser
Forderung »schon im AT und Frühjudentum offenkundig« sei, R. Liebers, Gesetz, 77, ist
unzutreffend. Entsprechend problematisch ist auch seine Ausführung zum Verhältnis von
v.10 zu v.12, a.a.O. 53f mit Anm. 81.

[429] Vgl. Ch. H. Cosgrove, a.a.O. 53. So geht etwa H. N. Ridderbos von einem zwischen Dtn 27 und Gal 3 liegenden fortschreitenden jüdischen Legalismus aus, 123, ohne
diese Annahme näher zu belegen. R. Liebers, a.a.O. 77f, marginalisiert das πᾶσιν und
bricht damit der paulinischen Intention die Spitze ab.

[430] A. Oepke, 105; H. Hübner, Herkunft, 215

[431] Vgl. H. Lietzmann, 19; H. Hübner, Gesetz, 39; F. Mussner, 225; U. Borse, 128; J.
Rohde, 141.

[432] U. Luz, a.a.O. 95, ähnlich H. Merklein, Bedeutung, 3 mit Anm. 4.

[433] Zutreffend urteilt J. Blank: »Die Frage, warum durch Gesetzeswerke niemand gerecht wird, wird … notwendigerweise zur Frage nach dem Menschen und seiner Daseins-
verfassung, zur Anthropologie, das heißt zur Frage, wie es mit dem Menschen, mit seiner
Existenz, mit seinem Denken und Handeln in Wahrheit bestellt ist«, a.a.O. 59.

[434] H.-J. Eckstein, Erwägungen, 205. Insofern ist es durchaus legitim zu sagen, Paulus
lege die Schrift »sowohl gegen ihre ursprüngliche Intention als auch gegen die gesamte
jüdische Auslegungstradition aus«, H. Weder, Hermeneutik, 376. Diese Freiheit resultiert
aus einem neuen, im Kreuzesgeschehen sich gründenden Gesetzesverständnis, wie von Gal
3,13 her sichtbar wird. Was die Schrift beweisen soll, beweist sie erst, nachdem sie im
Kreuz erfüllt worden ist.

[435] A.a.O. 267f.

5,21), vielmehr »verpflichtet (es) den Menschen auf das ποιεῖν all dessen, was im Gesetzbuch geschrieben ist«[436] –, schließt sich in der Darlegung der in 3,10 begonnene argumentative Duktus. Auf denen ἐξ ἔργων νόμου lastet die κατάρα τοῦ νόμου (3,10a), die ἐκ πίστεως hingegen werden leben (ζήσεται, v.11b; vgl. v.12b und ζωοποιῆσαι v.21)[437], und zwar, wie der betont asyndetisch anschließende v.13 sagt, aufgrund des Kreuzestodes Jesu Christi[438].

Kehren wir wieder zu 3,10f im Kontext des ganzen bisher besprochenen Abschnitts zurück. Vers 11a bündelt den Beweisgang von v.10 in einer generellen These: ἐν νόμῳ οὐδεὶς δικαιοῦται παρὰ τῷ θεῷ[439]. Sie verzahnt die Argumentation von 3,10f mit der von 2,16–21 und bestätigt so trotz des Neueinsatzes in 3,1 die Kohärenz des die Gesamtdisposition regierenden Gedankengangs. Dies unterstreicht der durchgehend absolute Gebrauch der zuerst in 2,16 begegnenden alternativen Signalbegriffe νόμος und πίστις in 3,1–14 auf seine Weise. Die sprachliche Form zeigt an, worauf es Paulus ankommt. Nicht die Einzelforderungen der Tora stehen zur Debatte, wie der Verweis auf Dtn 27,26 suggerieren könnte. Paulus geht es um das Wesen des νόμος schlechthin[440]. Darüber hinaus bildet die These von 3,11a den Übergang zu dem ihre Aussage e contrario stützenden und sie zugleich begründenden autoritativen Schriftbeweis (Hab 2,4b) in 3,11b.

Zur *Form* des Zitats: Paulus streicht das enklitische μου der LXX-Vorlage. Der Wegfall erklärt sich aus der Funktion des Zitats im Zusammenhang der paulinischen Argumentation. Während die πίστις, wie Gal 2,16[bis].20; 3,2.6.12 zeigt, durchweg die πίστις Ἰησοῦ Χριστοῦ (Genitivus objectivus) ist, redet Hab 2,4b[LXX] von *Gottes*

---

[436] A.a.O. 267.

[437] Die futurische Formulierung bezieht sich auf das Rettungshandeln Gottes im künftigen Gericht, Röm 1,17; 2,7; 5,9.10.17f.21; 6,22; 8,13; 10,5; 11,15; IIKor 2,16; 5,4; Gal 6,8; IThess 1,10; 5,10. Richtig J. BECKER, 36f; G. HOWARD, Crisis, 62 (»eternal life«); E. BRANDENBURGER, a.a.O. 189f.

[438] An v.14 anknüpfend entfaltet dann 3,15–18 in einer christologischen Exegese die ἐπαγγελία an Abraham. Wie schon der vorhergehende Beweisgang zielt sie auf den *einen*, Jesus Christus (v.16), damit zugleich auf die Universalität der Erlösung (3,26–29). V. 29 knüpft nicht nur an 3,6f an, sondern bezieht sich im Verein mit dem betonten εἷς von v.28b auf die These von 3,16 zurück. Der νόμος hingegen vermag die geforderte δικαιοσύνη, die allein im eschatologischen Gericht das Leben verheißt, nicht zu erwirken (3,19–22). Paulus zieht also in 3,15ff mit der Opposition νόμος – ἐπαγγελία die rechtfertigungstheologische Antinomie von νόμος und πίστις (3,2ff) weiter aus.

[439] Grammatisch ist ὅτι ἐν νόμῳ οὐδεὶς κτλ. ein von δῆλον abhängiger, ihm vorangestellter Objektsatz, vgl. IKor 15,27; ITim 6,7[v.l.]; Hebr 7,14. Daher stellt 3,11a weniger eine Schlußfolgerung aus v.10 dar als vielmehr eine auf die Begründung in v.11b zielende Konkretisierung. Anders als das erste ist das zweite ὅτι kausal aufzufassen. Dies spricht m.E. gegen eine syllogistische Argumentationsfigur in 3,11f, anders H. C. C. CAVALLIN, Argument, 38; M. BACHMANN, a.a.O. 95 [Anm. 357].142f; J.S. Vos, Antinomie, 257.

[440] So auch M. BACHMANN, a.a.O. 94. Seine Interpretation stützt die hier vorgetragene, gerade auch was die innere Kohärenz von 3,10a und 3,10b-12 betrifft, a.a.O. 93–95.141–143.

πίστις, d.h. von *seiner* Treue gegenüber dem Gerechten. Indem Paulus seine Vorlage, wenn auch nur geringfügig, korrigiert und den präpositionalen Ausdruck absolut gebraucht, ihn also seiner christologischen Aussage funktional zuordnet, vermag er aufgrund der die ἔργα νόμου ausschließenden, allein an Christus gebundenen πίστις ein δικαιοῦσθαι aus dem Gesetz (v.11a) abzuweisen. Der jetzt durch das Prophetenzitat begründete Gegensatz von νόμος und πίστις impliziert gleichermaßen die Verschränkung der πίστις mit der δικαιοσύνη, ohne daß diese durch die ἔργα νόμου vermittelt oder die πίστις an den νόμος gebunden wäre[441].

Indem Paulus das Schriftzitat seiner Antithese von νόμος und πίστις (᾽Ιησοῦ Χριστοῦ)[442] zuordnet, präzisiert er, wie wir bereits gesehen haben, sein Verständnis dieser Prophetenstelle. Der aus *Glauben* Gerechte wird leben[443], und zwar ἐκ bzw. διὰ πίστεως ᾽Ιησοῦ Χριστοῦ (2,16, vgl. Röm 3,20.22)[444]. Dadurch gewinnt v.11, bezogen auf den vorhergehenden Vers, eine begründende Funktion. Es wird ersichtlich, daß Paulus auch dort bereits, wenngleich implizit, christologisch argumentiert hat, nämlich von der in Christus beschlossenen Rechtfertigung des Gottlosen her[445]. Die Verse 10 und 11 dürfen also nicht so voneinander abgesetzt werden, als leite Paulus den Un-

---

[441] Zur Textform des Zitats vgl. K. KERTELGE, Rechtfertigung, 89f; D.-A. KOCH, Text, 68–85; J. A. FITZMYER, Habakkuk 2:3–4, 250–253, zur paulinischen Rezeption A. v. DOBBELER, a.a.O. 148–151.155f.

[442] H. SCHLIER versteht πίστις hier als »Treue zu Gottes Wort«, 133. Dies erlaubt aber weder der mit πίστις verbundene christologische Konnex (vgl. Gal 2,16; 3,22.26; Röm 3,22.25f; Phil 1,27; 3,9; Phlm 5) noch die paulinische Gedankenführung in diesem Abschnitt. Vgl. nur K. KERTELGE, a.a.O. 161–178.

[443] Trotz der bekannten grammatischen Schwierigkeit, die mit dem attributiven Verständnis von ἐκ πίστεως einhergeht, ist nicht das Prädikat, sondern ὁ δίκαιος mit ἐκ πίστεως zu verbinden. Charakteristisch anders etwa 1QpHab 7,17, dazu G. JEREMIAS, Lehrer, 143. Schon der Zitatcharakter dürfte dem sprachlichen Argument viel von seinem Gewicht nehmen, H. HÜBNER, Gesetz, 20.142 Anm. 15. Entscheidend ist jedoch der unmittelbare Kontext. Durch den Objektsatz in v.11a werden ἐν νόμῳ und ἐκ πίστεως einerseits sowie die Subjekte οὐδείς und ὁ δίκαιος andererseits antithetisch parallelisiert. Zudem sind die Glieder einander chiastisch zugeordnet. Wie niemand, der in der »Existenzdimension« (G. KLEIN, Individualgeschichte, 206) der Tora lebt, gerechtgesprochen werden kann, so wird jeder, der aus Glauben gerechtgesprochen wird, leben. Hinzu kommt, daß auch sonst ἐκ πίστεως mit δικαιοῦν/δικαιοσύνη fest verbunden erscheint (Röm 3,30; 5,1; 9,30; 10,6; Gal 2,16; 3,8.24, vgl. ferner Röm 3,22.28; 4,13). Außerdem ist zu beachten, daß Paulus Hab 2,4b[LXX] im Zusammenhang der Zitation von Gen 12,3; 15,6 und 18,18 heranzieht – charakteristisch anders in Röm 1–4, wo der Apostel Gen 15,6 zur Deutung des Habakukzitats in 1,17 verwendet, vgl. 4,3–5.9f.18 – und die Stelle im Rahmen der bisher schon durch die Schrift begründeten These, Rechtfertigung geschehe nur aus Glauben, interpretiert. Hingegen legt die jüdische Tradition die *Tora* dem Glauben als Orientierung zugrunde. Diese prinzipielle Differenz übersieht A. v. DOBBELER, a.a.O. 150. Zur Frage s. den Überblick bei H. C. C. CAVALLIN, a.a.O. 33–35, ferner B. CORSANI, Letters, 87–90; S. K. WILLIAMS, Righteousness, 257; J. A. ZIESLER, a.a.O. 176f.

[444] Vgl. Röm 1,17; 3,25.30 (vgl. v. 31); 4,16; 5,1; 9,30.32; 10,6; Gal 3,8.11.14.22.24.26; Phil 3,9, sowie Röm 3,28; 5,2; 11,20.

[445] U. LUZ, Geschichtsverständnis, 151; R. LIEBERS, a.a.O. 77.

heilscharakter des νόμος und damit die Notwendigkeit der Rechtfertigung aus Glauben zunächst von dem empirisch aufweisbaren Defizit an Gebotserfüllung ab (v.10), wohingegen v.11 die Rechtfertigung aus Glauben mit Hilfe der Schrift prinzipiell statuiere[446]. In diesem Fall wäre die an Christus gebundene Rechtfertigung in der Tat eine »vikariierende Notlösung«[447], und das Gesetz verhinderte seinem Wesen nach nicht *generell* den allein zum Leben führenden Glauben[448].

Die πίστις (᾿Ιησοῦ Χριστοῦ) wird dem »Tun des Gesetzes« (ποιεῖν αὐτά)[449] schroff kontrastiert[450]. Daher ist die Partikel δέ in v.12a nicht einfach weiterführend gebraucht, sondern fungiert als adversative Konjunktion. Sie nimmt das δέ von v.11a auf und bestätigt auf der sprachlichen Ebene die weitere Geltung der dortigen Opposition von πίστις und νόμος, wobei nun abermals (vgl. v.10b) auf das *Tun* des im νόμος Geschriebenen abgehoben wird. Die δικαιοσύνη und damit die an Abraham ergangene Segensverheißung Gottes realisiert sich für den Menschen *nicht* mittels der Tora ἐκ πίστεως. Denn der νόμος ist eben *nicht* (οὐκ ἔστιν)[451] mit der πίστις identisch[452]. Folglich sind Tora und Glaube inkompatible Größen[453]. Worauf der νόμος hingegen zielt und was sein Wesen ausmacht, enthüllt v.12b: er fordert das menschliche ποιεῖν[454]. Nur wer die Lev 18,5 genannten πάντα τά

---

[446] In diese Richtung weisen die Ausführungen von U. WILCKENS, Entwicklung, bes. 166–172, und H. MERKLEIN, a.a.O. 3. Vgl. dagegen D. ZELLER, Zusammenhang, 207f; G. KLEIN, TRE XII 68.71. Alle Überlegungen, die darum kreisen, ob nach Paulus das Gesetz erfüllt werden kann oder nicht und welche Bedeutung dann dem Glauben zukomme, vgl. nur H. RÄISÄNEN, Difficulties, bes. 14–19; E. P. SANDERS, People, 22f.54f, werden dem paulinischen Anliegen m.E. nicht gerecht. Ein Verweis auf Phil 3,6 verbietet sich deshalb, weil er den für Paulus entscheidenden Paradigmenwechsel (ἔννομος Χριστοῦ, IKor 9,21) post Christum natum et crucifixum (Gal 3,1.13; 5,24; 6,14, vgl. Röm 8,3; IKor 1,13.23; 2,2; IIKor 13,4; Gal 4,4f) ignoriert.

[447] H. HÜBNER, Herkunft, 215 Anm. 3. Völlig zu Recht spricht D. ZELLER in diesem Fall vom Glauben als von einem »Lückenbüßer in einem gesetzlichen System«, a.a.O. 208.

[448] O. HOFIUS, Gesetz, 54–60; G. KLEIN, Sündenverständnis, 270–274.

[449] Zwar bezieht sich das Pronomen αὐτά grammatisch nicht auf ὁ νόμος in v.12a, sondern auf τὰ γεγραμμένα in v.10 (gemeint sind die προστάγματα und κρίματα von Lev 18,4f[LXX]). Gleichwohl ist der νόμος die intendierte Bezugsgröße. Denn einmal ist nach 3,10 jedes γεγραμμένον ein quantitativ bestimmbarer Teil des βιβλίον τοῦ νόμου, zum anderen steht es als pars pro toto für den ganzen νόμος, wie Paulus ja gerade im Gal anhand der Beschneidung einschärft.

[450] Zu vergleichen ist etwa Phil 3,9, vgl. auch Röm 10,3.

[451] Zur erklärenden Bedeutung von εἰμί s. BAUER-Wb. 451 II,3.

[452] Vgl. Röm 3,19f mit 3,21f; 3,28; 4,13; 9,31f; 10,4; Gal 2,16; 3,2.5.24f, auch 5,6.

[453] Vgl. aber P. v. d. OSTEN-SACKEN, Römerbrief, 30f.

[454] Die – wohl im Anschluß an J. D. G. DUNN, Perspective, 110f.117 – von P. v. d. OSTEN-SACKEN geforderte scharfe Unterscheidung von *Gesetz* und *Werke* des Gesetzes bzw. *Tun* des Gesetzes unterschlägt diese Aussage über das Wesen des νόμος, a.a.O. Seine Kritik am vermeintlich fahrlässigen Sprachgebrauch mancher Exegeten ist jedenfalls an diesem Punkt unzulässig.

προστάγματά μου καὶ πάντα τὰ κρίματά μου befolgt, für den gilt: ζήσεται ἐν αὐτοῖς, vgl. Röm 2,13; 10,5[455].

Lev 18,5 enthält ein zentrales alttestamentlich-jüdisches Anliegen[456]. In Av 6,7 ist es allgemeingültig formuliert: »Bedeutend ist die Tora, daß sie denen, die nach ihr *handeln*, Leben gewährt auf dieser Welt und in der zukünftigen Welt«. Diese Überzeugung begegnet häufig in weisheitlichen Texten, die die Tora mit der Weisheit oder auch mit dem Manna identifizieren[457], ohne daß freilich Lev 18,5 explizit im Hintergrund stehen muß[458]. Für Paulus ist aber das ποιεῖν αὐτά und die daran geknüpfte Zusage ewigen Lebens[459] eine dem νόμος a limine verstellte Möglichkeit. Denn das auf das δικαιοῦσθαι zielende Tun läuft der *einzig* im *Glauben* begründeten Abrahamskindschaft und der allein *darin* beschlossenen Heilsverheißung Gottes (3,6–9.18.22.29) zuwider. Die Alternative von ποιεῖν (sc. ἔργα νόμου) und πίστις (᾽Ιησοῦ Χριστοῦ) spiegelt auf der anthropologischen und soteriologischen Ebene den ihr vorgeordneten und sie erst konstituierenden Gegensatz von (Mose-) Tora und εὐαγγέλιον τοῦ Χριστοῦ (1,7, vgl. Röm 15,19; IKor 9,12; IIKor 2,12; 3,6–14; 9,13; 10,14; Phil 1,27a; IThess 3,2)[460] wider,

---

[455] Zur geänderten Textform von Lev 18,5c[LXX] in Gal 3,12b – anstelle des Relativums mit Partizip das substantivierte Partizip, Streichung von ἄνθρωπος – s. D.-A. KOCH, a.a.O. 120. J.S. Vos bestimmt das Verhältnis der beiden Zitate Hab 2,4b und Lev 18,5 als eine »hermeneutische Antinomie«. Beide Stellen seien argumentationsstrategisch im Sinne der aus der antiken Rhetorik bekannten *leges contrariae* zu deuten. Jedoch resultiere der hier waltende Gegensatz nicht aus den Zitaten selbst, sondern aus der von Paulus getroffenen Vorentscheidung (»subjektive Antinomie«), aufgrund der er Mosetora und Abrahamsverheißung kontrastiere. Erst dadurch komme es zu einer »Dissoziation« beider Stellen, die von Hause aus miteinander harmonierten, a.a.O. 257f.260–267. Was J. S. Vos als »subjektive Antinomie« des Apostels bezeichnet, trifft in der Tat zu (näheres dazu gleich).

[456] Dtn 5,1; 6,1–3; 30,14; 31,12f; Jos 1,8; 23,6; IIReg 22,13; Neh 9,29; Ez 18,21f; 20,10f.13; 33,19; vgl. auch Am 5,4; Hab 2,4; Tob 3,5; Weish 5,15; 6,18; 7,14; Sir 17,11; 32,24; 45,5; Bar 4,1; syrBar 32,1; 38,2; 48,24; IVEsr 7,45; PsSal 14,2f; Philo, Congr 86f; CD 3,16; 1QpHab 8,1f. Für das rabbinische Judentum vgl. die Belege bei Bill III, 129–131.277f.

[457] Sir 6,23–31; Philo, Fug 137–139.202; Det 118; Virt 79; Post 151–153 (vgl. 122.125; Som II 242; Op 158); All III 173–176; Her 79.191; Mut 259f; äthHen 32,3; 48,1; Weish 16,20; JosAs 16,8.14–16. Vgl. auch Ex 16,4; Ps 19,10f; 119,103; syrBar 29,8; grBar 6,11; LibAnt 19,10; MekhEx 16,25[58b]; bHag 12b; Apk 2,17. Zur Sache s. D. SÄNGER, Weisheit, 232–234.

[458] D. SÄNGER, Mysterien, 191–197.

[459] Paulus unterscheidet das futurisch-eschatologische Rettungshandeln Gottes (Röm 5,9f; 13,11; IKor 3,15; 5,5; IThess 5,8f) von der sich bereits in der Gegenwart des Glaubenden auswirkenden σωτηρία (Röm 8,24; 11,11; IIKor 6,2). Er kann aber auch beides – die Gegenwart *und* die Zukunft – im Begriff σωτηρία bzw. in σῴζειν/σῴζεσθαι einfangen und miteinander verbinden, IKor 1,18.21; 15,2; IIKor 2,15.

[460] O. HOFIUS ist zuzustimmen, wenn er zwischen der Paulus aufgetragenen *Verkündigung* des Evangeliums (Röm 15,19; IKor 1,21; 2,4; Gal 2,2; 3,2.5; IThess 2,8.13) und dem der Verkündigung vorausgehenden *Heilshandeln Gottes* in Jesus Christus (IIKor 5,19, vgl. Röm 10,8.17; 15,16; IKor 1,18; IIKor 4,1–6; Gal 1,11–16; IThess 1,6; 2,13) differenziert,

vgl. bes. 3,19–22. Im νόμος ergeht allein das tödliche Fluch- und Verdammungsurteil über den Menschen (3,10)[461], das sein wirkliches Sein als Sündersein qualifiziert. Diese Verschränkung von νόμος und Sünde[462] ist allerdings vom Boden des νόμος aus nicht einsichtig zu machen, weil sich Gesetz und Sünde auf der Ebene des νόμος gegenseitig definieren (vgl. Gal 3,19 mit Röm 5,20). Paulus versteht aber die Sünde nicht als eine Summe von am νόμος orientierten und an eben diesem Kriterium ablesbaren Negativresultaten. Die Sünde durch das Gesetz definiert sein zu lassen, lehnt der Apostel kategorisch ab. Denn menschliche Existenz coram deo und die ihr eröffnete Zukunft verdanken sich nie den ἔργα (νόμου), sondern einzig und allein der im Glauben ergriffenen, geschenkten χάρις[463]. Damit leitet Paulus einen Paradigmenwechsel ein, der »in einem *Sprung vom Plateau des Gesetzes zu demjenigen des Christus*« besteht[464].

Unter diesem Vorzeichen erhalten die Verse 3,13f ihr entscheidendes Gewicht. Nicht zufällig führt Paulus hier zum ersten Mal seit Beginn der Beweisführung in 3,6 den Christustitel ein, wenngleich die bisherige Argumentation die jetzt explizit eingebrachte christologische Basis voraussetzt und reflektiert[465]. Christus hat *uns*[466] von dem Fluch des Gesetzes losgekauft,

---

Wort, 149f.151–154. *Wort* und *Tat* sind als die *beiden* Aspekte des *einen* göttlichen Heilswillens zu unterscheiden, aber nicht voneinander zu trennen. Bereits im Präskript des Gal hat Paulus die exklusive Bindung aller menschlichen Heilshoffnung (ἡμᾶς wie in 3,13f) an den »sich selbst für unsere Sünden in den Tod« dahingegebenen Jesus Christus seinem Brief programmatisch vorangestellt. Dieses Grundbekenntnis wird in 1,6ff seinem Inhalt nach als das εὐαγγέλιον τοῦ Χριστοῦ (1,7) expliziert.

[461] Die κατάρα ist aber nicht der über Sisyphos als Strafe verhängten vergleichbar, besteht also nicht in der Unerfüllbarkeit der gestellten Aufgabe. Sie wirkt sich vielmehr umgekehrt darin aus, daß das *Tun* des Gebotenen nicht zum Ziel, d.h. zum Leben, führen *kann*, weil die Tora immer schon den Sünder trifft, E. P. SANDERS, Judentum, 459.465. Deshalb muß auch die Erlösung von diesem Fluch universell angelegt sein und *allen* Menschen, Juden wie Heiden, gelten. Daß jedoch nicht die Tora *als solche* eine Macht ist, die den Menschen schuldig werden läßt, betont Paulus ausdrücklich, Röm 7,7a.12.14a.16 (vgl. 7,10). Sie bringt vielmehr des Menschen Sünde an den Tag und behaftet ihn damit, vgl. auch Gal 3,23–4,7; Röm 1,18–3,20; 7,8b.

[462] Hierzu ist die sprachliche und inhaltliche Parallele zwischen 1,3f: Ἰησοῦ Χριστοῦ τοῦ δόντος ἑαυτὸν ὑπὲρ τῶν ἁμαρτιῶν ἡμῶν und 3,13: Χριστὸς ἡμᾶς ἐξηγόρασεν ἐκ τῆς κατάρας τοῦ νόμου γενόμενος ὑπὲρ ἡμῶν κατάρα zu beachten.

[463] Vgl. bes. Röm 5,12–21; 7,7–25a; 8,2 und schon 3,24 (δικαιούμενοι δωρεὰν τῇ αὐτοῦ χάριτι). Dazu H. WEDER, Sünde, bes. 360–363; G. EICHHOLZ, a.a.O. 244.

[464] S. VOLLENWEIDER, Zeit, 108.

[465] D. LÜHRMANN ist zuzustimmen, daß »die Logik der paulinischen Argumentation in 3,6–14 ... auf der christologischen Interpretation eines Kernstücks des Alten Testaments selber« fußt, 59.

[466] ἡμεῖς umgreift, wie m.E. unzweideutig aus dem Kontext hervorgeht, Juden(christen) und Heiden(christen), im paulinischen Sinn die *gesamte* Menschheit, so schon Justin, Dial. 95,1f. Sprachlich ist IThess 1,9f; 4,14 und 5,9f zu vergleichen. Der Hinweis von H. D. BETZ, 269 Anm. 97, ἡμεῖς beziehe sich auf das Pronomen in 2,15, folglich inkludiere es nur die dort angesprochenen *Juden*christen, übersieht, daß a) der Adressatenkreis der Paulusre-

d.h. befreit und erlöst[467]. Er wurde von Gott stellvertretend für uns, uns zugute und zuliebe[468] zum Fluch[469] gemacht[470]. Der unmittelbare Bezug von 3,13 zur These von 3,10a.b (vgl. auch schon 1,3f) macht deutlich, daß die präpositionale Wendung ὑπὲρ ἡμῶν auf das Objekt der Befreiung vom Gesetzesfluch zielt. Wenn nach 3,10 die Tora (Dtn 27,26) den zu Recht ergehenden Fluchspruch über den Menschen mit »eschatologisch-forensischer Kraft«[471] enthüllt, vermag nur der Kreuzestod Jesu Christi von diesem Fluch zu befreien[472]. Dadurch bestätigt sich das Gesetz nicht nur selbst als ein die κατάρα nach sich ziehender Ankläger[473], sondern es gelangt in *dieser* Funktion seinerseits an sein Ende (vgl. Röm 10,4)[474] und findet den Tod. Freilich ist dies kein objektiver Tatbestand und nicht für jedermann evident. Aussagbar ist es nur von der Auferweckung des Gekreuzigten her, worauf das

---

de sich ab 2,15 de facto erweitert (vgl. oben Anm. 386 und 393) und die galatischen Heidenchristen in ihn hineingenommen werden und daß b) das Pronomen von 3,13 in dem Prädikat λάβωμεν (3,14) enthalten ist, somit wiederholt wird. Das *wir* vereint in beiden Versen die gleiche Bezugsgröße, zumal 3,14 mit seiner doppelten finalen Konstruktion den Zweck des ἐξαγοράζειν angibt. Sachlich vergleichbar ist IKor 10,11 (vgl. 10,1.6), wo Paulus sich und die Korinther in einer Form mythischen Korporativdenkens in die Wüstengeneration des Exodus mit einbezieht und von »unseren Vätern« spricht. Vgl. auch Gal 4,3.5 sowie Röm 2,14f; 3,23; 4,1.12.16f; 5,12–21. In keinem Fall kann das ἡμεῖς *ausschließlich* die Heidenchristen umfassen, mit denen Paulus sich zusammenschlösse, L. GASTON, Torah, 29. Paulus ist kein Heidenchrist. Vgl. auch M. BACHMANN, a.a.O. 136–138 (ἡμᾶς in 3,13a umfasse exklusiv die Judenchristen, die 1.Pers.Pl. in 3,14b beziehe sich hingegen auf Juden- *und* Heidenchristen).

[467] Vgl. 4,5 sowie IKor 6,20; 7,23; IPetr 1,18f; IIPetr 2,1; Apk 5,9; 14,3. A. DEISSMANNS These, Paulus verwende mit ἐξαγοράζειν einen im Zusammenhang des sakralen Sklavenfreikaufs geprägten juristischen terminus technicus, Licht, 270–277, findet heute keinen Vertreter mehr, E. PAX, Loskauf, bes. 256–259.276–278; G. FRIEDRICH, Verkündigung, 82–86; W. KRAUS, a.a.O. 177–179; W. HAUBECK, Loskauf, 152–155.163–166.292–321. W. HAUBECK interpretiert diese Stelle auf dem Hintergrund der Theologumena von der Erlösung Israels aus der Schuldknechtschaft in Ägypten (Dtn 13,6; IISam 7,23; Jes 43,1–4; 44,21–24; 52,3f; 62,10–12). Freilich bemerkt er selbst die damit einhergehenden terminologischen Schwierigkeiten, a.a.O. 149–155.306, die vor allem aus seiner einseitigen Herleitung aus der alttestamentlich-jüdischen Tradition herrühren.

[468] H. SCHLIER, 139; H. MERKLEIN, a.a.O. 23.

[469] D.h. zum Verfluchten gemacht, indem er die Identität des Sünders übernimmt. κατάρα steht als abstractum pro concreto, vgl. Jer 24,9; 42,18; Sach 8,13.

[470] Zu vergleichen ist die Wendung ὑπὲρ ἡμῶν ἁμαρτίαν ἐποίησεν, IIKor 5,21 (auch IKor 1,30: ἐγενήθη σοφία ἡμῖν ἀπὸ θεοῦ), an die sich ebenfalls ein mit ἵνα eingeleiteter Finalsatz anschließt. Vgl. ferner IIKor 5,14f; Gal 4,4f; IThess 5,9f sowie Joh 17,19; IPetr 2,11; Ignatius, Trall 2,1.

[471] O. HOFIUS, Gesetz, 60.

[472] Welch entscheidendes Gewicht Paulus diesem Verständnis des Todes Jesu im Gal beimißt, ist an der Häufung der darauf bezogenen Stellen abzulesen, 1,4; 2,19f.21; 3,1.13; 5,11.24; 6,12.14.17.

[473] G. THEISSEN weist auf den sich darin verdichtenden »aggressiven Zug« des νόμος hin, Aspekte, 152.228.267.

[474] Das hebt J. ROHDE gegen jede neuere Bestreitung des so zu formulierenden Verhältnisses von νόμος, κατάρα und Kreuzestod Jesu Christi zu Recht hervor, 144.

vorangestellte, asyndetisch anreihende Χριστός hinweist[475]. Wiederum schließt sich ein begründendes (ὅτι γέγραπται) Schriftzitat an (Dtn 21,23[LXX])[476]. Die syntaktischen und inhaltlichen Übereinstimmungen zwischen v.10 und v.13 sind unübersehbar. Sie gelten der *Identität* des Fluches, der seine tödliche Wirkung unter den ἐξ ἔργων νόμου ausübt, mit dem Fluch, der den Gekreuzigten trifft[477].

6.5.4 Der Gekreuzigte und der νόμος

V.14 gibt in zwei syntaktisch parallel gebauten, mit jeweils einem finalen ἵνα eingeleiteten Sätzen[478] Zweck und Ziel der Befreiung vom Fluch an[479]. Außerdem knüpft Paulus mit dem wieder aufgenommenen πνεῦμα an den Ausgangspunkt der Darlegung von 3,6ff in 3,2.5 an und holt so »die in v.1–5

---

[475] Wie auch anderswo (vgl. nur IKor 1,23f) ist Χριστός hier nomen appellativum, nicht allein nomen proprium.

[476] Zum Zitat und seinem Verhältnis zu LXX und MT vgl. D.-A. Koch, a.a.O. 120.132.165f.

[477] Pointiert und zutreffend urteilt R. G. Hamerton-Kelly: »The curse is defined as that which killed Christ«, a.a.O. 112. Dieses *so* bestimmte Verhältnis von Gesetz und Fluch, wie es m.E. unzweideutig aus 3,10–13 hervorgeht, bestreitet nachdrücklich H. Räisänen, View, 412; Call, 88f. In die gleiche Richtung tendieren E. P. Sanders, People, 25f.55; J. C. Beker, Apostle, 50f; J. D. G. Dunn, Works, 228–230.235f. H. Räisänen vermag dies nur, weil Gal 3,13 für ihn wie für E. P. Sanders nicht mehr als einen »subsidiary place« in der paulinischen Argumentation einnimmt, View, 412. Damit ist aber der ganze Gedankengang von 3,6ff verfehlt. Aus dem einmaligen Vorkommen der »curse terminology« macht H. Räisänen eine hermeneutische Tugend, er marginalisiert die Aussage. Vgl. hingegen T. L. Donaldson, Inclusion, 100–107; Chr. Dietzfelbinger, Berufung, 37–42; R. B. Hays, Faith, 193–237, für den die Christusprädikation Gal 3,1.13f.22.26–28; 4,3–6 zur narrativen Grundstruktur des brieflichen Hauptteils gehört.

[478] Vgl. Röm 7,13; 15,31f; IIKor 11,12; Gal 4,4f; IThess 4,1; Kol 3,4f. Grammatisch gibt es zwei Möglichkeiten. Beide Finalsätze können vom Verb des Hauptsatzes in v.13a abhängen, oder der zweite Finalsatz ist eine weiterführende Schlußfolgerung aus dem ersten. Die Entscheidung hängt wesentlich davon ab, ob man das ἡμᾶς von v.13 im engeren Sinn auf die Heiden deutet, oder ob man generell *alle* Menschen mit einbezogen sieht. Da m.E. alles für die zweite Möglichkeit spricht, sind die Finalsätze koordiniert, so daß sich Paulus in der Tat mit den Adressaten in 3,14 zusammenschließt, E. W. Burton, 176; F. F. Bruce, 167; W. Klaiber, a.a.O. 151. Dann kann man freilich nicht mehr behaupten, das Problem der Juden tauche hier nicht auf, wie W. Klaiber meint. Denn Paulus verleugnet auch als von Christus berufener Apostel sein Judesein nicht, Röm 9,3; 11,1; IIKor 11,22; Phil 3,5, vgl. Röm 9,24. Das auf der Textebene Paulus und jeweils einen anderen Aktanden umschließende ἡμεῖς (Gal 2,15ff; 3,13f) ist semantisch gleichwohl ein *generelles*. Unmißverständlich formuliert Paulus den hier gemeinten Sachverhalt in Röm 4,11f.16.

[479] Vgl. die exakte sprachliche Parallele in 4,4f, die m.E. eindeutig unter Rückbezug auf 3,13f formuliert ist. Gotteskindschaft und die eschatologische Gabe des Geistes hängen aufs engste zusammen, wie schon die Abfolge ἀκοὴ πίστεως – πνεῦμα – υἱοὶ Ἀβραάμ in 3,2–7 erkennen läßt. Ja sie bedingen sich gegenseitig, da beide die soteriologische Bedeutung des Kreuzestodes Jesu explizieren und beide durch die πίστις konstituiert werden (vgl. 3,2 mit 3,26).

beschworene gegenwärtige Geisterfahrung der Galater argumentativ« ein[480]. Von v.14 her erweist sich die dortige Alternative als eine auf der Grundlage des Christusevangeliums überholte Vexierfrage[481]. Weil die ἡμεῖς ihre Rechtfertigung der eschatologisch-universellen Gültigkeit des geschichtlich nicht mehr einzuholenden einmaligen Ereignisses des Kreuzes Jesu verdanken, an das sich Gott in seinem Heilshandeln in exklusiver Weise gebunden hat[482], ist jegliche Berufung auf außerhalb dieser Exklusivität basierende Ansprüche ausgeschlossen. Darum kann Paulus in v.14 die Begrifflichkeit aus v.8f erneut einbringen. Nun aber nicht mehr diskursiv und argumentierend wie dort, sondern als die einzig mögliche und selbstverständliche Konsequenz der im Kreuzesgeschehen begründeten partikularen Entschränkung göttlicher Gerechtigkeit ἐν Χριστῷ Ἰησοῦ[483]. Die Rückführung hat den Sinn, daß der Glaube an den im gekreuzigten Christus handelnden Gott als die Erfüllung der an Abraham ergangenen Segensverheißung präzisiert wird (vgl. 3,14 mit 3,6.7–10)[484]. Sie gelangt im Kreuzestod Jesu an ihr von Gott gesetztes Ziel[485]. Die darin beschlossene »Ablösung« des Gesetzes liegt in der »Konsequenz des bei Paulus schöpfungs- und verheißungsgeschichtlich inspirierten Gottesgedankens«[486].

Die Fluchübernahme durch den Gekreuzigten zieht den Segen für die ἔθνη nach sich. Umgekehrt erschließen der zu den Heiden gelangte, sie von Anfang an inkludierende Abrahamssegen sowie die als Gabe des Glaubens verheißene und in ihm Gestalt gewinnende ἐπαγγελία τοῦ πνεύματος das Kreuz Christi als eine göttliche Tat ὑπὲρ ἡμῶν. Aufgrund seiner alleinigen Orientierung an Jesus Christus vermag Paulus völlig davon abzusehen, *ob*

---

[480] A. SUHL, Galaterbrief, 3129, vgl. U. SCHNELLE, Christusgegenwart, 58.62f.

[481] Vgl. H. SCHLIER, 118; R. LIEBERS, a.a.O. 50f.

[482] Das folgt u.a. notwendigerweise aus Gal 1,12.15f. Gott hat sich selbst in seinem Sohn geoffenbart – Ἰησοῦ Χριστοῦ in v.12 ist ein Genitivus objectivus, Subjekt von v.16a ist Gott, vgl. v.15 –, so daß es nur sachgemäß ist, von der »Ankunft Gottes im Kreuz Jesu« zu reden, H. WEDER, Kreuz, 193. Deshalb ist der Glaube an Christus immer zugleich Glaube an Gott, vgl. Röm 4,24f; 10,9; IKor 15,12.15 und Röm 1,1–3; Gal 2,20; IThess 1,8; [Kol 2,12].

[483] Die rhetorische Disposition von 3,2–14 bestätigt die formale wie inhaltliche Mittelpunktstellung von 3,10–13. Die Stichwörter ἔθνη, εὐλογία, Ἀβραάμ, ἐπαγγελία und πίστις weisen auf 3,8f zurück, inkludieren somit 3,10–13. Das viermalige πνεῦμα (3,2b.3b.5.14b) bildet die Klammer um 3,6–13. Der Abschnitt 3,2–14 ist demnach als eine Ringkomposition mit einer kleinen und einer großen Inklusion gestaltet.

[484] Das ἐν Χριστῷ Ἰησοῦ (v.14) entspricht dem ἐν σοί von v.8.

[485] Mit CH. H. COSGROVE läßt sich sagen: »Participation in the cross of Christ is the sole condition for life in the Spirit«, a.a.O. 178. Ihm ist aber zu widersprechen, wenn er gleichzeitig das πνεῦμα gegen die δικαιοσύνη ausspielt. Denn nach 3,2.5 und 3,14b interpretieren sich Geist und Glaube wechselseitig, wobei die δικαιοσύνη eine Frucht der πίστις ist (3,6, vgl. Röm 9,30–32; 10,6.10f).

[486] K. KERTELGE, Autorität, 98. Vgl. auch J. ROHDE, 144; O. HOFIUS, a.a.O. 60f.64f [Anm. 51].

und *wie* sich die Verheißungen Gottes *vor* Christus erfüllt haben, ob auch *vor* Christus Abrahamkindschaft möglich war[487]. Denn der dem Glaubenden durch Christus erschlossene Gegenwartsbezug der Schrift (vgl. Röm 4,23f; 15,4; IKor 9,9f; 10,11) muß exklusiv sein, wenn anders die Verheißung διὰ δικαιοσύνης πίστεως[488] ergeht und als »die geschichtliche Voraussetzung des Evangeliums ... im Evangelium ihre Zukunft« hat (vgl. Röm 1,2f; 3,2.21; 9,4f; Gal 3,8)[489].

Gal 3,13 ist darum als der exegetische wie theologische Schlüssel von 3,6–14 anzusehen[490]. Dieser Vers schließt keineswegs »etwas unvermittelt« an v.12 an, wie K. KERTELGE meint[491]. Dagegen spricht schon der innere Zusammenhang der der Schrift entnommenen dicta probantia in 3,10–13[492]. Als Pointe und »gesetzeskritische Spitze«[493] der Verkündigung des Gottes, dessen in der Gegenwart des Geistes bereits spürbares eschatologisches Rechtfertigungshandeln sich im Kreuz Jesu Christi Bahn gebrochen hat[494], legt v.13 die eigentliche Differenz zwischen dem qua göttlicher Offenbarung autorisierten paulinischen Evangelium und dem *nicht* als Wahrheit[495] existierenden ἕτερον εὐαγγέλιον (1,6f) der die Galater beeindruckenden Nomisten offen[496]. Indem der Apostel hier[497] Dtn 21,22f christologisch interpretiert und Christus mit Fluch und Sünde[498] in beklemmender Nähe zusammen-

---

[487] Vgl. K. BERGER, Abraham, 48; D. ZELLER, Mission, 95.

[488] Röm 4,13, vgl. 4,11; 9,30; 10,6; Gal 3,6; Phil 3,9.

[489] E. JÜNGEL, Adam, 148.

[490] Vgl. U. WILCKENS, Entwicklung, 169; D. R. SCHWARTZ, Allusions, 259–268.

[491] Freiheit, 189.

[492] Diese Kohärenz ist m.E. ein gewichtiger Einwand gegen K. BERGERS Versuch, v.11f rhetorisch als *refutatio* von v.13f als der *peroratio* zu trennen, Exegese, 45. Daß in v.13 das Stichwort Χριστός rekapituliert würde, dürfte schwerlich überzeugen, da es an dieser Stelle zum ersten Mal im Kontext von 3,6ff begegnet, vgl. 3,1.

[493] P. STUHLMACHER, Christologie, 219.

[494] Das ist – unbeschadet einer sich auch auf der begrifflichen Ebene widerspiegelnden späteren theologischen Reflexion – die Paulus bei seiner Berufung zuteil gewordene christologische Erkenntnis, P. STUHLMACHER, Ende, 171–186; CHR. DIETZFELBINGER, a.a.O. 105f.

[495] Die ἀλήθεια ist Signum des Evangeliums (Gal 2,5.14, vgl. Kol 1,5) und kann an dessen Stelle auch absolut stehen, Gal 5,7; IIKor 4,2. Entsprechend bezeichnet ἀληθεύειν die Verkündigung des Evangeliums, Gal 4,16.

[496] Das bedeutet nicht, die Gegner hätten die Heilsbedeutung des Todes Jesu und seine Auferweckung geleugnet. Offenbar interpretierten sie sie aber so, daß Tod und Auferwekkung Jesu als sündenvergebende Ereignisse nicht nur in keinem Widerspruch zur Toraobservanz standen, sondern geradezu zum Gesetzesgehorsam verpflichteten, sofern das Gesetz als eschatologische Gabe Gottes auch als das entscheidende Signum eschatologischer Existenz betrachtet wurde, vgl. T. SÖDING, a.a.O. 312f. Damit aber gewannen, was Paulus aufgrund des Kreuzesgeschehens unmöglich zugestehen konnte, die Beschneidung und der νόμος de facto Heilsbedeutung.

[497] Vgl. 3,1; 6,14; IKor 1,23; 2,2, weiterhin Gal 2,19.21; Röm 5,6.8; 14,5; IKor 8,11.

[498] Paulus gebraucht den Begriff ἁμαρτία in diesem Zusammenhang zwar nicht. Aber ein Blick auf 1,4; 2,17 und 3,22 lehrt, daß er der *Sache* nach gemeint ist.

bringt, konzentriert sich auf den Gekreuzigten der Fluch in einmaliger und umfassender Weise. Er trifft *ihn*, anstatt daß er unter denen ἐν ἔργων νόμου zu seinem legitimen Recht käme. So wird Christus gleichsam zum »Repräsentanten der vom Fluch des Gesetzes bedrohten Menschheit«[499], damit sie von ihm frei kommt.

Die Kontur des von Paulus offengelegten Kontrastes könnte nicht schärfer zutage treten. Der νόμος bildet mit der Sünde ein geschlossenes System, in das der Mensch involviert ist. Durch Eigeninitiative vermag er es nicht aufzubrechen, wie exemplarisch Röm 5,12–21 und 7,7–25a darlegen[500]. Proklamiert die Tora den auf der Menschheit lastenden und sich in dieser Weise an ihr auswirkenden Fluch, ist er ein für allemal seiner Macht[501] beraubt, indem Christus den Zusammenhang von Gesetz und Sünde durchbrach, den *uns* geltenden Fluch auf sich nahm und die κατάρα in ihrem tödlichen Charakter beseitigte. Präzise läßt sich dieses, Kreuzestod und Auferweckung Jesu Christi umgreifende Geschehen als ein Akt »inkludierender, den Sünder einschließender Stellvertretung«[502] bezeichnen, vgl. Röm 6,5–11; Gal 2,19f; IIKor 5,14–21. Mußte die Tora den Gekreuzigten als verflucht erweisen, bewirkte das Bekenntnis Gottes zu dem Auferweckten die Entmächtigung der Tora in ihrer Fluchwirkung. In Christus ist die dem Menschen in Anklage und Verurteilung begegnende Macht des νόμος zu ihrem Ende gekommen[503]. Sein auf Erfüllung angelegter[504] und *darin* begründeter soteriologischer Anspruch[505] hat aber ἐν Χριστῷ nicht alleine seine Gewalt verloren. Er ist als eine dem νόμος niemals innewohnende Möglichkeit entlarvt worden[506]. Im geschichtlichen Ereignis des Kreuzes Jesu enden Geltung und Reichweite der Tora. Freilich vermag diese Erkenntnis wiederum nur von der Auferweckung des Gekreuzigten her und also des vom νόμος, nicht von

---

[499] CHR. DIETZFELBINGER, a.a.O. 37.

[500] Vgl. hierzu die m.E. weithin Zustimmung verdienenden Erwägungen H. WEDERS, Sünde, 357–376; Einsicht, 21–29, ferner CHR. DIETZFELBINGER, a.a.O. 111–114; S. VOLLENWEIDER, Freiheit, 349–374.

[501] Vgl. den redundanten Gebrauch von βασιλεύειν in Röm 5,14.17[bis].21bis, vgl. auch 6,12.

[502] O. HOFIUS, a.a.O. 63. Den hier von Paulus hervorgehobenen Stellvertretungsgedanken betonen A. OEPKE, 108; F. MUSSNER, 233; H. MERKLEIN, a.a.O. 15–39, ebenfalls.

[503] »Die Tora ließ das Kreuz und in dem Kreuz das Wirken Jesu als unter dem Fluch stehend erschließen. Nun erscheint von der Auferweckung Jesu her umgekehrt das Kreuz als Entmächtigung der Tora«, P. STUHLMACHER, Ende, 185. Vgl. U. LUZ, Geschichtsverständnis, 153.

[504] Vgl. nur WaR 24,4; 25,1; 35,7; BemR 14,10; Av 1,17; 3,22; 6,7.10; bSot 14a; bShab 31b.

[505] Röm 2,5–7.13; 10,5; Gal 3,10.12; 5,3, vgl. auch Mt 7,21; Jak 1,22; 4,11; IJoh 3,7.

[506] Im paulinischen Sinn wird man deshalb nicht sagen dürfen, die Macht der Sünde bewirke, »daß das Gesetz seine Qualität als Heilsweg verliert«, U. SCHNELLE, Wandlungen, 56. Für Paulus hat der νόμος diese Funktion nie gehabt.

Gott am Kreuz Verfluchten[507] gesagt zu werden. Dem Auferweckten gilt der Fluch des Gesetzes nicht, wenn anders Gott selbst als Wirk- und Realgrund der Auferstehung diesem Fluch anheimfiele. Von der Auferweckung Jesu Christi her ist die Macht der Tora, des Menschen Sein und seine Zukunft zu definieren, fundamental geschieden von der Gnadenmacht Gottes[508]. So ist »das Kreuz der Ort, wo das Gesetz sich auswirkt und in diesem Auswirken an sein Ende« gelangt[509]. Nichts anderes meint Paulus, wenn er von Christus als dem *Ende* des νόμος spricht (Röm 10,4)[510]. Jesus Christus bringt die Erlösung von dem Fluch und Tod nach sich ziehenden Sein der menschlichen Existenz unter dem Gesetz[511].

Paulus beschließt den Beweisgang mit einem Verweis auf Einsicht aus Erfahrung. Er ergänzt und präzisiert die christologisch reflektierte Schriftdeutung durch ein ihr komplementär zugeordnetes Evidenzargument aus der galatischen Gemeindepraxis. *Didaktisch* gesehen liegt in v.14 der Zielpunkt der Appelle (τοῦτο μόνον θέλω μαθεῖν ἀφ' ὑμῶν, v.2a) von 3,2b.5b. *Methodisch* erreicht ihn Paulus über die erhoffte Zustimmung zu seiner mit 3,6 einsetztenden Schriftauslegung. Wer sich dem Resümee von v.14 anschließt, bejaht zugleich den es bedingenden Gedankengang von 3,6–13.

Der Apostel hat der Schrift entnommen, daß nicht das Tun des Gesetzes den Menschen vor Gott als δίκαιος erweist. Nicht die Tora führt zum Leben, sondern das allein im Glauben sich erschließende, in der ἀκοὴ πίστεως verkündigte und in den δυνάμεις[512] der Gemeinde sich manifestierende

---

[507] Darum *mußte* Paulus aus seiner LXX-Vorlage ὑπὸ θεοῦ in Dtn 21,23 streichen, um diese Fehlinterpretation auszuschließen.

[508] Hierzu H. WEDER, Hermeneutik, 379f.

[509] H. WEDER, Kreuz, 191.

[510] So ist trotz der neuerlichen Bestreitung dieser Übersetzung der Stelle durch P. v. d. OSTEN-SACKEN, Römerbrief, 33–40, zu interpretieren. Der weitere (9,30–10,21) wie der engere Kontext (10,6–8 bilden die Antithese zu 10,5. Die δικαιοσύνη von v.6 steht in Kontrast zu der von v.5, vgl. auch die Gegensatzpaare in 9,30b.31 [δικαιοσύνην δὲ τὴν ἐκ πίστεως/νόμου δικαιοσύνης]; 9,32a [οὐκ ἐκ πίστεως/ἀλλ' ἐξ ἔργων]; 10,3 [τὴν τοῦ θεοῦ δικαιοσύνην/τὴν ἰδίαν δικαιοσύνην/τῇ δικαιοσύνῃ τοῦ θεοῦ]) sowie die enge Sachparallele in Gal 3,10–14.23–25 (zu beachten sind auch Röm 3,21; 4,14; 6,4.6; 8,2; IIKor 3,6.11) lassen ein anderes Verständnis m.E. nicht zu, vgl. B. L. MARTIN, Law, 129–141.

[511] Vgl. Röm 6,14f; 7,4.6; Gal 2,19; 3,13.25; 4,5; 5,18.

[512] Von IKor 12,13 her dürfte die Verbindung von πνεῦμα und δύναμις (3,5) an die Taufe erinnern. Dafür spricht auch das ἐνάρχεσθαι πνεύματι in 3,3b. Das chiastisch zugeordnete σαρκὶ ἐπιτελεῖσθαι bestätigt den schon vermuteten Hintergrund der Kontroverse. Die Galater stehen im Begriff, die Beschneidung (vgl. Röm 2,28; Phil 3,3–5; [Eph 2,11]) als soteriologisch notwendige Ergänzung der Taufe, ja als sie erst in Kraft setzendes ἔργον νόμου anzuerkennen. M.a.W., die Galater bzw. die paulinischen Gegner proklamieren die Beschneidung als Vollendung der Taufe. Angesichts der sachlich identischen Kontrastierung von *anfangen* und *vollenden* in Phil 1,6, wobei nicht zufällig vom ἀγαθὸν ἔργον die Rede ist – hier aber bezogen auf das Evangelium (1,5) –, enthält Gal 3,3b eine ironisch-bissige Spitze. Vgl. auch Gal 3,13f auf dem Hintergrund von Röm 6,6.8 und im Gegenüber zu Gal 3,26–28.

Rechtfertigungshandeln Gottes in dem Gekreuzigten[513]. Als Zeichen und Angeld der in ihnen schon Gestalt annehmenden künftigen ζωή bilden die pneumatischen Erfahrungen der Galater[514] die somatische und damit die *praktische* Evidenz des sich der πίστις Ἰησοῦ Χριστοῦ verdankenden Pneumas (vgl. IIKor 13,3f). Sie verweisen eo ipso auf ihren eschatologischen Horizont[515], ja sind von ihm her erst zu qualifizieren. Diese in ihre individuelle und ekklesiologische Wirklichkeit überführte Konsequenz des Glaubens an das Evangelium von Christus (1,7) ist der sinnenfällige Indikator für den Anteil der ἔθνη an der Segensverheißung (3,14a) und am Erbe Abrahams[516]. M.a.W., nach der Darlegung von 3,6–14 beantworten die heidenchristlichen Galater die von Paulus in 3,2b.5b gestellten Fragen selbst, und zwar mit ihrer eigenen Existenz.

Welchen Stellenwert Paulus der Beantwortung dieser Frage beimißt, ergibt sich indirekt aus IKor 15,3–8.12–20. Die Offenbarung des Auferstandenen erweckt die »Totgeburt« Paulus zu neuem Leben. Durch seine Verkündigung des auferstandenen Christus kommt es zur pragmatischen Verwirklichung ihres semantischen Gehalts. Sie erweckt Menschen vom Tod zum Leben. Beides, Inhalt und Wirkung, ist nicht voneinander zu trennen. Wer das eine bestreitet, gibt damit auch dem anderen den Abschied. Darin liegt die Logik von IKor 15,12ff. Die gleiche »Identität von vergangenem Urgeschehen und gegenwärtiger Repräsentation«[517] findet sich Gal 3,2.5.14. Darum ist die hier geforderte Antwort auf die Frage nach dem *Wirkgrund* der δυνάμεις identisch mit der nach dem *Inhalt* der sie stiftenden ἀκοή.

---

[513] Insofern sind die in der Gemeinde als Substrat des Pneumas wirkmächtigen δυνάμεις unmittelbar auf das Kreuzesgeschehen bezogen. Grammatisch wird das καί von 3,5 am ehesten epexegetisch zu verstehen sein.

[514] Das πνεῦμα manifestiert sich in den δυνάμεις (3,5), bei denen man in erster Linie an die Charismen zu denken hat, Röm 15,19; IKor 12,7–10.28–30; 14,1–32.37–39, dazu E. Schweizer, ThWNT VI 420f; H. D. Betz, Geist, 80. Möglicherweise denkt Paulus an ganz bestimmte pneumatisch-ekstatische Widerfahrnisse in den Gemeinden. Darauf deutet der Gebrauch von πνεῦμα hin, Gal 3,2.5.14; 4,6; 5,16.18–22.25. Bezogen auf den materialen Gehalt der δυνάμεις steht Paulus in der Tradition hellenistisch-jüdischer Theologie, der die δυνάμεις als die Kräfte, Wirkweisen und Medien göttlicher Aktivitäten und Präsenz galten, vgl. Philo, Conf 137; Post 20; Abr 121f; Fug 69; SpecLeg I 329; Quaest in Ex II 37.

[515] Wichtig ist jedoch, daß ihm die πίστις als ihr Erkenntnisgrund immer vorgeordnet bleibt.

[516] Insofern ist es im Sinne des προευαγγελίζεσθαι von 3,8 durchaus statthaft zu sagen, daß für Paulus die Schrift, indem sie »die Rechtfertigung der Heiden aufgrund von Glauben anhand der Abraham-Geschichte vorherverkündigt, ... damit voraus auf das Kreuz« blickt, J. Roloff, a.a.O. 240.

[517] G. Sellin, Mythologeme, 221.

6.6 Zusammenfassung

Im folgenden beschränke ich mich auf einige wesentliche Aspekte, die sich von Paulus her für meine Themenstellung ergeben haben. Das abschließende Kapitel ordnet weitere Teilergebnisse in den übergreifenden Kontext dieser Studien ein.

Paulus reflektiert im Gal den Glauben an Jesus Christus angesichts einer konkreten Herausforderung, vor die ihn die Aktivität judenchristlicher Missionare in den galatischen Gemeinden stellt. Sie insistieren auf der Verbindlichkeit der Beschneidung (5,2f; 6,12f) auch für die getauften (3,27) Heidenchristen und erwarten von ihnen das Einhalten bestimmter Toravorschriften (4,10, vgl. 4,3.9)[518]. Daß diese Forderungen die Handschrift einer gezielten, von Jerusalem ausgehenden antipaulinischen Strategie tragen[519], ist denkbar, aber nicht beweisbar[520]. Eher könnten sie von der Sorge um die Einheit des Gottesvolkes *Israel* und damit um den Erhalt ekklesialer Koinonia bestimmt gewesen sein[521]. Darauf weist vor allem der von den Galatern abverlangte Proselytenstatus hin. Dieser ekklesiologische Gedanke mag auch hinter dem antiochenischen Konflikt gesteckt haben, jedenfalls auf seiten der paulinischen Kontrahenten[522]. Paulus konzentriert seine Argumentation auf den ihm von Gott geoffenbarten Inhalt (1,7.12.15f) seines Evangeliums, das er unter den Heiden zu verkündigen hat (1,16b; 2,2b.7b.9c, vgl. 2,3–5). Dessen rechtfertigungstheologisch akzentuierter Kern entfaltet der Apostel in zweifacher Weise. Neben der individuell-soteriologischen, grundsätzlichen Bestimmung des Evangeliums von Jesus Christus (2,16–21; 3,1ff) betont er die mit ihm verbundenen *sozialen* Konsequenzen (2,11–14; 3,28; 5,1.6.13. 16–26; 6,1–10). In 2,11–21 sind beide Aspekte der paulinischen Rechtfertigungsverkündigung miteinander verschmolzen. Sie bestimmen jedoch erkennbar auch den Gedankengang von 3,1–14. M.a.W., der von seinen Gegnern vertretene Gedanke der *Einheit* des erwählten Gottesvolkes wird von

---

[518] Zum Inhalt und Hintergrund dieses nomistisch geprägten »anderen Evangeliums« (1,6b) D. LÜHRMANN, 104–108; T. SÖDING, a.a.O. 308–315.

[519] So vor allem G. LÜDEMANN, Heidenapostel II, 162–165.

[520] Damit ist nicht bestritten, daß die paulinische Missionsverkündigung, soweit sie in Jerusalem bekannt war, dort auf Kritik stieß, vgl. nur Gal 2,12 mit Act 15,1; 21,18–21.28.

[521] U. LUZ, a.a.O. 77. Er erblickt in den galatischen Gegnern »in gewisser Hinsicht ... die nächsten Verwandten des Matthäusevangeliums« und meint, der 1. Evangelist hätte sich im Zweifelsfall an die Seite der paulinischen Opponenten gestellt, Matthäus I, 69f.

[522] Daß diese auch die Beschneidung propagierten und sie den Heidenchristen abverlangten, gibt ἰουδαΐζειν alleine nicht her, vgl. Est 8,17[LXX]; Josephus, Bell II 454; Juvenal, Saturae XIV 96–106, einerseits, Josephus, Bell II 463, andererseits. Wenn sich aber Petrus in Antiochien beim Essen separierte, hatte die verweigerte Tischgemeinschaft unmittelbar Konsequenzen für die Abendmahlsgemeinschaft. Denn den Heidenchristen wurde durch Petrus' Verhalten nahegelegt, erst die Beschneidung mache sie möglich.

Paulus durchaus geteilt. Durch die rechtfertigungstheologische Interpretation des Christusgeschehens wird er aber funktional ausgeweitet und universalistisch gedeutet. Die Heiden werden nicht erst mittels ihrer Beschneidung in die Heilsgemeinde Israel integriert, sondern sie haben wie Israel gleichursprünglich Anteil an Gottes Segensverheißung für Abraham, und zwar ἐκ πίστεως (3,7–9). Das sich diesem Glauben verdankende πνεῦμα (3,2.5.14) drängt auf seine soziale, interpersonale Wahrnehmung in der Gemeinde (5,6.14.22). Auch an diesem Punkt besteht ein tiefgreifender Dissens zwischen den im Gal noch sichtbaren theologischen Positionen. Während die Gegner – sicher bona fide – ihre eingeforderte Praxis als eine mit der Tora konform gehende ethische Orientierung ausgaben, war Paulus genötigt zu zeigen, daß seine als Rechtfertigungstheologie explizierte soteriologische Deutung der Christologie einer mit dem Willen Gottes übereinstimmenden sittlichen Perspektive nicht ermangelt, ja daß die Freiheit vom Gesetz den freiheitlichen Raum ethischen Verhaltens vielmehr gerade erschließt (vgl. 5,13). Dadurch werden »Ansatz und Status der Paraklese als integraler Bestandteil der paulinischen Evangeliumsverkündigung«[523] ins Recht gesetzt und christologisch begründet

Nicht umsonst unterstreicht Paulus die sozial-integrative Funktion seiner Rechtfertigungsverkündigung[524]. Denn der νόμος definiert aufgrund seiner Bestimmung die menschliche Existenz nicht nur als eine dem göttlichen Willen stets zuwiderlaufende, sondern er limitiert zugleich den Kreis derer, die sich auf ihn berufen: die Juden. Der Glaube an Jesus Christus beendet jede Festschreibung auf ekklesiologisch wie soziologisch segmentär sich auswirkende Identitäten (3,26–29), damit auch die Berufung auf die Tora als Norm und ad extram gerichtete Grenze juden- wie heidenchristlicher Identität[525]. Er ermöglicht damit die κοινωνία der *einen* Gemeinde aus Juden (περιτομή) und Heiden (2,7–9). Anders gesagt, Paulus' Explikation des Evangeliums von Jesus Christus, dem Gekreuzigten, als Rechtfertigungsverkündigung ist nicht exklusiv gegen Israel, sondern gerade im Blick auf Israel inklusiv-universalistisch auszulegen und zu verstehen.

---

[523] T. Söding, a.a.O. 320.

[524] Vgl. M. Barth, Stellung, 518–522; R. G. Hamerton-Kelly, a.a.O. 111f; G. Theissen, Judentum, 350f; R. Heiligenthal, Implikationen, 38–53, bes. 43–45.

[525] Vgl. Röm 2,12ff, bes. v.14; 9,4; IKor 9,20f; Gal 4,21ff. Aus jüdischer bzw. judenchristlich-nomistischer Sicht erhielt die Rechtfertigungslehre dadurch sekundär, und zwar entgegen Paulus' Absicht, eine abgrenzende Funktion.

7 Ergebnisse – Konsequenzen – Ausblick

Den Gang des letzten Kapitels bestimmte die als heuristische Leitlinie dienende Ausgangsbasis, der Glaube »an Jesus als den Messias« markiere die entscheidende Differenz zwischen Juden und Christen[1]. Danach entschied die im Christusbekenntnis vollzogene eschatologisch-messianische Identifizierung des geschichtlichen Menschen Jesus von Nazareth definitiv über die Trennung vom Judentum. Begünstigt durch ihre rasche Ausbreitung über die engeren Gebiete Judäas und Galiläas hinaus und die dadurch geforderte Integrationsfähigkeit ihrer juden- und heidenchristlichen Mitglieder, habe die Christengemeinde zu einer eigenen, zunehmend auch von außen wahrgenommenen Identität gefunden. Dieser Weg habe in der Konsequenz des ersten Schrittes gelegen. Aufgrund seiner Verankerung im Christusbekenntnis sei dieser Prozeß unumkehrbar geworden.

Zweifellos benennt dieses Erklärungsmodell einen wesentlichen Teilaspekt des christlich-jüdischen Schismas. Doch so plausibel es auf den ersten Blick erscheint, reicht es in der vorgetragenen Form weder theologisch noch historisch aus. Zumindest hält die Antwort einer von Paulus ausgehenden näheren Prüfung nicht stand. Denn gemessen an ihm bleibt sie im Vorfeld des eigentlichen paulinischen Anliegens stecken. Von ihm her ist sie daher zu präzisieren und zu korrigieren.

Nun ist es fraglos so, daß Paulus, betrachtet man den Gesamtbestand der uns zur Verfügung stehenden frühchristlichen Quellenbasis, nur *einen* Traditionsstrom im Urchristentum repräsentiert. Daneben gibt es andere Stimmen mit wiederum ganz eigenen, sogar gegenläufigen Tendenzen. Zudem bedurfte der Kern der spezifisch paulinischen Neuorientierung, das Evangelium von der Rechtfertigung des Gottlosen, bestimmter Konstitutionsbedingungen[2], die im ersten und im zweiten Jahrhundert weder überall anzutreffen waren noch auf ungeteilte Zustimmung stießen. Doch war und ist dieser Kern bis heute von einer in der Kirchen- und Theologiegeschichte singulären Dominanz. Welche Autorität gerade Paulus in neutestamentlicher

---

[1] Vgl. oben Abschnitt 6.1.
[2] Zu ihnen U. LUZ, Rechtfertigung, 367f. Er rechnet dazu a) ihren intellektuellen Anspruch, b) ihren jüdisch-apokalyptischen Referenzrahmen sowie c) ihren eschatologisch-antizipatorischen Charakter, der mit der Zeiterfahrung der Menschen kollidierte.

und frühchristlicher Zeit besaß, bestätigt ungewollt der Jak. Seine mit ihm in
den Kanon aufgenommene Kritik der paulinischen Rechtfertigungsverkündigung (bes. 2,14–26)[3] bezeugt einmal mehr die auch von Paulus' theologischen Antipoden empfundene Aktualität des Apostels und den im frühen
Christentum beispiellosen Erfolg seines Wirkens[4].

Ein – notwendig fragmentarisch ausfallender – kontrollierender Blick auf
frühjüdische Texte, speziell auf ihre messianologischen Aussagen, verhilft,
den materialen Gehalt des in charakteristischer Weise rechtfertigungstheologisch formulierten paulinischen Christusverständnisses zu erfassen und der
damit verbundenen Weggabelung im christlich-jüdischen Verhältnis ansichtig zu werden[5]. Das gewonnene Resultat läßt sich zusammen mit den Ergebnissen der vorherigen Kapitel nach mehreren Seiten hin entfalten. Sie ergänzen und stützen sich gegenseitig.

1. Gal 3,1–14 belegt exemplarisch[6] eine der theologisch folgenreichsten
Weichenstellungen in der Geschichte der frühen Christenheit. In diesem Abschnitt konzentrieren sich Inhalt (vgl. 2,15–21) und Ziel der paulinischen
Verkündigung. Ihr entscheidender christologischer Akzent liegt darin, daß
der Apostel das ihm von Gott anvertraute Evangelium rechtfertigungstheologisch expliziert. Gott selbst hat es ihm offenbart (Gal 1,15f, vgl. IKor 9,1;
15,8; IIKor 4,6). Die Berufung zum Heidenapostel (1,16b; Röm 11,13) implizierte einen grundsätzlichen Abschied des vormaligen Verfolgers der
ἐκκλησία τοῦ θεοῦ (Gal 1,13, vgl. 1,23) von den Voraussetzungen seiner bisherigen theologischen Überzeugung, die ihren Ausdruck in dem Eifer für die
Tora fand (Gal 1,14, vgl. Phil 3,6). Das die gesamte Menschheit umgreifende
soteriologische Zentrum des paulinischen Evangeliums besteht, in wenigen
Worten zusammengefaßt, darin: Gott hat in dem gekreuzigten und auferweckten Jesus Christus seinen Heilswillen für alle Menschen, Juden wie Heiden[7], öffentlich kundgemacht (vgl. 3,1). Und dieses eschatologische Geschehen entspricht nicht nur der Schrift (IKor 15,3f), sondern ist in ihr vorher-
verheißen (Gal 3,8, vgl. Röm 1,2f; 3,21; 4,23f).

---

[3] Daß sein Verfasser gegen einen »verzerrten Paulinismus« kämpfte und er selbst »kaum
wirkliche Kenntnis der paulinischen ... Theologie« besaß, CHR. DIETZFELBINGER, Berufung, 92, ist m.E. eine zu weit gehende Hypothese.

[4] Ich verweise hier summarisch auf A. LINDEMANN, Paulus, bes. auf die Abschnitte
112f.161–173.240–252.400f.

[5] Das gilt unbeschadet der Tatsache, daß die paulinische Rechtfertigungslehre aufgrund
der von U. LUZ genannten Faktoren der Gefahr erliegen konnte, später nur noch formal rezipiert zu werden.

[6] Noch einmal sei betont, daß dies nicht chronologisch mißzuverstehen ist. In ähnlicher
Weise böten sich Stellen wie IKor 1,18ff; IIKor 2,14ff oder Phil 2,5ff an, wenngleich deren
situativer und argumentativer Kontext ein anderer ist.

[7] Das ist der Sinn des doppelten ἡμεῖς in 3,13, das hier wie an den meisten übrigen Stellen (1,3f; 3,23–25; 4,3–5.31; 5,1.25f; 6,9f) betont inklusiv verwendet ist.

Der Inhalt des Evangeliums verweist freilich unmißverständlich auf das Subjekt der Paulus zuteil gewordenen Christusoffenbarung. Denn die Schrift beglaubigt das Evangelium, und das Evangelium bestätigt die Schrift nur deshalb, weil der Apostel im Christusgeschehen wie in den Väterverheißungen denselben rechtfertigenden Gott am Werk findet. Dieser nimmt sein einmal gegebenes Wort nicht zurück. Sein Wesen bekundet sich gerade in seiner Verheißungstreue (Röm 3,2; 4,9–12; 9,4f.6a; 11,1f.28f; Gal 3,6–9.14, vgl. Röm 1,2–4; 3,21). Verheißung und Rechtfertigung treten für Paulus demnach nicht in Konkurrenz zueinander. Das Gegenteil ist richtig. Erst in der Koinzidenz von Verheißung und rechtfertigendem Handeln ἐν Χριστῷ definiert sich Gott als der in Israels Geschichte lebendige und in der Schrift sich bezeugende wahrhaftige Gott (Röm 3,3f.7, vgl. 9,14; 11,28f; 15,8). Und nur als *dieser* Gott erweist er sich als der πατὴρ πάντων ἡμῶν (Röm 4,16)[8], als der Gott auch der Heiden (Röm 3,29f; 4,17f.23f; 15,9). Daß Paulus nicht nur das eschatologische Heil für die an Christus Glaubenden verkündigt, daß er zugleich, und zwar entgegen dem Augenschein, an dieser Hoffnung für *ganz* Israel festhält (Röm 11,25–27), gründet in der Selbigkeit und Identität des εἷς ὁ θεός (Röm 3,30; IKor 8,4.6). Denn Gottes Heilsratschluß, bezeugt vom Gesetz und den Propheten (Röm 3,21), ist in Christus in unüberbietbarer Weise eschatologisch bestätigt worden (IIKor 1,20). Mehr noch, in ihm ist er zu seinem *immer schon* beabsichtigten *Ziel* gelangt (Gal 3,6–9.14.22b.29)[9]. Von dieser Gewißheit her vermag der Apostel die kognitive Dissonanz zwischen der gegenwärtigen Heilsferne Israels (vgl. Röm 1,18; 2,1–29; 3,9–20; 9,2f.31–33; 10,1–3; 11,7a.20.23a) und der allein in Jesus Christus gründenden σωτηρία für alle πιστεύοντες als eine innergeschichtlich zwar noch reale, aber bereits jetzt im Modus eschatologischer Hoffnung (Röm 8,14–16.23f, vgl. 4,18; IIKor 5,6f; Hebr 11,1) überholte Wirklichkeit zu begreifen: πᾶς Ἰσραὴλ σωθήσεται (Röm 11,26a)[10]. Anders ausgedrückt, was der Apostel für

---

[8] Hier verschränken sich die in Kap. 5 und 6 aufgezeigten Linien.

[9] Deswegen ist es unzutreffend, wenn H. THYEN sagt, in Christus sei der Heide »*nun auch* (von Gott) erwählt und zum Bruder gemacht« worden, er nehme jetzt teil an Geschichte und Verheißung der Juden, Studie, 155 (Kursivierung von mir). »In Christus« erschließt sich für Paulus vielmehr die Gewißheit, daß Gottes Verheißungen an Israel *von je her* die Völkerwelt umgriffen haben, wie die prospektivisch gebrauchten Verben προορᾶν und προευαγγελίζεσθαι in Gal 3,8 darlegen. Den unableitbaren eschatologischen Charakter des Christusgeschehens, das nicht einfach als »Verlängerung, Abschluß« oder auch als »Wiederholung« der im Alten Testament dokumentierten Heilsgeschichte interpretiert werden darf, hat M. OEMING gegenüber heils- und überlieferungsgeschichtlich orientierten Ansätzen zu Recht betont, Theologien, 75.

[10] M.E. muß Gal 3,13f aufgrund des Juden wie Heiden inkludierenden ἡμεῖς ebenso verstanden werden. Denn der Kreuzestod Jesu Christi ὑπὲρ ἡμῶν ist für Paulus nicht die »Ermöglichung« bzw. der »Ermöglichungsgrund« für die Versöhnung des Menschen mit Gott, so C. BREYTENBACH, Versöhnung, 158f.165.215.221.223, sondern er ist nach Röm 5,6–10 und IIKor 5,14 die *Verwirklichung* der Versöhnung des Menschen mit Gott.

die christliche Heilsgemeinde in pneumatischer Gewißheit antizipatorisch zu formulieren wagt: τῇ γὰρ ἐλπίδι ἐσώθημεν (Röm 8,24), findet seine Entsprechung auf der israeltheologischen Ebene.

2. Die bereits im Frühstadium christologischer Reflexion erfolgte Übertragung der Gesalbten-Terminologie auf Jesus von Nazareth liefert noch keinen zureichenden Grund für das christlich-jüdische Schisma. Die eingangs zitierte These unterliegt, vielleicht wegen ihrer eingängigen Griffigkeit, dieser historischen wie theologischen Fehleinschätzung. Es mußten gewichtige Faktoren hinzukommen. Denn der aus der alttestamentlichen und frühjüdischen Überlieferung gespeiste semantische Gehalt des Christus-Titels *als solcher* forderte das Judentum keineswegs zum fundamentalen Widerspruch gegen das Christusbekenntnis der Jesusanhänger heraus.

a) Die frühjüdische Messianologie war durchaus fließend und nuancenreich. Ihr weit gesteckter Rahmen erlaubte es sogar, eine zeitgenössische Person als משׁיח auszurufen[11], ohne daß die dafür Verantwortlichen der Apostasie beschuldigt wurden. Erst der Lauf der Geschichte, genauer, das Scheitern des Messiasprätendenten, entlarvte die mit der Proklamation verbundene Hoffnung als einen Irrtum.

b) Die lukanische Darstellung in Act 5,34–39 bestätigt dies[12]. Wenngleich das rehistorisierend verfahrende, apologetische Interesse des 3. Evangelisten unverkennbar ist, beschreibt er die jüdische Position korrekt. Daß Lk die Zeitebene verschiebt, er mit Hilfe Gamaliels die Entscheidung über Legitimität oder Unrechtmäßigkeit des messianischen Anspruchs Jesu an der Evidenz des Wirklichkeitsgehalts des apostolischen Zeugnisses mißt, spricht nicht dagegen.

c) Einen weiteren positiven Hinweis liefert das Schicksal der Jerusalemer Urgemeinde. Soweit wir urteilen können, lag der Grund für die Vertreibung der Hellenisten nicht einfach in ihrer Anerkennung von Jesu Messianität. Andernfalls wäre das – offensichtlich weithin unbehelligte – Verbleiben des übrigen Gemeindeteils in der Stadt unerklärlich. Denn auch diese in und um Jerusalem ansässigen Christen anerkannten und verkündigten Jesus als den Gesalbten Gottes.

Aus alledem ergibt sich: die These, schon das Bekenntnis zur Messianität Jesu von Nazareth bilde, von jüdischer Warte aus betrachtet, den eigentlichen Dissens zwischen Juden und Christen, läßt sich nicht aufrechterhalten. Daher kann dieses – traditionsgeschichtlich im Horizont altjüdischer Messianologie angesiedelte – Bekenntnis auch nicht als das schlechthin dominierende Moment gewirkt haben, das zur Separation der christusgläubigen Juden von der Synagoge führte bzw. ihren Ausschluß bewirkte[13]. Die Nominalverbindung

---

[11] Vgl. oben Abschnitt 6.2.2.

[12] Vgl. oben Abschnitt 6.2.1.

[13] Zutreffend W. SCHRAGE, Ja und Nein, 149. Es ist daher ganz unwahrscheinlich, im »Christusbekenntnis der Gemeinde« *als solchem* die Ursache der Verfolgertätigkeit des späteren Heidenapostels zu sehen, gegen G. STRECKER, Rechtfertigung, 234. Dabei kann er sich zwar auf Züge des lukanischen Paulusbildes stützen, Act 26,9.11, vgl. 9,4; 22,7; 26,9.14, nicht aber auf Paulus selbst, vgl. A. J. HULTGREN, Persecutions, 102f.

Jesus Christus fiel nach jüdischem Verständnis nicht aus dem semantischen Referenzrahmen heraus, der das auch jüdischerseits noch zu Tolerierende gesprengt hätte[14]. Die für das Auseinandergehen der Wege maßgebliche Schlüsselaussage formuliert Gal 3,13 in prägnanter und wohl auch in polemischer Zuspitzung. Wenn es wahr ist, »daß Gott im Kreuz Jesu Christi sich in Gericht und Gnade des Menschen *angenommen* hat, dann ist darüber entschieden, daß der Weg der Rechtfertigung über die Werke der Tora«[15] kein menschlich möglicher Weg ist, ja nie war. Wie vorher dem pharisäisch gesinnten (Phil 3,5, vgl. Act 23,6; 26,5) Eiferer Paulus (Gal 1,14; Phil 3,6, vgl. Act 22,3), muß das Bekenntnis zu dem *gekreuzigten* Christus aufgrund von Dtn 21,22f jedem toratreuen Juden ein Skandalon sein (IKor 1,23, vgl. Gal 5,11). Das Evangelium und sein Inhalt, Gottes Selbstidentifikation mit dem Kreuzestod des Messias Jesus, der Mensch und Welt aus dem kommenden Zorngericht rettet, ist für ihn nichts anderes als Blasphemie (vgl. nur Justin, Dial. 90,1)[16].

Wie die Analyse von Act 6,8–15 und daran anknüpfende historische Überlegungen ergeben haben[17], verdankt Paulus wesentliche Impulse für die Ausgestaltung seines theologischen Denkens den christlichen Hellenisten. Als in der Diaspora aufgewachsener, griechisch sprechender Jude gehörte er nach seiner Berufung selbst zu ihnen. Die sich hinter Act 6,11.13f verbergende tora- und kultkritische Einstellung dieser Gruppe stieß im Kultzentrum Jerusalem nicht nur auf massiven jüdischen Widerstand. Sie führte auch zu innerchristlichen Konflikten. Ihr erzwungenes Ausweichen in überwiegend heidnisch geprägte Randzonen bot den Hellenisten die Möglichkeit, ihrer Verkündigungstätigkeit ungehindert nachzugehen (Act 8,5ff.26ff; 11,19–21; 21,8)[18]. In Damaskus, später in Antiochien, schloß Paulus sich ihnen an und verbrachte in ihren Gemeinden einen Großteil der Zeit, die zwischen Berufung und seiner eigenständigen Missionsverkündigung lag. Die christologisch-soteriologische Begründung der Kult- und Torakritik der Hellenisten ist m.E. evident. Das zeigen vor allem die vor- bzw. neben- oder auch früh-

---

[14] H. MANTEL, Studies, 298f; A. J. HULTGREN, a.a.O. 103.

[15] G. EICHHOLZ, Theologie, 245.

[16] Deshalb steht »die Botschaft von dem gekreuzigten Jesus als dem Messias Israels« als »der entscheidende Punkt ... zwischen der Kirche und dem übrigen Judentum zur Debatte«, H. CONZELMANN, Theologie, 47, ganz ähnlich auch J. JOCZ, People, 152. Zwar gibt es vereinzelte jüdische Stimmen, die das Kreuz Jesu als prototypische Verkörperung des Leidenswegs Israels interpretieren, P. LAPIDE, Sinngebung, 103–106. Doch diese Versuche bedeuten keinerlei Zugeständnis an die Messianität der gekreuzigten Jesus von Nazareth. Sie bleibt abgewiesen.

[17] Vgl. oben Exkurs V.

[18] Die Vorgeschichte des sogenannten Apostelkonvents (Act 15,1f; Gal 2,1–4) und die paulinischen Briefe belegen freilich, daß mit der räumlichen Trennung das sie verursachende innerchristliche Konfliktpotential keineswegs ausgeräumt war.

paulinischen Traditionsstücke im Corpus Paulinum[19], sofern sie mit dieser Gruppe in Zusammenhang gebracht werden dürfen[20]. Paulus' zeitliche und räumliche Nähe zu diesen Christen beschränkte sich nicht auf die von ihm in Antiochien zugebrachten 10–12 Jahre[21]. Er selbst liefert weitere Indizien für eine bleibende theologische Affinität zu ihnen[22]. M.a.W., die paulinische Verhältnisbestimmung von Christus und Tora, Tora und Kreuz, Kreuz und Heilstod Jesu Christi stellt in der uns vorliegenden Form zwar die eigene theologische Leistung des Apostels dar. Sie war freilich vorbereitet und stimuliert von den Frauen und Männern, die sich hinter dem lukanischen Sammelbegriff Ἑλληνισταί verbergen.

Trifft diese Beschreibung des paulinischen Bezugsfelds in den ersten eineinhalb Jahrzehnten nach seiner Christophanie vor Damaskus im wesentlichen zu, wird man seinen Einfluß auf Paulus' theologisches Denken und dessen begriffliche Ausformung stärker, als es zumeist geschieht, berücksichtigen müssen. Bei aller Originalität und Individualität ihres Verfassers sind die Paulusbriefe *auch* Dokumente der Gemeindetheologie[23]. Ob etwa die in Gal 3,10–14 in solenner Weise rechtfertigungstheologisch formulierte christologisch-soteriologische Aussage durch die konkreten Umstände in den galatischen Gemeinden nicht nur veranlaßt wurde, sondern das Ergebnis eines erst durch sie ausgelösten Reflexionsprozesses war, muß zwar letztlich hypothetisch bleiben. Doch auch die wenigen uns zur Verfügung stehenden Informationen aus der paulinischen Frühzeit, die sich durch weitere Nachrichten und Rückschlüsse auf eine breitere Basis stellen lassen, stützen m.E. kein Erklärungsmodell, dem die paulinische Theologie *generell*, besonders aber ihre literarisch dokumentierte Phase, als ein spätes, sich vornehmlich kontingenten Faktoren verdankendes Konstrukt gilt, das schon deshalb logisch wenig schlüssig und voller Widersprüche sei[24]. Richtig ist, daß uns die paulini-

---

[19] Röm 3,25f; 4,25; IKor 11,23–25; 15,3; IIKor 5,14f.21, vgl. Röm 5,6–8; 8,32; 12,1; 14,15; IKor 1,13; 3,16f; 6,19; IIKor 6,16; Gal 1,4; 2,20; 3,13; IThess 1,9f; 5,9f.

[20] Vgl. oben Exkurs V Anm. 255 und 259; K.-W. NIEBUHR, Heidenapostel, 64f.

[21] Ich verweise hier auf J. BECKERS Darstellung der antiochenischen Gemeinde und ihrer theologischen Grundanschauungen, Paulus, 107–119, bes. 108f.

[22] Eine Reihe von ihnen dürften identisch sein mit denen, die Paulus später seine bzw. Gottes συνεργοί nennt, Röm 16,9.21; IKor 3,9; IIKor 8,23; Phil 2,25; 4,3; IThess 3,2; Phlm 1.24. Zur Sache s. W.-H. OLLROG, Mitarbeiter, 67–72.

[23] Vgl. schon die Erwägungen bei W.-H. OLLROG, a.a.O. 183–189.

[24] Vgl. exemplarisch E. P. SANDERS, People, 29–43.79f.81–86.125.128f (nach ihm widersprechen sich die Aussagen Röm 1,18–2,29; 5,12–21 und 7,7–25 untereinander, die Folgerungen von 3,1ff seien mit Röm 2 unvereinbar, 8,3–8 sei mit Gal 2,15f und Phil 3 nicht in Einklang zu bringen, ferner stießen sich Gal 3,10; 5,3 und 6,13 mit IKor 1,8; Phil 3,6; IThess 3,13 und 5,23 (vgl. aber auch unten Anm. 41); H. RÄISÄNEN, Difficulties, 3–24, bes. 8f (hier bezogen auf das paulinische Toraverständnis); Law, 11f.69f.83.102f.132.144–147.152f.200f.266f u.ö. Jedoch hat jüngst J. A. D. WEIMA gezeigt, daß eine der tragenden Säulen von H. RÄISÄNENS Thesengerüst, nämlich seine Verhältnisbestimmung von Sünde

sche Rechtfertigungslehre in ihrer *polemischen Akzentuierung* erst im Gal
schriftlich fixiert begegnet. Nicht zuletzt deshalb mehren sich die – freilich
sehr unterschiedlich akzentuierten – Versuche, eine *Entwicklung* des paulinischen Denkens *innerhalb* der vorhandenen Briefe nachzuzeichnen. Diese
Versuche sind nicht neu, haben gegenwärtig aber Hochkonjunktur. Sie setzen
vor allem an der konzeptionellen Ausformung der Rechtfertigungslehre und
damit verbunden an dem paulinischen Gesetzesverständnis an[25]. Inhaltliche
Spannungen gelten im Verein mit wirklichen oder vermeintlichen Kontradiktionen im gesamtbrieflichen Gefüge als Indikatoren einer die Stringenz der
Argumentation tangierenden Situationsverschiebung zwischen Paulus und
seinen Gemeinden[26]. Zunehmend werden sie auch als Stufen eines persönlichen Reifeprozesses interpretiert[27]. Ein drittes Erklärungsmodell rechnet mit
einem stetig wachsenden Druck des nach dem Apostelkonvent theologisch
erstarkten, wenngleich zahlenmäßig abnehmenden Judenchristentums auf
Paulus. Diesem Druck vermochte der Apostel nicht zu widerstehen. Er habe
daher im Röm eine Kehrtwendung in Richtung einer eher liberalen
judenchristlichen Position vollzogen, wohingegen aus dem Gal noch eine
»scharfe und konsequente antijüdische Theologie« hervorscheine[28]. Neben
der Rechtfertigungslehre und dem Gesetz ziehen in den letzten Jahren andere
Themen die Aufmerksamkeit auf sich (Eschatologie[29], Ethik[30], Paulus' Stellung zu Israel[31] und seine Pneumatologie[32]). Auch sie werden als paradigma-

---

und Gesetz bei Paulus, einer näheren Überprüfung nicht standhält und eine Widersprüch-
lichkeit im Gebrauch des Gesetzesbegriffs bei Paulus innerhalb *dieses* semantischen Bezugsfelds nicht vorliegt, Function, 219–235.

[25] Vgl. schon W. WREDE, Paulus, 67–83. Die ältere und neuere Forschung referiert H.
HÜBNER, Paulusforschung, 2668–2691. S. ferner B. L. MARTIN, Law, 45–53; S. WESTER-
HOLM, Law, 15–101; F. THIELMAN, Plight, 2–26.

[26] Vgl. die kurz gefaßte Übersicht bei H. HÜBNER, Gesetz, 9–15.138–140; J. LAM-
BRECHT, Gesetzesverständnis, 95–97. Neben den in Exkurs V Anm. 172 Genannten vgl. T.
HOLTZ, Bedeutung, bes. 158–165; H. RÄISÄNEN, Difficulties, 3–24; Conversion, 404–419;
Break, 168–184 (der Apostelkonvent als Zäsur im paulinischen Gesetzesverständnis).

[27] R. SLOAN, Law, 35–60, bes. 55f: aus der Rückschau heraus nahm Paulus sein vorkon-
versionelles Leben als defizitär, destruktiv und falsch motiviert wahr.

[28] J. JERVELL, Paulus, 45–48 [Zitat 46]. Die Kehre sei also zwischen dem Gal und Röm
anzusiedeln.

[29] E. BAMMEL, Naherwartung, 310–315; C.-H. HUNZINGER, Hoffnung, 69–88; G. LÜDE-
MANN, Heidenapostel I, 213–271; H.-H. SCHADE, Christologie, 115ff.171f.191ff.210–212;
U. SCHNELLE, Wandlungen, 37–48. Vgl. aber J. BAUMGARTEN, Apokalyptik, 236–238; F.
LANG, Korinther, 290–293; A. LINDEMANN, Eschatologie, 373–399 (veränderte Ge-
meindesituationen, nicht Wandlungen im Denken des Apostels seien für die Differenzen
zwischen IThess, I/IIKor verantwortlich).

[30] S. SCHULZ, Ethik, 290–432; U. SCHNELLE, a.a.O. 89.

[31] R. PENNA, L'évolution, 390–421; U. SCHNELLE, a.a.O. 77–87; M. RESE, Rolle, 316–
318.

[32] F. W. HORN, Angeld, bes. 119ff.

tische Substrate einer vielschichtigen, der Wandlung unterworfenen theologischen Überzeugung des Apostels gedeutet.

Gewiß trifft es zu, daß Paulus' Theologie *auch* geschichtlich zu begreifen ist, nach ihrer objektiven wie subjektiven Seite hin. Ihre Entstehung ist eingebettet in einen vorgegebenen chronologischen, geographischen und sozialen Kontext. Dessen soziokultureller Vielfalt korrespondierte eine jeweils differenziert wahrgenommene ekklesiologische Realität. In ihr lebte Paulus, in sie hinein sprach und schrieb er[33]. Seine persönliche Lebensgeschichte verlief auch nach seiner Berufung nicht ohne abrupte Übergänge, überraschende Wendungen und schmerzliche Erfahrungen[34], deren somatische Manifestation er selbst beschreibt (IIKor 12,7–10; Gal 4,13–15). Ebenfalls trifft zu, daß ein Großteil der in die Briefe eingestreuten biographischen Mitteilungen, oft nur Andeutungen, mehr als nur privaten Charakter besitzen. Ihre persuasive, um das Einverständnis mit den Adressaten werbende Absicht ist in ihrer theologischen Funktion nicht zu unterschätzen. Solche privaten Notizen gehörten zur Kommunikationsstrategie des Apostels, mit der er auf positive oder negative Vorkommnisse in seinen Gemeinden reagierte und auf sie einzuwirken suchte. Der Einfluß des darin beschlossenen dialogischen Potentials und weiterer, auch im psychischen Bereich angesiedelter Faktoren[35] auf das Wachsen und Werden der paulinischen Theologie ist gewiß unstrittig. Sie stand nicht als ein erratischer Block von Beginn an fest. Unmittelbar nach der Damaskusepiphanie wäre Paulus nicht in der Lage gewesen, seine uns bekannten Briefe zu schreiben. Ihnen geht eine Fülle eigener Erfahrungen – aus seiner Berufung und aus dem umfassenden, jahrelangen Kommunikationsprozeß von Verkündigung und Wirkung des Evangeliums in sehr unterschiedlich strukturierten Gemeinden – und zur Entfaltung gebrachte theologische Grundentscheide voraus, die einer vertiefenden Reflexion bedurften. Schon deshalb war es Paulus verwehrt, zu allen Zeiten dasselbe zu sagen, auch wenn er dasselbe meinte[36].

In dieser *grundsätzlichen* Beschreibung des entwicklungsgeschichtlichen Problems besteht ein breiter Konsens. Wesentlich anders sieht es hingegen aus, sobald es um die jeweilige konzeptionelle Ausgestaltung mitsamt ihrer theologischen Profilierung geht. Das gilt schon für die Begrifflichkeit, sofern

---

[33] Vgl. die in Anm. 29 genannte Studie A. LINDEMANNS.

[34] Röm 1,13; IKor 15,32; IIKor 1,8f.15f; 2,4f; 6,4f; 7,5; 11,23–33; 12,2–4.10; Phil 1,13f; IThess 1,6; 2,2; 3,3f.7; Phlm 9.13. Vgl. Act 13,45–51; 16,6f.9f.23f; 20,17ff; 21,30ff.

[35] Dabei ist es gleichgültig, welchen psychologischen oder psychodynamischen Deutemustern man den Vorzug gibt. Daß die psychische Disposition eine Rolle spielte und sie bei Paulus in Rechnung zu stellen ist, auch wenn sich jeder Befund gegen allzu enge schultheoretische Ansätze sperrt, sollte man grundsätzlich anerkennen. Vgl. G. THEISSEN, Aspekte, 14–65.

[36] An diesem Punkt treffe ich mich mit W. D. DAVIES, Reflections, 103–108.334. Vgl. auch T. SÖDING, Entwicklung, 183f.203.

Entwicklung zumindest unterschwellig einen genetischen Prozeß suggeriert. Oftmals bleibt ungeklärt, ob sich dieser Prozeß vornehmlich endogenen oder eher exogenen Faktoren verdankt. Weiterhin differieren die Ansichten vor allem im Bereich der beiden ersten der oben genannten Themenfelder. W. Wredes These, die paulinische Briefliteratur dokumentiere eine fortschreitende antijüdische Frontstellung des Apostels[37], erfreut sich in jüngster Zeit vermehrter Zustimmung, wenngleich sie in Einzelheiten modifiziert und variantenreich erscheint[38].

Die sich spätestens hier aufdrängenden historischen, methodischen und exegetischen Rückfragen[39] wiegen jedoch schwer. Sie betreffen nicht nur den fragmentarischen Bestand der uns bekannten paulinischen Korrespondenz samt ihrer nach wie vor mit Unsicherheiten behafteten chronologischen Abfolge. Sie verlangen auch eine Antwort auf die zumeist fraglos vorausgesetzte Identität von historischer Rekonstruktion und aus ihr abgeleiteter systematisch-theologischer Analyse[40]. Die das Bild der gegenwärtigen Paulusrezeption beherrschenden Kontradiktionen – hier Paulus als konsequenter Denker mit einer in sich stimmigen Theologie, dort der von äußeren Entwicklungen abhängige, in sich widersprüchliche Missionar[41] – bergen die Gefahr in sich, die eigenen Vorgaben nur noch zu perpetuieren. Der gerade für das paulinische Denken charakteristische kommunikative Aspekt, auf dem nicht zuletzt die geschichtliche Breitenwirkung des Apostels beruht, ginge verloren. Wie lassen sich die vorhandenen Gegensätze entschärfen, ohne daß damit über *sachliche* Divergenzen im einzelnen vorderhand schon entschieden wäre?

M.E. weisen neben den paulinischen Texten die bereits mehrfach vorgetragenen, im historischen Rückschluß gewonnenen und sich mit ihnen vernetzenden Nachrichten aus der Frühzeit des Paulus[42] einen Weg aus der Sackgasse. Die alternierend vorgetragenen Entwürfe sind dementsprechend als einander dialektisch zugeordnete Teilantworten zu verstehen, deren eine der

---

[37] Bereits F. CHR. BAUR wertete den Röm als ein antijudaistisches Kampfdokument, Paulus, 332ff, wie er überhaupt die frühe Christenheit – und damit auch die übrigen Paulusbriefe – von dem Gegensatz zwischen petrinischem (judaisierendem) und paulinischem Christentum geprägt sah.

[38] Vgl. die Referate von J. M. G. BARCLAY, Observations, 5–15; R. Y. K. FUNG, Status, 4–11; J. LAMBRECHT, a.a.O. 94–108.

[39] Vgl. hierzu Exkurs V sowie B. L. MARTIN, a.a.O. 53–55.67f.155f.

[40] Vgl. G. KLEIN, Werkruhm, 197f; W. SCHMITHALS, Entwicklung, 236–238.

[41] Eine Mittelposition nimmt E. P. SANDERS in seiner Studie »Paulus und das palästinische Judentum« ein. Nach ihm spiegeln die Briefe Paulus' Versuche wider, unter den jeweils gegebenen Umständen seine religiöse Überzeugung zu artikulieren. Schon deshalb sei er kein systematischer Theologe. Trotzdem müsse man ihn – bei aller Variabilität seiner Ausdrucksweise – als einen kohärenten Denker bezeichnen, a.a.O. 408.497–499. Vgl. aber auch oben Anm. 24!

[42] Vgl. oben Abschnitt 6.4.1 sowie Exkurs V.

anderen notwendigerweise bedarf. Konkret heißt das: an einem alle übrigen Aussagen strukturierenden *Zentrum* des paulinischen Evangeliums ist prinzipiell festzuhalten[43]. Als wirklich geschichtlich und hermeneutisch produktiv erweist es sich jedoch erst dann, wenn dieses Zentrum als Integral des ganzen Evangeliums in den Kontext der paulinischen Biographie und Verkündigung eingestellt wird (*geschichtlicher Aspekt*)[44] und auf die jeweilige Situation, soweit sie uns zugänglich ist, bezogen bleibt (*dialogisch-kommunikativer Aspekt*)[45].

Beispiele: Tempus und Inhalt (Ἰησοῦς Χριστὸς ἐσταυρωμένος) des Verbs προγράφειν (Gal 3,1, vgl. Röm 15,4; Eph 3,3) verwehren es, die in 3,1ff ausgezogene rechtfertigungstheologische Linie ausschließlich als eine durch die äußeren Umstände erzwungene ad hoc-Bildung zu deuten. Paulus konnte sie mit seiner missionarischen Erstverkündigung (vgl. Act 13,13ff; 16,6; 18,23) verknüpfen, an die er gleich im Briefeingang erinnert (1,6–9, vgl. 4,13). Er bringt sie abermals zu Gehör[46], präzisiert ihre Konturen und sichert sie in veränderter Lage (1,7; 5,10) gegen Fehlinterpretationen ab. Die christologisch-soteriologische Argumentation dient nun den Galatern als didaktische Hilfestellung, die Entscheidung über die in 3,2.5 aufgestellten Alternativen nach dem Woher des πνεῦμα im Sinne der πίστις zu fällen. Nach 3,1 wären sie freilich auch ohne den abermaligen Beweisgang dazu in der Lage gewesen. Demnach hatte der Apostel bei seinem Gründungsaufenthalt die Koordinaten seiner Rechtfertigungsverkündigung bereits ausgezogen, ohne daß sie damals durch eine judenchristliche Opposition in den Gemeinden veranlaßt worden wäre[47]. Diese Vorkenntnis konnte Paulus in die Briefsituation einbringen und argumentativ fruchtbar machen.

Der IKor ist durchzogen mit Rechtfertigungsterminologie (1,17.30; 4,15; 6,11; 9,12–18; 15,56f)[48]. Eine nomistisch-antipaulinische Frontstellung läßt sich ihm dennoch nicht entnehmen. Mit der Betonung des λόγος τοῦ σταυροῦ (1,18) weist der Apostel vielmehr einen die geschöpfliche Wirklichkeit transzendierenden korinthischen Enthusiasmus in die Schranken. Das Wort vom Kreuz gerät angesichts dieser Situation zur kritischen Instanz, von der her Paulus die christliche Existenz, Gemeinde und Welt interpretiert (3,1ff).

---

[43] Darin besteht das m.E. berechtigte Anliegen der Forscher, denen das Damaskusereignis als kategoriale Umwertung der bisherigen Lebensgrundlage des Pharisäers Paulus gilt. An die Stelle der Tora tritt das Evangelium von Jesus Christus. Vgl. nur P. STUHLMACHER, Ende, 171–177.

[44] Diesen Aspekt hebt S. KIM ebenfalls hervor, Origin, 269–331, was in der Auseinandersetzung mit ihm oftmals übersehen wird. Vgl. auch U. LUZ, Geschichtsverständnis, 218–220.

[45] Dies betont CHR. DIETZFELBINGER auch, a.a.O. 115f.

[46] H. SCHLIER, 120. Daß dem προγράφειν jedoch keinerlei *zeitliches* Moment innewohnt, a.a.O. 119f, halte ich aufgrund des προορᾶν und προευαγγελίζεσθαι (3,8) für wenig wahrscheinlich.

[47] Daß in den galatischen Gemeinden zur Zeit des ersten Besuchs aber Juden lebten, ist durchaus möglich, H. D. BETZ, 39.

[48] In 1,30 (δικαιοσύνη) und 6,11 (δικαιόω) dient das Vokabular dazu, das Taufgeschehen zu interpretieren.

IThess 5,9f schließlich lehrt, wie Paulus in aller Kürze und fast wie selbstverständlich von dem »für uns« geschehenen Tod Jesu Christi[49] reden kann[50], ohne dieses soteriologische Ereignis *explizit* rechtfertigungstheologisch auszulegen[51]. In Gal 3,13 jedoch dient der ὑπὲϱ ἡμῶν geschehene Kreuzestod als überführender Hinweis auf das sich allein dem Glauben an Jesus Christus verdankende πνεῦμα, weil der Tod Christi »für uns« den ἔϱγα νόμου mitsamt ihrer Fluchwirkung ein Ende gesetzt hat. Folglich können ihnen die pneumatischen δυνάμεις nicht entstammen. Die – in den Augen des Apostels – gefahrvolle Lage der galatischen Gemeinden, die im Begriff standen, eben diesem Irrtum mit all seinen Konsequenzen zu verfallen, nötigte ihn, nun ausführlicher den rechtfertigungstheologischen Aspekt zu entfalten, der in dem »für uns« bereitlag. M.a.W., die Konfrontation mit christlichen Nomisten brachte Paulus dazu, seine bereits in der Frühzeit verkündigte soteriologische Erkenntnis substantiell weiterzuentwickeln und rechtfertigungstheologisch zu präzisieren.

Veränderte Rahmenbedingungen veranlaßten Paulus, sein theologisches Denken erfahrungsgeschichtlich zu formulieren, es zu konkretisieren und im Blick auf die Entwicklung seiner Gemeinden je und je aktuell auszurichten. Insofern ist die paulinische Evangeliumsverkündigung unmittelbar am Adressaten orientiert. In ihrem Zentrum steht freilich eine Überzeugung, die dem Apostel christologisch-soteriologisch als essentiell galt. Ihr Kern besteht in der von ihm als göttliches Gnadengeschenk (Gal 1,15; IKor 15,10) begriffenen Gewißheit, daß die Heilstat des Gekreuzigten, Gottes Wahrheit in Person[52], aus der Tora nicht ablesbar oder ableitbar ist. Mehr noch, Kreuz und Tora[53] werden in ein bestimmtes Verhältnis zueinander gerückt. Von Christus her erschließt sich das Kreuz als das Ende des Gesetzes[54] (vgl. Gal 5,11; 6,12). Zwar fehlt im ältesten Paulusbrief die Kreuzestheologie. Bedenkt man aber, daß Paulus nach IKor 2,2 (vgl. 1,17.23) in Korinth, wo er den IThess geschrieben haben dürfte, niemand anderen als den Ἰησοῦν Χϱιστὸν ἐσταυϱωμένον verkündigt hat, läßt sich schwerlich annehmen, in der Frühzeit seiner missionarischen Tätigkeit habe er sein Evangelium ohne diese spezielle Akzentuierung ausgerichtet (vgl. auch Gal 3,1; 6,12.14)[55]. Auf-

---

[49] Vgl. IThess 1,9f; 4,14; Röm 5,6.8; 14,15; IKor 8,11; IIKor 5,15, ferner Röm 4,25; 8,32; IKor 15,3; Gal 1,4; 2,20.

[50] Als Explikation der Heilsbedeutung des Todes Jesu war die Wendung traditionell und gehörte zum (von Paulus?) überlieferten Glaubensgut der Gemeinde, T. HOLTZ, 229f.

[51] Dennoch begegnet in 1,4; 2,19; 3,9.13 das für die Rechtfertigungslehre konstitutive forensische Denken.

[52] Deshalb kann Paulus das Evangelium als den λόγος ἀληθείας bezeichnen (IIKor 6,7, vgl. Kol 1,15) und dessen Predigt als die ἀλήθεια τοῦ εὐαγγελίου (Gal 2,5.14) oder auch einfach als ἀλήθεια (IIKor 4,2; Gal 5,7). Entsprechendes gilt für das Verb ἀληθεύειν (Gal 4,16).

[53] Für die Tora kann gleichsam als Synonym und in Abbreviatur die Beschneidung stehen, Röm 2,25; 3,1f; 4,12.16, vgl. Gal 5,2f; 6,13; Phil 3,5f.

[54] Vgl. die Alternative ὑπὸ χάϱιν – ὑπὸ νόμον in Röm 6,14f, ferner Röm 11,6; IKor 9,20; Gal 2,21; 5,4 und zur Sache W. SCHRAGE, Skandalon, 73; P. STUHLMACHER, a.a.O. 166–191.

[55] Noch einmal, dies heißt nicht, Paulus habe seinen soteriologischen Kardinalsatz vom

grund dieser pointierten Antithetik, deren torakritischen Bezug nicht zuletzt die synoptische Tradition vielfältig dokumentiert, ist das Kreuz aus jüdischer Sicht ein gotteslästerliches Skandalon[56].

Indes, für Paulus ist dieses Skandalon gerade *wegen* seiner Heilsbedeutung ὑπὲρ ἡμῶν das Konzentrat des εὐαγγέλιον τοῦ Χριστοῦ (Gal 1,7), das zu verkündigen er allen Menschen, Juden wie Nichtjuden, schuldig ist (Röm 1,14f.16; IKor 9,20f)[57]. Dies ist aber eine Erkenntnis, die – unbeschadet einer späteren, reflektierteren Ausdeutung im einzelnen – für Paulus der zentrale Inhalt seiner Damaskusepiphanie gewesen ist[58]. Sie bestimmte seinen weiteren Lebensweg, durch sie wurde er in besonderer Weise zum Heidenapostel berufen (Röm 1,5.13; 11,13; 15,18; Gal 1,16; 2,2–9; IThess 2,16)[59]. Doch konnte und mußte diese Erkenntnis jeweils neu bedacht, profiliert und ausgebaut werden, falls die konkreten Umstände dazu drängten[60]. Eines ist freilich entscheidend. Das Zeugnis von Jesus Christus darf nun gerade *nicht*, wie es zumeist geschehen ist, antijüdisch gedeutet und verwandt werden. Die sich aus den vorliegenden Studien ergebenden exegetischen und hermeneutischen Begründungen seien abschließend noch einmal konzentriert zusammengestellt.

1. Die neutestamentlichen Aussagen über das Judentum sind ambivalent. Projüdische und judenkritische stehen neben- und gegeneinander. Wirkungsgeschichtlich dominant blieb die judenkritische Tendenz. Diese Option berechtigt jedoch nicht dazu, die in Frage kommenden Texte zu eliminieren. Andernfalls besäße der wirkungsgeschichtliche Prozeß kanonische Autorität.

2. Die judenkritischen Aussagen des Neuen Testaments sind weder zu tilgen noch zu ignorieren, sondern kritisch zu interpretieren. Spätestens seit dem Holocaust ist diese Aufgabe theologisch unabweisbar. Indem der Holocaust unsere Wahrnehmung biblischer Texte verändert, besitzt er eine auch hermeneutisch zu reflektierende Funktion im Kontext ihrer Rezeption[61].

---

rettenden Glauben an Jesus Christus immer schon in Antithese zu den Werken des Gesetzes formuliert. Doch war der Weg zu dieser Antithese angesichts nomistischer Irrwge nicht zuletzt deshalb konsequent, weil sie das christologische Grundbekenntnis in nuce enthält.

[56] C. WITTON-DAVIES' theologisch gemeintes Urteil trifft auch historisch zu. Tora und das Kreuz sind »the two rocks on which Christianity and Judaism divided«, Jews, 659.

[57] B. JASPERT trifft den von Paulus intendierten Sinn: »Im ›Wort vom Kreuz‹ ist das Wesentliche gesagt. *Außer Kreuz oder am Kreuz vorbei ist von Christus nichts Wesentliches zu sagen.* Ohne Kreuz ist Christus ›nur‹ Zimmermannssohn, Bruder Jesus, Rabbi aus Nazareth. Gekreuzigter Jesus aber ist Gottes gekreuzigter Menschensohn, Erlöser der Welt«, Realität, 377f, vgl. auch 379f.

[58] Seine apostolische Sendung und missionarische Tätigkeit hat Paulus mit diesem Ereignis ursächlich zusammengebracht, Gal 1,15f; IKor 9,1f; 15,8–10.

[59] CHR. DIETZFELBINGER, a.a.O. 64–75.114–116.126–137; J. D. G. DUNN, Significance, 89–104, bes. 95ff.

[60] Vgl. J. LAMBRECHT, a.a.O. 98f; S. WESTERHOLM, a.a.O. 216f.

[61] Zur äußerst kontrovers geführten Debatte über Recht und Grenze der hermeneutischen Funktion des Holocaust vgl. oben die Abschnitte 2.2, 3.1 und 3.2.

3. Den Maßstab für eine *sachkritische* Interpretation neutestamentlicher Texte stellt das Neue Testament selbst bereit.

a) Kein Text ist ausschließlich auf *eine* Situation festzulegen. Mit jeder weiteren Tradierung und Applikation kann sich sein Sinn verschieben. Eine Untersuchung des aktuellen Verwendungszusammenhangs auf den verschiedenen Stadien des überlieferungsgeschichtlichen Wegs läßt die jeweils mit dem Text verbundene Intention erkennen. Ursprungsgehalt und Adaption müssen, was ihre jeweilige Intention betrifft, keineswegs identisch sein[62]. b) Im Zentrum des Neuen Testaments steht Jesus Christus. Er ist der Liebeserweis Gottes in Person[63]. Alle neutestamentlichen Aussagen sind – auch im Rahmen ihrer späteren Rezeption – darauf hin zu befragen, ob sie dieser Liebe Gottes als dem inhaltlichen Kriterium ihrer Wahrheit entsprechen[64]. Jedes Urteil über einen dem Neuen Testament inhärenten Antijudaismus bleibt auf diese Vorgabe, damit aber auf das im Neuen Testament verkündigte Evangelium angewiesen[65].

4. Eine am Evangelium orientierte und von ihm herkommende Neubewertung von Tora und Halacha ist nicht mit Antijudaismus gleichzusetzen[66]. Sie verdankt sich keinem antijüdischen Ressentiment, sondern resultiert aus einem *christologisch* fundierten Verständnis des sich im Alten Testament offenbarenden Gottes[67]. Das Evangelium von Jesus Christus erschließt die Schrift.

5. Die Voraussetzungen und Konsequenzen dieses an die Schrift gebundenen Evangeliums hat kein christlicher Denker theologisch so tiefgründig reflektiert wie Paulus. In Christus hat sich der Gott Israels gerade als der seinen Verheißungen treu bleibende Gott in neuer Weise definiert. Die Schrift selbst bezeugt, daß diese Verheißungen Juden *und* Heiden umgreifen.

6. Diese universale Heilsverheißung wird im Evangelium verkündigt und wirkmächtig zugeeignet. Damit ist die Tora funktional neu bestimmt. Neubestimmung heißt nicht Abwertung. Tod und Auferweckung Jesu Christi entspringen der Treue Gottes zu seinem bereits in der Schrift bekundeten Heilswillen für *alle* Menschen[68].

7. Die an Israel ergangenen Verheißungen verflüchtigen sich dadurch jedoch nicht ins Allgemeine. Sie bleiben auch für das sich dem Evangelium verschließende Israel in Geltung. Ihre Verwirklichung steht freilich noch aus. Indem sich die Verheißungen aber bereits dort eschatologisch realisieren, wo das Evangelium Glauben findet, wird die δύναμις des Evangeliums (Röm

---

[62] Vgl. oben die Abschnitte 3.3 und 4.3.

[63] Joh 3,16; 15,9f; 17,26; Röm 5,8; 8,38f; Eph 1,6; 2,4; 5,1f; IIThess 3,5; IJoh 4,9f.16; Apk 1,5.

[64] Joh 13,35; 14,31; 15,12.14.17; Röm 13,10; IKor 13,4–8; IIKor 13,11; Eph 3,17–19; 5,2; ITim 1,5; IITim 1,7; IJoh 4,16.19–21.

[65] Vgl. oben 2–4 und Abschnitt 4.8.

[66] Vgl. oben die Abschnitte 4.3 und 4.7.

[67] Vgl. oben die Abschnitte 4.5 sowie Exkurs I.

[68] Vgl. oben die Abschnitte 6.5.3 und 6.5.4.

1,16) und damit Jesus Christus selbst zur Verheißung für Israel (Röm 11,11b-
14.26b)[69].

8. Diese Hoffnung ist nicht eine von der christlichen Gemeinde abgeleitete
oder gar von ihr gesetzte. Ihren Grund hat sie einzig und allein in dem Gott,
der sich in seinem erwählenden und rechtfertigenden Handeln Juden wie Heiden als der εἷς θεός offenbart hat.

Es ist dieser *eine*, im Alten *und* Neuen Testament zu Wort kommende Gott,
der Israel und die Nachfolger Jesu an sich gebunden hat. Er dekuvriert jedwe-
de Form eines sich christlich maskierenden Antijudaismus als einen im eigentlichen Sinn des Wortes theo-logischen Selbstwiderspruch. Denn er ist
derselbe Gott, dem die Schöpfung ihr Dasein verdankt (Gen 1,1–2,4a, vgl.
Röm 4,17b) und dessen »persongewordene(s) Schöpfungswort«[70] Jesus
Christus ist (Joh 1,14), der seine Sendung in der stellvertretenden Lebens-
hingabe am Kreuz vollendete (Joh 1,29, vgl. 1,36; 3,16; 19,30). Nicht zuletzt
deshalb richtet sich an uns Christen die kritische Rückfrage, inwieweit wir
mit *unserem* Verhalten in Wort und Tat dem Evangelium vom gekreuzigten
Christus (IKor 1,23; Gal 3,1) und in *unserem* φρονεῖν (Phil 2,5) seinem Weg
entsprochen (vgl. 2,6–11) oder aber ihn verleugnet haben, wenn anders »die
geglaubte Wirklichkeit der am Kreuz endgültig überwundenen Tat-Wirklich-
keit der Sünde ... die Praxis der Glaubenden« zu bestimmen hat[71]. Daran wird
gerade von jüdischer Seite aus immer wieder erinnert[72]. Völlig zu Recht.
Nicht von ungefähr bündelt Paulus den Inhalt der gesamten Tora (ὁ πᾶς
νόμος) in Gal 5,14 unter ausdrücklichem Rückbezug auf Lev 19,18 [LXX]:
ἀγαπήσεις τὸν πλησίον σου ὡς σεαυτόν (vgl. Röm 13,8–10)[73]. In der Nächstenliebe nimmt die ἀγάπη τοῦ θεοῦ, Christus in Person (Röm 8,39), ihre soziale Gestalt an[74].

Daß gerade im Blick auf Israel diese Liebe und damit der Gekreuzigte selber permanent verraten worden ist, ist unsere, der Christen, Schuld[75]. Inso-

---

[69] Vgl. hierzu I. BROER, Urteil, 29f.

[70] B. JANOWSKI, Struktur, 192.

[71] B. JASPERT, a.a.O. 381.

[72] In diesem Zusammenhang könnte der deuteronomisch/deuteronomistische Topos vom
»gehen in den Geboten«/»auf den Wegen des Herrn« (Dtn 26,17–19; Jer 7,23; Ps 81,14 u.ö.)
eine neue, den Dialog stimulierende Aktualität gewinnen. Vgl. hierzu D. SÄNGER, Gerechtigkeit, 179–194.

[73] Vgl. Röm 5,5.8; IKor 13,1–4.13; 14,1; 16,14; IIKor 5,14; Gal 5,6.13.22; Phil 2,2;
IThess 1,3; 3,12; 4,9; 5,8.13; Phlm 5 sowie Mt 5,43; 19,19; Mk 12,31parr; Jak 2,8; Did 1,2;
Barn 19,5; Justin, Dial. 93,2. Gal 5,22f dokumentiert, wie für Paulus ethische Inhalte der
Tora eschatologisch in Kraft gesetzt werden.

[74] Zur inneren Beziehung dieser ἀγάπη zum νόμος τοῦ Χριστοῦ (Gal 6,2) s. O. HOFIUS,
Gesetz, 70–72. Die sprachliche wie inhaltliche Herleitung von Deuterojesaja, a.a.O. 72–74,
überzeugt mich allerdings nicht.

[75] Ich verweise in diesem Zusammenhang noch einmal auf die gewichtigen Ausführungen B. JASPERTS, a.a.O. 382–384, vgl. auch 367f.

fern bedeutet das in Wort *und* Tat und also »in die Existenz« (SCH. BEN-CHO-RIN) eingehende Zeugnis vom Χριστὸς ἐσταυρωμένος nicht das Ende, sondern in Wahrheit erst den Anfang des christlich-jüdischen Dialogs. Die von der Wirklichkeit unserer Erfahrung erst noch einzuholende Wahrheit, daß der *eine* Gott, der Gott Abrahams, Isaaks und Jakobs, sich in dem gekreuzigten und auferweckten Jesus Christus als der rechte Vater erwiesen hat »über alles, was da Kinder heißt im Himmel und auf Erden« (Eph 3,15), gibt der Frage, wer Jesus Christus für Juden, Christen und Heiden war und ist, ihre tiefgründigste Perspektive.

Literaturverzeichnis

Nicht eigens aufgeführt werden Wörterbuch- und Lexikonartikel.
Deren bibliographischer Ort ist aus ihrer jeweiligen Zitation
unschwer zu entnehmen.

I. Quellen

1. Bibelausgaben

Biblia Hebraica Stuttgartensia, hg. von K. ELLIGER/W. RUDOLPH, Stuttgart 1975.

Septuaginta, hg. von A. RAHLFS, 2 Bde, Stuttgart 1966[8].

Genesis. Septuaginta Vetus Testamentum Graecum Auctoritate Academiae Scientiarum Gottingensis editum, Vol. I, hg. von J. W. WEVERS, Göttingen 1974.

Deuteronomium. Septuaginta Vetus Testamentum Graecum Auctoritate Academiae Scientiarum Gottingensis ed., Vol. III,2, hg. von J. W. WEVERS, Göttingen 1977.

The Bible in Aramaic based on old manuscripts and printed texts ed. by A. SPERBER, Vol. I: The Pentateuch according to Targum Onkelos, Leiden 1959.

Targum Jonathan ben Usiel zum Pentateuch. Nach der Londoner Handschrift hg. von M. GINSBURGER, Hildesheim/New York 1971 (= Berlin 1903).

The Targums of Onkelos and Jonathan ben Uzziel on the Pentateuch with the fragments of the Jerusalem Targum from the Chaldee by J. W. ETHERIDGE, 2 Bde, New York 1968.

Targum Palestinense MS de la Biblioteca Vaticana Vol. IV: Numeri. Editión principe, introdución, y version castellana von A. DIEZ MACHO (Testos y Estudios 10), Madrid 1974.

The Targum of Isaiah. Edited with a Translation by J. F. STENNING, Oxford 1953[2].

Novum Testamentum Graece post EB. NESTLE et ER. NESTLE communiter ed. K. ALAND u.a., Stuttgart 1981[26].

2. Jüdische Texte

a) Apokryphen und Pseudepigraphen

BLACK, M., Apocalypsis Henochi graece (PVTG 3), Leiden 1970, 1–44.

BONWETSCH, G. N., Die Bücher der Geheimnisse Henochs. Das sogenannte slavische Henochbuch (TU 44/2), Leipzig 1922.

BROCK, S. P., Testamentum Iobi (PVTG 2), Leiden 1967, 1–59.

BURCHARD, CHR., Ein vorläufiger griechischer Text von Joseph und Aseneth, BDBAT 14 (1979) 2–53.

–, Verbesserungen zum vorläufigen Text von Joseph und Aseneth, BDBAT 16 (1982) 37–39.

CHARLES, R. H., The Greek Versions of the Testaments of the Twelve Patriarchs. Ed. from nine MSS together with the Variants of the Armenian and Slavonic Versions and some Hebrew Fragments, Darmstadt 1966³ (= Oxford 1908).

–, The Apocrypha and Pseudepigrapha of the Old Testament in English, 2 Bde, Oxford 1913.

CLEMEN, C., Die Himmelfahrt des Mose (KlT 10), Bonn 1904.

DELCOR, M., Fragmenta pseudepigraphorum quae supersunt graeca una cum historicorum et auctorum hellenistarum fragmentis (PVTG 3), Leiden 1970, 45–246.

–, Le Testament d'Abraham. Introduction, traduction du texte grec et commentaire de la recension grecque longue (SVTP 2), Leiden 1973.

GEBHARDT, O. v., Die Psalmen Salomos (TU 13,2), Leipzig 1895.

JONGE, M. de, Testamenta XII Patriarcharum (PVTG 1), Leiden 1970².

KISCH, G., Pseudo-Philo's Liber Antiquitatum Biblicarum (PMS 10), Notre Dame 1949.

KÜMMEL, W. G. (Hg.), Jüdische Schriften aus hellenistisch-jüdischer Zeit, 5 Bde (noch unvollständig), Gütersloh 1973ff.

KURFESS, A., Sibyllinische Weissagungen. Urtext und Übersetzung, München 1951.

PELLETIER, A., Lettre d'Aristée à Philocrate (SC 89), Paris 1962.

PICARD, J.-C., Apocalypsis Baruchi Graece (PVTG 2), Leiden 1967, 61–96.

RÖNSCH, H., Das Buch der Jubiläen oder die kleine Genesis, Leipzig 1874.

VIOLET, B., Die Esra-Apokalypse (IV. Esra). I: Die Überlieferung (GCS 18), Leipzig 1910.

b) Rabbinische Literatur

Der Babylonische Talmud, neu übertragen durch L. Goldschmidt, 12 Bde, Königstein 1980² (= Berlin 1929–1936).

Mischnajot. Die sechs Ordnungen der Mischna. Hebräischer Text mit Punktation, deutscher Übersetzung und Erklärung von D. HOFFMANN u.a., 6 Bde, Basel 1968³.

Talmudh Jeruschalmi, Jerusalem 1960 (= Krotoschin 1866).

Sanhedrin. Gerichtshof, übersetzt von G. A. WEWERS (Übersetzung des Talmud Yerushalmi IV,4), Tübingen 1981.

Bet ha-Midrasch. Sammlung kleiner Midraschim und vermischter Abhandlungen aus der älteren jüdischen Literatur. Nach Handschriften und Druckwerken gesammelt und nebst Einleitungen hg. von A. JELLINEK, 4 Teile in 2 Bänden, Jerusalem 1967³ (=Leipzig 1853–1877).

Der tannaitische Midrasch Sifre zu Numeri, übers. und erklärt von K. G. KUHN (RT II. Tannaitische Midraschim Bd. 3), Stuttgart 1959.

Siphre ad Deuteronomium. H. S. Horovitzii schedis usus cum variis lectionibus et adnotationibus ed. L. FINKELSTEIN (Corpus Tannaiticum III,3), New York 1969 (= Berlin 1939).

Pesikta Rabbati, übers. von W. G. BRAUDE, 2 Bde, New Haven/London 1968.

Pesiqta Rabbathi, hg. von M. FRIEDMAN, Tel Aviv 1963 (= Wien 1880).

Midrasch TanhumaB. R. Tanhuma über die Tora, genannt Midrasch Jelammedenu, übersetzt von H. BIETENHARD, 2 Bde (JudChr 5/6), Bern u.a. 1980/82.

Der Midrasch Schemot Rabba, das ist die allegorische Auslegung des zweiten Buches

Mose, übertragen von A. WÜNSCHE (Bibliotheca Rabbinica 12.15.17–18), Hildesheim 1967 (= Leipzig 1882).

Midrasch Rabba. Translated under the editorship of Rabbi H. FREEDMAN and M. SIMON, 10 Bde, London/Bournemouth 1951.

The Fathers according to Rabbi Nathan. Translated from the Hebrew by J. GOLDIN (YJS 10), New Haven 1967[3].

Aboth de Rabbi Nathan, hg. von S. SCHECHTER, Hildesheim/New York 1979 (= Wien 1887).

Mekilta de Rabbi Ishmael, hg. von J. Z. LAUTERBACH, 3 Bde, Philadelphia 1949[2].

Midrasch Echa Rabbati. Kritisch bearbeitet, kommentiert und mit einer Einleitung versehen von S. BUBER, Hildesheim 1967 (= Wilna 1899).

Der Midrasch Bereschit Rabba. Das ist die haggadische Auslegung der Genesis, übertragen von A. WÜNSCHE (Bibliotheca Rabbinica 2.4.5.8.10–11), Hildesheim 1967 (= Leipzig 1881).

Midrash Debarim Rabba, Edited for the First Time from the Oxford ms. Nr. 147 with an Introduction and Notes by S. LIEBERMANN, Jerusalem 1974[3].

Der Midrasch Ruth Rabba. Das ist die haggadische Auslegung des Buches Ruth, übertragen von A. WÜNSCHE (Bibliotheca Rabbinica 23), Hildesheim 1967 (= Leipzig 1883).

Mekhilta d'Rabbi Sim'on b. Jochai, hg. von J. EPSTEIN/E. Z. MELAMED, Jerusalem 1955.

Mechilta d'Rabbi Ismael, hg. von H. S. HOROVITZ, Jerusalem 1970[2].

GINZBERG, L., The Legends of the Jews, V, Philadelphia 1955[7]; VI, Philadelphia 1959[4].

SCHÄFER, P. (Hg.), Übersetzung der Hekhalot-Literatur, 3 Bde, II (TSAJ 17), Tübingen 1987; III (TSAJ 22), Tübingen 1989; IV (TSAJ 29), Tübingen 1991.

Tosephta, hg. von M. ZUCKERMANDEL mit einer Ergänzung von S. Liebermann, Jerusalem 1970.

The Tosefta. Translated from the Hebrew by J. NEUSNER, 6 Bde, New York 1977–1986.

Die Tosefta, Seder I: Zeraim, übersetzt und erklärt von P. FREIMARK u.a. (RT 1. Reihe Bd. I), Stuttgart u.a. 1983.

Die Tosefta, Seder VI: Toharot 3: Toharot – Uksin, übersetzt und erklärt von G. LISOWSKY u.a. (RT 1. Reihe Bd. VI,3), Stuttgart u.a. 1967.

Aus Israels Lehrhallen, übers. von A. WÜNSCHE, 6 Bde, Hildesheim 1967 (= Leipzig 1907).

c) Qumrantexte

BEYER, K., Die aramäischen Texte vom Toten Meer, Göttingen 1984.

Discoveries in the Judaean Desert, 8 Bde., Oxford 1955–1990.

FITZMYER, J. A., The Aramaic ›Elect of God‹ Text from Qumran Cave IV, CBQ 27 (1965) 348–372.

–, The Genesis Apocryphon of Qumran Cave I, Rom 1966.

HORGAN, M. P., Pesharim. Qumran Interpretations of Biblical Books (CBQ.MS 8), Washington 1979.

KOBELSKI, P. J., Melchizedek and Melchiresa (CBQ.MS 10), Washington 1981 (4QAmram).

LOHSE, E. (Hg.), Die Texte aus Qumran. Mit masoretischer Punktation, Übersetzung, Einführung und Anmerkungen, München 1971[2].

MAIER, J. (Hg.), Die Texte vom Toten Meer Bd. I: Übersetzung, Bd. II: Anmerkungen, München/Basel 1960.

NEWSOM, C., Songs of the Sabbath Sacrifice. A Critical Edition (HSS 27), Atlanta 1985.

STRUGNELL, J., The Angelic Liturgy at Qumran. 4Q Serek Sirot ʿOlat Hassabbat (VT.S 7), Leiden 1960, 318–345.

YADIN, Y. (Hg.), The Temple Scroll, Vol. I: Introduction, Vol. II: Text and Commentary, Jerusalem 1983.

ders./AVIGAD, N., 1QGenApoc. – A Genesis Apocryphon. A Scroll from the Wilderness of Judaea, Jerusalem 1956.

d) Josephus und Philo

MICHEL, O./BAUERNFEIND, O., Flavius Josephus, De bello judaico. Der jüdische Krieg. Griechisch und Deutsch, München/Darmstadt I 1962[2], II,1 1963, II,2 1969, III 1969 (Ergänzungen und Register).

THACKERAY, H. S. u.a., Josephus, with an English Translation, 10 Bde, Cambridge, Mass./London 1926–1965.

COHN, L./WENDLAND, P., Philonis Alexandrini Opera quae supersunt, 6 Bde, Bd. VII,1.2: Indices ad Philonis Alexandrini Opera, Berlin 1962 (= Berlin 1896–1930).

dies. u.a., Philo von Alexandria. Die Werke in deutscher Übersetzung, 7 Bde, Berlin 1962–64 (Bd. 1–6: Breslau 1909–1938).

MARCUS, R., Philo Supplement I. Questions and Answers on Genesis (LCL 380), Cambridge, Mass./London 1971[3].

–, Philo Supplement II. Questions and Answers on Exodus (LCL 401), London/Cambridge 1961[2].

e) Sonstige jüdische Texte

FREY, J.-B., Corpus Inscriptionum Iudaicarum, 2 Bde, Rom 1936/53.

–, Corpus Inscriptionum Iudaicarum, Bd. 1[2], hg. von B. LIFSHITZ, New York 1975.

Mediaeval Jewish Chronicles and Chronological Notes, hg. von A. NEUBAUER, Jerusalem 1967[2].

3. Christliche Texte

BARDY, G., Eusèbe de Césarée, Histoire ecclésiastique. Texte grecque, traduction par G. Bardy, 3 Bde (SC 31/41/55), Paris 1952–1958.

BAUER, W./PAULSEN, H., Die Apostolischen Väter II. Die Briefe des Ignatius von Antiochia und der Polykarpbrief (HNT 18), Tübingen 1985[2].

BULHART, T. V., Q.S.F. Tertulliani Opera (CSEL 76,4), Wien 1957.

DUENSING, H., Epistula Apostolorum (KlT 152), Bonn 1925.

EDWARDS, R. A., The Sentences of Sextus (Texts and Translations: Early Christian Literature Series 5), Chico 1981.

FISCHER, J. A., Die Apostolischen Väter (SUC 1), Darmstadt 1959[3].

FUNK, F. X./BIHLMEYER, K., Die Apostolischen Väter I. Mit einem Nachtrag von W. SCHNEEMELCHER (SQS II 1,1), Tübingen 1956[2].

GOODSPEED, E. J., Die ältesten Apologeten, Göttingen 1914.

HALL, S. G., Melito of Sardes »On Pascha« and Fragments, Oxford 1979.

HARVEY, W. W., Sancti Irenaei libros V adversus haereses, 2 Bde, Cambridge 1857.

HOLL, K., Epiphanius I. Ancoratus und Panarion (Haereses) (GCS 25), Leipzig 1915.

KOETSCHAU, P., Origenes, Contra Celsum, 2 Bde (CGS 2.3), Leipzig 1899.

KRAFT, H. (Hg.), Eusebius von Caesarea, Kirchengeschichte. Übersetzt von PH. HAEUSER, neu durchgesehen von H. A. GÄRTNER, München/Darmstadt 1989[3].

LIPSIUS, R. A./BONNET, M., Acta Apostolorum Apoocrypha, I Hildesheim/New York 1972 (= Leipzig 1891), II,1 Hildesheim/New York 1972 (= Leipzig1898), II,2 Hildesheim/New York 1972 (= Leipzig 1903).

MRAS, K., Eusebius Werke VIII,1–2: Die Praeparatio Evangelica (GCS 43,1–2), Berlin 1954/56.

REHM, B./IRMSCHER, I., Pseudoclementinen I: Homilien (CGS 42), Berlin 1953.

SCHNEEMELCHER, W. (Hg.), Neutestamentliche Apokryphen in deutscher Übersetzung. I. Evangelien, Tübingen 1987[5], II. Apostolisches, Apokalypsen und Verwandtes, Tübingen 1989[5].

STÄHLIN, O., Clemens Alexandrinus II. Stromata Buch I-IV (GCS 15), Leipzig 1906.

TRÄNKLE, H., Q.S.F. Tertulliani adversus Iudaeos, Wiesbaden 1964.

VASSILIEV, A., Anecdota Graeco-Byzantina, Moskau 1893.

WENDLAND, P., Hippolytus III. Refutatio Omnium Haeresium (GCS 26), Leipzig 1926.

WENGST, K., Didache (Apostellehre), Barnabasbrief, zweiter Klemensbrief, Schriften an Diognet (SUC 2), Darmstadt 1984.

WHITTAKER, M., Die Apostolischen Väter I. Der Hirt des Hermas (GCS 48), Berlin 1956.

ZANGEMEISTER, C., Paulus Orosius, Historiae adversum paganos (CSEL 5), Wien 1882 = Hildesheim 1967.

4. Gnostische Texte

PARROT, D. M. (Hg.), Nag Hammadi Codices V,2–5 and VI with Papyrus Berolinensis 8502,1 and 4 (Nag Hammadi Studies 11), Leiden 1979.

5. Pagane griechische und lateinische Texte

BABBITT, F. C., Plutarch, Moralia I [1A-86] (LCL 197), Cambridge, Mass./London 1927.

BORST, J., P. Cornelius Tacitus. Historien, München 1979[4].

CAPLAN, H., (Pseudo-) Cicero, Rhetorica ad Herennium (LCL 403), Cambridge, Mass./London 1954.

CARY, E., Dio Cassius, Roman History VII, with an English Translation (LCL 175), Cambridge, Mass./London 1924.

CLAUSEN, H. V., A. Persi Flacci et D. Iuni Iuuenalis Saturae, (SCBO), Oxford 1959.

DIELS, H., Die Fragmente der Vorsokratiker Griechisch und Deutsch, 2 Bde, Berlin 1912[3].

DITTENBERGER, W., Sylloge inscriptionum graecarum I, Leipzig 1915[3] = Hildesheim 1960.

HAAS, H./RÖMISCH, E., C. Sallustius Crispus, Catilinae coniuratio (Heidelberger Texte. Lateinische Reihe Bd. 8), Heidelberg 1959[4].

HELM, R., Apuleius, Metamorphosen oder Der goldene Esel, lateinisch und deutsch (SQAW 4), Darmstadt 1970[6].

KASTEN, H., C. Plinii Caecili Secundi Epistularum Libri Decem, lateinisch und deutsch, München/Zürich 1984[5].

KIESSLING, A./HEINZE, R., Q. Horatius Flaccus, Satiren, Berlin 1959[7].

LAMBERT, A., G. Suetonius Tranquillus, De vita Caesarum – Leben der Caesaren, München 1972.

LENZ, F. W., Ovid, Ars amatoria. Lateinisch und deutsch (SQAW 25), Berlin 1969.

LOEWENTHAL, E., Platon, Sämtliche Werke, 3 Bde, Köln/Olten 1969[6].

MEINEKE, A., Fragmenta Comicorum Graecorum, Berlin 1847.

OLDFATHER, W. A., Epictetus. The Discourses as reported by Arrian, the Manual and Fragments with an English Translation, 2 Bde (LCL 131/218), Cambridge, Mass./London I 1967[5], II 1966[4].

OWEN, S. G., Juvenal, Oxford 1907[2].

RAHN, H., Quintilian, Institutio oratoriae, 2 Bde (TzF 2.3), Darmstadt 1972/75.

ROSENBACH, M., L. Annaeus Seneca. Ad Lucilium epistulae morales, 2 Bde, Darmstadt I 1980[2], II, 1984.

STERN, M., Greek and Latin Authors on Jews and Judaism. Ed. with Introductions, Translations and Commentary, 3 Bde, Jerusalem 1974/1980/83.

VOGEL, F./FISCHER, C.TH., Diodorus Siculus (Buch 1–20), Leipzig 1888–1906.

II. Hilfsmittel

ALAND, K., Vollständige Konkordanz zum griechischen Neuen Testament unter Zugrundelegung aller modernen kritischen Textausgaben und des textus receptus. In Verbindung mit H. RIESENFELD u.a. neu zusammengestellt unter der Leitung von K. ALAND, 2 Bde, Berlin/New York 1983.

–, (Hg.), Vollständige Konkordanz zum griechischen Neuen Testament Bd. II: Spezialübersichten, Berlin/New York 1978.

BLASS, F. u.a., Grammatik des neutestamentlichen Griechisch, Göttingen 1976[14].

BAUER, W., Griechisch-deutsches Wörterbuch zu den Schriften des Neuen Testaments und der frühchristlichen Literatur, hg. von K. und B. ALAND, Berlin/New York 1988[6].

CHARLESWORTH, J. H. (Hg.), Graphic Concordance to the Dead Dea Scrolls, Tübingen/Louisville 1991.

DAHMEN, U., Nachträge zur Qumran-Konkordanz, Zeitschrift für Althebraistik 4 (1991) 213–235.

GOLDSCHMIDT, L., Subjekt Concordance to the Babylonian Talmud, Kopenhagen 1959.

GOODSPEED, E. J., Index Patristicus sive Clavis Patrum Apostolocorum operum, Leipzig 1907.

–, Index Apologeticus sive Clavis Iustini Martyris operum aliorumque Apologetarum pristinorum, Leipzig 1912.

HATCH, E./REDPATH, H. A., A Concordance to the Septuagint and the other Greek Versions of the Old Testament, 2 Bde, Graz 1954 (= Oxford 1897).

KASOVSKY, CH. Y., Theaurus Mishnae. Concordantiae verborum quae in sex Mishnae ordinibus reperiuntur, 4 Bde, Jerusalem 1956–1960.

–, Thesaurus Thosephthae. Concordantiae verborum quae in sex Thosephthae ordinibus reperiuntur, 6 Bde, Jerusalem 1932–1961.

–, Thesaurus Talmudis. Concordantiae verborum quae in Talmude Babylonico reperiuntur, Jerusalem 1965ff.

KRAFT, H., Clavis Patrum Apostolicorum, Darmstadt 1963.

KÜHNER, R./GERTH, B., Ausführliche Grammatik der griechischen Sprache, II. Teil: Satzlehre, 2 Bde, Hannover/Leipzig 1898–1904.

KUHN, K. G. (Hg.), Konkordanz zu den Qumrantexten, Göttingen 1960.

–, (Hg.), Nachträge zur »Konkordanz zu den Qumrantexten«, RdQ 4 (1963/64) 163–234.

LIDDELL, H. G./SCOTT, R., A Greek-English Lexicon. A New edition revised and augmented throughout by H. S. JONES/R. MCKENZIE, I Oxford 1925, II Oxford 1940 = I/II Oxford 1973.

MANDELKERN, S., Veteris Testamenti Concordantiae Hebraicae atque Chaldaicae, Jerusalem/Tel Aviv 1969[8].

MORGENTHALER, R., Statistische Synopse, Zürich/Stuttgart 1971.

–, Statistik des neutestamentlichen Wortschatzes, Zürich 1982[3] (um ein Beiheft erweiterte Auflage).

RENGSTORF, K. H. (Hg.), A Complete Concordance to Flavius Josephus, 4 Bde, I Leiden 1973; II Leiden 1975; III Leiden 1979; IV Leiden 1983.

SCHÄFER, P. (Hg.), Konkordanz zur Hekhalot-Literatur, 2 Bde, I (TSAJ 12), Tübingen 1986; II (TSAJ 13), Tübingen 1988.

WAHL, CH. A., Clavis librorum veteris testamenti apocryphorum philologica, Granz 1972 (= Leipzig 1853).

III. Sekundärliteratur

AAGESON, J. W., Scripture and Structure in the Development of the Argument in Romans 9–11, CBQ 48 (1986) 265–289.

–, Typology, Correspondance, and the Application of Scripture in Romans 9–11, JSNT 31 (1987) 51–72.

AGNEW, F. H., Paul's Theological Adversary in the Doctrine of Justification by Faith: A Contribution to Jewish-Christian Dialogue, JES 25 (1988) 538–554.

ALAND, K., Der Schluß und die ursprüngliche Gestalt des Römerbriefes, in: ders., Neutestamentliche Entwürfe (TB 63), München 1979, 284–301.

ALETTI, J.-N., L'argumentation paulinienne en Rm 9, Bib. 68 (1987) 41–56.

–, La dispositio rhétorique dans les épitres pauliniennes. Propositions de méthode, NTS 38 (1992) 385–401.

ALLISON, D. C., Romans 11:11–15. A Suggestion, PRSt 12 (1985) 23–30.

AMIR,Y., Jüdisch-theologische Positionen nach Auschwitz, in: G.B. GINZEL (Hg.), Auschwitz als Herausforderung für Juden und Christen (lambert schneider taschenbücher 1), Heidelberg 1980, 439–455.

–, Der jüdische Eingottglaube als Stein des Anstoßes in der hellenistisch-römischen Welt, JBTh 2 (1987) 58–75.

APPLEBAUM, S., The Legal Status of the Jewish Communities in the Diaspora, in: S.

SAFRAI/M. STERN (Hg.), The Jewish People in the First Century. Historical Geography, Political History, Social, Cultural and Religious Life and Institutions (CRI I,1), Assen 1974[2], 420–463.

ARAI, S., Zum Tempelwort Jesu in Apostelgeschichte 6.14, NTS 34 (1988) 397–410.

AUDET, J.-P., A Hebrew-Aramaic List of Books of the Old Testament in Greek Transcription, JThS 1 (1950) 135–154.

AUS, R. D., Paul's Travel Plans to Spain an the »Full Number of the Gentiles« of Rom. XI 25, NT 21 (1979) 232–262.

AWERBUCH, M., Christlich-jüdische Begegnung im Zeitalter der Frühscholastik (ACJD 8), München 1980.

BAARLINK, H. u.a., Wir und die Juden – Israel und die Kirche. Ein neues Votum aus der theologischen Arbeit des Reformierten Bundes, ThBeitr 18 (1987) 159–162.

BAASLAND, E., Cognitio Dei im Römerbrief, SNTU.A 14 (1989) 185–218.

BACHER, W., Die exegetische Terminologie der jüdischen Traditionsliteratur I: Die bibelexegetische Terminologie der Tannaiten, Leipzig 1899 = Darmstadt 1965.

BACHMANN, M., Jerusalem und der Tempel. Die geographisch-theologischen Elemente in der lukanischen Sicht des jüdischen Kultzentrums (BWANT 109), Stuttgart u.a. 1980.

–, Sünder oder Übertreter. Studien zur Argumentation in Gal 2,15ff (WUNT 59), Tübingen 1992.

BAER, Y., A History of the Jews in Christian Spain, 2 Bände, I: From the Age of Reconquest to the Fourteenth Century, II: From the Fourteenth Century to the Expulsion, Philadelphia 1961.

BAMBERGER, B. J., Proselytism in the Talmudic Period, New York 1968[2].

BAMMEL, E., Judenverfolgung und Naherwartung. Zur Eschatologie des Ersten Thessalonicherbriefes, ZThK 56 (1959) 294–315.

–, Die Bruderfolge im Hochpriestertum der herodianisch-römischen Zeit, in: ders., Judaica. Kleine Schriften I (WUNT 37), Tübingen 1986, 21–27.

–, Crucifixion as a Punishment in Palestine, ebd. 76–78.

–, The trial before Pilate, in: ders./C. F. D. MOULE (Hg.), Jesus and the Politics of His Day, Cambridge u.a. 1984, 415–451.

BARCLAY, J. M. G., Paul and the Law: Observations on Some Recent Debates, Themelios NS 12 (1986/87) 5–15.

BARNETT, P. W., The Jewish Sign Prophets – A.D. 40–70. Their Intentions and Origin, NTS 27 (1980/81) 679–697.

BARRETT, C. K., A Commentary on the Epistle to the Romans, London 1962[2] = 1967.

–, Freedom and Obligation. A Study of the Epistle to the Galatians, London 1985.

–, Das Evangelium nach Johannes (KEK-Sonderband), Göttingen 1990.

BARTH, K., Die protestantische Theologie im 19. Jahrhundert. Ihre Vorgeschichte und ihre Geschichte, Zürich 1960[3].

–, Die Kirchliche Dogmatik I,2, Zürich 1960[5], II,2, Zürich 1959[4], III,2, Zürich 1959[2], IV,1, Zürich 1960[2], IV,3, Zürich 1959.

BARTH, M., Rechtfertigung. Versuch einer Auslegung paulinischer Texte im Rahmen des Alten und Neuen Testaments, in: Foi et Salut selon S. Paul [Epitre aux Romains 1,16] (AnBib 42), Rom 1970, 137–197.

–, Jesus, Paulus und die Juden (ThSt 91), Zürich 1967.

–, Die Stellung des Paulus zu Gesetz und Ordnung, EvTh 33 (1973) 496–526.

–, Das Volk Gottes. Juden und Christen in der Botschaft des Paulus, in: Paulus –

Apostat oder Apostel? Jüdische und christliche Antworten, Regensburg 1977, 45–134.

BARTHÉLEMY, D., L'État de la Bible juive depuis le début de notre ère jusqu'à la deuxième révolte contre Rome (131–135), in: J.-D. KAESTLI/O. WERMELINGER (Hg.), Le canon de l'Ancient Testament. Sa formation et son histoire, Genf 1984, 9–45.

BARTSCH, CHR., »Frühkatholizismus« als Kategorie historisch-kritischer Theologie. Eine methodologische und theologiegeschichtliche Untersuchung (SJVCG 3), Berlin 1980.

BARTSCH, H.-W., Die historische Situation des Römerbriefes, StEv IV,2 (TU 102), Berlin 1968, 281–291.

BAUM, G., Einleitung, in: R. RUETHER, Nächstenliebe und Brudermord. Die theologischen Wurzeln des Antisemitismus (ACJD 7), München 1978, 9–28.

–, Catholic Dogma After Auschwitz, in: A. T. DAVIES (Hg.), Antisemitism and the Foundations of Christianity, New York u.a. 1979, 137–150.

BAUMBACH, G., Zeloten und Sikarier, ThLZ 90 (1965) 727–740.

–, Anmerkungen zu R. Ruethers Kritik des christlichen antijüdischen Mythos, ZdZ 35 (1981) 388–391.

–, Antijudaismus im Neuen Testament – Fragestellung und Lösungsmöglichkeit, Kairos NF 25 (1983) 68–85.

–, Abraham unser Vater. Der Prozeß der Vereinnahmung Abrahams durch das frühe Christentum, ThV 16 (1986) 37–56.

–, Schriftbenutzung und Schriftauswahl im Rheinischen Synodalbeschluß, EvTh 48 (1988) 419–431.

BAUMGARTEN, J., Paulus und die Apokalyptik. Die Auslegung apokalyptischer Überlieferungen in den echten Paulusbriefen (WMANT 44), Neukirchen-Vluyn 1975.

BAUR, F. CHR., Paulus, der Apostel Jesu Christi. Sein Leben und Wirken, seine Briefe und seine Lehre. Ein Beitrag zu einer kritischen Geschichte des Urchristentums I, Leipzig 1866[2].

BAXTER, A. G./ZIESLER, J. A., Paul and Arboriculture: Romans 11.17–24, JSNT 24 (1985) 25–32.

BECKER, J., Untersuchungen zur Entstehungsgeschichte der Testamente der zwölf Patriarchen (AGJU 8), Leiden 1970.

–, Der Brief an die Galater (NTD 8), Göttingen 1976[14], 1–85.

–, Das Evangelium nach Johannes, 2 Bde (ÖTK IV), Gütersloh/Würzburg 1981.

–, Das Ethos Jesu und die Geltung des Gesetzes, in: H. MERKLEIN (Hg.), Neues Testament und Ethik. Für R. Schnackenburg, Freiburg u.a. 1989, 31–52.

–, Paulus. Der Apostel der Völker, Tübingen 1989.

–, Die neutestamentliche Rede vom Sühnetod Jesu, ZThK.B 8 (1990) 29–49.

BECKWITH, R., The Old Testament Canon of the New Testament Church and its Background in Early Judaism, London 1985.

BEKER, J. C., Paul the Apostle. The Triumph of God in Life and Thought, Philadelphia/Edinburgh 1980.

–, Paul's Letter to the Romans as a Model for Biblical Theology: Some Preliminary Observations, in: J. T. BUTLER (Hg.), Understanding the Word. Essays in Honour of B. W. Anderson (JSOT.S 37), Sheffield 1985, 359–367.

–, The Faithfulness of God and the Priority of Israel in Paul's Letter to the Romans, HThR 79 (1986) 10–16.

–, Paul's Theology: Consistent or Inconsistent?, NTS 34 (1988) 364–377.

BEN-CHORIN, SCH., Bruder Jesus. Der Nazarener in jüdischer Sicht (List Taschenbücher 394), München 1972.

–, The Image of Jesus in Modern Judaism, JEC 11 (1974) 401–430.

–, Antijüdische Elemente im Neuen Testament, in: ders., Theologia Judaica. Ges. Aufs., Tübingen 1982, 42–57.

–, Die Entstehung des Christentums aus dem Judentum, ebd. 58–71.

–, Jesus in jüdischer Sicht, FoRe 3 (1985) 1–8.

BENGEL, J. A., Gnomon. Auslegung des Neuen Testamentes in fortlaufenden Anmerkungen, 2 Bde, Berlin 1952[3].

BEN-SASSON, H. H. (Hg.), Geschichte des jüdischen Volkes II: Vom 7.-17. Jahrhundert. Das Mittelalter, München 1979.

BEN-YOSEF, I. A., Jewish Religious Responses to the Holocaust, RSAf 8 (1987) 15–36.

BERCOVITZ, J. P., Καλεῖν in Gal 1:15, Proceedings of the Eastern Great Lakes and Midwest Biblical Societies 5 (1985) 28–37.

BERGER, K., Abraham in den paulinischen Hauptbriefen, MThZ 17 (1966) 47–89.

–, Die Gesetzesauslegung Jesu. Ihr historischer Hintergrund im Judentum und im Alten Testament. Teil I: Markus und Parallelen (WMANT 40), Neukirchen-Vluyn 1972.

–, Die Auferstehung des Propheten und die Erhöhung des Menschensohnes. Traditionsgeschichtliche Untersuchungen zur Deutung des Geschickes Jesu in frühchristlichen Texten (StUNT 13), Göttingen 1976.

–, Exegese des Neuen Testaments. Neue Wege vom Text zur Auslegung (UTB 658), Heidelberg 1977.

–, Die impliziten Gegner. Zur Methode des Erschließens von »Gegnern« in neutestamentlichen Texten, in: D. LÜHRMANN/G. STRECKER (Hg.), Kirche. FS für G. Bornkamm zum 75. Geb., Tübingen 1980, 373–400.

–, Einführung in die Formgeschichte (UTB 1444), Tübingen 1987.

BERKOVITS, E., Faith after the Holocaust, New York 1973.

BEST, E., The Revelation to Evangelize the Gentiles, JThS 35 (1984) 1–30.

–, The Letter of Paul to the Romans (CBC), Cambridge 1967.

BETHGE, E., Der Holocaust als Wendepunkt, in: B. KLAPPERT/H. STARCK (Hg.), Umkehr und Erneuerung. Erläuterungen zum Synodalbeschluß der Rheinischen Landessynode 1980 »Zur Erneuerung des Verhältnisses von Christen und Juden«, Neukirchen-Vluyn 1980, 89–100.

BETZ, H. D., Geist, Freiheit und Gesetz. Die Botschaft des Paulus an die Gemeinden in Galatien, ZThK 71 (1974) 78–93.

–, The Literary Composition and Function of Paul's Letter to the Galatians, NTS 21 (1975) 353–379.

–, Der Galaterbrief. Ein Kommentar zum Brief des Apostels Paulus an die Gemeinden in Galatien, München 1988.

BETZ, O., Offenbarung und Schriftforschung in der Qumransekte (WUNT 6), Tübingen 1960.

–, Probleme des Prozesses Jesu (ANRW II 25,1), Berlin/New York 1982, 565–647.

–, Die Frage nach dem messianischen Bewußtsein Jesu, in: ders., Jesus. Der Messias Israels. Aufs. zur biblischen Theologie (WUNT 42), Tübingen 1987, 140–168.

BEYER, K., Die aramäischen Texte vom Toten Meer samt den Inschriften aus Palästina, dem Testament Levis aus der Kairoer Genisa, der Fastenrolle und den alten talmudischen Zitaten, Göttingen 1986[2].

BICKERMANN, E., Der Gott der Makkabäer. Untersuchungen über Sinn und Ursprung der makkabäischen Erhebung, Berlin 1937.

BIELER, L., ΘΕΙΟΣ ΑΝΗΡ Das Bild des »göttlichen Menschen« in Spätantike und Frühchristentum, Darmstadt 1967[2].

BIERINGER, R., Traditionsgeschichtlicher Ursprung und theologische Bedeutung der ΥΠΕΡ-Aussagen im Neuen Testament, in: F. v. SEGBROECK u.a. (Hg.), The Four Gospels 1992. FS für F. Neirynck, Vol. I (BEThL 100), Leuven 1992, 219–248.

BIETENHARD, H., »Der Menschensohn« – ὁ υἱὸς τοῦ ἀνθρώπου. Sprachliche, religionsgeschichtliche und exegetische Untersuchungen zu einem Begriff der synoptischen Evangelien. I. Sprachlicher und religionsgeschichtlicher Teil (ANRW II 25,1), Berlin/New York 1982, 265–350.

BIHLER, J., Die Stephanusgeschichte im Zusammenhang der Apostelgeschichte (MThSt I/16), München 1963.

BITTNER, W. J., Jesu Zeichen im Johannesevangelium. Die Messias-Erkenntnis im Johannesevangelium vor ihrem jüdischen Hintergrund (WUNT II/26), Tübingen 1987.

BLACK, M., Romans (NCeB), Grand Rapids/London 1973.

BLAIR, E. P., Paul's call to the Gentile Mission, BR 10 (1965) 19–33.

BLANK, J., Paulus und Jesus. Eine theologische Grundlegung (StANT 18), München 1968.

–, Warum sagt Paulus: »Aus Werken des Gesetzes wird niemand gerecht«?, in: ders., Paulus. Von Jesus zum Christentum. Aspekte der paulinischen Lehre und Praxis, München 1982, 42–68.

–, Erwägungen zum Schriftverständnis des Paulus, ebd. 192–215.

BLANK, R., Analyse und Kritik der formgeschichtlichen Arbeiten von Martin Dibelius und Rudolf Bultmann (ThDiss 16), Basel 1981.

BLINZLER, J., Der Prozeß Jesu, Regensburg 1969[4].

BLUMENKRANZ, B., Patristik und Frühmittelalter, in: K. H. RENGSTORF/S. v. KORTZFLEISCH (Hg.), Kirche und Synagoge. Handbuch zur Geschichte von Christen und Juden. Darstellung mit Quellen I, Stuttgart 1968, 84–135.

BOCK, D. L., Proclamation from Prophecy and Pattern. Lucan Old Testament Christology (JSNT.S 12), Sheffield 1987.

BOCKMUEHL, M. N. A., Revelation and Mystery in Ancient Judaism and Pauline Christianity (WUNT II/36), Tübingen 1990.

–, A Slain Messiah in 4Q Serekh Milchamah (4Q285)?, TynB 43 (1992) 155–169.

BÖCHER, O., Das sogenannte Aposteldekret, in: H. FRANKEMÖLLE/K. KERTELGE (Hg.), Vom Urchristentum zu Jesus. Für J. Gnilka, Freiburg u.a. 1989, 325–336.

BOERS, H., Theology out of the Ghetto. A New Testament Exegetical Study Concerning Religions Exclusiveness, Leiden 1971.

BONWETSCH, G. N., Die Mosessage in der slavischen kirchlichen Literatur (NGWG.PH 6), Göttingen 1908.

BOOTH, R. P., Jesus and the Laws of Purity. Tradition History and Legal History in Mark 7 (JSNT.S 13), Sheffield 1986.

BORNKAMM, G., Die Offenbarung des Zornes Gottes (Röm 1–3), in: ders., Das Ende des Gesetzes. Paulusstudien (BEvTh 16), München 1966[5], 9–33.

–, Der Lobpreis Gottes. Röm 11,33–36, ebd. 70–75.

–, Der Römerbrief als Testament des Paulus, in: ders., Geschichte und Glaube 2. Ges. Aufs. 4 (BEvTh 53), München 1971, 120–139.

–, Paulus (UB 119), Stuttgart u.a. 1987[6].

BORSE, U., Die geschichtliche und theologische Einordnung des Römerbriefes, BZ NF 16 (1972) 70–83.

–, Der Rahmentext im Umkreis der Stephanusgeschichte, BiKi 14 (1973) 187–204.

–, Der Brief an die Galater (RNT), Regensburg 1984.

BOTERMANN, H., Paulus und das Urchristentum in der antiken Welt, ThR 56 (1991) 296–305.

BOVON, F., Luc le Théologien. Vingt-cinq ans de recherches (1950–1975), Neuchatel 1978.

BOWERS, W. P., Jewish Communities in Spain in the Time of Paul the Apostle, JThS 26 (1975) 395–402.

BRANDENBURGER, E., Paulinische Schriftauslegung in der Kontroverse um das Verheißungswort (Röm 9), ZThK 82 (1985) 1–47.

–, Pistis und Soteria. Zum Verstehenshorizont von »Glaube« im Urchristentum, ZThK 85 (1988) 165–198.

BRANDON, S. G. F., Jesus and the Zealots. A Study of the Political Factor in Primitive Christianity, Manchester 1967.

BREYTENBACH, C., Das Problem des Übergangs von mündlicher zu schriftlicher Überlieferung, Neotest. 20 (1986) 47–58.

–, Versöhnung. Eine Studie zur paulinischen Soteriologie (WMANT 60), Neukirchen-Vluyn 1989.

BRINSMEAD, B. H., Galatians – Dialogical Response to Opponents (SBLDS 65), Chico 1982.

BROCKE, E., Der Holocaust als Wendepunkt?, in: Umkehr und Erneuerung, 101–110.

–, Die Hebräische Bibel im Neuen Testament. Fragen anhand von Lk 4,14–30, in: dies./J. SEIM (Hg.), Gottes Augapfel. Beiträge zur Erneuerung des Verhältnisses von Christen und Juden, Neukirchen-Vluyn 1986, 113–119.

–, Von den »Schriften« zum »Alten Testament« – und zurück? Jüdische Fragen zur christlichen Suche einer »Mitte der Schrift«, in: E. BLUM u.a., (Hg.), Die Hebräische Bibel und ihre zweifache Nachgeschichte. FS für R. Rendtorff zum 65. Geb., Neukirchen-Vluyn 1990, 581–594.

BROCKE, M./JOCHUM, H., Der Holocaust und die Theologie – »Theologie des Holocaust«, in: dies. (Hg.), Wolkensäule und Feuerschein. Jüdische Theologie des Holocaust (ACJD 13), München 1982, 238–270.

BROER, I., »Antisemitismus« und Judenpolemik im Neuen Testament. Ein Beitrag zum besseren Verständnis von 1. Thess 2,14–16, in: B. B. GEMPER (Hg.), Religion und Verantwortung als Elemente gesellschaftlicher Ordnung (Beihefte zu den Siegener Studien), Siegen 1982[2], 734–772.

–, Antijudaismus im Neuen Testament? Versuch einer Annäherung anhand von zwei Texten (1Thess 2,14–16 und Mt 27,24f), in: L. OBERLINNER/P. FIEDLER (Hg.), Salz der Erde – Licht der Welt. Exegetische Studien zum Matthäusevangelium. FS für A. Vögtle zum 80. Geb., Stuttgart 1991, 321–355.

–, Die Juden im Urteil der Autoren des Neuen Testaments. Anmerkungen zum Problem Historischer Gerechtigkeit im Angesicht einer verheerenden Wirkungsgeschichte, ThGl 82 (1992) 2–33.

BROWE, P., Die Judenmission im Mittelalter und die Päpste (MHP 6), Rom 1973.

BROWN, R. E., The Messianism of Qumran, CBQ 19 (1957) 53–82.
–, The Semitic Background of the Term »Mystery« in the New Testament, Philadelphia 1968.
BROX, N., Das messianische Selbstverständnis des historischen Jesus, in: K. SCHUBERT (Hg.), Vom Messias zum Christus. Die Fülle der Zeit in religionsgeschichtlicher und theologischer Sicht, Wien u.a. 1964, 156–201.
BRUCE, F. F., Paul and the Law of Moses, BJRL 57 (1975) 259–279.
–, The Epistle of Paul to the Galatians. A Commentary on the Greek Text, Exeter 1982.
–, The Curse of the Law, in: M. D. HOOKER/S. G. WILSON (Hg.), Paul and Paulinism. Essays in honour of C.K. Barrett, London 1982, 27–36.
–, The Epistle of Paul to the Romans (TNTC 6), London 1963 = 1983.
–, »Called to Freedom«: A Study in Galatians, in: W. C. WEINRICH (Hg.), The New Testament Age. Essays in Honor of B. Reicke I, Macon 1984, 61–71.
–, The Book of Acts (NIC), Grand Rapids 1988.
BUBNER, R., »Philosophie ist ihre Zeit, in Gedanken erfaßt«, in: Hermeneutik und Ideologiekritik, Frankfurt 1971, 210–243.
BUCKLER, W. H./CALDER, W. M. (Hg.), Monuments and documents from Eastern Asia and Western Galatia (MAMA 4), Manchester 1933.
BÜNKER, M., Briefformular und rhetorische Disposition im 1. Korintherbrief (GTA 28), Göttingen 1983.
BULTMANN, R., Welchen Sinn hat es, von Gott zu reden?, in: ders., Glauben und Verstehen. Ges. Aufs. 1, Tübingen 1966[6], 26–37.
–, Die Geschichte der synoptischen Tradition (FRLANT 29), Göttingen 1967[7].
–, Das Evangelium nach Johannes (KEK 2), Göttingen 1986[21].
–, Glossen im Römerbrief, in: ders., Exegetica. Aufs. zur Erforschung des Neuen Testaments, ausgewählt, eingeleitet und hg. von E. DINKLER, Tübingen 1967, 278–284.
–, Zur Frage nach den Quellen der Apostelgeschichte, ebd. 412–423.
–, Theologie des Neuen Testaments, Tübingen 1984[9].
BURCHARD, CHR., Der dreizehnte Zeuge. Traditions- und kompositionsgeschichtliche Untersuchungen zu Lukas‹ Darstellung der Frühzeit des Paulus (FRLANT 103), Göttingen 1970.
–, Jesus für die Welt. Über das Verhältnis von Reich Gottes und Mission, in: TH. SUNDERMEIER (Hg.), Fides pro mundi vita. Missionstheologie heute. H.-W. Gensichen zum 65. Geb., Gütersloh 1980, 13–27.
–, Jesus von Nazareth, in: J. BECKER u.a., Die Anfänge des Christentums. Alte Welt und neue Hoffnung, Stuttgart u.a. 1987, 12–58.
BURKHARDT, H., Die Inspiration heiliger Schriften bei Philo von Alexandrien, Gießen/Basel 1988.
CAIRD, G. B., Jesus and Israel: The Starting Point for New Testament Christology, in: R. F. BERKEY/S. A. EDWARDS (Hg.), Christological Perspectives. Essays in Honor of H.K. McArthur, New York 1982, 58–68.
CAMPBELL, W. S., Why did Paul Write Romans?, ET 85 (1973/74) 264–269.
–, Romans III as a Key to the Structure and Thought of the Letter, NT 23 (1981) 22–40.
–, The Freedom and Faithfulness of God in Relation to Israel, JSNT 13 (1981) 27–45.
–, The Place of Romans IX-XI within the Structure and Thought of the Letter, StEv 7 (TU 126), Berlin 1982, 121–131.

–, Paul's Missionary Practise and Policy in Romans, Irish Biblical Studies 12 (1990) 2–25.

CAMPEAU, L., Theudas le faux prophète et Judas le Galiléen, ScEc 5 (1953) 235–245.

CAMPONOVO, O., Königtum, Königsherrschaft und Reich Gottes in den frühjüdischen Schriften (OBO 58), Freiburg/Göttingen 1985.

CANGH, J. M. v., La Bible de Matthieu: Les citations d'accomplissement, EThL 6 (1975) 205–211.

CASEY, M., Chronology and the Development of Pauline Christology, in: Paul and Paulinism, 124–134.

CASSON, L., Ships and Seamanship in the Ancient World, Princeton 1971.

CAVALLIN, H. C. C., »The Righteous Shall Live By Faith«. A Decisive Argument for the Traditional Interpretation, StTh 32 (1978) 33–43.

CHARLESWORTH, J. H., The Concept of the Messiah in the Pseudepigrapha (ANRW II 19,1), Berlin/New York 1979, 188–218.

Christen und Juden. Eine Studie des Rates der Evangelischen Kirche in Deutschland, Gütersloh 1979[3].

Christen und Juden II. Zur theologischen Neuorientierung im Verhältnis zum Judentum. Eine Studie der Evangelischen Kirche in Deutschland, Gütersloh 1991.

CHESTER, A., Jewish Messianic Expectations and Mediatorial Figures and Pauline Christology, in: M. HENGEL/U. HECKEL (Hg.), Paulus und das antike Judentum (WUNT 58), Tübingen 1991, 17–89.

CLASSEN, C.J ., Paulus und die antike Rhetorik, ZNW 82 (1991) 1–33.

CLEMENTS, R. E., The Messianic Hope in the Old Testament, JSOT 43 (1989) 3–19.

COLLINS, J. J., Towards the Morphology of a Genre, in: ders. (Hg.), Apocalypse: The Morphology of a Genre, Semeia 14, Missoula 1979, 1–20.

–, Messianism in the Maccabean Period, in: J. NEUSNER u.a. (Hg.), Judaisms and their Messiahs at the Turn of the Christian Era, Cambridge 1987, 97–109.

–, J. H. CHARLESWORTH (Hg.), Mysteries and Revelations. Apocalyptic Studies since the Uppsala Colloquium (JSNT.S 9), Sheffield 1991.

COLLINS, R. F., Apropos the Integrity of 1Thess, in: Studies on the First Letter to the Thessalonians, 96–135.

CONZELMANN, H., Grundriß der Theologie des Neuen Testaments (EETh 2), München 1968[2].

–, Der erste Brief an die Korinther (KEK 5), Göttingen 1969.

–, Die Mitte der Zeit. Studien zur Theologie des Lukas (BHTh 17), Tübingen 1977[6].

–, Die Apostelgeschichte (HNT 7), Tübingen 1972[2].

–, Die Rechtfertigungslehre des Paulus. Theologie oder Anthropologie?, in: ders., Theologie als Schriftauslegung. Aufs. zum Neuen Testament (BEvTh 65), München 1974, 191–206.

–, Heiden-Juden-Christen. Auseinandersetzungen in der Literatur der hellenistisch-römischen Zeit (BHTh 62), Tübingen 1981.

COOK, M. J., The New Testament and Judaism: An Historical Perspective on the Theme, RExp 84 (1987) 183–199.

COPPENS, J., Le Messianisme royal. Ses origines. Son Développement. Son Accomplissement (LeDiv 54), Paris 1968.

–, »Mystery« in the Theology of Saint Paul and its Parallels at Qumran, in: J. MURPHY-O'CONNOR (Hg.), Paul and Qumran. Studies in New Testament Exegesis, Chicago 1968, 132–158.

CORLEY, B., The Jews, the Future, and God (Romans 9–11), SWJT 19 (1976) 42–56.

CORSANI, B., ΕΚ ΠΙΣΤΕΩΣ in the Letters of Paul, in: The New Testament Age I, 87–93.

COSGROVE, CH.H., What If Some Have Not Believed? The Occasion and Thrust of Romans 3,1–8, ZNW 78 (1987) 90–105.

–, The Cross and the Spirit. A Study in the Argument and Theology of Galatians, Macon 1988.

CRAFTON, J. A., Paul's Rhetorical Vision and the Purpose of Romans: Toward a New Understanding, NT 32 (1990) 317–339.

CRANFIELD, C. E. B., A critical and exegetical commentary on the epistle to the Romans (ICC), 2 Bde, Edinburgh 1985⁵, 1986⁴.

CULLMANN, O., Heil als Geschichte. Heilsgeschichtliche Existenz im Neuen Testament, Tübingen 1967².

–, Der johanneische Kreis. Sein Platz im Spätjudentum, in der Jüngerschaft Jesu und im Urchristentum. Zum Ursprung des Johannesevangeliums, Tübingen 1975.

–, Die Christologie des Neuen Testaments, Tübingen 1975⁵.

CUVILLIER, E., Tradition et rédaction en Marc 7:1–23, NT 34 (1992) 169–192.

DABELSTEIN, R., Die Beurteilung der ›Heiden‹ bei Paulus (BBE 14), Frankfurt u.a. 1981.

DAHL, N. A., Die Messianität Jesu bei Paulus, in: Studia Paulina in Honorem Johannis de Zwaan Septugenarii, Haarlem 1953, 83–95.

–, Der gekreuzigte Messias, in: H. RISTOW/K. MATTHIAE (Hg.), Der historische Jesus und der kerygmatische Christus. Beiträge zum Christusverständnis in Forschung und Verkündigung, Berlin 1964³, 149–169.

–, The Future of Israel, in: ders., Studies in Paul. Theology for the Early Christian Mission, Minneapolis 1977, 137–158.

DALMAN, G., Der leidende und der sterbende Messias der Synagoge im ersten nachchristlichen Jahrtausend (SIJB 4), Berlin 1888.

–, Die Worte Jesu. Mit Berücksichtigung des nachkanonischen jüdischen Schrifttums und der aramäischen Sprache I. Einleitung und wichtige Begriffe, Leipzig 1930² = Darmstadt 1965.

–, Jesus-Jeschua. Die drei Sprachen Jesu. Jesus in der Synagoge, auf dem Berge, beim Passahmal, am Kreuz, Leipzig 1922.

DAUTZENBERG, G., Gesetzeskritik und Gesetzesgehorsam in der Jesustradition, in: K. KERTELGE (Hg.), Das Gesetz im Neuen Testament (QD 108), Freiburg u.a. 1986, 46–70.

DAVENPORT, G. L., The ›Anointed of the Lord‹ in Psalms of Solomon 17, in: G. W. E. NICKELSBURG/J. J. COLLINS (Hg.), Ideal Figures in Ancient Judaism. Profiles and Paradigms (SBL. Septuagint and Cognate Studies 12), Chico 1980, 67–92.

DAVIES, W. D., Paul and the Law: Reflections on Pitfalls in Interpretation, in: ders., Jewish and Pauline Studies, Philadelphia 1984, 91–122.

–, Paul and the People of Israel, ebd. 123–152.

–, Paul and the Gentiles: A Suggestion Concerning Romans 11:13–24, ebd. 153–163.

–, Law in the New Testament, ebd. 227–242.

DEICHGRÄBER, R., Gotteshymnus und Christushymnus in der frühen Christenheit. Untersuchungen zu Form, Sprache und Stil der frühchristlichen Hymnen (StUNT 5), Göttingen 1967.

DEISSMANN, A., Licht vom Osten. Das Neue Testament und die neuentdeckten Texte der hellenistisch-römischen Welt, Tübingen 1923⁴.

DELLING, G., Partizipiale Gottesprädikationen in den Briefen des Neuen Testaments, StTh 17 (1963) 1–59.

–, Der Tod Jesu in der Verkündigung des Paulus, in: Studien zum Neuen Testament und zum hellenistischen Judentum. Ges. Aufs. 1950–1968, hg. von F. HAHN u.a., Berlin 1970, 336–346.

–, ΜΟΝΟΣ ΘΕΟΣ, ebd. 391–400.

DEMBOWSKI, H., Grundfragen der Christologie, München 1969.

–, Jesus Christus verbindet und trennt. Anfangserwägungen zum christlich-jüdischen Dialog, in: Gottes Augapfel, 25–45.

DEMKE, CHR., »Ein Gott und viele Herren«. Die Verkündigung des einen Gottes in den Briefen des Paulus, EvTh 36 (1976) 473–484.

DIBELIUS, M., Die Formgeschichte des Evangeliums, Tübingen 1971[6].

DIEBNER, B. J., Erwägungen zum Prozeß der Sammlung des dritten Teils der antikjüdischen (hebräischen) Bibel, der כתובים, BDBAT 21 (1985) 139–199.

DIETZFELBINGER, CHR., Paulus und das Alte Testament. Die Hermeneutik des Paulus, untersucht an seiner Deutung der Gestalt Abrahams (TEH 95), München 1961.

–, Heilsgeschichte bei Paulus? Eine exegetische Studie zum paulinischen Geschichtsdenken (TEH 126), München 1965.

–, Die Berufung des Paulus als Ursprung seiner Theologie (WMANT 58), Neukirchen-Vluyn 1985.

DINKLER, E., Prädestination bei Paulus – Exegetische Bemerkungen zum Römerbrief, in: ders., Signum crucis. Aufs. zum Neuen Testament und zur Christlichen Archäologie, Tübingen 1967, 241–269.

DIX, G. H., The Messiah ben Joseph, JThS 27 (1926) 130–143.

DOBBELER, A. v., Glaube als Teilhabe. Historische und semantische Grundlagen der paulinischen Theologie und Ekklesiologie des Glaubens (WUNT II/22), Tübingen 1987.

DOBSCHÜTZ, E. v., Die Thessalonicherbriefe. Mit einem Literaturverzeichnis von O. Merk hg. von F. HAHN, Göttingen 1974 (= 1909[7]).

DODD, CH. H., The Epistle of Paul to the Romans (MNTC), London 1954[13].

DOHMEN, C./OEMING, M., Biblischer Kanon warum und wozu? Eine Kanontheologie (QD 137), Freiburg u.a. 1992.

DONALDSON, T. L., Moses Typology and the Sectarian Nature of Early Christian Anti-Judaism: A Study in Acts 7, JSNT 12 (1981) 27–52.

–, The ›Curse of the Law‹ and the Inclusion of the Gentiles: Galatians 3.13–14, NTS 32 (1986) 94–112.

DONFRIED, K. P., A Short Note on Romans 16, in: ders. (Hg.), The Romans Debate, Minneapolis 1977, 50–60.

–, False Presuppositions in the Study of Romans, ebd. 120–148.

–, 1 Thessalonians, Acts and the Early Paul, in: The Thessalonian Correspondence, 3–26.

DORMEYER, D., Die Passion Jesu als Ergebnis seines Konflikts mit führenden Kreisen des Judentums, in: H. GOLDSTEIN (Hg.), Gottesverächter und Menschenfeinde? Juden zwischen Jesus und frühchristlicher Kirche, Düsseldorf 1979, 211–238.

–, Evangelium als literarische Gattung und als theologischer Begriff. Tendenzen und Aufgaben der Evangelienforschung im 20. Jahrhundert, mit einer Untersuchung des Markusevangeliums in seinem Verhältnis zur antiken Biographie. Erster Teil: Evangelium als literarische Gattung (ANRW II 25,2), Berlin/New York 1984, 1543–1634.

–, Evangelium als literarische und theologische Gattung (EdF 263), Darmstadt 1989.

DRANE, J. W., Paul: Libertine or Legalist? A Study in the Theology of the Major Pauline Epistles, London 1975.

DREYFUS, F., Le passé et le présent d'Israel (Rom., 9,1–5; 11,1–24), in: Die Israelfrage nach Röm 9–11 (SMBen.BE 3), Rom 1977, 131–151.

DÜLMEN, A. v., Die Theologie des Gesetzes bei Paulus (SBM 5), Stuttgart 1968.

DUGANDZIC, I., Das »Ja« Gottes in Christus. Eine Studie zur Bedeutung des Alten Testaments für das Christusverständnis des Paulus (FzB 26), Würzburg 1977.

DUNCAN, G. S., The Epistle of Paul to the Galatians (MNTC), London 1955[8].

DUNN, J. D. G., Unity and Diversity in the New Testament. An Inquiry Into the Character of Earliest Christianity, Philadelphia 1977.

–, Christology in the Making. A New Testament Inquiry into the Origins of the Doctrine of the Incarnation, London 1980.

–, Paul's Epistle to the Romans: An Analysis of Structure and Argument (ANRW II 25,4), Berlin/New York 1987, 2842–2890.

–, Romans, 2 Bde (World Biblical Commentary Vol. 38 A/B), Dallas 1988.

–, Jesus and Ritual Purity: A Study of the Tradition-History of Mark 7.15, in: ders., Jesus, Paul and the Law. Studies in Mark and Galatians, London 1990, 37–58.

–, Pharisees, Sinners, and Jesus, ebd. 61–86.

–, ›A Light to the Gentiles‹, or ›The End od the Law‹? The Significance of the Damascus Road Christophany for Paul, ebd. 89–104.

–, The New Perspective on Paul, ebd. 183–206.

–, Works of the Law and the Curse of the Law (Galatians 3.10–14), ebd. 215–236.

–, Once More, ΠΙΣΤΙΣ ΧΡΙΣΤΟΥ, SBL.SPS 30 (1991), 730–744.

DUPONT, J., Le problème de la structure littéraire de l'Épitre aux Romains, RB 62 (1955) 365–397.

EBELING, G., Die Wahrheit des Evangeliums. Eine Lesehilfe zum Galaterbrief, Tübingen 1981.

EBERTZ, M. N., Das Charisma des Gekreuzigten. Zur Soziologie der Jesusbewegung (WUNT 45), Tübingen 1987.

ECKARDT, A. R., Jews and Christians. The Contemporary Meeting, Bloomington 1986.

ECKERT, J., Die urchristliche Verkündigung im Streit zwischen Paulus und seinen Gegnern nach dem Galaterbrief (BU 6), Regensburg 1971.

–, Die geistliche Schriftauslegung des Apostels Paulus nach 2 Kor 3,4–18, in: Dynamik im Wort. Lehre von der Bibel, Leben aus der Bibel, Stuttgart 1983, 241–256.

ECKERT, W. P., Hoch- und Spätmittelalter. Katholischer Humanismus, in: Kirche und Synagoge I, 210–306.

ECKSTEIN, H.-J., »Denn Gottes Zorn wird vom Himmel her offenbar werden«. Exegetische Erwägungen zu Röm 1,18, ZNW 78 (1987) 74–89.

–, »Nahe ist dir das Wort«. Exegetische Erwägungen zu Röm 10,8, ZNW 79 (1988) 204–220.

EHLER, B., Die Herrschaft des Gekreuzigten. Ernst Käsemanns Frage nach der Mitte der Schrift (BZNW 46), Berlin/New York 1986.

EHRLICH, E. L., Katholische Kirche und Judentum, in: E. WEINZIERL (Hg.), Christen und Juden in Offenbarung und kirchlichen Erklärungen vom Urchristentum bis zur Gegenwart (VIKZ.S 22), Wien/Salzburg 1988, 127–135.

EICHHOLZ, G., Die Theologie des Paulus im Umriß, Neukirchen-Vluyn 1972.

EISENMAN, R./M. WISE, Jesus und die Urchristen. Die Qumranrollen entschlüsselt, München 1993.

ELBOGEN, I., Der jüdische Gottesdienst in seiner geschichtlichen Entwicklung, Hildesheim 1962 (= Frankfurt 1931³).

ELLIOTT, N., The Rhetoric of Romans. Argumentative Constraint and Strategy and Paul's Dialogue with Judaism (JSNT.S 45), Sheffield 1990.

ELLIS, E. E., Paul's Use of the Old Testament, Edinburgh/London 1957.

–, Paul and his Opponents. Trends in Recent Research, in: ders., Prophecy and Hermeneutic in Early Christianity (WUNT 18), Tübingen 1978, 80–115.

–, The Circumcision Party and the Early Christian Mission, ebd. 116–128.

–, New Directions in Form Criticism, ebd. 237–253.

ENSLIN, M. S., Reapproaching Paul, Philadelphia 1972.

FACKENHEIM, E. L., The Jewish Return Into History: Reflections in the Age of Auschwitz and a New Jerusalem, New York 1978.

FARMER, W. R., Judas, Simon and Athronges, NTS 4 (1958) 147–155.

FELDMAN, L. H., Proselytes and ›Sympathizers‹ in the Light of the New Inscriptions from Aphrodisias, REJ 148 (1989) 265–305.

FELDTKELLER, A., Identitätssuche des syrischen Urchristentums. Mission, Inkulturation und Pluralität im ältesten Heidenchristentum (NTOA 25), Fribourg/Göttingen 1993.

FEUILLET, A., Le plan salvifique de dieu d'après l'épitre aux Romains. Essai sur la structure littéraire de l'Épitre et sa signification théologique, RB 57 (1950) 336–387.489–506.507–529.

–, Les privilèges et l'incrédulité d'Israël d'après les chapitres 9–11 de l'épitre aux Romains, EeV 92 (1982) 481–506.

FIEDLER, P., Jesus und die Sünder (BBE 3), Frankfurt/Bern 1976.

–, Die Tora bei Jesus und in der Jesusüberlieferung, in: Das Gesetz im Neuen Testament, 71–87.

–, Israel und unsere Hoffnung, in: E. BROCKE/H.-J. BARKENINGS (Hg.), »Wer Tora vermehrt, mehrt Leben«. Festgabe für H. Kremers zum 60. Geb., Neukirchen-Vluyn 1986, 15–24.

FINKELSTEIN, L., Akiba. Scholar, Saint and Martyr, New York 1936 = New York 1970.

FINN, T., The God-fearers Reconsidered, CBQ 47 (1985) 75–84.

FITZMYER, J. A., Habakkuk 2:3–4 and the New Testament, in: M. CARREZ u.a. (Hg.), De la Tôrah au Messie. Études d'exégèse et d'herméneutique bibliques offertes à H. Cazelles pour ses 25 années d'enseignement à l'Institut Catholique de Paris, Paris 1981, 447–455.

FLUSSER, D., Jesus in Selbstzeugnissen und Bilddokumenten (RoMo 140), Hamburg 1968.

–, Das Schisma zwischen Judentum und Christentum, EvTh 40 (1980) 214–239.

–, Jesus und die Synagoge, in: ders., Bemerkungen eines Juden zur christlichen Theologie (ACJD 16), München 1984, 10–34.

FRANKEMÖLLE, H., »Pharisäismus« in Judentum und Kirche. Zur Tradition und Redaktion in Matthäus 23, in: ders., Biblische Handlungsanweisungen. Beispiele pragmatischer Exegese, Mainz 1983, 133–190.

–, Jahwebund und Kirche Christi (NTA.NF 10), Münster 1984².

FREYNE, S., Galilee from Alexander the Great to Hadrian 323 B.C.E. to 135 C.E. A

Study of Second Temple Judaism (University of Notre Dame Center for the Study of Judaism and Christianity in Antiquity 5), Wilmington/Notre Dame 1980.

FRIEDRICH, G., Die Verkündigung des Todes Jesu im Neuen Testament (BThSt 6), Neukirchen-Vluyn 1982.

FRIESEN, I. I., The Glory of the Ministry of Jesus Christ. Illustrated by a Study of 2Cor. 2:14–3:18 (ThDiss 7), Basel 1971.

FUNG, R. Y. K., Justification by Faith in 1 & 2 Corinthians, in: D. A. HAGNER/M. J. HARRIS (Hg.), Pauline Studies. FS für F. F. Bruce, Grand Rapids 1980, 246–261.

–, The Status of Justification by Faith in Paul's Thought: A Brief Survey of a Modern Debate, Themelios NS 6 (1980/81) 4–11.

–, The Epistle to the Galatians (NIC), Grand Rapids 1989[2].

GADAMER, H.-G., Wahrheit und Methode. Grundzüge einer philosophischen Hermeneutik, Tübingen 1972[3].

GAGER, J. G., The Origins of Anti-Semitism. Attitudes Toward Judaism in Pagan and Christian Antiquity, New York/Oxford 1983.

–, Jews, Gentiles and Synagogues in the Book of Acts, in: Christians among Jews and Gentiles, 91–99.

GALLEY, K., Altes und neues Heilsgeschehen bei Paulus (AVTRW 31), Berlin 1965.

GASTON, L., No Stone on Another. Studies in the Significance of the Fall of Jerusalem in the Synoptic Gospels (NT.S 23), Leiden 1970.

–, Paul and the Torah, in: ders., Paul and the Torah, Vancouver 1987, 15–34.

–, Israel's Enemies in Pauline Theology, ebd. 80–99.

–, For *all* the Believers. The Inclusion of Gentiles as the Ultimate Goal of Torah in Romans, ebd. 116–134.

–, Israel's Misstep in the Eyes of Paul, ebd. 135–150.

GEISSLER, K., Die Juden in mittelalterlichen Texten Deutschlands. Eine Untersuchung zum Minoritätenproblem anhand literarischer Quellen, ZBLG 38 (1975) 163–226.

GEORGI, D., Die Gegner des Paulus im 2. Korintherbrief. Studien zur religiösen Propaganda in der Spätantike (WMANT 11), Neukirchen-Vluyn 1964.

–, Die Geschichte der Kollekte des Paulus für Jerusalem (ThF 38), Hamburg-Bergstedt 1965.

GERHARDSSON, B., Memory and Manuscript. Oral Tradition and Written Transmission in Rabbinic Judaism and Early Christianity (ASNU 22), Lund/Kopenhagen 1964[2].

–, Der Weg der Evangelientradition, in: P. STUHLMACHER (Hg.), Das Evangelium und die Evangelien. Vorträge vom Tübinger Symposium 1982 (WUNT 28), Tübingen 1983, 79–102.

GESE, H., Psalm 22 und das Neue Testament. Der älteste Bericht vom Tode Jesu und die Entstehung des Herrenmahls, in: ders., Vom Sinai zum Zion. Alttestamentliche Beiträge zur biblischen Theologie (BEvTh 64), München 1974, 180–201.

–, Der Messias, in: ders., Zur biblischen Theologie. Alttestamentliche Vorträge (BEvTh 78), München 1977, 128–151.

GESTRICH, CHR., Christologie als Auftrag zur Erneuerung des christlich-jüdischen Verhältnisses, BThZ 4 (1987) 215–227.

GETTY, M. A., Paul and Salvation of Israel. A Perspective on Romans 9–11, CBQ 50 (1988) 456–469.

GINZEL, G. B., Christen und Juden nach Auschwitz, in: Auschwitz als Herausforderung für Juden und Christen, 234–274.

GNILKA, J., Der Philipperbrief (HThK 10,3), Freiburg u.a. 1968.

–, Der Prozeß Jesu nach den Berichten des Markus und Matthäus mit einer Rekonstruktion des historischen Verlaufs, in: K. KERTELGE (Hg.), Der Prozeß gegen Jesus. Historische Rückfrage und theologische Deutung (QD 112), Freiburg u.a. 1988, 11–40.

–, Die Wirkungsgeschichte als Zugang zum Verständnis der Bibel, MThZ 40 (1989) 52–62.

GOLDBERG, A., Erlösung durch Leiden. Drei rabbinische Homilien über die Trauernden Zions und den leidenden Messias Efraim (PesR 34.36.37) (FJS 4), Freiburg 1978.

–, Die Namen des Messias in der rabbinischen Traditionsliteratur. Ein Beitrag zur Messianologie des rabbinischen Judentums, FJB 7 (1979) 1–93.

GOLDIN, J., Toward a Profile of the Tanna Aqiba ben Joseph, JAOS 96 (1976) 38–56.

GOLDSCHMIDT, D./KRAUS, H.-J., Der ungekündigte Bund, in: dies. (Hg.), Der ungekündigte Bund. Neue Begegnung von Juden und christlicher Gemeinde, Stuttgart 1962, 9–15.

GOLLWITZER u.a., Der Jude Paulus und die deutsche neutestamentliche Wissenschaft. Zu G. Kleins Rezension der Schrift von F.-W. Marquardt »Die Juden im Römerbrief«, EvTh 34 (1974) 276–304.

GOODENOUGH, E. R., By Light, Light. The mystic Gospel of Hellenistic Judaism, New Haven/Oxford 1935.

–, The Political Philosophy of Hellenistic Kingship, YCS 1 (1928) 53–102.

GOPPELT, L., Paulus und die Heilsgeschichte. Schlußfolgerungen aus Röm. 4 und 1.Kor. 10,1–13, in: ders., Christologie und Ethik. Aufs. zum Neuen Testament, Göttingen 1968, 220–233.

GRÄSSER, E., Offene Fragen im Umkreis einer Biblischen Theologie, ZThK 77 (1980) 200–221.

–, Die Frage nach dem historischen Jesus. Bilanz einer Debatte, in: M. OEMING/A. GRAUPNER (Hg.), Altes Testament und christliche Verkündigung. FS für A. H. J. Gunneweg zum 65. Geb., Stuttgart u.a. 1987, 271–286.

–, Der Alte Bund im Neuen. Eine exegetische Vorlesung, in: ders., Der Alte Bund im Neuen. Exegetische Studien zur Israelfrage im Neuen Testament (WUNT 35), Tübingen 1985, 1–134.

–, Zwei Heilswege? Zum theologischen Verhältnis von Israel und Kirche, ebd. 212–230.

–, »Ein einziger ist Gott« (Röm 3,30). Zum christologischen Gottesverständnis bei Paulus, ebd. 231–258.

–, Exegese nach Auschwitz? Kritische Anmerkungen zur hermeneutischen Bedeutung des Holocausts am Beispiel von Hebr 11, ebd. 259–270.

–, Christen und Juden. Neutestamentliche Erwägungen zu einem aktuellen Thema, ebd. 271–289.

GREEN, W. S., What's in a Name. The Problematic of Rabbinic »Biography«, in: ders. (Hg.), Approaches to Ancient Judaism: Theory and Practice, Missoula 1978, 77–96.

GREENBERG, J., Cloud of Smoke, Pillar of Fire: Judaism, Christianity, and Modernity after the Holocaust, in: Auschwitz: Beginning of a New Era?, 7–55.441–446.

GRELOT, P., La prière de Nabonide (4QOrNab), RdQ 9 (1977/78) 483–495.

GUERRA, A. J., Romans 4 as Apologetic Theology, HThR 81 (1988) 251–270.

–, Romans: Paul's Purpose and Audience with special Attention to Romans 9–11, RB 97 (1990) 219–237.

GÜTTGEMANNS, E., Offene Fragen zur Formgeschichte des Evangeliums. Eine methodologische Skizze der Grundlagenproblematik der Form- und Redaktionsgeschichte (BEvTh 54), München 1971².

–, Heilsgeschichte bei Paulus oder Dynamik des Evangeliums? Zur strukturellen Relevanz von Röm 9–11 für die Theologie des Römerbriefs, in: ders., studia linguistica neotestamentica. Ges. Aufs. zur linguistischen Grundlage einer Neutestamentlichen Theologie (BEvTh 60), München 1973, 34–58.

GUNNEWEG, A. H. J., Vom Verstehen des Alten Testaments. Eine Hermeneutik (GAT 5), Göttingen 1977.

HAACKER, K., Paulus und das Judentum, Judaica 33 (1977) 161–177.

–, Leistung und Grenze der Formkritik, ThBeitr 12 (1981) 53–71.

–, Paulus und das Judentum im Galaterbrief, in: Gottes Augapfel, 95–111.

–, Elemente des heidnischen Antijudaismus im Neuen Testament, EvTh 48 (1988) 404–418.

–, Einführung: Vom christlichen Alten Testament zur »Hebräischen Bibel«, in: ders./ H. HEMPELMANN, Hebraica Veritas. Die hebräische Grundlage der biblischen Theologie als exegetische und systematische Aufgabe, Wuppertal 1989, 7–16.

–, Hebraica Veritas im Neuen Testament. Das hebräisch-aramäische Substrat der neutestamentlichen Gräzität als exegetisches und übersetzungsmethodisches Problem, ebd. 17–38.

–, Der Römerbrief als Friedensmemorandum, NTS 36 (1990) 25–41.

HABERMAS, J., Zu Gadamers »Wahrheit und Methode«, in: ders., Hermeneutik und Ideologiekritik, Tübingen 1965², 45–56.

–, Zur Logik der Sozialwissenschaften, Frankfurt 1970.

–, Der Universalitätsanspruch der Hermeneutik, in: ders., Kultur und Kritik. Verstreute Aufsätze (stw 125), Frankfurt 1973, 264–301.

HACHLILI, R., The Goliath Family in Jericho: Funerary Inscriptions from a First Century A.D. Jewish Monumental Tomb, BASOR 235 (1979) 31–66.

–, SMITH, P., The Geneology of the Goliath Family, BASOR 235 (1979) 67–70.

HAENCHEN, E., Die Apostelgeschichte (KEK 3), Göttingen 1977⁷.

HAFEMANN, S. J., The Glory and Veil of Moses in 2 Cor 3:7–14: An Example of Paul's Contextual Exegesis of the OT – A Proposal, HBT 14 (1992) 31–49.

–, The Salvation of Israel in Romans 11.25–32: A Response to Krister Stendahl, Ex Auditu 4 (1988) 38–58.

HAHN, F., Christologische Hoheitstitel. Ihre Geschichte im frühen Christentum (FRLANT 83), Göttingen 1966³.

–, Genesis 15,6 im Neuen Testament, in: H. W. WOLFF (Hg.), Probleme biblischer Theologie. G.v. Rad zum 70. Geb., München 1971, 90–107.

–, Das Gesetzesverständnis im Römer- und Galaterbrief, ZNW 67 (1976) 29–63.

–, Zum Verständnis von Römer 11.26a: » ... und so wird ganz Israel gerettet werden«, in: Paul and Paulinism, 221–234.

–, Zum Problem der antiochenischen Quelle in der Apostelgeschichte, in: B. JASPERT (Hg.), Rudolf Bultmanns Werk und Wirkung, Darmstadt 1984, 316–331.

–, Zur Verschriftlichung mündlicher Tradition in der Bibel, ZRGG 39 (1987) 307–318.

HALBFAS, H., »Nicht du trägst die Wurzel, sondern die Wurzel trägt dich«. Zur Revision von Theologie und Religionspädagogik nach Auschwitz, in: ders., Wurzelwerk. Geschichtliche Dimensionen der Religionsdidaktik (Schriften zur Religionspädagogik 2), Düsseldorf 1989, 77–137.

HALL, D. R., Romans 3.1–8 reconsidered, NTS 29 (1983) 183–197.

HALL, R. G., The Rhetorical Outline for Galatians. A Reconsideration, JBL 106 (1987) 277–287.

HAMMERSTEIN, F. v., Christlich-jüdischer Dialog in ökumenischer Perspektive, in: A. BAUDIS u.a. (Hg.), Richte unsere Füße auf den Weg des Friedens. H. Gollwitzer zum 70. Geb., München 1979, 329–348.

HAMERTON-KELLY, R. G., Sacred Violence and the Curse of the Law (Galatians 3.13): The Death of Christ as a Sacrificial Travesty, NTS 36 (1990) 98–118.

HAMPEL, V., Menschensohn und historischer Jesus. Ein Rätselwort als Schlüssel zum messianischen Selbstverständnis Jesu, Neukirchen-Vluyn 1990.

HANHART, R., Die Bedeutung der Septuaginta in neutestamentlicher Zeit, ZThK 81 (1984) 395–416.

–, Die Bedeutung der Septuaginta für die Definition des »hellenistischen Judentums«, in: J. A. EMERTON (Hg.), Congress Volume (VT.S 40), Leiden 1988, 67–80.

HANSEN, G.W., Abraham in Galatians. Epistolary and Rhetorical Contexts (JSNT.S 29), Sheffield 1989.

HANSON, A. T., Studies in Paul's Technique and Theology, London 1974.

HARDER, G., Der konkrete Anlaß des Römerbriefes, in: ders., Kirche und Israel. Arbeiten zum christlich-jüdischen Verhältnis, eingel. und hg. von P. v. d. OSTEN-SACKEN (SJVCG 7), Berlin 1986, 208–217.

HARE, D. R. A., The Rejection of the Jews in the Synoptic Gospels and Acts, in: Antisemitism and the Foundations of Christianity, 27–47.

HARNACK, A. v., Die Apostelgeschichte (Beiträge zur Einleitung in das Neue Testament III), Leipzig 1908.

–, Marcion. Das Evangelium vom fremden Gott, Leipzig 1924.

–, Die Mission und Ausbreitung des Christentums in den ersten drei Jahrhunderten, Leipzig 1924[4].

HARNISCH, W., Verhängnis und Verheißung der Geschichte. Untersuchungen zum Zeit- und Geschichtsverständnis im 4. Buch Esra und in der syr. Baruchapokalypse (FRLANT 97), Göttingen 1969.

–, Einübung des neuen Seins. Paulinische Paränese am Beispiel des Galaterbriefs, ZThK 84 (1987) 279–296.

HAUBECK, W., Loskauf durch Christus. Herkunft, Gestalt und Bedeutung des paulinischen Loskaufmotivs, Gießen u.a. 1985.

HAYS, R. B., Psalm 143 and the Logic of Romans 3, JBL 99 (1980) 107–115.

–, ΠΙΣΤΙΣ and Pauline Christology: What Is at Stake?, SBL.SPS 30 (1991) 714–729.

HEGERMANN, H., Jesaja 53 in Hexapla, Targum und Peschitta (BFChTh.M 56), Gütersloh 1954.

HEILIGENTHAL, R., Soziologische Implikationen der paulinischen Rechtfertigungslehre im Galaterbrief am Beispiel der »Werke des Gesetzes«, Kairos NF 26 (1984) 38–53.

–, Zwischen Henoch und Paulus. Studien zum theologiegeschichtlichen Ort des Judasbriefes (TANZ 6), Tübingen 1992.

HEINEMANN, I., The Messiah of Ephraim and the Premature Exodus of the Tribe of

Ephraim, in: L. Landman (Hg.), Messianism in the Talmudic Era, New York 1979, 339–353.

HEINONEN, R. E., Zur Theologie nach Auschwitz. Die Schoah als Herausforderung für die protestantischen Kirchen. Ein Beitrag zur Theologiegeschichte, KZG 3 (1990) 29–44.

HENDRIKSEN, W., Romans (NTC), Edinburgh 1982[2].

HENGEL, M., Judentum und Hellenismus. Studien zu ihrer Begegnung unter besonderer Berücksichtigung Palästinas bis zur Mitte des 2. Jhs. vor Christus (WUNT 10), Tübingen 1973[2].

–, Die Ursprünge der christlichen Mission, NTS 18 (1971/72) 15–38.

–, Christologie und neutestamentliche Chronologie. Zu einer Aporie in der Geschichte des Urchristentums, in: H. BALTENSWEILER/B. REICKE (Hg.), Neues Testament und Geschichte. Historisches Geschehen und Deutung im Neuen Testament. O. Cullmann zum 70. Geb., Zürich/Tübingen 1972, 43–67.

–, Der Sohn Gottes. Die Entstehung der Christologie und die jüdisch-hellenistische Religionsgeschichte, Tübingen 1975.

–, Zwischen Jesus und Paulus. Die »Hellenisten«, die »Sieben« und Stephanus (Apg 6,1–15; 7,54–8,3), ZThK 72 (1975) 151–206.

–, Zur urchristlichen Geschichtsschreibung, Stuttgart 1979.

–, Jesus als messianischer Lehrer der Weisheit und die Anfänge der Christologie, in: Sagesse et Religion. Colloque de Strasbourg, Octobre 1976 (Bibliothèque des Centres d'Études Supérieures Spécialicés), Straßburg 1979, 147–188.

–, Der stellvertretende Sühnetod Jesu. Ein Beitrag zur Entstehung des urchristlichen Kerygmas, IKaZ 9 (1980) 1–25.135–147.

–, The Atonement. The Origins of the Doctrine in the New Testament, Philadelphia/London 1981.

–, Erwägungen zum Sprachgebrauch von Χριστός bei Paulus und in der ›vorpaulinischen‹ Überlieferung, in: Paul and Paulinism, 135–158.

–, Reich Christi, Reich Gottes und Weltreich im Johannesevangelium, in: ders./A. M. SCHWEMER (Hg.), Königsherrschaft Gottes und himmlischer Kult im Judentum, Urchristentum und in der hellenistischen Welt (WUNT 55), Tübingen 1991, 163–184.

–, Der vorchristliche Paulus, in: Paulus und das antike Judentum, 177–291.

HENRIX, H. H., Ökumene aus Juden und Christen. Ein theologischer Versuch, in: ders./M. STÖHR (Hg.), Exodus und Kreuz im ökumenischen Dialog zwischen Juden und Christen (ABPB 8), Aachen 1978, 188–236.

HESSE, F., Abschied von der Heilsgeschichte (ThSt[B] 108), Zürich 1971.

–, Zur Profanität der Geschichte Israels, ZThK 71 (1974) 262–27 .

HILL, D., Jesus and Josephus‹ »messianic prophets«, in: E. BEST/R. McL. WILSON (Hg.), Text and Interpretation. Studies in the New Testament Presented to M. Black, Cambridge 1979, 143–154.

HOFFMANN, CHR., Das Judentum als Antithese. Zur Tradition eines kulturellen Wertemusters, in: W. BERGMANN/R. ERB (Hg.), Antisemitismus in der politischen Kultur nach 1945, Opladen 1990, 20–38.

HOFFMANN, M., Das eschatologische Heil Israels nach den lukanischen Schriften, Diss.theol. Heidelberg 1988.

HOFIUS, O., Sühne und Versöhnung. Zum paulinischen Verständnis des Kreuzestodes Jesu, in: ders., Paulusstudien (WUNT 51), Tübingen 1989, 33–49.

–, Das Gesetz des Mose und das Gesetz Christi, ebd. 50–74.

–, Gesetz und Evangelium nach 2. Korinther 3, ebd. 75–120.

–, »Rechtfertigung des Gottlosen« als Thema biblischer Theologie, ebd. 121–147.

–, Wort Gottes und Glaube bei Paulus, ebd. 148–174.

–, Das Evangelium und Israel. Erwägungen zu Römer 9–11, ebd. 175–202.

–, »Erwählt vor Grundlegung der Welt« (Eph 1,4), ZNW 62 (1971) 123–128.

–, Die Unabänderlichkeit des göttlichen Heilsratschlusses. Erwägungen zur Herkunft eines neutestamentlichen Theologumenon, ZNW 64 (1973) 135–145.

–, Das Zitat 1 Kor 2,9 und das koptische Testament des Jakob, ZNW 66 (1975) 140–142.

–, Jesu Zuspruch der Sündenvergebung. Exegetische Erwägungen zu Mk 2,5b, in: Διακονία. Αφιέρωμα στη μνήμη Βασιλείου Στογιάννου (ΕΕΘΣΘ) Thessaloniki 1988, 123–133.

HOLLADAY, C. R., THEIOS ANER in Hellenistic-Judaism: A Critique of the Use of This Category in New Testament Christology (SBLDS 40), Missoula 1977.

HOLTZ, T., Der erste Brief an die Thessalonicher (EKK 13), Zürich u.a. 1986.

–, Zur Interpretation des Alten Testaments im Neuen Testament, in: ders., Geschichte und Theologie des Urchristentums. Ges. Aufs. hg. von E. REINMUTH/CHR. WOLFF (WUNT 57), Tübingen 1991, 75–91.

–, Das Alte Testament und das Bekenntnis der frühen Gemeinde zu Jesus Christus, ebd. 92–105.

–, Beobachtungen zur Stephanusrede Acta 7, ebd. 106–120.

–, Die Bedeutung des Apostelkonzils für Paulus, ebd. 140–170.

–, Theo-logie und Christologie bei Paulus, ebd. 189–204.

–, »Euer Glaube an Gott«. Zu Form und Inhalt von IThess 1,9f, ebd. 270–296.

–, Das Gericht über die Juden und die Rettung ganz Israels. 1.Thess 2,15f. und Röm 11,25f., ebd. 313–325.

HONECKER, M., Ein gemeinsames Glaubensbekenntnis für Christen und Juden? Einige vorläufige Bemerkungen, KuD 27 (1981) 198–216.

HOOKER, M. D., ΠΙΣΤΙΣ ΧΡΙΣΤΟΥ, NTS 35 (1989) 321–342.

HOPPE, TH., Die Idee der Heilsgeschichte bei Paulus mit besonderer Berücksichtigung des Römerbriefes (BFChTh II/30), Gütersloh 1926.

HORN, F. W., Das Angeld des Geistes. Studien zur paulinischen Pneumatologie (FRLANT 154), Göttingen 1992.

HORSLEY, R. A., The Background of the Confessional Formula in 1 Kor 8,6, ZNW 69 (1978) 130–135.

–, »Like One of the Prophets of Old«: Two Types of Popular Prophets at the Time of Jesus, CBQ 47 (1985) 435–463.

–, Popular Prophetic Movements at the Time of Jesus. Their Principal Features and Social Origins, JSNT 26 (1986) 3–27.

HOWARD, G., Paul: crisis in Galatia. A Study in Early Christian Theology (MSSNTS 35), London u.a. 1979.

–, Romans 3:21–31 and the Inclusion of the Gentiles, HThR 63 (1970) 223–233.

HÜBNER, H., Das Gesetz in der synoptischen Tradition. Studien zur These einer progressiven Qumranisierung und Judaisierung innerhalb der synoptischen Tradition, Göttingen 1986².

–, Gal 3,10 und die Herkunft des Paulus, KuD 19 (1973) 215–231.

–, Das Gesetz bei Paulus. Ein Beitrag zum Werden der paulinischen Theologie (FRLANT 119), Göttingen 1982³.

–, Der »Messias Israels« und der Christus des Neuen Testaments, KuD 27 (1981) 217–240.

–, Gottes Ich und Israel. Zum Schriftgebrauch des Paulus in Römer 9–11 (FRLANT 136), Göttingen 1984.

–, Der Galaterbrief und das Verhältnis von antiker Rhetorik und Epistolographie, ThLZ 109 (1984) 241–250.

–, Paulusforschung seit 1945. Ein kritischer Literaturbericht (ANRW II 25,4), Berlin/ New York 1987, 2649–2840.

–, Biblische Theologie des Neuen Testaments I: Prolegomena, Göttingen 1990.

HULTGARD, A., The Ideal ›Levite‹, the Davidic Messiah and the Saviour Priest in the Testaments of the Twelve Patriarchs, in: Ideal Figures in Ancient Judaism, 93–110.

HULTGREN, A. J., Paul's Pre-Christian Persecutions of the Church: Their Purpose, Locale, and Nature, JBL 95 (1976) 97–111.

HUNZINGER, C.-H., Die Hoffnung angesichts des Todes im Wandel der paulinischen Aussagen, in: Leben angesichts des Todes. Beiträge zum theologischen Problem des Todes. H. Thielicke zum 60. Geb., Tübingen 1968, 69–88.

HURWITZ, S., Die Gestalt des sterbenden Messias. Religionspsychologische Aspekte der jüdischen Apokalyptik (SJI 8), Zürich/Stuttgart 1958.

HVALVIK, R., A »Sonderweg« for Israel. A Critical Examination of a Current Interpretation of Romans 11,25–27, JSNT 38 (1990) 87–107.

HWANG, H. S., Die Verwendung des Wortes πᾶς in den paulinischen Briefen, Diss.theol. Erlangen 1985.

HYLDAHL, N., Die Paulinische Chronologie (AThD 19), Leiden 1986.

IDINOPULOS, T.A./WARD, R. B., Is Christology Inherently Anti-Semitic? A Critical Review of R. Ruether's Faith and Fratricide, JAAR 45 (1977) 193–214.

ISSER, S., Studies of Ancient Jewish Messianism: Scholarship and Apologetics, JES 25 (1988) 56–73.

IWAND, H. J., Glaubensgerechtigkeit nach Luthers Lehre, in: ders., Glaubensgerechtigkeit. Ges. Aufs. II, hg. von G. SAUTER (TB 64), München 1980, 11–125.

JANOWSKI, B., Sühne als Heilsgeschehen. Studien zur Sühnetheologie der Priesterschrift und zur Wurzel KPR im Alten Orient und im Alten Testament (WMANT 55), Neukirchen-Vluyn 1982.

–, »Ich will in eurer Mitte wohnen«. Struktur und Genese der exilischen *Schekina*-Theologie, in: Der eine Gott der beiden Testamente, 165–193.

JASPERT, B., Das Kreuz Jesu als symbolische Realität. Ein Beitrag zum christlich-jüdischen Dialog, ZThK 88 (1991) 364–387.

JEGHER-BUCHER, V., Formgeschichtliche Betrachtung zu Galater 2,11–16. Antwort an J. D. Hester, ThZ 46 (1990) 305–321.

–, Der Galaterbrief auf dem Hintergrund antiker Epistolographie und Rhetorik. Ein anderes Paulusbild (AThANT 78), Zürich 1991.

JEREMIAS, G., Der Lehrer der Gerechtigkeit (StUNT 2), Göttingen 1963.

JEREMIAS, J., Untersuchungen zum Quellenproblem der Apostelgeschichte, in: ders., Abba. Studien zur neutestamentlichen Theologie und Zeitgeschichte, Göttingen 1966, 238–255.

–, Zur Geschichtlichkeit des Verhörs Jesu vor dem Hohen Rat, ebd. 139–144.

–, Zur Gedankenführung in den paulinischen Briefen, ebd. 269–276.

–, Chiasmus in den Paulusbriefen, ebd. 276–290.

–, Die Gedankenführung in Röm 4. Zum paulinischen Glaubensverständnis, in: Foi et salut selon S. Paul, 51–58.

–, Neutestamentliche Theologie. Erster Teil: Die Verkündigung Jesu, Gütersloh 1971.

–, Einige vorwiegend sprachliche Beobachtungen zu Röm 11,25–36, in: Die Israelfrage nach Röm 9–11 193–205 (Diskussion 205–216).

JERVELL, J., The Letter to Jerusalem, in: The Romans Debate, 61–74.

–, Der unbekannte Paulus, in: S. PEDERSEN (Hg.), Die Paulinische Literatur und Theologie (TeolStud 7), Arhus/Göttingen 1980, 29–49.

JERVIS, L. A., The Purpose of Romans. A Comparative Letter Structure Investigation (JSNT. S 55), Sheffield 1991.

JEWETT, R., Romans as an Ambassadorial Letter, Interpretation 36 (1982) 5–20.

–, Paulus-Chronologie. Ein Versuch, München 1982.

–, The Law and the Coexistence of Jews and Gentiles in Romans, Interpretation 39 (1985) 341–357.

JOCZ, J., The Jewish People and Jesus Christ, London 1949.

JOHNSON, D. G., The Structure and Meaning of Romans 11, CBQ 46 (1984) 91–103.

JOHNSON, E. E., Jews and Christians in the New Testament: John, Matthew, and Paul, RefR(H) 42 (1988) 113–128.

–, The Function of Apocalyptic and Wisdom Traditions in Romans 9–11 (SBLDS 109), Atlanta 1989.

JOHNSON, H. W., The Paradigm of Abraham in Galatians 3:6–9, Trinity Journal 8 (1987) 179–199.

JOHNSON, L. T. The New Testament's Anti-Jewish Slander and the Conventions of Ancient Polemic, JBL 108 (1989) 419–441.

JONGE, M. de., The Earliest Christian Use of CHRISTOS. Some Suggestions, NTS 32 (1986) 321–343.

JUEL, D., Messianic Exegesis. Christological Interpretation of the Old Testament in Early Christianity, Philadelphia 1988.

JÜNGEL, E., Das Gesetz zwischen Adam und Christus. Eine theologische Studie zu Röm 5,12–21, in: ders., Unterwegs zur Sache. Theologische Bemerkungen (BEvTh 61), München 1972, 145–172.

KÄSEMANN, E., Gottesgerechtigkeit bei Paulus, in: Exegetische Versuche und Besinnungen 2, Göttingen 1968[3], 181–193.

–, Paulus und Israel, ebd. 194–197.

–, Die Heilsbedeutung des Todes Jesu bei Paulus, in: ders., Paulinische Perspektiven, Tübingen 1969, 61–107.

–, Rechtfertigung und Heilsgeschichte im Römerbrief, ebd. 108–139.

–, Der Glaube Abrahams in Röm 4, ebd. 140–177.

–, Geist und Buchstabe, ebd. 237–285.

–, Kritische Analyse, in: Das Neue Testament als Kanon, 336–398.

–, An die Römer (HNT 8a), Tübingen 1974[2].

KARRER, M., Petrus im paulinischen Gemeindekreis, ZNW 80 (1989) 210–231.

–, Der Gesalbte. Die Grundlagen des Christustitels (FRLANT 151), Göttingen 1990.

KARRIS, R. J., The Occasion of Romans: A Response to Professor Donfried, in: The Romans Debate, 149–151.

KAYE, B. N., »To the Romans and Others«. Revisited, NT 18 (1976) 37–77.

KELBER, W. H., Markus und die mündliche Tradition, LingBibl 45 (1979) 5–58.

–, The Oral and the Written Gospel. The Hermeneutics of Speaking and Writing in the Synoptic Tradition, Mark, Paul, and Q, Philadelphia 1983.

KELLERMANN, U., Jesus – das Licht der Völker. Lk 2,25–33 und die Christologie im Gespräch mit Israel, KuI 7 (1992) 10–27.

KENNEDY, G. A., New Testament Interpretation through Rhetorical Criticism, Chapel Hill/London 1984.

KERTELGE, K., »Rechtfertigung« bei Paulus. Studien zur Struktur und zum Bedeutungsgehalt des paulinischen Rechtfertigungsbegriffs (NTA.NF 3), Münster 1967.

–, Apokalypsis Jesou Christou (Gal 1,12), in: ders., Grundthemen paulinischer Theologie, Freiburg u.a. 1991, 46–61.

–, Autorität des Gesetzes und Autorität Jesu bei Paulus, ebd. 92–110.

–, Gesetz und Freiheit im Galaterbrief, ebd. 184–196.

KETTUNEN, M., Der Abfassungszweck des Römerbriefes (AASF 18), Helsinki 1979.

KIM, K. H., Die Bezeichnung Jesu als (O) ΧΡΙΣΤΟΣ Ihre Herkunft und ursprüngliche Bedeutung, Diss.theol. Marburg 1981.

KIM, S., The Origin of Paul's Gospel (WUNT II/4), Tübingen 1984[2].

KINOSHITA, J., Romans – Two Writings Combined. A New Interpretation of the Body of Romans, NT 7 (1964/65) 258–277.

KIPPENBERG, H., Religion und Klassenbildung im antiken Judäa. Eine religionssoziologische Studie zum Verhältnis von Tradition und gesellschaftlicher Entwicklung (StUNT 14), Göttingen 1978.

KLAIBER, W., Rechtfertigung und Gemeinde. Eine Untersuchung zum paulinischen Kirchenverständnis (FRLANT 127), Göttingen 1982.

KLAPPERT, B., Die Wurzel trägt dich. Einführung in den Synodalbeschluß der Rheinischen Landessynode, in: Umkehr und Erneuerung, 23–54.

–, Jesus Christus zwischen Juden und Christen, ebd. 138–166.

–, Traktat für Israel (Römer 9–11). Die paulinische Verhältnisbestimmung von Israel und Kirche als Kriterium neutestamentlicher Sachaussagen über die Juden, in: M. STÖHR (Hg.), Jüdische Existenz und die Erneuerung der christlichen Theologie. Versuch der Bilanz des christlich-jüdischen Dialogs für die Systematische Theologie (ACJD 11), München 1981, 58–137.

–, Barmen I und die Juden, in: J. MOLTMANN (Hg.), Bekennende Kirche wagen. Barmen 1934–1984 (KT 83), München 1984, 59–125.

–, Erwählung und Rechtfertigung, in: H. KREMERS (Hg.), Die Juden und Martin Luther – Martin Luther und die Juden. Geschichte, Wirkungsgeschichte, Herausforderung, Neukirchen-Vluyn 1985, 368–410.

–, »Mose hat von mir geschrieben«. Leitlinien einer Christologie im Kontext des Judentums Joh 5,39–47, in: Die Hebräische Bibel und ihre zweifache Nachgeschichte, 619–640.

KLASSEN, W., Anti-Judaism in Early Christianity: The State of the Question, in: Anti-Judaism in Early Christianity I, 1–19.

KLAUCK, H.-J. (Hg.), Monotheismus und Christologie. Zur Gottesfrage im hellenistischen Judentum und im Urchristentum (QD 138), Freiburg u.a. 1992.

KLAUSNER, J., Jesus von Nazareth. Seine Zeit, sein Leben und seine Lehre, Jerusalem 1952[2].

–, The Messianic Idea in Israel from its Beginning to the Completition of the Mishna, London 1956.

KLEIN, G., Der Abfassungszweck des Römerbriefes, in: ders., Rekonstruktion und

Interpretation. Ges. Aufs. zum Neuen Testament (BEvTh 50), München 1969, 129–144.

–, Römer 4 und die Idee der Heilsgeschichte, ebd. 145–169.

–, Individualgeschichte und Weltgeschichte bei Paulus. Eine Interpretation ihres Verhältnisses im Galaterbrief, ebd. 180–224.

–, Bibel und Heilsgeschichte. Die Fragwürdigkeit einer Idee, ZNW 62 (1971) 1–47.

–, Präliminarien zum Thema »Paulus und die Juden«, in: Rechtfertigung, 229–243.

–, Sündenverständnis und theologia crucis bei Paulus, in: ders./C. ANDRESEN (Hg.), Theologia crucis – signum crucis. FS für E. Dinkler zum 70. Geb., Tübingen/Göttingen 1979, 249–282.

–, Römer 3,21–28, GPM 34 (1979/80) 409–419.

–, »Christlicher Antijudaismus«. Bemerkungen zu einem semantischen Einschüchterungsversuch, ZThK 79 (1982) 411–450.

–, Werkruhm und Christusruhm im Galaterbrief und die Frage nach einer Entwicklung des Paulus. Ein hermeneutischer und exegetischer Zwischenruf, in: W. SCHRAGE (Hg.), Studien zum Text und zur Ethik des Neuen Testaments. FS zum 80. Geb. von H. Greeven (BZNW 47), Berlin/New York 1986, 196–211.

KLEINKNECHT, K. T., Der leidende Gerechtfertigte. Die alttestamentlich-jüdische Tradition vom ›leidenden Gerechten‹ und ihre Rezeption bei Paulus (WUNT II/13), Tübingen 1984.

KLENICKI, L., Afterword: From Argument to Dialogue – Nostra Aetate Fifteen Years Later, in: ders. u.a. (Hg.), Biblical Studies: Meeting Ground of Jews and Christians, New York/Ramsey 1980, 190–205.

KLIESCH, K., Das heilsgeschichtliche Credo in den Reden der Apostelgeschichte (BBB 44), Köln/Bonn 1975.

KLINGHARDT, M., Gesetz und Volk Gottes. Das lukanische Verständnis des Gesetzes nach Herkunft, Funktion und seinem Ort in der Geschichte des Urchristentums (WUNT II/32), Tübingen 1988.

KLUMBIES, P.-G., Israels Vorzüge und das Evangelium von der Gottesgerechtigkeit in Römer 9–11, WuD NF 18 (1985) 135–157.

–, Zwischen Pneuma und Nomos. Neuorientierung in den galatischen Gemeinden, WuD NF 19 (1987) 109–135.

KNOCH, O., Die Stellung der Apostolischen Väter zu Israel und zum Judentum. Eine Übersicht, in: J. ZMIJEWSKI/E. NELLESSEN (Hg.), Begegnung mit dem Wort. FS für H. Zimmermann (BBB 53), Königstein/Bonn 1980, 347–378.

KOCH, D.-A., Beobachtungen zum christologischen Schriftgebrauch in den vorpaulinischen Gemeinden, ZNW 71 (1980) 174–191.

–, Der Text von Hab 2,4b in der Septuaginta und im Neuen Testament, ZNW 76 (1985) 68–85.

–, Geistbesitz, Geistverleihung und Wundermacht. Erwägungen zur Tradition und zur lukanischen Redaktion in Act 8,5–25, ZNW 77 (1986) 64–82.

–, Die Schrift als Zeuge des Evangeliums. Untersuchungen zur Verwendung und zum Verständnis der Schrift bei Paulus (BHTh 69), Tübingen 1986.

–, » ... bezeugt durch das Gesetz und die Propheten«. Zur Funktion der Schrift bei Paulus, in: H. H. SCHMID/J. MEHLHAUSEN (Hg.), Sola Scriptura. Das reformatorische Schriftprinzip in der säkularen Welt, Gütersloh 1991, 169–179.

KÖTTING, B., Die Entwicklung im Osten bis Justinian, in: Kirche und Synagoge I, 136–174.

KOHN, J., Haschoah. Christlich-jüdische Verständigung nach Auschwitz (FThS 13), München/Mainz 1986.

KOSCH, D., Die eschatologische Tora des Menschensohns. Untersuchungen zur Rezeption der Stellung Jesu zur Tora in Q (NTOA 12), Fribourg/Göttingen 1989.

KRAABEL, A. T., The Disappearance of the Godfearers, Numen 28 (1981) 113–126.

KRAELING, C. H., The Jewish Community at Antioch, JBL 51 (1932) 130–160.

KRÄNKL, E., Jesus der Knecht Gottes. Die heilsgeschichtliche Stellung Jesu in den Reden der Apostelgeschichte (Bu 8), Regensburg 1972.

KRAMER, W., Christos Kyrios Gottessohn. Untersuchungen zu Gebrauch und Bedeutung der christologischen Bezeichnungen bei Paulus und den vorpaulinischen Gemeinden (AThANT 44), Zürich/Stuttgart 1963.

KRAUS, H.-J., Geschichte der historisch-kritischen Erforschung des Alten Testaments, Neukirchen-Vluyn 1969[2].

KRAUS, W., Der Tod Jesu als Heiligtumsweihe. Eine Untersuchung zum Umfeld der Sühnevorstellung in Römer 3,25–26a (WMANT 66), Neukirchen-Vluyn 1991.

KREMER, J., »Denn der Buchstabe tötet, der Geist aber macht lebendig«. Methodologische und hermeneutische Erwägungen zu 2 Kor 3,6b, in: Begegnung mit dem Wort, 219–250.

KREMERS, H., Judenmission heute? Von der Judenmission zur brüderlichen Solidarität und zum ökumenischen Dialog, Neukirchen-Vluyn 1979.

–, Juden und Christen sind Zeugen Gottes voreinander, in: H.-G. GEYER u.a. (Hg.), »Wenn nicht jetzt, wann dann?«, Aufs. für H.-J. Kraus zum 65. Geb., Neukirchen-Vluyn 1983, 237–246.

–, LUBAHN, E. (Hg.), Mission an Israel in heilsgeschichtlicher Sicht, Neukirchen-Vluyn 1985.

KÜCHLER, M., Frühjüdische Weisheitstraditionen. Zum Fortgang weisheitlichen Denkens im Bereich des frühjüdischen Jahweglaubens (OBO 26), Fribourg/Göttingen 1979.

KÜHL, E., Der Brief des Paulus an die Römer, Leipzig 1913.

KÜHNER, H., Der Antisemitismus der Kirche. Genese, Geschichte und Gefahr, Zürich 1976.

KÜMMEL, W. G., Äußere und innere Reinheit des Menschen bei Jesus, in: ders., Heilsgeschehen und Geschichte 2. Ges. Aufs. 1965–1977, hg. von E. GRÄSSER/O. MERK (MThSt 16), Marburg 1978, 117–129.

–, Heilsgeschichte im Neuen Testament?, ebd. 157–176.

–, Jesu Antwort an Johannes den Täufer. Ein Beispiel zum Methodenproblem in der Jesusforschung, ebd. 177–200.

–, Die Probleme von Römer 9–11 in der gegenwärtigen Forschungslage, ebd. 245–260.

KUHN, H.-W., Enderwartung und gegenwärtiges Heil. Untersuchungen zu den Gemeindeliedern von Qumran mit einem Anhang über Eschatologie und Gegenwart in der Verkündigung Jesu (StUNT 4), Göttingen 1966.

–, Jesus als Gekreuzigter in der frühchristlichen Verkündigung bis zur Mitte des 2. Jahrhunderts, ZThK 72 (1975) 1–46.

–, Die Kreuzesstrafe während der frühen Kaiserzeit. Ihre Wirklichkeit und Wertung in der Umwelt des Urchristentums (ANRW II 25,1), Berlin/New York 1982, 648–793.

–, Röm 1,3f und der davidische Messias als Gottessohn in den Qumrantexten, DBAT.B 3 (1984) 103–112.

KUHN, K. G., Die beiden Messias Aarons und Israels, NTS 1 (1954/55) 168–179.

KUHN, P., Offenbarungsstimmen im Antiken Judentum. Untersuchungen zur Bat Qol und verwandten Phänomenen (TSAJ 20), Tübingen 1989.

KUSS, O., Der Römerbrief, Lfg. 1–2, Regensburg 1959; Lfg. 3, Regensburg 1978.

KUTSCH, E., Salbung als Rechtsakt im Alten Testament und im Alten Orient (BZAW 87), Berlin 1963.

–, Neues Testament – Neuer Bund? Eine Fehlübersetzung wird korrigiert, Neukirchen-Vluyn 1978.

LAGRANGE, M.-J., Saint Paul Épître aux Romains (EtB), Paris 1950.

LAMBRECHT, J., Jesus and the Law. An Investigation of Mk 7,1–23, EThL 53 (1977) 24–82.

–, Gesetzesverständnis bei Paulus, in: Das Gesetz im Neuen Testament, 88–127.

LAMPE, P., Die stadtrömischen Christen in den ersten beiden Jahrhunderten. Untersuchungen zur Sozialgeschichte (WUNT II/18), Tübingen 1987.

–, LUZ, U., Nachpaulinisches Christentum und pagane Gesellschaft, in: Die Anfänge des Christentums, 185–216.

LANG, F., Die Briefe an die Korinther (NTD 7), Göttingen 1986[16(1)].

LAPERROUSAZ, E.-M., L'Attente du Messie en Palestine, Paris 1982.

LAPIDE, P., Der Messias Israels? Die Rheinische Synode und das Judentum, in: Umkehr und Erneuerung, 236–246.

–, Das Leiden und Sterben Jesu von Nazaret. Versuch einer jüdischen Sinngebung, in: Exodus und Kreuz im ökumenischen Dialog zwischen Juden und Christen, 94–106.

–, Jesus aus jüdischer Sicht, EvErz 39 (1987) 37–46.

LARSSON, E., Die Hellenisten und die Urgemeinde, NTS 33 (1987) 205–225.

LE DÉAUT, R., La Nuit Pascale. Essai sur la signification de la Paque juive à partir du Targum d'Exode XII 42 (AnBib 22), Rom 1963.

LEENHARDT, F. J., L'épitre de Saint Paul aux Romains (CNT VI), Genève 1981[3].

LEIBNIZ G. W., Die philosophischen Schriften VI, 2. Abt., hg. von C. J. GERHARDT, Berlin 1885 = Hildesheim 1961.

LENHARDT, P./OSTEN-SACKEN, P. v. d., Rabbi Akiva. Texte und Interpretationen zum rabbinischen Judentum und zum Neuen Testament (ANTZ 1), Berlin 1987.

LESSING, G. E., Werke Bd. 8: Theologiekritische Schriften III. Philosophische Schriften, hg. von H.-G. GÖPFERT, München 1979.

LEVEY, S. H., The Messiah: An Aramaic Interpretation. The Messianic Exegesis of the Targum, Jerusalem 1974.

LEVINE, E., The Aramaic Version of the Bible. Contents and Context (BZAW 174), Berlin/New York 1988.

LEVINSON, N. P., Nichts anderes als Jude. Jesus aus der Sicht eines heutigen Juden, in: Gottesverächter und Menschenfeinde?, 44–57.

LICHTENBERGER, H., Messianische Erwartungen und messianische Gestalten in der Zeit des Zweiten Tempels, in: E. STEGEMANN (Hg.), Messias-Vorstellungen bei Juden und Christen, Stuttgart u.a. 1993, 9–20.

LIEBERS, R., Das Gesetz als Evangelium. Untersuchungen zur Gesetzeskritik des Paulus (AThANT 75), Zürich 1989.

LIEBSTER, W., Holocaust und Tradition der Kirche, in: E. E. EHRLICH u.a. (Hg.), »Wie gut sind deine Zelte, Jaakow ...«. FS zum 60. Geb. von R. Mayer, Gerlingen 1986, 175–184.

LIENHARD, J. T., Acts 6:1–6: A Redactional View, CBQ 37 (1975) 228–236.

Lietzmann, H., An die Römer (HNT 8), Tübingen 1971[5].

Lightstone, J. N., Scripture and Mishna in earliest rabbinic Judaism, SR 15 (1987) 317–325.

Limbeck, M., Vom rechten Gebrauch des Gesetzes, JBTh 4 (1989) 151–169.

Lindemann, A., Bemerkungen zu den Adressaten und zum Anlaß des Epheserbriefes, ZNW 67 (1976) 235–251.

–, Paulus im ältesten Christentum. Das Bild des Apostels und die Rezeption der paulinischen Theologie in der frühchristlichen Literatur bis Marcion (BHTh 58), Tübingen 1979.

–, Christliche Gemeinden und das Römische Reich im ersten und zweiten Jahrhundert, WuD NF 18 (1985) 105–133.

–, Paulus und die korinthische Eschatologie. Zur These von einer »Entwicklung« im paulinischen Denken, NTS 37 (1991) 373–399.

Lindeskog, G., Anfänge des jüdisch-christlichen Problems. Ein programmatischer Entwurf, in: E. Bammel u.a. (Hg.), Donum Gentilicium. New Testament Studies in Honour of D. Daube, Oxford 1978, 255–275.

–, Jüdischer und christlicher Monotheismus – ein dialogisches Problem, in: K.-J. Illman/J. Thurén (Hg.), Der Herr ist einer, unser gemeinsames Erbe (Meddelanden fran Stiftelsens för Abo Akademi Forskningsinstitut 47), Abo 1979, 66–80.

–, Das jüdisch-christliche Problem. Randglossen zu einer Forschungsepoche (AUU.HR 9), Uppsala 1986.

Liver, J., The Doctrine of the Two Messiahs in Sectarian Literature in the Time of the Second Commonwealth, in: Messianism in the Talmudic Era, 354–390.

Ljungman, H., PISTIS. Study of its Presuppositions and its Meaning in Pauline Use (AHLL 64), Lund 1964.

Loeb, J., La controverse de 1263 à Barcelone entre Paulus Christiani et Moise ben Nahman, REJ 15 (1887) 1–18.

Löning, K., Der Stephanuskreis und seine Mission, in: Die Anfänge des Christentums, 80–101.

Lohse, E., Jesu Worte über den Sabbat, in: ders., Die Einheit des Neuen Testaments. Exegetische Studien zur Theologie des Neuen Testaments, Göttingen 1973, 62–72.

–, »Ich aber sage euch«, ebd. 73–87.

–, Die alttestamentlichen Bezüge im neutestamentlichen Zeugnis vom Tode Jesu Christi, ebd. 111–124.

Longenecker, B. W., Different Answers to Different Issues: Israel, the Gentiles and Salvation History in Romans 9–11, JSNT 36 (1989) 95–123.

Luck, U., Inwiefern ist die Botschaft von Jesus Christus »Evangelium«?, ZThK 77 (1980) 24–41.

–, Die Bekehrung des Paulus und das Paulinische Evangelium. Zur Frage der Evidenz in Botschaft und Theologie des Apostels, ZNW 76 (1985) 187–208.

Lübking, H.-M., Paulus und Israel im Römerbrief. Eine Untersuchung zu Römer 9–11 (EHS.T 260), Frankfurt u.a. 1986.

Lüdemann, G., Paulus der Heidenapostel I. Studien zur Chronologie (FRLANT 123), Göttingen 1980.

–, Paulus, der Heidenapostel II. Antipaulinismus im frühen Christentum (FRLANT 130), Göttingen 1983.

–, Paulus und das Judentum (TEH 215), München 1983.

–, Das frühe Christentum nach den Traditionen der Apostelgeschichte. Ein Kommentar, Göttingen 1987.

LÜHRMANN, D., Das Offenbarungsverständnis bei Paulus und in paulinischen Gemeinden (WMANT 16), Neukirchen-Vluyn 1965.

–, Der Brief an die Galater (ZBK 7), Zürich 1978.

–, Tage, Monate, Jahreszeiten, Jahre (Gal 4,10), in: R. ALBERTZ u.a. (Hg.), Werden und Wirken des Alten Testaments. FS für C. Westermann zum 70. Geb., Göttingen/ Neukirchen-Vluyn 1980, 428–445.

–, Gal 2,9 und die katholischen Briefe. Bemerkungen zum Kanon und zur regula fidei, ZNW 72 (1981) 65–87.

–, ... womit er alle Speisen für rein erklärte (Mk 7,19), WuD NF 16 (1981) 71–92.

–, Paul and the Pharisaic Tradition, JSNT 36 (1989) 75–94.

LUZ, U., Das Geschichtsverständnis des Paulus (BEvTh 49), München 1968.

–, Der alte und der neue Bund bei Paulus und im Hebräerbrief, EvTh 27 (1967) 318–336.

–, Der Aufbau von Röm. 1–8, ThZ 25 (1969) 161–181.

–, Theologia crucis als Mitte der Theologie im Neuen Testament, EvTh 34 (1974) 116–141.

–, Rechtfertigung bei den Paulusschülern, in: J. FRIEDRICH u.a. (Hg.), Rechtfertigung. FS für E. Käsemann zum 70. Geb., Tübingen/Göttingen 1976, 365–383.

–, Zur Erneuerung des Verhältnisses von Christen und Juden. Bemerkungen zur Diskussion über die Rheinländer Synodalbeschlüsse, Judaica 37 (1981) 195–211.

–, Jesus und die Tora, EvErz 34 (1982) 111–124.

–, Das Evangelium nach Matthäus 1. Teilband Mt 1–7 (EKK 1/1), Neukirchen-Vluyn u.a. 1985.

–, Wirkungsgeschichtliche Exegese. Ein programmatischer Arbeitsbericht mit Beispielen aus der Bergpredigtexegese, BThZ 2 (1985) 18–32.

–, Paulinische Theologie als Biblische Theologie, in: M. KLOPFENSTEIN (Hg.), Mitte der Schrift? Ein jüdisch-christliches Gespräch (JudChr 11), Bern u.a. 1987, 119–147.

–, Unterwegs zur Einheit: Gemeinschaft der Kirche im Neuen Testament, in: CH. LINK u.a. (Hg.), Sie aber hielten fest an der Gemeinschaft ... Einheit der Kirche als Prozeß im Neuen Testament und heute, Zürich/Basel 1988, 43–185.

–, SMEND, R., Gesetz (KTB 1015), Stuttgart u.a. 1981.

MAASS, H., »Soll ich euren König kreuzigen?« Historische, theologische und didaktische Überlegungen zum Prozeß gegen Jesus, in: ders./G. BÜTTNER (Hg.), Erziehen zum Glauben. B. Maurer zum 60. Geb., Karlsruhe 1989, 20–50.

MACHOLZ, CHR., Die Entstehung des hebräischen Bibelkanons nach 4Esra 14, in: Die Hebräische Bibel und ihre zweifache Nachgeschichte, 379–391.

MADDOX, R., The Purpose of Luke-Acts (FRLANT 126), Göttingen 1982.

MAIER, F. W., Israel in der Heilsgeschichte nach Röm 9–11 (BZfr XII 11/12), Münster 1929.

MAIER, J., Die messianischen Erwartungen im Judentum seit der talmudischen Zeit, Judaica 20 (1964) 23–58.90–120.156–183.213–236.

–, Zur Frage des biblischen Kanons im Frühjudentum im Licht der Qumranfunde, JBTh 3 (1988) 135–146.

MAILLOT, A., Essai sur les citations vétérotestamentaires contenues dans Romans 9 à 11, ETR 57 (1982) 55–73.

MALINA, B. J., A Conflict Approach to Mark 7, Forum. Foundations and Facets 4 (1988) 3–30.

MANNHEIM, K., Wissenssoziologie. Auswahl aus dem Werk, eingeleitet und hg. von K. H. WOLFF (Soziologische Texte 28), Berlin/Neuwied 1964.

MANTEL, H., Studies in the History of the Sanhedrin (HSS 17), Cambridge, Mass. 1961.

MARQUARDT, F.-W., Die Juden im Römerbrief (ThSt 107), Zürich 1971.

–, Hermeneutik des christlich-jüdischen Verhältnisses. Über Helmut Gollwitzers Arbeit an der »Judenfrage«, in: Richte unsere Füße auf den Weg des Friedens, 138–154.

–, Von Elend und Heimsuchung der Theologie. Prolegomena zur Dogmatik, München 1988.

–, Das christliche Bekenntnis zu Jesus, dem Juden. Eine Christologie, Bd. 1, München 1990.

–, FRIEDLANDER, A. H., Das Schweigen der Christen und die Menschlichkeit Gottes. Gläubige Existenz nach Auschwitz, München 1980.

MARSHALL, I. H., Church and Temple in the New Testament, TynB 40 (1989) 203–222.

MARTIN, B. L., Christ and the Law in Paul (NT.S 62), Leiden u.a. 1989.

MARTIN, R. P., Reconciliation. A study of Paul's theology, London 1981.

MARTYN, J. L., A Law-Observant Mission to Gentiles: The Background of Galatians, in: M. P. O'CONNOR/D. N. FREEDMAN (Hg.), Backgrounds for the Bible, Winona Lake 1987, 199–214.

MATERA, F. J., The Culmination of Paul's Argument to the Galatians: Gal 5,1–6,17, JSNT 32 (1988) 79–91.

–, Responsibility for the Death of Jesus According to the Acts of the Apostles, JSNT 39 (1990) 77–93.

MAYER, B., Unter Gottes Heilsratschluß. Prädestinationsaussagen bei Paulus (FzB 15), Würzburg 1974.

MCELENEY, N. J., Conversion, Circumcision and the Law, NTS 20 (1973/74) 319–341.

MEAGHER, J.C., As the Twig Was Bent: Antisemitism in Greco-Roman and Earliest Christian Times, in: Antisemitism and the Foundation of Christianity, 1–26.

MEEKS, W. A., Moses as God and King, in: Religions in Antiquity, 354–371.

–, Judgment and the Brother: Romans 14:1–15:13, in: G. F. HAWTHORNE/O. BETZ (Hg.), Tradition and Interpretation in the New Testament. Essays in Honor of E.E. Ellis for His 60th Birthday, Grand Rapids/Tübingen 1987, 290–300.

MEIER, J. P., Antioch, in: ders./R. E. BROWN, Antioch and Rome. New Testament Cradles of Catholic Christianity, New York/Ramsey 1983, 11–86.

MEIER, K., Literatur zum christlich-jüdischen Dialog, ThR NF 52 (1987) 155–181.

MERK, O., Der Beginn der Paränese im Galaterbrief, ZNW 60 (1969) 83–104.

–, Paulus-Forschung 1936–1985, ThR NF 53 (1988) 1–81.

MERKEL, H., Markus 7,15 – das Jesuswort über die innere Verunreinigung, ZRGG 20 (1968) 340–363.

–, Die Gottesherrschaft in der Verkündigung Jesu, in: Königsherrschaft Gottes und himmlischer Kult im Judentum, Urchristentum und in der hellenistischen Welt, 119–161.

MERKLEIN, H., Die Bedeutung des Kreuzestodes Christi für die paulinische Gerechtigkeits- und Gesetzesthematik, in: ders., Studien zu Jesus und Paulus (WUNT 43), Tübingen 1987, 1–106.

–, Jesus, Künder des Reiches Gottes, ebd. 127–156.

–, Der Tod Jesu als stellvertretender Sühnetod. Entwicklung und Gehalt einer zentralen neutestamentlichen Aussage, ebd. 181–191.

–, Die Auferweckung Jesu und die Anfänge der Christologie (Messias bzw. Sohn Gottes und Menschensohn), ebd. 221–246.

–, Jesu Botschaft von der Gottesherrschaft. Eine Skizze (SBS 111), Stuttgart 1983.

–, Der Theologe als Prophet. Zur Funktion prophetischen Redens im theologischen Diskurs des Paulus, NTS 38 (1992) 402–429.

MESHORER, Y., Jewish Coins of the Second Temple Period, Tel Aviv 1967.

METZ, J. B., Im Angesicht der Juden. Christliche Theologie nach Auschwitz, in: M. STÖHR (Hg.), Judentum im christlichen Religionsunterricht (ArTe 15), Frankfurt 1983, 18–31.

–, Kampf um jüdische Traditionen in der christlichen Gottesrede, KuI 2 (1987) 14–23.

MICHEL, O., Der Brief an die Römer (KEK 4), Göttingen 1966[4].

–, Fragen zu 1 Thessalonicher 2,14–16: Antijüdische Polemik bei Paulus, in: ders., Dienst am Wort. Ges. Aufs. hg. von K. HAACKER, Neukirchen-Vluyn 1986, 202–210.

MINEAR, P. S., The Obedience of Faith. The Purposes of Paul in the Epistle to the Romans, London 1971.

MITROS, J., The Norm of Faith in the Patristic Age, TS 29 (1968) 444–471.

MITTON, C. L., Ephesians (NCeB), London 1976.

MOLTMANN, J., Kirche in der Kraft des Geistes, München 1975.

MOO, D. J., »Law«, »Works of the Law« and Legalism in Paul, WThJ 45 (1983) 90–101.

–, Paul and the Law in the Last Ten Years, SJTh 40 (1987) 287–307.

MORRAY-JONES, C. R. A., Hekhalot Literature and Talmudic Tradition: Alexander's Three Test Cases, JSJ 22 (1991) 1–39.

MOULE, C. F. D., The Christology of Acts, in: L. E. KECK/J. L. MARTYN (Hg.), Studies in Luke-Acts. Essays presented in honor of P. Schubert, London 1968, 159–185.

MOXNES, H., Theology in Conflict. Studies in Paul's Understanding of God in Romans (NT.S 53), Leiden 1980.

–, Honour and Righteousness in Romans, JSNT 32 (1988) 61–77.

MÜLLER, CHR., Gottes Gerechtigkeit und Gottes Volk. Eine Untersuchung zu Römer 9–11 (FRLANT 86), Göttingen 1964.

MÜLLER, K., Möglichkeit und Vollzug jüdischer Kapitalgerichtsbarkeit im Prozeß gegen Jesus von Nazaret, in: Der Prozeß gegen Jesus, 41–83.

–, Zur Datierung rabbinischer Aussagen, in: Neues Testament und Ethik, 551–587.

MÜLLER, U. B., Prophetie und Predigt im Neuen Testament. Formgeschichtliche Untersuchungen zur urchristlichen Prophetie (StNT 10), Gütersloh 1975.

–, Zur Rezeption gesetzeskritischer Jesusüberlieferung im frühen Christentum, NTS 27 (1980/81) 158–185.

–, Apokalyptische Strömungen, in: Die Anfänge des Christentums, 217–254.

MUNCK, J., Paulus und die Heilsgeschichte (AJut 26,1. Teologisk Serie 6), Kopenhagen 1954.

–, Christus und Israel. Eine Auslegung von Röm 9–11 (AJut.T 7), Kopenhagen 1956.

MURPHY-O'CONNOR, J., Lots of God-Fearers? *THEOSEBEIS* in the Aphrodisias-Inscription, RB 99 (1992) 418–424.

MURRAY, J., The Epistle to the Romans (NLC), London 1974[3].

MUSSNER, F., Methodologie der Frage nach dem historischen Jesus, in: K. KERTELGE (Hg.), Rückfrage nach Jesus. Zur Methodik und Bedeutung der Frage nach dem historischen Jesus (QD 63), Freiburg u.a. 1974[2], 118–147

–, »Ganz Israel wird gerettet werden« (Römer 11,26), Kairos NF 18 (1976) 241–255.

–, Traktat über die Juden, München 1979.

–, Der Galaterbrief (HThK 9), Freiburg u.a. 1981[4].

–, Das Toraleben im jüdischen Verständnis, in: ders., Die Kraft der Wurzel. Judentum – Jesus – Kirche, Freiburg u.a. 1987, 13–26.

–, Israels »Verstockung« und Rettung nach Röm 9–11, ebd. 39–54.

–, »Mitteilhaberin an der Wurzel«. Zur Ekklesiologie von Röm 11,11–24, ebd. 153–159.

–, Wer ist »der ganze Samen« in Röm 4,16?, ebd. 160–163.

–, »Der von Gott nie gekündigte Bund«. Fragen an Röm 11,27, in: ders., Dieses Geschlecht wird nicht vergehen. Judentum und Kirche, Freiburg u.a. 1991, 39–49.

NAUCK, W., Das οὖν-paraeneticum, ZNW 49 (1958) 134f.

NEBE, G., ›Hoffnung‹ bei Paulus. Elpis und ihre Synonyme im Zusammenhang der Eschatologie (StUNT 16), Göttingen 1983.

NEIRYNCK, F., Jesus and the Sabbath. Some Observations on Mark II,27, in: J. DUPONT (Hg.), Jésus aux Origines de la Christologie (BEThL 40), Gembloux 1975, 227–270.

NEUDECKER, R., Die vielen Gesichter des einen Gottes. Christen und Juden im Gespräch (ÖEH 6), München 1989.

NEUDORFER, H.-W., Der Stephanuskreis in der Forschungsgeschichte seit F.C. Baur, Gießen/Basel 1983.

NEUGEBAUER, F., In Christus. Eine Untersuchung zum paulinischen Glaubensverständnis, Göttingen 1961.

NEUSNER, J., The Rabbinic Traditions about the Pharisees before 70, Part I: The Masters, Leiden 1971.

–, Das pharisäische und talmudische Judentum. Neue Wege zu seinem Verständnis, hg. von H. LICHTENBERGER (TSAJ 4), Tübingen 1984.

–, Judentum in frühchristlicher Zeit, Stuttgart 1988.

NIEBUHR, K.-W., Heidenapostel aus Israel. Die jüdische Identität des Paulus nach ihrer Darstellung in seinen Briefen (WUNT 62), Tübingen 1992.

NIEWIADOMSKI, J., Die Juden im Neuen Testament und bei den Kirchenvätern, in: Christen und Juden in Offenbarung und kirchlichen Erklärungen vom Urchristentum bis zur Gegenwart, 13–31.

NISSEN, A., Gott und der Nächste im antiken Judentum. Untersuchungen zum Doppelgebot der Liebe (WUNT 15), Tübingen 1974.

NOACK, B., Current and Backwater in the Epistle to the Romans, StTh 19 (1965) 155–166.

NÖTSCHER, F., Zur theologischen Terminologie der Qumrantexte (BBB 10), Bonn 1956.

NYGREN, A., Der Römerbrief, Göttingen 1959[3].

OEMING, M., Gesamtbiblische Theologien der Gegenwart. Das Verhältnis von AT und NT in der hermeneutischen Diskussion seit Gerhard von Rad, Stuttgart u.a. 1987[2].

–, Unitas Scripturae? Eine Problemskizze, JBTh 1 (1986) 48–70.

OEPKE, A., Der Brief des Paulus an die Galater (ThHNT 9), Berlin 1984⁵.

OKEKE, G. E., IThessalonians 2.13–16: The Fate of the Unbelieving Jews, NTS 27 (1980) 127–136.

OLLROG, W.-H., Paulus und seine Mitarbeiter. Untersuchungen zu Theorie und Praxis der paulinischen Mission (WMANT 50), Neukirchen-Vluyn 1979.

–, Die Abfassungsverhältnisse von Röm 16, in: Kirche, 221–244.

OPPENHEIMER, A., The Am Ha-Aretz. A Study in the Social History of the Jewish People in the Hellenistic-Roman-Period (ALGHJ 8), Leiden 1977.

OSTEN-SACKEN, P. v. d., Römer 8 als Beispiel paulinischer Soteriologie (FRLANT 112), Göttingen 1975.

–, Das vergessene Skandalon, LM 20 (1981) 274–277.

–, Erbe und Auftrag der christlich-jüdischen Geschichte, in: ders., Anstöße aus der Schrift. Arbeiten für Pfarrer und Gemeinden, Neukirchen-Vluyn 1981, 124–138.

–, Grundzüge einer Theologie im christlich-jüdischen Gespräch (ACJD 12), München 1982.

–, Die paulinische theologia crucis als Form apokalyptischer Theologie, in: ders., Evangelium und Tora. Aufs. zu Paulus (TB 77), München 1987, 56–79.

–, Erwägungen zur Abfassungsgeschichte und zum literarisch-theologischen Charakter des Römerbriefes, ebd. 119–130.

–, Das paulinische Verständnis des Gesetzes im Spannungsfeld von Eschatologie und Geschichte. Erläuterungen zum Evangelium als Faktor von theologischem Antijudaismus, ebd. 159–196.

–, Antijudaismus um Christi willen? Erich Grässer, »Der Alte Bund im Neuen. Exegetische Studien zur Israelfrage im Neuen Testament«, ebd. 239–255.

–, Heil für die Juden – auch ohne Christus?, ebd. 256–271.

–, Römer 9–11 als Schibbolet christlicher Theologie, ebd. 294–314.

–, Das Verständnis des Gesetzes im Römerbrief, in: ders., Die Heiligkeit der Tora. Studien zum Gesetz bei Paulus, München 1989, 9–59.

–, Die Decke des Mose. Zur Exegese und Hermeneutik von Geist und Buchstabe in 2 Korinther 3, ebd. 87–115.

OVERMANN, J. A., The God-Fearers: Some Neglected Features, JSNT 32 (1988) 17–26.

PANTLE-SCHIEBER, K., Anmerkungen zur Auseinandersetzung von ἐκκλησία und Judentum im Matthäusevangelium, ZNW 80 (1989) 145–162.

PARMENTIER, M., Note Five Years of Study in Canada on Early Christian Anti-Judaism, Bijdr 49 (1988) 426–434.

PASCHEN, W., Rein und unrein. Untersuchung zur biblischen Wortgeschichte (StANT 24), München 1970.

PATTE, D., Early Jewish Hermeneutic in Palestine (SBLDS 22), Missoula, Mont. 1975.

PAULSEN, H., Überlieferung und Auslegung in Römer 8 (WMANT 43), Neukirchen-Vluyn 1974.

PAX, E., Der Loskauf, Antonianum 37 (1962) 239–278.

PEDERSEN, S., Theologische Überlegungen zur Isagogik des Römerbriefes, ZNW 76 (1985) 47–67.

PENNA, R., L'évolution de l'attitude de Paul envers les Juifs, in: A. VANHOYE (Hg.), L'Apôtre Paul. Personnalité, style et conception du ministère (BEThL 73), Leuven 1986, 390–421.

PESCH, O. H./PETERS, A., Einführung in die Lehre von Gnade und Rechtfertigung, Darmstadt 1981.

PESCH, R., Materialien und Bemerkungen zu Entstehung und Sinn des Osterglaubens, in: ders./A. VÖGTLE, Wie kam es zum Osterglauben, Düsseldorf 1975, 133–184.

–, Voraussetzungen und Anfänge der urchristlichen Mission, in: K. KERTELGE (Hg.), Mission im Neuen Testament (QD 93), Freiburg u.a. 1982, 11–70.

–, Die Apostelgeschichte, 2 Bde (EKK 5), Zürich u.a. 1986.

ders. u.a., »Hellenisten« und »Hebräer«. Zu Apg 9,29 und 6,1, BZ 23 (1979) 87–92.

PETUCHOWSKI, J. J., The Christian-Jewish Dialogue: A Jewish View, LW 10 (1963) 373–384.

PIPER, J., The Justification of God. An Exegetical and Theological Study of Romans 9:1–23, Grand Rapids 1983.

PLAG, CHR., Israels Wege zum Heil. Eine Untersuchung zu Römer 9 bis 11 (AzTh I/40), Stuttgart 1969.

PLEVNIK, J., Paul's Appeals to His Damascus Experience and I Cor. 15:5–7: Are They Legitimations?, TJT 4 (1988) 101–111.

–, The Center of Pauline Theology, CBQ 51 (1989) 461–478.

PLÜMACHER, E., Acta-Forschung 1974–1982, ThR NF 49 (1984) 105–169.

POPKES, W., Zum Aufbau und Charakter von Römer 1,18–32, NTS 28 (1982) 490–501.

RAD, G. V., Theologie des Alten Testaments II. Die Theologie der prophetischen Überlieferungen Israels, München 1968[5].

RÄISÄNEN, H., Paul and the Law (WUNT 29), Tübingen 1983.

–, Paul's Theological Difficulties with the Law, in: ders., The Torah and Christ. Essays in German and English on the Problem of the Law in Early Christianity (SESJ 45), Helsinki 1986, 3–24.

–, Legalism and Salvation by the Law. Paul's portrayal of the Jewish religion as a historical and theological problem, ebd. 25–54.

–, Paul's Call Experience and his Later View of the Law, ebd. 55–92.

–, Galatians 2,16 and Paul's Break with Judaism, ebd. 168–184.

–, Zum Verständnis von Röm 3,1–8, ebd. 185–205.

–, Zur Herkunft von Markus 7,15, ebd. 209–218.

–, Jesus and the Food Laws: Reflections on Mark 7.15, ebd. 219–241.

–, The »Hellenists« – a Bridge Between Jesus and Paul?, ebd. 242–306.

–, Paul's Conversion and the Development of his View of the Law, NTS 33 (1987) 404–419.

–, Römer 9–11: Analyse eines geistigen Ringens (ANRW II 25,4), 2891–2939.

–, Freiheit vom Gesetz im Urchristentum, StTh 46 (1992) 55–67.

REFOULÉ, F., »…. et ainsi tout Israël sera sauvé«. Romains 11,25–32 (LeDiv 117), Paris 1984.

–, Note sur Romains IX,30–33, RB 92 (1985) 161–186.

–, Unité de l'épitre aux Romains et histoire du salut, RSPhTh 71 (1987) 219–242.

–, Cohérence ou incohérence de Paul en Romains 9–11?, RB 98 (1991) 51–79.

RENDTORFF, R., Das Scheitern des Christentums – Auschwitz als Glaubenskrise, ZdZ 36 (1982) 142–147

–, Die jüdische Bibel und ihre antijüdische Auslegung, in: ders./E. STEGEMANN (Hg.), Auschwitz – Krise der christlichen Theologie (ACJD 10), München 1980, 99–116.

–, (Hg.), Christen und Juden. Zur Studie des Rates der Evangelischen Kirche in Deutschland, Gütersloh 1980[2].

–, Zur Bedeutung des Kanons für eine Theologie des Alten Testaments, in: »Wenn nicht jetzt, wann dann?«, 3–11.

–, Neue Perspektiven im christlich-jüdischen Gespräch, in: »Wer Tora vermehrt, mehrt Leben«, 3–14.

–, Christologische Auslegung als »Rettung« des Alten Testaments? Wilhelm Vischer und Gerhard von Rad, in: R. ALBERTZ (Hg.), Schöpfung und Befreiung. Für C. Westermann zum 80. Geb., Stuttgart 1989, 191–203.

–, Hat denn Gott sein Volk verstoßen? Die evangelische Kirche und das Judentum seit 1945. Ein Kommentar (ACJD 18), München 1989.

–, Der Dialog hat erst begonnen, in: Christen und Juden im Gespräch, 39–55.

–, HENRIX, H. H., Die Kirchen und das Judentum. Dokumente von 1945 bis 1985, Paderborn/München 1989[2].

RENGSTORF, K. H., Das Ölbaumgleichnis in Röm 11,16ff. Versuch einer weiterführenden Deutung, in: Donum Gentilicium, 127–164.

–, Das Neue Testament und die nachapostolische Zeit, in: Kirche und Synagoge I, 23–83.

RESE, M., Alttestamentliche Motive in der Christologie des Lukas (StNT 1), Gütersloh 1969.

–, Die Vorzüge Israels in Röm.9,4f und Eph. 2,12, ThZ 31 (1975) 211–222.

–, Die Rolle Israels im apokalyptischen Denken des Paulus, in: J. LAMBRECHT (Hg.), L'Apocalypse johannique et l'Apocalyptique dans le Nouveau Testament (BEThL 53), Gembloux/Leuven 1980, 311–318.

–, Das Lukas-Evangelium. Ein Forschungsbericht (ANRW II 25,3), Berlin/New York 1985, 2258–2328.

–, Die Rettung der Juden nach Römer 11, in: L'Apôtre Paul, 422–430.

–, Israel und die Kirche in Römer 9, NTS 34 (1988) 208–217.

–, Israels Unwissen und Ungehorsam und die Verkündigung des Glaubens durch Paulus in Römer 10, in: D.-A. KOCH u.a. (Hg.), Jesu Rede von Gott und ihre Nachgeschichte im frühen Christentum. Beiträge zur Verkündigung Jesu und zum Kerygma der Kirche. FS für W. Marxsen zum 70. Geb., Gütersloh 1989, 252–266.

REUMANN, J., »Righteousness« in the New Testament. »Justification« in the United States Lutheran-Roman Catholic Dialogue, with responses by J. A. FITZMYER/J. D. QUINN, Philadelphia u.a. 1982.

REVENTLOV, H.v., Rechtfertigung im Horizont des Alten Testaments (BEvTh 58), München 1971.

–, Hauptprobleme der Biblischen Theologie im 20. Jahrhundert (EdF 203), Darmstadt 1983.

REYNOLDS, J./TANNENBAUM, R., Jews and Godfearers at Aphrodisias. Greek Inscriptions with Commentary (Cambridge Philological Society Suppl. Vol. 12), Cambridge 1987.

RHOADS, D. M., Israel in Revolution: 6–74 C.E. A Political History Based on the Writings of Josephus, Philadelphia 1976.

RHYNE, C. TH., Faith Establishes the Law (SBLDS 55), Chico 1981.

RICHARD, E. J., Acts 6,1–8,4. The Author's Method of Composition (SBLDS 41), Missoula 1978.

RICHARDSON, P., Israel in the Apostolic Church, Cambridge 1969.

–, D. GRANSKOU (Hg.), Anti-Judaism in Early Christianity I. Paul and the Gospels (SCJud 2), Waterloo 1986.

RIDDERBOS, H. N., The Epistle of Paul to the Churches of Galatia (NIC 9), Grand Rapids 1954².

RIESENFELD, H., The Gospel Tradition and Its Beginnings, in: ders., The Gospel Tradition, Philadelphia 1970, 1–29.

RIESNER, R., Jesus als Lehrer. Eine Untersuchung zum Ursprung der Evangelien-Überlieferung (WUNT II/7), Tübingen 1988³.

RISSI, M., Studien zum zweiten Korintherbrief. Der alte Bund – Der Prediger – Der Tod (AThANT 56), Zürich 1969.

RÖSSLER, D., Gesetz und Geschichte. Untersuchungen zur Theologie der jüdischen Apokalyptik und der pharisäischen Orthodoxie (WMANT 3), Neukirchen-Vluyn 1960.

ROETZEL, C. J., Διαθῆκαι in Romans 9,4, Biblica 51 (1970) 377–390.

ROHDE, J., Der Brief des Paulus an die Galater (ThHNT 9), Berlin 1989.

ROLOFF, J., Das Kerygma und der irdische Jesus. Historische Motive in den Jesus-Erzählungen der Evangelien, Göttingen 1970.

–, Die Apostelgeschichte (NTD 5), Göttingen 1981¹⁷.

–, Der erste Brief an Timotheus (EKK 15), Zürich u.a. 1988.

–, Abraham im Neuen Testament. Beobachtungen zu einem Aspekt Biblischer Theologie, in: ders., Exegetische Verantwortung in der Kirche. Aufs., hg. von M. KARRER, Göttingen 1990, 231–254.

ROSMARIN, A., Moses im Lichte der Agada, New York 1932.

ROTH, C., The Disputation of Barcelona (1263), HThR 43 (1950) 117–144.

ROTHFUCHS, W., Die Erfüllungszitate des Matthäus-Evangeliums (BWANT 88), Stuttgart 1969.

ROWLAND, C., The Open Heaven. A Study of Apocalyptic in Judaism and Early Christianity, London 1982.

RUBENSTEIN, R. L., After Auschwitz. Radical Theology and Contemporary Judaism, Indianapolis u.a. 1966.

RUDOLPH, K., »Apokalyptik in der Diskussion«, in: Apocalypticism in the Mediterranean World and the Near East, 771–789.

RÜGER, H. P., Das Werden des christlichen Alten Testaments, JBTh 3 (1988) 175–189.

RUETHER, R., Theological Anti-Semitism in the New Testament, CCen 35 (1968) 191–196.

–, Anti-Semitism and Christian Theology, in: Auschwitz: Beginning of a new Era?, 79–92.

–, Anti-Judaism is the left hand of Christology, in: R. HEYER (Hg.), Jewish-Christian Relations, New York/Paramus 1976, 1–9.

–, Nächstenliebe und Brudermord. Die theologischen Wurzeln des Antisemitismus (ACJD 7), München 1978.

–, The Faith and Fratricide Discussion: Old Problems and New Dimensions, in: Antisemitism and the Foundations of Christianity, 230–256.

SÄNGER, D., Bekehrung und Exodus. Zum jüdischen Traditionshintergrund von »Joseph und Aseneth«, JSJ 10 (1979) 11–36.

–, Antikes Judentum und die Mysterien. Religionsgeschichtliche Untersuchungen zu Joseph und Aseneth (WUNT II/5), Tübingen 1980.

–, Phänomenologie oder Geschichte? Methodische Anmerkungen zur religionsgeschichtlichen Schule, ZRGG 23 (1980) 13–27.

–, Jüdisch-hellenistische Missionsliteratur und die Weisheit, Kairos NF 23 (1981) 231–243.

–, Rez. W. Schmithals, Einleitung in die drei ersten Evangelien, EvErz 38 (1986) 656–662.

–, Rettung der Heiden und Erwählung Israels. Einige vorläufige Erwägungen zu Römer 11,25–27, KuD 32 (1986) 99–119.

–, Der Verlust an Vermittlung. Vermutungen zu gegenwärtigen Tendenzen in der deutschen neutestamentlichen Wissenschaft, EvTh 47 (1987) 245–259.

–, Ekklesia und Synagoge. Erwägungen zur ökumenischen Dimension der paulinischen Theologie, in: ders. (Hg.), Tastende Schritte. Begegnungen in Israel – Impressionen und Reflexionen, Flensburg 1990, 52–72.

–, Recht und Gerechtigkeit in der Verkündigung Jesu. Erwägungen zu Mk 10,17–22 und 12,28–34, BZ 36 (1992) 179–194.

SAFRAI, S., The Synagogue, in: CRI I,2, 908–944.

SAITO, T., Die Mosevorstellungen im Neuen Testament (EHS.T 100), Bern u.a. 1977.

SAMPLEY, J. P., Romans and Galatians: Comparison and Contrast, in: J. T. BUTLER (Hg.), Understanding the Word. Essays in Honour of B.W. Anderson (JSOT. S 37), Sheffield 1985, 315–339.

SANDAY, W./HEADLAM, A. C., The Epistle to the Romans (ICC), Edinburgh 1955[5].

SANDERS, E. P., The Covenant as a Soteriological Category and the Nature of Salvation in Palestinian and Hellenistic Judaism, in: R. HAMERTON-KELLY/R. SCROGGS (Hg.), Jews, Greeks and Christians. Religious Cultures in Late Antiquity. Essays in Honor of W. D. Davies (SJLA 21), Leiden 1976, 11–44.

–, Paul, the Law, and the Jewish People, Philadelphia 1983.

–, The Genre of Palestinian Jewish Apocalypses, in: Apocalypticism in the Mediterranean World and the Near East, 447–459.

–, Paulus und das palästinische Judentum. Ein Vergleich zweier Religionsstrukturen (StUNT 17), Göttingen 1985.

–, Jesus and Judaism, London 1985.

–, Jewish Law from Jesus to the Mishnah. Five Studies, London/Philadelphia 1990.

SANDERS. J. A., Torah and Paul, in: J. JERVELL/W. A. MEEKS (Hg.), God's Christ and His People. Studies in Honour of N. A. Dahl, Oslo u.a. 1977, 132–140.

SANDERS, J. T., The Jews in Luke-Acts, London 1987.

SANDNES, K. O., Paul – One of the Prophets? A Contribution to the Apostle's Self-Understanding (WUNT II/43), Tübingen 1991.

SAPERSTEIN, M., Christians and Jews – Some Positive Images, HThR 79 (1986) 236–246.

SAUER, G., Die Messias-Erwartung nach Mt 21 in ihrem Rückbezug auf das Alte Testament als Frage an die Methode einer Biblischen Theologie, in: Altes Testament und christliche Verkündigung, 81–94.

SCHADE, H.-H., Apokalyptische Christologie bei Paulus. Studien zum Zusammenhang von Christologie und Eschatologie in den Paulusbriefen (GTA 18), Göttingen 1984[2].

SCHÄFER, P., Die Vorstellung vom heiligen Geist in der rabbinischen Literatur (StANT 28), München 1972.

–, Die sogenannte Synode von Jabne. Zur Trennung von Juden und Christen im ersten/zweiten Jh. n.Chr., in: ders., Studien zur Geschichte und Theologie des rabbinischen Judentums (AGSU 15), Leiden 1978, 45–64.

–, R. Aqiva und Bar Kokhba, ebd. 65–121.

–, Die Torah der messianischen Zeit, ebd. 198–213.

–, Der Bar Kokhba-Aufstand. Studien zum zweiten jüdischen Krieg gegen Rom (TSAJ 1), Tübingen 1981.

SCHALLER, B., ΗΞΕΙ ΕΚ ΣΙΩΝ Ο PYOMENOΣ. Zur Textgestalt von Jes 59:20f in Röm 11:26f, in: A. PIETERSMA/C. COX (Hg.), De Septuaginta. Studies in honour of J. W. Wevers on his 65. Birthday, Mississanga/Ontario 1984, 201–206.

SCHELBERT, G., Wo steht die Formgeschichte?, ThBer 13 (1985) 11–39.

SCHENK, W., Der derzeitige Stand der Auslegung der Passionsgeschichte, EvErz 36 (1984) 527–543.

SCHENKE, L., Die Urgemeinde. Geschichtliche und theologische Entwicklung, Stuttgart u.a. 1990.

SCHIFFMAN, L. H., The Concept of the Messiah in Second Temple and Rabbinic Literature, RExp 84 (1987) 235–246.

SCHILLE, G., Anfänge der Kirche. Erwägungen zur apostolischen Frühgeschichte (BEvTh 43), München 1966.

–, Entstand die Jesus-Bewegung vor Ostern?, ThV 17 (1989) 45–49.

SCHIMANOWSKI, G., Weisheit und Messias. Die jüdischen Voraussetzungen der urchristlichen Präexistenzchristologie (WUNT II/17), Tübingen 1985.

SCHIPPERS, R., The Pre-Synoptic Tradition in 1Thessalonians II 13–16, NT 8 (1966) 223–234.

SCHLATTER, A., Gottes Gerechtigkeit. Ein Kommentar zum Römerbrief, Stuttgart 1965[4].

SCHLEIERMACHER, F. D. E., Über die Religion. Reden an die Gebildeten unter ihren Verächtern (PhB 255), Hamburg 1961[2].

SCHLIER, H., Der Brief an die Galater (KEK 7), Göttingen 1965[4].

–, Der Römerbrief (HThK 6), Freiburg u.a. 1977.

SCHMID, H. H., Gerechtigkeit und Glaube. Genesis 15,1–6 und sein biblisch-theologischer Kontext, EvTh 40 (1980) 396–420.

SCHMIDT, H. W., Der Brief des Paulus an die Römer (ThHNT 6), Berlin 1966[2].

SCHMIDT, W. H., Die Ohnmacht des Messias, KuD 15 (1969) 18–34.

–, »Rechtfertigung des Gottlosen« in der Botschaft der Propheten, in: J. JEREMIAS/L. PERLITT (Hg.), Die Botschaft und die Boten. FS für H.W. Wolff zum 70. Geb., Neukirchen-Vluyn 1981, 157–168.

–, Die Frage nach der Einheit des Alten Testaments – im Spannungsfeld von Religionsgeschichte und Theologie, JBTh 2 (1987) 33–57.

SCHMITHALS, W., Die Häretiker in Galatien, in: ders., Paulus und die Gnostiker. Untersuchungen zu den kleinen Paulusbriefen (ThF 35), Hamburg-Bergstedt 1965, 9–46.

–, Der Römerbrief als historisches Problem (StNT 9), Gütersloh 1975.

–, Zur Herkunft der gnostischen Elemente in der Sprache des Paulus, in: B. ALAND (Hg.), Gnosis. FS für H. Jonas, Göttingen 1978, 385–414.

–, Das Evangelium nach Markus, 2 Bde (ÖTK 2), Gütersloh/Würzburg 1979.

–, Kritik der Formkritik, ZThK 77 (1980) 149–185.

–, Judaisten in Galatien?, ZNW 74 (1983) 27–58.

–, Einleitung in die drei ersten Evangelien, Berlin/New York 1985.

–, Der Römerbrief. Ein Kommentar, Gütersloh 1988.

–, Paulus als Heidenmissionar und das Problem seiner theologischen Entwicklung, in: Jesu Rede von Gott und ihre Nachgeschichte im frühen Christentum, 235–251.

SCHMITT, R., Gottesgerechtigkeit – Heilsgeschichte. Israel in der Theologie des Paulus (EHS.T 240), Frankfurt u.a. 1984.

SCHNABEL, E. J., Law and Wisdom from Ben Sira to Paul. A Tradition Historical Enquiry into the Relation of Law, Wisdom, and Ethics (WUNT II/16), Tübingen 1985.

SCHNEIDER, G., Verleugnung, Verspottung und Verhör Jesu nach Lukas 22,54–71. Studien zur lukanischen Darstellung der Passion (StANT 22), München 1969.

–, Das Problem einer vorkanonischen Passionserzählung, BZ 16 (1972) 222–244.

–, Die Apostelgeschichte I. Teil. Einleitung. Kommentar zu Kap. 1,1–8,40 (HThK 5,1), Freiburg u.a. 1980.

–, Die politische Anklage gegen Jesus (Lk 23,2), in: ders., Lukas, Theologe der Heilsgeschichte. Aufs. zum lukanischen Doppelwerk (BBB 59), Königstein/Bonn 1985, 173–183.

–, Gott und Christus als KYPIOΣ nach der Apostelgeschichte, ebd. 213–226.

–, Stephanus, die Hellenisten und Samaria, ebd. 227–252.

SCHNEIDER, N., Die »Schwachen« in der christlichen Gemeinde Roms. Eine historisch-exegetische Untersuchung zu Röm 14,1–15,13, Diss.theol. Wuppertal 1989.

SCHNELLE, U., Gerechtigkeit und Christusgegenwart. Vorpaulinische und paulinische Tauftheologie (GTA 24), Göttingen 1986[2].

–, Wandlungen im paulinischen Denken (SBS 137), Stuttgart 1989.

SCHNIEWIND, J., Zur Synoptiker-Exegese, ThR NS 2 (1930) 129–189.

SCHOLEM, G., Ursprung und Anfänge der Kabbala (SJ 3), Berlin 1962.

SCHOON-JANSSEN, J., Umstrittene ›Apologien‹ in Paulusbriefen. Studien zur rhetorischen Situation des 1. Thessalonicherbriefes, des Galaterbriefes und des Philipperbriefes (GTA 54), Göttingen 1991.

SCHOTTROFF, L., Passion Jesu – Passion des jüdischen Volkes. Wie können Christinnen und Christen mit neutestamentlichen Anklagen gegen »die Juden« umgehen?, KuI 4 (1989) 91–101.

–, Die Schuld »der Juden« und die Entschuldung des Pilatus in der deutschen neutestamentlichen Wissenschaft seit 1945, in: dies., Befreiungserfahrungen. Studien zur Sozialgeschichte des Neuen Testaments (TB 82), München 1990, 324–357.

SCHOTTROFF, W., Der altisraelitische Fluchspruch (WMANT 30), Neukirchen-Vluyn 1969.

SCHRAGE, W., »Ekklesia« und »Synagoge«. Zum Ursprung des urchristlichen Kirchenbegriffs, ZThK 60 (1963) 178–202.

–, Das Verständnis des Todes Jesu Christi im Neuen Testament, in: F. VIERING (Hg.), Das Kreuz Jesu Christi als Grund des Heils, Gütersloh 1967, 49–89.

–, Theologie und Christologie bei Paulus und Jesus auf dem Hintergrund der modernen Gottesfrage, EvTh 36 (1976) 121–154.

–, Die Frage nach der Mitte und dem Kanon im Kanon des Neuen Testaments in der neueren Diskussion, in: Rechtfertigung, 415–442.

–, Ja und Nein – Bemerkungen eines Neutestamentlers zur Diskussion von Christen und Juden, EvTh 42 (1982) 126–151.

–, »Israel nach dem Fleisch« (1Kor 10,18), in: »Wenn nicht jetzt, wann dann?«, 143–151.

–, »... den Juden ein Skandalon«? Der Anstoß des Kreuzes nach 1Kor 1,23, in: Gottes Augapfel, 59–76.

–, Heil und Heilung im Neuen Testament, in: I. BROER/J. WERBICK (Hg.), »Auf Hoffnung hin sind wir erlöst« (Röm 8,24). Biblische und systematische Beiträge zum Erlösungsverständnis heute (SBS 128), Stuttgart 1987, 95–117.

–, Ethik des Neuen Testaments (GNT 4), Göttingen 1989[2].

SCHRECKENBERG, H., Die christlichen Adversus-Judaeos-Texte und ihr literarisches und historisches Umfeld (1.-11. Jh.) (EHS.T 172), Frankfurt/Bern 1982.

SCHREINER, S., Von den theologischen Zwangsdisputationen des Mittelalters zum christlich-jüdischen Dialog heute, Judaica 42 (1986) 141–157.

SCHREINER, T. R., The Abolition and Fulfillment of the Law in Paul, JSNT 35 (1989) 47–74.

SCHRÖER, H., Geschichtstheologie nach Holocaust?, EvErz 34 (1982) 141–153.

SCHUBERT, K., Die jüdisch-christliche Oekumene – Reflexionen zu Grundfragen des christlich-jüdischen Dialogs, Kairos NS 22 (1980) 1–33.

SCHÜRER, E., The History of the Jewish People in the Age of Jesus Christ (175 B.C.-A.D. 135). A New English Version Revised and Edited by G. VERMÈS u.a., Vol. II, Edinburgh 1979.

SCHÜRMANN, H., Jesu ureigenes Todesverständnis. Bemerkungen zur »impliziten Soteriologie« Jesu, in: Begegnung mit dem Wort, 273–309.

–, Die vorösterlichen Anfänge der Logientradition. Versuch eines formgeschichtlichen Zugangs zum Leben Jesu, in: Der historische Jesus und der kerygmatische Christus, 342–370.

SCHULZ, S., Die Decke des Moses. Untersuchungen zu einer vorpaulinischen Überlieferung in IICor 3,7–18, ZNW 49 (1958) 1–30.

–, Der frühe und der späte Paulus. Überlegungen zur Entwicklung seiner Theologie und Ethik, ThZ 41 (1985) 228–236.

–, Neutestamentliche Ethik, Zürich 1987.

SCHUNCK, K.-D., Die Attribute des eschatologischen Messias. Strukturlinien in der Ausprägung des alttestamentlichen Messiasbildes, ThLZ 111 (1986) 641–652.

SCHWARTZ, D. R., Two Pauline Allusions to the Redemptive Mechanism of the Crucifixion, JBL 102 (1983) 260–262.

SCOTT, J. M., Adoption as Sons of God. An Exegetical Investigation into the Background of ΥΙΟΘΕΣΙΑ in the Pauline Corpus (WUNT II/48), Tübingen 1992.

SCROGGS, R., The Earliest Hellenistic Christianity, in: Religions in Antiquity, 176–206.

–, Paul as Rhetorician: Two Homilies in Romans 1–11, in: Jews, Greeks and Christians, 271–297.

SEIDELIN, P., Der ʿEbed Jahwe und die Messiasgestalt im Jesajatargum, ZNW 35 (1936) 194–231.

SEIFERTH, W., Synagoge und Kirche im Mittelalter, München 1964.

SEIM, J., Die gemeinsame Bibel, in: Umkehr und Erneuerung, 111–127.

–, Methodische Anmerkungen zur Christologie im Kontext des christlich-jüdischen Gesprächs, in: »Wer Tora vermehrt, mehrt Leben«, 25–31.

–, Die Rezeption des rheinischen Synodalbeschlusses »Zur Erneuerung des Verhältnisses von Christen und Juden«, in: Gottes Augapfel, 223–238.

–, Notizen zur Deutbarkeit des Holocaust, EvTh 48 (1988) 447–462.

–, Auf einem gemeinsamen Weg zum Heil? Zum Verhältnis von Juden und Christen, BThZ 5 (1988) 265–279.

SELLIN, G., Der Streit um die Auferstehung der Toten. Eine religionsgeschichtliche und exegetische Untersuchung von 1 Korinther 15 (FRLANT 138), Göttingen 1986.

–, Hauptprobleme des Ersten Korintherbriefes (ANRW II 25,4), 2940–3044.

–, Mythologeme und mythische Züge in der paulinischen Theologie, in: H. H. SCHMID (Hg.), Mythos und Rationalität, Gütersloh 1988, 209–223.

–, »Gattung« und »Sitz im Leben« auf dem Hintergrund der Problematik von Mündlichkeit und Schriftlichkeit synoptischer Erzählungen, EvTh 50 (1990) 311–331.

SENFT, CHR., L'élection d'Israël et la justification (Romains 9 à 11), in: L' Évangile, hier et aujourd'hui, FS für F.-J. Leenhardt, Genf 1968, 131–142.

SHUKSTER, M. B./RICHARDSON, P., Temple and *Bet Ha-midrasch* in the Epistle of Barnabas, in: S. G. WILSON (Hg.), Anti-Judaism in Early Christianity II. Separation and Polemic (SCJud 2), Waterloo/Ontario 1986, 17–31.

SIEGERT, F., Argumentation bei Paulus gezeigt an Röm 9–11 (WUNT 34), Tübingen 1985.

SIMON, M., St. Stephen and the Hellenists in the Primitive Church, London/New York 1958.

SLINGERLAND, D., The Composition of Acts. Some Redaction-Critical Observations, JAAR 56 (1988) 99–113.

SLOAN, R. B., Paul and the Law: Why the Law cannot save, NT 33 (1991) 35–60.

SMALLWOOD, E. M., The Jews under Roman Rule. From Pompey to Diocletian (SJLA 20), Leiden 1976.

SMEND, R., Die Mitte des Alten Testaments (ThSt[B] 101), Zürich 1970.

SMIT, J., The Letter of Paul to the Galatians: a deliberative speech, NTS 35 (1989) 1–26.

SMITH, M., Tannaitic Parallels to the Gospels (JBL.MS 6), Philadelphia 1951.

SMITH, T. V., Petrine Controversies in Early Christianity. Attitudes towards Peter in Christian Writings of the First Two Centuries (WUNT II/15), Tübingen 1985.

SNODGRASS, K. R., Justification by Grace – to the Doers: An Analysis of the Place of Romans 2 in the Theology of Paul, NTS 32 (1986) 72–93.

–, Spheres of Influence. A Possible Solution to the Problem of Paul and the Law, JSNT 32 (1988) 93–112.

SÖDING, T., Widerspruch und Leidensnachfolge. Neutestamentliche Gemeinden im Konflikt mit der paganen Gesellschaft, MThZ 41 (1990) 137–155.

–, Zur Chronologie der paulinischen Briefe. Ein Diskussionsvorschlag, BN 56 (1991) 31–59.

–, Der Erste Thessalonicherbrief und die frühe paulinische Evangeliumsverkündigung. Zur Frage einer Entwicklung der paulinischen Theologie, BZ 35 (1991) 180–203.

–, Die Gegner des Apostels Paulus in Galatien. Beobachtungen zu ihrer Evangeliumsverkündigung und ihrem Konflikt mit Paulus, MThZ 42 (1991) 305–321.

–, Die Tempelaktion Jesu. Redaktionskritik – Überlieferungsgeschichte – historische Rückfrage (Mk 11,15–19; Mt 21,12–17; Lk 19,45–48; Joh 2,13–22), TThZ 101 (1992) 36–64.

–, Geschichtlicher Text und Heilige Schrift – Fragen zur theologischen Legitimität historisch-kritischer Exegese, in: T. STERNBERG (Hg.), Neue Formen der Schriftauslegung? (QD 140), Freiburg u.a. 1992, 75–130.

SOKOLOWSKI, F., Lois sacreés de l'Asie mineure (École francaise d'Athènes. Travaux et mémoires des anciens membres étrangers de l'école et de divers savants 9), Paris 1955.

SPARKS, H. F. D., 1Kor 2,9 a Quotation from the Coptic Testament of Jacob?, ZNW 67 (1976) 269–276.

SPIER, E., Der Sabbat (Das Judentum. Abhandlungen und Entwürfe für Studium und Unterricht 1), Berlin 1989.

SPIRO, A., Stephen's Samaritan Background, in: J. MUNCK (Hg.), The Acts of the Apostles (AncB 31), Garden City 1967, 285–300.

STANLEY, CH. D., »The Redeemer will come ἐκ Σιών«: Romans 11:26–27 Revisited, in: C. A. EVANS/J. A. SANDERS (Hg.), Paul and the Scriptures of Israel (JSNT.S 83) Sheffield 1993, 118–142.

STECK, O. H., Israel und das gewaltsame Geschick der Propheten. Untersuchungen zur Überlieferung des deuteronomistischen Geschichtsbildes im Alten Testament, Spätjudentum und Urchristentum (WMANT 23), Neukirchen-Vluyn 1967.

–, Der Kanon des hebräischen Alten Testaments. Historische Materialien für eine ökumenische Perspektive, in: J. ROHLS/G. WENZ (Hg.), Vernunft des Glaubens. Wissenschaftliche Theologie und kirchliche Lehre. FS zum 60. Geb. von W. Pannenberg, Göttingen 1988, 231–252.

STEGEMANN, E.W., Alt und Neu bei Paulus und in den Deuteropaulinen (Kol-Eph), EvTh 37 (1977) 508–536.

–, Holocaust als Krise der christlichen Theologie, in: Holocaust als Krise der christlichen Theologie. Juden und Christen II (Protokoll der Tagung der Evangelischen Akademie Baden vom 2.-4. November 1979), Bad Herrenalb 1979, 60–74.

–, Der Jude Paulus und seine antijüdische Auslegung, in: Auschwitz – Krise der christlichen Theologie, 117–139.

–, Die Krise des christlichen Antijudaismus und das Neue Testament, in: G. WESSLER (Hg.), Leben und Glauben nach dem Holocaust. Einsichten und Versuche, Stuttgart 1980, 71–89.

–, Der eine Gott und die eine Menschheit. Israels Erwählung und die Erlösung von Juden und Heiden nach dem Römerbrief, Theol. HabSchr. Heidelberg 1982.

–, Die umgekehrte Tora. Zum Gesetzesverständnis des Paulus, Judaica 43 (1987) 4–20.

–, Von der Schwierigkeit, ein Christ zu sein, BThZ 6 (1989) 161–173.

–, Die Tragödie der Nähe. Zu den judenfeindlichen Aussagen des Johannesevangeliums, KuI 4 (1989) 114–122.

–, Welchen Sinn hat es, von Jesus als Messias zu reden?, KuI 7 (1992) 28–44.

STEGEMANN, H., Die Bedeutung der Qumranfunde für die Erforschung der Apokalyptik, in: Apocalypticism in the Mediterranean World and the Near East, 495–530.

–, Der lehrende Jesus. Der sogenannte biblische Christus und die geschichtliche Botschaft Jesu von der Gottesherrschaft, NZSTh 24 (1982) 3–20.

STEGEMANN, W., Zwischen Synagoge und Obrigkeit. Zur historischen Situation der lukanischen Christen (FRLANT 152), Göttingen 1991.

–, Die evangelischen Kirchen und das Judentum seit 1945, JEB 32 (1989) 118–147.

–, Christliche Judenfeindschaft und Neues Testament, in: ders. (Hg), Kirche und Nationalsozialismus, Stuttgart u.a. 1990, 131–169.

STEGNER, W. R., Romans 9,6–29 – A Midrash, JSNT 22 (1984) 37–52.

STEIGER, L., Schutzrede für Israel. Römer 9–11, in: Fides pro mundi vita, 44–58.

STEMBERGER B., Zu den Judenverfolgungen in Deutschland zur Zeit der ersten beiden Kreuzzüge, Kairos NF 20 (1978) 53–72.151–157.

STEMBERGER, G., Pharisäer, Sadduzäer, Essener (SBS 144), Stuttgart 1991.

STENDAHL, K., The Apostle Paul and the Introspective Conscience of the West, in:

ders., Paul Among Jews and Gentiles and other Essays, Philadelphia 1976, 78–96.

–, Der Jude Paulus und wir Heiden. Anfragen an das abendländische Christentum (KT 36), München 1978.

STERN, M., Greek and Latin Authors on Jews and Judaism, Vol. I: From Herodotus to Plutarch, Vol. II: From Tacitus to Simplicius, Jerusalem 1974/80.

STOLLE, V., Der Zeuge als Angeklagter. Untersuchungen zum Paulusbild des Lukas (BWANT 102), Stuttgart u.a. 193.

STONE, M. E., The Concept of the Messiah in IV Ezra, in: J. NEUSNER (Hg.), Religions in Antiquity. Essays in Memory of E.R. Goodenough (SHR 14), Leiden 1968, 295–312.

–, Scriptures, Sects and Visions. A Profile of Judaism from Ezra to the Jewish Revolts, Oxford 1982.

STOWERS, S. K., The Diatribe and Paul's Letter to the Romans (SBLDS 57), Chico 1981.

–, Paul's Dialogue with a Fellow Jew in Romans 3:1–9, CBQ 46 (1984) 707–722.

STRAUSS, H., Messianisch ohne Messias. Zur Überlieferungsgeschichte und Interpretation der sogenannten messianischen Texte im Alten Testament (EHS.T 232), Frankfurt u.a. 1984.

STRECKER, G., Das Evangelium Jesu Christi, in: ders., Eschaton und Historie. Aufs., Göttingen 1979, 183–228.

–, Befreiung und Rechtfertigung. Zur Stellung der Rechtfertigungslehre in der Theologie des Paulus, ebd. 229–259.

–, »Biblische Theologie«? Kritische Bemerkungen zu den Entwürfen von Hartmut Gese und Peter Stuhlmacher, in: Kirche, 425–445.

–, Der Weg der Gerechtigkeit. Untersuchung zur Theologie des Matthäus (FRLANT 82), Göttingen 1971[3].

STROBEL, A., Die Stunde der Wahrheit. Untersuchungen zum Strafverfahren gegen Jesus (WUNT 21), Tübingen 1980.

STUHLMACHER, P., Gerechtigkeit Gottes bei Paulus (FRLANT 87), Göttingen 1966[2].

–, Das paulinische Evangelium I. Vorgeschichte (FRLANT 95), Göttingen 1968.

–, Zur Interpretation von Römer 11,25–32, in: Probleme biblischer Theologie, 555–570.

–, Das Bekenntnis zur Auferweckung Jesu von den Toten und die Biblische Theologie, in: ders., Schriftauslegung auf dem Weg zur biblischen Theologie, Göttingen 1975, 128–166.

–, Zum Thema: Biblische Theologie des Neuen Testaments, in: K. HAACKER u.a., Biblische Theologie heute. Einführung-Beispiele-Kontroversen (BThSt 1), Neukirchen-Vluyn 1977, 25–60.

–, Vom Verstehen des Neuen Testaments. Eine Hermeneutik (GNT 6), Göttingen 1979.

–, Jesu Auferweckung und die Gerechtigkeitsanschauung der vorpaulinischen Missionsgemeinden, in: ders., Versöhnung, Gesetz und Gerechtigkeit. Aufs. zur biblischen Theologie, Göttingen 1981, 66–86.

–, Das Gesetz als Thema biblischer Theologie, ebd. 136–165.

–, »Das Ende des Gesetzes«. Über Ursprung und Ansatz der paulinischen Theologie, ebd. 166–191.

–, Der Abfassungszweck des Römerbriefes, ZNW 77 (1986) 180–193.

–, Jesus von Nazareth und die neutestamentliche Christologie im Lichte der Heiligen Schrift, in: Mitte der Schrift?, 81–95.

–, The Theme of Romans, ABR 36 (1988) 31–44.

–, Der Brief an die Römer (NTD 6), Göttingen 1989[14].

STUHLMANN, R., Das eschatologische Maß im Neuen Testament (FRLANT 132), Göttingen 1983.

SUHL, A., Der konkrete Anaß des Römerbriefes, Kairos NF 13 (1971) 119–130.

–, Paulus und seine Briefe. Ein Beitrag zur paulinischen Chronologie (StNT 11), Gütersloh 1975.

–, Der Galaterbrief – Situation und Argumentation (ANRW II 25,4), Berlin/New York 1987, 3067–3134.

–, Die Galater und der Geist. Kritische Erwägungen zur Situation in Galatien, in: Jesu Rede von Gott und ihre Nachgeschichte im frühen Christentum, 267–296.

SUMNEY, J. L., Identifying Paul's Opponents. The Question of Method in 2 Corinthians (JSNT. Suppl. Ser. 40), Sheffield 1990.

SYNOFZIK, E., Die Gerichts- und Verheltungsaussagen bei Paulus. Eine traditionsgeschichtliche Untersuchung (GTA 8), Göttingen 1977.

TACHAU, P., ›Einst‹ und ›Jetzt‹ im Neuen Testament. Beobachtungen zu einem urchristlichen Predigtschema in der neutestamentlichen Briefliteratur und zu seiner Vorgeschichte (FRLANT 105), Göttingen 1972.

TAEGER, J.-W., Der Mensch und sein Heil. Studien zum Bild des Menschen und zur Sicht der Bekehrung bei Lukas (StNT 14), Gütersloh 1982.

–, Der grundsätzliche oder ungrundsätzliche Unterschied. Anmerkungen zur gegenwärtigen Debatte um das Gesetzesverständnis Jesu, in: I. BROER (Hg.), Jesus und das jüdische Gesetz, Stuttgart u.a. 1992, 13–35.

TAKEDA, T., Israel und die Völker. Die Israel-Lehre des Völkerapostels Paulus in ihrer Bedeutung für uns gojim/ethne-Christen. Ein Weg zur Rezeption Israels als ein Weg zur biblischen Theologie, Diss.phil. Berlin 1981.

TANNEHILL, R. C., The Functions of Peter's Mission Speeches in the Narrative of Acts, NTS 37 (1991) 400–414.

TCHERIKOVER, V. A., Hellenistic Civilisation and the Jews, Philadelphia 1961[2].

TEEPLE, H. M., The Mosaic Eschatological Prophet (JBL.MS 10), Philadelphia 1957.

–, The Oral Tradition that never Existed, JBL 89 (1970) 56–68.

THEISSEN, G., Wanderradikalismus. Literatursoziologische Aspekte der Überlieferung von Worten Jesu im Urchristentum, in: ders., Studien zur Soziologie des Urchristentums (WUNT 19), Tübingen 1989[3], 79–105.

–, Die Tempelweissagung Jesu. Prophetie im Spannungsfeld von Stadt und Land, ebd. 142–159.

–, Psychologische Aspekte paulinischer Theologie (FRLANT 131), Göttingen 1983.

–, Lokalkolorit und Zeitgeschichte in den Evangelien. Ein Beitrag zur Geschichte der synoptischen Tradition (NTOA 8), Fribourg/Göttingen 1989.

–, Aporien im Umgang mit den Antijudaismen des Neuen Testaments, in: Die Hebräische Bibel und ihre zweifache Nachgeschichte, 535–553.

–, Judentum und Christentum bei Paulus. Sozialgeschichtliche Überlegungen zu einem beginnenden Schisma, in: Paulus und das antike Judentum, 331–356.

THEOBALD, M., Die überströmende Gnade. Studien zu einem paulinischen Motivfeld (FzB 22), Würzburg 1982.

–, Verantwortung vor der Vergangenheit. Die Bedeutung der Traditionen Israels für den Römerbrief, BiKi 37 (1982) 13–20.

–, Kirche und Israel nach Römer 9–11, Kairos NS 29 (1987) 1–22.

–, Glaube und Vernunft. Zur Argumentation des Paulus im Römerbrief, ThQ 169 (1989) 287–301.

THIELMAN, F., From Plight to Solution. A Jewish Framework for Understanding Paul's View of the Law in Galatians and Romans (NT.S 61), Leiden u.a. 1989.

THOMA, C., Christliche Theologie des Judentums (CiW 6. Ser. 4a/b), Aschaffenburg 1978.

THYEN, H., Studien zur Sündenvergebung im Neuen Testament und seinen alttestamentlichen und jüdischen Voraussetzungen (FRLANT 96), Göttingen 1970.

–, »... nicht mehr männlich und weiblich ...«. Eine Studie zu Galater 3,28, in: ders./F. CRÜSEMANN, Als Mann und Frau geschaffen. Exegetische Studien zur Rolle der Frau (Kennzeichen 2), Gelnhausen u.a. 1978, 107–201.

–, »Das Heil kommt von den Juden«, in: Kirche, 163–184.

–, Juden und Christen – Kinder eines Vaters, in: Die Hebräische Bibel und ihre zweifache Nachgeschichte, 689–705.

TIEDE, D. L., The Charismatic Figure as Miracle Worker (SBLDS 1), Missoula 1972.

TOIT, A. B. du, Persuasion in Romans 1:1–17, BZ 33 (1989) 192–209.

TOV, E., Die griechischen Bibelübersetzungen (ANRW II 20,1), Berlin/New York 1987, 121–189.

TRAUTMANN, M., Zeichenhafte Handlungen Jesu. Ein Beitrag zur Frage nach dem geschichtlichen Jesus (FzB 37), Würzburg 1980.

TREBILCO, P., Jewish Communities in Asia Minor (MSSNTS 69), Cambridge u.a. 1991.

TREPP, L., Der jüdische Gottesdienst. Gestalt und Entwicklung, Stuttgart u.a. 1992.

TROBISCH, D., Die Entstehung der Paulusbriefsammlung. Studien zu den Anfängen christlicher Publizistik (NTOA 10), Fribourg/Göttingen 1989.

TYSON, J. B., Paul's Opponents in Galatia, NT 4 (1968) 241–254.

UNNIK, W. C. v., Ἡ καινὴ διαθήκη – a Problem in the Early History of the Canon, StPatr IV,2 (1961) 212–227.

URBACH, E. E., The Sages. Their Concepts and Beliefs, 2 Bde, Jerusalem 1975.

VERMÈS, G., Scripture and Tradition in Judaism: Haggadic Studies (StPB 4), Leiden 1973².

–, Jesus the Jew: Christian and Jewish Reactions, Toronto Journal of Theology 4 (1988) 112–123.

VIELHAUER, PH., Paulus und das Alte Testament, in: ders., Oikodome. Aufs. zum Neuen Testament 2, hg. von G. KLEIN (TB 65), München 1979, 196–228.

–, Geschichte der urchristlichen Literatur. Einleitung in das Neue Testament, die Apokryphen und die Apostolischen Väter, Berlin/New York 1975.

VOLF, J. M. G., Paul and Perseverance. Staying in and Falling Away (WUNT II/37), Tübingen 1990.

VOLLENWEIDER, S., Zeit und Gesetz. Erwägungen zur Bedeutung apokalyptischer Denkformen bei Paulus, ThZ 44 (1988) 97–116.

–, Freiheit als neue Schöpfung. Eine Untersuchung zur Eleutheria bei Paulus und in seiner Umwelt (FRLANT 147), Göttingen 1989.

VOS, J. S. Die hermeneutische Antinomie bei Paulus (Galater 3.11–12; Römer 10.5–10), NTS 38 (1992) 254–270.

Vouga, F., La construction de l'histoire en Galates 3–4, ZNW 75 (1984) 259–269.

–, Römer 1,18–3,20 als narratio, ThGl 77 (1987) 225–236.

Walter, N., Christusglaube und heidnische Religiosität in paulinischen Gemeinden, NTS 25 (1979) 422–442.

–, Apostelgeschichte 6.1 und die Anfänge der Urgemeinde in Jerusalem, NTS 29 (1983) 370–393.

–, Zur Interpretation von Römer 9–11, ZThK 81 (1984) 172–195.

–, Paulus und die urchristliche Jesustradition, NTS 31 (1984/85) 498–522.

–, Paulus und die Gegner des Christusevangeliums in Galatien, in: L'Apôtre Paul, 351–356.

–, Gottes Zorn und das »Harren der Kreatur«. Zur Korrespondenz zwischen Römer 1,18–32 und 8,19–22, in: K. Kertelge u.a. (Hg.), Christus bezeugen. Für Wolfgang Trilling, Freiburg u.a. 1990, 218–226.

–, Gottes Erbarmen mit »allem Fleisch« (Röm 3,20/Gal 2,16) – ein »femininer« Zug im paulinischen Gottesbild?, BZ 35 (1991) 99–102.

Waschke, E.-J., Die Frage nach dem Messias im Alten Testament als Problem alttestamentlicher Theologie und biblischer Hermeneutik, ThLZ 113 (1988) 321–332.

Watson, F., Paul, Judaism and the Gentiles. A Sociological Approach (MSSNTS 56), Cambridge 1986.

Weatherly, J. A., The Authenticity of 1 Thessalonians 2.13–16: Additional Evidence, JSNT 42 (1991) 79–98.

Wechsler, A., Geschichtsbild und Apostelstreit. Eine forschungsgeschichtliche und exegetische Studie über den antiochenischen Zwischenfall (Gal 2,11–14) (BZNW 62), Berlin/New York 1991.

Wedderburn, A. J. M., The Purpose and Occasion of Romans Again, ET 90 (1979) 137–141.

–, The Reasons for Romans, Edinburgh 1988.

Weder, H., Das Kreuz Jesu bei Paulus. Ein Versuch, über den Geschichtsbezug des christlichen Glaubens nachzudenken (FRLANT 125), Göttingen 1981.

–, Gesetz und Sünde. Gedanken zu einem qualitativen Sprung im Denken des Paulus, NTS 31 (1985) 357–376.

–, Neutestamentliche Hermeneutik, Zürich 1986.

–, Einsicht in Gesetzlichkeit. Paulus als verständnisvoller Ausleger des menschlichen Lebens, Judaica 43 (1987) 21–29.

–, Der Mensch im Widerspruch. Eine Paraphrase zu Röm 7,7–25, GlLern 4 (1989) 130–142.

Wegenast, K., Das Verständnis der Tradition bei Paulus und in den Deuteropaulinen (WMANT 8), Neukirchen-Vluyn 1962.

Weima, J. A. D., The Function of the Law in Relation to Sin: An Evaluation of the View of H. Räisänen, NT 32 (1990) 219–235.

Weiser, A., Die Pfingstpredigt des Lukas, BiLe 14 (1973) 1–12.

–, Die Apostelgeschichte, 2 Bde (ÖTK 5), Gütersloh/Würzburg 1981/85.

–, Zur Gesetzes- und Tempelkritik der »Hellenisten«, in: Das Gesetz im Neuen Testament, 146–168.

Weiss, H.-F., Kerygma und Geschichte. Erwägungen zur Frage nach Jesus im Rahmen der Theologie des Neuen Testaments, Berlin 1983.

Weiss, W., »Eine neue Lehre in Vollmacht«. Die Streit- und Schulgespräche des Markus-Evangeliums (BZNW 52), Berlin/New York 1989.

WENGST, K., Bedrängte Gemeinde und verherrlichter Christus. Ein Versuch über das Johannesevangelium (KT 114), München 1992[4].

WENZEL, E., Synagoga und Ekklesia. Zum Antijudaismus im deutschsprachigen Spiel des späten Mittelalters, in: H. O. HORCH (Hg.), Judentum, Antisemitismus und europäische Kultur, Tübingen 1988, 51–75.

WERBLOWSKY, R. J. Z., Tora als Gnade, Kairos NF 15 (1973) 156–163.

–, Trennendes und Gemeinsames, in: Zur Erneuerung des Verhältnisses von Christen und Juden (Handreichung für Mitglieder der Landessynode, der Kreissynoden und der Presbyterien in der Evangelischen Kirche im Rheinland Nr. 39), Mülheim/Ruhr 1980, 29–43.

WESSLER, G., Christliche Theologie nach dem Holocaust, in: Leben und Glauben nach dem Holocaust, 57–70.

WESTERHOLM, S., Israel's Law and the Church's Faith. Paul and His Recent Interpreters, Grand Rapids 1988.

WEWERS, G. A., Geheimnis und Geheimhaltung im rabbinischen Judentum (RVV 35), Berlin/New York 1975.

WIDMANN, M., Der Israelit Paulus und sein antijüdischer Redaktor. Eine literarkritische Studie zu Röm 9–11, in: »Wie gut sind deine Zelte ...«, 150–158.

WIEFEL, W., Die jüdische Gemeinschaft im antiken Rom und die Anfänge des römischen Christentums. Bemerkungen zu Anlaß und Zweck des Römerbriefs, Judaica 26 (1970) 65–88.

–, Die missionarische Eigenart des Paulus und das Problem des frühchristlichen Synkretismus, Kairos NF 17 (1975) 218–231.

WIESER, F. E., Die Abrahamsvorstellungen im Neuen Testament (EHS.T 317), Bern u.a. 1987.

WILCH, J. R., Jüdische Schuld am Tode Jesu – Antijudaismus in der Apostelgeschichte?, in: W. HAUBECK/M. BACHMANN (Hg.), Wort in der Zeit. Neutestamentliche Studien. Festgabe für K. H. Rengstorf zum 75. Geb., Leiden 1980, 236–249.

WILCKENS, U., Das Offenbarungsverständnis in der Geschichte des Urchristentums, in: W. PANNENBERG (Hg.), Offenbarung als Geschichte, KuD.B. 1 (1965[3]), 42–90.

–, Das Neue Testament und die Juden. Antwort an David Flusser, EvTh 34 (1974) 602–611.

–, Die Rechtfertigung Abrahams nach Römer 4, in: ders., Rechtfertigung als Freiheit. Paulusstudien, Neukirchen-Vluyn 1974, 33–49.

–, Was heißt bei Paulus: »Aus Werken des Gesetzes wird kein Mensch gerecht«?, ebd. 77–109.

–, Über Abfassungszweck und Aufbau des Römerbriefs, ebd. 110–170.

–, Der Brief an die Römer, 3 Bde (EKK 6,1–3), Neukirchen-Vluyn u.a. 1978–1982.

–, Christologie und Anthropologie im Zusammenhang der paulinischen Rechtfertigungslehre, ZNW 67 (1976) 64–82.

–, Zur Entwicklung des paulinischen Gesetzesverständnisses, NTS 28 (1982) 154–190.

WILLI, TH., Judentum, Christentum und Islam in der geistesgeschichtlichen Situation Spaniens im 13. Jahrhundert, in: ders./I. WILLI-PLEIN (Hg.), Glaubensdolch und Messiasbeweis. Die Begegnung von Judentum, Christentum und Islam im 13. Jahrhundert in Spanien (FJCD 2), Neukirchen-Vluyn 1980, 9–20.

WILLI-PLEIN, I., Der »Pugio Fidei« des Raymund Martini als ein exemplarischer Versuch kirchlicher Auseinandersetzung mit dem Judentum, ebd. 21–83.

WILLIAMS, S. K., The »Righteousness of God« in Romans, JBL 99 (1980) 241–290.

–, Again Pistis Christou, CBQ 49 (1987) 431–447.

–, The Hearing of Faith: ΑΚΟΗ ΠΙΣΤΕΩΣ in Galatians 3, NTS 35 (1989) 82–93.

WILSON, R. McL., Gnostics – in Galatia?, StEv IV,1 (TU 102), Berlin 1968, 358–367.

WILSON, S. G., The Gentiles and the Gentile Mission in Luke-Acts (MSSNTS 23), Cambridge 1973.

WINDISCH, H., Der zweite Korintherbrief (KEK 6), Göttingen 1924[9] = 1970.

–, Die Sprüche vom Eingehen in das Reich Gottes, ZNW 27 (1928) 163–192.

WINKEL, J., Argumentationsanalyse von Röm 9–11, LingBibl 58 (1986) 65–79.

WITTON-DAVIES, C., »The Jews« in the New Testament, StEv VI (TU 112), Berlin 1973, 655–665.

WOLFF, CHR., Jeremia im Frühjudentum und Urchristentum (TU 118), Berlin 1976.

–, Der zweite Brief des Paulus an die Korinther (ThHNT 8), Berlin 1989.

WOLTER, M., Rechtfertigung und zukünftiges Heil. Untersuchungen zu Röm 5,1–11 (BZNW 43), Berlin 1978.

–, Evangelium und Tradition. Juden und Heiden zwischen solus Christus und sola scriptura (Gal 1,11–24; Röm 11,25–36), in: Sola Scriptura, 180–193.

WONNEBERGER, R., Überlegungen zur Argumentation bei Paulus, in: M. SCHECKER (Hg.), Theorie der Argumentation, Tübingen 1977, 243–310.

WOUDE, A. S. v. d., Die messianischen Vorstellungen der Gemeinde von Qumran (SSN 3), Assen/Neukirchen-Vluyn 1957.

–, Fünfzehn Jahre Qumranforschung (1974–1988), ThR NF 57 (1992) 1–57.225–253.

WREDE, W., Paulus, in: Das Paulusbild in der neueren deutschen Forschung, 1–97.

WREGE, H.-TH., Wirkungsgeschichte des Evangeliums. Erfahrungen, Perspektiven und Möglichkeiten, Göttingen 1981.

WUELLNER, W., Paul's Rhetoric of Argumentation in Romans: An Alternative to the Donfried-Karris Debate over Romans, in: The Romans Debate, 152–174.

–, Toposforschung und Torahinterpretation bei Paulus und Jesus, NTS 24 (1978) 463–483.

WÜNSCHE, A., Jissure ha-maschiach oder Die Leiden des Messias in ihrer Uebereinstimmung mit der Lehre des Alten Testaments und den Aussprüchen der Rabbinen in den Talmuden, Midraschim und andern alten rabbinischen Schriften, Leipzig 1870.

WURM, K., Rechtfertigung und Heil. Eine Untersuchung zur Theologie des Lukas unter dem Aspekt »Lukas und Paulus«, Diss.theol. Heidelberg 1979.

WYSCHOGROD, M., Zum gegenwärtigen Stand des jüdisch-christlichen Gesprächs, in: Das jüdisch-christliche Religionsgespräch, 210–225.

YADIN, Y., Bar Kochba. Archäologen auf den Spuren des letzten Fürsten von Israel, Hamburg 1971.

YOUNG, F. M., Temple Cult and Law in early Christianity. A Study in the Relationship between Jews and Christians in the Early Centuries, NTS 19 (1972/73) 325–338.

ZAHN, TH., Der Brief des Paulus an die Römer (KNT 6), Leipzig/Erlangen 1925[3].

ZELLER, D., Sühne und Langmut, ThPh 43 (1968) 51–75.

–, Juden und Heiden in der Mission des Paulus. Studien zum Römerbrief (FzB 8), Würzburg 1976[2].

–, Christus, Skandal und Hoffnung. Die Juden in den Briefen des Paulus, in: Gottesverächter und Menschenfeinde?, 256–278.

–, Der Zusammenhang von Gesetz und Sünde im Römerbrief. Kritischer Nachvollzug der Auslegung von Ulrich Wilckens, ThZ 38 (1982) 193–212.

–, Der Brief an die Römer (RNT), Regensburg 1985.

–, Charis bei Philon und Paulus (SBS 142), Stuttgart 1990.

ZENGER, E., Israel und die Kirche im einen Gottesbund?, KuI 6 (1991) 99–114.

–, Das erste Testament. Die jüdische Bibel und die Christen, Düsseldorf 1991.

ZIESLER, J. A., The Meaning of Righteousness in Paul (MSSNTS 20), Cambridge 1972.

ZIMMERLI, W., Das Gesetz im Alten Testament, in: ders., Gottes Offenbarung. Ges. Aufs. zum Alten Testament (TB 19), München 1969², 249–276.

ZOBEL, M., Gottes Gesalbter. Der Messias und die messianische Zeit in Talmud und Midrasch, Berlin 1938.

Stellenregister

Altes Testament

Apokryphen und Pseudepigraphen des Alten Testaments

8,55f	267	36,4	157
8,62	186	37,2–4	186
9,1–25	185	38,1	187
9,7f	187	39,3–8	185
9,10–12	267	39,9–13	157
9,13	186	40,2	184. 186. 191
9,35–37	184	40,8	184. 191
9,37	69	41,1	186
10,22	68	43,3	184. 186. 191
10,38	185	45–57	245
10,38f	168. 186	46f	60
10,38–55	169	46,2f	184. 186
10,59	185	48,1	272
11,37–12,1	207	48,2–7	60
12,7	186	48,5	173
12,10–12	184f	48,10	157. 210
12,32	207	49,2	189
12,36	186	50,2–5	173
12,38	186	51,3	186
13	60. 245	52,1ff	185
13,3–25	207	52,4	205
13,32	205	55,4	187
13,35	170	58–67	245
13,37	205. 246	60,10f	186
13,49	246	61,4f	186
13,53–56	184	62f	60
13,54f	186	62,3	60
14,4–6	186. 204	62,8	128
14,5f	183	62,13	253
14,9	186. 207	63,11	60
14,18–47	84	69,23–29	60
14,22	83	70f	245
14,44–46	84	70,1	60
14,46f	186	71,14	60. 207
14,49	185	71,17	60. 207
14,50	184	81,3	157
16,68–78	185	83f	185
		83,11	157
äthHen		84,1–3	157
1,2	185f	84,3	186
1,4	98	84,6	128
1,7	98	85–90	185
1,9	61	90,28f	239
8,3	184	90,31	203
10,16	128	91,1–11	186
10,21	173	91,13	239
13,8	185	92	186
14,8ff	185	92,2	172
16,3	184. 186	93,2	128. 185
22,14	157	93,5	128
25,7	157	93,8	128
27,5	157	93,10	73. 128
32,2–4	184	93,13	172
32,3	272	94–105	186

Philo und Josephus

Rabbinische Literatur

Targumim

Qumrantexte

4,30	187	*1QpHab*	
5,25f	188	2,2f	188
6,7f	172	2,4	68
6,12	189	2,5	188
6,15	128	2,7f	188
6,25–30	239	2,8f	188
7,9	239	5,1–6a	207
7,10	128	7,1f	188
7,26f	187	7,2	188
7,27	187	7,4	188
7,32	187	7,4f	188
7,32	187	7,5	187
7,34	187	7,6f	188
8,5–7	172	7,6–8	188
8,6	128. 188	7,10f	186
10,12	157	7,11	253
11,10	51. 187	7,12f	172. 188
11,17f	187	8,1	186. 253
11,26f	189	8,1f	272
12,3	250	8,1–3a	207. 252f
12,10	187	8,13–9,2	207
12,20	187	9,8–12a	207
12,33	187	10,13	73
13,2	187	11,2b-8	207
13,4	187	12,4f	253
13,12f	157		
13,13	187	*CD*	
13,13f	187	1,5–8	128
14,18	187	1,9–11	128
15,14	141	1,17f	68
20,34	168	1,18	77
		2,2–13	207
1QM		2,6	172
2,1–4	207	3,16	272
5,1f	207	3,18	51
10,11f	188	4,19	77. 215
11,4b-9a	207	5,5	187
11,6	207	5,12	68
11,6f	208	5,15–6,3	207
12,7–13a	207	6,2f	172
12,13f	173	7,1	77
13,1–2a	207	7,18–21	207
13,7f	33	8,11–13	77
13,8	172	8,16	77
13,11f	187	8,18	77
14,6	187	12,21	187
14,8f	172	12,22–13,2	207
14,9	187	12,23	208
14,9–11	187f	14,18–22	207
14,14	187f	14,19	208
15,4–8a	207	16,12	68
16,11–14	207	19,10	208
19,9–13	207	19,10f	207

Neues Testament (Auswahl)

3,9	42	11,19	133
3,12	57	12,17	57. 119
3,21	57	13,1	57
6,9–11	57	14,14	60
6,17	98	17,1	142
7,2f	33	17,3	57
9,4	33	21,22	6

Frühchristliche Schriften

Barn

4,3	61
4,4	33
4,6f	57
4,6–8	57
4,10f	57
6,11	147
9,6	33
12,1	84
12,1–10	57
13,1	57
14,1	57
14,4f	57
16,5f	61. 84
19,5	76. 296
20,2	84

IClem

3,4	84
5,5–7	85
7,5	84
8,3	84
13,1f	251
16,16f	251
17,6	84
20,5	205
23,3f	84
27,1	101. 141. 153
27,5	84
34,8	84
35,5f	85
37,5–38,2	85
42,1	85
46,2	84
46,6–8	251
47,1–3	85
49,1	251
49,5	85
59,2	193. 220
59,3	84. 121
60,1	84

IIClem

1,7	193. 220
11,2–4	84
11,7	84
13,2	84
16,4	84

Did

1,2	296
1,6	84
5,2	84
10,3	84

Herm

sim

V 7,3	193
IX 23,4	140

mand

XII 6,3	140

Ignatius von Antiochien

Eph

12,2	85
18,2	57

Magn

8,1f	57
9,1f	57
10,3	57

Phil

8,2	57
9,1f	57

Sm

1,1	57

Griechische und römische Literatur

Sachregister

Wissenschaftliche Untersuchungen zum Neuen Testament

Alphabetisches Verzeichnis
der ersten und zweiten Reihe

APPOLD, MARK L.: The Oneness Motif in the Fourth Gospel. 1976. *Band II/1*.
BACHMANN, MICHAEL: Sünder oder Übertreter. 1991. *Band 59*.
BAMMEL, ERNST: Judaica. 1986. *Band 37*.
BAUERNFEIND, OTTO: Kommentar und Studien zur Apostelgeschichte. 1980. *Band 22*.
BAYER, HANS FRIEDRICH: Jesus' Predictions of Vindication and Resurrection. 1986. *Band II/20*.
BETZ, OTTO: Jesus, der Messias Israels. 1987. *Band 42*.
– Jesus, der Herr der Kirche. 1990. *Band 52*.
BEYSCHLAG, KARLMANN: Simon Magnus und die christliche Gnosis. 1974. *Band 16*.
BITTNER, WOLFGANG J.: Jesu Zeichen im Johannesevangelium. 1987. *Band II/26*.
BJERKELUND, CARL J.: Tauta Egeneto. 1987. *Band 40*.
BLACKBURN, BARRY LEE: 'Theios Anēr' and the Markan Miracle Traditions. 1991. *Band II/40*.
BOCKMUEHL, MARKUS N. A.: Revelation and Mystery in Ancient Judaism and
  Pauline Christianity. 1990. *Band II/36*.
BÖHLIG, ALEXANDER: Gnosis und Synkretismus. Teil 1 1989. *Band 47* – Teil 2 1989. *Band 48*.
BÖTTRICH, CHRISTFRIED: Weltweisheit – Menschheitsethik – Urkult. 1992. *Band II/50*.
BÜCHLI, JÖRG: Der Poimandres – ein paganisiertes Evangelium. 1987. *Band II/27*.
BÜHNER, JAN A.: Der Gesandte und sein Weg in 4. Evangelium. 1977. *Band II/2*.
BURCHARD, CHRISTOPH: Untersuchungen zu Joseph und Aseneth. 1965. *Band 8*.
CANCIK, HUBERT (Hrsg.): Markus-Philologie. 1984. *Band 33*.
CAPES, DAVID B.: Old Testament Yaweh Texts in Paul's Christology. 1992. *Band II/47*.
CARAGOUNIS, CHRYS C.: The Son of Man. 1986. *Band 38*.
CRUMP, DAVID: Jesus the Intercessor. 1992. *Band II/49*.
DEINES, ROLAND: Jüdische Steingefäße und pharisäische Frömmigkeit. 1993. *Band II/52*.
DOBBELER, AXEL VON: Glaube als Teilhabe. 1987. *Band II/22*.
DUNN, JAMES D. G. (Hrsg.): Jews and Christians. 1992. *Band 66*.
EBERTZ, MICHAEL N.: Das Charisma des Gekreuzigten. 1987. *Band 45*.
ECKSTEIN, HANS-JOACHIM: Der Begriff der Syneidesis bei Paulus. 1983. *Band II/10*.
EGO, BEATE: Im Himmel wie auf Erden. 1989. *Band II/34*.
ELLIS, E. EARLE: Prophecy and Hermeneutic in Early Christianity. 1978. *Band 18*.
– The Old Testament in Early Christianity. 1991. *Band 54*.
ENNULAT, ANDREAS: Die ›Minor-Agreements‹. 1994. *Band II/62*.
FELDMEIER, REINHARD: Die Krisis des Gottessohnes. 1987. *Band II/21*.
– Die Christen als Fremde. 1992. *Band 64*.
FELDMEIER, REINHARD und ULRICH HECKEL (Hrsg.): Die Heiden. 1994. *Band 70*.
FOSSUM, JARL E.: The Name of God and the Angel of the Lord. 1985. *Band 36*.
GARLINGTON, DON B.: The Obedience of Faith. 1991. *Band II/38*.
GARNET, PAUL: Salvation and Atonement in the Qumran Scrolls. 1977. *Band II/3*.
GRÄSSER, ERICH: Der Alte Bund im Neuen. 1985. *Band 35*.
GREEN, JOEL B.: The Death of Jesus. 1988. *Band II/33*.
GUNDRY VOLF, JUDITH M.: Paul and Perseverance. 1990. *Band II/37*.
HAFEMANN, SCOTT J.: Suffering and the Spirit. 1986. *Band II/19*.
HECKEL, THEO K.: Der Innere Mensch. 1993. *Band II/53*.
HECKEL, ULRICH: Kraft in Schwachheit. 1993. *Band II/56*.
  – siehe Feldmeier.
  – siehe Hengel.
HEILIGENTHAL, ROMAN: Werke als Zeichen. 1983. *Band II/9*.

HEMER, COLIN J.: The Book of Acts in the Setting of Hellenistic History. 1989. *Band 49.*
HENGEL, MARTIN: Judentum und Hellenismus. 1969, ³1988. *Band 10.*
– Die johanneische Frage. 1993. *Band 67.*
HENGEL, MARTIN und ULRICH HECKEL (Hrsg.): Paulus und das antike Judentum. 1991. *Band 58.*
HENGEL, MARTIN und HERMUT LÖHR (Hrsg.): Schriftauslegung. 1994. *Band 73.*
HENGEL, MARTIN und ANNA MARIA SCHWEMER (Hrsg.): Königsherrschaft Gottes und himmlischer Kult. 1991. *Band 55.*
– Die Septuaginta. 1994. *Band 72.*
HERRENBRÜCK, FRITZ: Jesus und die Zöllner. 1990. *Band II/41.*
HOFIUS, OTFRIED: Katapausis. 1970. *Band 11.*
– Der Vorhang vor dem Thron Gottes. 1972. *Band 14.*
– Der Christushymnus Philipper 2,6–11. 1976, ²1991. *Band 17.*
– Paulusstudien. 1989. *Band 51.*
HOLTZ, TRAUGOTT: Geschichte und Theologie des Urchristentums. Hrsg. von Eckart Reinmuth und Christian Wolff. 1991. *Band 57.*
HOMMEL, HILDEBRECHT: Sebasmata. Band 1. 1983. *Band 31.* – Band 2. 1984. *Band 32.*
KAMLAH, EHRHARD: Die Form der katalogischen Paränese im Neuen Testament. 1964. *Band 7.*
KIM, SEYOON: The Origin of Paul's Gospel. 1981. ²1984. *Band II/4.*
– »The ›Son of Man‹« as the Son of God. 1983. *Band 30.*
KLEINKNECHT, KARL TH.: Der leidende Gerechtfertigte. 1984, ²1988. *Band II/13.*
KLINGHARDT, MATTHIAS: Gesetz und Volk Gottes. 1988. *Band II/32.*
KÖHLER, WOLF-DIETRICH: Rezeption des Matthäusevangeliums in der Zeit vor Irenäus. 1987. *Band II/24.*
KORN, MANFRED: Die Geschichte Jesu in veränderter Zeit. 1993. *Band II/51.*
KOSKENNIEMI, ERKKI: Apollonios von Tyana in der neutestamentlichen Exegese. 1994. *Band II/61.*
KUHN, KARL G.: Achtzehngebet und Vaterunser und der Reim. 1950. *Band 1.*
LAMPE, PETER: Die stadtrömischen Christen in den ersten beiden Jahrhunderten. 1987, ²1989. *Band II/18.*
LIEU, SAMUEL N. C.: Manichaeism in the Later Roman Empire and Medieval China. 1992. *Band 63.*
LÖHR, HERMUT: siehe Hengel.
MAIER, GERHARD: Mensch und freier Wille. 1971. *Band 12.*
– Die Johannesoffenbarung und die Kirche. 1981. *Band 25.*
MARKSCHIES, CHRISTOPH: Valentinus Gnosticus? 1992. *Band 65.*
MARSHALL, PETER: Enmity in Corinth: Social Conventions in Paul's Relations with the Corinthians. 1987. *Band II/23.*
MEADE, DAVID G.: Pseudonymity and Canon. 1986. *Band 39.*
MENGEL, BERTHOLD: Studien zum Philipperbrief. 1982. *Band II/8.*
MERKEL, HELMUT: Die Widersprüche zwischen den Evangelien. 1971. *Band 13.*
MERKLEIN, HELMUT: Studien zu Jesus und Paulus. 1987. *Band 43.*
METZLER, KARIN: Der griechische Begriff des Verzeihens. 1991. *Band II/44.*
NIEBUHR, KARL-WILHELM: Gesetz und Paränese. 1987. *Band II/28.*
– Heidenapostel aus Israel. 1992. *Band 63.*
NISSEN, ANDREAS: Gott und der Nächste im antiken Judentum. 1974. *Band 15.*
OKURE, TERESA: The Johannine Approach to Mission. 1988. *Band II/31.*
PHILONENKO, MARC (Hrsg.): Le Trône de Dieu. 1993. *Band 69.*
PILHOFER, PETER: Presbyteron Kreitton. 1990. *Band II/39.*
PÖHLMANN, WOLFGANG: Der Verlorene Sohn und das Haus. 1993. *Band 68.*
PROBST, HERMANN: Paulus und der Brief. 1991. *Band II/45.*
RÄISÄNEN, HEIKKI: Paul and the Law. 1983, ²1987. *Band 29.*

REHKOPF, FRIEDRICH: Die lukanische Sonderquelle. 1959. *Band 5.*
REINMUTH, ECKHART: Pseudo-Philo und Lukas. 1994. *Band 74.*
– siehe HOLTZ.
REISER, MARIUS: Syntax und Stil des Markusevangeliums. 1984. *Band II/11.*
RICHARDS, E. RANDOLPH: The Secretary in the Letters of Paul. 1991. *Band II/42.*
RIESNER, RAINER: Jesus als Lehrer. 1981, ³1988. *Band II/7.*
– Die Frühzeit des Apostels Paulus. 1994. *Band 71.*
RISSI, MATHIAS: Die Theologie des Hebräerbriefs. 1987. *Band 41.*
RÖHSER, GÜNTER: Metaphorik und Personifikation der Sünde. 1987. *Band II/25.*
ROSE, CHRISTIAN: Die Wolke der Zeugen. 1994. *Band II/60.*
RÜGER, HANS PETER: Die Weisheitsschrift aus der Kairoer Geniza. 1991. B*and 53.*
SALZMANN, JORG CHRISTIAN: Lehren und Ermahnen. 1994. *Band II/59.*
SÄNGER, DIETER: Antikes Judentum und die Mysterien. 1980. *Band II/5.*
– Die Verkündigung des Gekreuzigten und Israel. 1994. *Band 75.*
SANDNES, KARL OLAV: Paul – One of the Prophets? 1991. *Band II/43.*
SATO, MIGAKU: Q und Prophetie. 1988. *Band II/29.*
SCHIMANOWSKI, GOTTFRIED: Weisheit und Messias. 1985. *Band II/17.*
SCHLICHTING, GÜNTER: Ein jüdisches Leben Jesu. 1982. *Band 24.*
SCHNABEL, ECKHARD J.: Law and Wisdom from Ben Sira to Paul. 1985. *Band II/16.*
SCHUTTER, WILLIAM L.: Hermeneutic and Composition in I Peter. 1989. *Band II/30.*
SCHWARTZ, DANIEL R.: Studies in the Jewish Background of Christianity. 1992. *Band   60.*
SCHWEMER, A. M.: siehe Hengel.
SCOTT, JAMES M.: Adoption as Sons of God. 1992. *Band II/48.*
SIEGERT, FOLKER: Drei hellenistisch-jüdische Predigten. Teil 1 1980. *Band 20.* – Teil 2 1992. *Band 61.*
– Nag-Hammadi-Register. 1982. *Band 26.*
– Argumentation bei Paulus. 1985. *Band 34.*
– Philon von Alexandrien. 1988. *Band 46.*
SIMON, MARCEL: Le christianisme antique et son contexte religieux I/II. 1981. *Band 23.*
SNODGRASS, KLYNE: The Parable of the Wicked Tenants. 1983. *Band 27.*
SOMMER, URS: Die Passionsgeschichte des Markusevangeliums. 1993. *Band II/58.*
SPANGENBERG, VOLKER: Herrlichkeit des Neuen Bundes. 1993. *Band II/55.*
SPEYER, WOLFGANG: Frühes Christentum im antiken Strahlungsfeld. 1989. *Band 50.*
STADELMANN, HELGE: Ben Sira als Schriftgelehrter. 1980. *Band II/6.*
STROBEL, AUGUST: Die Stunde der Wahrheit. 1980. *Band 21.*
STUHLMACHER, PETER (Hrsg.): Das Evangelium und die Evangelien. 1983. *Band 28.*
SUNG, CHONG-HYON: Vergebung der Sünden. 1993. *Band II/57.*
TAJRA, HARRY W.: The Trial of St. Paul. 1989. *Band II/35.*
THEISSEN, GERD: Studien zur Soziologie des Urchristentums. 1979, ³1989. *Band 19.*
THORNTON, CLAUS-JÜRGEN: Der Zeuge des Zeugen. 1991. *Band 56.*
TWELFTREE, GRAHAM: Jesus the Exorcist. 1993. *Band II/54.*
WEDDERBURN, A. J. M.: Baptism and Resurrection. 1987. *Band 44.*
WEGNER, UWE: Der Hauptmann von Kafarnaum. 1985. *Band II/14.*
WILSON, WALTER T.: Love without Pretense. 1991. *Band II/46.*
WOLFF, CHRISTIAN: siehe Holtz.
ZIMMERMANN, ALFRED E.: Die urchristlichen Lehrer. 1984, ²1988. *Band II/12.*

Einen Gesamtkatalog erhalten Sie gern vom Verlag
J. C. B. Mohr (Paul Siebeck), Postfach 2040, D-72010 Tübingen

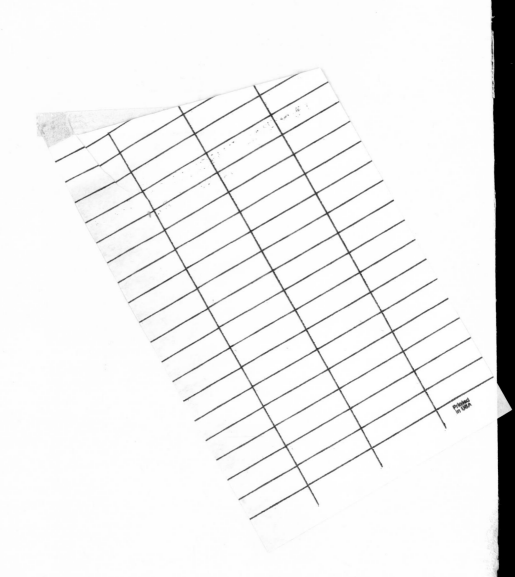

Printed
in USA